TUTTLE

T0160760

Vietnamese-
English
Dictionary

TUTTLE

Vietnamese-English Dictionary

Nguyễn Đình Hoà
Phan Văn Giưỡng

TUTTLE Publishing

Tokyo | Rutland, Vermont | Singapore

"Books to Span the East and West"

Tuttle Publishing was founded in 1832 in the small New England town of Rutland, Vermont [USA]. Our core values remain as strong today as they were then—to publish best-in-class books which bring people together one page at a time. In 1948, we established a publishing office in Japan—and Tuttle is now a leader in publishing English-language books about the arts, languages and cultures of Asia. The world has become a much smaller place today and Asia's economic and cultural influence has grown. Yet the need for meaningful dialogue and information about this diverse region has never been greater. Over the past seven decades, Tuttle has published thousands of books on subjects ranging from martial arts and paper crafts to language learning and literature—and our talented authors, illustrators, designers and photographers have won many prestigious awards. We welcome you to explore the wealth of information available on Asia at www.tuttlepublishing.com. **www.tuttlepublishing.com**.

Published by Tuttle Publishing, an imprint of Periplus Editions (HK) Ltd.

www.tuttlepublishing.com

© 2007, 2016 by Periplus Editions (HK) Ltd.

ISBN 978-0-8048-4673-8
First published 2007

This title was first published by Tuttle Publishing in 2007 with the ISBN 0-8048-3743-9.

Distributed by:

North America, Latin America & Europe
Tuttle Publishing
364 Innovation Drive
North Clarendon,
VT 05759-9436
Tel: 1 (802) 773 8930
Fax: 1 (802) 773 6993
info@tuttlepublishing.com
www.tuttlepublishing.com

Japan
Tuttle Publishing
Yaekari Building, 3rd Floor
5-4-12 Osaki, Shinagawa-ku
Tokyo 141-0032
Tel: (81) 3 5437 0171
Fax: (81) 3 5437 0755
sales@tuttle.co.jp
www.tuttle.co.jp

Asia Pacific
Berkeley Books Pte. Ltd.
3 Kallang Sector #04-01
Singapore 349278
Tel: (65) 6741 2178
Fax: (65) 6741 2179
inquiries@periplus.com.sg
www.periplus.com

25 24 23 22   8 7 6 5   2202VP
Printed in Malaysia

TUTTLE PUBLISHING® is a registered trademark of Tuttle Publishing, a division of Periplus Editions (HK) Ltd.

CONTENTS

Introduction

Vietnamese, the national language of Vietnam, is spoken by over 90 million people in Vietnam and by about three million Vietnamese living in other parts of the world, notably Europe, North America, Britain, Australia and Japan.

The language belongs to the Mon-Khmer language in the Austro-Asiatic family of languages. Vietnamese has three main dialects: northern, central and southern, which correspond to the three main regions of Vietnam. Some differences in pronunciation and vocabulary exist among the dialectal groups. However Vietnamese do understand each other despite the dialectal differences.

The current vocabulary writing system reflects elements of Chinese, Thai and French influences. In the early centuries China exerted dominion over Vietnam and hence many loanwords from Chinese still exist in current Vietnamese, especially for cultural and economic terms. Buddhist literature and classical scholarly works were written in Classical Chinese with the Han characters in use. The later part of the 11th century saw an attempt by the Vietnamese to create a script of their own with the Sino-Vietnamese pronunciation. The French Jesuit missionaries in the 17th century further developed the language with the introduction of a Roman script to facilitate their efforts to evangelize the Vietnamese to Catholicism. Hence the current script has much of Sino-Vietnamese words (influence from Chinese), Thai and Khmer words (influence from the neighboring countries) and French/Latin/Portuguese (influence from the Jesuit missionaries). Further refinement of the language in the 18th and 19th centuries as well as historical events (the re-unification of North and South Vietnam in 1976) manifest in the Vietnamese becoming proud of their language, so much so that Vietnamese is now the national language, known as **quốc ngữ** or **tiếng Việt**.

Vietnamese Pronunciation

Like Chinese and Thai, Vietnamese is a tonal language where no word is conjugated. The Vietnamese alphabet has 29 letters:

a, ă, â, b, c, d, đ, e, ê, g, h, i, k, l, m, n, o, ô, ơ, p, q, r, s, t, u, ư, v, x, y.

The Vietnamese consonants are written as single letters or a cluster of two or three letters, as follows:

b, c, ch, d, đ, g, gh, gi, h, k, kh, l, m, n, ng, ngh, nh, p, ph, qu, r, s, t, th, tr, v, x.

The vowels in Vietnamese are the following: **a, ă, â, e, ê, i/y, o, ô, ơ, u, ư**. Vowels can also be grouped together to form a cluster or a word.

The following tables show the vowels and consonants in Vietnamese pronunciation with their English equivalents.

Vowels

Vietnamese	English	Example	Meaning
a	f*a*ther	ba	three
ă	h*a*t	ăn	to eat
â	b*u*t	âm	sound
e	b*e*t	em	younger brother/sister
ê	m*a*y	đêm	night
i/y	m*e*	kim	needle
o	l*aw*	lo	to worry
ô	n*o*	cô	aunt
ơ	f*u*r	bơ	butter
u	t*oo*	ngu	stupid
ư	*u*h-*u*h	thư	letter

Consonants

Letter	English	Example	Meaning
b	*b*ook	bút	pen
c, k, q	*c*an	cá	fish
		kem	ice-cream
		quý	precious
ch	*ch*ore	cho	to give
d, gi	*z*ero	da	skin
		gì	what
đ	*d*o	đi	to go
g/gh	*g*o	ga	railway station
		ghe	boat
h	*h*at	hai	two
kh	(no real English equivalent)	không	no
l	*l*ot	làm	to do
m	*m*e; hi*m*	mai	tomorrow
n	*n*ot; i*n*	nam	south
ng/ngh	si*ng*er	ngon	delicious
		nghe	to hear
nh	ca*ny*on	nho	grape
ph	*ph*one	phải	right

Consonants *(Continued)*

Letter	English	Example	Meaning
r	*r*un	**ra**	to go out
s	*s*how	**sữa**	milk
t	*t*op	**tốt**	good
th	*th*in	**thăm**	to visit
tr	en*tr*y	**trên**	on/above
v	*v*ery	**và**	and
x	*s*ee	**xa**	far

Tones

The standard Vietnamese language has six tones. Each tone is a meaningful and integral part of the syllable. Every syllable must have a tone. The tones are indicated in conventional Vietnamese spelling by diacritic marks placed over (**á, à, ả, ã**) or under (**ạ**) single vowels or the vowel in a cluster that bears the main stress (v).

Vietnamese	Tone name	Tone mark	Description	Example	Meaning
Không dấu	(no)	o	Voice starts at middle of normal speaking range and remains at that level	**ma**	ghost
Sắc	high-rising	ó	Voice starts high and rises sharply	**má**	cheek
Huyền	low-falling	ò	Voice starts at a fairly low and gradually falls	**mà**	but
Nặng	low-broken	ọ	Voice falls, then cuts off abruptly	**mạ**	rice seedling
Hỏi	low-rising	ỏ	Voice falls initially, then rises slightly	**mả**	tomb
Ngã	high-broken	õ	Voice rises slightly, is cut off abruptly, then rises sharply again	**mã**	horse

Tone Symbols

The six tones just described are summarized in the following chart to illustrate the differences between them as they are associated with individual words.

		Mid level Không dấu	High rising Dấu sắc	Low falling Dấu huyền	Low broken Dấu nặng	Low rising Dấu hỏi	High broken Dấu ngã
5 4	High		⟋				
3	Mid	▬					⟋
2 1	Low			⟍	⟋	⌄	

Vietnamese language has its national standard syntax, morphology and the tone system, although there are some regional variations in pronunciation and accents. There are significant differences in pronunciation and accents between the Northern and Southern people (represented by Hanoi and Saigon respectively). They are as follows:
1. There is no difference in the single vowels between Hanoi and Saigon.
2. There are two vowel clusters /ưu/ and /ươu/ which are pronounced /iu/ and /iêu/ by Hanoi, and /ưu/ and /ươu/ by Saigon.
3. Differences in the pronunciation of consonants:

Consonant	Sound		Examples	Pronunciation	
	Hanoi	Saigon		Hanoi	Saigon
d, gi	/z/	/j/	dạ (yes)	/zạ/	/jạ/
r	/z/	/r/	ra (out)	/za/	/ra/
s	/x/	/s/	sau (after)	/xau/	/sau/
tr	/ts/	/tr/	trong (in)	/tsong/	/trong/
v	/v/	/vj/	vào (to come in)	/vào/	/vjào/
n	/n/	/ng/	ăn (to eat)	/ăn/	/ăng/
t	/t/	/k/	mặt (face)	/mặt/	/mặc/

4. Saigonese do not differentiate between the two tones /ʔ/ and /~/; these are pronounced alike.

Preface

I am very pleased to present the *Tuttle Vietnamese-English Dictionary* which is a totally revised and updated version of the *Vietnamese-English Dictionary*, the landmark work of the late Professor Nguyễn Đình Hoà in 1991.

The past few decades have seen vast changes in many aspects of life, with science and technology—particularly the Internet—accelerating the pace of diffusion and expansion of knowledge. As a result, new terms in both the English language and the Vietnamese language have been coined. The need for a compact, contemporary and user-friendly Vietnamese-English dictionary is an urgent call, and we intend to make this dictionary meet that need.

For the Vietnamese text, there are several new features introduced in this updated dictionary:

1. New terms are created, particularly since Vietnam was unified in 1976, for example, identity card: **thẻ căn cước** (old) and **chứng minh nhân dân** (new); bird flu: **dịch cúm gia cầm** (new).
2. No more hyphenation for compound words.
3. The tone markers are now on the main stress vowel of the vowel clusters (as the Vietnamese Standard Dictionary), for example, **hoà** (not **hòa**), although both forms are still acceptable.

This new edition updates all entries in the previous edition and also adds more practical examples to make it easier for users to use. Many more common and useful headwords are included too, so that the users can have on hand a dictionary of 25,000 entries which they can refer to for words related to daily living.

How To Use This Dictionary

This dictionary is listed alphabetically in 29 Vietnamese letters ordered from A to Y:
a, ă, â, b, c, d, đ, e, ê, g, h, i, k, l, m, n, o, ô, ơ, p, q, r, s, t, u, ư, v, x, y.

The order of the tones is as follows: level (unmarked), high rising (**ó**), low falling (**ò**), low rising (**ỏ**), high rising broken (**õ**) and low constricted (**ọ**). For more details on Vietnamese pronunciation, please refer to page vii.

The components of each headword are as follows:

1. **Headwords** are set in bold type, followed by information on the word class (part of speech), and the English meaning, eg.

   cá hồi *n.* salmon

Additional information on each headword that may be given includes its synonyms
(=), antonyms [*opp.*], and the origin of the headword, particularly as loanwords from
Chinese [SV] or French [Fr.], eg.

> **mua** *v.* [SV **mãi**] to purchase, to buy [*opp.* **bán**]: **bà ấy mua nhiều thức ăn quá**
> she bought a lot of food

2. English meanings of headwords are set in lower cases. If the headword can be
   expressed in more than one way in English, these are separated by a comma (,), eg.

> **bá chủ** *n.* lord, master, dominator, ruler

and if the headword has multiple meanings, the English meanings are separated by a
semi-colon (;), eg.

> **công chuyện** *n.* business; public affairs

> **nạp** **1** *v.* (= **nộp**) to charge [electricity]; to load [gun]: **nạp bình điện** to charge
> battery; **nạp súng** to load a gun **2** *v.* to submit, to pay: **nạp thuế** to pay tax; **nạp**
> **đơn xin việc** to submit an application for a job

3. Word class (part of speech) for Vietnamese words is not clearly identified and
   totally agreed upon by linguists, but it is generally agreed that almost the nine word
   classes (parts of speech, given on page xiv) can be determined, for example, a
   Vietnamese adjective can sometimes be the verb in its English meaning. The word
   classes are written after each headword. If the headword has more than one word
   class—i.e, it can function as a verb, a noun etc.—these can be listed either separately
   or listed together: eg.

> **hạn** **1** *n.* limit, deadline; ill luck: **hạn chế/có hạn** limited; **công ty hữu hạn** cor-
> poration/ company limited; **vô hạn** unlimited; **kỳ hạn** deadline; **giới hạn** bound-
> ary; **quyền hạn** limit of authority **2** *n.* drought: **hạn hán** drought

> **này** *adv., adj.* this, these, here: **nhà này** this house; **này đây mai đó** to go here
> and there; **đây này** here it is

4. Derivatives of a headword are given first in Vietnamese, followed by their English
   equivalents. Each Vietnamese derivative is separated by a colon (:) and set in bold.
   These derivatives can be in the form of extended vocabulary items, an idiomatic
   phrase, a saying or a full sentence using the headword in context, eg.

> **hàm** **1** *n.* jaw: **hàm răng/răng hàm** molar; **răng tiền hàm** premolar; **hàm trên**
> upper jaw; **hàm dưới** lower jaw; **quai hàm** jawbone **2** *n.* rank, grade, dignity:
> **phẩm hàm** honorary

> **mụ** **1** *n.* old woman, matron: **bà mụ** midwife **2** *v.* to become dull/torpid:
> **học quá mụ người** to become sluggish from too much study

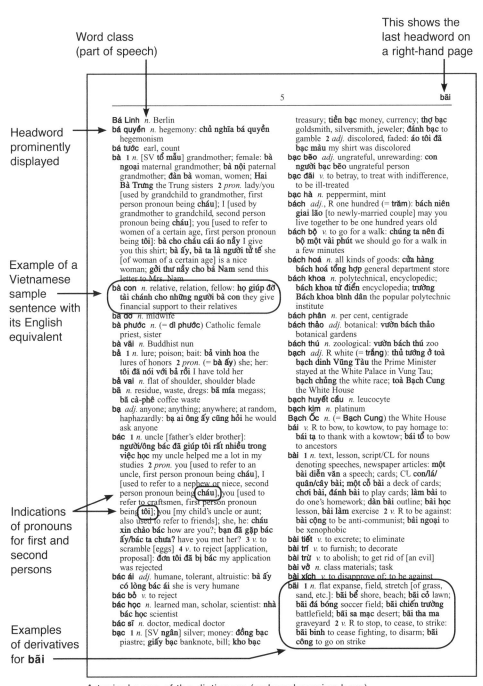

Word class
(part of speech)

This shows the
last headword on
a right-hand page

5 bãi

Headword
prominently
displayed

Example of a
Vietnamese
sample
sentence with
its English
equivalent

Indications
of pronouns
for first and
second
persons

Examples
of derivatives
for **bãi**

Bá Linh *n.* Berlin
bá quyền *n.* hegemony: **chủ nghĩa bá quyền** hegemonism
bá tước earl, count
bà 1 *n.* [SV tổ mẫu] grandmother; female: **bà ngoại** maternal grandmother; **bà nội** paternal grandmother; **đàn bà** woman, women; **Hai Bà Trưng** the Trung sisters **2** *pron.* lady/you [used by grandchild to grandmother, first person pronoun being **cháu**]; I [used by grandmother to grandchild, second person pronoun being **cháu**]; you [used to refer to women of a certain age, first person pronoun being **tôi**]: **bà cho cháu cái áo nầy** I give you this shirt; **bà ấy, bà ta là người tử tế** she [of woman of a certain age] is a nice woman; **gởi thư nầy cho bà Nam** send this letter to Mrs. Nam
bà con *n.* relative, relation, fellow: **họ giúp đỡ tài chánh cho những người bà con** they give financial support to their relatives
bà đỡ *n.* midwife
bà phước *n.* (= dì phước) Catholic female priest, sister
bà vãi *n.* Buddhist nun
bả 1 *n.* lure; poison; bait: **bả vinh hoa** the lures of honors **2** *pron.* (= bà ấy) she; her: **tôi đã nói với bả rồi** I have told her
bả vai *n.* flat of shoulder, shoulder blade
bã *n.* residue, waste, dregs: **bã mía** megass; **bã cà-phê** coffee waste
bạ *adj.* anyone; anything; anywhere; at random, haphazardly: **bạ ai ông ấy cũng hỏi** he would ask anyone
bác 1 *n.* uncle [father's elder brother]: **người/ông bác đã giúp tôi rất nhiều trong việc học** my uncle helped me a lot in my studies **2** *pron.* you [used to refer to an uncle, first person pronoun being **cháu**], I [used to refer to a nephew or niece, second person pronoun being **cháu**], you [used to refer to craftsmen, first person pronoun being **tôi**]; you [my child's uncle or aunt; also used to refer to friends]; she, he: **cháu xin chào bác** how are you?; **bạn đã gặp bác ấy/bác ta chưa?** have you met her? **3** *v.* to scramble [eggs] **4** *v.* to reject [application, proposal]: **đơn tôi đã bị bác** my application was rejected
bác ái *adj.* humane, tolerant, altruistic: **bà ấy có lòng bác ái** she is very humane
bác bỏ *v.* to reject
bác học *n.* learned man, scholar, scientist: **nhà bác học** scientist
bác sĩ *n.* doctor, medical doctor
bạc 1 *n.* [SV ngân] silver; money: **đồng bạc** piastre; **giấy bạc** banknote, bill; **kho bạc**

treasury; **tiền bạc** money, currency; **thợ bạc** goldsmith, silversmith, jeweler; **đánh bạc** to gamble **2** *adj.* discolored, faded: **áo tôi đã bạc màu** my shirt was discolored
bạc bẽo *adj.* ungrateful, unrewarding: **con người bạc bẽo** ungrateful person
bạc đãi *v.* to betray, to treat with indifference, to be ill-treated
bạc hà *n.* peppermint, mint
bách *adj.,* R one hundred (= trăm): **bách niên giai lão** [to newly-married couple] may you live together to be one hundred years old
bách bộ *v.* to go for a walk: **chúng ta nên đi bộ một vài phút** we should go for a walk in a few minutes
bách hoá *n.* all kinds of goods: **cửa hàng bách hoá tổng hợp** general department store
bách khoa *n.* polytechnical, encyclopedic; **bách khoa từ điển** encyclopedia; **trường Bách khoa bình dân** the popular polytechnic institute
bách phân *n.* per cent, centigrade
bách thảo *adj.* botanical: **vườn bách thảo** botanical gardens
bách thú *n.* zoological: **vườn bách thú** zoo
bạch *adj.* R white (= trắng): **thủ tướng ở toà bạch dinh Vũng Tàu** the Prime Minister stayed at the White Palace in Vung Tau; **bạch chủng** the white race; **toà Bạch Cung** the White House
bạch huyết cầu *n.* leucocyte
bạch kim *n.* platinum
Bạch Ốc *n.* (= Bạch Cung) the White House
bái *v.* R to bow, to kowtow, to pay homage to: **bái tạ** to thank with a kowtow; **bái tổ** to bow to ancestors
bài 1 *n.* text, lesson, script/CL for nouns denoting speeches, newspaper articles: **một bài diễn văn** a speech; cards; CL **con/lá/ quân/cây bài; một cỗ bài** a deck of cards; **chơi bài, đánh bài** to play cards; **làm bài** to do one's homework; **dàn bài** outline; **bài học** lesson, **bài làm** exercise **2** *v.* R to be against: **bài cộng** to be anti-communist; **bài ngoại** to be xenophobic
bài tiết *v.* to excrete; to eliminate
bài trí *v.* to furnish; to decorate
bài trừ *v.* to abolish; to get rid of [an evil]
bài vở *n.* class materials; task
bài xích *v.* to disapprove of; to be against
bãi 1 *n.* flat expanse, field, stretch [of grass, sand, etc.]: **bãi bể** shore, beach; **bãi cỏ** lawn; **bãi đá bóng** soccer field; **bãi chiến trường** battlefield; **bãi sa mạc** desert; **bãi tha ma** graveyard **2** *v.* R to stop, to cease, to strike: **bãi binh** to cease fighting, to disarm; **bãi công** to go on strike

A typical page of the dictionary (reduced version here)

vả 1 *v.* to slap: **vả vào mặt ai** to slap someone's face 2 *adv.* moreover, however, besides, at any rate, anyhow: **tôi phải ở nhà vả lại người tôi không được khoẻ** I have to stay at home; moreover I am not well

There are many ways in Vietnamese of addressing the first and second persons. In the examples given in this dictionary, **tôi** is used for the first person, and **bạn** for the second person. These pronouns can be replaced by **ông, bà, anh, chị, em, tau, mày** . . . depending on the age and relationship between the first and second persons.

5. There are many loanwords in the Vietnamese language; these came mainly from Chinese and French, and are indicated by [SV] (for Sino-Vietnamese words), and [Fr.] (for French-originated words), respectively. The loanwords are pronounced as Vietnamese words, eg.

rắn 1 *n.* [SV **xà**] snake: **nọc rắn** venom 2 *adj.* [SV **cương**] hard, rigid [*opp.* **mềm**]: **rắn lại** to harden

rầy 1 *v.* to scold, to annoy, to bother, to pester 2 *n.* [Fr. *rail*] rail: **đường rầy** railway

Grammar Notes

1. A slash (/) is used to avoid repetition of the headword in Vietnamese: eg. **buộc/ cột/trói chặt = buộc chặt, cột chặt, trói chặt.**

2. These abbreviations are used to define the nature of a word:
   CL   = classifier noun
   Fr.   = French
   opp. = opposed (meaning the antonym of a word/phrase)
   R   = restricted (meaning is not freely used)
   SV   = Sino-Vietnamese

3. List of abbreviations used for class words:

Abbreviations	Full word	Vietnamese
adj.	adjective	**tính từ**
adv.	adverb	**phụ từ**
conj.	conjunction	**kết từ**
exclam./intj.	exclamation/interjection	**cảm từ**
n.	noun	**danh từ**
num.	numeral	**số từ**
prep.	preposition	**giới từ**
pron.	pronoun	**đại từ**
v.	verb	**động từ**

Cấu Tạo Từ Đơn Tiếng Việt

(The structural formations of single Vietnamese words)

Cách cấu tạo	Ví dụ
1. **Nguyên âm đơn/ghép + dấu**	Ô!, Ai, Áo...
2. **(Nguyên âm đơn/ghép + dấu) + phụ âm**	ăn, uống, ông...
3. **Phụ âm + (nguyên âm đơn/ghép + dấu)**	da, hỏi, cười...
4. **Phụ âm + (nguyên âm đơn/ghép + dấu) + phụ âm**	cơm, thương, không, nguyễn...

We hope that all users of this Vietnamese-English Dictionary—be they Vietnamese students learning English, or English-speaking expatriates, students or business people—will find this a most compact, up-to-date and user-friendly Vietnamese-English dictionary, for all aspects of daily communication.

Phan Văn Giưỡng

A

a 1 *n.* acre [100 square meters] **chữ viết tắt mẫu Tây** 2 *a! intj.* oh! [exclamation term]: **a! hay quá!** oh! how nice!

a dua *v.* to flatter, to follow: **a dua theo lối ăn mặc người khác** to follow a person's style of dress

a-lô! *intj.* hello!: **a-lô! ai đấy?** hello! who's that?, who's calling?

a phiến *n.* (= **thuốc phiện**) opium: **hút thuốc phiện rất nguy hiểm cho sức khoẻ** smoking opium is dangerous to health

A-Phú-Hãn *n.* Afghanistan, Afghan

a tòng *v.* to act as an accomplice

a-xít *n.* acid

á! *intj.* oh! ouch!

Á *n.* Asia, Asian: **Á Phi** Afro-Asian; **Đông Nam Á** Southeast Asia

Á-Căn-Đình *n.* Argentina, Argentine

Á Châu *n.* Asia, Asian: **Đông Nam Á Châu** Southeast Asia; **người Á châu** Asian

Á Đông *n.* Asia, The East, The Orient, Asian, Eastern, Oriental: **tiệm thực phẩm Á Đông** Asian grocery shop

á kim *n.* metalloid

Á Phi *n.* Asian-African: **Á Phi** Afro-Asian

à *intj.* oh! ah!: **thế à?** is that so?; **anh không đi à?** you're not going?, aren't you going?

ả *n.* lass, gal, dame, damsel

ả đào *n.* traditional song female singer: **đi xem hát ả đào** to go to a traditional song theater

Á Rập *n.* Arabia, Arab, Arabian: **Khối Á Rập** the Arab Bloc

ạ *intj.* polite particle: **vâng ạ** yes sir

ác *adj.* cruel, severe, fierce: **ông ấy độc ác quá** he is very cruel [*opp.* **hiền**]; R evil [*opp.* **thiện**]

ác cảm *n.* antipathy, ill-feeling, dislike: **ông ấy có nhiều ác cảm với tôi** he has a lot of ill feeling towards me

ác chiến *n.* a bloody fight: **trận ác chiến** a bloody fight

ác liệt *adj.* [of a fight, battle, war] very violent, very fierce

ác miệng *adj.* foul-mouthed: **ông ấy ăn nói ác mồm ác miệng** he is a foul-mouthed man

ác mộng *n.* nightmare: **tôi đã trãi qua một cơn ác mộng** I have had a nightmare

ác ôn *n.* wicked thug: **họ ăn ở ác ôn quá** they behave as wicked thugs

ác thú *n.* wild animal: **cọp là loài ác thú** the tiger is a wild animal

ác ý *n.* malice, ill-will: **ông ấy nói không có gì ác ý** no offense is meant in his statement

ách *n.* yoke: **ách thực dân** the yoke of colonialism

ai *pron.* who? whom, whoever, everyone, someone, anyone: **ai đó?** who's there?; **anh đi với ai?** whom are you going with?; **ai không hiểu xin giơ tay?** who doesn't understand? Please raise your hand; **ai cũng thích cô ấy** everyone likes her; **có ai đến hỏi tôi ...** if somebody comes and asks for me; **ai cũng được** anyone would do; **ai ai cũng nhớ anh ấy** everyone misses him

Ai Cập *n.* Egypt, Egyptian

Ai Lao *n.* Laos, Laotian [see **Lào**]: **Ai Lao là nước láng giềng của Việt Nam** Laos is a neighbor of Vietnam

ái ân *v.* to make love: **trong lúc ái ân** during love making

ái chà! *intj.* well, well!: **ái chà! bạn tử tế quá** well, how kind you are!

ái hữu *n.* friendly society, association: **hội ái hữu sinh viên nước ngoài** overseas students' society

ái ngại *v.* to feel compassion for: **tôi cảm thấy ái ngại cho họ** I feel compassion for them

ái lực *n.* affinity

Ái Nhĩ Lan *n.* Ireland, Irish

ái nữ *n.* daughter: **Cô Kim là ái nữ của ông thủ tướng** Miss Kim is the Prime Minister's daughter

ái quốc *adj.* patriotic: **lòng ái quốc** patriotism; **nhà ái quốc** patriot

ái tình *n.* (= **tình yêu**) love: **ái tình cao thượng** noble love

ải *n.* pass, hurdle: **ải Chi Lăng** Chi Lang pass; **ông ấy đã vượt qua ải cuối cùng** he has overcome the last hurdle

am *n.* small Buddhist temple, cottage

am hiểu *v.* to know well, to be familiar with: **ông ấy am hiểu nhiều vấn đề** he knows everything by heart

ám ảnh *v.* to be obsessed, beset: **hình ảnh đó ám ảnh đầu óc bà ta** she was obsessed by that idea

ám hiệu *n.* secret signal

ám muội *adj.* stupid, fishy, shady

ám sát *v.* to assassinate: **vụ ám sát** assassination; **kẻ ám sát** assassin

ám tả *n.* dictation

an *adj.* safe, secure; R peace: **bình an** (= **yên**) security; **hội đồng bảo an** security council; **an cư lạc nghiệp** to live in peace and be contented with one's occupation, to settle down

an hưởng *v.* to live peacefully, to enjoy peacefully: **an hưởng cuộc đời** to enjoy life peacefully

an khang *adj.* healthy and safe: **tôi chúc bạn**

một năm mới an khang và thịnh vượng I wish you a healthy, safe and prosperous New Year

An Nam *n.* Vietnam: **dân An Nam** [not used nowadays] Vietnamese

an ninh *n.* security: **cơ quan an ninh** security service

an nhàn *adj.* to be leisurely: **đời sống an nhàn** a good and easy life

an toạ *v.* to be seated

an toàn *adj.* secure, safe: **an toàn lao động** safe working conditions

an ủi *v.* to comfort: **bạn nên an ủi cô ta** you should comfort her

án *n.* judgment, sentence, verdict: **toà án** court of law; **tuyên án** to give the sentence; **chống** [or **kháng**] **án** to appeal

án mạng *n.* murder, homicide

án treo *n.* suspended sentence

áng *n.* literary work: **áng văn chương** literature work; **áng mây** cloud

anh 1 *n.* (= **huynh**) elder brother: **tôi có hai người anh** I have two elder brothers; **anh em** brothers/you; **anh cả** eldest brother; **anh rể** brother-in-law [one's sister's husband]; **anh ruột** blood brother; **anh họ** cousin [one's parent's elder sibling's son]; **(hai) anh em ông Kim** Mr. Kim and his younger brother (or sister); Mr Kim and his older brother 2 *pron.* **anh** (first person as I [used by elder brother to younger sibling], and as you [used to young man]); he [used of young man] **anh ấy, anh ta: anh khoẻ không?** how are you?; **tôi vừa gặp anh ấy** I have met him

Anh *n., adj.* Great Britain, England; British, English: **Nước Anh** England, Britain; **tiếng Anh** English; **liên hiệp Anh** the British Commonwealth

Anh Cát Lợi *n.* England, English

anh đào *n.* cherry: **hoa anh đào** cherry blossom

anh hùng *n.* hero: CL **bậc, đấng anh hùng** hero; **nữ anh hùng** heroine

anh hùng ca *n.* epic

Anh quốc *n.* England

anh thư *n.* heroine

ánh *n.* beam, ray: **ánh sáng** beam of light, ray of light; **ánh nắng** sunlight; **ánh trăng** moonlight

ánh sáng *n.* light: **ánh sáng ban ngày** daylight

ảnh *n.* photograph: CL **tấm, bức ảnh** (= **hình**); **tranh ảnh** pictures, illustrations; **ăn ảnh** to be photogenic; **rửa ảnh** to develop, to print pictures; **chụp ảnh** to take photographs; **điện ảnh** movies; **nhiếp ảnh** photography

ảnh hưởng *n.* influence: **có ảnh hưởng** to influence [**đến** precedes object], influential

ao *n.* pond: CL **cái ao; ao cá** fish pond; **ao sen** lotus pond; **ao tù** pond with stagnant water

ao ước *v.* to long for, to dream: **tôi ao ước được đi du lịch khắp thế giới** I dream of traveling all over the world

áo *n.* [SV **y**] blouse, shirt, jacket, tunic: CL **cái áo** clothes, clothing; **cơm áo** food and clothing; **quần áo** clothes

Áo *n.* Austria, Austrian: **nước Áo** Austria

Áo môn *n.* Macao

áo quan *n.* coffin

Áo quốc *n.* Austria

ào ào *adj.* roaring: **chạy ào ào** to rush; **gió thổi ào ào** roaring wind; **nước chảy ào ào** gushing water

ảo *adj.* imaginary, illusive: **huyền ảo** mysterious

ảo tưởng *n.* illusion, fancy

áp *v.* to approach, to get close; to stand against: **áp bức** to oppress; **đàn áp** to repress; **áp chế** to oppress

áp dụng *v.* to apply, to use [method, policy]: **chúng ta áp dụng phương pháp làm việc mới** we apply a new working method

áp lực *n.* pressure: **áp lực không khí** atmospheric pressure; **áp lực 3 ki-lô gam trên một phân vuông** pressure of 3 kg per square centimeter

áp suất *n.* pressure

át *v.* to drown out [noise]

áy náy *v.* to be uneasy: **tôi cảm thấy áy náy không giúp bạn được gì** I feel uneasy for not helping you in anything

Ă

ắc-quy *n.* [Fr. *Accu*] battery: **tôi phải thay bình ắc-quy xe của tôi** I have to replace the battery of my car

ẵm *v.* to carry [baby] in one's arms: **khi còn bé, mẹ tôi ẵm tôi hàng ngày** when I was a baby, my mother carried me in her arms every day

ăn 1 *v.* [SV **thực**] to eat: **ăn cơm** to eat or take a meal 2 *v.* to earn; to win: **ăn gian** to earn dishonestly; **ăn tiền** to win money [*opp.* **thua**]; **ăn lương** to earn wages

ăn bận *v.* to wear clothes, to dress: **cô ấy ăn bận áo quần sang quá** she wears expensive clothes

ăn bớt *v.* to practice squeezing, to take part of profits

ăn cắp *v.* to steal, to rob, to pilfer: **thằng bé ăn cắp đồ ở trong tiệm** a boy stole something from the shop

ăn chay *v.* to eat vegetarian food: **tôi ăn chay hai ngày một tháng** I eat vegetarian food two days a month

ăn chịu *v.* to eat on credit: **tôi ăn chịu ở tiệm ăn nầy hàng ngày** I eat on credit at this restaurant every day

ăn chơi *v.* to amuse oneself, be a playboy; to eat for fun: **cậu ấy ăn chơi lắm** that young man is a real playboy; **bốn món ăn chơi** four assorted appetizers

ăn cướp *v.* to rob, to loot, to burglarize: **một băng đảng ăn cướp nhà băng** a gang robbed the bank

ăn diện *v.* to dress smartly: **cô ấy thích ăn diện** she likes to dress smartly

ăn gian *v.* to cheat: **ông ấy ăn gian của tôi 5 đô la Mỹ** he cheated me of US$5

ăn trầu *v.* to chew betel

ăn hại *v.* to live at the expense of; to be a parasite: **nó sống chỉ ăn hại xã hội** he is a parasite to society

ăn hiếp *v.* to bully, to oppress

ăn hỏi *v.* to ritually propose, to become engaged

ăn hối lộ *v.* to take bribes, to be corrupted: **họ ăn hối lộ** they have become corrupted

ăn khao *v.* to celebrate a happy event by giving a banquet

ăn mày *v.* to beg: **người/kẻ ăn mày** beggar

ăn mặc *v.* to dress, to wear clothes

ăn mừng *v.* to celebrate

ăn nằm *v.* to live as husband and wife

ăn năn *v., n.* to repent; regret: **ông ấy ăn năn về những lỗi lầm của mình** he regrets his mistakes

ăn non *v.* to quit gambling as soon as one has won

ăn ở *v.* to live; to behave: **bà ấy ăn ở tử tế với bạn bè** she behaves kindly towards her friends

ăn quịt *v.* to eat or take without paying

ăn tiền **1** *v.* to take bribes: **ông ấy ăn tiền tôi khi tôi nhờ ông ta đóng dấu trên giấy thông hành** he took a bribe from me when I asked him to stamp my passport **2** *adj.* [slang] to be successful, all right, OK: **bạn làm được như vậy là ăn tiền rồi** what you did when you were successful

ăn trộm *v.* to rob, to burglarize, to steal [as in housebreaking]: **hôm qua, kẻ ăn trộm vào ăn trộm nhà bà ta** yesterday thieves broke into her house

ăn vạ *v.* to make a scene in order to obtain what one wants; [of child] to create a tantrum

ăn vã *v.* to eat [meat, fish, other food] without rice

ăn vận *v.* (= **ăn mặc**) to dress

ăn xin *v.* (= **ăn mày**) to beg

ăng ẳng *v.* [of puppy] to yelp repeatedly

Ăng Lê *n.* [Fr. *Anglais*] English: **tiếng Ăng Lê** English

ăng ten *n.* [Fr. *antenne*] antenna, aerial

ấp *adj.* brimful: **thùng nước đầy ắp** the bucket is full of water

ắt *adv.* certainly, surely: **ắt hẳn ông ấy nói điều đó** surely he said that

Â

âm **1** *n.* sound, phone: **bát âm** the eight sounds used in music [produced from silk **ti**, bamboo **trúc**, metal **kim**, stone **thạch**, wood **mộc**, earthenware **thổ**, leather **cách**, and the gourd **bào**]; **ngũ âm** the five notes in the pentatonic scale; **bán mẫu âm** semi-vowel; **biên âm** lateral; **hầu âm** laryngeal; **khẩu cái âm** palatal; **nguyên âm** vowel; **nha oa âm** alveolar; **nhuyễn khẩu cái âm** velar; **sỉ âm** dental; **song thần âm** bi-labial; **tắc âm** stop; **tắc xát âm** affricate; **thanh môn âm** glottal; **thần sỉ âm** labiodental; **thiệt đầu âm** apical; **thiệt diện âm** frontal; **thiệt bối âm** dorsal; **tiểu thiệt âm** uvular; **phụ âm** consonant; **tỵ âm** nasal; **xát âm** spirant, fricative; **yết hầu âm** pharyngal; **ngữ âm học** phonetics; **phát âm** pronunciation; **nhị trùng âm** diphthong **2** *n.* female principle, negative principle, minus, yin [*opp.* **dương**]: **âm lịch** lunar calendar

âm ba *n.* sound wave

âm cực *n.* cathode

âm đạo *n.* vagina

âm điệu *n.* tune, melody: **cô ấy hát đúng âm điệu** she sings in tune

âm độ *n.* pitch

âm giai *n.* musical scale

âm học *n.* acoustics

âm hộ *n.* vulva

âm hưởng *n.* echo

âm lịch *n.* lunar calendar

âm mưu *n., v.* plot; to plot

âm nhạc *n.* music: **tối qua, tôi vừa tham dự buổi trình diễn âm nhạc** last night I attended a concert

âm phủ *n.* hell

âm thanh *n.* sound, tone

âm thanh học *n.* phonology

âm thầm *adj.* to be quiet, to be profound; silent: **sau khi về hưu, ông ấy sống âm thầm ở nhà** after retirement, he lives quietly at home

âm tiết *n.* syllable

âm tố *n.* sound element

âm vị *n.* phoneme

âm vị học *n.* phonemics

ấm **1** *v., adj.* to be warm: **nước ấm** warm water; **ấm áp** nice and warm **2** *n.* teapot, kettle: **cái ấm nấu nước** kettle

ấm cúng *adj.* snug, harmoniuos: **tôi sống trong một căn phòng ấm cúng** I live in a cozy room

ấm no *adj.* well off, comfortable: **họ có một đời sống ấm no** they have a comfortable life

ầm *adj., adv.* noisy; noisily: **ầm ĩ** to be very noisy; noisily

ẩm *adj.* humid, moist, muggy: **khí hậu ẩm thấp, ẩm ướt** humid weather

ân *n.* R kind act [from above], good deed, favor (= **ơn**): **ông ấy cho tôi một ân huệ** he gave me a favor

ân cần *adj.* solicitious, thoughtful

ân hận *v.* to regret, to be sorry

ân nhân *n.* benefactor

ân xá *v.* to proclaim amnesty

ấn *v.* to press [button]; R to print (= **in**): **ấn loát** printing

Ấn *n.* India, Indies, Indian: **Ấn Hồi** Indo-Pakistan; **Tây Ấn** the West Indies

ấn định *v.* to define, to confirm, to fix [price, rate, date…]: **bạn nên ấn định ngày làm việc** you should confirm your working days

Ấn độ *n.* India

Ấn Độ Dương *n.* Indian Ocean

Ấn Độ giáo *n.* Hinduism

ấn hành *v.* to print, to publish: **chúng tôi sẽ ấn hành hai cuốn từ điển mới** we will publish two new dictionaries

ấn loát *v., n.* to print; printing: **thiết bị ấn loát** printing facilities; **ấn loát phẩm** printed matter; **ấn quán** printing house

ấn tượng *n.* impression, imprint: **gây ấn tượng tốt** to make a good impression

ẩn *v.* to hide: **ẩn nấp** to take shelter; **trú ẩn** to be latent, hidden; **ở ẩn** to live in seclusion; **hầm trú ẩn** air-raid shelter

ẩn dật *v.* to live a secluded life

ẩn khuất *v.* to be hidden

ẩn náu *v.* to hide oneself, to take shelter

ẩn núp *v.* to hide, to take cover

ấp **1** *n.* hamlet, settlement, farm **2** *v.* to sit on [eggs]: **gà mái ấp trứng** the chicken is sitting on its eggs

Âu *n.* Europe, European: **Âu Mỹ** Western; **châu Âu** Europe; **Tây Âu** Western Europe; **Đông Âu** Eastern Europe

Âu hóa *v.* to Europeanize, be Europeanized

âu phục *n.* Western clothes

âu sầu *adj., v.* to be sad, sorrowful; to grieve, to be concerned

ấu **1** *adj.* R to be young: **lớp đồng ấu** first grade [primary school]; **thời kỳ thơ ấu** childhood, boyhood, girlhood, days in one's childhood **2** *n.* caltrops: **ăn củ ấu** to eat caltrops

ấu trĩ *adj.* childish, immature, in infancy

ấu trĩ viên *n.* kindergarten

ẩu *adj., v.* to be careless, negligent; to disregard rules and regulations

ẩu đả *v.* to fight, to brawl

ấy **1** *adj., pron.* that, those: **chính phủ ấy** that government; **tôi thích những quyển sách ấy** I like those books **2** *intj.* look! mind you!: **ấy! đừng làm thế** look! don't do that

B

ba **1** *adj.* [SV **tam**] three: **thứ ba** third; Tuesday; **tháng ba** third lunar month, March; **mười ba** thirteen; **ba mươi/chục** thirty; **một trăm ba (mươi/chục)** one hundred and thirty; **một trăm linh/lẻ ba** one hundred and three **2** *n.* [Fr. *papa*] dad, father: **ba tôi là một công nhân** my father is a worker **3** *n.* R wave (= **sóng**): **lò bếp vi ba** micro-wave

ba ba *n.* turtle: **thịt con ba ba rất ngon** turtle meat is very delicious

ba chỉ *n.* side: **mua một miếng thịt ba chỉ** to buy a cut of pork-side

ba-dô-ca *n.* bazooka

ba gai *adj.* rowdy, impolite: **nó ăn nói ba gai** he spoke in an impolite tone

ba hoa *adj., v.* talkative; to talk too much, boast, brag: **ông ấy nói ba hoa thiên địa** he talked a lot of nonsense

Ba Lan *n.* Poland, Polish: **người Ba Lan** Polish person

ba lăng nhăng *adj.* undisciplined, disorganized, disordered; worthless: **ông ấy ăn nói ba lăng nhăng** he indulges in worthless talk

Ba Lê *n.* Paris, the capital of France

ba phải *adj.* agreeing with everyone: **con người ba phải** a yes-man with everyone

Ba Tây *n.* Brazil, Brazilian

ba toong *n.* [Fr. *baton*] stick, cane

ba trợn *adj.* unruly, rude

Ba Tư *n.* Persia, Iran; Persian, Iranian

bá **1** *adj.* R one hundred (= **trăm**): **bá nhân bá tánh** hundreds of people have hundreds of characteristics **2** *n.* R count, earl, mandarin, title of king court: **bá tước** count **3** *v.* R to sow [seeds]: **truyền bá** to spread; **quảng bá** to broadcast

bá cáo *v.* to announce, to publicize, to proclaim

bá chủ *n.* lord, master, dominator, ruler

Bá Linh *n.* Berlin

bá quyền *n.* hegemony: **chủ nghĩa bá quyền** hegemonism

bá tước earl, count

bà 1 *n.* [SV **tổ mẫu**] grandmother; female: **bà ngoại** maternal grandmother; **bà nội** paternal grandmother; **đàn bà** woman, women; **Hai Bà Trưng** the Trung sisters 2 *pron.* lady/you [used by grandchild to grandmother, first person pronoun being **cháu**]; I [used by grandmother to grandchild, second person pronoun being **cháu**]; you [used to refer to women of a certain age, first person pronoun being **tôi**]: **bà cho cháu cái áo nẩy** I give you this shirt; **bà ấy, bà ta là người tử tế** she [of woman of a certain age] is a nice woman; **gởi thư nầy cho bà Nam** send this letter to Mrs. Nam

bà con *n.* relative, relation, fellow: **họ giúp đỡ tài chánh cho những người bà con** they give financial support to their relatives

bà đỡ *n.* midwife

bà phước *n.* (= **dì phước**) Catholic female priest, sister

bà vãi *n.* Buddhist nun

bả 1 *n.* lure; poison; bait: **bả vinh hoa** the lures of honors 2 *pron.* (= **bà ấy**) she; her: **tôi đã nói với bả rồi** I have told her

bả vai *n.* flat of shoulder, shoulder blade

bã *n.* residue, waste, dregs: **bã mía** megass; **bã cà-phê** coffee waste

bạ *adj.* anyone; anything; anywhere; at random, haphazardly: **bạ ai ông ấy cũng hỏi** he would ask anyone

bác 1 *n.* uncle [father's elder brother]: **người/ông bác đã giúp tôi rất nhiều trong việc học** my uncle helped me a lot in my studies 2 *pron.* you [used to refer to an uncle, first person pronoun being **cháu**], I [used to refer to a nephew or niece, second person pronoun being **cháu**], you [used to refer to craftsmen, first person pronoun being **tôi**]; you [my child's uncle or aunt; also used to refer to friends]; she, he: **cháu xin chào bác** how are you?; **bạn đã gặp bác ấy/bác ta chưa?** have you met her? 3 *v.* to scramble [eggs] 4 *v.* to reject [application, proposal]: **đơn tôi đã bị bác** my application was rejected

bác ái *adj.* humane, tolerant, altruistic: **bà ấy có lòng bác ái** she is very humane

bác bỏ *v.* to reject

bác học *n.* learned man, scholar, scientist: **nhà bác học** scientist

bác sĩ *n.* doctor, medical doctor

bạc 1 *n.* [SV **ngân**] silver; money: **đồng bạc** piastre; **giấy bạc** banknote, bill; **kho bạc** treasury; **tiền bạc** money, currency; **thợ bạc** goldsmith, silversmith, jeweler; **đánh bạc** to gamble 2 *adj.* discolored, faded: **áo tôi đã bạc màu** my shirt was discolored

bạc bẽo *adj.* ungrateful, unrewarding: **con người bạc bẽo** ungrateful person

bạc đãi *v.* to betray, to treat with indifference, to be ill-treated

bạc hà *n.* peppermint, mint

bách *adj.*, R one hundred (= **trăm**): **bách niên giai lão** [to newly-married couple] may you live together to be one hundred years old

bách bộ *v.* to go for a walk: **chúng ta nên đi bộ một vài phút** we should go for a walk in a few minutes

bách hoá *n.* all kinds of goods: **cửa hàng bách hoá tổng hợp** general department store

bách khoa *n.* polytechnical, encyclopedic; **bách khoa từ điển** encyclopedia; **trường Bách khoa bình dân** the popular polytechnic institute

bách phân *n.* per cent, centigrade

bách thảo *adj.* botanical: **vườn bách thảo** botanical gardens

bách thú *n.* zoological: **vườn bách thú** zoo

bạch *adj.* R white (= **trắng**): **thủ tướng ở toà bạch dinh Vũng Tàu** the Prime Minister stayed at the White Palace in Vung Tau; **bạch chủng** the white race; **toà Bạch Cung** the White House

bạch huyết cầu *n.* leucocyte

bạch kim *n.* platinum

Bạch Ốc *n.* (= **Bạch Cung**) the White House

bái *v.* R to bow, to kowtow, to pay homage to: **bái tạ** to thank with a kowtow; **bái tổ** to bow to ancestors

bài 1 *n.* text, lesson, script/CL for nouns denoting speeches, newspaper articles: **một bài diễn văn** a speech; cards; CL **con/lá/quân/cây bài**; **một cỗ bài** a deck of cards; **chơi bài, đánh bài** to play cards; **làm bài** to do one's homework; **dàn bài** outline; **bài học** lesson, **bài làm** exercise 2 *v.* R to be against: **bài cộng** to be anti-communist; **bài ngoại** to be xenophobic

bài tiết *v.* to excrete; to eliminate

bài trí *v.* to furnish; to decorate

bài trừ *v.* to abolish; to get rid of [an evil]

bài vở *n.* class materials; task

bài xích *v.* to disapprove of; to be against

bãi 1 *n.* flat expanse, field, stretch [of grass, sand, etc.]: **bãi bể** shore, beach; **bãi cỏ** lawn; **bãi đá bóng** soccer field; **bãi chiến trường** battlefield; **bãi sa mạc** desert; **bãi tha ma** graveyard 2 *v.* R to stop, to cease, to strike: **bãi binh** to cease fighting, to disarm; **bãi công** to go on strike

bãi khóa *v.* [of students] to strike
bãi thị *v.* [of market vendors] to strike
bãi trường *n.* school vacation: **hôm nay là ngày đầu bãi trường** today is the first day of the school vacation
bại *v.* to lose [battle, war], to be defeated (= **thua**): **thất bại** to fail; **đánh bại** to beat, to defeat [*opp.* **thành, thắng**]
bám *v.* to hang on, to stick, to cling [**lấy** to]: **bụi bám đầy áo quần bạn** dust sticks all over your clothes
ban **1** *n.* section, board, committee, commission: **ban giám đốc** the Board of Directors; **ban nhạc** orchestra, band; **ban hát, ban kịch** theatrical cast **2** *n.* section of time: **ban ngày** in the daytime; **ban đầu** at the beginning; **ban đêm** during the night; **ban nãy** just now, a short while ago; **ban sáng** this morning; **ban tối** in the evening; **ban trưa** at noon **3** *v.* to grant, to bestow, to confer
ban bố *v.* to issue, to promulgate [laws, regulation]
ban hành *v.* to issue, to promulgate, to enforce [laws]: **chính phủ vừa ban hành nghị định về quyền sở hữu nhà đất** the government has announced its decision to property owners
ban khen *v.* to praise, to award
ban phát *v.* to distribute, to dispense
bán **1** *v.* [SV **mại**] to sell; to be sold: **bán lại** to resell; **đồ bán nước** traitor, quisling; **ông ấy là nhà buôn bán** he is a merchant, a businessman; **đi mua bán** to go shopping; **bán chịu** to sell on credit; **bán đấu giá** to sell by auction; **người bán hàng** salesman, salesgirl **2** *adj.* semi-, half: **bán phong kiến** semi-feudal; **bán công khai** semi-official
bán cầu *n.* hemisphere: **Tây bán cầu** the Western Hemisphere
bán chính thức *n.* semi-official: **thông tin bán chính thức** semi-official information
bán đảo *n.* peninsula: **bán đảo Triều Tiên** the Korean Peninsula
bán kết *n.* semi-final: **đội bóng đá được vào bán kết** the soccer team qualified for the semi-final
bán khai *adj.* under-developed, uncivilized, backward: **dân tộc bán khai** uncivilized people; **những nước bán khai** under-developed countries
bán kính *n.* radius
bán nguyệt *n.* semi-circular; bimonthly: **bán nguyệt san** bimonthly magazine
bán nguyên âm *n.* semi-vowel: **trong tiếng Việt, y là một bán nguyên âm** "y" is a semi-vowel in Vietnamese
bán niên *n.* half year, one semester

bán sống bán chết *adj.* being in danger of one's life
bán thân *n.* bust
bán thân bất toại *n.* hemiplegia
bán tín bán nghi *adj.* to be doubtful, dubious
bán tự động *adj.* semi-automatic
bàn **1** *n.* table, desk: **cái bàn học** study table; **bàn tay** hand; **bàn chân** foot; **bàn chải** brush; **bàn cờ** chessboard, check keyboard; **bàn đạp** pedal; **bàn ghế** furniture; **bàn giấy** office desk; **bàn là** iron; **bàn thờ** altar **2** *v.* [SV **luận**] to discuss, to deliberate [**đến, về** about]: **chúng ta nên bàn luận gì ngày hôm nay?** what should we discuss today?
bàn bạc *v.* to discuss, to deliberate
bàn cãi *v.* to debate
bàn giao *v.* to transfer, to hand over: **bàn giao chức vụ** to hand over a position
bản **1** *n.* edition, copy, impression [CL for scripts, songs, plays, statements, treaties, etc.]: **một bản hiệp ước** a treaty; **một bản đàn** a piece of music; **một bản báo cáo** a report **2** *n.* R root, base, origin, source (= **gốc**): **ông ấy có căn bản tiếng Anh** he has a background in English studies
bản doanh *n.* headquarters
bản đồ *n.* map: **bàn đồ du lịch** tourist map
bản lề *n.* hinge: **tra bản lề vào cửa** to fix hinges onto a door
bản năng *n.* instinct: **ông ấy là người có bản năng** he is a man of strong instincts
bản ngã *n.* ego, self
bản quyền *n.* copyright: **nhà xuất bản giữ bản quyền** publisher's copyright
bản sao *n.* a photocopy [of an original document]: **chứng thực bản sao** to certify a photocopy of an original document
bản sắc *n.* character, identity: **bản sắc dân tộc** national identity
bản thảo *n.* draft, rough draft
bản xứ *n.* local/native country
bạn *n.* [SV **hữu**] friend, comrade: **nước bạn** friendly nation; **bạn học** schoolmate, classmate; **bạn cũ** old friend; **bạn già** friend in old age; **bạn trăm năm** spouse, husband, wife; **chúng bạn, bạn bè, bạn hữu** friends
bạn đọc *n.* reader: **trả lời thư bạn đọc** to answer readers' letters
bạn hàng *n.* customer, fellow trader
bang *n.* R state, country, nation: **lân bang** neighboring state; **ngoại bang** foreign nation; **liên bang** union, federation; **tiểu bang** state [in the union]
bang giao *v.* to have relation with: **Việt Nam có bang giao quốc tế với hầu hết các nước trên thế giới** Vietnam has international relations with almost all the countries in the world

báng 1 *n.* butt, stock: **báng súng** butt 2 *n.* ascites: **bệnh báng** ascites

bàng bạc *v.* to teem, to overflow: **tác phẩm văn chương của ông ấy bàng bạc lòng ái quốc và tình yêu nhân loại** his literary work overflows with humanity and patriotism

bàng hoàng *adj.* stunned, dumbfounded, stupefied: **ông ấy định thần lại sau một phút bàng hoàng** he pulls himself together after being dumbfounded for a minute

bàng quan *v.* to look on: **kẻ bàng quan** spectator; **thái độ bàng quang** a spectator's attitudes

bàng thính *v.* to audit [class, course]; to listen in: **sinh viên bàng thính** auditor, non-credit student

bảng *n.* sign, placard: **bảng đen** blackboard; **yết lên bảng thông báo** to put up on the notice-board; **bảng niêm yết thông báo** bulletin board

bánh 1 *n.* cake, pie, pastry: **bánh ngọt** cake; **bánh mì** bread; **một bánh xà phòng** a pack of soap; **bánh bao** dumpling; **bánh bèo** bloating fern-shaped rice cake; **bánh bò** sponge cake; **bánh chưng** square glutinous rice cake; **bánh cuốn** steamed rolled rice pancake 2 *n.* wheel: **bánh xe** car wheel; **tay bánh lái** steering wheel; **không ai có thể quay ngược bánh xe lịch sử** no one can turn back the wheels of history

bánh Trung thu *n.* mid-autumn festival cake

bành tô *n.* jacket, coat: **áo bành tô** overcoat

bành trướng *v.* to develop, to expand, to spread

bao 1 *pron.* how much, how many; so much, so many; some, any: **bao giờ?** when, what time?; **bao lâu?** how long?; **bao nhiêu?** how much? how many?; **bao xa?** how far?; **bao giờ cũng được** any time; **bao nhiêu cũng được** any number (quantity) will do; **anh ấy đi bao giờ?** when did he go?; **bao giờ anh ấy đi?** when is he leaving? 2 *n.* envelope, bag: **một bao gạo** a bag of rice; **một bao diêm** a box of matches; **một bao thuốc lá** a pack of cigarettes 3 *v.* to pack, to wrap, to cover: **bao bọc** to protect; **bao trùm, bao phủ** to cover; **bao gồm** to include

bao phủ *v.* to cover up

bao quát *v.* to embrace, to include

bao tử *n.* stomach: **bệnh đau bao tử** stomach-ache

bao vây *v.* to besiege, to encircle

báo 1 *v.* to announce, to notify, to report: **chúng tôi xin thông báo cho biết rằng** we would like to notify that 2 *n.* newspaper: **tờ báo hàng ngày, nhật báo** a daily newspaper; **nhà báo** journalist; **tuần báo** weekly magazine; **toà báo** newspaper office

báo cáo *v.* to report: **tôi xin trân trọng báo cáo** I have the honor to report; **báo cáo hàng tuần** weekly report

báo chí *n.* newspaper and magazine; the press

báo danh *n.* candidate list: **số báo danh** registration number on the name-list of candidates

báo động *v.* to alarm, to alert, to be in an emergency: **họ báo động là có bom trong chiếc xe đó** they alerted that there is a bomb in that car; **tình trạng báo động** state of emergency

báo giới *n.* the press

báo hỉ *n.* wedding announcement

báo hiếu *v.* to show gratitude towards one's parents: **tỏ lòng báo hiếu cha mẹ** to convey one's filial piety towards one's parents

báo hiệu *v.* to give the signal

báo thù *v.* to avenge oneself

báo thức *v.* to wake up: **đồng hồ báo thức** alarm clock

báo tin *v.* to inform, to advise, to announce: **tôi vừa được báo tin rằng tôi được nhận vào làm việc ở công ty ông ấy** I was informed that I was offered a job in his company

bào 1 *v.* to plane 2 *n.* **cái bào** plane: **vỏ bào** shavings 3 *n.* R womb: **bào huynh/bào đệ** brothers by the same mother; **đồng bào** compatriot, fellow countryman

bào chế *v.* to produce medicines, to make drugs: **nhà bào chế** pharmacist, pharmocologist

bào chữa *v.* to defend: **luật sư bào chữa cho bị cáo** lawyers defend the accused

bào ngư *n.* abalone

bào thai *n.* fetus

bảo *v.* to say [to], to tell [**rằng** that]: **tôi bảo sao nghe vậy** believe what I tell you; **khuyên bảo/răn bảo** to advise

bảo an *n.* security: **Hội đồng Bảo An** the Security Council

bảo đảm *v.* to guarantee, to assure; to register: **thư bảo đảm** registered mail

bảo hành *v.* to give a warranty: **cái máy nầy được bảo hành một năm** this machine comes with a one-year warranty

bảo hiểm *v.* to insure, to assure, to guarantee: **bạn phải bảo hiểm nhà của bạn** you must insure your house

bảo hoàng *v.* to be royalist/monarchist: **phái bảo hoàng** the monarchist party

bảo hộ *v.* to protect

bảo kê *v.* to register, to insure

bảo mật *v.* to keep secretly, to be confidential

bảo quyến *n.* your [precious] family

bảo vật *n.* precious things, valuables (= **quí**): **kiến thức là bảo vật đối với con người** knowledge is a precious thing to humans

bảo vệ *v.* to protect, to guard, to preserve (= **giữ**)

bảo tàng viện *n.* museum

bảo thủ *v.* to be conservative: **ông ấy là người bảo thủ lắm** he is very conservative; **đảng bảo thủ** the conservative party

bảo toàn *v.* to keep intact, to preserve perfectly

bảo tồn *v.* to preserve: **bảo tồn văn hoá** to preserve one's culture

bảo trợ *v.* to protect, to sponsor: **quyền bảo trợ** patronage, sponsorship

bảo vệ *v.* to preserve, to guard, to defend

bão *n.* typhoon, storm, hurricane: **cơn/trận bão** storm; **bão tuyết** snowstorm; **gieo gió gặt bão** who causes the wind, reaps the whirlwind

bão hòa *adj.* saturated: **trong tình trạng bão hoà** in a saturated situation

bão táp *n.* violent storm, severe hurricane

bạo *adj.* daring, brave, bold: **ông ấy bạo miệng quá** he speaks boldly

bạo bệnh *n.* serious illness

bạo chúa *n.* tyrant

bạo dạn *adj.* bold, daring, fearless

bạo động *v.* to be violent

bạo lực *n.* repression, violence

bạo tàn *v.* to be cruel, to be wicked

bất bạo động *adj.* non-violent

bát 1 *n.* eating bowl: **một bát cơm** a bowl of rice 2 *adj.* eight (= **tám**): **thơ lục bát** the six-eight words poetic form; **bát giác** octagon

bát đĩa *n.* bowls and plates

bát ngát *adj.* immense, limitless: **cánh đồng lúa bát ngát** an immense ricefield

bát phố *v.* to loiter in the streets, to wander about in a shopping center

bát quái *n.* eight-number figure

bạt 1 *adj.* careless, negligent, rash: **bạt mạng** reckless 2 *n.* epilogue: **viết lời bạt cho một cuốn sách** to write an epilogue for a book 3 *n.* canvas: **nhà bạt** a canvas tent

bạt thiệp *adj.* well-mannered, polite: **con người bạt thiệp** a well-mannered person

bay 1 *pron.* you [plural]: **chúng bay** you all 2 *n.* trowel: **bay thợ hồ** bricklayer's trowel 3 *v.* [SV **phi**] to fly: **máy/tầu bay** airplane; **sân bay** airport; **trường bay** airfield; **chuyến bay** flight

bày *v.* (= **bầy**) [SV **bài**] to display, to arrange: **tổ bày** to express, to expose; **trình bày** to present; **phô bày** to show off

bày biện *v.* to display, to arrange: **bày biện đồ đạc trong nhà** to arrange furniture in the house

bày đặt *v.* to create unnecessarily

bày tỏ *v.* to convey, to express: **tôi muốn bày tỏ ý kiến của tôi** I would like to express my opinions

bày vẽ *v.* to contrive unnecessary things; to show, to teach: **đừng bày vẽ nhiều chuyện** don't contrive all kinds of things; **bà ấy bày vẽ cách làm ăn cho tôi** she taught me how to do business

bảy *adj.* [SV **thất**] seven: **mười bảy** seventeen; **bảy mươi/chục** seventy; **thứ bảy** seventh; Saturday; **tháng bảy** seventh lunar month; July; **một trăm bảy mươi/chục** one hundred and seventy; **một trăm linh/lẻ bảy** one hundred and seven

bắc 1 *v.* to bridge a space with [a plank **tấm ván**, brick **gạch**]: **bắc cầu** to build a bridge; **bắc thang** to put up a ladder 2 *n.* north, northern: **phương bắc** the north; **đông bắc** northeast; **tây bắc** northwest; **thuốc Bắc** Chinese medicine; **người Bắc** northerner

Bắc Băng Dương *n.* Arctic Ocean

Bắc bộ *n.* the northern part of Vietnam

Bắc Cực *n.* North Pole

Bắc Đẩu *n.* Ursa Major

Bắc Đẩu Bội Tinh *n.* Legion of Honor Medal

Bắc Đại Tây Dương *n.* North Atlantic: **tổ chức Hiệp ước Bắc Đại Tây Dương** the North Atlantic Treaty Organization [NATO]

Bắc Hàn *n.* North Korea

Bắc Kinh *n.* Beijing

Bắc Kỳ *n.* North Vietnam, Tonkin [not used nowadays]

Bắc Mỹ *n.* North America

bắc phần *n.* the northern part of Vietnam

Bắc Phi *n.* North Africa

Bắc thuộc *n.* Chinese domination

Bắc Việt *n.* North Vietnam

băm 1 *num.* thirty [contraction of **ba mươi**]: **băm sáu** thirty six 2 *v.* to chop: **băm thịt** to chop meat

băn khoăn *v.* to be worried, unable to make up one's mind: **tôi băn khoăn không biết phải làm như thế nào** I am unable to make up my mind as to how to do it

bắn *v.* [SV **xạ**] to fire, to shoot [**vào** at]; to splash: **săn bắn** to hunt; **bắn tin** to drop a hint, to start a rumor, to spread the news

băng 1 *n.* ice: **đóng băng/kết băng** to freeze 2 *n.* [Fr. *banque*] bank: **tôi đi nhà băng đây** I'm going to the bank 3 *n.* [Fr. *ruban, bande*] ribbon, band, bandage, tape: **băng ghi âm** recording tape; **thay băng** to change a bandage

băng bó *v.* to dress a wound

Băng Cốc *n.* Bangkok

băng điểm *n.* freezing point

băng hà 1 *n.* glacier 2 *v.* [of king] to pass away

băng huyết *v.* to have metrorrhagia

băng phiến *n.* naphthalene, moth balls

bằng 1 *adj.* equal to, to be as … as; even, level: **bằng lòng** satisfied; consenting, agreeable; **bằng không** if not, or else; **bằng thừa** in vain; **đồng bằng** plains; **thăng bằng** balanced 2 *adv.* to be made of [some material], run by [some fuel], use [at means], travel or be transported by: **cái nhà ấy làm bằng gỗ** that house is made of wood; **máy này chạy bằng dầu tây** this motor uses kerosene; **tôi thích viết bằng bút máy** I like to write with a fountain pen; **anh sẽ đi bằng gì?** how are you going to go? 3 *n.* diploma, degree: **phát bằng cấp** to confer a degree; **lĩnh bằng** to receive a diploma/degree/certificate; **bằng Trung học** high school certificate; **lễ phát bằng** graduation ceremony

bằng cấp *n.* diploma, degree

bằng chứng *n.* (= **bằng cứ**) evidence, proof

bằng hữu *n.* friend(s): **tình bằng hữu** friendship

bằng lòng *v.* to agree, to be satisfied: **tôi bằng lòng trả tiền thuê** I agree to pay rent

bằng phẳng *adj.* even and flat

bắp *n.* (= **ngô**) corn, maize

bắp cải *n.* cabbage

bắp thịt *n.* muscle: **bắp chân** calf

bắt *v.* [SV **bộ**] to catch, to seize, to arrest; to force: **nó bị bắt rồi** he was arrested; **nó không thích thì thôi; đừng bắt nó** if he doesn't like it, don't force him

bắt bẻ *v.* to find fault with, to criticize: **bắt bẻ từng li từng tí** to find fault with someone's argument

bắt bớ *v.* to arrest: **lực lượng cảnh sát đã bắt bớ nhiều kẻ tình nghi khủng bố** the police force arrested many terrorist suspects

bắt buộc *v.* to force, to compel; to be obligatory, to be compulsory

bắt chước *v.* to imitate, to mimic, to copy: **không nên bắt chước thói hư tật xấu** we should not imitate bad habits

bắt cóc *v.* to kidnap

bắt đầu *v.* to begin, to start: **buổi họp đã bắt đầu** the meeting has started

bắt đền *v.* to demand restitution, to ask for compensation

bắt gặp *v.* to come across, to run into: **tôi bắt gặp bạn tôi ở sân bay** I ran across my friends at the airport

bắt mạch *v.* to take a pulse: **bác sĩ bắt mạch bệnh nhân** the doctor is taking the pulse of his patient

bắt mối *v.* to make contact

bắt nạt *v.* to bully

bắt quả tang *v.* to catch in the act

bắt tay *v.* to shake hands [with]; to start: **khi chúng tôi bắt tay vào làm việc** when we (actually) started to work

bắt thăm *v.* to draw lots

bắc 1 *adj.* [of wind] northern: **gió bắc** northern wind 2 *n.* pith: **bấc đèn** wick

bậc *n.* step [of stairs], rung [of ladder], category, level: **cầu thang có 12 bậc** the stairs have twelve steps; **bậc vĩ nhân** great man

bấm *v.* to press [button, etc.]: **khuy bấm** snap [fastener]

bầm *adj.* bruised, black and blue: **chân bị tím bầm** bruised legs

bẩm *v.* (= **thưa**) to report [to a superior]/ [polite particle]; **bẩm ông** sir

bẩm chất *n.* nature, inborn trait: **cậu ấy có bẩm chất thông minh** he is intelligent by nature

bẩm sinh *adj.* innate, inborn

bẩm tính *n.* innate character

bấn *v.* to be short of money, to be in trouble: **tôi đang túng bấn lắm** I am in trouble because of money

bần 1 *adj.* R poor (= **nghèo**): **bần cùng** very poor 2 *n.* cork: **nút bần** a cork

bần đạo *n.* a poor priest

bần cố nông *n.* a poor peasant: **họ được xếp loại bần cố nông** they were classified as poor peasants

bần tăng *n.* a poor monk

bần thần *adj.* haggard, worried: **vẻ mặt bần thần** to look haggard

bần tiện *adj.* mean, ignoble: **hành động bần tiện** mean action

bẩn *adj.* dirty, filthy; stingy: **tay bẩn** dirty hands; **keo bẩn** miserly; **bẩn thỉu** stingy

bận 1 *adj.* busy, occupied: **bận việc** to be busy; **bận bịu, bận rộn** to be occupied 2 *v.* to dress, to wear: **ăn bận** to wear clothes; **bận quốc phục** to wear traditional clothes 3 *n.* time, occurrence: **một hai bận** once or twice; **mỗi bận** each time

bâng khuâng *adj.* melancholic; undecided: **tôi rời Hà Nội với nỗi buồn bâng khuâng** I was melancholic when I left Hanoi

bâng quơ *adj.* vague or indefinite [in speech]: **trả lời bâng quơ** to give a vague answer

bấp bênh *adj.* [of conditions, situation, position] unstable, uncertain

bập bẹ *v.* to jabber, to mutter, to babble: **tôi nói bập bẹ vài câu tiếng Tàu** I babbled a few Chinese sentences

bập bùng *adj.* flickering

bất *adj.* R not, non (= **chẳng, không**): **bất bạo động** non-violence; **bất bình** displeased, unhappy; **bất bình đẳng** unequal; **bất can thiệp** non-intervention

bất cần *v.* not to care: **ông ấy bất cần lời khuyên của tôi** he doesn't care for my advice

bất cẩn *adj.* careless: **việc làm bất cẩn** careless work

bất chấp *v.* regardless of; to ignore

bất chính *adj., adv.* unrighteous; unrighteously

bất công *adj.* unjust, unfair: **đối xử bất công** to treat unfairly

bất cộng đái thiên *adj.* to be deadly [enemies]

bất cứ *adj.* any: **bất cứ ai** anybody; **bất cứ lúc nào** any time, any moment

bất di bất dịch *adj.* immutable

bất diệt *adj.* immortal, everlasting: **tình hữu nghị bất diệt** everlasting friendship

bất đắc dĩ *adj.* unwilling, reluctant, unavoidable: **việc ấy, bất đắc dĩ tôi mới phải làm** I had to do it in spite of myself

bất định *adj.* unstable

bất đồ *adv.* suddenly, unexpectedly

bất đồng *adj.* different, uneven, divergent: **những điểm bất đồng** differences

bất động *adj.* motionless

bất động sản *n.* real estate, property: **ông ấy đầu tư nhiều tiền vào bất động sản** he invested a lot of money in real estate

bất hạnh *adj.* unlucky, unfortunate: **kẻ bất hạnh** a victim, unlucky person

bất hảo *adj.* bad: **thành phần bất hảo** bad people

bất hợp pháp *adj.* illegal, unlawful: **buôn bán ma tuý là bất hợp pháp** drug trafficking is illegal

bất hợp tác *v.* to be uncooperative; noncooperative: **chúng tôi bất hợp tác với ông ấy vì ông ấy đối xử không công bằng** we won't co-operate with him because he treats us unfairly

bất hủ *adj.* [of character, literary work] immortal: **truyện Kiều của Nguyễn Du là một tác phẩm văn chương bất hủ** the tale "Kieu of Nguyen Du" is an immortal work in literature

bất khả xâm phạm *adj.* inviolable, unalienable

bất kỳ *adj.* any; unexpected, unintended: **đưa cho tôi bất kỳ cây viết nào** give me any pen

bất luận *adj.* regardless of, without distinction

bất lực *adj.* inefficient, incapable, powerless: **ông ấy bất lực trong việc giải quyết vấn đề nầy** he is incapable of solving this problem

bất lương *adj.* dishonest, crooked

bất mãn *adj.* dissatisfied with: **họ bất mãn với cuộc sống trong xã hội** they are dissatisfied with life in the society

bất nhã *adj.* rude, impolite: **đừng ăn nói bất nhã với phụ nữ** don't say anything rude to women

bất nhân *adj.* non-benevolent, inhumane

bất quá *adv.* at most, only

bất tài *adj.* incapable

bất thình lình *v., adv.* act suddenly; suddenly; all of a sudden, unexpectedly: **trận tấn công bất thình lình** surprise attack

bất thường *adj.* unusual, extraordinary: **phiên họp bất thường của Đại hội đồng Liên Hợp Quốc** special session of the U.N. General Assembly

bất tiện *adj.* inconvenient: **phương tiện đi lại bất tiện** inconvenient transportation

bất tỉnh *adj.* unconscious, insensible: **ông ấy trong tình trạng bất tỉnh** he is in a conscious condition

bất trị *adj.* incurable, unruly: **bệnh bất trị** an incurable disease

bật *v.* to snap, to switch [lights] on: **bật cười** to burst out laughing

bật lửa *n.* cigarette lighter

bấu *v.* to pinch, to snip off: **đừng bấu má cậu ấy** don't pinch his cheeks

bầu 1 *n.* bottle gourd, calabash: **quả/trái bầu** a calabash; CL for certain nouns such as in **một bầu không khí thân thiện** a friendly atmosphere; **bầu nhiệt huyết** enthusiasm **2** *adj.* sphere, globe, round; **có bầu** to be pregnant **3** *v.* to elect, to vote [**cho** for]: **bạn bầu cho ai?** whom do you vote for?

bầu cử *n.* election: **cuộc bầu cử quốc hội sẽ diễn ra vào ngày 01 tháng 11** the National Assembly election will be on the first of November

bây giờ *pron., adv.* now, at (the) present (time): **bây giờ là mấy giờ?** what time is it now?

bấy giờ *adv.* at that time: **bạn làm gì lúc bấy giờ?** what did you do at that time?

bấy lâu *pron., adv.* so long, since then: **ông ấy chờ đợi bấy lâu nay** he has been waiting for a long time

bấy nhiêu *pron.* that much: **chỉ cần bấy nhiêu** that much will do

bầy *n.* flock, herd, group, pack: **một bầy chim** a flock of birds; **bầy tôi** subject(s) [of a king]

bẩy *v.* to pry up, to prise: **họ bẩy hòn đá lên** they pry up a slab of stone

bẫy *v., n.* to trap; to snare; trap, snare: **cái bẫy chuột** mousetrap; **đánh bẫy** to trap; **mắc bẫy** to be trapped

bậy *adj., adv.* wrong; improperly; nonsense: **bà ấy nói bậy** she talks nonsense

be *n.* wine flask

be bét *adj.* crushed to pulp; completely messed up: **họ tính sai be bét** their calculation was completely wrong

bé *adj.* [SV **tiểu**] small, young, little, tiny: **thằng bé** the little boy; **con bé** the little girl; **vợ bé** a concubine; **bé bỏng** little and tender; **bé con** a little child

bè 1 *n.* faction, clique, party: **bè lũ, bè đảng** gang, group, party; **bạn bè** friends 2 *n.* raft: **đóng cái bè** to build a craft; **tầu bè** boats, ships; **thuyền bè** boats, craft

bè phái *n.* faction, clique, party

bẻ *v.* to break; to bend [something long or flexible] in a curve; to snap; to pick [fruit, flower]; to pinion: **bẻ cành cây** to break a stick; **bẻ quặt hay tay** to pinion someone's arms

bẽ *adj.* ashamed: **ông ấy bẽ mặt quá** he lost face

bén *adj.* sharp: **con dao bén** a sharp knife

bén mùi *v.* to become familiar with, to be accustomed to

bèn *adv.* then, instantly, immediately [precedes main verb]; **anh ấy bèn bảo vợ đi thổi cơm** just then he told his wife to go and cook some rice

bẽn lẽn *adj.* shy, timid

béo *adj.* fat, plump, stout, obese [*opp.* **gầy, ốm**]; [of dish] greasy: **không ai thích béo đâu** no one wants to be fat

béo bở *adj.* profitable, easy to do: **việc làm béo bở** easy job

béo tốt *adj.* fat and healthy

bèo *n.* [SV **bình**] duckweed, marsh lentil, water hyacinth

bẹp *adj.* crushed, flattened, put out of shape; **xe tôi bị bẹp lốp** my car has a flat tire

bét 1 *adj.* last [in rank], lowest, worst: **loại vật liệu đó là hạng bét** that kind of materials is of the lowest class 2 *adj.* wrong, utterly messed up: **nát bét** beaten to a pulp; **hỏng bét** to fail completely

bẹt *adj.* flattened

bê 1 *n.* calf [of cow]: **thịt bê** veal 2 *v.* to carry with both hands: **họ đang bê bàn ghế** they are carrying furniture

bê bết *adj.* smeared all over, splashed all over

bê bối *adj.* in a pother, in a stew: **hoàn cảnh gia đình ông ta bê bối** he is in a pother because of his family affairs

bê toong/tông *n.* [Fr. *bêton*] concrete: **nhà ấy xây bằng bê-tông** that house was built on concrete

bê trễ *v.* to leave undone, to neglect: **ông ấy bê trễ công việc** he left his work undone

bế *v.* to hold in one's arms: **người mẹ đang bế con** the mother is holding her baby in her arms

bế mạc *v.* [of a conference] to close, to adjourn, to end, to finish, to be over: **lễ bế mạc** a closing ceremony

bế quan tỏa cảng *n.* the closed-door policy

bế tắc *adj.* obstructed, deadlocked

bề *n.* side, dimension: **bề ngoài** appearance; **bề cao** height; **bề dày** thickness; **bề dọc** length; **bề ngang** width

bề bộn *adj.* jumbled, in a jumble, busy, mess: **đồ đạc trong nhà bề bộn** the furniture in my house is in a mess; **công việc bề bộn** busy work

bề mặt *n.* surface, area, appearance

bể 1 *n.* (= **biển**) [SV **hải**] sea; cistern, tank: **bờ bể/biển** seashore; **cửa bể** seaport 2 *v.* [of glassware, china, etc.] to be broken; (= **vỡ**): **cái bình trà đã bể rồi** the teapot was broken

bệ *n.* platform, pedestal; throne

Bệ Hạ *n.* Your Majesty; Your Excellency; Sire

bệ rạc *adj.* slovenly, squalid: **ông ấy ăn mặc trông bệ rạc** he looks slovenly in his clothes

bệ vệ *adj.* stately, imposing: **ngồi bệ vệ trong ghế bành** to sit imposingly in an armchair

bên *n.* [SV **biên**] side; edge; party: **cả hai bên** both sides; **bên Pháp** in France; **bên kia đường** across the street

bến *n.* landing place, pier, port; bus or railroad station: **bến tầu** seaport; **bến xe** bus station

bền *adj.* strong, durable, solid; long-wearing: **nền nhà bê-tông sẽ lâu bền** the concrete slab will be durable, long-lasting; **vững bền** to be stable, durable; **bền bỉ** enduring

bênh *v.* to protect, to defend, to take the side of: **bênh vực** to protect, to defend

bệnh *n., v.* sickness, disease; to be sick: **hôm nay tôi bệnh** today I am sick; **bị/lâm/mắc bệnh** to be sick; **khám bệnh, xem bệnh** to give or receive a medical examination; **chữa bệnh** to cure a disease; **con bệnh/bệnh nhân** patient; **căn bệnh** cause of the illness

bệnh hoa liễu *n.* (= **bệnh phong tình**) venereal disease

bệnh lý *n.* pathology

bệnh tật *n.* illness and infirmity

bệnh tình *n.* patient's condition, history of aliments

bệnh viện *n.* hospital, clinic

bếp *n.* kitchen; stove: **người làm bếp** cook, chef; **làm bếp** to cook; **bếp nước** cooking

bi *n.* [Fr. *bille*] marbles: **chúng nó đánh bi** they play marbles; **chơi bi, đánh bi** to shoot marbles

bi ai *adj.* sorrowful, sad, lamentable, tragic

bi đát *adj.* lamentable, tragic, heart-rending: **ông ấy lâm vào tình trạng bi đát** he has been driven into a lamentable situation

bi hài kịch *n.* tragi-comedy

bi kịch *n.* tragedy, drama: **tấn bi kịch** tragedy

bi quan *adj.* pessimistic [*opp.* **lạc quan**]: **thái độ bi quan** pessimistic attitude

bi thảm *adj.* tragic: **cái chết bi thảm** a tragic death

bi tráng *adj.* pathetic

bí 1 *n.* pumpkin, squash, winter melon: **quả/trái bí** a pumpkin 2 *adj.* obstructed; constipated; to be stumped

bí ẩn *adj.* hidden, secret

bí danh *n.* pseudonym, pen name

bí hiểm *adj.* mysterious

bí mật *adj., adv.* secret, mysterious; secretly, mysteriously; **công tác bí mật** secret mission; **bí mật quân sự** military secret

bí quyết *n.* hint, secret [formula]: **bạn có thể nói bí quyết thành công của bạn được không?** could you tell me your secret for success?

bí thư *n.* secretary: **đệ nhất bí thư [sứ quán]** first secretary [of embassy]; **tổng bí thư** secretary-general

bí tỉ *adj.* unconscious: **say bí tỉ** to be dead drunk

bì 1 *v.* to compare: **không ai bì kịp** no one is comparable 2 *n.* skin (= **da**), derm, peel; envelope, bag: **phong bì** envelope [for letter]; **cho gạo vào bì** to pack rice in bags

bỉ *adj.* scornful or contemptuous of: **khinh bỉ** contemptible; **thô bỉ** vulgar

Bỉ *n.* Belgium, Belgian

bĩ *adj.* cornered; unfortunate, unlucky [*opp.* **thái**]

bị 1 *n.* bag, knapsack: **cái bị** a bag 2 *v., adv.* to suffer or experience something unpleasant or disastrous; to be: **bị tù** to be in jail; **bên bị can** the defendant, the accused [*opp.* **bên nguyên đơn** the plaintiff]

bị cáo *n.* defendant

bị động *adj., adv.* passive; passively

bia 1 *n.* [SV **bi**] tombstone, stone slab, stele: **bia đá** tombstone; **bia miệng** public judgment, public opinion 2 *n.* bull's eye, target [for archers, marksmen]: **bia đỡ đạn** cannon folder 3 *n.* [Fr. *bière*] beer: **tôi thích uống rượu bia** I like to drink beer

bìa *n.* book cover; cardboard: **đóng bìa** to bind [with a hard cover]

bịa *v.* to invent, to fabricate: **bịa chuyện** to make up stories

bịa đặt *v.* to invent, to fabricate

bích chương *n.* poster: **không được dán bích chương** post no bill

bích báo *n.* newspaper posted on the wall

biếc *adj.* [SV **bích**] green or azure blue: **xanh biếc** emerald green or deep blue

biếm hoạ *n.* cartoon

biên 1 *v.* to write down, to note down, to jot down 2 *n.* R edge, border, limit, boundary, frontier: **vô biên** boundless

biên bản *n.* report, log, minutes: **cảnh sát đã lập biên bản tai nạn** the police wrote a report on the accident

biên cảnh *n.* frontier area

biên chép *v.* to write, to copy

biên chế *v.* to arrange staff: **đưa vào biên chế** to put staff in permanent positions; **giảm biên chế** to cut down staff

biên cương *n.* frontier, boundaries, border

biên giới *n.* frontier, border: **biên giới Hoa Việt** Sino-Vietnamese border

biên lai *n.* receipt: **xin làm ơn cho tôi biên lai** please give me a receipt

biên soạn *v.* to edit, to compile, to write: **tôi đã biên soạn nhiều sách giáo khoa** I have compiled many textbooks

biên tập viên *n.* editor, writer

biên thuỳ *n.* frontier, border

biến 1 *v.* to disappear, to vanish: **nó đã biến đi, biến mất** he disappeared 2 *v.* to change, be changed, to turn into: **nước biến thành hơi** water changes into steam

biến cải *v.* to change, to transform

biến chuyển *v.* to change, to develop: **tình hình biến chuyển khá tốt** the situation has developed for the better

biến cố *n.* event, happening, occurrence

biến đổi *v.* to change, to fluctuate

biến hoá *v.* to change, to evolve

biến loạn *adj., n.* rebellious; turmoil

biến số *n.* variable number

biến thái *adj.* variant, allophone, allomorph

biến thiên *v.* to change, to vary

biến ngẫu *n.* parallel, couple [stylistics]

biển 1 *n.* [SV **hải, dương**] sea, ocean: **bờ biển** sea coast; **bãi biển** seashore, beach (= **bể**) 2 *n.* sign, placard: **hãy xem tấm biển kia!** look at that sign!

biển lận *adj.* avaricious; fraudulent

biển thủ *v.* to embezzle

biện bác *v.* to discuss, to argue, to explain, to debate

biện chứng pháp *n.* dialectic

biện giải *v.* to explain, to explicate

biện luận *v.* to discuss, to argue

biện lý *n.* prosecutor

biện pháp *n.* method, measure, means, procedure: **thi hành biện pháp** to carry out the method

biếng *adj.* lazy; indolent: **làm biếng, lười biếng, biếng nhác** to be lazy

biết *v.* [SV **tri**] to know, be aware of: **quen biết** to be acquainted with; **nó không biết bơi** he can't swim; **tôi biết thế** I knew that

biết đâu *adv.* who knows!

biết điều *adj.* reasonable

biết ơn *adj.* grateful: **tôi luôn biết ơn những người đã giúp tôi** I am always grateful to anyone who helped me

biệt 1 *adj.* separated, isolated: **hai chữ nầy biệt lập** these two letters are separated 2 *v.*

to disappear without a trace: **phân biệt** to distinguish, to discriminate; **đặc biệt** to be special, characteristic, typical; **từ biệt** to say goodbye to

biệt đãi *v.* to treat exceptionally well

biệt động đội *n.* special mobile troops

biệt hiệu *n.* nickname, pen name, pseudonym, alias

biệt lập *adj.* independent, isolated

biệt ly *v.* to be separated, to part; to have a separation

biệt phái *v.* to detail

biệt tài *n.* special talent

biệt thự *n.* countryhouse, manor, villa: **họ sống trong những biệt thự sang trọng** they live in luxurious villas

biệt xứ *adj.* exiled, banished

biếu *v.* to offer as a gift/present: **quà biếu** present; **tôi biếu ba mẹ tôi một món quà Giáng sinh** I gave my parents a Christmas present

biếu xén *v.* to make [frequent] gifts

biểu 1 *v.* (= **bảo**) to say to, to tell, to order: **biểu ông ấy tôi không đi** tell him I'm not going **2** *n.* table, index, scale, meter: **hàn thử biểu** thermometer; **đồ biểu** chart; **biểu chỉ dẫn** index

biểu diễn *v.* to perform, to demonstrate, to parade: **các ca sĩ trẻ biểu diễn ca nhạc Việt Nam** the young singers perform Vietnamese songs

biểu dương *v.* to show, to manifest [a certain spirit **tinh thần**]

biểu đồng tình *v.* to express agreement

biến hiện *v.* to manifest, to show plainly: **hành vi tốt đẹp biểu hiện phẩm chất con người** good behavior manifests one's personality

biểu lộ *v.* to express, to convey

biểu ngữ *n.* slogan, banner

biểu quyết *v.* to decide, to vote

biểu thị *v.* to show, to display, to express

biểu tình 1 *v.* to demonstrate [as a crowd] **2** *n.* demonstration

biểu tượng *n.* symbol

binh *n.* R soldier, private (= **lính**)/R military: **nhà binh** the military; **tù binh** prisoner-of-war; **điểm binh** to review troops; **bộ binh** infantry(man); **mộ binh** to recruit soldiers; **công binh** corps of engineers; **pháo binh** artillery(man); **binh nhì** private; **tân binh** new recruit

binh bị *n.* military affairs: **tài giảm binh bị** to reduce armaments, to disarm

binh chế *n.* military system or organization

binh chủng *n.* arms, service, branch

binh đao *adj., n.* pertaining to war; war, warfare, hostilities

binh đội *n.* troops, forces

binh khí *n.* arms, weapons, war materials

binh lính *n.* soldiers, troops

binh lực *n.* combat forces, military power

binh mã *n.* troops, army, cavalry

binh ngũ *n.* troops, army ranks

binh nhu *n.* military supplies

binh pháp *n.* military strategy/tactics

binh phí *n.* military expenses

binh sĩ *n.* soldier, fighter, serviceman

binh thư *n.* military book/manual

binh vận *v.* to carry out agitation and propaganda among enemy troops: **thi hành chính sách binh vận** to implement psychological warfare

bình 1 *v.* to comment, to criticize: **phê bình/bình phẩm một tác phẩm văn chương** to critique a literature work **2** *n.* vase, pot: **bình hoa** flower vase; **bình chè** teapot; **bình điện** battery; **bình hương** incense burner

bình an *adj.* to be well, safe: **chúc bạn thượng lộ bình an** to have a safe trip

bình dân *adj.* common, popular, simple-mannered, democratically-mannered: **tôi thích ăn cơm bình dân** I like to eat popular dishes; **văn chương bình dân** popular literature

bình dị *adj.* ordinary, simple: **đời sống bình dị** simple life

bình diện *n.* aspect, facet

bình đẳng 1 *adj.* to be equal, on the same level **2** *n.* equality: **trong xã hội dân chủ, mọi người có quyền bình đẳng** in a democratic society, everyone has equal rights

bình địa *n.* level ground

bình điện *n.* battery

bình định *v.* to pacify

bình lặng *adj.* quiet and peaceful: **thời gian bình lặng trôi qua** time passes quietly and peacefully

bình luận 1 *v.* to comment [về on] **2** *n.* commentary, editorial: **bình luận thời sự** to comment on the current affairs; **nhà bình luận/bình luận gia** commentator

bình minh *n.* dawn, early morning

bình nguyên *n.* plain

bình nhật *n.* every day

bình phẩm *v.* to comment, to criticize

bình phong *n.* screen [folding screen]

bình phục *v.* to recover [from an illness]: **bạn tôi vừa bình phục sau một cơn bạo bệnh** my friend has recovered from a serious illness

bình phương *n.* square [in mathematics]

bình quyền *n.* equal rights; equality of rights

bình sinh *adv.* in one's lifetime

bình thản *adj.* peaceful, uneventful; indifferent, calm: **ông ấy ăn nói rất bình thản** he speaks very calmly

bình thường 1 *adj.* normal, ordinary, common 2 *adv.* ordinarily, normally

bình tĩnh 1 *adj.* calm, peaceful 2 *v.* to keep calm

bình yên See **bình an**

bịp *v.* to bluff, to cheat: **lừa bịp ai** to deceive someone

bít tất *n.* socks, stockings: **một chiếc bít tất** a sock; **một đôi bít tất** a pair of socks; **bít tất tay** gloves

bít tết *n.* [Fr. *bifteck*] beefsteak

bịt *v.* to cover, to stop up: **bịt mắt** to blindfold; **bịt tai** to cover one's ears

bíu *v.* to cling to, to grasp, to hold to

bĩu *v.* to purse [one's lips]: **bĩu môi** to purse one's lips scornfully

bo bo *adj.* jealously guarding; close, griping: **của mình thì giữ bo bo** to tightly keep one's property

bó *v., n.* to tie in a bundle; bunch: **băng bó** to dress a wound; **một bó hoa** a bouquet, a bunch of flowers

bó buộc *v.* to compel, to force; [of a system] to be strict, severe: **hoàn cảnh bó buộc** to put under compulsion of circumstances

bó tay *v.* to give up, to be unable to do anything: **ông ấy nghĩ là bó tay, nhưng cuối cùng vẫn làm được** he thought he had to give up but in the end he could do it

bò 1 *v.* to crawl, to creep, to go on all fours: **loài bò sát** the reptiles; **em bé biết bò sau bảy tháng** the baby can crawl at seven months 2 *n.* [SV **ngưu**] cow, ox, bull: **loài trâu bò** livestock; **sữa bò** milk; **thịt bò** beef; **xe bò** ox-cart; **bò cái** cow; **bò đực** bull; **bò con** calf; **bò sữa** milk cow; **bò rừng** wild ox

bỏ *v.* to put, to cast; to leave, to abandon, to give up; to deposit: **tôi đã bỏ hút thuốc lâu rồi** I gave up smoking a long time ago; **bỏ tiền vào ngân hàng** to put/deposit money into the bank

bỏ bê *v.* to neglect: **bà ấy không bỏ bê việc nhà** she doesn't neglect her household duties

bỏ cuộc *v.* to give up joining a competition

bỏ dở *v.* to leave [something] unfinished: **không nên bỏ dở công việc** don't leave work unfinished

bỏ mặc *v.* to abandon oneself

bỏ mình *v.* to die [**vì** for]

bỏ nhỏ *v.* to make a passing/short shot

bỏ phiếu *v.* to cast a vote, to vote: **tôi không biết nên bỏ phiếu cho ai** I don't know who to vote for

bỏ qua *v.* to pass, to let go, to overlook, to throw away [a chance]

bỏ quên *v.* to forget, to leave out: **tôi bỏ quên cái bút máy trong lớp** I left my fountain pen in the classroom

bỏ rơi *v.* to leave far behind

bỏ sót *v.* to omit, to leave out, to miss

bỏ tù *v.* to jail, to put in jail

bỏ túi *v.* to put into a pocket

bõ *adj.* worthwhile: **bõ công** worth the trouble; **cho bõ giận** to satisfy one's anger

bọ *n.* insect, worm, flea: **con bọ chó** dog flea, tick; **sâu bọ** insect(s)

bọ cạp *n.* scorpion

bọ hung *n.* beetle

bọ ngựa *n.* praying mantis

bóc *v.* to peel [fruit]; to open: **bóc vỏ** to peel the skin; **bóc thư** to open the mail

bóc lột *v.* to rob; to exploit

bọc *v., n.* to wrap, to cover, to pack; package; parcel, bundle: **bao bọc** to envelop; to protect, to support/aid [relatives]

bói *v.* to tell one's fortune, to divine: **thầy bói** blind fortune-teller or soothsayer; **xem bói** to consult a fortune-teller

bói cá *n.* kingfisher: **chim bói cá** a kingfisher

bom *n.* [Fr. *bombe*] bomb: **ném/thả bom** to drop bombs; **máy bay thả bom** bomber; **bom khinh khí** hydrogen bomb; **bom lửa** incendiary bomb; **bom nguyên tử** nuclear bomb; **bom nổ chậm** time bomb

bỏm bẻm *v.* to chew [betel] a mouthful

bon bon *adj.* [of vehicles] to run fast

bón 1 *v.* to fertilize: **phân bón** manure, fertilizer 2 *adj.* constipated

bọn *n.* small group of people [derogatory]; gang: **nhập bọn** to affiliate oneself with a group; **cùng một bọn** to belong to the same gang

bong *v.* to get loose, to come off: **cho thêm hồ vào không nó boong** put some more glue on, or it will come off

bong bóng *n.* bubble, toy balloon, bladder

bóng 1 *n.* [SV **ảnh**] shadow, shade, light: **bóng cây** shade of tree; **bóng nắng** sunlight; **bóng trăng** moonlight; **chiếu/chớp bóng** to show movies; **rạp chớp bóng** movie theater; **nghĩa bóng** figurative meaning 2 *n.* [SV **cầu**] ball, balloon: **bóng bàn** table tennis; **bóng truyền** volleyball; **bóng rổ** basketball; **bóng tròn/đá** soccer; **bóng bầu dục** football, rugby 3 *adj.* shiny: **đánh bóng** to polish

bỏng *adj.* burned, scalded

boong *n.* [Fr. *pont*] deck of a ship

bóp 1 *v.* to squeeze with one's hand, to press: **bóp cò** to pull the trigger; **bóp cổ** to strangle, to choke; **đấm bóp** to massage; **bóp còi xe** to press a car horn 2 *n.* [Fr. *portefeuille*] wallet

bóp bụng *v.* to deny oneself in everything, to suffer: **bóp bụng để dành tiền** to deny oneself in order to save money

bóp méo *v.* to distort: **bóp méo sự thật** to distort the truth

bọt *n.* foam, bubble, suds, lather: **nước bọt** saliva; **bọt bể** sponge; **bọt xà phòng** soap suds

bô *n.* chamber pot, bedpan

bô bô *adj.* loud and noisy: **ăn nói bô bô** to speak loudly and inconsiderately

bô lão *n.* village elderly

bố 1 *n.* father, dad, papa: **bố mẹ** parents; **bố vợ** wife's father; **bố chồng** husband's father; **hai bố con ông Xuân** Mr. Xuan and his father 2 *n.* jute: **bao bố** jute bag; **vải bố** canvas 3 *v.* to raid: **cảnh sát bố ráp quận 1** the police raided district 1

bố cáo *v.* to proclaim, to announce: **tuyên bố** to announce, to make a statement; **công bố** to make public; **phân bố** to distribute

bố cục *v., n.* to arrange; to lay out; to structure; arrangement; structure

bố thí *v.* to give alms, to give to charities

bố trí *v.* to deploy [troops]

bồ 1 *n.* friend, pal, sweetheart, lover 2 *n.* bamboo basket

bồ câu *n.* pigeon, squab, dove: **chim bồ câu** pigeon; **mắt bồ câu** dove-eyed

bồ côi *adj.* (= **mồ côi**) orphaned: **bồ côi cha** fatherless; **bồ côi mẹ** motherless

Bồ Đào Nha *n.* Portugal, Portuguese

bồ đề *n.* boh tree [Buddhism]

bồ hòn *n.* soapberry

bồ hóng *n.* soot

bồ hôi *n.* (= **mồ hôi**) sweat, perspiration

bồ nhìn See **bù nhìn**

bồ nông *n.* pelican

bổ 1 *v.* to split, to chop, to open: **bổ củi** to chop wood; **bổ quả bưởi** to cut open a grapefruit; **bổ quả dưa** to cut a melon; **bổ quả dừa** to chop a coconut 2 *v.* to name, to appoint: **ông giám đốc bổ tôi vào chức vụ nầy** the director appointed me to this position 3 *adj.* nourshing, nutritious; mended; supplementary, complementary: **thuốc bổ** tonic; **tu bổ** to repair, to restore [buildings]; **vô bổ** to be of no use

bổ dụng *v.* to appoint, to nominate

bổ ích *adj.* useful, interesting

bổ khuyết *v.* to fill [lacuna, position]

bổ nhiệm *v.* to appoint: **ông ấy được bổ nhiệm làm giám đốc** he was appointed as a director

bổ túc *v.* to complement, to supplement, to add to

bộ 1 *n.* set, series, pack [of cards], suit [of clothes], service, collection, assortment: **bộ bình trà** a set of teapots; **bộ áo quần vét** a set of suits 2 *n.* section, branch, part, [government] department, ministry: **Bộ Ngoại giao** Ministry of Foreign Affairs; **đảng bộ** tỉnh a provincial party branch 3 *n.* appearance, look, gait, mien: **làm bộ làm tịch** to be conceited; **làm ra bộ** to pretend to; **coi bộ trời sắp mưa** it looks like raining 4 *n.* R foot, step (= **bước**); land: **đi/cuốc bộ** to go on foot; **trên bộ** on land; **đi đường bộ** to take a land route

bộ binh *n.* infantry(man)

bộ điệu *n.* gesture, attitude

bộ đội *n.* troops, army

bộ hành *n.* pedestrian: **khách bộ hành** passengers

bộ lạc *n.* tribe

bộ môn *n.* subject, department, section, field of specialization or endeavor: **bộ môn tiếng Anh** English subject

bộ trưởng *n.* minister, secretary: **phụ tá Bộ trưởng** Assistant Secretary

bộ xương *n.* skeleton

bốc 1 *v.* to take with one's fingers: **ăn bốc** to eat with one's fingers 2 *v.* to rise, to emit: **bụi bốc mù trời** a cloud of dust rose and shrouded the sky 3 *n.* [Fr. *boxe*] boxing: **đánh bốc** to box [to fight]

bộc lộ *v.* to expose, to reveal, to show: **bộc lộ tình cảm** to show one's sentiment; **bạn nên giữ bí mật không được bộc lộ cho ai** you should keep secrets and not reveal them to anyone

bộc phát *v.* to explode, to break out suddenly

bôi *v.* to coat, to apply [cream, lotion, pomade]: **bôi son** to apply lipstick onto one's lips

bôi bác *v.* to smear: **bài báo bôi bác danh tiếng của công ty với dụng ý xấu** the article intentionally smears the company's reputation

bôi nhọ *v.* to soil, to discredit, to dishonor, to slander: **họ bôi nhọ lẫn nhau** they slandered each other

bối cảnh *n.* background

bối rối *adj.* uneasy, perplexed, troubled, confused, bewildered: **tôi cảm thấy bối rối khi nói chuyện với ông ta** I am uneasy about speaking with him

bồi 1 *v.* to bank up with earth; R to nourish, to strengthen 2 *n.* [Fr. *boy*] houseboy, waiter

bồi bếp *n.* servants

bồi bổ *v.* to strengthen, to foster, to increase: **bồi bổ sức lực** to foster one's strength

bồi bút *n.* hack writer, ghost writer

bồi dưỡng *v.* to feed up, to improve, to cultivate: **bồi dưỡng nghiệp vụ** to foster one's professional ability

bồi hoàn *v.* to refund money, to reimburse

bồi thường *v.* to pay damages [cho to], to pay compensation for: **bồi thường cho người bị tai nạn** to pay compensation to the victims of the accident

bồi thẩm *n.* assessor, juror
bồi thẩm đoàn *n.* jury
bội *v.* R to violate, to break [promise, trust]: **phản bội/bội phản** to betray; **bội lời hứa** to break one's promise
bội bạc *adj.* ungrateful, unfaithful: **con người bội bạc** ungrateful person
bội chi *adj.* overspending
bội phần *adj., adv.* manifold, many times; extremely: **điều đó đã khiến chúng tôi sung sướng bội phần** that made us extremely happy
bội số *n.* multiple
bội thực *v.* to have indigestion, to have stomach upset
bội tín *v., n.* to violate a trust; a breach of trust
bội tinh *n.* medal: **danh dự bội tinh** medal of honor; **Bắc đẩu Bội tinh** Legion of Honor Medal
bội ước *v.* to break a promise, to violate a pledge
bôn ba *v.* to run after [honors and wealth]; to wander, to roam
bốn *adj.* [SV tứ] four: **mười bốn** fourteen; **bốn mươi/chục** forty; **thứ bốn** fourth; **một trăm bốn mươi/chục** one hundred and forty; **một trăm linh/lẻ bốn** one hundred and four
bồn *n.* vase, basin, bed: **bồn nước** water basin; **bồn hoa** flower bed; **bồn tắm** bathtub
bồn chồn *adj.* anxious, uneasy, worried
bổn See **bản**
bổn phận *n.* duty, obligation
bộn *adj.* disorderly, confused: **bề bộn** in a mess
bông 1 *n.* cotton: **cây bông** cotton plant; **vải bông** cotton cloth, flannelette; **áo bông** quilted robe; **chăn bông** padded blanket, quilt 2 *n.* [SV hoa] flower: **bông tai** ear-ring; **một bông hồng** a rose; **pháo bông** fireworks; **vườn bông** park 3 *n.* [Fr. bon] coupon, ration card
bông đùa *v.* to make a joke
bồng *v.* to carry [a child] in one's arms; to present [arms súng]
bồng bột *adj.* enthusiastic, ardent, eager, ebullient
bồng lai *n.* fairyland
bổng *adj.* rising up [in the air], soaring skyward: **nhấc bổng lên** to lift off the ground; **lên bổng xuống trầm** [of voice, tone] to go up and down, be melodious; **điệu trầm bổng** intonation [opp. **trầm**]
bổng *n.* salary, payment, bonus, premium, allowances: **niên bổng** yearly salary; **nguyệt bổng** monthly salary; **lương bổng** salary, pay; **hưu bổng** pension; **Sở hưu bổng** Retirement Department

bỗng *adv.* suddenly [precedes main verb]: **bỗng chốc** suddenly; **bỗng không** by accident; **bỗng nhiên, bỗn dưng** all of a sudden, by chance
bột *n.* flour, powder, farina: **bột mì** wheat flour; **bột ngô** corn meal; **bột gạo** rice flour; **thuốc bột** [medicinal] powder; **có bột** starchy
bột phát *v.* to flare up
bơ *n.* [Fr. beurre] butter: **phết bơ** to butter
bơ phờ *adj.* disheveled; to be tired, worn out
bơ vơ *adj.* abandoned, helpless, friendless, lonely: **cuộc đời bơ vơ** a lonely life
bớ *intj.* hello! hey!
bờ *n.* edge, rim, bank, limit, border: **bờ cõi** limits, frontier, territory; **bờ hè** sidewalk; **bờ ruộng** path at edge of ricefield; **bờ bể, bờ biển** seashore, coastline; **lên bờ** to go ashore; **bờ hồ** lakeshore
bở *adj.* friable, crumbly; to be gainful: **làm chỗ ấy bở lắm** one earns a lot of extra money in that position
bỡ ngỡ *adj.* new and inexperienced, at fault: **những người mới đến còn bỡ ngỡ** new arrivals are inexperienced
bợ 1 *v.* to flatter servilely: **bợ đỡ** to be toady, to flatter 2 *v.* to lift with both palms extended
bơi *v.* to swim (= **lội**); to row, paddle (= **chèo**): **bể bơi** swimming pool; **tập bơi** to learn swimming; **bơi lội** swimming
bới *v.* to dig with fingers or paws; to dig up: **bới chuyện** to dig up a story; **bới việc** to find work; **bới lỗi** to find fault/mistake; **bới lông tìm vết** to discover weak points
bởi *conj.* because, since, for; because of, by, on account of, due to: **bởi thế/vậy** therefore, because of that; **bởi đâu/sao?** why?; **bởi vì** because, since: **tôi không đến được bởi vì tôi không được khoẻ** I couldn't come because I was not well
bơm *v., n.* [Fr. pompe] to pump, to inflate; pump, inflator: **bơm hộ tôi cái bánh sau** could you put some air in my rear tire, please?
bờm *n.* mane: **bờm ngựa** mane of horse; **bờm sư tử** mane of lion
bợm *adj.* smart, clever, artful, skillful: **tay nầy bợm thật** this chap is very smart
bỡn *v.* to kid, to joke, to tease: **đừng đùa bỡn làm gì!** don't joke!; **việc quan trọng chứ không phải chuyện bỡn** it is an important matter, not a joke; **bỡn cợt** to tease
bợn *n.* dirt, stain, spot, impurity: **nước trong không một chút bợn** the water is pure, there's no dirt
bớp *v.* (= **bợp**) to slap, to smack: **bớp tai** to slap lightly one's head
bớt *v.* [opp. **thêm**] to lessen, to reduce, to lower, to decrease; to cut down; to be better

in health: **bỏ bớt** to reduce, to cut down; **họ bớt cho tôi năm phần trăm** they gave me a five percent discount; **chúng tôi đang tính bớt nhân viên** we are planning a reduction in force; **hôm nay chị đã bớt chưa?** do you feel better today?; **nói bớt lời** to speak less, be less talkative; **bớt mồm, bớt miệng** to talk less, to scold less; **bớt một thêm hai** to bargain, to haggle; **ăn bớt** to practice squeezing

bu 1 *n.* mother: **con chào thầy bu** you greet father and mother 2 *n.* coop: **bu gà** chicken coop

bú *v.* to suckle: **cho bú** to nurse, to breast-feed; **thôi bú** to wean; **con khóc mẹ mới cho bú** if the baby doesn't cry, it doesn't get to suck

bú dù *n.* monkey: **trông như con bú dù** to look like a monkey

bù 1 *adj.* [of hair **đầu, tóc**] ruffled, disheveled: **đầu bù tóc rối** disheveled and tangled hairs 2 *v.* to make up, to compensate for: **họ phải đền bù cho bạn** they have to compensate you; **chẳng/chả bù với** in contrast with

bù đầu *adj.* very busy: **ông ấy luôn bù đầu với công việc** he is very busy with his job

bù khú *v.* to have a rollicking time together; to enjoy each other's company: **bạn bè bù khú với nhau suốt ngày** the friends had a rollicking time together the whole day

bù loong *n.* [Fr. *boulon*] bolt

bù lu bù loa *adj., n.* raising a hue and cry; crying lustily, wailing, moaning: **bà ấy khóc bù lu bù loa** she cries lustily

bù nhìn *n.* scarecrow, dummy, puppet: **chính phủ bù nhìn** a puppet government; **bù nhìn rơm** a straw dummy

bù trừ *v.* to compensate, to make up: **quỹ bù trừ** compensation fund

bụ *adj.* [of child] to be plump, chubby, fat: **đứa bé trông bụ bẫm quá** the baby looks very plump

búa *n.* hammer: **búa đinh** claw hammer; **một nhát búa** a hammer strike; **trên đe dưới búa** between the hammer and the anvil

bùa *n.* [SV **phù**] written charm, amulet: **bùa mê, bùa yêu** love amulet; **bùa hộ mạng/ mệnh, bùa hộ thân** talisman

bục *n.* platform, rostrum, dais: **bước lên bục** to step up to the platform

bùi *adj.* having a nutty flavor, buttery taste: **lạc càng nhai càng bùi** the more one chews peanuts the more buttery they taste

bùi ngùi *adj.* sad, melancholic: **trong giờ tạm biệt, ai cũng cảm thấy bùi ngùi** while saying farewell, everyone feels melancholic

bụi 1 *n., adj.* dust; dusty: **phủi bụi** to dust; **bụi bặm** dusty 2 *n.* clump, bush, thicket, grove: **bụi tre** a bamboo grove

bụm *v.* to scoop up with one's hands; to cup in one's hands: **ông ấy bụm nước ấm để rửa mặt** he scooped up warm water with his hands to wash his face; **cô ấy bụm miệng cười** she cups her smiling mouth in her hands

bún *n.* soft noodles made of rice flour, vermicelli: **mềm như bún** to be soft as rice noodles; **bún bò** beef noodles; **bún chả** rice noodles with grilled pork

bùn *n., adj.* mud, mire; muddy: **rẻ như bùn** to be dirt-cheap

bùn lầy *adj.* muddy, slushy: **đường sá bùn lầy** muddy road

bủn rủn *adj.* paralyzed, flabby, limp: **nó sợ bủn rủn cả chân tay** he has his limbs stumped by fear

bủn xỉn *adj.* very stingy; mean

bung *v.* to burst open, to come apart: **chiếc dù đã bung ra** the parachute has burst open

bung xung *n.* shield; puppet; scapegoat

búng *v.* to flip one's fingers/fillip, to flick

bùng *v.* to flare up, to blow up [precedes or follows main verb]: **cháy bùng** to go up in flames; **bùng nổ** [of hostilities] to break out

bủng *adj.* jaundiced, sallow: **ông ta nước da xanh bủng** he has a pale sallow complexion

bụng *n.* belly, stomach, tummy; heart: **tốt bụng** to be good-hearted; **xấu bụng** to be mean; **đau bụng** to have a stomach upset; **bụng chửa** to be pregnant

buộc *v.* to bind, to fasten, to tie, to tie up; to compel, to force: **bắt buộc** to compel, to force; to be obligatory; **buộc tội** to accuse, to prosecute; **buộc lòng** to be against one's will

buổi *n.* half a day, session, event, performance; time: **thời buổi này** these times; **cả hai buổi** all day, morning and afternoon; **buổi chiều** afternoon; **buổi sáng** morning; **buổi tối** evening; **buổi trưa** noon; **buổi bình minh** dawn; **buổi hoàng hôn** twilight; **buổi họp** a meeting; **buổi lễ** a ceremony

buồm *n.* sail: **dương/kéo buồm** to set sail; **thuyền buồm** sailboat; **cột buồm** mast

buôn *v.* to buy in [in order to sell later]; to trade or to deal in: **bán buôn** to sell wholesale; **con/lái buôn** merchant; **buôn bán** to carry on business; **buôn lậu** to deal in smuggled goods; **hãng buôn** firm; **tiệm buôn** store; **buôn người** slave trade; **buôn son bán phấn** to be a prostitute; **buôn thúng bán mẹt** to be a small vendor or merchant; **buôn nước bọt** to work as a middleman for a commission

buồn *adj.* sad: **buồn bã, buồn bực, buồn rầu** uninteresting; ticklish; **buồn cười** to want to laugh, funny; **buồn đái** to want to pass water; **buồn ngủ** sleepy; drowsy; **buồn nôn,**

buồn mửa nauseous, nauseating; **hôm nay tôi chẳng buồn ăn** I have no appetite, I don't feel like eating today

buồn bực *adj.* annoyed, displeased, angry

buồn rầu *adj.* sad, melancholic

buông *v.* [SV **phóng**] to let go, to release; to lower [curtain, mosquito netting **màn**], to drop: **buông lời** to utter words; **buông tha** to release

buông lỏng *v.* to disengage, to spare

buông trôi *v.* to let drift, to loose: **chúng ta không thể buông trôi công việc** we should not let adrift our work

buồng **1** *n.* [SV **phòng**] room, chamber; cage: **buồng ngực** thorax; **buồng ăn** dining room; **buồng giấy** office; **buồng học** classroom; study room; **buồng khách** living room, parlor; **buồng ngủ** bedroom; **buồng tắm** bathroom; **buồng** the lady's chamber **2** *n.* bunch: **buồng chuối** a bunch of bananas; **buồng cau** a bunch of areca nuts; **buồng phổi** lung; **buồng trứng** ovary

buốt *v.* [of pain] to be sharp, to be bitter: **gió lạnh buốt** bitter cold wind

buột *v.* to slip, to get loose: **buột miệng** to have a slip of the tongue

búp *n.* bud, shoot: **búp sen** a lotus bud; **ngón tay búp măng** tapered fingers

búp bê *n.* [Fr. *poupée*] doll

búp phê *n.* cupboard

bút *n.* writing brush, pen: **bút chì** pencil; **bút máy** fountain pen; **bút mực** pen; **quản bút** penholder; **nét bút** handwriting, calligraphy; **người cầm bút** writer; **tuỳ bút** diary, memoirs, essay; **tuyệt bút** fine piece of writing; **ngòi bút** pen nib; **chủ bút** editor [of newspaper]; **bút lông** writing brush; **bút nguyên tử** ball point pen

bút chiến *v.* to engage in a polemic [between writers]

bút danh *n.* (= **bút hiệu**) pen name

bút đàm *n.* written conversation

bút nghiên *n.* pen and ink slab; writing materials; academic activities

bút pháp *n.* style of writing

bút tích *n.* written documents

Bụt *n.* Buddha: **ông Bụt** Buddha; **lành như Bụt** as gentle as a Buddha

bự *adj.* big, large: **trái cam bự** a big orange; **một ông bự** a V.I.P

bứa *n.* mangosteen

bừa **1** *v., n.* to rake, to harrow; harrow: **cày sâu bừa kỹ** to plow deep and rake carefully **2** *adj.* to be disorderly, untidy: **bừa bãi, bừa bộn** to be left untidy, to act disorderly; **viết bừa đi** write anything you like, go ahead and write

bữa *n.* meal; a period of time: **bữa ăn/bữa cơm hàng ngày** daily meal; **bữa nay** today; **bữa nọ/bữa trước** the other day; **bữa (ăn) trưa** lunch; **bữa (ăn) tối** dinner, supper; **bữa hổm** that day; **bữa qua** yesterday; **mấy bữa rầy** these few days

bựa *n.* tartar, food particles between or on teeth

bức **1** *adj.* hot and sultry, humid: **trời oi bức/nóng bức** it's very hot and sultry **2** *n.* a unit of board, a piece, a set: **bức tường** a wall; **bức tranh** a painting; **bức màn** curtains; **bức thư** letters

bức thiết *adj.* urgent; pressing: **một nhu cầu bức thiết** an urgent need

bức xạ *n.* radiation

bực **1** *v., adj.* displeased, annoyed, vexed: **buồn bực** to fret; **tức bực** to be angry; **bực mình/ bực dọc** to be upset **2** *n.* step [see **bậc**]

bực dọc *v., adj.* testy: **ông ấy không nén nổi bực dọc** he could not suppress his reaction

bưng **1** *v.* to carry with both hands: **bưng khay trà** to carry a tea tray **2** *v.* to cover, to cup one's hand: **cô ấy bưng miệng cười** she cups her smiling mouth with her hands **3** *n.* maquis; resistance area: **bưng biền** forest area

bưng bít *v.* to cover up; to suppress: **họ bưng bít sự thật** they suppressed the truth

bứng *v.* to uproot, to pull up: **bứng cây lên** to pull up a tree

bừng *v.* [of flames **lửa**] to flare up, to blaze up: **ngọn lửa bừng cháy** the fire flared up brightly; **bừng đôi mắt** to open the eyes suddenly

bước *v., n.* to step; step: **trèo lên hai bước** to climb two steps; **rảo bước** to quicken one's step; **lùi bước** to step back; **lùi năm bước** five steps back!; **bước đi!** go away! scram!; **từng bước một** step by step; **một bước tiến** a step forward

bước đầu *n.* the initial, at the beginning

bước đường *n.* stages on the road/way

bước ngoặt *n.* turning point: **bước ngoặt lịch sử** the turning point of history

bưởi *n.* pomelo, grapefruit: **một múi bưởi** a grapefruit section

bướm *n.* [SV **hồ điệp**] butterfly: **con bươm bướm** a butterfly; **ong bướm** flirtation

bướng *adj.* stubborn, bull-headed: **bướng bỉnh** headstrong; **cãi bướng** to argue stubbornly

bươu *v.* to lump; to bump: **bươu đầu** to bump on the head

bướu *n.* hump: **bướu lạc đà** a camel's hump or dromedary; **bướu cổ** goiter

bứt *v.* to pick, to pluck off; to scratch: **bứt hoa**

to pick flowers; **bứt đầu** to scratch the head;
bứt tóc to tear one's hair
bưu chính *n.* (= **bưu điện**) postal service: **Tổng
giám đốc Bưu chính** Postmaster-General
bưu cục *n.* post office
bưu điện *n.* postal service, post office: **nhà
Bưu điện Sài Gòn** Saigon Post Office
bưu kiện *n.* parcel post; postal matter: **gởi một
bưu kiện đi nước ngoài giá bao nhiêu?** how
much does it cost to send a parcel overseas?
bưu phẩm *n.* postal matter, mail item
bưu phí *n.* mailing cost, postage
bưu phiếu *n.* money order: **bạn có thể mua
một bưu phiếu và gởi cho tôi** you can buy a
money order and send it to me
bưu tá *n.* postman, mailman
bưu thiếp *n.* postcard

C

ca 1 *n.* mug: **uống một ca nước** to drink a
mug of water 2 *n.* shift: **làm ca đêm** to
work the night shift 3 *n.* case: **ca cấp cứu** an
emergency case 4 *v.* to sing (= **hát**): **ca hát**
to sing; **bài ca** a song, melody; **danh ca**
famous singer; **đồng ca, hợp ca** chorus
ca dao *n.* folk song, folk ballad
ca khúc *n.* a song: **ca sĩ nổi tiếng đã hát
những ca khúc về mua xuân** the well-known
singer sang songs about Spring
ca kịch *n.* a play, opera, theater: **trong tuần
nầy có đoàn ca kịch biểu diễn ở nhà hát
thành phố** this week, an opera troupe will
perform at the city theater
ca lô ri *n.* calorie
ca nhạc *n.* music and song
ca nô *n.* boat, speed boat
ca tụng *v.* to praise, to eulogize: **họ ca tụng
sự thành công của ông ta** they praise his
success
ca vát *n.* necktie; **thắt/đeo ca vát** to wear a tie
cá 1 *n.* [SV **ngư**] fish: **món cá** fish dish;
câu/đánh cá to fish; **ao cá** fish pond; **người
đánh cá** fisherman; **thuyền đánh cá** fishing
boat; **cá hộp** canned fish; **cá mắm** salted
fish; **cá nước ngọt** fresh water fish; **cá nước
mặn** salt water fish; **cá ươn** spoiled or rotten
fish; **cá (ông) voi** whale; **cá sấu** crocodile
2 *v.* to bet, to wager: **họ đánh cá** (= **cuộc**);
trận bóng đá tuần tới they will place bets
for next week's soccer match
cá biệt *adj.* particular
cá hồi *n.* salmon
cá hồng *n.* snapper

cá mập *n.* shark
cá nhân *adj.* individual, personal: **chủ nghĩa
cá nhân** individualism
cá tính *n.* personality, individuality
cà *n.* eggplant, aubergine: **cà chua** tomato; **cà
tím** eggplant; **cà độc dược** datura; **mầu hoa
cà** lilac-colored; **cà tô mát** tomato
cà cuống *n.* a coleopteron used as condiment
cà kê *v., adj.* drag out, tell a very long yarn;
palavering: **bà ấy ngồi cà kê suốt
buổi sáng** she spends a whole morning
palavering
cà khẳng *adj.* tall and skinny
cà khịa *v.* to pick a quarrel [a fight] with: **ông
ấy thích cà khịa** he likes to pick a quarrel
cà lăm *v.* to stutter, to stammer
cà mèng *adj.* good for nothing, worthless
cà nhom *adj.* very skinny
cà nhắc *v.* to limp
cà phê *n.* coffee, coffee bean: **pha cà phê** to
make coffee; **ấm pha cà phê** coffee pot,
coffeemaker; **cối xay cà phê** coffee mill;
một tách cà phê a cup of coffee; **cà phê sữa**
coffee with milk, white coffee
cà rốt *n.* carrot
cà rá *n.* carat, diamond, ring (= **nhẫn**)
cà kheo *adj.* stilts: **đi cà kheo** to walk on stilts
cà sa *n.* monk's robe
cà vạt See **ca vát**
cả 1 *adj.* the oldest, the biggest: **già cả** old;
con cả eldest brother 2 *pron.* all, the whole,
at all: **hết cả, suốt cả** at all; **cả ngày** all day
long; **cả nhà** the whole family; **cả thảy, cả
thẩy** in all, altogether; **tất cả** the whole,
in all; **cả hai** both; **hết cả** all, the whole;
không ai đến cả nobody came at all; **tôi chả
đi đâu cả** I'm not going anywhere
các 1 *adv.* every, all: **thưa các ông các bà!**
ladies and gentlemen!; **đủ các thứ** all sorts
of 2 *n.* card, visiting card: **tấm các chúc
mừng** greeting card 3 *v.* to pay an extra sum
in a trade in: **tôi đổi xe phải các hai nghìn** I
have to pay two thousand dollars in addition
to the cost of my car; **các tiền tôi cũng
không dám làm** even if you give me some
money, I wouldn't dare do it
các tông *n.* cardboard
cách 1 *n.* manner, way, method, fashion: **cách
thức làm việc** working method; **tìm cách đối
phó** to find out the way to deal with 2 *v.* R
to change, to reform; to revoke: **cải cách
hành chánh** to reform an administration sys-
tem; **ông giám đốc cách chức bạn tôi** the
director discharged my friend 3 *adj.* to be
distant from: **xa cách** separated from; **nhà
anh ấy cách nhà tôi có cái vườn rau** only a
vegetable garden separates his house from

mine; **cách một giờ uống một thìa** a spoonful every one hour

cách biệt *v.* to be distant, to separate, to be isolated, to cut off: **cuộc sống của họ cách biệt với giới nghèo khổ** their life is distant from the poor people

cách bức *v.* to be indirect, to be distant, to cut off

cách chức *v.* to revoke, to dismiss: **ban quản trị đã cách chức ông giám đốc** the director was dismissed by the board of directors

cách điện *v.* to insulate: **vật cách điện** insulator

cách mạng *n.* revolution: **nhà cách mạng** revolutionist; **cuộc cách mạng kỹ nghệ** the Industrial Revolution; **phong trào Cách Mạng Quốc gia** the National Revolutionary Movement; **cách mạng hoá** to revolutionize

cách mệnh See **cách mạng**

cách ngôn *n.* maxim, aphorism, saying

cách nhật *adj.* recurrent: **sốt cách nhật** recurrent fever

cách quãng *adj.* intermittent

cách thức *n.* style, method, way: **chúng ta phải có cách mới để làm việc** we should have a new method of working

cách trí *n.* natural science

cách trở *v.* to be difficult, to separate and obstruct: **đi lại cách trở** to be difficult in traveling

cai 1 *n.* superintendent, jailkeeper, corporal: **cai quản** foreman; **cai kho** storekeeper 2 *v.* to abstain from, to quit [habit]: **cai sữa** to be weaned; **cai thuốc phiện** to give up smoking opium

cai quản *v.* to supervise, to manage, to administer

cai trị *v.* to administer, to govern, to rule: **người Pháp cai trị Việt Nam trong 100 năm** France ruled Vietnam for one hundred years

cái 1 *n.* object, thing; CL for most nouns denoting inanimate things and some nouns denoting small insects [such as ants **kiến**, bees **ong** etc.]; CL for single action; single strokes, single blows: **cái đẹp** the beautiful; **một cái bàn** a [or one] table; **cái nào?** which one?; **cái này** this one; **cái ấy/đó** that one; **mấy/vài cái** a few; **mấy cái?** how many?; **tắm một cái** to take a bath [or shower]; **tát một cái** to slap once, to give a slap; **ợ một cái** to burp once; **hễ tui mua cái nào là nó đánh mất cái ấy** he lost every single one I bought 2 *adj.* to be female [*opp.* **đực**]: **bò cái** cow; **chó cái** bitch; **mèo cái** she cat 3 *adj.* to be main, principal, largest: **đường cái** main road, highway; **rễ cái** main root; **sông cái** big river [Red River in North Vietnam]; **ngón tay cái** thumb

cài *v.* to fasten; to bolt; to shut: **cài áo** to fasten clothes; **cài khuy** to button; **cài tóc** to fasten hair; **cài cửa** to bolt the door

cải 1 *n.* cabbage: **bắp cải/cải bắp** cabbage, turnip; **củ cải** beets; **cải hoa** cauliflower 2 *v.* R to change, to reform (= **đổi**): **biến cải, canh cải** to reform; **hoán cải** to change

cải cách *v., n.* to reform; reform: **cải cách ruộng đất** [or **điền địa**] land reform; **cải cách xã hội** social reform

cải chính *v.* to deny; to rectify, to correct

cải dạng *v.* to disguise oneself

cải giá *v.* [of widow] to marry again, to remarry

cải hoá *v.* to change, to convert: **thật rất khó cải hoá những thói quen lạc hậu** it's hard to change old habits

cải lương *v., n.* to improve, to reform; renovated theater, modern play

cải táng *v.* to reinter for reburial [a body]

cải tạo *v.* to reform, to reconstruct, to re-educate: **cải tạo nền kinh tế** to reform the economy

cải thiện *v.* to improve: **cải thiện đời sống** to improve the standard of living

cải tiến *v.* to improve, to ameliorate

cải tổ *v.* to reorganize, to reshuffle: **cải tổ nội các** to reshuffle the cabinet

cải trang *v.* to disguise oneself

cải lão hoàn đồng *v.* to rejuvenate

cải tử hoàn sinh *v.* to revive, to resuscitate

cãi *v.* to argue, to deny, to retort, to discuss, to quarrel: **bàn cãi** to discuss, to debate; **cãi nhau** to quarrel

cãi cọ *v.* to quarrel, to argue with someone

cãi lộn *v.* to quarrel

cãi vã *v.* to argue, to debate

cam 1 *n.* orange: **bóc cam** to peel an orange; **bổ cam** to cut an orange; **vắt cam** to squeeze an orange; **nước cam** orange juice, orange drink; **mầu da cam** orange-colored; **mứt cam** marmalade; **một múi cam** an orange section 2 *v.* to be resigned [to]: **cam chịu** to content oneself with; **đành cam chịu** to agree; **cam đoan** to guarantee; **cam kết** to promise; **cam tâm** to resign oneself to

cam thảo *n.* liquorice

cám *n.* bran

cám ơn *v.* to thank, thank you

cám dỗ *v.* to tempt, to seduce: **tiền bạc không cám dỗ được cô ấy** money cannot seduce her

cảm 1 *v.* to feel, to be affected by, to be touched: **cảm động** to be moved; **cảm thấy** to feel; **thiện cảm** sympathy; **đa cảm** very sensitive; **mặc cảm** complex 2 *v.* to catch cold: **cảm lạnh** to catch cold; **cảm nắng** to get sunstroke

cảm động *v., adj.* to be moved, to be touched; emotional: **ông ấy cảm động đến rơi nước mắt** he is moved to tears

cảm giác *v., n.* to feel; feeling, sensation

cảm hứng *n.* inspiration

cảm kích *v.* to be touched, to be moved

cảm phục *v.* to admire: **ai cũng cảm phục thái độ rộng lượng của bà ấy** everyone admires her generous attitude

cảm tạ *v.* to express one's gratitude; to thank

cảm tình *n.* sympathy, affection; feeling, sentiment

cảm thông *v.* to comprehend, to sympathize with

cảm tử *v.* to volunteer for death: **quân cảm tử** suicide troops

cảm tưởng *n.* impression, imprint, remarks, comment: **bạn nói lên cảm tưởng của bạn sau chuyến đi Việt Nam** please tell me your impression of Vietnam after your trip

cảm xúc *v., n.* to be moved, to be affected/ stimulated/stirred; feeling, emotion: **con người đó dễ bị cảm xúc** that person is easily affected by emotion: **tôi có cảm xúc tốt khi đi vào một vườn hoa** I have a good feeling when I walk into a flower garden

can 1 *v.* to concern, to involve, to be interested [**đến** precedes object]: **liên can** to be implicated, to be convicted for; **bị can** the accused; **nó đã can án rồi** he already has a criminal record; **không can gì/chi** it doesn't matter; **can gì/chi mà sợ** no need to be afraid 2 *v.* to stop a quarrel or a fight; to dissuade, to advise [against something]; R to intervene, to interfere: **hai người đánh nhau, tôi phải can ra** they got into a fight and I had to pull them apart 3 *n.* one of the system of ten Heaven's Stems used for indicating serial order or reckoning years: **thập can: giáp, ất, bính, đinh, mậu, kỷ, canh, tân, nhâm, quí** the ten Heaven's Stems

can dự *v.* to be implicated, to have something to do with: **đó là việc của tôi, can dự gì đến bạn** that is my business, it hasn't anything to do with you

can đảm *adj., n.* courageous; courage: **họ rất can đảm chịu những đau thương chồng chất** they are very stoic in enduring the huge grief

can hệ *v.* to be vital, to concern: **vấn đề nầy can hệ đến rất nhiều người** this matter concerns a lot of people

can ngăn *v.* to advise [against something], to stop doing something

can thiệp *v.* to intervene, to interfere: **chúng ta không nên can thiệp vào chuyện đời tư cá nhân** we don't interfere with anyone's private life

cán 1 *n.* straight handle [of a tool]: **cán chổi** the handle of a broom; **cán dao** a handle of a knife; **cán búa** a handle of a hammer 2 *v.* to run over; to grind

cán bộ *n.* cadre: **cán bộ tuyên truyền** propaganda cadre; **cán bộ y tế** healthcare worker

cán cân *n.* balance: **cán cân ngoại thương** the balance of foreign trade

cán sự *n.* technician: **cán sự y tế** healthcare worker

càn 1 *v.* to rush through, to raid, to mop up: **quân đội đã càn qua chướng ngại vật để tấn công địch** the army rushed through obstacles to attack the enemy 2 *adj.* to be inconsiderate; arbitrary; wanton: **ông ấy cậy thế làm càn** he takes advantage of his position and acts wantonly

cản *v.* to hinder, to stop, to block, to prevent: **ngăn cản ai làm việc gì** to stop someone from doing something

cản trở *v.* to hinder, to prevent, to obstruct: **cản trở giao thông** to obstruct the traffic

cạn 1 *adj.* dried up: **khô cạn** dried; **nông cạn** to be shallow 2 *adj.* no more to say; finished: **cạn chén** to empty the cup; **cạn lời** to have no more to say; **cạn tiền** without any money; **cạn túi** penniless

cáng 1 *n.* stretcher, litter, palanquin: **người khiêng cáng** stretcher-bearer 2 *v.* to carry on a stretcher or litter: **cáng người bị thương đến bệnh viện** to carry an injured person to a hospital

cáng đáng *v.* to take charge of; to assume the responsibility: **cáng đáng việc cộng đồng** to assume the responsibility of community work

càng 1 *adv.* increasingly, all the more, the more: **càng ngày càng nghèo** becoming poorer and poorer every day; **càng uống càng khát** the more you drink the more thirsty you feel; **càng hay** so much the better; **càng tốt** so much the better 2 *n.* shaft [of carriage, **xe**], claw; chela; nipper: **càng xe cút kít** a wheelbarrow shaft; **càng cua** nipper of crab

cảng *n.* R port, harbor: **hải cảng** seaport; **thương cảng** commercial port; **xuất cảng** to export; **nhập cảng** to import; **Hương Cảng** Hong Kong; **Trân Châu Cảng** Pearl Harbor

canh 1 *n.* soup, broth: **chan canh vào cơm** to pour soup over the rice 2 *v.* to watch over, to guard: **lính canh** sentry, guard; **canh một** first watch [of the night]; **chòi canh** watch tower

canh cải *v.* to change, to reform

canh gác *v.* to guard, to watch

canh giữ *v.* to guard, to defend, to protect

canh nông *n.* agriculture: **Việt Nam là một xứ canh nông** Vietnam is an agricultural country

canh phòng *v.* to watch, to defend, to be vigilant
canh tác *v.* to cultivate, to do farming
canh tân *v.* to modernize, to reform
cánh *n.* wing [of bird **chim**], a leaf, a side: **cánh cửa** door flap; **cánh hoa** petal of flower; **cánh buồm** sails; **cánh đồng** fields; **cất cánh** [of a plane] to take off; **hạ cánh** [of a plane] to land; **cánh tay phải** the righthand man; **vây cánh, cổ cánh** supporter, hireling, follower, lackey
cành *n.* branch, bough, twig, limb: **hãy cắt đi những cành cây khô** to trim all dried branches
cảnh *n.* landscape, view, scenery, sight, scene, site, spectacle; condition, state, plight: **tình cảnh** situation; scene; **tả cảnh** to describe the scene
cảnh cáo *v.* to warn; to arouse, to alarm: **tôi đã cảnh cáo bạn tôi rồi khi đã uống rượu thì không nên lái xe** I have warned my friend that after drinking one should not drive
cảnh bị *v., n.* to guard; guard, police, patrol
cảnh binh *n.* military police: **sở cảnh binh** military police department
cảnh cáo *v.* to warn
cảnh huống *n.* situation, plight
cảnh ngộ *n.* situation, plight
cảnh sát *n.* police, policeman: **lính cảnh sát** police force; **sở cảnh sát** police station
cảnh sát cuộc *n.* police station
cảnh trí *n.* landscape, sight, view, scenery
cảnh tượng *n.* spectacle, scene, view
cảnh vật *n.* nature; spectacle
cạnh *n., adv.* side, edge, ridge; to be beside: **ở cạnh** (to be) by the side of, next to; **bên cạnh nhà tôi** next to my house; **khía cạnh** angle, aspect
cạnh tranh *v.* to compete with: **cạnh tranh để sinh tồn** to struggle for life; **họ có nhiều vốn lắm, ta cạnh tranh sao được** they have a lot of capital, how can we compete with them?
cao 1 *adj.* tall, high; to excel [in a game]; exalted, lofty, noble: **làm cao** to be conceited; **nêu cao** to uphold; **bề cao** height; **độ cao** altitude, **nhảy cao** high jump; **tự cao tự đại** to be conceited, haughty 2 *n.* ointment; jelly; glue: **thuốc cao** herbal ointment
cao cả *adj., adv.* to be great, noble; greatly, nobly
cao cấp *adj.* high-ranking, top-ranking, top level: **nhân viên cao cấp của Bộ Kinh tế** high-ranking officials of the Department of National Economy
cao cường *adj.* superior, excellent
Cao Đài *n.* Caodaist, Caodaism: **Hộ Pháp Cao Đài** the Caodai Pope

cao đẳng *adj.* high level: **trường cao đẳng** college; **Trường Cao Đẳng Sư phạm** Higher School of Pedagogy, Teachers College
cao độ *n.* pitch, height, altitude
cao học *n.* post-graduate studies
cao hứng *adj.* inspired, elated: **cô ấy cao hứng hát một bài rất hay** she is greatly elated to be chosen to sing a very nice song
cao lâu *n.* restaurant: **ăn cao lâu** to eat at the restaurant
cao lớn *adj.* tall, high
cao lương mỹ vị *n.* exquisite dishes, the best food
Cao-Ly *n.* Korea; Korean (= **Triều tiên, Hàn quốc**): **Bắc Cao Ly** North Korea
Cao Mên *n.* (= **Cao Miên**) Cambodia; Cambodian, Khmer
cao minh *adj.* intelligent, farsighted, enlightened
cao nguyên *n.* uplands, highlands: **Vùng Cao nguyên có nhiều triển vọng về tương lai** the Highlands hold many hopes for the future
cao niên *adj.* elderly, old
cao quý *adj.* noble
cao ráo *adj.* high, tall; good-looking
cao sang *adj.* noble
cao su *n.* rubber: **cây cao su** rubber tree; **rừng cao su, đồn điền cao su** rubber plantation; **xe cao su** rickshaw [*obsol.*]; **súng cao su** sling; **giây cao su** rubber band; **kẹo cao su** chewing gum; **cao su hoá học** synthetic rubber
cao tăng *n.* eminent monk
cao tần *n.* high frequency
cao thượng *adj.* noble, magnanimous
cao trào *n.* movement, high tide
cao vọng *n.* ambition
cao xa *adj.* far-reaching, exalted; utopian, unrealistic
cao xạ *n.* anti-aircraft: **súng cao xạ** anti-aircraft gun
cáo 1 *n.* fox (= **chồn**) 2 *v.* to announce, to report; R to indict; to feign [illness, etc.] so as to take leave or decline an invitation; **báo cáo** to report; **cảnh cáo** to warn; **quảng cáo** to advertise, advertisement; **bị cáo** the defendant; **tố cáo** to denounce, to charge; **vu cáo** to slander; **kính cáo, cẩn cáo** respectfully yours [at the end of an announcement]
cáo bạch *n.* leaflet, handbill, announcement, advertisement
cáo bệnh *v.* to feign illness
cáo biệt *v.* to take leave of
cáo chung *v.* to announce its own end: **Chế độ thực dân đã cáo chung** the colonialist regime has bowed out [ended]
cáo giác *v.* to denounce
cáo già *adj.* foxy, clever, crafty

cáo phó *n.* death announcement: **ba ông ấy vừa qua đời ngày hôm qua, ông ấy vừa đăng cáo phó trên báo ngày hôm nay** his father passed away yesterday, he has just put the death announcement in the *To-day* newspaper

cáo thị *n.* announcement, proclamation, notice

cáo trạng *n.* charge, indictment

cáo tri *v.* to inform, to notify

cáo từ *v.* to take leave; to say goodbye

cào *v.* to scratch, to claw; to rake

cào cào *n.* grasshopper, locust

cảo *n.* draft: **bảo cảo sách này hoàn thành từ năm ngoái** the first draft of this book was completed last year

cạo *v.* to scrape, to scratch, to graze, to peel, to shave: **cạo đầu** to have or give a haircut; **cạo mặt, cạo râu** to shave; **dao cạo** razor; **thợ cạo** barber

cạo giấy *n.* clergy; bureaucrat clergy

cát *n.* [SV **sa**] sand: **bãi cát** beach, sandbank; **cồn cát** sand dune; **đống cát** sand pile; **đất cát** sandy soil; **đất cát** land [as property]; **đãi cát** to pan sand; **đường cát** granulated sugar

cát tuyến *n.* secant

cau 1 *v.* to frown: **cau mày, cau mặt** to scowl **2** *n.* areca palm: **buồng cau** bunch of areca nuts; **quả cau** areca nut; **giầu/trầu cau** betel and areca

cáu *adj.* dirty

cáu kỉnh *adj.* furious

cáu tiết *adj.* furious

càu nhàu *v.* to grumble

cay *adj.* to be peppery hot; hot: **ớt cay quá** the chilli is very hot

cay cú *v.* to have a passion for [card game, etc.]; **ghét cay ghét đắng** to hate

cay đắng *adj.* bitter, miserable, painful

cay độc *adj.* cruel, malicious

cay nghiệt *adj.* stern; cruel

cáy *n.* small crab: **nhát như cáy** to be a coward; shy; to be a chicken

cày *n., v.* plow: **cày ruộng** to plow the fields; **cày cấy** to do farming

cạy *v.* to prise up: **cạy ra** to prise open

cậy *v.* to rely on as an asset: **trông cậy, nhờ cậy** to rely or to depend on; **nó cậy có tiền khinh bạn** he thinks that since he has money he can look down on his friends

cắc *n.* dime (= **hào**)

cắc kè *n.* chameleon, gecko

căm *v.* to bear a grudge against: **căm ghét kẻ chơi xấu mình** to bear a grudge against one who has played a dirty trick; **căm tức, căm giận** to feel a deep resentment against

căm phẫn *v.* to feel indignant

căm thù *v.* to hate and resent; to feel a vindictive hatred for: **biến căm thù thành sức mạnh** to turn vindictive hatred into strength

cắm *v.* to plant, to thrust, to pitch [tent **lều**]: **cắm trại** to camp; **chạy cắm đầu cắm cổ** to run head first; to cuckold

cằm *n.* chin: **râu cằm** beard [as opp. to **râu mép** mustache]

cặm cụi *v., adj.* to be absorbed in a task; completely wrapped up in: **ông ấy cặm cụi suốt ngày trong văn phòng** he is completely wrapped up in his office duties

căn 1 *n.* R root (= **rễ**); cause, origin, source: **căn nguyên** origin; **thâm căn cố đế** to be deep-rooted **2** *n.* flat, apartment, compartment: **căn nhà** house, apartment; **căn phố** shop

căn bản *n., adj.* base, basis, fundamentals, background; to be basic, fundamental: **Trung tâm Giáo dục Căn bản** Fundamental Education Center; **khoá căn bản tiếng Anh** a basic English course

căn cơ *n., adj.* thrifty, economical; thrift

căn cứ *n., v.* basis, base; to base on: **Cam Ranh là căn cứ hải quân quan trọng** Cam Ranh is an important naval base; **chúng tôi căn cứ vào nhiều tài liệu lịch sử** we base our research on many historical data

căn cước *n.* identity: **giấy căn cước, chứng minh nhân dân** identity card

căn dặn *v.* to repeat advice/suggestion/recommendation, to remind

căn duyên *n.* origin, cause

căn nguyên *n.* root; source, cause

căn số *n.* root [math]: **căn số bậc hai** square root

cắn *v.* to bite, to sting: **nó bị chó cắn** a dog bit him; **nó bị rắn cắn** a snake bit him

cắn răng *v.* to bear, to endure: **cắn răng mà chịu** to endure in silence

cắn rứt *v.* to gnaw; to worry: **lương tâm cắn rứt** to be gnawed by one's conscience

cằn *adj.* stunted, dwarfed, impoverished: **đất cằn cỗi** impoverished land

cằn nhằn *v.* to grumble, to complain

cặn *n.* deposit, residue, lees, dregs: **cặn bã của xã hội** the dregs of society

cặn kẽ *adj.* careful, thorough, detailed

căng *v.* to stretch, to spread: **căng da** to stretch the skin; **căng giây** to stretch strings

căng thẳng *adj.* [of situation] tense; fully stretched: **đầu óc của tôi rất căng thẳng** my mind is very tense

cẳng *n.* paw; leg (= **chân**): **chạy ba chân bốn cẳng** to run at full tilt; **rộng cẳng** to have much freedom, much leeway

cắp 1 *v.* to carry under one's arms; cf. **đội**,

vác, khuân, khiêng, xách, gánh, quẩy, mang 2 v. to steal, to swipe, to pilfer: ăn cắp/kẻ cắp thief; ăn cắp vặt petty theft; anh ấy tính hay ăn cắp he's a kleptomaniac

cặp 1 n. pair, couple: cặp vợ chồng married couple 2 n. briefbag, briefcase: cặp học sinh a school bag 3 v. to nip, to grip: cặp tóc hairpin

cắt 1 v. to assign [to a specific job]: cắt cử, cắt đặt; cắt lượt, cắt phiên to assign on a rotation basis 2 v. to cut, to carve [meat thịt etc.]: cắt (làm, ra làm) hai/đôi to cut in two; cắt nghĩa to explain; cắt tóc to get a haircut, to give a haircut [cho to]; cắt áo to make a dress

câm adj., v. to be dumb, mute; to hold one's tongue: câm miệng, câm mồm to shut up; giả câm giả điếc to play dumb

cấm v. to forbid, to prohibit, to ban [ngặt, tiệt strictly]: cấm hút thuốc no smoking; cấm bóp còi no hornblowing; cấm đỗ xe no parking; cấm vào do not enter; cấm khạc nhổ no spitting; cấm rẽ bên trái no left turn; cấm dán giấy post no bill; ngăn cấm to forbid; nghiêm cấm to prohibit categorically

cấm chỉ v. to prohibit, to forbid

cấm cố v. to detain

cấm địa n. forbidden area

cấm đoán v. to interdict; to prevent arbitrarily

cấm vận v. to sanction, to embargo

cầm 1 v. to hold, to take hold of; to retain; R to capture: cầm bắt to arrest; giam cầm to detain; cầm máu to stop bleeding; cầm được nước mắt to hold back tears; cầm đầu to lead; nhà cầm quyền the authorities; cầm lấy to take 2 v. to pawn: tiệm cầm đồ pawnshop 3 n. R lute, guitar, musical instrument (= đàn): dương cầm piano; khẩu cầm harmonica; phong cầm organ; vĩ cầm violin; lục huyền cầm, tây ban cầm [Spanish] guitar; Hạ uy cầm Hawaiian guitar

cầm bằng v., adv. to consider as; as if

cầm cập v. to tremble like a leaf; to clatter: run cầm cập to shiver with teeth clattering

cầm chắc v. to be sure; to hold something for certain: tôi cầm chắc ông ấy sẽ thành công I am sure he will be a success

cầm chừng v., adv. to take one's time, to take it easy; half-heartedly, perfunctorily: làm việc cầm chừng to work perfunctorily

cầm cự v. to resist; to contend

cầm hơi v. to survive; to maintain enough for living

cầm lái v. to drive: cầm lái xe hơi to drive a car; cầm lái con thuyền to steer/pilot a boat

cầm lòng v. to keep back emotions; to hold back one's feeling: tôi không thể cầm lòng

được với cô ta I cannot hold back my feeling for her

cầm quyền v. to be in power, to hold power: đảng tự do đang cầm quyền the liberal party is now in power

cầm thú n. animals

cẩm 1 n. police officer: ông cẩm police officer; sở cẩm police precinct 2 n. R brocade (= gấm); R to be elegant, flowery: cẩm bào brocade court robe

cẩm thạch n. marble

cân 1 v. to weigh; to equal, to balance, to scale: cái này cân nặng ba ki-lô this weighs three kilograms 2 n. máy cân weighing machine; cân ta Vietnamese pound, catty; cân Tây French kilogram; lên cân to gain weight; xuống cân to lose weight; sụt cân to lose weight; đòn cân mậu dịch balance of trade; đòn cân lực lượng balance of power 3 adj. balanced: bức tranh treo không cân the picture was hung unbalanced

cân đối adj. well-proportioned: cô ấy có thân hình cân đối she has a well-proportioned body

cân não n. nerves and brain: chiến tranh cân não war of nerves

cân nhắc v. to consider carefully; to weigh [pros and cons]: chúng ta cần cân nhắc lợi hại we should weigh the pros and cons

cần 1 v. to be needed, to be urgent, to want: cần kíp, cần cấp to be urgent; cần thiết necessary, essential; cần đến, cần dùng to need, to want; tôi không cần I don't care, I don't need, I don't want 2 n. pole, rod: cần câu fishing rod 3 n. water parsnip: rau cần celery

cần cù adj. (= cần mẫn) industrious, hard-working

cần kiệm adj. thrifty

cần lao adj. laborious: giao cấp cần lao labor classes

cần thiết adj. essential, needed, wanted

cẩn 1 adj. R cautious, careful: cẩn thận be careful; kính cẩn respectful; bất cẩn careless 2 v. to inlay, to incrust (= khảm)

cẩn phòng v. to be vigilant

cẩn thận adj. careful, cautious, attentive

cận adj. R to be near (= gần, opp. viễn): thiển cận short-sighted, to be shallow; lân cận to be neighboring; thân cận to be close, intimate

cận đại n., adj. modern times; modern

cận điểm n. punctum proximum: tháng cận điểm anomalistic month

cận Đông n. Near East

cận kim n. See cận đại

cận sử n. modern history

cận thị adj. short-sighted: hai mắt ông ấy đều cận thị both his eyes are short-sighted

cận vệ *n.* imperial guard, bodyguard: **những tài tử nổi tiếng bao giờ cũng có cận vệ** most superstars have their bodyguards

cấp 1 *v.* to grant, to bestow, to confer: **cấp giấy phép** to issue a permit; **cung cấp** to supply; **trợ cấp** to subsidize 2 *n.* level, step; rank, degree, grade: **bằng cấp** diploma, degree; **hạ cấp** lower echelon; **thượng cấp** higher echelon; **sơ cấp** primary level; **trung cấp** intermediate level; **cao cấp** advanced level, high ranking; **giai cấp xã hội** social class

cấp bách *adj.* urgent, pressing: **những đòi hỏi cấp bách** urgent needs, urgent requirements

cấp báo *v.* to notify immediately: **chúng ta cần cấp báo cho gia đình anh ấy** we should notify his family immediately

cấp bậc *n.* grade, class, rank

cấp cứu *v.* to give emergency aid/first aid [to]: **cấp cứu người bị nạn** to give emergency aid to injured people

cấp dưỡng *v.* to provide relief for

cấp phát *v.* to issue, to supply: **cấp phát văn bằng** to issue a certificate

cấp số *n.* progression [math.]: **cấp số cộng** arithmetic progression; **cấp số nhân** geometric progression

cấp tiến *adj.* progressive, reformed: **Đảng Xã Hội Cấp Tiến** the Radical Socialist Party

cấp tốc *adv., adj.* swiftly, urgently; urgent; intensive: **lớp huấn luyện cấp tốc** intensive, short training course

cập *v.* to land, to reach, to come up to (= **đến, tới**): **thuyền cập bến** the boat landed

cất 1 *v.* to put away, to hide; to lift, to build [house, school, factory]; [of horse] to rear; to buy wholesale: **cất hàng** to buy goods; **máy bay cất cánh** the plane takes off; **cất tiếng** to raise one's voice 2 *v.* to distill: **cất rượu** to distill rice spirit

cật *n.* [SV **thận**] kidney

cật vấn *v.* to interrogate, to investigate

câu 1 *n.* [SV **cú**] phrase, expression, sentence, clause, proposition: **đặt câu** to construct a sentence; **câu chuyện** story, conversation; **câu nói** utterance, sentence; **câu thơ** line of verse 2 *v.* to fish: **cần câu** fishing rod; **lưới câu** fishhook; **đi câu** to go fishing; **câu khách** to try to attract customers

câu chuyện *n.* story, talk: **ông ấy cắt ngang câu chuyện của tôi** he cut into my talk

câu đố *n.* riddle

câu đối *n.* parallel sentences

câu lạc bộ *n.* [social] club: **câu lạc bộ bóng bàn** table-tennis club

câu lưu *v.* to detain

câu nệ *v.* to stick too much to the formalities

câu thúc *v.* to bind, to hold, to restrain

cấu *v.* to pinch, to claw, to nip off: **nó cấu tôi** he pinches me

cấu tạo *v.* to create, to engender, to build, to structure; to design

cấu thành *v.* to form, to complete, to compose, to make up

cấu trúc *n.* structure: **tôi đang nghiên cứu cấu trúc của toà nhà này** I am studying the structure of this building

cấu xé *v.* to tear, to claw and tear: **nỗi buồn cấu xé ruột gan** the heart was torn by sadness

cầu 1 *n.* [SV **kiều**] bridge: **cầu bắc qua sông** a bridge was built across a river; **cầu vồng** rainbow; **cầu thang** staircase 2 *n.* shuttlecock; R ball (= **bóng**): **bán cầu** hemisphere; **địa cầu** the earth, globe; **hoàn cầu** the world; **khinh khí cầu** balloon, dirigible; **túc cầu** football, soccer; **nhỡn cầu** eyeball 3 *v.* to seek (= **tìm**), to request (= **xin**), to pray: **yêu cầu** to request

cầu an *v.* to pray for peace and safety

cầu bơ cầu bất *adj.* vagrant, homeless

cầu cạnh *v.* to request a favor; to entreat favors of

cầu chì *n.* fuse

cầu chúc *v.* to wish: **cầu chúc một năm mới an lành, hạnh phúc** to wish you a happy and peaceful New Year

cầu cống *n.* bridges and locks: **kỹ sư cầu cống** civil engineer

cầu cứu *v.* to ask for help

cầu hôn *v.* to ask to become engaged: **lễ cầu hôn** requiem mass

cầu kinh *v.* to pray: **hôm qua mẹ tôi đã cầu kinh ở chùa** yesterday, my mother prayed at the temple

cầu khẩn *v.* to beg, to plead, to entreat

cầu kỳ *adj.* far-fetched, sophisticated: **tôi không thích lối trang hoàng cầu kỳ** I don't like such sophisticated decorations

cầu lông *n.* badminton: **bạn tôi và tôi thích chơi môn cầu lông** my friend and I like to play badminton

cầu may *v.* to try one's luck

cầu nguyện *v.* to pray

cầu siêu *v.* to pray for the peace of someone's soul

cầu thủ *n.* player, football player: **cầu thủ bóng đá** soccer player

cầu tiêu *n.* toilet, restroom, water-closet [WC]: **cầu tiêu nam** gents [toilet]; **cầu tiêu nữ** ladies [toilet]

cầu viện *v.* to request for aid, to seek reinforcements

cầu vòng *n.* rainbow

cẩu thả *adj.* negligent, careless, sloppy: **nó viết cẩu thả lắm** his handwriting is sloppy

cẩu trệ *n.* beast [dog and hog]

cậu *n.* mother's younger brother: **cậu họ** mother's male cousin; **anh/chị em con cô con cậu** first cousins [A calls B's mother **cô**, and B calls A's father **cậu**]. Cf. **mợ**

cây 1 *n.* plant, tree [name of species follows]: **trồng cây** to plant a tree; **tưới cây** to water plants; **xén cây** to trim; **chiết cây** to graft; **chặt/đẵn/đốn** to fell/cut down trees; **leo/trèo cây** to climb a tree; **vườn ương cây** nursery; **cây ăn quả/cây ăn trái** fruit tree; **cây con** sapling; **cây Nô-en** Christmas tree; **cây cảnh** dwarf tree; **bóng cây** tree shade; **cành cây** branch; **lá cây** leaf; **gốc cây** foot of a tree, stump; **thân cây** tree trunk; **ngọn cây** tree top; **rễ cây** tree root; **vỏ cây** tree bark; **cây nhà lá vườn** home-grown, home-made 2 *n.* CL for objects shaped like sticks; wood (= **gỗ**): **một cây nến** a candle; **một cây rơm** a stack of straw; **nhà cây** wooden house; **cho leo cây** to keep [somebody] waiting in vain

cây bông *n.* flower trees; fireworks

cây bút *n.* writer: **ống ấy là cây bút viết truyện ngắn** he is a short-story writer

cây cối *n.* trees, vegetation

cây số *n.* milestone; kilometer: **Sân bay Tân Sơn Nhất cách trung tâm thành phố 6 cây số** Tan Son Nhat Airport is 6 kilometers away from the city center

cấy *v.* to transplant [rice seedlings]

cầy cấy *v.* to till, to cultivate, to farm [land]

cầy 1 *v.* (= **cày**) to plow: **cầy ruộng** to plow fields; **lưỡi cầy** ploughshare 2 *n.* dog (= **chó**): **thịt cầy** dog meat; **ngu như cầy** very stupid; **cầy hương** civet cat

cậy *v.* to depend on, to rely on: **con cái cậy cha mẹ** children depend on parents

cha *n.* [SV **phụ**] father; [Catholic] father, I [used by father to child, second person pronoun being **con**], you [used by child to father, first person pronoun being **con**]; you [used by Catholic priest]: **cha nào con ấy** like father like son; **cha mẹ** parents; **Đức cha** Monsignor; **thằng cha** guy, fellow; **cha chú** [slang] to be great, terrific; **cha truyền con nối** hereditary; **anh em cùng cha khác mẹ** half-brothers; **chị em cùng cha khác mẹ** half-sisters; **hai cha con ông Cảnh** Mr. Canh and his child, Mr. Canh and his father

cha anh *n.* elders

cha cố *n.* Catholic priests, clergymen

cha xứ *n.* vicar

chà *intj.* oh! [exclamation of surprise or admiration]: **úi chà!** well, well!

chà là *n.* date palm: **trái chà là** date nuts

Chà và *n.* Javanese; Indian

chà xát *v.* to rub, to crush: **mẹ tôi chà xát đậu để nấu xôi** my mother crushed beans for cooking sticky rice

chả 1 *n.* meat pie or burger: **giò chả** pork pies, ham 2 *adv.* not to be, not to do (= **chẳng, không**): **anh chả cần nói tôi cũng biết** I know it, you don't have to tell me

chả giò *n.* Saigon spring rolls: **món chả giò Việt Nam đã trở nên món ăn quen thuộc ở khắp nơi** Vietnamese spring rolls became a popular dish everywhere

chạ *adj.* mixed, mingled: **sống chung chạ** to live with other people

chạc 1 *n.* bamboo plaited cord 2 *v.* to borrow to eat; to buy without paying: **ăn chạc bữa cơm** to sponge a meal from somebody

chạch *n.* small, long eel: **đi bắt chạch** to catch eels

chai 1 *n.* bottle: **đóng chai** to bottle; **chai lớn** large bottle; **chai con** small bottle; **nút chai** cork; **mở chai sâm banh ra!** Open the bottle of champagne 2 *n., adj.* callused; callosity; corn: **chai chân** callous, callosity; to be callous; **lái xe gắn máy nhiều hai tay bị chai** both palms have become callused from driving the motorcycle too much

chài 1 *n.* fishing net: **kéo chài** to draw a fishing net 2 *v.* to fish with a fishing net: **họ đi chài cá suốt ngày** they go fishing with a fishing net for the whole day; **dân chài lưới** fishermen; **thuyền chài** fishing boat; **phường chài** fishermen [as a guild]

chải *v.* to comb, to brush: **chải tóc** to comb hair; **bàn chải** brush; **bàn chải đánh răng** toothbrush; **bài chải quần áo** clothes brush; **bàn chải tóc** hairbrush

chải chuốt *adj.* spruced up; well-groomed, meticulous [about dressing, writing]: **ăn mặc chải chuốt** to be well-groomed

chàm 1 *n.* olive CL **quả**: **hình quả/miếng chàm** lozenge, diamond 2 *n.* Champa, Cham 3 *adj.* indigo, dark blue; indigo dye

chạm 1 *v.* to carve, to sculpt: **thợ chạm** sculptor 2 *v.* to touch, to encounter, to collide [**vào, phải** against], to clink [glasses **cốc**]: **hai xe hơi chạm vào nhau** two cars collided with each other; **lễ chạm mặt/lễ chạm ngõ** pre-engagement ceremony; **chạm trán** to confront, to meet face to face

chan *v.* to souse, to overflow: **chan canh** to pour/souse soup on the rice

chan hoà *adj.* dampened, soaked, bathed in: **nước mắt cô ấy chan hoà trên đôi má** her cheeks were bathed in tears

chán 1 *adj.* sufficient, be [sick and] tired of, fed up with [followed by noun or preceded by verb]; boring, dull, tedious, tiresome; **chán xi nê** to be tired of movies; **đi xem xi nê (đã) chán chưa?** Are you tired of going to the movies yet?; **quyển sách này chán lắm** this book is very dull **2** *v.* to have no lack of, to have plenty of; to be tired of, to be sick of: **khu ấy có chán (gì) nước** that section of the town has plenty of water; **tôi chán ăn thịt lắm rồi** I am sick of eating meat

chán chê *adj.* satiated; plentiful, to have more than enough: **chúng tôi ăn uống chán chê nhưng thức ăn vẫn không hết** we ate more than enough but there is plenty of food left

chán chường *v., adj.* to be tired of [person, regime]; to be embittered: **họ chán chường chế độ lắm rồi** they are tired of the regime

chán đời *v.* to be tired of the world, to be tired of living

chán nản *v.* to be discouraged, to be disheartened: **bạn chẳng làm được chuyện gì khi ở trong tình trạng chán nản** you can't do anything if you are in a discouraged situation

chán ngán *v.* to be [sick and] tired of

chán ngắt *adj.* very dull, wearisome: **câu chuyện chán ngắt** a very dull story

chán phè *adj.* dull, monotonous, colorless

chán vạn *adj.* many, a great many, a lot: **tôi có chán vạn việc phải làm** I have so many things to do

chạn *n.* screened larder, cupboard

chang chang *adj.* [of sunlight] hot and blazing: **trời nắng chang chang** it is very hot and blazing

chàng 1 *n.* young man; you [from wife to husband; first person pronoun being **thiếp**]: **chàng rể** son-in-law; **anh chàng** the fellow, the chap, the guy, the lad; **chàng và nàng** he and she; **một chàng thanh niên** a young man **2** *n.* chisel

chạng háng *v., adj.* to straddle; straddling

chạng vạng *n., adj.* twilight, dusk: **trời đã chạng vạng** it is twilight

chanh *n.* lemon, lime: **nước chanh** lemon or lime juice; lemonade, limeade; **chua như chanh** sour as lemon

chanh chua *adj.* sharp-tongued, tart, sour: **bà ta ăn nói chanh chua lắm** she has a very sharp tongue

chánh *n.* (= **chính**) chief, head: **một ông chánh và hai ông phó** one chief and two deputies

chánh án *n.* presiding judge, tribunal president

chánh chủ khảo *n.* chairman of examination board

chánh hội *n.* chairman of [village] council

chánh sự vụ *n.* division chief

chánh tổng *n.* canton chief

chánh văn phòng *n.* chief of the secretariat: **ông ấy là chánh văn phòng phủ Thủ tướng** he is the chief of the Prime Minister's secretariat

chạnh *v.* to be affected, to be moved: **nghe dân ca chạnh lòng nhớ đến quê hương** while listening to a folk song, I am overwhelmed by homesickness

chao 1 *n.* soybean paste **2** *n.* lamp-shade

chao ôi! *intj.* alas! oh dear!

cháo *n.* [SV **chúc**] rice gruel, congee: **cháo hoa** plain rice congee; **cơm hàng cháo chợ** to eat at the restaurant or at the market; to be around without a home; **thuộc như cháo** to know by heart

chào *v.* to greet, to salute: **chào khách** to greet customers; **chào đời** to be born; **chào hàng** to try to sell merchandise; **câu chào** greeting; **chào ông** [or **bà, anh,** etc.] good morning, good afternoon, good evening; **bắn hai mươi mốt phát súng chào** to fire a 21-gun salute

chào đón *v.* to welcome, to greet

chào mào *n.* peewit, lapwing: **mũ chào mào** forage cap

chào mừng *v.* to welcome, to extend a welcome: **chào mừng quí khách đến Việt Nam** welcome to Vietnam

chảo *n.* frying pan [shaped like a skullcap]

chão *n.* rope, cable

chạo tôm *n.* sugar-cane wrapped with minced prawn

chạp *n.* the twelfth month of the lunar year: **tháng chạp** December; **giỗ chạp** festivals

chát 1 *adj.* tart, strong, acrid: **chua chát** [of words] bitter **2** *n.* thump, slang

chau *v.* to frown, to knit: **chau mày** to frown [eyebrows]

cháu *n.* [SV **tôn**] grandchild, nephew, niece: **cháu nội** son's child; **cháu ngoại** daughter's child; **con cháu** offspring; **cháu gái** granddaughter, niece; **cháu giai/trai** grandson, nephew

chay *adj.* [SV **trai**] vegetarian, diet: **ăn chay** to be vegetarian; **làm chay** to conduct an expiatory mass

chay tịnh *adj., n.* pure, chaste; diet

cháy *v.* to blaze, to burn in a conflagration: **đốt cháy nhà** to set blaze to a house; **cơm cháy** burnt rice at the bottom of the pot (= **xém**): **một đám cháy** a fire; **đốt cháy** to set fire to; **chữa cháy** to put out a fire; **cái nhà lá đầu kia bị cháy** the thatched cottage at the other end was burned down; **họ sợ cháy nhà** they are so afraid of fire; **cháy!** fire!

chảy *v.* [SV **lưu**] to run, to flow; [of metals] to melt; [of fabrics] to stretch; [of container] to leak: **nước chảy trên sông** water flows in the river; **trôi chảy** [of speech, operation] to run smoothly; **dễ chảy** fusible; **chảy máu cam** to have a nosebleed

chạy 1 v. [of people, vehicles, ships] to run; [of clock, machine] to run; [of goods] to sell well; [of work] to get done: **chạy loạn/giặc** to flee the war; **máy chạy thông ca** the machines run throughout the shifts; **chạy tiền** to seek money; **chạy chọt** to bribe; **người chạy giấy** messenger 2 v. to give up, to pass: **việc nẩy tôi không làm nổi, tôi chạy thôi** I can't do this job, so I give up 3 adj. doing well, smoothly running: **sách bán chạy nhất** best seller; **chạy như tôm tươi** to sell like hot cakes

chạy chữa v. to treat one's best, to treat with all means: **bác sĩ đã chạy chữa hết lòng, nhưng ông ấy không khỏi bệnh** the doctor tried all means to treat him but he didn't recover

chạy đua v. to race: **chạy đua với thời gian** to race against time

chạy làng v. to run away, to give up the game

chắc adj. firmly based, firm, certain, sure: **chắc bụng** to feel sure; **chắc dạ** to be full; **chắc ý** certain ideas; **đinh đóng chắc** the nail is firmly driven in; **việc ấy chưa chắc** that matter is not confirmed yet

chắc chắn 1 adj. to be firm, stable, steady; certain; reliable: **chọn người chắc chắn để làm việc** to choose a reliable person to take over the job 2 adv. definitely: **ông ấy chắc chắn biết chuyện đó** he definitely knows that story

chắc hẳn adv. surely, certainly: **chắc hẳn bạn tôi biết cô ấy** surely my friend knows her

chăm 1 adj. [SV cần] assiduous; to be hard-working, industrious: **chăm chỉ làm việc** to be hard-working; **chăm học** to be studious 2 v. to look after diligently; to take care of: **người mẹ biết chăm con** the mother looked after her children diligently

chăm bón v. to cultivate

chăm chú adj. concentrated, attentive: **ông ấy chỉ chăm chú vào công việc** he is concentrating only on his work

chăm lo v. to give one's mind to something

chăm nom v. to look after, to take care of: **con cái phải chăm nom cha mẹ già yếu** children have to look after their old parents

chăn 1 n. (= **mền**) blanket: **đắp chăn** to cover oneself with a blanket; **chăn bông** quilted blanket; **chăn dạ/len** woolen blanket; **chăn điện** electric blanket; **trùm chăn** to be a fence sitter 2 v. to tend [animals]: **thằng bé chăn trâu** buffalo boy; **nghề chăn nuôi** cattle raising, animal husbandry

chăn chiếu v. to live as husband and wife; to make love; blanket and mat

chăn gối v, n.. to make love; to live as husband and wife; blanket and pillow

chăn nuôi v. to breed, to raise: **chăn nuôi heo gà** to breed pigs and poultry

chắn 1 v. to stop, to bar: **cái chắn bùn** mudguard; **kính chắn gió** windshield; **chắn nước chảy lại** to stop water running 2 n. [sort of] card game

chẵn adj. [SV ngẫu] [of a number, amount] even [opp. **lẻ**]: **số chẵn** even number; **một nghìn đồng bạc chẵn** just one thousand piastres, an even thousand

chặn v. to stop, to block: **lấy ghế chặn cửa lại** to block the door with a chair; **cái chặn giấy** paper weight; **chặn đứng** to stop, to hold up

chăng 1 v. to stretch [string, rope], to spread [net **lưới**], to hang: **chăng dây** to stretch a rope; **chăng màn muỗi** to hang a mosquito net 2 adv. [final particle denoting doubt] it seems to me, I presume, I suspect: **anh ấy ốm chăng?** could he be sick?; **Phải chăng ông ấy bị thất vọng?** I wonder if he was disappointed; could it be that he was disappointed?; **phải chăng** [of price] to be reasonable; **vả chăng** besides

chằng v. to tie up; to use [somebody else's money, belongings]; to fasten: **chằng gói hàng lại** to tie up the parcel; **không chằng không rễ** without family ties

chằng chịt adj. interlaced, intertwined

chẳng adv. (= **không, chả**) [SV bất] not to be, not to do [precedes main verb]: **cực chẳng đã** to be against one's will; **tôi chẳng thiết** I don't care

chẳng bao giờ adv. never: **tôi chẳng bao giờ hút thuốc** I never smoke

chẳng bao lâu adv. soon: **chẳng bao lâu ông ấy sẽ đến** he will come soon

chẳng bõ adv. not to be worthwhile

chẳng cứ adv. not necessarily, not only

chẳng hạn adv. for example, as an example, for instance, namely

chẳng qua adv. only, just, at most; actually speaking: **nó làm thế chẳng qua là để mẹ nó bằng lòng** he did it only to please his mother; **cái đó chẳng qua chỉ là để ông ấy khỏi mất sĩ diện đó thôi** that was only to save his face

chẳng thà adv. it would be better, it would be preferable: **chẳng thà làm việc nhân đạo** it would be better to do charity work

chặng n. stage, leg [of trip]; portion, section; range [of mountains]

chắp v. to join, to assemble: **chắp tay** to clasp hands: **chắp nối** to connect, to assemble, to join; **chắp nhặt** to scrape together; **chắp vá** to patch up

chắt 1 *n.* great-grandchild: **cháu chắt** offspring 2 *v.* to drain off, to decant

chắt bóp *v.* to be thrifty, to deny oneself [in terms of money]: **mẹ tôi chắt bóp ít tiền cho tôi ăn học** my mother has denied herself a small amount of money for my education

chặt 1 *v.* to cut off, to amputate, to chop: **chặt xuống** to cut down; **chặt cổ/chặt đầu** to behead 2 *adj.* tight: **chặt chẽ** tightly; **thắt chặt tình hữu nghị giữa hai nước** to enhance the friendship between the two countries; **buộc chặt** to tie securely; **đóng chặt** to shut tight; **đậy chặt** to close tight [with a lid]

châm 1 *v.* to light, to kindle, to ignite, to burn: **châm bếp** to ignite a stove; **châm thuốc hút** to light a cigarette 2 *v.* to pin, to needle: **châm kim vào tay** to poke a needle into a finger

châm biếm *v.* to attack, to ridicule, to satirize: **ông ấy nói giọng đầy châm biếm chua cay** he speaks in a bitterly satirical tone

châm chế *v.* (= **châm chước**) to adjust, to be tolerant

châm chích *v.* to criticize

châm chọc *v.* to tease

châm chước *v.* to be tolerant, to adjust

châm cứu *n., v.* acupuncture: **điều trị bằng châm cứu** to treat by acupuncture

châm ngôn *n.* saying, precept

chấm 1 *n.* [SV **điểm**] dot, point, period: **có vài chấm đen trên áo bạn** there are some dark dots on your shirt; **dấu chấm** period; **hai chấm** colon; **chấm phẩy** semicolon 2 *v.* to put a dot, to select; to correct, to grade, to mark: **chấm bài thi** to mark examination papers 3 *v.* to reach; to dip: **chấm nước mắm** to dip food in fish-sauce

chậm chậm *adv.* slowly: **đi chậm chậm** to go slowly

chậm *adj.* [SV **trì**] slow, halting

chậm chạp *adj.* [*opp.* **nhanh**] slow, late [*opp.* **sớm**]: **đến chậm** to be late, to arrive late; **đồng hồ tôi chậm năm phút** my watch is five minutes slow; **chậm trí khôn** slow-witted

chậm rãi *adj.* [of speech] slow and poised

chậm tiến *adj.* underdeveloped, backward: **tổ chức Liên hiệp quốc cần giúp đỡ các nước chậm tiến** the Uninted Nations Organization should help the underdeveloped countries

chậm trễ *adj.* late, tardy: **họ giải quyết công việc chậm trễ** they were tardy in solving problems

chân 1 *n.* [SV **túc**] foot, leg [*cf.* **cẳng**]; base: **gẫy chân** to break one's leg; **què chân** to be lame; **bàn chân** foot; **ngón chân** toe; **bắp**

chân calf; **cổ chân** ankle; **gót chân** heel; **móng chân** toenail; **có chân (trong)** to be a member [of]; **ba chân bốn cẳng** to run at full tilt; **chân núi** foot of a mountain; **đi chân** to go on foot; **đi chân không** to go barefoot; **chân lấm tay bùn** to foil hard; **lỗ chân lông** pore; **chân trời** horizon; **chân vịt** propeller; **kiềng ba chân** tripod [used for cooking stove] 2 *adj.* R right, true, sincere (= **thật, thực**; *opp.* **giả**): **chân chính** true, genuine, legitimate

chân dung *n.* portrait: **vẽ chân dung** to paint a portrait

chân giá trị *n.* true value/worth

chân lý *n.* truth: **tìm chân lý cho cuộc sống** to find the truth in life

chân tài *n.* real talent

chân tay *n.* limbs; follower, henchman: **người lao động chân tay** laborers

chân thành *adj.* sincere, honest: **chân thành cảm ơn** sincere thanks

chân thật *adj.* honest, frank

chân tình *n., adj.* sincerity, heartfelt feelings; very sincere: **lời nói chân tình** a heartfelt statement

chân trời *n.* horizon

chân tướng *n.* true face, true identity

chân ướt chân ráo *adj.* to be newly arrived

chấn *v.* R to shake; to vibrate: **chấn động** to shake up; **địa chấn** earthquake

chấn chỉnh *v.* to reorganize, to improve, to revamp

chấn hưng *v.* to develop, to restore, to improve

chấn song *n.* bar; block: **chấn song cửa sổ** a window bar

chấn thương *n.* trauma, injured: **ông ấy bị chấn thương nhẹ ở đầu** he has a slight injury to his head

chần *v.* to parboil, to blanch, to scald, to pour boiling water on: **chần mì ăn** to scald noodles

chần chừ *adj.* hesitant, undecided: **đi ngay không nên chần chừ** to go straight in without hesitation

chẩn *v.* R to examine, to treat [medically]: **chẩn bệnh** to treat an illness

chẩn bần *v.* to help the poor

chẩn bệnh *v.* to diagnose, to examine, to treat an illness

chẩn đoán *v.* to diagnose, to treat an illness

chẩn mạch *v.* to feel the pulse, to check the nerves

chẩn tế *v.* to bring relief to the needy

chặn *v.* to stop, to block; to obstruct: **chặn lại/chặn đứng** to stop, to block

chấp 1 *v.* to reproach, to bear a grudge; to give as an advantage: **chấp anh ấy 5 mét** to give him five meters for an advantage; **nó**

còn bé, anh **chấp** nó làm gì? he's just a kid, don't mind him **2** *v.* R to hold; to approve [application **đơn**], R to manage, to execute; to accept

chấp chính *v.* to assume governmental powers

chấp hành *v., adj.* to execute; executive: **ủy ban chấp hành** executive committee

chấp nhận *v.* to accept, to approve, to admit

chấp nhất *v.* to be full of grudge, to resent

chấp thuận *v.* to accept, to agree to: **chúng tôi xin chấp thuận lời mời của bạn** we are pleased to accept your invitation

chập 1 *v.* to join, to bring together, to fasten together: **tôi vừa cập hai sợi dây lại** I have tied the two strings together **2** *adj.* moment, instant: **chập tối** at nightfall; **chập chà chập chững** unstable

chập choạng *adv., adj., n.* imperfectly; unsteady; twilight: **giờ lúc ấy chập choạng tối** it was twilight

chập chờn *v.* to be flickering: **ngủ chập chờn** to be not quite asleep

chập chững *adj.* [of child] toddling: **cháu mới chập chững biết đi** he's beginning to walk

chất 1 *n.* matter, material, substance; R disposition: **chất lỏng** liquid; **chất đặc** solid; **chất khí** gas; **chất nổ** explosive; **chất sắt** pigment; **tính chất** nature; **vật chất** matter, material; **tư chất** character, aptitude; **khoáng chất** mineral; **lục diệp chất** chlorophyll; **địa chất học** geology **2** *v.* to pile up, to heap up: **chất đống** to pile up

chất lượng *n.* quality: **kiểm soát chất lượng sản phẩm** to control the quality of products

chất phác *adj.* sincere, simple-mannered

chất vấn *v.* to question, to investigate; to examine: **chất vấn ai trong buổi họp** to question someone at the meeting

chật *adj.* narrow; [of clothing] tight [*opp.* **rộng**]: **phòng làm việc của tôi chật quá** my office is very crammed; **nhà chật người** the home is crowded

chật ních *v.* to be overcrowded

chật vật *adj.* [of life] hard, difficult: **làm việc chật vật quá** to work hard for a living

châu 1 *n.* administrative unit in the highlands **2** *v.* to converge, to huddle together: **châu đầu lại nói chuyện** to huddle together for talking **3** *n.* continent: **châu Á** Asia; **châu Âu** Europe; **châu Phi** Africa; **châu Mỹ** America; **năm châu** the five continents; **Úc châu** Australia

châu báu *n.* precious things, valuables

châu chấu *n.* grasshopper

châu thành *n.* city

châu thổ *n.* delta: **châu thổ sông Cửu long** Mekong River delta

chầu 1 *v.* to attend court: **phiên chầu** imperial audience; **sân chầu** court [in front of throne] **2** *n.* party, round: **bạn tôi đãi tôi một chầu bia** my friend treated me to a round of beer

chầu chực *v.* to wait to see somebody [a V.I.P.]

chầu giời/trời *v.* to die, to pass away

chầu Phật *v.* to die, to pass away

chầu rìa *adj.* idle: **ngồi chầu rìa** to sit by and watch [a game]

chậu *n.* [SV **bồn**] wash basin, washbowl, pot: **chậu rửa mặt** wash basin

chấy 1 *n.* head louse; [cf. **rận**]: **bệnh chấy rận** typhus **2** *v.* to grill and ground: **thịt chấy** grilled and grounded meat

chầy 1 *n.* pestle; cf. **cối 2** *adj.* late, tardy: **chẳng chóng thì chầy** sooner or later

che *v.* to cover, to hide, to shelter; to get protection, to take shelter: **che ô/dù** to be under an umbrella

che chở *v.* to protect

che đậy *v.* to cover up, to conceal

chè 1 *n.* [SV **trà**] tea [both the leaves and the beverage]: **nước chè** tea [the beverage]; **ấm/bình chè** teapot; **bộ đồ chè** tea set; **pha chè** to make tea; **rượu chè** alcohol; to be a tea drinker; **chè hạt/hột/nụ** tea buds; **chè tươi/xanh** green tea; **chè (ướp) sen** lotus tea; **chè hoa nhài** jasmine tea **2** *n.* pudding, custard, dessert dish using such ingredients as soybeans, sugar, peas, lotus seeds, etc.

chẻ *v.* to split, to chop [wood]

chém *v.* [SV **trảm**] to cut, to chop; to behead: **chém cổ/chém đầu** to cut off someone's head; **máy chém** guillotine

chen *v.* to creep in; to elbow one's way through a crowd: **chen chúc** to jostle

chén *n.* [SV **bôi**] cup (= **tách**), eating bowl (= **bát**): **tôi chỉ ăn một chén cơm** I have only one bowl of rice; **đánh chén/cạn chén** to empty one's cup [of wine]

chèn *v.* to chock [wheel, etc.]; to force [opponent, cyclist, motorist] out of his path

chẽn *adj.* [of clothing] very tight

cheo *n.* betrothal, engagement fee: **nộp cheo** to pay the engagement fee

cheo leo *adj.* perched way up high: **núi đồi cheo leo** the mountains are perched way up high

chéo *adj.* slanted, tilted, diagonal

chèo 1 *v.* to row [boat, oar]; to paddle: **chèo thuyền** to row a boat **2** *n.* comedy, farce

chép 1 *v.* to copy, to transcribe, to note down, to write down: **ghi chép** to note down **2** *v.* to smack: **chép miệng** to smack one's mouth

chết *v.* (= **trét**) to fill [crack, hole]

chẹt *v.* to crush, to run over; to be strangled, to be crushed in between: **xe chẹt con chó** a car ran over the dog; **chết chẹt** to be run over; to be caught between two fires

chê v. to belittle, to spurn, to criticize, to scorn, to find fault with [*opp.* **khen**]: **chê cười** to laugh at, to mock

chê bai v. to criticize, to scorn

chê cười v. to laugh at, to mock

chế 1 v. to jeer, to mock: **chế bác** to scoff [at]; **chế riễu** to mock at 2 v. to manufacture; to process: **bào chế** to prepare drugs; **sáng chế** to invent; **chế biến thức ăn** to process food 3 v. R system; R to moderate, to limit, to control: **hạn chế** to limit; **tiết chế** to control; **pháp chế** legislation; **binh chế** military system; **học chế** educational system

chế biến v. to process

chế dục v. to restrain one's desire

chế định v. to determine, to decide

chế độ n. system, regime, -ism: **chế độ quân chủ** monarchy; **chế độ tiền tệ** monetary system; **chế độ thuế má** tax system; **chế độ khoa cử** examination system

chế ngự v. to control, to restrain, to bridle

chế nhạo v. to mock, to jeer

chế phục n. uniform; mourning clothes

chế tác v. to create, to invent

chế tạo v. to manufacture, to make: **nhà chế tạo** manufacturer

chếch adj. tilted, slanting

chêm v. to wedge; to add: **nói chêm vào** to break in

chễm chệ adj. sitting in a solemn, haughty manner

chênh adj. tilted, slanting; very different

chênh chếch adj. oblique, tilted, slanted

chênh lệch adj., n. uneven, unequal; different; at variance: **giá cả chênh lệch** the prices are different

chếnh choáng adj. tipsy, groggy, tight

chểnh mảng adj., v. to be negligent, be neglectful; to neglect

chết v., adv. [SV **tử**] to die; [of timepiece, machine] to stop; extremely, awfully [follows main verb]: **xác chết** corpse; **giết chết** to kill; **đánh chết** to beat to death; **cái chết của ông ấy** his death; **chết vì** to die of, to die from, to die for; **đâm chết** to stab to death; **cắn chết** to bite, to sting to death; **chết chưa! chết chửa!** oh, my gosh!

chết cha intj. Oh my god!: **chết cha! làm sao bây giờ!** oh! damn it! what to do now!

chết dở v. to be between life and death, to have [financial] trouble

chết điếng v. to be half dead [because of pain, shock]

chết đói v. to starve to death

chết đuối v. to be drowned

chết giấc v. to lose consciousness, to swoon

chết hụt v. to escape death [very narrowly]

chết (mê chết) mệt v. to be madly in love with

chết ngạt v. to be asphyxiated, to be suffocated

chết ngất v. to swoon, to faint, to be unconscious

chết non v. (= **chết yểu**) to die young

chết oan v. to die because of someone's injustice or error, to die innocently

chết sống n., adv. life and death; at any cost, in any case, in any event: **chết sống nó cũng đi** he is going at any cost

chết toi v. to die of a contagious disease, to die in an epidemic

chết tươi v. to die on the spot, to die in one's boots

chết yểu v. to die young

chệt n. Chinese

chi 1 pron. (= **gì**) what?; something, anything, everything: **chi bằng** wouldn't it be better to; **Anh muốn chi?** What do you want?; **Anh muốn chi cứ bảo tôi** you want something [anything], just tell me; **nói chi nó cũng cười** he laughs at everything; **không can chi** it doesn't matter; **can chi mà phải ....?** Why did you have to ...?; **hèn chi** no wonder; **huống chi** all the more reason, especially when; **phương chi** all the more reason; **vị chi ....** that makes ...; **vội chi** what's the hurry? 2 n. R branch (= **cành**); limb: **tứ chi** the four limbs 3 v. to pay, to disburse, to spend [*opp.* **thu**] out: **tăng thu giảm chi** to increase the income and to cut the spending

chi bộ n. cell of a political party

chi cấp v. to allot, to grant, to provide

chi chít adj. thickly set; all over, condensed

chi cục n. branch office

chi dụng v. to pay, to spend

chi đội n. detachment [army]

chi hội n. branch [of association, society]

chi li adj. to be stingy; particular

chi lưu n. tributary

chi nhánh n. branch office

chi phí n. expenses, expenditures

chi phiếu n. check [bank document]

chi phối v. to control, to govern, to rule

chi thu n. expenditures and receipts

chi tiết n. detail: **đầy đủ chi tiết** fully detailed, in full details

chi tiêu v. to spend

chí 1 n. will, resolution: **ý chí** ambition, aim; **chí khí, chí hướng** purpose in life; **đồng chí** comrade; **khoái chí** to be happy; **bất đắc chí** to be discontent; **thiện chí** goodwill 2 v. R to arrive, to each (= **đến, tới**); to, until: **từ bắc chí nam** from the north to the south; **từ đầu chí cuối** from beginning to end; **tự cổ**

chí kim from ancient times; **làm chí chết** to work very hard **3** *adv.* R very, quite, most: **chí phải** quite right; **chí hiếu** very pious; **chí lý** quite right; **chí chết/chí tử** [slang] to the utmost, to death **4** *n.* head louse **5** *n.* R magazine, newspaper: **báo chí** press; **tạp chí** magazine, journal

chí chóe *v.* to quarrel, to argue noisily

chí hướng *n.* ambition, aim, purpose in life

chí khí *n.* will, purpose, integrity

chí lý *adj.* most reasonable

chí nguyện *n.* volunteer

chí sĩ *n.* retired mandarin; strong-willed scholar

chí thú *adj.* serious, interested in

chí tuyến *n.* tropic

chì *n.* lead: **bút chì** pencil; **cầu chì** fuse

chỉ 1 *v.* (= **ngón tay**) to show, to point out, to indicate: **chỉ đường** to show the way, to direct traffic; **chỉ bảo** to teach, to guide **2** *adv.* only, merely, simply, but [**thôi** or **mà thôi** ending the sentence]; R to stop: **đình chỉ** to cease, to stop; **cấm chỉ** to forbid **3** *n.* thread, string: **sợi chỉ** a string of thread; **cuộn chỉ** a roll of thread; **chỉ tay** line on palm; **kim chỉ** needle and thread, needlework; **xem chỉ tay** to read palm

chỉ dẫn *v.* to explain, to inform, to guide

chỉ đạo *v.* to manage, to guide, to steer; **uỷ ban chỉ đạo** steering committee

chỉ định *v.* to designate, to appoint

chỉ giáo *v.* [of superior, teacher] to show, to teach, to advise

chỉ huy *v.* to command, to control: **bộ chỉ huy** commanding headquarter

chỉ nam *n.* compass: **kim chỉ nam** guide book, handbook

chỉ số *n.* index

chỉ tệ *n.* paper money

chỉ thị *n., v.* instruction; to instruct, to direct

chỉ thiên *v.* pointing to heaven: **bắn chỉ thiên** to shoot into the air

chỉ trích *v.* to criticize

chị *n.* [SV **tỉ**] elder sister: **chị ruột** blood sister; you [used to refer to an elder sister by a younger sibling, first person pronoun being **em**]; I [used to refer to a younger sibling by an elder sister, second person pronoun being **em**], you [to young women, first person pronoun being **tôi**]; **chị ấy** she; **chị ta** Mrs; **chị dâu** one's elder brother's wife, sister–in–law; **chị họ** female cousin; **hai chị em bà Chân** Mrs. Chan and her older sister, Mrs. Chan and her younger brother [or sister]; **hai chị em ông Lai** Mr. Lai and his older sister; **chị Hằng** the moon; **chị hai** maid

chia *v.* [SV **phân**] to be divided; to divide [**làm** into], to separate, to share/distribute:

chia đôi/hai to divide in two; **chia ba** to divide in three; **phân chia/chia cắt** to divide

chia buồn *v.* to share the sorrow [**với** of], to present one's condolences; to convey sympathy to

chia lìa *v.* to separate, to leave

chia phôi *v.* to separate

chia rẽ *v.* to divide [a group of people], to split

chia tay *v.* to part, to say goodbye, to bid farewell

chia uyên rẽ thuý *v.* to separate two persons in love

chia xẻ *v.* to share [**với** with]

chìa *v.* to hold out [RV **ra**]: **chìa tay ra** to hold out a hand

chìa khoá *n.* key: **chìa khoá xe** car key

chìa vôi *n.* spatula-like stick used to spread lime on a betel leaf: **chim chìa vôi** wagtail

chĩa *n.* pitchfork, fork

chĩa *v.* to point: **chĩa súng vào người** to point the gun at the body

chích *v.* to prick, to draw [blood **máu, huyết**]; to give an injection (= **tiêm**): **chích thuốc** to give or to get injections

chích chòe *n.* blackbird, magpie-robin

chiếc 1 *n.* general meaning of a unit of something: **một chiếc xe** a car; **chiếc thuyền/tàu** a boat; **một chiếc giày** a shoe; **một chiếc bít tất** a sock; **một chiếc đũa** a chopstick; **một chiếc hoa tai** an earring; **chiếc (giày) bên trái** the left one [shoe] **2** *adj.* R alone, single: **đơn chiếc** alone; **chăn đơn gối chiếc** single

chiêm 1 *adj.* [of (rice) harvest] fifth lunar month: **lúa chiêm** summer rice **2** *v.* R to look up [to], to admire; to observe

chiêm bao *v.* to dream [**thấy** of]; dream CL **giấc** [with **nằm** to have]: **nằm thấy giấc chiêm bao** to have a dream

chiêm nghiệm *v.* to experiment

chiêm ngưỡng *v.* to revere, to worship, to admire: **chiêm ngưỡng một bức tượng** to admire a statue

Chiêm Thành *n.* Champa

chiêm tinh học *n.* astrology

chiếm *v.* to seize [territory], to usurp [throne **ngôi**]; to win [prize **giải**]; to occupy [house **nhà**, territory]: **đừng để họp hành chiếm mất thì giờ** don't let meetings occupy too much time

chiếm cứ *v.* to occupy forcibly, to take possession of

chiếm đoạt *v.* to appropriate, to usurp

chiếm đóng *v.* to occupy [enemy's territory]

chiếm giữ *v.* to appropriate; to withhold

chiếm hữu *v.* to possess, to own

chiên 1 *v.* to fry (= **rán**): **chiên cơm** to fry rice

2 *n.* sheep (= **cừu**): **con chiên** the faithful, the congregation

chiến 1 *v.* R to struggle, to fight: **đại chiến** world war; **tuyên chiến** to declare war; **đình chiến** armistice; **hiếu chiến** warlike; **huyết chiến** bloody battle; **kháng chiến** resistance 2 *adj.* [slang] very good, luxury, terrific, smart: **xe chiến** luxury car

chiến bại *adj.* vanquished

chiến binh *n.* fighter, soldier: **cựu chiến binh** veteran

chiến công *n.* feat of arms, service

chiến cụ *n.* war materials

chiến cuộc *n.* war situation

chiến dịch *n.* campaign, operation [with **mở** to launch]: **chiến dịch chống nạn mù chữ** anti-illiteracy campaign; **chiến dịch chống nạn hút thuốc** anti-smoking campaign

chiến đấu *v.* to fight, to struggle

chiến địa *n.* battlefield

chiến hạm *n.* battleship, warship

chiến hào *n.* fighting trench

chiến hữu *n.* comrade-in-arms

chiến khu *n.* war zone, Maquis

chiến lợi phẩm *n.* war booty

chiến lũy *n.* fortifications, line

chiến lược *n.* strategy

chiến sĩ *n.* fighter, soldier

chiến sự *n.* war, warfare, fighting

chiến thắng *n., adj.* victory; to be victorious

chiến thuật *n.* tactics

chiến thuyền *n.* warship

chiến tranh *n.* war [CL **cuộc, trận**] warfare, hostilities: **chiến tranh lạnh** the cold war; **chiến tranh tâm lý** psychological warfare

chiến trận *n.* battle, war

chiến trường *n.* battlefield [CL **bãi**]

chiến tuyến *n.* line of battle, front line

chiến tướng *n.* fighter; [football] player

chiến xa *n.* tank, combat vehicle

chiến chiện *n.* skylark

chiêng gong *n.* gong [CL **cái**]

chiết 1 *v.* to graft: **chiết cây trồng vào chậu** to graft a plant to grow in a pot 2 *v.* to deduct, to take off, to reduce: **chiết 5% tiền lương cho quỹ từ thiện** to deduct five percent of the salary for a charity fund

chiết khấu *v.* to deduct, to discount

chiết quang *adj.* refringent, refracting

chiết tính *v.* to prepare the detailed statement of account

chiết trung *adj.* happy medium; eclectic

chiêu *v.* R to welcome: R to advertise, to announce, to proclaim: **chiêu hiền đãi sĩ** to welcome educated scholars, to recruit talents

chiêu bài *n.* signboard, label, hint statement

chiêu đãi *v.* to receive, to entertain: **Thủ tướng**

chiêu đãi khách nước ngoài the Prime Minister received foreign guests

chiêu đãi viên *n.* hostess, steward/stewardess: **chiêu đãi viên hàng không Việt Nam** Vietnam Airline steward/stewardess

chiêu hồi *v.* to open arms to the enemy, to welcome a surrendered enemy

chiêu mộ *v.* to recruit, to enlist: **chiêu mộ binh lính** to recruit soldiers

chiêu sinh *v.* to enroll students: **trường đại học quốc gia sẽ bắt đầu chiêu sinh vào tuần sau** the national university will enroll students next week

chiếu 1 *n.* [SV **tịch**] straw mat for sleeping: **chiếc chiếu** a straw mat; **đôi chiếu** a pair of straw mats; **giải/trải chiếu** to spread a straw mat, to roll out of the mat; **cuộn chiếu** to roll up the mat; **chăn chiếu** to live as husband and wife 2 *v.* to shine; to project [pictures], to project a point on a plane: **rạp chiếu bóng** movie theater; **chiếu điện** to X-ray; **phản chiếu** to reflect 3 *n.* R permit, document; imperial order: **nhà vua xuống chiếu toàn dân** the king gave an imperial order to the people

chiếu chỉ *n.* imperial edict

chiếu cố *v.* to care, to patronize; to take care of, to pay attention to

chiếu khán *n.* visa [on passport]

chiếu lệ *adv.* for form's sake: **làm việc chiếu lệ** to work for form's sake

chiếu theo *v.* to refer to: **chiếu theo quyết định của Thủ tướng chính phủ** reference to the Prime Minister's decision

chiều 1 *n.* [of time **giời/trời**] late afternoon, early evening: **tôi sẽ gặp bạn chiều mai** I will see you tomorrow afternoon 2 *n.* direction, course; side, dimension; manner, method: **chiều dài** length; **chiều gió** direction of the wind; **chiều cao** height; **chiều ngang** width, breadth; **chiều sâu** depth; **trăm chiều** in every way, in every respect; **đường một chiều** one-way street 3 *v.* to please [people, customer]; to pamper, to spoil [child]; to treat with kindness and consideration: **chiều chuộng khách hàng** to please customers

chim *n.* [SV **cầm, điểu**] bird: **chim chóc** birds; **lồng chim** bird cage; [**cá chậu**] **chim lồng** somebody who does not enjoy any freedom; **tổ chim** bird's nest

chim chuột *v.* to court, to woo, to flirt

chim muông *n.* birds and beast

chìm *v.* [SV **trầm**] to sink, to be submerged; to be hidden: **chiếc tàu đó đã bị chìm** that ship was sunk; **của chìm** hidden wealth; **ba chìm bảy nổi** many ups and downs

chìm đắm v. to be engulfed in [pleasure, passion]

chín 1 num. [SV **cửu**] nine: **mười chín** nineteen; **chín mươi** ninety; **một trăm chín (mươi)** one hundred and ninety; **một trăm linh/lẻ chín** one hundred and nine 2 adj. ripe [opp. **xanh**], cooked [opp. **tái, sống**]; **nghĩ [cho] chín** to think over carefully; **chín tới** done to a turn

chín chắn adj. mature: **ống ấy là người chín chắn** he is mature

chín muồi adj. very ripe: **chuối chín muồi** very ripe bananas

chinh v. R to make an expedition against: **thân chinh** [of monarch] to direct a war in person; **tòng chinh** to enlist; **quân viễn chinh** the expeditionary forces

chinh chiến n. war, warfare

chinh phạt v. to send a punitive expedition against

chinh phu n. warrior, fighter

chinh phụ n. warrior's wife

chinh phục v. to subdue, to conquer

chính 1 adj. (= **chánh**) principal, main, chief [opp. **phụ**]; secondary [or **phó** second, vice, assistant]: **cửa chính** main gate; **bản chính** the original [as opp. to **bản phụ** a carbon copy; **bản sao** a copy] 2 adj. R righteous, just, upright [opp. **tà**]: **quân, dân, chính** the army, the people and the government; **cải tà qui chính** to mend one's ways 3 adv. exactly, just, precisely: **chính giữa** in the middle; **chính tôi** I myself; **chính ra** at bottom in the main, actually; **cải chính** to deny

chính bản n. the original

chính biến n. political upheaval, coup d'etat

chính chuyên adj. [of woman **gái, đàn bà**] virtuous: **đàn bà chính chuyên** virtuous woman

chính cống adj. real, real McCoy, original

chính cung hoàng hậu n. official queen

chính danh n. a correct name

chính diện adj. right side; face front

chính đại adj. straightforward, upright

chính đáng adj. legitimate, proper, correct

chính đẳng n. political party

chính đạo n. the right way, the correct way [opp. **tà đạo**]

chính giáo n. orthodox religion

chính giới n. political circles, government circles; politicians

chính khách n. politician

chính kiến n. political views

chính nghĩa n. righteous cause, cause

chính phạm n. author of a crime, principal to a crime [as opp. to **tòng phạm** accessory]

chính phủ n. government: **vô chính phủ** anarchy

chính qui adj. [of army] regular: **lính chính qui** regular army

chính quyền n. political power [with **cướp, dành, nắm** to seize]; government: **nắm chính quyền** to take over power

chính sách n. policy

chính sự n. political affairs, government affairs, politics

chính tả n. orthography; dictation

chính thất n. legal wife, first wife

chính thể n. form of government, regime: **chính thể cộng cộng hoà** republican regime; **chính thể quân chủ** monarchy

chính thị adv. exactly, precisely

chính thống adj. orthodox

chính thức adj., adv. official, formal; officially, formally; **bán chính thức** semi-official

chính tình n. political situation

chính tông adj. authentic, genuine, real, real McCoy

chính trị n., adj. politics, policy; political: **nhà chính trị** politician, statesman; **khoa học chính trị** political science

chính trị bộ n. politburo

chính trị gia n. statesman, politician

chính trị học n. political science

chính trị phạm n. political prisoner

chính trị viên n. political instructor

chính trực adj. righteous, upright

chính xác adj. accurate, corrected

chính yếu adj. important, main, principal, vital

chỉnh 1 adj. right, straight, correct: **nghiêm chỉnh/tề chỉnh** serious, right 2 v. to correct, to repair; to amend; to fix: **chỉnh lại bánh xe** to fix the wheels

chỉnh đốn v. to reorganize, to revamp: **chỉnh đốn lại công ty** to reorganize the company

chỉnh huấn v. to re-educate

chỉnh lưu v. to rectify [electric] current

chỉnh lý v. to re-adjust, to correct and edit

chỉnh tề adj. correct; tidy, in good order

chĩnh n. jar [to store rice, salt, etc.]: **chuột sa chĩnh gạo** to get a windfall [like a mouse falling into a jar of rice]

chít 1 v. to wrap: **chít khăn trên đầu** to wrap a scarf around one's head 2 n. great-great-great-grandchild

chịt v. to choke, to block: **giữ chịt** to hold back forcibly

chịu v. to bear, to stand, to endure, to tolerate, to put up with; to consent; to give up; to receive, to acknowledge: **dễ chịu** to be agreeable, pleasant, comfortable; to feel fine; **khó chịu** to be unpleasant, uncomfortable, to feel unwell; **không (thể) chịu được** unbearable; **họ không chịu điều kiện ấy** they wouldn't accept that condition; **chịu**

chưa? do you give up?; **chịu rồi** I give up [I cannot go on with the game, cannot guess]; **ăn chịu** to buy food on credit; **bán chịu** to sell on credit; **mua chịu** to buy on credit

chịu cực *v.* to endure hardship

chịu đựng *v.* to bear, to put up with, to suffer

chịu khó *v.* to be patient, to work hard

cho 1 *v.* to give; to add; to let/allow/permit to, for; as a favor, for you [follows main verb] until; **cho đến; cho ăn** to feed; **cho mượn** to lend [tool, money]; **cho vay** to lend [money]; **ông ấy vừa cho con gái chiếc xe Huê Kỳ** he just gave his daughter an American car; **cho thêm nước vào đi!** add some water, put some more water in; **cho đường vào đi!** put the sugar in; **anh ấy làm việc cho đến chín giờ, rồi đi xem xi nê** he worked until 9 o'clock, then went to the movies; **cho (kỳ) được** until one succeeds, until one gets what is wanted; **cho nên, thế cho nên, vì thế cho nên** that is why; **xin anh hiểu cho** please understand; **để tôi viết cho** let me write it for you; **ông ấy không cho tôi thôi** he wouldn't let me quit [go, resign]; **ba có cho đâu mà mày lấy!** daddy didn't give you the permission, why did you take it?; **đưa cái chổi đây cho tôi** please hand me the broom; **anh ấy làm cho một nhà thầu** he works for a contractor; **ăn cho [no] no vào** eat until you're full; to make sure you have plenty; **nhớ lấy vé cho tôi nữa nhé** remember to buy a ticket for me too; **muốn cho chóng việc** in order to expedite things, in order that things may go fast; **nó đại diện cho ai?** Who(m) does he think he represents?; **tôi thay mặt cho ông giám đốc chúng tôi** I speak on behalf of our director; **cho đến nay** up to now, so far, thus far; **để cho** in order that; **cho hay** to let know, to inform 2 *v.* to think, to maintain [**rằng, là** that]: **tôi cho rằng việc đo rất hữu ích** I think that issue is very useful

cho không *v.* to give away, to grant

cho nên *adv.* therefore, hence: **vì trời mưa cho nên tôi ở nhà** because it rains, therefore I stay at home

cho phép *v.* to permit, to allow, to authorize

chó *n.* [SV **khuyển, cẩu**] dog: **chó săn** hunting dog, police dog; **chó cái** bitch; **chó sói** wolf; **cũi chó** dog kennel, dog house; **chó con** puppy; **chó mực** black dog; **đồ chó!** what a dog!; **chó giữ nhà** watchdog, house dog; **chó má** scoundrel, cad; **coi chừng chó dữ!** beware of dogs!

chõ 1 *n.* elbow: **cùi chõ** elbow 2 *v.* to direct one's mouth to; to stick out: **chõ miệng/mồm** to give one's unexpected view

choạc *v.* to open wide; to spread [legs **chân**]

choán *v.* to take up, to occupy space

choang *adj.* bright: **đèn sáng choang** the lamp is bright

choáng *adj.* shocked into a daze, to be dazzling: **tôi choáng người khi biết tin dữ** the bad news shocked me into a daze; **choáng mắt** swanky, to be conspicuous

choáng váng *v.* to feel dizzy

choàng *v.* to embrace, to throw over or around: **ông ấy choàng tay qua vai tôi** he embraced me

choảng *v.* to stick, to beat, to hit, to come to blows: **hai bên choảng nhau kịch liệt** both sides were locked in a fierce battle

choắt *adj.* dwarfed, stunted: **nó choắt lại** he is dwarfed; **bé loắt choắt** tiny

chọc *v.* to pierce, to puncture; to tease, to annoy, to bother: **chọc tức ai** to tease someone; **nhà chọc trời/giời** skyscraper

chọc ghẹo *v.* to tease

chọc tiết *v.* to stick; to bleed: **chọc tiết heo** to bleed pigs

choé 1 *n.* ornamental jar 2 *adj.* very bright: **đỏ choé** bright red

choèn choẹn *adj.* very shallow; too small to be noticed

choi choi *n.* warbler

chói *adj.* [of light] dazzling, blind, shrill: **đèn làm chói mắt** the lights dazzled the eyes; **tiếng ồn làm chói tai** the noise deafens ears

chói lọi *adj.* brilliant, radiant, blazing

chòi *n.* shed, hut: **chòi canh** watchtower

chọi *v.* to oppose, to be equal; to fight, to compete with: **chống chọi/đối chọi với** to compete with [to precede object]; **tôi không chọi nổi hắn đâu** I can't compete with him; **chọi gà** cock fight; **chọi dế** cricket fight; **chọi chim hoạ mi** nightingale fight; **chọi trâu** buffalo fight; **đối chọi** [of two lines] well coupled

chòm *n.* tuft [of hair], clump [of trees], bunch [of flowers], group [of stars]

chỏm *n.* peak, summit [of mountain], top [of head, tree]; tuft of hair grown on shaven head of a little child: **lúc còn để chỏm, thời để chỏm** childhood

chọn *v.* to choose, to select [**làm** as]: **lựa chọn/kén chọn** to select carefully; to be choosy; **kén cá chọn canh** to be choosy

chọn lọc *v., adj.* to select; to choose; selected, chosen

chọn lựa *v.* to select, to choose

chong *v.* to keep [**đèn** lamp] lighted: **chong đèn suốt đêm** to keep the light lit all night long

chong chóng *n.* pinwheel; propeller

chóng *adj., adv.* quick, fast, rapid, speedy; rapidly, quickly: **công việc nhanh chóng** quick work; **chóng lên** Quick! Hurry up!; **(chẳng) chóng (thì) chầy** sooner or later

chóng mặt *v.* to feel dizzy

chóng vánh *adj.* prompt, speedy

chòng chành *v.* to sway, to roll, to be unstable

chòng chọc *v.* to stare at, to look straight [**vào** at]: **nhìn chòng chọc vào ai** to stare at someone

chõng *n.* bamboo bench, bamboo bed

chóp *n.* summit, peak, top: **chóp bu** top man

chót 1 *n., adj.* the last in a series (= **cuối**); last, lowest ranking (= **bét**): **giờ chót** the last hour, the last minute; **ngày chót** the last day [before deadline]; **hạn chót** deadline; **bậc chót** the highest or lowest rank; **hàng chót** the last row; **hạng chót** the lowest class; **màn chót** last scene, end [of play] 2 *v.* to have done or to act already [followed by main verb and preceded optionally by **đã**]: **Con chót dại ăn cắp, xin ông tha cho** I have been stupid enough to steal, please forgive me

chót vót *adj.* very tall/high, towering: **cao chót vót** very high

chỗ *n.* place, location, site, spot; room, space: **chỗ ngồi** seat; **chỗ ở** residence, address; **chỗ làm** place of work; **chỗ buôn bán** place of business; **hết chỗ rồi** no seats left, no vacancy, full house, full bus; **chỗ anh em tôi nói thật** since we are friends, I'm going to tell you the truth

chốc *n.* (= **lát**) moment, instant: **chốc nữa** in a while; **bỗng chốc** suddenly; **chốc chốc lại** every now and then; **hãy giữ im lặng một chốc** please keep silent for a while

chốc lát *n.* short moment: **phút chốc** in a jiffy

chối *v.* to deny, to refuse: **ông ấy chối là đã không nói như thế** he refused to say so; **từ chối** to refuse

chối cãi *v.* to deny, to reject: **đó là sự thật không thể chối cãi được** these are undeniable facts

chối từ *v.* to refuse, to decline

chồi *n.* bud

chổi *n.* broom: **sao chổi** comet; **cán chổi** broomstick

chồm *v.* to jump up, to spring up

chôn *v.* to bury, to inter [dead, money, idea in one's mind]

chôn cất *v.* to bury, to inhume: **người Việt thường chôn cất của quí ở dưới đất** Vietnamese often bury valuables underground

chôn chân *v.* to stay at one place, to confine oneself to

chôn rau cắt rốn *n.* native place

chôn sống *v.* to bury alive

chôn vùi *v.* to bury

chốn *n.* place, spot, destination: **đi đến nơi về đến chốn** to arrive at the right destination and to go home safely, safe trip

chồn 1 *n.* fox 2 *adj.* tired, stiff: **mỏi gối chồn chân** to have weary knees and stiff legs

chông *n.* caltrops, spikes, stakes: **hầm chông** a spike trap

chông gai *n., adj.* spikes and thorns; difficulties, hardship; dangerous

chống *v.* [SV **kháng**] to oppose, to resist: **chống lại** to be against; **chống người lên vật gì** to support oneself on, to lean against

chống án *v.* to appeal [a case]

chống chọi *v.* to resist, to confront

chống chế *v.* to defend oneself

chống cự *v.* to resist

chống giữ *v.* to hold out, to defend

chống nạnh *v.* to put arms akimbo

chống trả *v.* to oppose, to resist, to fight back

chồng 1 *n.* [SV **phu, quân**] husband: **lấy chồng** to marry; **bỏ chồng** to divorce; **mẹ chồng** mother-in-law; **bố chồng** father-in-law; **con chồng** stepchild; **ế chồng** to be unable to find a husband 2 *v., n.* to pile up; a pile: **một chồng sách** a pile of books

chổng *v., adv.* to point upward; upward: **nằm chổng gọng** to lie with one's legs in the air; **ngã chổng gọng** to fall on one's back

chộp *v.* to seize, to catch: **nó bị cảnh sát chộp rồi** he was caught by the police

chốt *n., v.* axle; to bolt, to pin: **chốt cửa lại** to bolt the door; **vấn đề then chốt** the key problem

chột 1 *adj.* one-eyed: **nó chột mắt** he is one-eyed 2 *adj.* stunted, scared, worried: **chột bụng/chột dạ** startled

chơ vơ *adj.* abandoned, forlorn, without protection

chớ *adv.* do not, let us not: **chớ có/chớ nên nói gì** shouldn't say anything; **anh chớ có mua nhé** don't buy it; **chớ hề** never

chờ *v.* to await, to wait for (= **đợi**): **đừng chờ đợi tôi** don't wait for me

chở *v.* to take, to transport, to carry: **chuyên chở** to be transported; **chở củi về rừng** to carry coals to Newcastle; **xe chở hàng** truck, goods train, freight train

chợ *n.* [SV **thị**] market, marketplace: **hội chợ** fair, exposition; **phiên chợ** market day; **chợ đen** black market; **chợ phiên** fair; **chợ giời** open air secondhand market; **kẻ chợ** town folk, city people

Chợ lớn *n.* Cho Lon, Saigon's Chinatown

chơi *v.* [SV **du**] to play, to amuse oneself; to play [game, musical instrument, cards, sport]; to be a fan of, to collect, to keep [as a hobby]; to indulge in; to take part in—not seriously—for fun [follows main verb] [*opp.* **thật**]: **sân chơi** playground; **trò chơi** game; **đồ chơi** plaything, toy; **đi chơi** to go for a walk, to go out; to go and visit; **đến chơi** to come for a visit; **chơi bi** to shoot marbles; **chơi dao** to play hopscotch; **chơi dương cầm** to play the piano; **chơi bài** to play cards; **chơi cờ** to play chess; **chơi quần vợt** to play tennis; **chơi bóng rổ** to play basketball; **chơi tem** to collect stamps; **chơi lan** to collect orchids; **chơi đồ cổ** to collect antiques; **chơi chim hoạ mi** to keep nightingales; **chơi gái** to frequent prostitutes; **chơi họ/hụi** to take part in a mutual savings and loan group; **ăn chơi** to eat for fun, as in **bốn món ăn chơi** hors d'oeuvres, assorted appetizers; **nói chơi** to say in jest; **chơi chơi** not to play for money, to play [card game] for fun; **dễ như chơi** as easy as ABC; **giờ [ra] chơi** to have a break; **chơi chữ** to play on words; **làng chơi** the pleasure world; **gái làng chơi** prostitute(s); **khách làng chơi** bawdy house customer(s); **ông ấy ăn chơi lắm** he's a real playboy

chơi ác *v.* to play a dirty trick [on somebody]

chơi bời *v.* to be a playboy, to indulge in playing

chơi khăm *v.* to play a nasty trick [on somebody]

chơi lu bù *v.* to have round after round of fun [literally and pejoratively]

chơi vơi *adj.* lonely, to be in a precarious position

chơm chởm *adj.* rugged, craggy, shaggy: **con đường chơm chởm đá** the road was craggy with rocks

chớm *v.* to start to, to begin to, to be about to: **tình yêu mới chớm** to begin to love

chớm nở *v.* [of feelings] to be budding

chớn *n.* limit: **quá chớn** to go beyond the limit

chờn vờn *v.* to flutter about

chớp *v.* [of heaven **giời, trời**] to lighten: **chớp mắt** to blink/wink; **chớp bóng** to show movies; **nhanh như chớp** as fast as lightning; **chỉ trong chớp mắt** in a wink; **cửa chớp** shutters; **không biết đứa nào chớp mất của tôi cái đồng hồ** somebody swiped my watch

chớp ảnh *v.* to project movies

chớp bóng *v.* to project/show movies: **rạp chớp bóng** movie theater

chớp nhoáng *adv.* at lightning speed; **chiến tranh chớp nhoáng** lightning war

chợp *v.* to doze off: **chợp mắt** to have a wink of sleep

chớt nhả *v.* to use non-serious language

chợt *adv.* suddenly or unexpectedly [precedes main verb]; alternately: **cửa chợt mở** the door suddenly swung open; **tôi chợt nhớ** I remember suddenly; **chợt nói chợt cười** alternately talking and laughing

chu cấp *v.* to support, to assist, to help, to provide: **con cái phải chu cấp cho cha mẹ già** children have to support their old parents

chu chéo *v.* to yell, to holler

chu du *v.* to travel [around]: **tôi đã chu du khắp các nước Á châu** I have traveled to almost all the countries in Asia.

chu đáo *adj.* perfectly done, perfectly taken care of

chu kỳ *n.* cycle, period [of recurring phenomena]

chu niên *n.* anniversary: **đệ thập chu niên** tenth anniversary

chu tất *adj., v.* full and careful, perfect; to pay all back: **anh cứ ứng ra, lúc về tôi xin chu tất** please advance the money, I'll refund you when I come back

chu toàn *v., adj.* to be perfect; to complete perfectly; safe; intact: **bà ấy là người đàn bà chu toàn mọi việc trong gia đình** she is a perfect woman who can complete all her household duties

chu trình *n.* circular, cycle [which is sent around]

chu vi *n.* circumference

chú **1** *n.* uncle [father's younger brother]: **chú ruột** uncle [addressed by nephew or niece]; **chú họ** father's male cousin; **chú thím tôi** my uncle and his wife; **cô chú tôi** my aunt and her husband; **hai chú cháu anh Hiển** Hien and his uncle, Hiển and his nephew [or niece]; **anh/chị em con chú con bác** first cousins [A calls B's father **chú**, and B calls A's father **bác**] **2** *n., v.* note; to annotate, to explain, to mark: **ghi chú/cước chú** footnote; **bị chú** note **3** *n.* incantation, conjuration: **đọc thần chú** to read incantation

chú âm *v.* to phoneticize, to show the pronunciation

chú cước *n.* explanatory notes, marginal notes

chú dẫn *v.* to note, to annotate

chú giải *v.* to explain, to quote, to annotate

chú lực *v.* to concentrate or to apply one's strength on

chú mục *v.* to pay attention to

chú rể *n.* bridegroom

chú tâm *v.* to concentrate on: **chú tâm vào việc học** to concentrate on studying

chú tiểu *n.* novice [in a Buddhist temple]

chú trọng *v.* to pay attention to, to attach importance to [**đến, tới** precedes object]

chú ý *v.* to pay attention [**đến, tới** precedes object]; Attention!: **chú ý nghe bài giảng** to pay attention to lectures

chủ *n.* owner, master, boss, lord (= **chúa**); landlord: **ông chủ nhà** landlord; **bà chủ nhà** landlady; **chủ nhà** host, hostess [*opp.* **khách**]; **chủ hãng** employer [*opp.* **thợ**]; **địa chủ** landowner; **điền chủ** landlord; **gia chủ** head of family; **nghiệp chủ** manager of industry; **thân chủ** client; **tự chủ** independence; **chủ nợ** creditor; **chủ quán** inn-keeper

chủ bút *n.* editor-in-chief, editor: **Ông Nam là chủ bút của một nhật báo Việt** Mr. Nam is editor-in-chief of the Viet newspaper

chủ chiến *v.* to advocate war

chủ đạo *adj.* decisive: **đóng vai trò chủ đạo** to play a decisive role

chủ đề *n.* main subject, main topic

chủ đích *n.* main objective, main aim, chief goal

chủ động *v., adj.* to be active, to take the initiative; principal: **vai chủ động** principal role [of a story]

chủ giáo *n.* bishop

chủ hoà *v.* to advocate peace

chủ hộ *n.* head of a family

chủ hôn *n., v.* celebrant; to conduct a wedding ceremony [preceded by **đứng**]

chủ khảo *n.* head of examiners

chủ lực *n.* main force, driving force

chủ mưu *v., n.* to instigate; to be the mastermind, to contrive; instigator

chủ nghĩa *n.* doctrine, ideology, -ism: **chủ nghĩa cá nhân** individualism

chủ ngữ *n.* subject [of a sentence]

chủ nhân *n.* boss, master: **chủ nhân ông** manager [as opp. to labor **công nhân**]

Chủ nhật *n.* Sunday (= **chúa nhật**)

chủ nhiệm *n.* director; editor

chủ quan *n., adj.* subjective thinking [*opp.* **khách quan**]; subjective

chủ quyền *n., adj.* sovereignty; sovereign: **có chủ quyền** to be sovereign

chủ sự *n.* chief of a bureau

chủ tâm *v., n.* to intend, to aim; intention: **đó là hành động có chủ tâm** that is an intentional action

chủ tế *n.* official celebrant

chủ tể *n.* chief, master, lord

chủ thầu *n.* contractor

chủ thể *n.* subject, main organ

chủ tịch *n.* chairman: **phó chủ tịch** vice-chairman

chủ tịch đoàn *n.* presidium

chủ toạ *v., n.* to preside over [a meeting]; chairperson: **chủ toạ buổi họp** to chair a meeting

chủ từ *n.* subject

chủ trương *v., n.* to advocate, to assert, to maintain; policy

chủ ý *v., n.* to intend, to aim; main idea, chief purpose, primary intention

chủ yếu *adj.* essential, important: **vấn đề chủ yếu là tăng năng suất** the important issue is to incease products

chua 1 *v.* to note, to annotate 2 *adj.* sour, acid: **canh chua** sweet and sour soup

chua chát *adj.* bitter, ironical

chua ngoa *adj.* talkative; lying; sharp-tongued

chua xót *adj.* painful

chúa *n.* lord, prince, God: **vua chúa** kings and princes; **bạo chúa** tyrant; **chúa Trời** God; **công chúa** princess

chúa nhật *n.* Sunday

chúa sơn lâm *n.* tiger

chúa tể *n.* chief, master, leader, lord

chùa *n.* [SV **tự**] Buddhist temple, pagoda: **đình chùa** temples; **thầy chùa** monk

chùa chiền *n.* Buddhist temples

chuẩn *n., adj.* standard: **tiêu chuẩn** criterion

chuẩn bị *v.* to prepare, to get ready: **chuẩn bị hành lý** to get one's luggage ready

chuẩn chi *v.* to order, to authorize a payment

chuẩn đích *n.* definite aim, goal, norm

chuẩn định *v.* to fix, to decide

chuẩn nhận *v.* to accept, to approve

chuẩn phê *v.* to approve

chuẩn tướng *n.* brigadier-general

chuẩn úy *n.* warrant officer

chuẩn xác *adj.* fully accurate, accurate

chuẩn y *v.* to approve

chúc 1 *v.* to tilt 2 *v.* to wish; to congratulate, to celebrate: **cầu chúc** to wish; **chúc mừng năm mới** or **cung chúc tân xuân** Happy New Year

chúc thư *n.* will and testament

chúc tụng *v.* to wish; to compliment, to praise

chục *num.* ten: **hai chục** twenty

chui *v.* to glide headlong, to creep, to steal, to slip in through a narrow opening; to cede [a card]: **chui vào hang** to creep into a hole

chúi *v.* to bend one's head forward; to be engaged totally in: **chúi đầu vào công việc** to be engaged totally on the job

chùi *v.* to wipe, to clean, to polish

chum *n.* water jar

chúm *v.* to purse, to round [lips]: **mẫu âm chúm môi** rounded vowel

chùm *n.* cluster, bunch [of grapes, keys, flowers]: **chùm nho** a bunch of grapes; **chùm chìa khoá** a set of keys

chũm choẹ *n.* cymbals

chụm *v.* to assemble, to join, to gather

chụm lửa *v.* to light a fire

chun *v.* to shrink, to be elastic: **sợi dây chun lại** the string shrank

chun chủn *adj.* short, tiny

chùn *v.* to slow down, to stop

chùn chụt *adv.* [to kiss or suck] noisily: **hôn chùn chụt** to kiss noisily

chung 1 *adj., v.* common, mutual; to have or do in common: **ở chung** to live together; **chung tiền** to pool money; **nhà chung** Catholic mission 2 *v.* R to finish (= **hết**): **thủy chung** to the end; from beginning to end; to be loyal, faithful; **hữu thủy vô chung** to be unfaithful, disloyal 3 *n.* the end [used at the end of books or articles]: **chung cuộc** at the end; **lâm chung** to be about to die

chung chạ *v.* to share [with other people]

chung đúc *v.* to amalgamate, to create

chung đụng *v.* to clash; to share with other people

chung kết *n.* final: **trận đấu chung kết** final match

chung quanh *n.* surrounding area (= **xung quanh**)

chung qui *adv.* in the final analysis, in conclusion

chung thân *adv.* all one's life: **tù chung thân** life imprisonment

chúng *pron.* [pluralizer for certain personal pronouns]; R group, people: **công chúng** the public; **dân chúng** the people; **đại chúng** the masses; **quần chúng** the masses

chúng bạn *n.* friends

chúng bay *pron.* you [plural]; also **bay**

chúng cháu *pron.* we [your grandchildren, your nephews, your nieces]

chúng con *pron.* we [your children]

chúng em *pron.* we [your younger siblings]

chúng mày *pron.* you [arrogant]

chúng mình *pron.* we [inclusive I and you, (he) and I; you, (they) and I]; cf. **chúng ta, mình, ta**

chúng nó *pron.* they, them

chúng ông *pron.* we [very arrogant]

chúng sinh *n.* all living creatures; wandering souls

chúng ta *pron.* we, us [inclusive I and you, (he) and I; you, (they) and I]; cf. **chúng mình, ta, mình**

chúng tôi *pron.* we [exclusive I, he and I, they and I, but not you]

chùng *adj.* [of rope, string] loose, slack; [of trousers] to be long, hanging

chùng chình *v.* (= **trùng trình**) to loiter; to procrastinate

chủng 1 *n.* R species, kind, sort: **chủng loại** race; **nhân chủng** human; **chủng tộc** human race; **diệt chủng** to exterminate a race 2 *v.* to vaccinate; **chủng đậu** to vaccinate against smallpox

chủng loại *n.* sort, kind, variety, type, species

chủng tộc *n.* race, people

chuốc *v.* to seek, to bring upon oneself to [worry, profit, honors]: **chuốc lấy sự đau khổ** to bring unhappiness upon oneself

chuộc *v.* to buy back [lost or pawned object], to redeem; to make amendments for, to atone for [fault, mistake]; to try to win [someone's heart]

chuôi *n.* handle [of knife **dao**], hilt

chuối *n.* banana: **một buồng chuối** a bunch of bananas; **một nải chuối** a hand of bananas; **vườn chuối** banana farm; **giồng cây chuối, trồng cây chuối** to stand on one's head; **trượt vỏ chuối** to slip on a banana skin; to fail an examination

chuỗi *n.* a string [of beads], necklace; file, series, succession: **chuỗi hạt trai** pearl necklace; **một chuỗi ngày dài dằng dặc** a succession of long, long days; **chuỗi tràng hạt** rosary

chuôm *n.* small pond

chuồn *v.* to take French leave, to clear out, to sneak out

chuồn chuồn *n.* dragonfly

chuông *n.* bell: **bấm chuông** to ring the bell [by pushing a button]; **đánh chuông/thỉnh chuông** to strike the bell with a mallet; **dật chuông/rung chuông** to ring the bell [by pulling a cord or rope]; **lắc chuông** to ring the bell [by shaking it]; **gác chuông** bell tower; **chuông bấm, chuông điện** electric bell

chuồng *n.* cage, shed, shelter, coop, stable, sty: **lúc gà lên chuồng** at nightfall; **chuồng bò** stable for oxen; **chuồng chim bồ câu** pigeon house; **chuồng chó** dog kennel; **chuồng gà** chicken coop, chicken house; **chuồng heo/ chuồng lợn** pig sty; **chuồng ngựa** stable, stall; **chuồng tiêu** latrine, privy; **chuồng xí** latrine, privy; **chuồng trâu** buffalo stable

chuộng *v.* to be fond of, to like, to esteem: **tham thanh chuộng lạ** to like exotic things; **chiều chuộng** to pamper, to esteem; **kính chuộng** to respect and esteem; **yêu chuộng** to love

chuốt *v.* to polish, to refine: **chải chuốt** to be smart

chuột *n.* rat, mouse, cobaye: **bả chuột** rat poison, rat's bane; **bẫy chuột** mousetrap; **dưa chuột** cucumber; **ướt như chuột lột** drenched to the skin

chuột bạch *n.* white mouse, white mice

chuột bọ *n.* rodents

chuột chù *n.* muskrat

chuột cống *n.* sewer rat

chuột đồng *n.* field mouse

chuột nhắt *n.* mouse, mice

chuột rút *n.* cramp

chụp *v.* to spring upon and seize suddenly: **chụp ảnh/hình** to take photographs; **chụp lấy cổ nó** to grab him

chụp ảnh *v.* (= **chụp hình**) to take a photograph [of]; to have one's picture taken

chụp đèn *n.* lamp shade

chút 1 *adj.* tiny (= **tí**): **chút ít, chút đỉnh, chút xíu; một chút** a little bit; **đôi chút** a little **2** *n.* great-great-grandchild; cf. **cháu, chắt, chít**

chút con *n.* a small child, the only child

chút đỉnh *adj.* a little bit, a touch of

chút ít *adj.* tiny

chút phận *n.* modest condition

chút thân *n.* humble life

chút tình *n.* humble sentiment

chút xíu *adj.* tiny

chụt *n.* smacking noise

chùy *n.* mallet, hammer; blow

chuyên 1 *v.* to transfer [liquid, merchandise]; to transport; to carry: **chở chuyên** to transfer [money illegally] **2** *adj., n., v.* specialized in; expert, main occupation; to concentrate on: **chuyên tâm** to be devoted; **chuyên về** to specialize in

chuyên cần *adj.* diligent, industrious: **họ làm ăn rất chuyên cần** they work very diligently

chuyên chế *adj.* absolute, dictatorial, arbitrary, autocratic

chuyên chính *n.* dictatorship: **vô sản chuyên chính** dictatorship of the proletariat [communist term]; **chế độ chuyên chính** dictatorship regime

chuyên chở *v.* to transport: **chuyên chở hàng hoá** to transport goods

chuyên chú *v.* to apply oneself, to be attentive, to concentrate on

chuyên đề *n.* special subject/topic

chuyên gia *n.* specialist, expert: **chúng ta cần những chuyên gia kinh tế giỏi** we need more experts on economics

chuyên khoa *n.* specialty, advanced and specialized course; second cycle [three years] of secondary education [*opp.* **phổ thông**]

chuyên môn *n., adj.* specialty [to specialize in], professional; to be technical: **nhà chuyên môn** expert, specialist; **về phương diện chuyên môn** from the technical point of view; **danh từ chuyên môn** technical terms, jargon; **không chuyên môn** nonspecialized, unskilled; nontechnical

chuyên nghiệp *n.* specialist, professional; vocational: **trường trung học chuyên nghiệp** technical college, vocational school

chuyên nhất *v.* to be devoted to one thing

chuyên quyền *v.* to be despotic, to rule as an autocracy, to be a dictatorship

chuyên tâm *v.* to concentrate on [with fixed intention]

chuyên trách *v.* to be responsible; **nhà chuyên trách** responsible authorities

chuyên trị *v.* [of doctor] to be a specialist in: **bác sĩ chuyên trị bệnh ngoài da** dermatologist

chuyên tu *v.* to give or to get special training: **lớp chuyên tu** special session, seminar [on certain subjects]

chuyên viên *n.* expert, specialist

chuyến *n.* trip, journey, voyage, flight [as a unit, single event]; time: **chuyến đi** the outward trip; **chuyến về** the homeward trip, on the way back; **chuyến mười giờ** the 10 o'clock train [bus, plane, etc.]; **chuyến xe lửa năm giờ** the 5 o'clock train; **chuyến xe Saigon-Baclieu** the Saigon-Baclieu bus; **đi Nam vang một chuyến** to go to Phnom Penh [once]; **đi cùng một chuyến** to travel together; **mấy chuyến?** how many times, how many rounds?; **nhiều chuyến** many times; **chuyến này** this time; **chuyến trước** last time; **chuyến sau** next time; **chuyến tàu đêm** the night train

chuyền *v.* to pass, to hand; to pass from place to place; to carry, to transfer: **chuyền tay nhau** to pass on to each other

chuyển *v.* to move, to transfer; to shift; to change [direction]; to transmit, to hand over: **chuyển đạt** to convey; **chuyển giao** to transfer; **lay chuyển** to move, to shake; **biến chuyển** to change; **di chuyển** to move; **thuyên chuyển** to move [personnel] around: **tôi nói mãi nó không chuyển** I kept telling him, but he just wouldn't change

chuyển biến *v.* to change

chuyển bụng *v.* (= **chuyển dạ**) to start to have labor pains

chuyển đạt *v.* to transmit, to convey

chuyển đệ *v.* to transmit, to forward; **kính gửi Ông Tỉnh trưởng, nhờ Ông Quận trưởng chuyển đệ** to the Province Chief, care of the District Chief

chuyển động *v., n.* to move; movement, motion

chuyển giao *v.* to hand over [authority, government office]

chuyển hoá *v.* to transform, to change

chuyển hoàn *v.* to complete an evolution

chuyển hướng *v.* to change direction

chuyển nhượng *v.* to transfer, to cede: **chuyển nhượng sở hữu chủ nhà đất** to transfer the land title

chuyển tiếp *v., n.* to transit; transition: **giai đoạn chuyển tiếp** transition stage

chuyển vận *v.* to transport; to set in motion

chuyện *n.* talk; story: **kể chuyện** to tell a story; **nói chuyện trong buổi họp** to give a talk at a meeting; **bày/bịa/vẽ chuyện** to fabricate; **công chuyện** business; **nói chuyện** to talk, to converse, to speak, to chat [**với** with, **về, đến, tới** about, of]; **buổi nói chuyện** a talk, public speaking; **bắt chuyện** to enter a conversation, to engage in a conversation; **nói chuyện gẫu** to talk idly; **chuyện ngắn** short story; **chuyện phim** film story, movie story; **chuyện tình** love story; **sinh chuyện** to pick a quarrel, to make a fuss, to start some trouble; **có chuyện gì thế?** what's the matter?

chuyện trò *v.* to converse, to talk, to chat
chuyện vãn *v.* to converse, to chat
chư tăng *n.* all the monks
chư vị *n.* gentlemen, every one of …
chư hầu *n.* all the vassals; satellite, vassal: **nước chư hầu** satellite country
chứ 1 *conj.* and not, but not: **tôi là người Mỹ, chứ không phải là người Anh** I'm American, not English; **chị mua thịt nạc, chứ đừng mua thịt mỡ** buy some lean meat, don't get the fatty part; **chứ (còn) ai (nữa)** sure, who else?; **chứ (còn) gì (nữa)** sure, what else?; **chứ sao** sure, how else? (= **chớ**) 2 *adv.* [final particle] I suppose, I'm sure, I'm certain, shall we?: **anh cũng đi chứ?** you're coming along, aren't you?; **có chứ!** sure, of course, certainly; yes, indeed; **chúng ta đi ăn chứ!** Let's go and eat, shall we?; **có thế chứ!** You see, I expected all that to happen; **khẽ chứ!** Quietly! Not so loud! **học đi chứ, nói chuyện mãi** Stop talking and study your lesson
chứ lị *adv.* naturally, of course; surely, certainly
chừ *n., adv.* now, at present, at the present time
chữ *n.* [SV **tự, từ**] letter [of the alphabet]; [written] character, word, type, script, written language, handwriting: **chữ cái** letter of the alphabet; **chữ hoa** capital letter; **chữ đẹp, chữ tốt** nice handwriting or calligraphy, to have nice handwriting; **chữ Hán/chữ Nho** Chinese characters; **chữ Nôm** Demotic script; **chữ đậm** boldface type; **chữ ngã** italics; **chữ nghĩa** literary knowledge; **chữ thảo, chữ thấu** grass style [calligraphy]; **chữ xấu** poor handwriting or calligraphy, to have poor handwriting; **không biết chữ** to be illiterate; **chữ như gà bới** to have horrible handwriting; **biết chữ** to be literate; **chữ Anh** English [written]; **chữ ký** signature; **chữ thập** cross; **chữ trinh** virginity, faithfulness, loyalty [in woman]
chưa *adv.* not yet [precedes main verb in statements]; yet? [final particle in questions]: **anh đã ăn cơm chưa?** have you eaten

yet?; **chưa, tôi chưa ăn** not yet [I haven't eaten yet]; **tôi cũng chưa** I haven't [yet] either; **tôi chưa hề ăn sầu riêng bao giờ** I have never eaten durian
chứa *v.* to contain, to hold; to take in, to put up [boarders, visitors]; to store [goods]; to harbor, to keep [stolen goods, dishonest people]: **hồ chứa nước** reservoir; **phòng ăn của chúng tôi chứa được năm trăm người** our dining room can hold five hundred people; **bà ấy làm nghề chứa trọ** she runs a boarding house; **kho chứa hàng** warehouse, storehouse; **nhà chứa** brothel
chứa chan *adj.* overflowing [with]: **nước mắt chứa chan** overflowing tears
chứa chấp *v.* to conceal, to hide
chứa chất *v.* to pile up, to accumulate
chứa đựng *v.* to fill with, to contain
chừa *v.* to give up, to abstain from, to quit [habit, vice]; to set aside; to avoid, to leave: **chừa thuốc phiện** to quit smoking opium; **chừa thuốc lá** to quit smoking [cigarettes]; **chừa rượu** to quit drinking: **anh nhớ để chừa một chỗ cho tôi nhé** please remember to save one seat for me; **chừa ra hai phân** leave a margin of two centimeters; **tôi chừa mặt lão ra** I won't have anything to do with him
chửa *v.* to be pregnant: **bà ấy lại chửa nữa à?** is she pregnant again?; **ừ, chửa ba tháng rồi** yes, three months; **bụng mang dạ chửa** to be pregnant; **chửa con so** to be pregnant for the first time; **chửa con dạ** to be pregnant the second time; **chửa hoang** to be pregnant without being married
chữa *v.* to repair, to alter; to mend, to fix; to correct: **chữa bệnh** to cure diseases; **chữa cháy/chữa lửa** to put out a fire; **chữa chạy** to try to save [patient, situation]; **sửa chữa nhà cửa** to repair a house
chữa thẹn *v.* to save one's face by saying something
chức *n.* office, position, title, function [chemistry]: **cách chức** to dismiss; **công chức** government employee; **giáng chức** to demote; **nhận chức** to enter on duty; **thăng chức** to promote; **viên chức** employee, staff; **phong chức** to bestow a title
chức chưởng *n.* function, title
chức hàm *n.* honorary title
chức nghiệp *n.* occupation, career
chức phẩm *n.* office, grade, rank
chức phận *n.* duty, office, position
chức quyền *n.* authority, function, position
chức sắc *n.* dignitaries, authorities
chức trách *n.* responsible authorities
chức tước *n.* function and title
chức vị *n.* position, office, rank and function

chức vụ *n.* position, function, duty

chực 1 *v.* to wait; to watch for: **chầu chực** to wait long [to get some paper, to see an official] **2** *adv.* to be on the point of, be about to [precedes main verb]: **chực sẵn** to be ready, to stand by

chửi *v.* to insult, to abuse, to scold

chửi bới *v.* to insult, to scold

chửi mắng *v.* to insult, to offend, to scold

chửi rủa *v.* to abuse and curse

chửi thề *v.* to use abusive language, to swear all the time

chưng 1 *v.* to show off, to display: **chưng bằng cấp** to display all certificates **2** *v.* to boil down, to dry up: **chưng nước mắm** to boil fish sauce to condense it

chưng bày *v.* to display, to exhibit

chưng diện *v.* to dress up, to show off; to decorate

chưng dọn *v.* to display, to arrange

chứng 1 *n.* R proof, evidence: **bằng chứng/ chứng cớ** evidence, proof; **chứng nhân/nhân chứng** witness; **chứng minh** to testify; to demonstrate; **chứng thực/chứng nhận** to certify **2** *n.* illness, defect, vice, ailment, tic: **triệu chứng** symptom; **hay có chứng đau bụng** to have frequent stomach-aches; **giờ chứng, sinh chứng** to become vicious, wicked; **nó vẫn chứng nào tật nấy** he remains incorrigible

chứng bệnh *n.* symptom

chứng bệnh học *n.* symptomatology

chứng chỉ *n.* certificate

chứng cớ *n.* (= **chứng cứ**) evidence, proof

chứng giám *v.* to witness, to be a witness, to certify

chứng khoán *n.* security certificate, bonds, shares

chứng kiến *v.* to witness, to see

chứng minh *v.* to prove, to demonstrate

chứng minh thư *n.* identification certificate, *laissez passer*

chứng nghiệm *v.* to verify

chứng nhân *n.* witness

chứng nhận *v.* to certify

chứng phiếu *n.* certificate

chứng thực *v.* to certify, to prove

chứng tỏ *v.* to prove

chứng từ *n.* receipt, document, proof

chừng *n., adv.* foreseeable degree, measure, extent; about: **chừng độ** approximately; **chừng này** this time, this much; **chừng ấy/chừng nấy** then, that amount; **chừng nào** when, how much?; **coi chừng** to watch out, to be cautious; **độ chừng/phỏng chừng/ chừng độ** about, approximately; **không biết chừng** one cannot foretell, perhaps; **quá**

chừng excessively, to the extreme; **vừa chừng** moderately; **nghe chừng** it seems that; **ý chừng** it seems that: **nghe anh ta tán chừng nào cô ấy lại ghét chừng (n)ấy** the more he sings the more she hates him

chừng độ *n., adv.* moderation; about

chừng mực *n., adj.* average, moderation; reasonable

chửng *n.* at one stretch, in one gulp: **ngã bổ chửng** to fall back; **nuốt chửng** to swallow without chewing

chững *v.* [of child] to totter: **con tôi mới biết đi chập chững** my child has just learned to walk

chững chạc *adj.* (= **chững chàng**) stately, dignified: **ông ấy ăn nói chững chạc** he is dignified in his speech

chước 1 *n.* dodge, trick, ruse, expedient: **mưu chước** trick; **bắt chước** to imitate, to copy **2** *v.* to excuse, to exempt

chưởi See **chửi**

chườm *v.* to apply a compress to: **chườm nước đá** to apply an ice bag

chương *n.* chapter [of a book]: **cuốn sách nầy có mười chương** this book has ten chapters

chương trình *n.* program, project, plan; program of studies, curriculum: **chương trình trung học** high-school curriculum; **chương trình Anh văn** the English program; **chương trình nghị sự** agenda

chướng *adj.* unpleasant; indecent; senseless

chướng khí *n.* unhealthy air

chướng mắt *adj.* unpleasant, unacceptable

chướng ngại *n.* hindrance, obstruction: **vật chướng ngại** obstacle

chướng ngại vật *n.* obstacle, barricade, roadblock, hurdle

chướng tai *adj.* unpleasant to the ears

chưởng *n.* martial art trick

chưởng ấn *n.* keeper of the seal

chưởng khế *n.* notary

co 1 *v.* to shrink, to contract: **vải co lại sau khi giặt** the cloth shrinks after washing **2** *v.* to bend, to curl up: **ngồi co chân lên ghế** to sit with bent legs

co bóp *v.* to pulsate: **tim co bóp không đều** their hearts pulsated irregularly

co giãn *adj.* elastic, flexible

co quắp *adj.* curled up: **nằm co quắp vì lạnh** to be curled up because of cold weather

có 1 *v.* to be; to exist; to have, to possess, to own; there is/are: **làm ơn cho tôi biết nếu có ai gọi điện thoại cho tôi** let me know if someone rings me; **tôi có rất nhiều bạn Việt Nam** I have many Vietnamese friends **2** *adv.* affirmative article: **giầu có** to be wealthy; **hiếm có** to be rare; **ít có** to be rare; **Anh có mua không?** Are you going to buy?; **tôi có**

đến I did go there; **có (hay) không?** yes or no?

có chửa *adj.* pregnant: **bạn gái tôi có chửa** my girlfriend is pregnant

có hậu *v.* to have a happy ending

có hiếu *v.* to have filial piety

có học *adj.* educated: **chúng ta quí trọng những người có học** we respect educated people

có ích *adj.* useful: **bạn hãy làm việc gì có ích cho xã hội** to do something useful for society

có khi *adv.* sometimes

có lẽ *adv.* perhaps, maybe, probably: **có lẽ ông ấy sẽ đến** maybe he will come

có (lễ) phép *adj.* polite

có lý *adj.* reasonable, logical

có mang *adj.* (= **có chửa**) pregnant

có mặt *adj.* be present at: **tôi sẽ có mặt ở buổi họp tuần sau** I will be present at next week's meeting

có một không hai *adj.* unique

có nghĩa *adj.* loyal to, constant in one's sentiment

có nhân *adj.* compassionate, humane: **bà ấy ăn ở có nhân** she shows compassion in her behavior

có thai *adj.* (= **có mang**) pregnant

có thể *v., adv.* can, could, to be able to; perhaps, maybe, may, possibly: **bạn có thể về nhà sau khi làm xong** you can go home after you have finished

có tiếng *adj.* well-known, famous, noted

có tội *adj.* guilty

có vẻ *v.* to seem to, to look, to appear to

cò 1 *n.* stork, egret 2 *n.* trigger: **bóp cò** to pull the trigger 3 *n.* postage stamp (= **tem**)

cò kè *v.* to bargain

cò mồi *n.* decoy, show-off presenter, trading cheater

cỏ *n.* [SV **thảo**] grass, herb: **cắt/làm cỏ** to cut grass; **bãi cỏ** lawn; **máy cắt cỏ** lawn mower; **rau cỏ** vegetables; **ăn cỏ** to be herbivorous; **giặc cỏ** bandit; **đồng cỏ** meadow; **làm cỏ** to mow/cut the grass; to kill; **cỏ dại** weeds; **cỏ khô** hay

cọ 1 *v.* to rub, to polish, to mop 2 *n.* palm tree

cọ xát *n., v.* friction; to rub repeatedly; to contact with

cóc 1 *n.* toad: **cóc tía/cóc vàng** somebody wealthy [but stupid] 2 *adv.* [slang] not to (= **không, chẳng, chả**), anything: **cóc kho** nothing at all; **tôi cóc cần** I don't care; **nó cóc biết gì đâu!** he doesn't know anything about it

cọc 1 *n.* stake, picket, post; pile: **một cọc tiền** a pile of money 2 *n.* deposit: **đặt cọc** to make a downpayment, a deposit

coi *v.* (= **xem**) to see, to look at, to watch, to consider: **trông coi** to watch; **coi chừng** to watch out; **coi sóc** to look after, to take care of; **để nó viết coi** let him write, and we'll see

còi *n.* whistle, horn, siren: **thổi còi** to blow the whistle, to whistle; **còi báo động** air-raid alarm; **cấm bóp còi** no hornblowing

cõi *n.* region, country, space, world: **toàn cõi Việt Nam** the whole Vietnam

com lê *n.* suit: **bạn tôi vừa mua một bộ com-lê mới** my friend has just bought a new suit

com-pa *n.* compasses: **com-pa đo dày** callipers; **com-pa tỉ lệ** proportional compasses

còm *adj.* lean, skinny

con 1 *n.* [SV **tử**] child: **người/đứa con** child; **thằng con giai/trai** son; **con gái** daughter; **con cả** first-born child; **con út** the youngest child; **cha nào con ấy** like father, like son; **(hai) bố con anh Ninh** Ninh and his child; **cha truyền con nối** hereditary 2 *n.* for animals and certain inanimate things as a classifier noun: **một con ngựa** a [or one] horse; **một con dao** a knife; **một con số** a number, figure, digit; **một con đê** a dike, levee; **một con đường** a road; **một con sông** a river 3 *adj.* [SV **tiểu**] to be small, young: **trẻ con** child(ren); childish; **chó con** puppy; **mèo con** kitty; **lợn con** piglet; **bàn con** small table; **dao con** small knife; **cây con** sapling

con bạc *n.* gambler

con buôn *n.* merchant, trader

con cà con kê *v., n.* to say/talk nonsense; a cook and bull story

con cả *n.* first-born child, oldest child

con cái *n.* children, offspring

con cháu *n.* offspring, grandchildren

con dâu *n.* daughter-in-law

con đầu lòng *n.* first-born child: **chị tôi vừa mới sinh đứa con đầu lòng** my sister has just given birth to the first child

con đội *n.* jack [automobile]

con đỡ đầu *n.* god-son, god-daughter

con hoang *n.* illegitimate child

con mọn *n.* little child, baby, infant

con niêm *n.* stamp duty: **khi chúng ta mua nhà mới chúng ta phải đóng thuế con niêm** when we buy a new house, we have to pay stamp duty

con nít *n.* child(ren)

con nuôi *n.* adopted child

con ở *n.* maid, servant

con quay *n.* spinning top [toy]

con rể *n.* son-in-law

con so *n.* the first baby

con số *n.* figure, number, digit

con thơ *n.* young child

con thứ *n.* the second-born child

con trưởng *n.* first-born child, oldest child

con út *n.* youngest child

con tin *n.* hostage

còn *v., adv.* [SV **tồn**] to remain; to have left, there is something left, still, yet, also, in addition: **chậm còn hơn không** better late than never; **số tiền còn lại** the remaining amount, the remainder, the balance; **còn như** as to, as for; **tôi còn ba mươi đồng** I have thirty piastres left

cỏn con *adj.* smallish, insignificant, negligible

cong *adj.* curved: **đường cong** curve

cong cong *adj.* curved

cong queo *adj.* winding

cóng *adj.* numb

còng *v.* to be bent, to be hunchbacked

cõng *v.* to carry/pick a backpack: **cõng rắn cắn gà nhà** to bring the enemy home

cóp **1** *v.* to glean, to pick up, to gather: **cóp nhặt** to pick up **2** *v.* to copy, to cheat [at examination]

cọp *n.* tiger (= **hổ, hùm**)

cót két *adj.* grinding, grating, creaking

cọt kẹt See **cót két**

cô **1** *n.* father's sister, aunt: **cô ruột** aunt **2** *n., pron.* young lady, young woman; you; you [used for unmarried young women]: **chào cô** hello Miss, you; **cô ấy, cô ta** she, Miss; **cô dâu** bride; **cô đỡ** midwife; **cô họ** father's female cousin **3** *adj.* (= **côi**) R to be isolated, alone, lonely: **thân cô thế cô** to be orphaned, lonely

cô độc *adj.* lonely

cô đơn *adj.* lonesome

cô lập *v., adj.* stand in isolation; isolated: **chính sách cô lập** isolationism

cô nhi *n.* orphan: **nhiều gia đình người Mỹ đã nhận nuôi hàng ngàn cô nhi Việt Nam trong 30 năm qua** thousands of Vietnamese orphans were adopted by American families in the last thirty years

cô nhi viện *n.* orphanage

cô phụ *n.* widow

cố **1** *v.* to make an effort, to try, to endeavor [with **đi, lên**]: **cố sức** to endeavor; **cố hết sức** to try, to do one's best **2** *n.* great-grandfather (= **cụ**): **cố đạo** Catholic priest, missionary Father **3** *adj.* old, former, the late: **cố tổng thống Ngô Đình Diệm** the late President Ngo Dinh Diem

cố chấp *adj.* obstinate, stubborn

cố đô *n.* old capital city: **tôi đã đi thăm cố đô Huế** I visited the old capital Hue

cố gắng *v.* to make efforts, to do one's best: **tôi cố gắng làm việc hết mình để phục vụ khách hàng** I do my best to serve our customers

cố hương *n.* native village

cố hữu **1** *n.* old friend **2** *adj.* natural, innate

cố nhân *n.* old friend/lover

cố nhiên *adj., adv.* of course, natural; naturally: **lẽ cố nhiên** of course, naturally

cố quốc *n.* native land

cố sát *v.* to commit murder

cố tật *n.* defect, infirmity, disability

cố tình *adj.* deliberate, intentional, purposely

cố tri *n.* old acquaintance

cố vấn *n.* adviser, counselor: **công ty chúng tôi có một uỷ ban cố vấn pháp luật** my company has a committee of legal advisers

cố ý *adv.* purposely, intentionally

cổ **1** *n.* neck: **cổ áo** collar; **cổ tay** wrist; **cổ chân** ankle; **nghển cổ/vươn cổ** to stretch one's neck; **tóm cổ/túm cổ** to nab, to grab; **cổ họng** throat **2** *adj.* old, ancient (= **cũ, xưa**; *opp.* **kim**): **lỗi thời** old-fashioned; **đời thượng cổ** ancient times; **đồ cổ** antique; **thời trung cổ** the Middle Ages; **Viện Khảo cổ** Institute of Archeology

cổ cánh *n.* partisan, friendship, acquaintances [of office holders]

cổ điển *adj., n.* classical; classics: **văn phái cổ điển** classicism; **nhạc cổ điển** classical music

cổ đông *n.* shareholder

cổ động *v.* to campaign for: **họ cổ động cho cuộc tổng tuyển cử sắp tới** they campaign for the next general elections

cổ hủ *adj.* old-fashioned, conservative

cổ kính *adj.* ancient, old: **những lâu đài cổ kính cần phải được bảo tồn** the ancient palaces should be preserved carefully

cổ phần *n.* share, stock

cổ phong *n.* ancient customs

cổ sử *n.* ancient history

cổ thụ *n.* secular tree

cổ tích *adj.* old story, vestiges: **truyện cổ tích** old story, legend

cổ truyền *adj.* traditional

cổ văn *n.* old literature

cổ võ *v.* to stimulate, to excite; to encourage

cổ xúy *v.* to applaud, to eulogize, to advocate

cỗ *n.* set; banquet, feast; **một cỗ bài** a deck of cards; **một cỗ áo quan [quan tài]** a coffin; **một cỗ xe** a chariot; **ăn cỗ** to attend a banquet; **cỗ cưới** wedding feast

cốc **1** *n.* (= **ly**) glass [any shape], tumbler: **cốc rửa mắt** eye cup; **uống một cốc rượu** to drink a cup of wine **2** *n.* cereal, grain: **ngũ cốc, mễ cốc** cereals **3** *v.* to rap someone's head with the knuckle of one's finger

cộc *adj.* to be short: **cộc tay** short sleeves

cộc lốc *adj.* curt: **trả lời cộc lốc** to answer curtly

côi *adj.* orphaned: **mồ côi bố/cha** to be fatherless; **mồ côi mẹ** to be motherless

côi cút *adj.* orphaned; waif-like

cối *n.* mortar, mill: **cối xay** rice hulling mill; **cối giã** mortar, rice polisher; **súng cối** mortar; **súng cối xay** machine gun; **cối xay cà phê** coffee mill

cỗi *adj.* stunted: **cằn cỗi** stunted and dried

cỗi rễ *n.* root, origin

cốm *n.* grilled rice

cộm *adj.* bulging; chafing with: **bụi làm cộm mắt** eyes chafing with dust

côn *n.* fighting stick

Côn Đảo *n.* Poulo Condore

côn đồ *n.* ruffian, hooligan, gangster

Côn Minh *n.* Kunming

côn trùng *n.* insects

côn trùng học *n.* entomology

cồn **1** *n.* [sand] dune; river islet **2** *n.* alcohol **3** *n.* paste, gum

công **1** *n.* peacock **2** *n.* efforts, R labor; credit: **tiền công** wages, salary; **làm như thế chỉ mất công thôi** it was just a waste of labor; **mỗi tháng họ phải trả đến năm vạn tiền công thợ** each month they have to pay up to fifty thousand piastres in wages; **bãi công/đình công** to go on strike; **lao công** labor; **phân công** division of labor; **thành công** to succeed **3** *adj.* public, common [*opp.* **tư**]: **của công** public funds; **trường công** public school; **xung công** to confiscate; **dụng công vi tư** to use public funds for private purposes

công an *n.* public security; police, secret service; policeman

công an viên *n.* security officer

công báo *n.* official gazette

công bằng *adj., adv.* just, equitable, fair; justly, fairly, equitably

công binh *n.* army engineer

công bình See **công bằng**

công bố *v.* to announce publicly, to publish, to make public

công bộc *n.* public servant

công cán *n.* official mission

công cán uỷ viên *n. chargé de mission*; official commissioner

công chính *n.* public works

công chúa *n.* princess

công chúng *n.* the public

công chuyện *n.* business; public affairs

công chức *n.* government worker, public servant, government employee

công cộng *adj.* public: **y tế công cộng** public health

công cuộc *n.* task, work, job, undertaking

công danh *n.* reputation, titles, honors, position, career

công dân *n.* citizen: **công dân giáo dục** civic education

công dụng *n.* use: **công dụng hoà bình của nguyên tử năng** the peaceful uses of atomic energy

công đàn *n.* public forum

công điền *n.* village-owned ricefield; public field

công điện *n.* official telegram

công đoàn *n.* trade union: **công nhân có thể tham gia công đoàn nếu họ muốn** workers can join the trade union if they want

công đức *n.* virtue, morality, good deed

Công giáo *n.* Catholicism, Catholic

công hàm *n.* diplomatic letter

công hãm *v.* to attack

công hiệu *n., adj.* effectiveness, efficiency; efficient, effected

công ích *n.* public interest/welfare, public good: **họ làm việc cho công ích** they work for public interests

công kênh *v.* to carry [somebody] astride on one's shoulder

công khai *adj.* to be done in the open or publicly: **tất cả những thông tin nầy phải được công khai** this information must be open to the public

công kích *v.* to attack

công lập *adj.* public, state: **trường công lập** public school

công lao *n.* labor, work, credit

công lệ *n.* rule, law

công luận *n.* public opinion, public forum

công lý *n.* justice

công minh *adj.* just, fair

công nghệ *n.* industry; technology: **công nghệ tin học** information technology

công nghiệp *n.* industry; work: **công nghiệp nhẹ** light industry

công nghiệp hoá *v.* to industrialize

công nhân *n.* worker, employee: **ba tôi là công nhân nhà máy đường** my father is an employee of the sugar mill

công nhân viên *n.* public servant, government employee

công nhận *v.* to recognize, to grant, to admit: **nhà nước đã công nhận bằng cấp của bạn** the government recognized your qualifications

công nhật *n.* daily wages; job paid by the day

công nhiên *adv.* publicly, openly

công nho *n.* public funds

công nông *n.* worker and peasant: **giai cấp công nông** worker and peasant class

công nợ *n.* debts

công ơn *n.* good deed, gratitude: **con cái phải đền đáp công ơn cha mẹ** children have to show their gratitude to parents

công phá *v.* to storm, to attack
công pháp *n.* public law: **công pháp quốc tế** international law
công phạt *v.* to have violent after-effects
công phẫn *adj.* indignant
công phiếu *n.* state bond
công phu *n., adj.* toil, labor; elaborate
công quản *n.* public administration, public authority
công quỹ *n.* public/state funds
công sản *n.* public property
công sở *n.* government office, public service
công suất *n.* capacity, power
công sứ *n.* envoy, minister
công tác *n.* work, task, job, assignment, operation, official business
công tác phí *n.* traveling expenses for official business
công tắc *n.* switch: **công tắc điện** power switch
công tâm *n.* sense of justice, impartiality
công thự *n.* government building
công thức *n.* formula
công tố viên *n.* prosecutor
công tơ *n.* meter: **công tơ điện** electricity meter
công tử *n.* mandarin's son; dude, dandy
công tước *n.* duke
công trái *n.* public debt; government bond
công trường *n.* square; construction site, building site
công trình *n.* undertaking, work; project; monument
công ty *n.* firm, company, corporation
công văn *n.* official letter, official document
công việc *n.* work, job, business, task
công viên *n.* public park
công voa *n.* convoy
công vụ *n.* civil service, official business
công xa *n.* government car: **hàng ngày ông ấy đi làm việc bằng công xa** he goes to work by government car everyday
công xưởng *n.* workshop, shop; factory
cống 1 *n.* sewer 2 *v.* R to offer as a tribute
cống hiến *v.* to offer, to dedicate, to contribute
cồng *n.* gong
cồng kềnh *adj.* cumbersome
cổng *n.* gate, entrance; level crossing
cộng 1 *v.* to add: **tính cộng** sum, addition; 2 **cộng với** 3 two plus three; **tổng cộng** total 2 *adj.* common: **cộng sản** communist; **bất cộng đái thiên** to be deadly enemies; [of sounds] to be complementary distribution; **Trung Cộng** Chinese communists; **chống cộng/bài cộng** anti-communist
cộng đồng *n., adj.* community; common, collective: **trung tâm sinh hoạt cộng đồng** community center; **kế hoạch phát triển cộng**

đồng community development project; **phòng thủ cộng đồng** collective defense
cộng hòa *n., adj.* republic; republican
Cộng sản *n.* communist: **đảng Cộng sản** Communist party
cộng sự viên *n.* colleague
cộng tác *v.* to collaborate [**với** with], to cooperate; to contribute
cốt 1 *n.* (= **xương**) bones, skeleton; framework: **xương cốt** bones; **hài cốt** remains; **nòng cốt** foundation; **bê tông cốt sắt** concrete frame-work 2 *adj., v.* to be essential to; to aim at: **tôi chỉ cốt làm tròn bổn phận** I am concerned only with fulfilling my duty
cốt cán *n.* loyal cadre, party veteran [communist]
cốt nhục *n.* blood relationship: **tình cốt nhục tương tàn** interfamilial quarrel, internecine war
cốt truyện *n.* plot, frame work
cốt tuỷ *n.* marrow; essence, quintessence
cốt tử *adj.* most essential, most fundamental
cốt yếu *adj.* basic, essential, vital
cột 1 *n.* [SV **trụ**] pillar, column, pole, post, poster: **cột cờ** flagpole; **cột buồm** mast; **cột cây số** milestone; **cột giây thép** telegraph pole; **cột trụ** pillar, mainstay 2 *v.* to tie up, to bind: **cột dây giày** to tie one's shoelaces
cơ 1 *n.* occasion; opportunity, circumstances: **cơ hội** opportunity; **thừa cơ** to seize an opportunity; **sa cơ (thất thế)** to fail; **thất cơ** to lose the opportunity; **tuỳ cơ (ứng biến)** to adapt oneself to the circumstances; **nguy cơ** danger 2 *n.* R machine, machinery, mechanism; R airplane: **chiến đấu cơ** fighter; **oanh tạc cơ** bomber; **phản lực cơ** jet plane; **nông cơ** farm machinery; **động cơ** engine, motor; **hữu cơ** [chemistry] organic; **vô cơ** inorganic 3 *n.* muscle [anatomy]: **cơ nhị đầu** biceps; **cơ tam đầu** triceps; **cơ vòng** sphincter
cơ bản *n., adj.* fundamental, elementary, basic
cơ cấu *n.* structure: **cơ cấu tổ chức chính quyền địa phương** the organizing structures of local government
cơ chế *n.* mechanism
cơ cực *adj., n.* very poor and hardup; hard life
cơ đồ *n.* family estate, undertaking
Cơ Đốc giáo *n.* Christ, Christianity, Christian
cơ giới *n.* machine, mechanical implement: **cơ giới hoá** to mechanize
cơ hàn *n.* poverty, hunger and cold
cơ học *n.* mechanics
cơ hồ *adv.* very nearly, almost
cơ hội *n.* opportunity, chance: **lợi dụng cơ hội** to take advantage of, to avail oneself of
cơ khí *n.* mechanism, machinery
cơ man *adj.* innumerable, countless: **cơ man**

nào là... so many ...; **cơ man nào mà kể** enormous quantities, countless numbers

cơ mật *n.* secret

cơ mưu *n.* ruse, stratagem

cơ năng *n.* ability, function

cơ nghiệp *n.* assets, fortune

cơ quan *n.* organ, organism, agency, foundation: **Cơ quan Nguyên tử năng Quốc tế** International Atomic Energy Agency; **Cơ quan Mãi dịch Trung ương** Central Purchasing Agency; **Cơ quan An toàn Hỗ tương** Mutual Security Agency; **Cơ quan Văn hóa Á châu** Asia Foundation

cơ sở *n.* base, installation, organ, establishment: **hạ tầng cơ sở** infrastructure

cơ thể *n.* human body; organism

cơ thể học *n.* anatomy; **cơ thể học viện** Institute of Anatomy

cớ *n.* reason, excuse, pretext: **cớ sao? vì cớ gì?** why? for what reason?; **chứng cớ** evidence, proof; **lấy cớ đi học buổi tối** under the pretext of going to night school

cờ 1 *n.* [SV **kỳ**] flag, banner: **hạ cờ** to lower the flag; **kéo cờ** to raise or hoist the flag; **treo cờ** to display flags; **phất cờ/vẫy cờ** to wave the flag; **cột cờ** flagpole; **cán cờ** flagstaff; **cờ rũ** flag at half mast; **lễ chào cờ** flag-raising ceremony, salute to the colors; **cờ trắng** flag of truce; **mở cờ trong bụng** to be jolly glad 2 *n.* [SV **kỳ**] chess: **cờ tướng** Chinese chess; **đánh cờ** to play chess; **con cờ/quân cờ** chessman; **bàn cờ** chessboard; **cao cờ** to be a good chess player; **một nước cờ** a move [with **đi** to make]

cờ bạc *v., n.* to gamble; gambling

cời *v.* to get [something from a tree, roof, hole] by means of a stick

cởi *v.* to untie, to unfasten, to unbutton; to take off: **cởi quần áo** to take off clothes; **cởi trần** to be half naked; **cởi truồng** to be naked; **cởi mở** to liberalize, to ease, to relax

cỡi See **cưỡi**

cơm *n.* [SV **phạn**] cooked rice, food: **bữa cơm** meal; **cơm tẻ** ordinary rice; **cơm rang/cơm chiên** fried rice; **cơm nguội** cold rice; **cơm nếp** glutinous rice; **nấu/thổi cơm** to cook rice; **làm cơm** to cook, to prepare a meal; **ăn cơm** to eat; **cơm tây** French food; **cơm đen** opium; **cơm cá mắm** jail food

cơm áo *n.* food and clothing; living supply

cơm nước *n.* food, meals: **bạn đã cơm nước gì chưa?** have you had a meal?

cơm toi *n.* wasted money

cơn *n.* outburst, fit: **cơn mưa** squall of rain; **cơn giận** a fit of anger; **cơn dông** storm; **cơn ho** an attack of coughing; **cơn gió** a gust [or blast] of wind; **cơn sốt** a fit of fever

cỡn *n.* heat, rut: **động cỡn** to rut

cợt *v.* to joke, to jest: **cười cợt** to jest; **đùa cợt/ riễu cợt** to joke, to make jokes

cu 1 *n.* cock, prick: **thằng cu Tí** little boy Ti 2 *n.* dove

cu li *n.* coolie

cú 1 *n.* owl: **con cú mèo** screeching owl; **mắt cú** peevish eyes; **hôi như cú** to stink 2 *n.* R sentence (= **câu**): **cú pháp** syntax; **thơ bát cú** eight-line poem 3 *n.* blow; [football, soccer] shot: **đá một cú banh** to kick a ball

cù *v.* to tickle (= **thọc lét**)

cù lao *n.* island

củ *n.* bulb, edible root, tuber: **một củ hành tây** an onion; **một củ khoai lang** a sweet potato; **một củ khoai tây** a potato

củ soát *v.* to check, to verify

cũ *adj.* [SV **cựu**] old, used, secondhand, former [*opp.* **mới**]: **bạn cũ** old friend; **sách cũ** secondhand book; **quần áo cũ** used clothes; **như cũ** as before, as previously

cũ kỹ *adj.* old, oldish: **không ai mua những xe hơi quá cũ kỹ** no one buys very old cars

cũ rích *adj.* [of story] very old

cụ 1 *n.* very old person; great-grandparents: **cụ ông** great-grandfather; **cụ bà** great-grandmother; **ông cụ già** old man; **sư cụ** head monk; **hai cụ (nhà) ta có mạnh không?** have your parents been well? 2 *n.* R all the whole; R implement, tool: **dụng cụ** tool, instrument; **khí cụ** tool, implement; **nhạc cụ** musical instrument; **nông cụ** farm tool, farm equipment; **quân cụ** military equipment

cụ thể *adj., adv.* concrete, tangible; concretely, real [*opp.* **trừu tượng**]: **hãy cho tôi vài ví dụ cụ thể** give me some concrete examples

cụ thể hoá *v.* to concretize

cua *n.* crab: **cua bể** sea crabs; **cua đồng** rice-field crabs; **ngang như cua** to be stubborn

của 1 *n.* belongings, possession, property, riches: **của cải** property, belongings; **của công** public funds, state property; **ông ấy lắm của lắm** he's very wealthy; **họ chuyển khối của sang Pháp** they transferred a lot of money to France 2 *prep.* **Quyển từ điển này của ai?** whom does this dictionary belong to?, whose dictionary is this?; **cuốn tiểu thuyết của ông ấy viết** the novel which he wrote; **cái va-li của ông Nam** Mr. Nam's suitcase; **Bút của ai người nấy dùng** everyone uses his own pen

của bố thí *n.* alms, charities

của chìm *n.* hidden wealth/property

của đút lót *n.* bribe

của gia tài *n.* family heritage

của gia bảo *n.* heirloom

của hối lộ *n.* bribe

của nổi *n.* material wealth; real estate

của hồi môn *n.* dowry

của phi nghĩa *n.* ill-acquired wealth

cúc 1 *n.* daisy, chrysanthemum: **hoa cúc** chrysanthemum flower 2 *n.* (= **khuy**) button

cục 1 *n.* ball, piece, broken piece: **cục gạch** a piece of brick; **cục đá** a piece of stone; **cục máu** a clot of blood; **cục nước đá** ice cube; **đóng cục** to clot 2 *n.* R position, situation, circumstances; office, bureau, agency: **bưu cục** post office; **chi cục** branch office; **phân cục** branch office; **tổng cục** head office 3 *adj.* rude, vulgar; brutal: **cục cằn** rude, impolite; **cục kịch/cục mịch** boorish

cục súc *adj.* brutish

cục tác *v.* [of hens] to cackle

cúi *v.* to bend over, to bow down: **cúi đầu xuống** to bow down

cùi 1 *n.* pulp, meat [of fruit, nut]: **cùi dừa** copra 2 *n.* leper (= **hủi**): **bệnh cùi** leprosy; **trại cùi** leper colony

củi 1 *n.* firewood, fuel: **kiếm củi** to gather twigs; **chở củi về rừng** to carry coals to Newcastle; **thời buổi gạo châu củi quế** times when rice and firewood are as scarce and expensive as pearls and cinnamon respectively 2 *n.* cage, kennel: **củi chó** doghouse; **tháo củi sổ lồng** to be freed, emancipated

cúm *n.* influenza, flu; gripe: **bị bệnh cúm** to have flu; **cúm gia cầm** bird-flu

cùm *v.* to shackle, to be in fetters, to chain

cụm *n.* cluster, clump, tuft, grove: **một cụm hoa** a cluster of flowers

cùn *adj.* dull, blunt; rusty: **dao cùn** a blunt knife

cũn cỡn *adj.* too short: **quần ngắn củn cỡn** very short pants

cung 1 *n.* bow; arc [math]: **bắn cung** to shoot arrows 2 *n.* declaration, testimonial, evidence: **hỏi cung** to interrogate; **khẩu cung** oral statement; **phản cung** to retract one's statement 3 *n.* palace, temple, dwelling: **hoàng cung** imperial palace; **đông cung** heir-apparent, crown prince; **thiên cung** the arch of Heaven; **tử cung** womb; **Bạch Cung** the White House 4 *v., n.* R to supply; supply [*opp.* **cầu**]: **cung cấp thực phẩm** to supply food

cung cầu *n.* supply and demand: **luật cung cầu** the laws of supply and demand

cung chúc *v.* to express respectful wishes: **Cung chúc Tân Xuân** Happy New Year

cung dưỡng *v.* to feed, to take care, to support [parents]

cung điện *n.* palaces: **cung điện hoàng gia** royal palace

cung hiến *v.* to offer, to donate

cung khai *v.* to declare, to admit, to confess

cung kính *adj.* respectful

cung nữ *n.* imperial maid

cung ứng *v.* to provide, to answer, to supply

cung phi *n.* imperial concubine

cúng *v.* to worship, to offer sacrifices, to make offerings: **cúng lễ ông bà** to make offerings and pray to ancestors; **đồ cúng** offerings

cùng 1 *adj., v., conj.* same; to follow; with, and: **cùng nhau** with one another, together; **cùng một lúc** at the same time, simultaneously; **anh em cùng cha khác mẹ** half-brothers; **ông cùng hai đồng chí trốn sang ngoại quốc** he and two associates of his fled abroad; **tam cùng** [communist] the three "togethers" (eat together, live together, work together) 2 *n.* the end, limit, destitute, without resources: **cùng khổ/cùng khốn** very poor; **chiến đấu cho tới cùng** to fight to the end; **vô cùng** limitless, extremely [precedes or follows adjective]; **kỳ cùng** until the end, to the last; **hang cùng ngõ hẻm** nooks and corners

cùng cực *adj.* utmost

cùng đường *adj.* deadlock, at the end of a road

cùng nhau *adv.* together: **chúng ta cùng nhau làm việc** we work together

củng cố *v.* to strengthen, to consolidate

cũng *adv.* also, too [precedes main verb]; all right [optionally follows **kể**]; [should not be translated in inclusive statements having indefinites **ai, gì, nào, đâu, bao giờ**]: **tôi cũng đi** I'm going, too; **tôi cũng không biết bơi** I can't swim either; **ai cũng thích** everybody likes it; **cái nào cũng được** any one will do; **cái gì nó cũng ăn** he eats everything [or anything]; **đâu nó cũng đi** he goes everywhere; **bao giờ ông ấy cũng mang dù** he always carries an umbrella; **anh ấy (kể) cũng khá** he is all right, he is pretty good; **sách này (kể) cũng dùng tạm được** this book [isn't the best, but] can be used for the time being; **hôm nào nó cũng đi xi-nê** he goes to the movies every day

cuốc 1 *v.* to dig out, to dig up: **cuốc đất** to dig soil 2 *n.* ride [in rickshaw, pedicab, taxi]

cuốc bộ *v.* to walk, to take a walk

cuộc 1 *n.* for games, parties, meetings, actions, etc. (= **cục**): **công cuộc** job, work, undertaking; **thời cuộc** current situation, current affairs; **Quốc gia Nông tín cuộc** National Agricultural Credit Bureau 2 *v.* to bet, to wager (= **cá**): **Tôi cuộc với anh này** I bet you; **được cuộc** to win a bet

cuối *n.* end; bottom [of list; last]: **cuối cùng** at last, finally; **cuối năm nay** at the end of this year; **đoạn cuối** the end [of story, book, film]; **từ đầu chí cuối** from beginning to end

cuội *adj.* nonsensical, lying: **nói nhăng nói cuội** to talk nonsense

cuỗm *v.* to steal, to filch, to swipe

cuồn cuộn *v.* [of waters] to whirl

cuốn 1 *v., n.* [SV **quyển**] to roll, [of wind, water] to carry away; roll, volume: **họ cho chúng tôi ba chục cuốn sách hoá học** they gave us thirty chemistry books 2 *v., n.* to roll; roll to wrap-up: **cuốn chả giò** spring roll, **gỏi cuốn** fresh roll [using a lettuce leaf as wrapping, pork and shrimps as fillings]

cuốn gói *v.* to pack off and to clear out

cuộn *v., n.* to roll up; roll [of paper **giấy**], spool [of thread **chỉ**]

cuống 1 *n.* stalk, stem; stub: **anh có giữ cuống vé không?** Did you keep the stubs? 2 *adj., v.* to be panic-stricken, to be nervous; to lose one's head; to be at a loss: **giữ bình tĩnh, đừng cuống lên** keep calm, don't be nervous

cuống cuồng *adj.* utterly agitated, panicking

cuống họng *n.* throat, esophagus

cuống phổi *n.* bronchia

cuống quít *v.* to lose one's head

cuống ruột thừa *n.* appendix [anatomy]

cuồng *adj.* mad, crazy, insane: **điên cuồng** raging, violent

cuồng nhiệt *adj.* fanatic(al)

cuồng phong *n.* furious gale, tempest

cuồng tín *adj.* fanatic(al)

cuồng vọng *n.* crazy ambition

cúp 1 *v.* to cut, to reduce: **cúp lương** to cut salary 2 *n.* cup, trophy: **cúp Đa-vít** Davis cup

cụp *v.* to close [umbrella **ô**]; [of tail, ears] to droop

cút *v.* to scram: **cút đi!** scram! beat it! get lost!

cụt *adj.* short; lame: **cụt chân** crippled; **cụt đầu** headless; **cụt đuôi** tailless; **cắt cụt** cut, chopped

cư *v.* R to dwell, to reside, to live (= **ở**): **di cư** to migrate, to move, to evacuate; **định cư** to settle [refugees]; **hồi cư** to come back to the city [after an evacuation]; **tản cư** to evacuate; **dân cư** inhabitant, population

cư dân *n.* inhabitant, population

cư ngụ *v.* to dwell, to reside, to live: **chúng tôi cư ngụ ở số nhà 22 đường Lê Lợi** we live at No. 22 Le Loi Street

cư sĩ *n.* retired scholar; retired official

cư trú *v.* to dwell, to reside, to live

cư xử *v.* to behave

cứ 1 *n.* R evidence, proof: **bằng cứ/chứng cứ** evidence 2 *v., adv.* to continue to [precedes main verb], to act despite advice or warning: **cứ đi đi!** go ahead [never mind]; **cứ nói đi!** keep talking!

cứ điểm *n.* base

cứ liệu *n.* data

cừ *adj.* excellent, smart, outstanding: **ông ấy rất cừ khôi** he is very smart

cử 1 *v.* to appoint, to send [an official]; **được cử giữ chức** to be appointed 2 *v.* R to lift [weight **tạ**]; to begin; to move; to raise [army **binh**]: **cử tạ** to lift weight; **đứng yên đừng cử động** stand firm, don't move

cử chỉ *n.* gesture, attitude

cử động *v., n.* to move; motion, movement

cử hành *v.* to be held; to perform, to celebrate: **cử hành buổi lễ quốc khánh** to celebrate National Day

cử nhân *n.* bachelor [degree]; bachelor's degree, licentiate

cử toạ *n.* audience

cử tri *n.* voter

cữ 1 *n.* cycle, epoch, period 2 *v.* to abstain from (= **kiêng**)

cự *v.* to resist, to scold

cự phách *adj.* outstanding, celebrity, prominent

cự tuyệt *v.* to refuse, to reject

cưa *v.* to saw, to amputate; [slang] to overcharge: **thợ cưa** sawyer; **mạt cưa** sawdust; **xưởng cưa, nhà máy cưa** sawmill; **máy cưa, cưa máy** power saw; **hình răng cưa** serrate, serrulate

cứa *v.* to cut, to saw off [with a dull knife]; to charge [high fees]

cửa *n.* [SV **môn**] door: **cửa lớn, cửa ra vào** main door; **cửa sổ** window; **cửa vào** entrance; **cửa ra** exit; **nhà cửa** house(s), housing; **cánh cửa** door flap; **bậc cửa** threshold; **quả đấm cửa** door knob; **then cửa** door latch; **ngưỡng cửa** threshold

cửa bể *n.* seaport

cửa chớp *n.* shutters

cửa công *n.* government office/department; court, tribunal

cửa hàng *n.* store, shop

cửa nhà *n.* house, household; housing

cửa ô *n.* city gate

cửa Phật *n.* Buddhist temple

cửa sông *n.* estuary

cửa tiệm *n.* store, shop, department store

cựa 1 *n.* spur [of rooster] 2 *v.* to move, to stir; **cựa cậy/cựa quậy** to move; **cựa mình** to toss

cực 1 *n.* R pole [geography and physics], extreme; R extremely: **âm cực** cathode; **dương cực** anode; **Bắc cực** North Pole; **Nam cực** South Pole; **điện cực** electric pole; **từ cực** magnetic pole; **cực cùng tên** like poles; **cực khác tên** opposite or unlike poles; **cực đẹp** awfully pretty; **cực khó** extremely difficult 2 *adj.* to be desperately in need, hard, suffering: **cuộc sống đã đỡ cực** life is less hard

cực chẳng đã *v.* to be against one's will

cực đại *n., adj.* maximum

cực điểm *n.* maximum, extreme, climax: **đến/tới cực điểm** to come to the utmost; to reach the utmost

cực đoan *adj.* extreme, extremist

cực độ *n.* extreme degree, limit

cực hữu *adj.* extreme right

cực khổ *adj.* poor; miserable

cực kỳ *adv.* extremely

cực lạc *n.* extreme happiness; paradise

cực lực *adv.* strongly, energetically, categorically: **họ cực lực phản đối quyết định của giám đốc** they strongly oppose the manager's decision

cực tả *adj.* extreme left

cực thịnh *adj.* prosperous, very rich

cực tiểu *n., adj.* minimum

cửi *n.* loom: **dệt cửi** to weave; **khung cửi** loom

cưng *v.* to cherish, to coddle, to pamper: **bà ấy luôn luôn cưng con** she always cherishes her child

cưng cứng *adj.* a bit hard (= **cứng**)

cứng *adj.* hard; strong, stiff, tough, rigid [*opp.* **mềm**]: **gỗ cứng** hard wood; **ông ấy đưa ra lý lẽ rất cứng** he presents very strong arguments

cứng cáp *adj.* robust, strong, tough

cứng cỏi *adj.* firm: **thái độ cứng cỏi** a firm attitude

cứng cổ *adj.* stubborn, headstrong, pigheaded

cứng đầu *adj.* stubborn, headstrong, pigheaded

cứng đờ *adj.* stiff: **hai chân tôi cứng đờ** my legs are stiff

cứng họng *adj.* speechless, dumbfounded [at one's wit's end]: **bạn tôi cứng họng, không nói được lời nào** my friend is speechless, he couldn't say anything

cứng lưỡi *adj.* speechless, dumbfounded

cứng ngắc *adj.* rigid

cứng rắn *adj.* tough, firm, resolute

cước *n.* postage, transportation charges: **cước phí bưu phẩm** postal fee

cước chú *n.* footnote

cước phí *n.* postage, transportation charges

cưới *v.* [SV **hôn, thú**] to marry: **đám cưới** wedding procession; **lễ cưới** wedding ceremony; **ăn cưới** to attend a wedding [banquet]; **áo cưới** wedding gown, wedding dress; **cỗ cưới/tiệc cưới** wedding banquet

cưới hỏi *n.* marriage, wedding: **cưới hỏi là một việc rất quan trọng trong đời người** marriage is a very important thing in one's life

cưới xin *n.* (= **cưới hỏi**) marriage, wedding

cười *v.* [SV **tiếu**] to smile, to laugh; to laugh at, to ridicule, to mock: **mỉm cười** to smile; **buồn cười** to feel like laughing, to be funny; **bật cười** to burst out laughing; **chê cười** to laugh at, to ridicule; **trò cười** laughing stock; **cười chúm chím** to smile; **cười gằn** to chuckle; **cười gượng** to smirk; **cười khì** a silly laugh; **cười khúc khích** to giggle; **cười nụ** to smile; **cười ầm, cười ồ, cười như nắc nẻ, cười rũ rượi** to roar with laughter, cachinnate; **cười nôn ruột, cười vỡ bụng** to shake or to split one's sides with laughing

cười cợt *v.* to joke, to jest

cưỡi *v.* [SV **kỵ**] to ride: **cưỡi ngựa** to ride a horse; **cưỡi xe gắn máy** to ride a motorcycle

cườm *n.* glass bead

cương 1 *n.* reins: **cương ngựa** horse's rein; **cầm cương** to hold the reins **2** *adj.* R hard, inflexible, unyielding (= **cứng**; *opp.* **nhu**) **3** *v.* to improvise: **trong vở kịch đó diễn viên cương quá nhiều** in that play, the actor improvised too much

cương lĩnh *n.* platform, principal guidelines

cương mục *n.* summary, outline

cương quyết *adj.* determined; strong-willed

cương thường *n.* constant obligations of morality

cương toả *n.* restrictions [to one's freedom]; shackles

cương trực *adj.* upright: **ba ông ấy là một người rất cương trực** his father is a very upright man

cương vị *n.* position, status: **tôi không thể làm gì trong cương vị của tôi** I can't do anything in my position

cương yếu *n.* fundamentals, essentials

cường *adj.* R strong, powerful (= **mạnh**): **tam cường** Big Three; **phú cường** to be prosperous [as a nation]; **liệt cường** the world powers

cường bạo *adj.* viciously cruel

cường dương *adj.* aphrodisiac

cường điệu *v.* to exaggerate, to magnify

cường độ *n.* intensity

cường hào *n.* village tyrant

cường lực *n.* force [as an instrument]

cường quốc *n.* powerful great nation: **Hoa kỳ là một cường quốc trên thế giới** the United States of America is a powerful nation in the world

cường quyền *n.* brute force, cruel power

cường thịnh *adj.* prosperous, flourishing

cường tráng *adj.* hale and healthy, vigorous, robust

cưỡng *v.* to compel, to force: **miễn cưỡng** to be reluctant, be unwilling; reluctantly, unwillingly

cưỡng bách *v.* to make compulsary, to force,

to coerce: **lao động cưỡng bách** forced labor; **cưỡng bách giáo dục** compulsory education; **cưỡng bách tòng quân** compulsory military service

cưỡng dâm *v.* to rape

cưỡng ép *v.* to force, to coerce: **tự nguyện làm chứ không ai cưỡng ép** to do something of one's free will, not under coercion

cướp *v.* to rob, to loot, to ransack: **ăn cướp** to rob; **cướp ngôi** to usurp the throne; **kẻ cướp** robber, bandit, pirate; **cướp bóc** to rob, to loot; **cướp đoạt** to take over by robbery; **cướp giật** to rob by snatching

cứt *n.* excrement, feces; dung (= **phân**): **cứt sắt** [iron] dross, slag, cinder, scoria; **mầu cứt ngựa** khaki

cưu mang *v.* to carry in one's womb; to support

cứu *v.* to save, to rescue: **cầu cứu** to seek help; **cấp cứu** [to give] first aid, emergency aid

cứu cánh *n.* the end; the purpose [*opp.* **phương tiện** the means]

cứu giúp *v.* to help, to relieve

cứu hỏa *v.* to put out a fire: **lính cứu hỏa** fireman; **đội cứu hoả** fire brigade

cứu quốc *v.* to save the country

cứu tế *v., n.* to aid, to give relief to; aid

cứu thế *v.* to save the world: **Chúa Cứu thế** the Savior; **dòng Chúa Cứu thế** the Redemptionists

cứu thương *v.* to give first aid: **xe cứu thương** ambulance; **nữ cứu thương** nurse

cứu tinh *n.* the savior

cứu vãn *v.* to save: **cứu vãn tình thế** to save the situation

cứu viện *v.* to aid, to assist, to reinforce

cứu vớt *v.* to rescue, to save

cứu xét *v.* to consider

cừu *n.* sheep: **cừu cái** ewe; **cừu non** lamb; **thịt cừu** mutton; **cừu đực** ram; **người chăn cừu** shepherd

cửu *num.* R nine (= **chín**); **đệ cửu chu niên** the ninth year

cửu chương *n.* multiplication table

Cửu Long Giang *n.* the Mekong River

cữu *n.* R coffin: **linh cữu** bier

cựu *adj.* R old, used (= **cũ**); R former [*opp.* **tân**]: **thủ cựu** conservative; **cựu giám đốc** former director; **tay kỳ cựu** old timer, veteran; **cựu binh sĩ/cựu chiến binh** war veteran; **tống cựu nghinh tân** to bide farewell to the Old Year and to welcome the New Year

Cựu Kim Sơn *n.* San Francisco

cựu nho *n.* traditionally trained scholar

Cựu Thế Giới *n.* the Old World

cựu trào *n.* former dynasty; veteran

Cựu Ước *n.* Old Testament

D

da *n.* [SV **bì**] skin, hide, leather: **nước da** complexion; **thuộc da** to tan; **lột da** to skin; **lên da non** [of wound] to heal; **người da đen** colored person, negro, negress; **người/mọi da đỏ** Indian, Redskin; **nhà máy thuộc da** tannery; **da láng** patent leather; **da lợn** pig skin; **cái da bọc cái xương** to be emaciated

da dẻ *n.* complexion: **bà ấy có da dẻ hồng hào** she has a ruddy complexion

da diết *adj.* gnawing, tormenting: **tôi nhớ quê hương tôi da diết** I am tormented by a deep nostaglia for my homeland

da gà *n.* goose-flesh, the creeps

da liễu *n.* venereal diseases

da thịt *n.* skin and flesh

da thuộc *n.* leather: **giầy bằng da thuộc** leather shoes

da trời *n.* sky-blue

dã *v.* to neutralize the effect of [alcohol, liquor **rượu**, poison **độc**]: **dã rượu** to neutralize the effect of alcohol

dã ca *n.* pastoral song, folk song

dã cầm *n.* wild animals

dã chiến *n.* field combat, fighting in the countryside

dã man *adj.* savage, barbarian: **chúng ta kết án những hàng động dã man** we condemn savage actions

dã nhân *n.* peasant, boor; orang utan

dã sử *n.* chronicle; unofficial history

dã tâm *n.* wild ambition, wicked intention

dã thú *n.* wild animals, wild beast

dã tràng *n.* little sandcrab which carries sand on the beach

dạ 1 *intj.* [polite particle] yes! [I'm here, I'm coming, I heard you]; (= **vâng**) yes, you're right; yes, I'll do that; no, it's not so [you're right]: **Ninh ơi! dạ**; Ninh! yes! [mummy]; **ba gọi sao không dạ?** [to child] daddy called you, why didn't you answer?; **anh không đi à?** aren't you going?; **dạ không; gọi dạ bảo vâng** to say **dạ** when summoned and **vâng** when told something; to be obedient, well-behaved **2** *n.* felt; wool: **mũ dạ** felt hat; **chăn dạ** woolen blanket; **áo dạ** woolen dress **3** *n.* stomach, abdomen; heart, courage: **hả dạ** content, satisfied; **chắc dạ/vững dạ** to be sure; **sáng dạ** intelligent; **bụng dạ/lòng dạ** heart; **gan dạ** courageous; **tối dạ** dull, slow-witted; **bụng mang dạ chửa** to be pregnant; **trẻ người non dạ** young and immature; **ghi lòng tạc dạ** to remember for ever

dạ con *n.* uterus: **chửa ngoài dạ con** extra-uterine pregnancy

dạ dày *n.* stomach (= **bao tử**): **đau dạ dày** stomach-ache

dạ du *n.* sleep walk, walking at night

dạ đài *n.* hell

dạ hành *n.* night journey

dạ hội *n.* evening party: **cô ấy chọn một chiếc áo đẹp cho buổi dạ hội tối nay** she chose a beautiful dress for this evening party

dạ hương *n.* hyacinth

dạ khách *n.* night visitor, night guest

dạ khúc *n.* serenade

dạ quang *adj.* luminous

dạ vũ *n.* night-time dance party

dạ xoa *n.* ugly creature

dạ yến *n.* evening party, night feast

dạc *adj.* to be worn out, threadbare

dai *adj.* tough, leathery; solid, durable, resistant: **nhớ dai** to remember for a long time; **sống dai** to live long; **nói dai** to be persistent in speech

dai dẳng *adj.* dragged out

dai nhách *adj.* very tough: **miếng thịt dai nhách** very tough meat

dái *n.* genitals, penis: **hòn dái** testicles; **dái tai** ear lobe

dài *adj.* long, lengthy: **bề dài/chiều dài** length; **kéo dài** to stretch, to drag on; **nằm dài** to lie down, to stretch oneself; **thở dài** to sigh, to have a sigh

dài giòng/dòng *adj.* [of speech, writing] long-winded, lengthy, verbose, wordy: **tôi không muốn nghe dài dòng** I don't want to listen to a wordy speech

dài hạn *n.* long-term: **chương trình dài hạn** long-term program

dài lê thê *adj.* very very long; hanging, flowing

dài lưng *adj.* lazy, idle

dài lướt thướt *adj.* very long and trailing

dải *n.* belt, band, ribbon: **dải núi** range of mounain; **dải sông** river

dãi 1 *n.* saliva: **miệng đầy nước dãi** the mouth full of saliva; **trông thèm rỏ dãi** to make one's mouth water 2 *v.* to be exposed, to lie with one's legs apart; to spread out

dãi dầu *v.* to be exposed [to the elements]

dại *adj.* stupid, imprudent, unwise [*opp.* **khôn**]; wild; berserk, insane, mad [with **hóa** to become, to go]; numb: **khờ dại** dumb; **chó dại** mad dog; **bệnh chó dại** rabies

dại dột *adj.* dumb, foolish, stupid

dám *v.* to dare, to venture: **không dám** I dare not [accept your thanks, compliments or apologies], do not mention it, not at all, you're welcome; **tôi không dám sai lời hứa** I dare not break my promise

dạm *v.* to touch up; to request, to offer marriage; to offer [for sale]: **họ dạm bán hàng với giá rẻ** they offer goods with cheap prices

dạm bán *v.* to offer for sale

dạm hỏi *v.* to propose marriage

dạm mua *v.* to offer to purchase: **ông ấy dạm mua căn nhà của tôi** he has offered to purchase my house

dạm vợ *v.* to propose marriage

dan díu *v.* to be in love with, to have an affair with

dán *v.* to stick, to paste, to glue: **cấm dán giấy** stick no bills; **dán mũi vào cửa kính** to press one's nose against the shop window; to window shop

dàn *v.* to put in order, to arrange, to display

dàn bài *n.* outline, sketch [a piece of writing]: **viết dàn bài bài luận** to write an outline of an essay

dàn binh *v.* to deploy troops

dàn cảnh *v.* to stage a play; to arrange a situation: **nhà dàn cảnh** stage manager, producer

dàn trận *v.* to deploy troops for a battle

dàn xếp *v.* to make arrangements; to arrange, to settle: **dàn xếp cuộc gặp mặt hai bên** to arrange the meeting for both sides

dạn *adj.* to be accustomed to, hardened to; to be bold, daring, brave: **bạo dạn** to be shameless

dạn dày *adj.* shameless, brazen

dạn mặt *adj.* shameless, brazen

dang *v.* to extend, to spread out, to hold out: **dang tay** to hold hands out

dang dở *adj.* See **dở dang**

dáng *n.* air, attitude, appearance; posture, bearing, gait: **ra dáng** to look, to appear; **có dáng** to look well; **làm dáng** to be coquettish; to be particular about one's appearance

dáng bộ *n.* air; look; behavior, conduct

dáng cách *n.* manner, way, behavior

dáng chừng *adv.* it seems that, it appears that, it looks as if

dáng dấp *n.* manner, air

dáng đi *n.* gait, bearing: **bà ấy có dáng đi vội vàng** she walks with an unsteady gait

dáng điệu *n.* gesture, gait

dạng *n.* form, air, shape: **hình dạng** shape; **bộ dạng** air; appearance; **giả dạng** to pretend

danh *n.* R name; reputation, renown, fame: **danh giá/danh tiếng** reputation; **hữu danh, trứ danh** R famous; **biệt danh** alias; **có danh, hữu danh** famous, celebrated; **giả danh** to pretend to be [**làm** follows]; **ham/hiếu danh** fame thirsty; **vô danh** unknown, unnamed, unidentified, anonymous; **công danh** honors [of office]; **điểm danh** to call the roll

danh bạ *n.* roll, roster, registration

danh bút *n.* famous writer, well-known author

danh ca *n.* famous singer, well-known pop star: **nữ danh ca** famous songstress

danh cầm *n.* famous musician

danh dự *n., adj.* honor; honorary: **bảo vệ danh dự quốc gia** to protect the honor of the nation

danh đô *n.* famous city

danh gia *n.* famous family

danh giá *n., adj.* reputation; honorable: **làm mất danh giá** to dishonor; to disagree

danh hiệu *n.* famous name/label, appellation

danh hoạ *n.* famous painting

danh lam *n.* famous scenery, well-known temple: **đi thăm danh lam thắng cảnh** to visit a famous scene

danh lợi *n.* fame and wealth

danh nghĩa *n.* name, appellation: **lấy danh nghĩa gì?** in what name?, what do you stand for?

danh ngôn *n.* famous words, well-known sayings

danh nhân *n.* famous man, celebrity: **danh nho** famous scholar: **Tagore là một danh nhân văn học Ấn Độ trên thế giới** Tagore is the most famous scholar of Indian literature world-wide

danh pháp *n.* nomenclature

danh phẩm *n.* famous literary work: **truyện Kiều là một danh phẩm trong văn học Việt Nam** Kieu's tale is the most famous work in Vietnamese history of literature

danh phận *n.* high position, reputation

danh sách *n.* name list, roll, roster: **lập danh sách những người tham dự buổi họp ngày hôm nay** to make a list of participants of today's meeting

danh sĩ *n.* famous scholar

danh sư *n.* famous teacher; famous doctor

danh tài *n.* person of talent, genius

danh thiếp *n.* business card: **bạn làm ơn cho tôi danh thiếp của bạn** can I have your business card?

danh thơm *n.* good name, good reputation

danh tiết *n.* reputation, moral integrity

danh từ *n.* substantive, noun [in grammar]; vocabulary, terminology

danh tướng *n.* famous general

danh vị *n.* reputation, honor [in office]; dignity

danh vọng *n.* fame, renown [in office]; aspiration, ambition

danh xưng *n.* appellation, official name

danh y *n.* famous doctor

dành *v.* to set aside, to put aside: **dành riêng** to reserve; **để dành tiền** to save money

dành dụm *v.* to save

dao *n.* knife: **mài dao** to sharpen a knife, to grind a knife

dao cạo *n.* razor

dao cầu *n.* apothecary's chopper

dao díp *n.* pocket knife

dao động *v.* to oscillate, to swing: **dao động đồng bộ** synchronous oscillations

dao động đồ *n.* oscillogram

dao động ký *n.* oscillograph

dao găm *n.* dagger

dao khúc *n.* popular ballad

dao mổ *n.* scalpel

dao phay *n.* kitchen knife; butcher's knife, cleaver

dao rựa *n.* cleaver

dạo 1 *n.* times, period: **dạo ấy** at that time [past]; **dạo trước** before, previously; **dạo này** these days; **dạo nọ** at that time [past]; **một dạo** once 2 *v.* to wander, to stroll, to take a walk 3 *v.* to try: **dạo đàn** to play a few bars

dát *v.* to laminate, to make thinner, to roll

dạt dào *v.* to overflow: **lòng tôi dạt dào tình yêu** my heart is overflowing with love

day *v.* to turn [one's back **lưng**]; to rub one's hands together

day dứt *v.* to harass

dày *adj.* thick [*opp.* **mỏng**]; to be thick, dense [*opp.* **thưa**]: **sương mù dày đặc** dense mist; **mặt dày** shameless, brazen

dày dạn *adj.* inured to, familiar with

dày công *n.* many efforts; with great efforts

dạy *v.* [SV **giáo**] to teach, to instruct, to train, to educate; to order: **dạy tiếng Anh** to teach English; **dễ dạy** docile; **khó dạy** unruly, unmanageable; **mất dạy** ill-bred

dạy bảo *v.* to educate, to teach, to instruct: **dạy bảo con cái** to educate children

dạy dỗ *v.* to teach, to bring up

dạy học *v.* to teach at school: **tôi đang dạy học tại một trường trung học** I am teaching at a secondary school

dạy kèm *v.* tutor

dăm *adj.* a few, some: **dăm ba quả cam** some oranges

dằm splinter

dặm *n.* [SV **lý**] mile; road: **dặm Anh** English mile; **nghìn dặm** far away

dặm trường *n.* long way/journey

dằn *v.* to press; to contain [oneself]; to emphasize; to put down violently: **dằn dỗi** to be angry because of hurt

dặn *v.* to enjoin, to instruct, to advise: **dặn dò cẩn thận** to recommend carefully; **lời dặn** instruction [for use, in manual, etc.], advice

dăng *v.* (= **giăng**) to spread out, to stretch out

dằng *v.* to pull something with someone

dằng co *v.* to pull someone in a struggle

dằng dai *v.* to drag out

dằng dặc *adj.* interminable, endless

dắt *v.* to lead by the hand, to guide; to carry: **mẹ dắt con đi học** the mother leads her child to school

dắt díu *v.* to go or come together

dâm *adj.* lustful, sexy, lewd: **khiêu dâm** sexy; **cưỡng dâm/hiếp dâm** to rape; **đa dâm** lustful; **loạn dâm** incest; **thông dâm** to commit adultery; **thủ dâm** to masturbate

dâm bụt *n.* hibiscus

dâm dục *n., adj.* lust, lewdness; lustful

dâm đãng *adj.* lustful, debauched: **con người dâm đãng** a lustful person

dâm loạn *adj.* immoral, wanton, incestuos

dâm ô *adj.* obscene, lewd

dâm phụ *n.* adulteress

dâm thư *n.* pornography book

dấm dúi *v.* to take secretly

dầm 1 *v.* to dip, to soak, to macerate: **đái dầm** to wet the bed; **mưa dầm** to drizzle for days **2** *n.* paddle, oar

dầm dề *adj.* soaked, drenched, soaking wet, overflowing: **nước mắt dầm dề** eyes are overflowing with tears

dầm mưa *v.* to work/walk or stay in the rain

dầm sương *v.* to work/walk/stay in the dew [or fog]

dẫm *v.* to step, to trample [**lên, vào** on]: **đừng dẫm chân lên cỏ** don't step on the grass

dậm *v.* to pound the floor

dậm dật *v.* (= **giậm giật**) to be stirred, to be excited, to be stimulated

dân *n.* citizen, people: **công dân Việt Nam** Vietnamese citizen; **dân cư/cư dân** inhabitant, population; **dân chúng/dân tộc/nhân dân** people; **công dân** nationality, citizenship; **lão ấy dânTây** he's a French citizen; **vào dân Mỹ** to be a naturalized American; **làm dân một nước độc lập** to be a citizen of an independent country; **bình dân** the masses/people's, popular; **tứ dân** all four classes of traditional Vietnamese society [scholars, farmers, artisans, merchants]; **lê dân** the masses; **lương dân** law-abiding citizen; **muôn dân** the entire population; **nhân dân** the people; **thứ dân** the common people; **di dân** immigrant, migration; **mị dân** demagogue; **thân dân** to be close to the people; **quân, dân, chính** the army, the people and the government; **nông dân** peasant

dân biểu *n.* deputy, member of parliament: **dân biểu quốc hội** member of parliament

dân chài *n.* fisherman

dân chính *n.* civil administration

dân chủ *n., adj.* democracy; democrat(ic): **chế độ dân chủ** a democratic regime

dân chúng *n.* the people, the public, the masses

dân công *n.* conscripted laborer, slave laborer [communist]

dân cư *n.* population, inhabitants: **dân cư thành phố Sài Gòn lên đến tám triệu** the population of Saigon city has reached eight million

dân cử *adj.* people-elected: **cơ quan dân cử** an elective organization

dân dụng *adj.* civil: **hãng hàng không dân dụng** civil airline

dân đen *n.* commoner, common people

dân đinh *n.* village inhabitant

dân đức *n.* moral standing, public virtue

dân gian *n., adj.* the people, broad mass, popular, folk: **chuyện dân gian** folktales; **văn học dân gian** popular/folk literature

dân khí *n.* the people's spirit

dân làng *n.* villager

dân luật *n.* civil law

dân lực *n.* the strength of the people

dân nguyện *n.* aspirations of the people

dân phòng *n.* civil defense

dân phu *n.* laborer, worker

dân quân *n.* militia(man), minute man

dân quần *n.* the people, the public, the masses

dân quốc *n.* republic: **Đại Hàn Dân Quốc** the Republic of Korea

dân quyền *n.* civic rights

dân sinh *n.* people's livelihood, welfare of the people: **cải thiện dân sinh** to improve welfare of the people

dân số *n.* population [of country, area]: **dân số Việt Nam hiện nay là 82 triệu** the Vietnamese population is 82 million

dân sự *n., adj.* civilian [*opp.* **quân sự** military]; civil affairs: **hàng không dân sự** civil aviation

dân tâm *n.* people's will

dân thầy *n.* white-collar workers

dân thợ *n.* workmen, artisans, craftsmen

dân tình *n.* popular feeling

dân tộc *n.* people [as a nation]: **quyền dân tộc tự quyết** right of self determination; **dân tộc thiểu số** ethnic minority; **chủ nghĩa dân tộc** nationalism

dân tộc học *n.* ethnology

dân tộc tính *n.* national identity

dân trí *n.* intellectual standard of the people, people's educational standard

dân trị *adj.* by the people; see **dân hữu, dân hưởng**

dân tuyển *adj.* elected by the people

dân vận *v.* to carry out propaganda

dân vọng *n.* See **dân nguyện**

dân y *n.* civil medical service

dân ý *n.* popular opinion, people's will: **cuộc trưng cầu dân ý** referendum

dấn *v.* to push; to rush, to charge: **dấn thân/dấn mình** to plunge headlong into

dần 1 *adv.* gradually, little by little, by degrees [follows main verb]: **ăn dần** to eat little by little 2 *v.* to beat [precedes object]: **dần cho nó một trận** to beat him

dần dà *adv.* slowly, little by little, gradually [precedes or follows main verb]: **dần dà họ trở thành bạn thân** gradually they become good friends

dẫn *v.* to guide, to lead, to conduct; to cite, to quote: **viện dẫn** to quote; **chỉ dẫn** to show, to guide; **tiểu dẫn** preface

dẫn bảo *v.* to advise

dẫn chứng *v.* to produce evidence or proof; to cite, to quote

dẫn cưới *v.* to send wedding presents, to bring wedding offerings to the bride's

dẫn dâu *v.* to accompany the bride

dẫn dụ *v.* to induce; to explain using examples

dẫn đạo *v.* to guide: **uỷ ban dẫn đạo** steering committee

dẫn đầu *v.* to lead [race, contest]

dẫn điện *v.* to conduct electricity

dẫn đường *v.* to show the way

dẫn giải *v.* to explain and comment

dẫn khởi *v.* to bring about, to provoke

dẫn kiến *v.* to introduce [somebody to see somebody]

dẫn lực *n.* attraction

dẫn nhiệt *v.* to conduct heat

dẫn thủy *v.* (**nhập điền**) to irrigate [ricefields]

dẫn xác *v.* to come in person

dận *v.* to trample, to tread, to step on

dâng *v.* to offer [tribute, gift, petition]

dâng *v.* [of water] to rise: **mặt nước sông Hồng dâng lên 2 mét** the water in the Red River has risen by two meters

dập *v.* to put out [fire **lửa**]; to bury, to cover; to be broken; to hit, to knock; to stamp out: **dập tắt lửa** to put out a fire; **dập liễu vùi hoa** to brutalize a woman

dấp *v.* to wet, to soak: **dấp nước vào khăn** to wet a towel

dập dìu *adj.* bustling with people, getting in a great number

dập tắt *v.* to put out, to stamp out [fire]

dật sĩ *n.* retired scholar, retired official

dật sử *n.* a strange story, an unusual tale

dâu 1 *n.* daughter-in-law: **con dâu, nàng dâu** daughter-in-law; **cô dâu** bride; **đón dâu/rước dâu** to go and get the bride at her parents' home; **đưa dâu** to accompany the bride to her new home 2 *n.* strawberry: **dâu ta** mulberry; **dâu tây** strawberry

dấu *n.* sign, mark, accent mark, accent, tone mark; stamp, seal: **đánh dấu** to mark; to put an accent mark; **đóng dấu** to stamp, to affix the stamp or seal

dấu chấm *n.* period, full stop [.]

dấu chấm phẩy *n.* semicolon [;]

dấu hỏi *n.* question mark, mark for low rising tone [?]

dấu huyền *n.* mark for falling tone; grave accent [`]

dấu mũ *n.* circumflex accent [^]; mark for secondary stress

dấu nặng *n.* mark for low constricted tone; dot [.]

dấu ngã *n.* mark for creaky rising tone; tilde [~]

dấu ngoặc đơn *n.* parenthesis [( )]

dấu ngoặc kép *n.* inverted commas, quotation marks [" "]

dấu ngoặc vuông *n.* bracket [[ ]]

dấu phẩy *n.* comma [,]

dấu sắc *n.* mark for high rising tone or primary stress; acute accent [´]

dấu than *n.* exclamation mark [!]

dấu vết *n.* trace, vestige

dầu 1 *n.* oil, petroleum: **mỏ dầu/giếng dầu** oil well; **đèn dầu** old lamp; **máy ép dầu** oil press; **nhà máy lọc dầu** oil refinery; **hãng dầu** oil company; **giấy dầu** oil paper used for wrapping; **xì dầu** soy sauce 2 *conj.* (= **dù**) though, although: **mặc dầu/dầu mà/dầu rằng** although; cf. **dù, dẫu, tuy**

dầu ăn *n.* salad oil, table oil

dầu bạc hà *n.* peppermint oil, tiger balm

dầu cá(thu) *n.* cod liver oil

dầu dừa *n.* coconut oil

dầu đậu phọng *n.* peanut oil

dầu hắc *adj.* far

dầu hoả *n.* kerosene, petroleum

dầu hôi *n.* kerosene, oil, petroleum

dầu lạc *n.* peanut oil

dầu lòng *v.* to be kind enough to

dầu mà *conj.* although, though, even though

dầu mỡ *n.* machine oil

dầu rằng *conj.* although, though, even though

dầu sao *conj.* (= **chăng nữa**) at any rate, anyway

dầu thông *n.* oil of turpentine

dầu xăng *n.* petrol, gasoline

dẫu *conj.* though, although, despite the fact that: **dẫu rằng** in spite of the fact that; cf. **tuy, dù, dẫu**

dẫu mà *conj.* though, although, despite the fact that, in spite of the fact that

dẫu rằng *conj.* though, although, despite the fact that, in spite of the fact that

dây *n.* string, cord: **dật dây** to pull the strings; **nhảy dây** to skip; **thang dây** rope ladder;

một sợi dây a piece of string; một cuộn dây a roll of string

dây chuyền *n.* necklace

dây cương *n.* bridle

dây dưa *v.* to drag, to get involved

dây điện *n.* electric wire

dây đồng *n.* brass wire

dây gai *n.* hemp rope

dây giầy *n.* shoe lace, shoe string

dây kẽm gai *n.* See **dây thép gai**

dây lưng *n.* sash, belt

dây thép *n.* steel wire [clothes line]; electric wire; wire, telegram [with **đánh** to send]

dây thép gai *n.* barbed wire

dây tơ hồng *n.* marriage bonds, matrimonial ties

dây xích *n.* chain: **phản ứng dây xích** chain reaction

dây xích thẳng *n.* See **dây tơ hồng**

dây xoắn *n.* torsion wire

dấy *v.* to raise [troops **binh**; arm **quân**]; to cause: **dấy loạn** to revolt; **dấy lên** to rise up, to rebel

dậy *v.* to wake up: **ngủ dậy/thức dậy** to get up; **đứng dậy** to stand up; **ngồi dậy** to sit up

dậy thì *adj.* pubescent, pubertal: **tuổi dậy thì** puberty

dè 1 *adj.* to be moderate; to be reserved: **dè dặt** to be cautious 2 *v.* to foresee, to expect: **kiêng dè** to have consideration for; **không dè** unexpectedly; **nào dè, ai dè, dè đâu** who would suspect

dè bỉu *v.* to slight, to sneer at

dè chừng *v.* to foresee the eventuality of

dè dặt *v., adj.* reserved, cautious, careful: **ông ấy giữ thái độ dè dặt về vấn đề đó** he is cautious on that issue

dè xẻn *v.* to save here and there, to be parsimonious

dẻ *n.* hazel nut: **hạt dẻ** chestnut

dẹn dẹt *adj.* relatively flattened

deo dẻo *adj.* relatively pliable and soft

dẻo *adj.* pliable and soft: **chất dẻo** plastic; **mềm dẻo** flexible, diplomatic

dẻo dai *adj.* enduring, resistant and supple: **ông ấy làm việc dẻo dai** he is a stoic worker

dẻo dang *adj.* lithesome, resistant

dẻo quẹo *adv.* very lithely

dẻo sức *adj.* untiring, indefatigable

dẻo tay *adj.* agile

dép *n.* sandal, slipper: **chiếc dép** for one slipper; **đôi dép** a pair of sandals

dẹp *v.* to put away, to arrange: **dẹp lại** to put in order; **dẹp loạn** to repress a rebellion; **dẹp chỗ cho** to make room for; **dẹp đường** to clear the way

dẹt *adj.* flat or flattened

dê 1 *n.* [SV **dương**] goat: **dê cái** she goat; **dê con** kid; **dê đực** he goat 2 *adj.* oversexed, lustful: **già dê** old rake, old debauchee; **có máu dê** to be oversexed in disposition

dế *n.* cricket: **dế mèn** house-cricket; **chọi dế** cricket fight

dể ngươi *v.* to despise; to scorn

dễ *adj.* [SV **dị**] easy, simple [*opp.* **khó**]: **việc đó không dễ đâu** that job is not easy

dễ bảo *adj.* docile, obedient

dễ chịu *adj.* pleasant, nice, comfortable: **chúng ta đang có một đời sống dễ chịu** we have a comfortable life

dễ có *adv.* [it wouldn't be] easy to have

dễ coi *adj.* attractive, nice, pretty

dễ dãi *adj.* easy, easy-going, tolerant, lenient, not strict

dễ dàng *adj.* easy

dễ dạy *adj.* docile

dễ nghe *adj.* pleasant to the ear; reasonable: **dễ nghe nhỉ!** [in response to an appeal, entreaty] oh, yeah!

dễ thương *adj.* lovely, charming

dễ thường *conj.* perhaps, maybe

dễ tính *adj.* See **dễ dãi**

dệt *v.* to weave: **thợ dệt** weaver; **máy dệt** loom; **thêu dệt** to adorn, to embellish [story]; to invent, to fabricate [story]

di *v.* to change position; to move: **di chuyển** to move; **bất di bất dịch** unchanged

di bút *n.* posthumous writing

di cảo *n.* posthumous manuscript

di chỉ *n.* archeological site

di chiếu *n.* imperial will, testament left by a dead king

di chúc *n.* will

di chuyển *v.* to move, to transfer

di cư *v.* to migrate: **dân di cư** immigrant, refugee(s); **sở di cư/trú** immigration department

di dân *n., v.* immigrant; to migrate

di dịch *v.* to move, to change

di dưỡng *v.* to nourish, to entertain, to sustain: **di dưỡng tinh thần** to entertain one's mind

di động *v., adj.* to move; mobile

di hài *n.* remains [dead body], relics

di hại *n., v.* aftermaths; to leave aftermaths

di hoạ *n.* disastrous aftermaths

di huấn *n.* last teachings, sayings left by a deceased person

di ngôn *n.* last wishes, will

di sản *n.* inherited property; heritage: **di sản văn hoá** cultural heritage

di táng *v.* to move a corpse to another tomb

di tản *v.* to evacuate

di tích *n.* vestiges, relics

di tinh *n.* nocturnal emissions

di trú *v.* to migrate

di truyền *v., adj.* to transmit to one's heir; hereditary, atavistic: **bệnh di truyền** a hereditary disease

di truyền học *n.* genetics

di tượng *n.* portrait [of deceased person]

di vật *n.* relics, souvenir

dí *v.* to press on: **bẹp dí** completely crushed

dì *n.* mother's younger sister CL **bà, người** stepmother; **dì ghẻ** stepmother; **dì hai** father's concubine; **anh/chị em con dì** cousins

dỉ **1** *v.* [of water] to leak, to ooze; to whisper **2** *adj.* [han, sét] to be or get rusty: **han dỉ** rusty

dĩ nhiên *adj.* natural, obvious; naturally, of course: **lẽ dĩ nhiên, ai cũng muốn hạnh phúc** naturally everyone wants happiness

dĩ vãng *n.* the past; past (= **quá khứ**)

dị *adj.* R strange, odd (= **lạ**); different (= **khác**)

dị bào *n.* different mothers: **anh em dị bào** half brothers

dị chủng *n.* foreign race, alien race

dị dạng *n., adj.* strange species, strange form deformity; deformed

dị đoan *n., adj.* superstition; superstitious: **bài trừ dị đoan mê tín** to abolish superstition

dị đồng *adj.* different

dị giáo *n.* heresy

dị hình *n., adj.* heteromorphism; old shape; heteromorphic

dị kỳ *adj.* strange, extraordinary

dị loại *n.* different species, different class

dị năng *n.* extraordinary talent

dị nghị *v.* to contest, to dispute; to comment, to criticize

dị nhân *n.* extraordinary man, outstanding man

dị tài *n.* extraordinary talent

dị thường *adj.* strange, uncommon, unusual, extraordinary

dị tộc *n.* different family, different ethnic group, alien race

dị tướng *n.* strange physiognomy, queer appearance

dĩa *n.* (= **đĩa**) plate, dish; disk, disc

dịch **1** *v.* to move over; to change: **xê dịch** to move around; **dịch ra/sang một bên** to move to one side; **(bất di) bất dịch** to be motionless, to be unchanged **2** *v.* to translate: **dịch từ tiếng Việt sang tiếng Anh** to translate from Vietnamese into English; **phiên dịch** translation; **thông dịch** interpreting; **người dịch** translator; **bản dịch tiếng Việt, bản dịch Việt văn** Vietnamese translation, Vietnamese version; **dịch từng chữ** to translate word for word, literally; **dịch thoát** to give a free translation **3** *n.* epidemic: **dịch tả**

cholera; **dịch hạch** plague **4** *n.* R work, service (= **việc**): **binh dịch/quân dịch** military service; **hiện dịch** active service

dịch giả *n.* translator

dịch hạch *n.* plague

dịch tả *n.* cholera

dịch thể *n.* liquid, fluid

dịch thuật *v.* to translate

dịch vụ *n.* service

diệc *n.* heron

diêm *n.* match CL **cái, que** (= **quẹt**); R salt, saltpeter, sulfur: **một bao diêm** a box of matches; **đánh diêm** to strike a match

diêm dúa *adj.* to be dressed neatly and elegantly

diêm phủ *n.* hell

diêm sinh *n.* sulfur

diêm vương *n.* the ruler of hell; Hades, Pluto

diềm *n.* fringe

diễm *adj.* R glamorous, voluptuous: **diễm lệ** dazzlingly beautiful, lovely; **kiều diễm** most beautiful/pretty

diễm ca *n.* love song

diễm khúc *n.* love song

diễm lệ *adj.* glamorous, voluptuous, lovely, attractive

diễm phúc *n.* happiness, felicity

diễm sắc *n.* great beauty, rare beauty

diễm tình *n.* beautiful love

diễm tuyệt *n.* exceptional beauty

diễn *v.* to perform; to relate, to explicate: **diễn kịch** to perform a play; **diễn ra** to take place; **trình diễn ca nhạc** to perform a concert

diễn âm *v.* to transliterate, to transcribe phonetically

diễn bày *v.* to present, to show, to exhibit

diễn binh *n.* military parade: **sẽ có diễn binh vào ngày quốc khánh** there will be a military parade on the National Day

diễn ca *v., n.* to put [story] into verse; plain verse

diễn dịch *v.* to translate and interpret; to deduct: **phép diễn dịch** deductive method

diễn đài *n.* rostrum, forum, tribune

diễn đàn *n.* platform, rostrum, forum: **các vị bộ trưởng lần lượt lên diễn đàn trước các đại biểu quốc hội** ministers in turn came up to the rostrum in front of members of parliament

diễn đạt *v.* to express, to convey

diễn giả *n.* speaker, lecturer: **ai là diễn giả trong ngày hôm nay?** who is the speaker today?

diễn giải *v.* to present, to explain: **bạn làm ơn diễn giải thêm chi tiết dự án** could you please give more details of the project?

diễn giảng *v.* to lecture

diễn kịch *v.* to present a play, to act in a play

diễn nghĩa *v.* to annotate, to explain

diễn tả *v.* to express, to describe, to depict: **tôi muốn bạn diễn tả cảm tưởng của bạn khi thăm Việt Nam** I want you to express your impression from your trip to Vietnam

diễn tấu *v.* [of musician] to play, to perform

diễn thuyết *v.* to deliver a speech, to give a lecture, to speak to an audience

diễn tiến *v.* to progress, to evolve

diễn từ *n.* speech, address

diễn văn *n.* address, speech: **ông chủ tịch đã đọc diễn văn khai mạc tại hội nghị quốc gia** the president gave an opening speech at the national conference

diễn viên *n.* performer, actor or actress, speaker

diễn võ *n.* military exercise

diễn xuất *v.* to perform, to act

diện 1 *n.* R face; surface (= **mặt**): **mất sĩ diện** to lose face; **phương diện** aspect; **bình diện** plane; **đại diện** to represent 2 *v.* to be well-dressed, to be dressed with elegance and taste; **trưng diện** to show off [clothing, jewels, car]

diện bộ *n.* looks, appearance

diện đàm *v.* to interview, to talk, to converse

diện đồ *n.* view: **diện đồ góc/bên** side view

diện kiến *v.* to see in person [interview, visit]

diện mạo *n.* face, appearance, aspect

diện tích *n.* area [extent]: **cách tính diện tích** quadrature, squaring; **họ không có đủ diện tích trồng trọt** they don't have enough areas for cultivation

diện tiền *n.* facade, front/in front of one's eyes

diện trình *n.* to report in person

diếp *n.* lettuce: **rau diếp** lettuce

diệp *n.* R leaf (= **lá**): **vàng diệp** gold leaf; **diệp lục chất** chlorophyll

diệt *v.* to destroy, to exterminate: **tiêu diệt/huỷ diệt** to destroy; **tru diệt** to kill; **bất diệt** immortal, indestructible; **tận diệt** to destroy completely

diệt chủng *v.* to commit genocide

diệt cộng *v.* to exterminate communists

diệt trừ *v.* to exterminate, to root out: **họ đang thi hành chương trình diệt trừ sâu** they are carrying out the project to exterminate insects

diệt vong *v.* to exterminate; to die out

diều *n.* kite [the toy]: **chơi thả diều** to fly kites; **lên như diều** to get quick promotions

diều hâu *n.* migrant kite [bird]

diệu *adj.* R marvelous, wonderful: **kỳ diệu** miraculous; **tuyệt diệu** wonderful, terrific

diệu kế *n.* clever strategy, very effective trick

diệu kỳ *adj.* wonderful, marvelous

diệu vợi *adj.* far-fetched, difficult, complicated

diễu *v.* to go, to march, to parade; to loaf

dím *n.* hedgehog

dìm *v.* to immerse, to plunge; to bury, to suppress

dinh *n.* palace; military camp (= **doanh**): **dinh Độc Lập** Independence Palace

dinh cơ *n.* palaces; estate

dinh dưỡng *v., adj.* to nourish; nutritious

dinh điền *v., n.* to cultivate new lands; a developed farm: **Phủ Tổng ủy Dinh điền** General Commission for Agricultural Development

dinh thất *n.* building, palace; residence

dinh thự *n.* palace, building

dinh trại *n.* barracks

dính *v.* to stick; to be sticky

dính dáng *v.* to be implicated, to involve [**đến/tới** in], to relate to

dính dấp See **dính dáng**

dính líu See **dính dáng**

dính ngộ *adj.* intelligent, bright-looking

díp *n.* tweezers; spring [of carriage]

dịp *n.* opportunity, occasion: **nhân dịp/trong dịp/vào dịp** on the occasion of; **dịp tốt** good opportunity; **gặp dịp** to find the opportunity; **lỡ dịp** to miss the opportunity; **sẵn dịp/thừa dịp** to seize an opportunity

dìu *v.* to lead by the hand, to guide: **nhà dìu dắt** coach

dìu dắt *v.* to lead, to coach

dìu dịu *adj.* softened, calm

dịu *adj.* soft, sweet: **êm dịu** calm; **ngọt dịu** to taste or sound sweet

dịu dàng *adj.* gentle, graceful

dịu giọng *v.* to lower the tone, to back down

do *n.* (= **tro**) ashes; **mầu tro** gray

do *v., conj.* to be caused by, to be due to; by, because of: **do đó** because of that, hence; **sách ấy do hai học giả Việt Nam cùng viết** that book was authored jointly by two Vietnamese scholars; **do trời mưa nên tôi ở nhà** I stayed at home because it rained; **căn do/nguyên do** cause, origin; **tự do** freedom

do dự *v., adj.* to hesitate, to waver; hesitant, to be unable to make up one's mind

Do thái *n.* Jew, Jewish: **nước Do thái** Israel; **người Do thái** Jew

Do thái giáo *n.* Judaism

do thám *v.* to spy: **máy bay do thám** reconnaissance plane

dó *n.* plant whose bark is used to make paper

dò *v.* to watch, to spy on, to seek information about; to fathom [river **sông**, ocean **bể**], to feel [one's way **đường**]

dò hỏi *v.* to seek information, to make an inquiry

dò la *v.* to get information; to spy on

dò lại *v.* to check, to read over

dò xét *v.* to investigate, to observe secretly

dọ See **dò**

dọa *v.* to threaten, to intimidate: **đe dọa/hăm dọa** to threaten

dọa dẫm *v.* to threaten

dọa nạt *v.* to threaten

doãi *v.* to stretch out: **cánh tay doãi ra** to stretch out one's arm

doanh See **dinh**

doanh lợi *n.* profit, gain

doanh mãn *adj.* prosperous, abundant, plentiful

doanh nghiệp *n.* trade, business

doanh thu *n.* turn-over

doanh thương *n.* trade, business

dóc *v.* to boast, to bluff: **nói dóc/tán dóc** to talk chaff; to draw the long bow

dọc *adj.* lengthwise [*opp.* **ngang**]: **theo dọc** along; **bề dọc/chiều dọc** length; **dọc đường** on the way, enroute; **dọc sông** all along the river

dọc ngang *adj.* powerful or influential, to rule the roost

doi *n.* promontory, silt bank [of a river]

dõi *v.* to follow closely, to pursue: **theo dõi** to follow up

dọi *n.* plumb line

dom *n.* prolapse of the rectum

dóm *v.* to light [a small fire]: **dóm lửa dóm bếp** to light a stove

dòm *v.* to peer, to peep, to look, to spy: **đừng dòm bà ta** don't look at her; **ống dòm** binoculars

dòm ngó *v.* to look [furtively], to spy

dón dén *v.* to proceed with circumspection; to walk stealthily, to walk on tiptoe

dòn *adj.* crispy, brittle, breakable; [of laughter] to be clear

dọn *v.* to arrange, to put in order: **dọn dẹp** to clear up [table]; **dọn cơm** to prepare a meal; **dọn nhà** to move; **dọn bàn** to set the table; to clear the table; **thu dọn/xếp dọn** to arrange, to put in order

dọn dẹp *v.* to arrange, to rearrange, to set in order

dọn đi *v.* to move [one's residence] to other place

dọn hàng *v.* to open a shop; to display one's goods; to remove one's goods

dọn nhà *v.* to clean up the house [and move the furniture around]; to move [one's residence]

dong *v.* to run away

dong dỏng *adj.* tall: **dong dỏng cao** a bit tall

dòng **1** *n.* course [of river **sông**], current, stream: **dòng điện** electric current; **dòng nước** the stream; **dòng thời gian** the course of time **2** *n.* descent, parentage, lineage: **dòng dõi/dòng giống** lineage, race; **dòng họ nhà tôi** my family; **Dòng Tên** the Jesuit order;

Dòng Chúa Cứu Thế the Redemptorists; **dòng tôn thất** the imperial family; **nhà dòng** monastery; **thầy dòng** priest, friar; **nối dòng** to carry on lineage [tradition]

dòng dõi *n.* [noble] descent: **dòng dõi nhà võ tướng** descendants of military mandarins

dòng đạo *n.* religious order

dõng dạc *adj.* [of voice, **gait**] poised, sedate, solemn

dọng See **giọng**

dô *adj.* jutting out, protruding: **trán dô** a protruding forehead

dỗ *v.* to coax, to wheedle, to cajole [crying child into silence]; to flatter, to seduce, to inveigle [young girl]: **cám dỗ** to tempt, to seduce; **dạy dỗ** to instruct, to advise, to teach [morally]; **dỗ ngon dỗ ngọt** to seduce by sweet promises

dỗ dành *v.* to coax, to wheedle, to cajole

dốc **1** *n., adj.* hill, slope; sloping, steep, incline: **lên dốc** to go up a slope; **xuống/ đổ dốc** to go down a slope; **độ dốc của đường cong** slope of a curve **2** *v.* to empty; to devote entirely: **dốc bầu tâm sự** to pour one's heart out

dốc bụng *v.* to be determined to… with all one's heart

dốc chí *v.* to be determined to… with all one's heart

dốc lòng *v.* to be determined to… with all one's heart, to do one's best

dốc ống *v.* to empty one's money box or one's piggy bank; to empty one's purse

dôi *v., adj.* to be left over or beyond; to make more than needed [follows main verb, precedes **ra**]; to be excessive

dối *v., adj.* to be false, to be deceitful: **nói dối** lying; **lừa dối** cheating; **dối trá** to do hastily, in a sloppy manner; **giả dối** to be a hypocrite; **gian dối** to be dishonest

dối dá *adj.* hastily, in a sloppy manner

dối già *v.* to do as a joy in one's old age

dối trá *adj.* false, deceitful: **con người dối trá** liar

dồi **1** *v.* to stuff (= **nhồi**); pudding sausage: **dồi lợn** pork sausage; **dồi tiết** blood sausage, blood pudding **2** *v.* to throw up; to flip, to toss [coin in game]: **dồi bóng trước khi bắt đầu trận đấu** to throw up a ball before starting the match

dồi dào *adj.* plentiful, abundant: **tôi xin chúc bạn sức khoẻ dồi dào** I wish you health

dội *v.* to bound; to rebound, to bounce back; to resound: **tiếng dội** echo; **vang dội** to echo

dồn *v.* to amass, to gather; to do repeatedly [follows main verb]: **bước dồn** to quicken one's step; **hỏi dồn** to press with questions;

đánh dồn to beat repeatedly; **đổ dồn** [of eyes] to turn, to focus [**vào** precedes object]; **đuổi dồn** to follow, to pursue; **gọi dồn** to call several times; **bị dồn vào...** to be pushed or driven back against

dồn dập *adj.* coming in great quantities, numbers; uninterrupted and fast: **công việc chúng tôi khá dồn dập** our works are coming in great quantities and fast

dông 1 *v.* to dash off, to sneak out, to go away: **thôi dông đi!** let's go! **2** *n.* storm: **dông tố** thunderstorm

dông dài *v., adv.* to babble, to chat; to loiter, to linger; lengthily

dộng *v.* to knock, to rap, to hit, to bang: **dộng vào cửa** to bang the door

dốt *adj.* illiterate, ignorant: **dốt nát** to be dull, slow-witted, stupid; **thằng dốt** ignoramus

dốt đặc *adj.* completely ignorant

dột *adj.* [of roof] leaking: **mái nhà dột** leaking roof

dơ *adj.* (= **nhơ**) dirty, unclean, soiled: **quần áo dơ** dirty clothes; **làm dơ** to soil [lit. and fig.]

dơ bẩn *adj.* dirty, unclean

dơ dáng *adj.* shameless

dơ dáy *adj.* dirty, filthy, disgusting

dơ mắt *adj.* unpleasant to the eye

dở 1 *v.* to open [book, pot], to turn [page]; to get out, to disclose, to resort to [trick] **2** *adj.* unfinished, half done; poor, awkward, unskilled: **dở chừng** unfinished; **dở người** to be a little mixed up; **dở ngô dở khoai** neither corn nor sweet potatoes; **dở ông dở thằng** neither fish nor fowl, having no defined status; **sống dở chết dở** to be more dead than alive; **bỏ dở** to leave unfinished

dở chừng *adj.* half done, unfinished

dở dang *adj.* left undone, unfinished

dở giời *v.* [of weather] to change; to be under the weather, to be unwell

dở hơi *adj.* mixed up, cracked

dở người *adj.* mixed up, cracked

dở tay *adj.* busy doing something

dở việc *adj.* busy doing something

dỡ *v.* to dish [rice **cơm** from the pot]; to dismantle, to tear down [house]; to unload [merchandise **hàng**]

dơi *n.* bat

dời *v.* [SV **di, thiên**] to leave: **đổi dời** to move, to transfer, to change; **dù cho vật đổi sao dời** despite all changes

dời đổi *v.* to move, to change

dớn dác *adj.* bewildered, scared

dợn *v., n.* to be wary; to undulate; ripple

dớp *n.* bad luck, ill luck

du côn *n., adj.* scoundrel, ruffian, hoodlum, hooligan, rascal

du dân *n.* nomad

du dương *adj.* [of music, voice] melodious, lovely, enchanting

du đãng *v.* to be a vagabond, to roam

du hành *v.* to travel

du hí *v.* to indulge in amusement

du học *v.* to go abroad to study: **Hội đồng Du học** Commission on Overseas Studies; **du học sinh** overseas student

du khách *n.* traveler, tourist

du kích *n.* guerrilla: **quân du kích** guerrilla army; **chiến tranh du kích** guerrilla warfare

du ký *n.* traveling notes

du lãm *n.* excursion, pleasure trip

du lịch *v.* to travel: **tổng cuộc Du lịch** National Office of Tourism; **khách du lịch** traveler, tourist; **du lịch vòng quanh thế giới** to travel around the world

du mục *n.* nomad

du ngoạn *v.* to travel for pleasure, sightseeing

du nhập *v.* to import

du thủ du thực *adj.* vagrant, vagabond, idle

du thuyết *v.* to be a moving ambassador

du thuyền *n.* pleasure boat, yacht

du xuân *v.* to take a spring walk; to enjoy the spring

dù 1 *n.* (= **ô**) umbrella; parachute: **nhảy dù** to parachute [**xuống** down]; to be an upstart, to get an important position through the back door; **lính nhảy dù/quân nhảy dù** paratrooper **2** *conj.* though, although: **dù mà/dù rằng** although; **dù anh (có) muốn đi (chăng) nữa, người ta cũng không để cho anh làm** even if you want to, people wouldn't let you do it; **dù sao chăng nữa** anyway, at any rate

dụ 1 *n.* edict, decree, notice, order [from above] CL **đạo** instruction: **dẫn dụ** to induce; **khuyến dụ** to advise; **thí dụ/ví dụ** example; for example **2** *v.* to induce, to entice, to lure: **dụ trẻ con** to lure children

dụ dỗ *v.* to induce, to seduce, to entice: **dụ dỗ vị thành niên** to abduct a minor

dụ hoặc *v.* to seduce, to entice

dũ *v.* to shake off [dust **bụi**], to dust off [blanket **chăn**, mat **chiếu**, etc.]

dục *n.* R desire, want; lust: **tình dục** lust; **lửa dục tình** the flame of desire; **dâm dục** covetous, lustful; desire; **thị dục** desire, passion

dục *v.* to push, to ask someone to be quick

dục tình *n.* desire, passion, lust

dục vọng *n.* desire, lust, ambition

dúi *v.* to slip, to insert

dùi 1 *n., v.* awl; to punch: **dùi thủng** to pierce; **dùi mài** to work hard **2** *n.* cudgel, bludgeon, stick, club

dùi cui *n.* policeman's club, bludgeon

dùi đục *n.* carpenter's hammer

dùi lỗ *v.* to pierce, to perforate
dùi trống *n.* drumstick
dụi *v.* to rub [eyes], to rub out: **dụi tàn thuốc** to rub out cigarette ashes; **dụi tắt lửa** to crush out a fire
dúm *v., n.* to gather with one's fingers, to pinch; handful
dúm dó *adj.* battered, out of shape
dúm lại *v.* to assemble, to amass, to gather
dun *v.* to push, to shove; to urge, to cause to
dún dẩy *v.* to waddle, to slouch
dún vai *v.* to shrug one's shoulders
dung *v.* to tolerate, to leave unpunished: **dung tha/dung thứ** to leave unpunished; **bao dung/khoan dung** to be tolerant
dung dị *adj.* easy and simple
dung dịch *n.* solution [of solid in liquid]
dung hoà *v.* to reconcile, to compromise: **dung hoà ý kiến của mọi người** to compromise based on everyone's ideas
dung hợp *v.* to amalgamate
dung lượng *n.* content, volume, capacity
dung mạo *n.* face, physiognomy
dung môi *n.* solvent
dung nạp *v.* to accept, to admit, to tolerate
dung ngôn *n.* trivial words
dung nhan *n.* look, countenance, beauty
dung quang *n.* good looks
dung tha *v.* to pardon, to forgive
dung thân *v.* to take shelter, to take refuge
dung thứ *v.* to tolerate, to pardon
dung tích *n.* capacity
dung túng *v.* to tolerate, to abet; to allow tacitly, to wink at
dúng *v.* (= **nhúng**) to dip [in liquid, dye]
dùng *v.* [SV **dụng**] to use, to utilize, to employ; to resort to; to eat, to have: **ông đã dùng cơm [bữa] chưa?** have you eaten yet?; **cách dùng** instructions for use; **cần dùng** to need; to be needed, to be necessary; **đồ dùng** tool; **đủ dùng** to be sufficient, to be enough; **tin dùng** to have confidence in
dùng dằng *v.* to be reluctant, to be undecided, wavering
dũng *n.* (= **dõng**) R bravery, courage: **anh dũng** courageous; **trí và dũng** knowledge and bravery
dũng cảm *adj.* bracing, courageous, valiant
dũng khí *n.* courage, ardor, bravery
dũng mãnh *adj.* courageous, valiant
dũng sĩ *n.* valiant man, knight errant
dũng tâm *n.* courage, bravery
dụng *v.* R to use, to employ (= **dùng**): **hữu dụng** useful; **vô dụng** useless; **công dụng** use; **tác dụng** practical; use, application; **tuyển dụng** to retain; **bổ dụng** to appoint; **lưu dụng** to retain [employee who has reached

retirement age]; **sử dụng** to apply, to use; **lợi dụng** to take advantage of, to avail oneself of; **lạm dụng** to abuse; **trọng dụng** to give an important position to; **vật dụng** things which are of general use; **thực dụng** practical use
dụng công *v.* to try hard, to endeavor
dụng cụ *n.* instrument, tool, implement, equipment
dụng phẩm *n.* instrument, tool, implement
dụng quyền *v.* to use one's authority
dụng tâm *v., n.* to intend; to do purposely; intention
dụng võ *v.* to use force, to resort to force
dụng ý *v.* to have the intention of, to intend: **tôi nói đùa thế thôi chứ không có dụng ý xấu** it is only a joke, I don't mean any bad intention at all
duỗi *v.* [*opp.* **co**] to stretch, to spread out: **duỗi tay ra** to spread arms out
duy *adv.* only; but: **duy (chỉ) có ông ấy là trong sạch** only he was honest
duy cảm *adj.* sensual
duy danh *adj.* nominalistic
duy danh luận *n.* nominalism
duy dụng luận *n.* pragmatism
duy kỷ *adj.* egoistic, selfish
duy linh *adj., n.* spiritualistic; spiritualism
duy lợi *n.* utilitarianism
duy lý *adj., n.* rationalist; rationalism
duy mỹ *adj., n.* esthetic; estheticism, art for art's sake
duy ngã *adj., n.* egotistic; egotism
duy nhất *adj.* to be the only one, sole, unique
duy tâm *n., adj.* idealism; idealistic
duy tân *v.* to modernize, to reform
duy thần *n.* spiritualism
duy thực *n.* realism
duy trí *n.* intellectualism
duy trì *v.* to maintain, to preserve
duy vật *adj., n.* materialist, materialistic; materialism: **duy vật biện chứng** [communist] dialectic materialism; **duy vật sử quan** historical materialism
duyên 1 *n.* predestined affinity; **có duyên** to be bound to meet as friends or husband and wife; to have both grace and graciousness; **kết duyên** to get married [**với** to]; **xe duyên** L to get married [**với** to] 2 *n.* charm: **vô duyên** not attractive, not charming; **nụ cười có duyên** a charming smile
duyên cớ *n.* reason, cause
duyên dáng *adj.* graceful, charming
duyên do *n.* reason, cause, origin
duyên hải *n.* sea coast, coastline
duyên khởi *n.* origin, beginning
duyên kiếp *n.* predestined affinity
duyên nợ *n.* predestination, fate

duyên phận *n.* love fate, fate in marriage
duyên số *n.* predestined love; affinity
duyệt *v.* to examine, to inspect, to review, to censor: **kiểm duyệt** to censor; **bị kiểm duyệt** censored; **duyệt dự án** to examine the project
duyệt binh *v.* to review troops, to parade
duyệt y *v.* to approve
dư *adj.* odd, surplus, extra: **ngân sách thặng dư** surplus budget; **số dư** difference balance
dư âm *n.* echo, resonance
dư ba *n.* eddy, ripple, repercussion
dư dả *adj.* more than enough; plentiful
dư dật *adj.* having more than enough; plentiful
dư dụng *adj.* superfluous
dư đảng *n.* remnants of a party
dư đồ *n.* world map
dư hưởng *n.* last echo
dư khoản *n.* surplus, excess [of money]
dư luận *n.* public opinion: **chúng ta nên lắng nghe dư luận quần chúng** we should listen to public opinion
dư số *n.* remainder
dư thừa *adj.* superfluous, left over
dư vật *n.* rest, remnants, surplus items
dừ *adj.* (= **nhừ**) very well cooked, tender
dử *v.* to lure [by means of bait **mồi**]
dữ *adj.* [SV **hung**] fierce, ferocious, wicked; [of date, omen] bad, unlucky [*opp.* **lành**]; awful, tremendously [follows main verb]: **thú dữ** wild beast; **tiếng dữ** bad reputation; **tin dữ** bad news; **bài này khó dữ** this lesson is awfully difficult
dữ dội *adj.* [of fighting] violent; [of noise] tremendous, formidable
dữ kiện *n.* datum, data
dữ tợn *adj.* ferocious, cruel, wicked
dự *v.* to participate [in], to attend; to take part in: **dự tiệc** to attend a party; **tham dự** to participate; **can dự** to be involved in
dự án *n.* project, draft
dự bị *v., adj.* to prepare; preparatory: **năm dự bị trường Đại học** pre-university year
dự chiến *v.* to take part in the fighting
dự định *v.* to plan to, to expect
dự đoán *v.* to predict, to foresee, to forecast
dự khuyết *adj.* the alternative [delegate, member, etc.], stand by
dự kiến *v.* to anticipate; to have preconceived ideas, to prejudice; to foresee
dự liệu *v.* to predict, to foresee, to forecast
dự luật *n.* draft law, draft bill
dự phòng *v.* to take preventive measures
dự thảo *v., n.* to draft; rough copy
dự thẩm *n.* examining magistrate
dự thi *v.* to take an examination
dự thính *v.* to attend as a observer or guest
dự tính *v.* to estimate; to plan to

dự toán *v.* to estimate
dự trù *v.* to provide for
dự trữ *v.* to stock up, to reserve
dự ước *n.* preliminary agreement
dưa *n.* melon; salted vegetables, pickled mustard greens: **dưa giá** pickled bean sprouts; **dưa hành** pickled scallions; **dưa chuột/dưa leo** cucumber; **dưa hấu/dưa đỏ** watermelon; **dưa bở** meaty cantaloupe; **dưa gang** large cucumber; **dưa hồng** honeydew; **vỏ dưa** melon rind; **hạt dưa** melon seed; **cắn hạt dưa** to crack melon seeds
dứa *n.* (= **trái thơm**) pineapple: **gọt dứa** to skin pineapple; **nước dứa** pineapple juice; **khoanh dứa** pineapple ring; **lõi dứa** pineapple core
dừa *n.* coconut: **cây dừa** coconut palm; **vỏ dừa** coconut husk; **sọ dừa** coconut shell; **cùi dừa** coconut meat, copra; **nước dừa** coconut milk; **bổ dừa** to split/open a coconut; **nạo dừa** to scrape the meat out; **gáo dừa** coconut shell dipper; **dầu dừa** coconut oil
dựa *v.* to lean [**vào** against], to rely on
dựa dẫm *v.* to lean on, to depend on; to loaf
dưng See **dâng**
dửng 1 *adj., adv.* strange; suddenly: **người dửng (nước lã)** a stranger not related to us; **bỗng dửng** all of a sudden, unexpectedly **2** *adj.* idle: **ở dửng/ngồi dửng** to sit idle; **ăn dửng ngồi rồi** to be completely idle
dừng *v.* (= **ngừng**) to stop short: **dừng bước** to stop walking; **dừng bút** to stop writing; **dừng chân** to stop walking
dửng dưng *v., adj.* to be indifferent
dửng mỡ *v.* to be wild, to be stirred up
dựng *v.* to erect, to raise [stele **bia**, statue **tượng**]: **xây dựng** to build, to construct; **tạo dựng** to establish, to create; **gây dựng sự nghiệp** to create one's career; **dựng cờ khởi nghĩa** to rise the flag of rebellion, to lead a revolt; **xây dựng nhà cửa** to build; to construct houses; **dựng vợ gả chồng** to marry [young people] off; **dựng tóc gáy** [of story] to make one's hair stand on end
dựng đứng *v.* to raise, to stand [something] up; to make up
dược *n.* medicine (= **thuốc**); R pharmacy; **Trường Đại Học Y Dược; Y Dược Đại Học đường** Faculty of Medicine and Pharmacy; **độc dược** poison; **linh dược/thần dược** miracle cure
dược học *n.* pharmacy [as a subject of study]
dược khoa *n.* pharmacy, pharmaceutics [as branch of study]
dược liệu *n.* drugs, pharmaceutical products
dược phẩm *n.* drugs, pharmaceutical products
dược phòng *n.* apothecary's shop, pharmacy, drug store

dược sĩ *n.* pharmacist, druggist
dược sư *n.* pharmacist, druggist
dược thảo *n.* medicinal plants, herbs
dược tính *n.* medicinal value, pharmaceutical characteristic
dược vật *n.* pharmaceutical product
dược vật học *n.* pharmacology
dưới *adv.* below, under, beneath, underneath: **ở dưới** to be the lower, to be down at, below, under, beneath, underneath; **dưới biển** on the sea, in the sea; **dưới đáy biển** at the bottom of the sea; **dưới chân** at the foot of; **dưới đất** on the floor, under the earth; **dưới nước** in the water, on the water; **dưới mặt nước** under the water; **dưới nhà** downstairs; **bụng dưới** abdomen; **cấp dưới** lower rank; **người dưới, kẻ dưới** one's inferiors; **nhà dưới** outbuilding in the back [where kitchen and servants' quarters are located]; **tầng dưới** ground floor, street floor; **môi dưới** lower lip; **hàm dưới** lower jaw
dương 1 *n.* poplar: **cây thùy dương** weeping willow 2 *n.* male principle, positive principle; plus [*opp.* **âm**]; solar 3 *v.* to make known, to show off 4 *v.* to open [umbrella **ô**]; to pull: **dương cung** to pull a bow; **dương oai** to show off power
dương bản *n.* positive [of photograph]
dương cầm *n.* piano
dương cực *n.* positive pole, anode
dương gian *n.* this world as opposed to the world beyond
dương hải *n.* sea, ocean
dương lịch *n.* solar calendar, Western calendar
dương liễu *n.* willow, pine
dương mai *n.* syphilis
dương số *n.* positive number
dương thế See **dương gian**
dương tính *n.* male nature
dương vật *n.* penis
dường *n., v.* semblance, such a degree, manner (= **nhường**); to seem: **dường ấy** like that, that degree, that much; **dường bao/dường nào** how much, so much; **khéo biết dường nào** how clever!; **dường như (là)** it seems to me that
dưỡng *v.* R to nourish; to support [as dependents]: **phụng dưỡng/cấp dưỡngcha mẹ** to support one's parents
dưỡng bệnh *v.* to convalesce, to be in convalescence
dưỡng dục *v.* to bring up, to rear, to foster and educate
dưỡng dường *n.* hospital, clinic
dưỡng già *v.* to spend one's remaining days
dưỡng khí *n.* oxygen
dưỡng lão *v.* to spend one's remaining days

dưỡng mẫu *n.* adoptive mother, foster mother
dưỡng nữ *n.* adopted daughter, foster daughter
dưỡng phụ *n.* adoptive father, foster father
dưỡng sinh *v.* to nourish, to feed, to bring up,
dưỡng sức *v.* to conserve one's energy by rest
dưỡng tử *n.* adopted son, foster son; foster child
dượng *n.* stepfather; one's paternal aunt's husband (= **chú**)
dượt *v.* to train, to practice, to drill: **tập dượt** to practice
dứt *v.* to cease, to terminate, to end, to come to an end; to break off: **dứt điểm** to finish
dứt bệnh *v.* to be cured, to recover
dứt khoát *adj.* clear-cut, definite, precise: **kết luận dứt khoát** a clear-cut conclusion
dứt lời *v.* to stop talking, to end speech: **để dứt lời** in conclusion
dứt tình *v.* to break off [relationship, friendship, love affair, conjugal love]

Đ

đa *n.* banyan: **cây đa** banyan tree
đa *n.* rice pancake: **bánh đa** rice wafer
đa *adj.* R much, many [**nhiều**]; R poly [*opp.* **thiểu**]: **tối đa** maximum; **quá đa** too, excessively; **đa ngôn, đa quá** to speak a lot [and sin a lot]
đa âm *adj.* polysyllabic
đa cảm *adj.* sensitive, sentimental: **bạn tôi là một người rất đa cảm** my friend is very sensitive
đa dâm *adj.* lustful, lewd
đa dục *adj.* lustful, lewd
đa đa *n.* partridge
đa đoan *adj.* [of human affairs] complicated, involved
đa giác *adj.* polygonal: **hình đa giác** polygon
đa hôn *n.* polygamy
đa mang *adj.* pre-occupied with many things at a time, to take many jobs at the same time, having too many irons in the fire: **ông ấy đa mang nhiều công việc quá** he is taking on many jobs at the same time
đa mưu *adj.* wily, cunning
đa nghi *adj.* suspicious, distrustful, mistrustful: **người đa nghi** a suspicious person
đa ngôn *adj.* talkative
đa phu *adj.* polyandrous
đa phúc *adj.* fortunate, having many blessings
đa sầu *adj.* melancholic; sentimental
đa số *n.* majority: **lãnh tụ đa số** majority leader; **đại đa số** the great majority; vast majority, an overwhelming majority

đa sự *adj.* meddlesome, given to meddling, officiously intrusive

đa tạ *v., n.* thank you very much; many thanks

đa tài *adj.* having many talents, talented, versatile

đa thần giáo *n.* polytheism

đa thê *adj., n.* polygynous, polygamous; polygamy, polygyny: **người Việt Nam không chấp nhận chủ nghĩa đa thê** Vietnamese don't accept polygamy

đa thức *adj.* polynomial

đa tình *adj.* sentimental; amorous; sensitive

đa tư lự *v.* to worry too much, to feel great care and anxiety

đá 1 *n.* [SV **thạch**] stone: **giải/đổ đá** to cover with stone; **lát đá** to pave; **rắn như đá** hard as stone; **cối đá** stone mortar; **hầm đá** quarry; **hang đá** cave, cavern; **mưa đá** hail; **núi đá** rocky mountain; **nước đá** ice; **nhũ đá** stalactile, stalagmite; **than đá** coal 2 *v.* to kick [somebody/something]: **đá bóng** to kick a ball

đá bật lửa *n.* flint

đá bọt *n.* pumice stone

đá bồ tát *n.* feldspar

đá bùn *n.* schist

đá cẩm thạch *n.* marble: **mặt bàn làm bằng đá cẩm thạch** the table top is made of marble

đá cuội *n.* gravel

đá dăm *n.* broken stones, pebble, gravel

đá đẽo *n.* flintstone, ashtar

đá hoa *n.* marble; tile [for floors and ornamental work]: **gạch đá hoa** marble tile

đá lửa *n.* flint, silex

đá mài *n.* whetstone, grindstone

đá nam châm *n.* magnet

đá nhám *n.* pumice stone

đá ong *n.* laterite

đá sỏi *n.* gravel

đá thử vàng *n.* touchstone

đá vàng *n.* oath of love: **nghĩa đá vàng** love, marriage

đá vân mẫu *n.* mica

đá vôi *n.* limestone

đà 1 *n.* spring, start, momentum: **lấy đà** to take a spring or flight 2 *adj.* brown: **vải màu đà** brown fabric

đà điểu *n.* ostrich

Đà giang *n.* Black River [in North Vietnam]

Đà Nẵng *n.* Tourane

đả *v.* R to hit, to strike; to criticize, to beat (= **đánh**): **loạn đả** fight; **ẩu đả** fight; **đả kích** to criticize

đả đảo *v.* to topple, to overthrow, to knock down

đả động *v.* to touch, to dwell [**đến, tới** on], to mention: **Tôi không dám đả động gì đến**

chuyện ông ấy say rượu I didn't dare mention his being drunk

đả kích *v.* to attack, to criticize

đả phá *v.* to hit, to strike, to attack, to destroy, to demolish: **đả phá những tệ nạn xã hội** to destroy social devils

đả thương *v.* to assault and cause battery; to wound

đã *adv.* already [done so and so] [precedes main verb, sentence ending optionally with **rồi**]; already, first [occurs at the end of sentence]; to satisfy, to satiate [thirst, anger]: **tôi đã đọc cuốn sách ấy (rồi)** I [have already] read that book; **đã thế/vậy thì ....** If it's so ...; **đã thế/vậy mà lại ....** despite all that ...; **đã hay rằng ....** granted that ...; **cho đã đời** until full satisfaction, to satisfy; **cực chẳng đã** unwilling, reluctantly; **chúng ta hãy ăn đã** let's eat first

đạc *v.* R to measure, to survey [land, estate]

đạc điền *v., n.* to measure land, to survey land; land survey

đai *n.* sash, belt; hoop, rim: **đai lưng** belt; **đai ngựa** belly band [on horse]; **đai nổi** life belt; **đai thùng** cask hoop; **đánh đai** to hoop, to bind or fasten with hoops

đái 1 *v.* to urinate, to make water: **đi đái** to make water, to have a pee; **nước đái** urine; **nước đái quỷ** ammonia [water]; **bọng đái** urinary bladder 2 *v.* [SV **đội**] to support with the head: **bất cộng đái thiên** to be deadly enemies; [of sounds] to be in complementary distribution

đái dầm *v.* to wet the bed

đái đường *n.* diabetes

đái vãi *v.* to wet one's pants

đài 1 *n.* calyx, flower cup: **đài hoa** flower base/cup 2 *n., adj.* tower; monument; radio station; observatory; noble-mannered: **thiên văn đài** observatory; **lâu đài** palace; **vũ đài, võ đài** ring arena

đài bá âm *n.* broadcasting station

Đài Bắc *n.* Taipei

đài các *n., adj.* nobility; noble-mannered, aristocratic

đài gương *n.* a beautiful woman

đài kỷ niệm *n.* memorial monument

đài kỷ niệm chiến sĩ trận vong *n.* War Memorial

Đài Loan *n.* Taiwan

đài phát thanh *n.* broadcasting station

đài tải *v.* to carry, to transport

đài thiên văn *n.* observatory

đài thọ *v.* to pay, to cover the cost: **công ty đài thọ chuyến đi của bạn** the company will cover the cost of your trip

đài trang *n.* a beautiful woman

đài vô tuyến điện *n.* radio station

đãi 1 v. to blanch, to flay [soybeans **đậu**]; to wash out, to pan off [sand **cát** for gold] 2 v. R to treat, to invite someone to have a meal/drink: **ông ấy đãi tôi ăn rất ngon** he invited me to a delicious dinner; **thết đãi** to treat, to entertain

đãi bôi v. to invite because one has to

đãi công v. to offer a bonus

đãi đằng v. to treat

đãi ngộ v. to treat well

đại 1 n. frangipani, jasmine tree 2 n. R generation, time: **mãn đại** all one's life; **tứ đại đồng đường** four generations under the same roof; **cận đại** modern times 3 adj., adv. R big, great (= **to, lớn**); R very: **vĩ đại** great, grandiose; **phóng đại** to enlarge; **tự cao tự đại** conceited

đại ác adj. very cruel

đại ân n. great favor

đại bác n. cannon, artillery CL **khẩu**

đại bại v. to suffer great defeat, to be beaten

đại bản doanh n. headquarters

đại biến n. upheaval, big change, revolution

đại biện n. chargé d'affaires

đại biểu v., n. to represent [**cho** precedes object]; delegate, representative: **đoàn đại biểu** delegation

đại binh n. the main body of an army; a great army

đại châu n. continent: **ngũ đại châu** the five continents

đại chiến n. world war CL **cuộc, trận: thế giới đại chiến lần thứ nhì** World War II

đại chủ giáo n. cardinal

đại chúng n., adj. the people, the masses; popular, universal

đại chúng hoá v. to popularize, to put within reach of the masses

đại công nghiệp n. large-scale industry

đại công trình n. great service; big project: **xây dựng nhà máy lọc dầu là một đại công trình** the construction of a petrol refinery is a big project

đại cục n., adj. great task; very just

đại cuộc n. general situation, general state of things

đại cương n., adj. outline, fundamentals; general

đại danh n. [your] great name, great fame

đại danh từ n. pronoun

đại diện v., n. to substitute [**cho** for], to represent; representative, on behalf of: **đại diện cho ban giám đốc, tôi xin chào mừng quí vị đến tham dự buổi họp ngày hôm nay** on behalf of the board of directors, I welcome you to the meeting today

đại dinh n. See **đại bảng doanh**

đại dương n. ocean

đại đa số n. great majority, vast majority, overwhelming majority: **đại đa số người Việt theo Phật giáo** the majority of Vietnamese is Buddhist

đại đao n. big saber, long-handle scimitar

đại đạo n. fundamental doctrine, a great religion

đại đăng khoa n. success in an examination

đại đế n. God

đại để adv. roughly speaking, in general, briefly

đại điền chủ n. big landowner, big landlord

đại điển n. great affairs of state; great ceremony

đại đình n. imperial court

đại đô n. large city, metropolis

đại độ adj. tolerant, generous

đại đội n. battalion, company [of soldiers]

đại đồng n. universal concord, the world community, harmony: **chủ nghĩa đại đồng** universalism

đại gia n. great family

đại gia đình n. extended family

đại gian ác n. deceitful/cruel criminal

đại hải n. great ocean: **văn tràng giang đại hải** very long-winded style

đại hàn n. great cold

Đại Hàn n. [Great] Korea

đại hạn n. drought

Đại hiến chương n. Magna Charter

đại hiền n. great sage

đại hình n. crime, criminal offense: **toà án đại hình** criminal court

đại học n. higher education; university, college: **trường đại học** university; **giáo sư đại học** professor; **viện đại học** university, institute

đại học đường n. college, faculty, university

đại học hiệu n. college, faculty, university

đại hội n. festival; congress, general assembly

đại hội đồng n. general assembly

đại hồng thuỷ n. big flood, deluge

đại hùng tinh n. Ursa Major

đại huynh n. you [my older brother]; you [my friend]

đại hỷ n. great rejoicing; marriage, wedding

đại khái n. general outline; roughly speaking, in the main

đại khoa n. civil service examination

đại lãn adj. very lazy

đại lễ n. big ceremony

đại loại adv. generally, in general

đại loạt adv. generally speaking, in general

đại lộ n. avenue, boulevard

đại luận n. Great Discourse

đại lục n. continent, mainland

đại lược n. summary, abstract

đại lượng *adj.* tolerant, generous: **người đại lượng luôn tha thứ lỗi lầm của người khác** tolerant people often forgive others' mistakes

đại lý *n.* agent, dealer: **đại lý độc quyền** sole agent

đại mạch *n.* barley

đại nạn *n.* great misfortune

đại nghị *adj.* Parliamentary

đại nghĩa *n.* great cause

đại nghịch *n.* high treason

đại nghiệp *n.* great enterprise

đại ngôn *n.* big talk

đại nguyên soái *n.* generalissimo

đại nhân *n.* high-ranking mandarin; Your Excellency

đại phàm *adv.* generally [speaking], all, for the most part

đại phần *n.* high treason

đại phong *n.* typhoon, storm, hurricane

đại phu *n.* a great mandarin [in ancient China]

đại phú *n.* wealthy man

đại phúc *n.* great happiness

đại quan *n.* a great mandarin; overall view

đại quân *n.* great army

đại qui mô *n.* large scale

đại số *n., adj.* algebra, algebraic

đại số học *n.* algebra [the subject]

đại sư *n.* great master; great priest

đại sứ *n.* ambassador: **toà đại sứ** embassy

đại sứ quán *n.* embassy

đại sự *n.* big affair, big business, important matter

đại tá *n.* [army] colonel; [navy] captain

đại tài *n.* great talent

đại tang *n.* deep mourning

đại tật *n.* grave illness

Đại tây dương *n.* the Atlantic Ocean: **Tổ chức Minh ước Bắc Đại tây dương** North Atlantic Treaty Organization [NATO]

đại thánh *n.* great saint

đạt thắng *n.* great victory

đại thần *n.* high dignitary, high-ranking mandarin

đại thể *n.* general state of affairs

đại thừa *n.* Mahayana; form of Buddhism prevalent in China and Vietnam; cf. **tiểu thừa**

đại thương gia *n.* rich businessman, big trader

đại tiện *v.* to go to the bathroom, to have a bowel movement: **đi đại tiện** to go to the toilet; cf. **tiểu tiện**

đại tràng *n.* large intestine

đại trí *n.* great mind

đại triều *n.* imperial court; audience

đại trượng phu *n.* great man

đại tu *n.* big renovation, big repair

đại từ *n.* pronoun

đại tự *n.* large characters

đại tướng *n.* lieutenant-general

đại úy *n.* [army] captain; [navy] lieutenant

đại văn hào *n.* great writer

đại vương *n.* emperor; Sire

đại xá *n.* amnesty

đại ý *n.* main point, gist: **hãy cho biết đại ý của bài báo nầy** please give the main points of this article

đam mê *v.* to have an intense desire for, to indulge in: **đam mê tửu sắc** to indulge in drinking and womanizing

đám *n.* crowd, throng; festival, fete, crowds, clouds, fields, etc.: **đám đông** crowd, throng; **đám bạc** group of gamblers; **đám cỏ** lawn; **đám cưới** wedding procession; **đám ma/đám tang** funeral; **đám rước** procession, parade; **đám tiệc** dinner [party]; **đám người biểu tình** the crowd of demonstrators; **một đám mây trắng** a white cloud

đàm 1 *n.* R spittle, sputum (= **đờm**) **2** *v.* R to talk, to converse: **khẩu đàm** to converse; **nhàn đàm** idle talk; **thường đàm** ordinary conversation, colloquialism

đàm đạo *v.* to talk, to converse, to discuss

đàm luận *v.* to talk, to discuss

đàm phán *v.* to talk, to negotiate, to confer: **cuộc đàm phán Việt-Pháp** French-Vietnamese talks

đàm suyễn *n.* asthma

đàm thoại *v.* to converse

đàm tiếu *v.* to laugh at, to sneer at

đảm *adj.* to be capable, to be resourceful, to have ability, to be a good businesswoman

đảm bảo *v., n.* to guarantee; guarantee

đảm đang *adj.* thrifty, to be capable, to be resourceful: **ông ấy có bà vợ đảm đang** he has a thrifty wife

đảm nhận *v.* to assume [duty], to accept [responsibility]

đảm nhiệm *v.* to assume [duty]

đạm 1 *adj.* R weak, insipid, light (= **nhạt, lạt**): **lãnh đạm** cold, indifferent; **thanh đạm** simple, frugal; **điềm đạm** cool, poised; **đạm bạc** [of meal] to be simple, economical **2** *n.* nitrogen, protein: **chất đạm** protein

đạm chất *n.* nitrogen

đạm tình *n.* indifference

đan *v.* to knit [sweater **áo len**]; to weave [mat **chiếu**; basket **rổ**; net **lưới**; cane chair **ghế mây**]

Đan Mạch *n.* Denmark, Danish

đan quế *n.* L the moon

đan tâm *n.* red ginseng

đan thanh *n.* red and green painting; beautiful painting

đán *n.* R dawn, morning: **nhất đán** overnight;

Nguyên đán New Year's day, New Year's festival [lunar calendar]

đàn 1 *n.* [SV **cầm**] (= **đờn**) musical instrument, stringed instrument [piano, guitar, mandolin, violin, etc.]: **chơi/đánh đàn Tây ban cầm** to play the guitar; **kéo đàn vĩ cầm** to play the violin; **lên giây đàn** to tune the instrument; **dạo đàn** to try out, to play a few bars 2 *n.* flock, herd, school, band: **một đàn gà mái** a flock of hens 3 *n.* altar; R rostrum, terrace: **diễn đàn** tribune; **đăng đàn** to go up to the rostrum; **văn đàn** literary forum

đàn anh *n.* elder [rank]

đàn áp *v.* to repress, to quell, to suppress

đàn bà *n.* woman, women; female

đàn bầu *n.* Vietnamese monochord musical instrument

đàn địch *v.* to play the guitar and the flute, to play musical instruments

đàn em *n.* younger [rank]

đàn hạch *v.* to question severely, to impeach

đàn hồi *adj.* elastic, resilient

đàn hương *n.* sandal wood

đàn nguyệt *n.* Vietnamese two-chord guitar

đàn ông *n.* man, men; male

đàn tranh *n.* Vietnamese 16-chord zither

đàn việt *v.* to give alms to Buddhist monks

đản *n.* R holy birthday [of saints, gods]: **Gia tô Thánh đản** Christmas; **Phật đản** Buddha's birthday

đản bạch chất *n.* albumen

đản nhật *n.* birthday

đạn *n.* bullet, slug CL **hòn**, **viên**; R missile: **hỏa đạn** missile; **súng đạn** guns and bullet, warfare, hostilities; **tên cướp bị hai nhát đạn** the burglar got two bullet wounds

đạn dược *n.* ammunition

đạn đại bác *n.* cannon ball

đạn đạo *n.* trajectory

đạn trái phá *n.* shell

đang *adv.* (= **đương**) to be engaged in [doing so and so], be in the midst of [doing something] [precedes main verbs]: **chúng tôi đang làm việc ở văn phòng** we are working at the office

đang khi *adv., conj.* while

đang lúc *adv., conj.* while

đang tay *v.* to have the heart to do something, to be ruthless to

đang tâm *v.* to be callous enough to

đang thì *v.* to be in the flush of youth

đáng *v., adj.* to deserve, to merit; to be worthy of; R suitable, proper, appropriate, adequate: **ông ấy xứng đáng nhận phần thưởng đó** he deserves to receive that award; **đích đáng** proper; **thích đáng** suitable; **chính đáng** legitimate

đáng chê *adj.* to be blamed

đáng đời *adj.* well-deserved; worthy

đáng giá *adj.* worth the money paid for

đáng kể *adj.* noticeable, remarkable; worthy mentioning: **kết quả đáng kể** remarkable outcomes

đáng khen *adj.* praiseworthy, laudable

đáng kiếp *adj.* deserving well

đáng lẽ *adv.* instead of; normally

đáng lý *adv.* instead of

đáng mặt *adj.* worthy of [being something]

đáng thương *adj.* pitiful, pitiable

đáng tiền *adj.* worth its price, worth the money

đáng tội *adj.* deserving punishment

đáng trách *adj.* to be blamed

đàng *n.* See **đường**

đảng *n.* gang, party, band: **đảng chính trị/chính đảng** political party; **chủ đảng/đầu đảng** gang leader, party head; **đảng Bảo thủ** the Conservative Party; **đảng Lao động** the Labor Party; **đảng Cộng hoà** the Republican Party; **đảng Dân chủ** the Democratic Party; **đảng Cộng sản** the Communist Party; **đảng Xã hội** the Socialist Party; **đảng Cấp tiến xã hội** the Radical Socialist Party

đảng bộ *n.* committee of a party

đảng cương *n.* party policy/outline

đảng phái *n., adj.* parties and factions; to be partisan: **óc đảng phái** partisanship

đảng phí *n.* party dues/fee, membership fee

đảng trị *n.* one-party system, one-party rule

đảng trưởng *n.* party head, party leader

đảng viên *n.* party member, party man

đảng ủy *n.* committee [of a party]

đãng *adj.* absent-minded, forgetful; **đãng trí, đãng tính; lơ đãng** forgetful

đãng tính *adj., n.* absent-minded; absent-mindedness

đãng trí *adj.* absent-minded, forgetful

đãng tử *n.* vagabond; libertine

đanh *n.* [also **đinh**] nail, screw: **đóng đanh** to drive in; **vặn đanh** to screw; **búa đanh/đinh** claw hammer; **đầu đanh** boil, pimple

đanh đá *adj.* sharp-tongued; resolute; impertinent

đanh ghim *n.* pin

đanh khuy *n.* nut

đanh ốc *n.* screw

đanh thép *adj.* [of voice, character] trenchant, steel-like, firm, energetic, forceful: **lời nói đanh thép** trenchant words

đánh *v.* to hit, to strike, to beat, to combat, to fight; to rub, to polish; to play [cards, chess, etc.], to play [stringed instrument]; to levy [tax]; to eat, to sleep; to drive [a car]; to beat, to stir: **nó đánh ba bát cơm** he ate three bowls of rice; **tôi đánh một giấc cho**

đến sáng I slept through until daybreak; **đánh bóng đôi giầy** to polish shoes

đánh bả *v.* to poison

đánh bạc *v.* to gamble

đánh bài *v.* to play cards

đánh bại *v.* to defeat: **đánh bại kẻ thù** to defeat the enemy

đánh bạo *v.* to venture to

đánh bẫy *v.* to trap, to ensnare

đánh bể *v.* to break [glassware, chinaware]

đánh bi *v.* to shoot marbles

đánh bóng *v.* to polish; to stump, to shave off

đánh cá *v.* to fish; to bet, to wager

đánh chân mày *v.* to trim one's eyebrows

đánh chén *v.* to eat and drink

đánh chết *v.* to beat to death

đánh cờ *v.* to play chess

đánh cuộc *v.* to bet, to wager

đánh dấu *v.* to mark; to mark the accent or diacritic

đánh dẹp *v.* to put down, to suppress; to crush

đánh diêm *v.* to strike a match

đánh đắm *v.* to sink [transitive]

đánh đập *v.* to beat

đánh đĩ *v.* to be a prostitute, to act like a prostitute

đánh điện *v.* to send a telegram

đánh địt *v.* to blow a fart

đánh đòn *v.* to beat, to flog

đánh đố *v.* to bet, to wager

đánh đổ *v.* to spill

đánh đôi *v.* to team up, to play double

đánh đổi *v.* to swap, to trade in

đánh đu *v.* to swing; to join the company

đánh đùng *adv.* all of a sudden, suddenly: **đánh đùng một cái dự án ngừng hoạt động** all of a sudden, the project is suspended

đánh ghen *v.* to get into a fit of jealousy; to make a scene because one is jealous

đánh giá *v.* to evaluate, to appraise

đánh gianh *v.* to weave grass together

đánh giặc *v.* to go to war, to fight the rebels

đánh giây thép *v.* to send a telegram

đánh giầy *v.* to polish shoes, to shine shoes: **kem đánh giầy** shoe polish

đánh gió *v.* to rub a sore spot, to rub out a cold

đánh gươm *v.* to fence

đánh hơi *v.* to smell, to scent

đánh láng *v.* to polish

đánh liều *v.* to risk

đánh lông mày *v.* to trim or pencil one's eyebrows

đánh luống *v.* to furrow

đánh lưới *v.* to catch with a net

đánh má hồng *v.* to apply rouge, to make up

đánh máy (chữ) *v.* to type

đánh mất *v.* to lose, to mislay

đánh móng tay *v.* to polish one's fingernails

đánh nhau *v.* to fight each other

đánh phấn *v.* to powder one's face, to make up

đánh quần vợt *v.* to play tennis: **bạn thích đánh quần vợt không?** do you like to play tennis?

đánh rắm *v.* to blow a fart

đánh rơi *v.* to drop

đánh số *v.* to number, to mark

đánh tháo *v.* to attack in order to set free a prisoner

đánh thuế *v.* to levy taxes, to tax

đánh thức *v.* to wake [somebody] up

đánh tranh *v.* to weave grass

đánh tráo *v.* to swap, to cheat

đánh trận *v.* to go to war

đánh trống *v.* to beat a drum

đánh trống lảng *v.* to evade the subject

đánh trống lấp *v.* to change the subject in order to avoid embarrassment

đánh vảy *v.* to scale a fish

đánh vần *v.* to spell [a word]: **vui lòng đánh vần tên của bạn** please spell your name

đánh vật *v.* to wrestle

đánh vo *v.* to box, to wrestle

đánh vỡ *v.* to break [chinaware, glassware]: **con tôi đã đánh vỡ cái ly rồi** my son broke that glass

đành *v.* to resign or to consent to [precedes main verb]: **tôi đành phải đợi đến sang năm** I had no choice but to wait until next year

đành hanh *adj.* to be wicked; naughty

đành phận *v.* to resign oneself to one's lot, to be content with one's lot

đành rằng *conj.* though, although

đao *n.* R knife (= **dao**); scimitar; hostilities: **đại đao** long-handled sword; **đoản đao** dagger

đao kiếm *n.* saber and sword, weapons

đao phủ *n.* executioner

đáo *n.* hopscotch [with **chơi, đánh** to play]

đáo để *adv.* extremely, excessively [follows verb]

đáo kỳ *v.* to meet the deadline

đáo lý *adj.* reasonable, logical

đáo nhiệm *v.* to resume one's duty, to take up one's reponsibility, to come back to one's office

đào 1 *n.* peach: **cây đào** peach tree; **hoa đào** peach blossom; **anh đào** cherry; **hạnh đào** apricot; **trúc đào** oleander **2** *n.* young girl; lover; boy/girl friend; actress: **đào hát** singer; **đào chớp bóng đào xi-nê** movie star **3** *v.* to dig, to dig up; to excavate; to lift; to sink [well **giếng**]: **đào khoai** to lift a sack of potatoes

đào binh *n.* deserter
đào chú *v.* to form, to create
đào hát *n.* actress; cf. **kép hát**
đào hoa *v.* to be lucky in love
đào kép *n.* actors and actresses, the cast
đào kiểm *n.* rosy cheeks; pretty girl
đào luyện *v.* to train
đào mỏ *v.* to be a gold digger, to mine
đào ngũ *v.* to desert
đào nguyên *n.* Arcadra, fairyland
đào tạo *v.* to train, to form
đào tẩu *v.* to escape, to flee
đào thải *v.* to eliminate; to select: **tự nhiên
đào thải** natural elimination
đào thoát *v.* to escape, to run away, to flee
đào tơ *n.* young girl
đảo 1 *n.* island: **bán đảo** peninsula; **quần đảo**
archipelago; **Côn đảo** Poulo Condor; **hoang
đảo** deserted island 2 *v.* R to turn over, to
turn around, to turn upside down, to over-
throw: **đả đảo** to topple, to overthrow, to
knock down; **khuynh đảo** to overthrow
đảo chính *n., v.* coup d'etat; to revolve
đảo điên *adj.* unhappy; mad; shifty, disloyal
đảo lộn *v.* to turn upside down, to upset
đảo nghịch *v.* to rebel
đảo ngược *v.* to turn upside down, to reverse;
to upset
đạo 1 *n.* ethical way of acting; doctrine, reli-
gion; Taoism; Christianity; R road, way,
route, orbit/lead, guide: **đạo làm con** a
child's duty, one's duty as a child; **đạo
Khổng (tử)** Confucianism; **đi đạo** to be a
Catholic; **xích đạo** equator; Ecuador; **quỹ
đạo** orbit; **đạo Gia tô** Catholicism; **đạo Hồi
hồi** Islam; **đạo lão** Taoism; **đạo Phật**
Buddhism; **đạo Thiên chúa** Christianity;
đạo Tin lành Protestantism; **bần đạo** I am a
poor priest; **cố đạo** missionary; **nhân đạo**
humanity; **chỉ đạo, dẫn đạo** to guide, to
steer 2 *n.* CL for armies, laws, decrees,
edicts: **một đạo quân, một đạo binh** an
army; **một đạo luật** a bill; **một đạo sắc lệnh**
a degree
đạo cô *n.* Taoist priestess
đạo diễn *n.* producer, stage manager [radio,
theater, TV]
đạo đức *n.* virtue, morality, goodness
đạo giáo *n.* Taoism
đạo hàm *n.* derivative
đạo hạnh *n.* virtue
đạo hữu *n.* religious follower, Buddhist
đạo lý *n.* doctrine, principle
đạo mạo *adj.* imposing, serious-looking, dis-
tinguished-looking
đạo sĩ *n.* Taoist priest
đạo sư *n.* Taoist priest

đạo tặc *n.* brigand, pirate, robbers
đạo văn *v.* to plagrarize: **tội đạo văn** plagia-
rism
đáp 1 *v.* to answer, to reply: **phúc đáp lời mời**
to reply to the invitation; **đối đáp** to answer
questions; **thi vấn đáp** oral examination;
phúc đáp quí công văn ngày... in reply to
your letter of ... 2 *v.* to catch, to take a
train/plane: **đáp máy bay đi Hà Nội** to take
a plane to Hanoi 3 *v.* to land, to touch down:
máy bay vừa đáp xuống the plane has landed
đáp án *n.* answer, key of answer
đáp biện *v.* to reply
đáp lễ *v.* to return a call/visit
đáp từ *n.* reply to speech
đáp ứng *v.* to meet the need, to satisfy
đạp *v.* to kick [with sole or heel], to tread, to
step on, to pedal, to cycle: **đạp xe vòng
quanh thành phố** to cycle around the city;
bàn đạp pedal; **xe đạp** bicycle; **xe đạp nước**
water wheel
đạp đổ *v.* to topple, to overthrow; to kick
down, to push down
đạp mái *v.* [of cock] to copulate with a hen
đạp thanh *v.* to visit relatives' graves in spring
đạt *v.* to reach [aim **mục đích**], to realize, to
achieve: **đạt mục đích** to reach one's objec-
tive; **chuyển đạt** to transfer; **diễn đạt** to con-
vey, to express; **muốn đạt được mục tiêu ấy
ta phải làm việc suốt ngày đêm** in order to
reach that goal we will have to work day and
night
đạt nhân *n.* sophisticated man; successful
man
đạt vận *n.* good fortune
đau *n., adj.* pain, aching, hurt; ailing, suffer-
ing, to be sick: **đau ốm** to be sick; **làm đau**
to hurt; **răng tôi đau** my teeth are aching;
hết đau chưa? Is the pain gone yet?; **vẫn
còn đau** it still hurts
đau bao tử *adj.* to have a stomach-ache
đau bụng *adj.* to have a stomach upset
đau buồn *adj.* distressed, sorrowful
đau dạ dày *adj.* to have stomach-ache
đau đẻ *adj.* to have labor pains
đau đớn *adj.* to be painful, suffering, sorrowful
đau khổ *adj.* miserable; suffering [morally]
đau lòng *v., adj.* to feel deep grief; heart-
rending
đau màng óc *v.* to have meningitis
đau mắt *v.* to have sore eyes: **bệnh đau mắt**
eye trouble, conjunctivitis
đau mắt hột *adj.* having trachoma
đau ốm *adj.* sick, ill [frequently]
đau răng *adj.* having a toothache
đau ruột *adj.* having intestinal trouble
đau thương *adj.* sorrowful

đau tim *adj.* having heart trouble: **bệnh đau tim/chứng đau tim** heart disease; **cơn đau tim đột truy** heart attack

đau yếu *adj.* [frequently] ill

đay *n.* jute

đay nghiến *v.* to reproach, to reprimand or to scold bitterly

đáy *n.* bottom, base: **không đáy** bottomless; **tận đáy lòng** from the bottom of one's heart

đày *v.* to deport, to banish, to exile: **ông ấy bị đày đi Côn đảo** he was deported to Poulo Condor

đày ải *v.* to exile; to ill-treat

đày đoạ *v.* to ill-treat

đày tớ *n.* servant

đãy *n.* bag, sack

đắc *v.* R to obtain, to be elected (= **được**) [*opp.* **thất**]: **đắc cử** to be elected

đắc chí *adj.* self-satisfied, proud of oneself

đắc dụng *adj.* useful, usable

đắc đạo *v.* to reach enlightenment

đắc địa *n.* good spot, prospitous location

đắc kế *v.* to succeed in one's scheme

đắc lợi *v., adj.* to achieve a profit; to be profitable; advantageous

đắc lực *adj.* able, efficient; capable

đắc sách *n.* good method, clever method

đắc thắng *adj., v.* victorious; to win a victory

đắc thế *v.* to be favored [by luck, success]

đắc thời *v., adj.* to have the opportunity; lucky

đắc tội *v.* to be guilty

đắc ý *v., adj.* to be satisfied; contented

đặc *adj.* thick [*opp.* **lỏng**]; strong [*opp.* **loãng**]; condensed; massive, full, solid [*opp.* **rỗng**]; coagulated, solidified: **sữa đặc có đường** sweetened condensed milk; **ông ấy thích uống nước chè đặc** he likes very strong tea; **đặc quá, cho thêm nước vào** it's too thick [strong], add some water; **thể đặc** solid state; **đốt đặc** thick-headed; **đông đặc** jam-packed; **tối đặc** pitch dark

đặc ân *n.* privilege, special favor

đặc biệt *adj.* special, characteristic, typical, particular

đặc cách *n., adv.* as an exception; exceptionally

đặc cán mai *adj.* very stupid

đặc chất *n.* peculiar matter

đặc dị *adj.* to be distinctive

đặc điểm *n.* characteristic: **đặc điểm cá nhân** personal characteristics

đặc kịt *adj.* dense [of crowd]

đặc nhiệm *n., adj.* special mission; extraordinary

đặc phái *v.* to send on a special mission

đặc phái viên *n.* special correspondent: **tin của bổn báo đặc phái viên** news by our special correspondent

đặc quyền *n.* privilege, prerogative

đặc san *n.* special magazine

đặc sắc *n., adj.* characteristic feature; to be brilliant, outstanding

đặc sứ *n.* special envoy; ambassader extraordinary

đặc tài *n.* exceptional talent, special gift

đặc thù *adj.* special

đặc tính *n.* special character, peculiarity

đặc trưng *n.* specific trait

đặc ước *n.* special agreement

đặc viên *n.* special agent

đặc vụ *n.* special mission, intelligence service, secret agent

đặc xá *v.* to release prisoners early on a special occasion, to grant a special reprieve

đăm chiêu *adj.* [of look] absorbed, worried, anxious

đăm đăm *v.* to stare at, to look fixedly at

đắm *adj., v.* to be drowned; to sink: **say đắm** to be engulfed in [passion]; **bị đắm tàu** shipwrecked

đắm đuối *adj.* engulfing in [passion]; [of look] full of love

đằm *adj.* calm, equable: **tính ông ấy đằm lắm** his temper is very calm

đằm thắm *adj.* fervid, profound, sweet

đẫm *adj.* wet, soaked: **ướt đẫm** wallowing in [water **nước**, mud **bùn**]

đắn đo *v.* to weigh the pros and cons, to hesitate

đẵn *v.* to chop, to fell [tree]/section, to piece

đăng **1** *v.* to insert, to publish, to print; R to register: **báo hôm nay có đăng tin ấy không?** did today's paper publish that news?; **sao anh không đăng báo?** why don't you put an ad in the paper? **2** *n.* R lamp, lantern, light (= **đèn**): **hải đăng** lighthouse

đăng bạ *v.* to register

đăng cai *v.* to host: **Việt Nam đang cai tổ chức hội nghị thượng đỉnh các nước trong vùng Đông Nam Á** Vietnam hosted the summit for the Association of Southeast Asian Countries

đăng cực *adj.* to be crowned

đàng đài *v.* to go up to the ring or the rostrum

đăng đàn *v.* to go up to the rostrum

đăng đồ *v.* to set out, to go on a trip

đăng đường *v.* [of high mandarin] to come to court

đăng hoả *v.* to burn; to light the lamp or fire

đăng khoa *v.* to pass the examination

đăng ký *v.* to register: **số đăng ký xe** the car's registration number

đăng lính *v.* to enlist in the army

đăng lục *v.* to register

đăng quang *adj.* to be crowned

đăng tải *v.* to carry, to publish [news, story]

đăng ten *n.* [Fr. *dentelle*] lace
đăng tiên *v.* to go up to Fairyland, i.e. to die
đăng trình *v.* to set out, to go on a trip
đăng vị *v.* to ascend the throne
đắng *adj.* [SV **khổ**] bitter: **mướp đắng** bitter melon
đắng cay *adj.* bitter and hot, miserable, painful
đắng ngắt *adj.* very bitter
đằng *n.* side, direction, way: **đằng nào?** which way? which direction?; **đằng này** over here; instead; **đằng ấy** over there, you folk; **đằng kia** over there, yonder
đằng đẵng *adv.* for a long time
đằng hắng *v.* to clear one's throat
đằng la *n.* concubine
đằng thẳng *adj.* serious, correct; **đằng thẳng ra ...** actually speaking, in principle
đẳng *n.* rank, grade, level: **bình đẳng** equal(ity); **sơ đẳng** elementary [level]; **trung đẳng** intermediate [level]; **cao đẳng** higher level; **đồng đẳng** similar; **đệ ngũ đẳng** the fifth class
đẳng áp *n.* constant pressure
đẳng cấp *n.* grade, level; class, caste
đẳng chu *n.* isoperimeter
đẳng hạng *n.* rank, category
đẳng khuynh *adj.* isoclinal
đẳng kích *adj.* isometric
đẳng lượng *adj.* isodynamic
đẳng nhiệt *adj.* isothermic
đẳng phương *adj.* radical; **trục đẳng phương** radical ax [math]
đẳng sắc *adj.* isochromatic
đẳng thế *adj.* equipotential
đẳng thời *adj.* isochronic
đẳng thứ *n.* rank, order
đẳng thức *n.* equality
đẳng tích *n.* constant volume
đẳng tính *n.* homogeneity
đẳng trật *n.* rank, grade
đặng *v.* See **được**
đắp *v.* to pile up, to pack [earth **đất**, stone **đá**], to construct [mound **ụ**, dike **đê**, road **đường**]; to fill up [gap, lack]: **đắp chăn/mền** to cover oneself with a blanket
đắp điếm *v.* to cover, to protect
đắp đổi *v.* to live from day to day, from hand to mouth
đắt *adj.* (= **mắc**) expensive, costly
đắt tiền *adj.* [*opp.* **rẻ**]; [of goods] in great demand [*opp.* **ế**]: **đắt khách** [of shop or shopkeeper] busy, having plenty of business; **đắt hàng** busy business; **bà lấy đắt quá!** you're charging too much; **dạo này ông có đắt hàng không?** how is business these days?; **đắt như tôm tươi** to sell like hot cakes

đắt chồng *adj.* [of young girl] having many suitors
đắt đỏ *adj.* [of living **đời sống**] dear, expensive: **đời sống đắt đỏ** very high cost of living
đắt vợ *adj.* [of young man] highly eligible
đặt *v.* to place, to put; to set up [rules, institutions]; to write, to construct [sentences]; to fabricate, to invent, to make up: **bày đặt/bịa đặt** to fabricate; **đặt mua hàng** to order goods; **đặt tiền trước/đặt cọc** to make a deposit or downpayment; **xếp đặt** to arrange; **cách đặt câu** syntax; **cha mẹ đặt đâu con ngồi đấy** the parents arrange a marriage for their daughter
đặt bày *v.* to fabricate, to invent [stories]
đặt chuyện *v.* to fabricate: **không nên đặt chuyện để nói xấu người khác** don't fabricate stories to smear other people
đặt cọc *v.* to give money earnestly, to make a deposit, to pay in advance
đặt để *v.* to fabricate, to invent [stories]; to arrange, to force
đặt điều *v.* to fabricate, to make up stories
đặt đít *v.* to sit down
đặt lưng *v.* to lie down: **tôi mới đặt lưng xuống có năm phút ông ấy đã gọi tôi dậy** I had lain down for just five minutes when he woke me up
đặt mình *v.* to lie down
đặt tên *v.* to name, to give a name, to give a nickname: **cha mẹ tôi đã đặt tên cho tôi khi mới sinh ra** my parent gave me my name when I was just born
đâm *v.* to prick, to stab; to pound [rice]; to grow, to sprout, to issue; to hit, to collide [**vào** against]; to become, to turn into, to change suddenly: **ông ấy bị xe đâm chết** he was hit by a car and died; **đâm lao thì phải theo lao** once you have started something you must see it through; **đâm cuồng/đâm khùng** to go crazy, to go berserk; **đâm hoảng** to panic; **đâm liều** to become bold; **đâm lười** to become lazy; **đâm lo** to become worried
đâm bị thóc, chọc bị gạo *v.* to play two adversaries against each other
đâm bổ *v.* to rush, to hurry
đâm bông *v.* to bloom, to blossom
đâm chồi *v.* to issue buds or shoots
đâm đầu *v.* to throw oneself [**vào, xuống** into]
đâm nụ *v.* to issue buds
đâm sầm *v.* to run into [suddenly]
đấm *v.* to punch, to hit with one's fist: **đấm một cái** to punch once, to give one punch
đấm bóp *v.* to massage
đấm đá *v.* to fight, to come to blows [and kicks]

đấm họng *v.* (= **đấm mõm**) to give a hush to someone, to bribe

đầm *n.* [Fr. *dame*] French lady, Western lady: **bà đầm** Western lady; **nhảy đầm** to dance

đầm ấm *adj.* [of home atmosphere] cozy and nice, sweet, happy: **gia đình đầm ấm** happy family

đầm đài *adj.* wet, soaked

đẫm *v.* to wallow in the water or in the mud: **ướt đẫm** to be soaked, drenched; **đẫm máu** blood-soaked, bloody; **đẫm mồ hôi** sweating all over

đậm *adj.* strong, not watery, [of color] dark: **tôi không uống được trà đậm** I can't drink strong tea

đậm đà *adj.* warm, friendly: **mối quan hệ thân hữu đậm đà** friendly relationship

đần *adj.* dull, simple, foolish, stupid, silly: **người ngu đần** a stupid person

đần độn *adj.* dull, simple, silly, slow-witted, thick-headed

đấng *n.* CL for gods, heroes: **đấng tạo hoá** God, the Creator; **đấng cứu thế** the Savior, Jesus Christ; **một đấng anh hùng** a hero

đập *v.* to smash, to pound, to break, to beat; to thresh; [of heart] to beat: **đánh đập** to beat, to hit; **tim bệnh nhân ngừng đập** the patient's heart has stopped beating

đập nước *n.* dam

đất *n.* [SV **địa, thổ**] earth, soil; land; ground, floor; estate: **đất đai** landed property, territory; **quả đất/trái đất** the earth; **ruộng đất** land, ricefield; **giời đất** sky and earth, the universe; **dưới đất** on the floor; under the ground; **động đất** earthquake; **nồi đất** earthen pot

đất bồi *n.* silt

đất cát *n.* sand, sandy land

đất đai *n.* territory, land, property: **đất đai ở Hà Nội đất quá** the land in Hanoi is very expensive

đất khách *n.* foreign land

đất liền *n.* mainland

đất nước *n.* country, land, nation: **phục vụ cho đất nước tôi** to serve my country

đất phù sa *n.* silt

đất sét *n.* clay

đất thánh *n.* holy land; graveyard, cemetery

đất thó *n.* clay

đâu 1 *pron.* where? somewhere, anywhere, everywhere, nowhere/to be where?: **anh đi đâu đấy?** where are you going?; **cháu muốn đi đâu cứ lấy xe đạp chú mà đi** [uncle to nephew] if you want to go somewhere you can take my bicycle; **muốn đi đâu thì đi** go anywhere you like; **tôi chả thiết đi đâu cả** I'm not interested in going anywhere; **đâu nó cũng đi** he goes everywhere, he would go

any place; **tìm đâu cũng không thấy** it can't be found anywhere, it can be found nowhere; **không đi đến đâu** it doesn't lead anywhere; **đâu đâu** everywhere [**cũng** procedes verb]; **đâu đây** somewhere, some place around here; **đâu đấy, đâu đó** somewhere; **đâu nào?** where?; **đâu ra đấy** everything where it belongs, everything in order; **biết đâu** ... who knows? ...; **bỗng đâu, dè đâu, hay đâu, ngờ đâu** suddenly, who would expect; **chuyện không đâu vào đâu** nonsense 2 *adv.* [particle of negation] not, not at all: **tôi đâu có no!** I'm not full yet; **tôi đâu có đi! tôi có đi đâu!** I didn't go; **tôi không đi đâu, đừng đợi** I'm not going, don't wait for me; **anh ấy đâu có thích sầu riêng!** he doesn't like durians!

đấu 1 *v.* to fight, to compete: **đấu tố** to denounce, to accuse [landlords, bourgeois elements, etc.] in a public trial; **chiều nay đội cảnh sát đấu với đội quan thuế** the police team is playing [soccer] against the customs team this afternoon; **trận đấu** fight, match; **bán đấu giá** to sell by auction 2 *v.* to mix, to join: **đấu hai đầu dây lại với nhau** to join two rolls of string 3 *n.* a quart: **đấu ngô** a peck of corn

đấu dịu *v.* to back down, to give up one's previous tough position: **đấu giá** to auction

đấu gươm *v.* (= **đấu kiếm**) to be sword fighting

đấu khẩu *v.* to quarrel, to argue

đấu lý *v.* to debate, to argue

đấu thầu *v.* to bid for a contract

đấu thủ *n.* fighter, boxer, wrestler; player

đấu tố *v.* [communist] to denounce, to accuse [landlords, bourgeois elements, etc.] in a public trial

đấu tranh *v.* to struggle

đấu trí *v.* to match wits

đấu trường *n.* field where public trials are held

đấu võ *v.* to box, to wrestle

đấu xảo *n.* exposition, fair

đầu *n.* head; beginning, start; front end, end: **ban đầu** [at] the beginning; **bắt đầu** to begin, to start; **bạc đầu** to get old; **cạo đầu** to get a haircut, to give a haircut; **cầm đầu** to lead, to direct, to head; **chém đầu** to behead; **cốc đầu** to bump one's head [**vào** against]; **cúi đầu** to bow one's head; **cứng đầu** stubborn; **gật đầu** to nod; **gội đầu** to wash one's hair, to have a shampoo; **hói đầu, sói đầu** bald; **làm đầu** to have a perm, to have one's hair set; **lắc đầu** to shake one's head; **chải đầu** to comb one's hair, to brush one's hair; **dẫn đầu** to lead [race]; **nhức đầu** to have a headache; **đương đầu** to face, to cope [**với** with]; **trọc đầu** with a shaven head; **từ đầu đến chân** from head to toe; **từ đầu đến cuối** from beginning to end; **đầu đường xó chợ** in the street

đầu bếp *n.* head cook, chef

đầu bò *adj.* stubborn, hard-headed

đầu cánh *n.* wing tip

đầu cầu *n.* bridgehead

đầu cơ *v.* to speculate

đầu đàn *n.* leader, cock of the walk, chief

đầu đề *n.* title; examination question; topic

đầu độc *v.* to poison

đầu đuôi *n.* the beginning and the end, the long and short: **kể hết đầu đuôi đi** tell us all about it

đầu gió *n.* draft [strong wind]: **đừng đứng đầu gió** don't stand in the draft

đầu gối *n.* knee

đầu hàng *v.* to surrender

đầu hồi *n.* gable

đầu lâu *n.* head [on skeleton], skull

đầu lòng *n.* firstborn child

đầu máy *n.* engine, locomotive

đầu mối *n.* clue

đầu mục *n.* leader

đầu não *n.* headquarter; nerve-center

đầu nậu *n.* business leader, business connection

đầu óc *n.* mind; knowledge: **đầu óc thông minh** intelligent mind

đầu phiếu *v.* to cast a vote, to vote: **miễn đầu phiếu** to abstain; **quyền đầu phiếu** right to vote

đầu phục *v.* to surrender, to submit oneself to

đầu quân *v.* to enlist in the army

đầu sỏ *n.* chief, leader, ringleader, gang leader

đầu tắt mặt tối *v.* to toil hard, to be extremely busy

đầu têu *v.* to instigate, to promote

đầu thai *adj.* reincarnated [**làm** into]

đầu thú *v.* to surrender oneself

đầu thừa đuôi thẹo *n.* odds and ends

đầu tiên *adj.* first; at first

đầu tư *v.* to invest: **đầu tư vào nhà đất** to invest in property

đậu 1 *n.* bean, pea, haricot 2 *v.* (= **đỗ**) [of birds] to perch; [of vehicles] to stop, to park; [of candidate] to pass an examination: **đậu xe đây được không?** is it all right to park here? 3 *v.* to pass an examination: **con tôi vừa đậu bằng trung học phổ thông** my son has passed the examination for a high school certificate

đậu đen *n.* black beans

đậu đũa *n.* string beans

đậu Hoà lan *n.* green peas

đậu khấu *n.* nutmeg

đậu lào *n.* typhoid fever

đậu mùa *n.* small pox

đậu nành *n.* soybeans: **sữa đậu nành** soy milk

đậu phọng *n.* (= **lạc**) peanuts

đậu phụ *n.* bean curds

đậu tương *n.* soybeans

đậu xanh *n.* green beans

đây *n., pron., adv.* here, this place; this; now: **tôi đây** here I am; **tôi ở đây** I live here; **ở đây, tại đây** here, at this place; **lại đây** come here; **rồi đây** hereafter, from now on

đấy 1 *n., pron.* there, that place; that: **ai đấy?** who's there? who is it?; **anh Lâm đấy!** that's Lam; **Ở đấy, tại đấy** there, at that place; **đấy là Ông Thịnh** that is Mr. Thinh; **Từ đây đến đấy** from here to that place 2 *adv.* [final particle in questions containing **ai, gì, chi, nào, đâu, sao, bao giờ**]: **ai học tiếng Ăng lê đấy?** who's studying English?; **bạn làm gì đấy?** what are you doing?; **chị muốn mua cái nào đấy?** which one do you want to buy?; **anh đi đâu đấy?** where are you going?; **sao đấy?** what happened? what's the matter?

đầy *v., adj.* [SV **mãn**] full, filled; to have fully: **đầy tuổi tôi** [of infant] to be fully one-year old; **không đầy** not quite, less than; **xăng đổ đầy rồi** we have a full tank of petrol

đầy ắp *adj.* full to the brim

đầy bụng *adj.* having indigestion

đầy dẫy *adj.* full to the brim, full of

đầy đặn *adj.* plump, shapely; [face] to be round

đầy đủ *adj.* enough, full, complete; well provided

đầy tớ *n.* servant

đầy tràn *v.* to overflow

đẩy *v.* to push, to shove: **thúc đẩy** to push, to encourage, to urge

đẩy mạnh *v.* to push, to promote

đẫy *adj.* (= **béo**) fat; full: **lão ấy đẫy túi rồi** he had already filled his pockets

đẫy đà *adj.* big and fat, plump

đậy *v.* to cover [with a lid or stopper]

đe 1 *v.* to threaten: **mối đe doạ** danger, threat 2 *n.* anvil CL **cái**

đè *v.* to press down, to crush, to squeeze: **đè ép/đè nén** to oppress

đè bẹp *v.* to crush; to overwhelm

đẻ *v.* [SV **sinh, sản**] (= **sinh**) to be born; to bear [child **con**], to lay [eggs **trứng**], to bring forth, to give birth [**ra** to]; [of animals] to throw; [of bitch, she-wolf, she-bear] to whelp; mother; you [my mother]: **sinh đẻ** to have children; **con đẻ** blood child [as opp. to adopted child]; **đau đẻ** to be in labor; **đẻ non** to have a premature baby; **sinh năm đẻ bảy** to have many children; **ngày sinh tháng đẻ** date of birth; **tiếng mẹ đẻ** mother tongue; **đẻ sinh đôi** to have twins

đem *v.* to take or to bring along [RV **đến** to a place, **đi** away, **lại** forth, about, **lên** up, **về** back, **vào** in, **xuống** down]: **anh đem cái thư này lại cho Ông Quảng hộ tôi** please take this letter to Mr. Quang

đen *adj.* [SV **hắc**] black; unlucky; dark: **đen đủi** unlucky; **cơm đen** opium; **tối đen** pitch dark; **Người Mỹ da đen** American negro; **bôi đen** to blacken; **nhuộm đen** to dye black; **đổi trắng thay đen** to be shifty, to change, to be unfaithful; **số đen/vận đen** bad luck; **dân đen** commoner

đèn *n.* [SV **đăng**] lamp; light: **ngọn, đèn pin/bin** flashlight; **đèn điện** electric light; **đèn pha** searchlight, headlight [of a car]; **bật đèn** to switch on the light; **tắt đèn** to switch off the light; **bóng đèn (điện)** light bulb; **chao đèn, chụp đèn** lamp shade

đeo *v.* to wear, to put on: **đeo nữ trang** to wear jewelry; **đeo kính** to wear glasses; **đeo đồng hồ** to wear a watch

đeo đuổi *v.* to pursue, to stick to [career]

đèo *n.* mountain pass

đèo *v.* to carry on one's vehicle or bicycle

đẽo *v.* to whittle, to trim, to square; to squeeze [money **tiền**]

đẹp *adj.* [SV **mỹ**] beautiful, pretty, attractive, handsome: **sắc đẹp/vẻ đẹp** beauty; **làm đẹp lòng** to please; **làm đẹp mặt** to do honor to

đẹp duyên *v.* to marry [**với, cùng** precedes object]

đẹp đẽ *adj.* See **đẹp**

đẹp trai *adj.* [of man] handsome

đét 1 *adj.* dried up, withered, thin 2 *v.* to whip

đê *n.* dike: **đê vỡ, vỡ đê** the dike broke

đê điều *n.* dikes, levees, dams

đê hèn *adj.* mean, base

đê mạt *adj.* vile, mean

đê mê *v.* to be drunk, to be under the spell of

đê tiện *adj.* coward, abject

đế 1 *n.* sole [of shoe], base, stand; root: **thâm căn cố đế** deep-rooted 2 *n.* R emperor, ruler; imperialism: **hoàng đế** emperor; **phản đế** anti-imperialist

đế chế *n.* monarchy

đế đô *n.* capital city

đế quốc *n.* empire, imperialist

Đế Thiên Đế Thích *n.* Angkor Wat

đế vương *n.* king, emperor, ruler

đề 1 *n.* fig tree; CL **cây** 2 *v.* to write, to inscribe, to address [a letter]: **thư này đề cho ai?** whom will this letter be addressed to?; **quí thư đề ngày** your letter dated 3 *n.* subject, title: **đầu đề** subject [of exam]; **luận đề** thesis, theme; **nhan đề** title [of book]

đề án *n.* proposal project, program

đề biện *v.* to defend [thesis]

đề cao *v.* to uphold, to give prominence to: **đề cao vai trò lãnh đạo** to give prominence to a leadership; **đề cao cảnh giác** to enhance one's vigilance

đề cập *v.* to mention, to touch on, to bring up [a problem]: **tại hội nghị quốc gia, họ đã đề cập đến các vấn đề xã hội** at the national conference, they mentioned the social problems

đề cử *v.* to nominate: **tất cả công nhân đã đề cử ông ấy làm chủ tịch công đoàn** all employees have nominated him as the president of their union

đề hình *n.* judge in criminal court

đề huề *adj.* crowded; harmonious

đề khởi *v.* to put forth [proposal]

đề lao *n.* jail

đề mục *n.* title [of book, article, etc.], heading

đề nghị *v., n.* to suggest, to propose; move, suggestion, proposal, motion CL **lời, bản** [with **đưa ra** or **đệ trình** to submit; **chấp thuận** to approve; **thông qua** to pass; **ủng hộ** to support, to second]: **chúng ta đã đưa ra những đề nghị cải tiến phương thức làm việc** we have proposed to change the working approach

đề phòng *v.* to take precautions; to prevent: **đề phòng kẻ cắp** beware of pickpockets!

đề tài *n.* subject, topic: **đề tài đó rất là thú vị** that topic is very interesting

đề xuất *v.* to put forth, to propose: **tôi vừa đề xuất một chương trình làm việc** I have proposed a working program

đề xướng *v.* to put forth, to raise, to advance [theory, etc.]

để 1 *v.* to place, to put; to let; to leave; to cede, to dispose of: **để chồng, để vợ** to divorce; **để xe đạp đây** leave your bike here; **để yên cho nó bú** let him [the baby] have his bottle; **để lại** to leave behind, to resell; **để tang** to be in mourning; **để dành** to put aside, to save; **để phần cơm** to save some food [for somebody]; **để ra** to put aside, to save; **để ý** to be careful; to heed, to pay attention [with **đến** or **tới** to], to notice 2 *conj.* for, so that, in order to: **để làm gì?** what for?; **ông ấy đến sớm để ông ta có thì giờ chuẩn bị công việc** he came early in order to have time to prepare

để bụng *v.* to keep feeling, to have something on one's mind

để không *v.* to leave empty, to leave unused

để lộ *v.* to disclose, to release: **để lộ bí mật** to disclose a secret

để mặc *v.* to leave alone: **để mặc tôi** leave me alone

để mắt *v.* to keep an eye on, to observe

để phần *v.* to spare, to save something for someone

để tang *v.* to be in mourning

đệ 1 *v.* to submit [resignation, petition]: **đệ kiến nghị lên ban giám đốc** to submit a petition to the management board 2 *n.* R [prefix for ordinal numbers equivalent to English suffix -**th**; the cardinal has to be Sino-Vietnamese and the construction is **đệ** numeral-noun]: **đệ nhất** first; **đệ nhị tham vụ** second secretary of the embassy; **đệ ngũ chu niên** fifth anniversary 3 *n.* R younger brother (= **em giai/trai**); I [slang]: **tiểu đệ** little or stupid brother; **hiền đệ** you [my sweet little brother]

đệ trình *v.* to submit [proposal, plan, etc.]

đệ tử *n.* disciple, student

đếch *v.* [slang] no, not (= **không, chẳng, chả**): **nó đếch cần** he doesn't care, he doesn't give a damn

đêm *n.* [SV dạ] night: **ban đêm** at night; **đêm ngày** night and day; **nửa đêm** midnight; **suốt ngày đêm** all night and day; **thức suốt đêm** to stay up all night

đêm hôm *adv.* during the night, late at night

đêm khuya *n.* late night

đếm *v.* to count: **không đếm xỉa đến** to ignore; **đếm từ một đến mười** to count from 1 to 10; **không đếm xiết** countless, innumerable; **thật thà như đếm** very honest

đếm xỉa *v.* to take into account, to take into consideration

đệm *n.* mattress; cushion: **đệm lò xo** spring mattress; **chữ đệm, tiếng đệm** middle name, middle initial; **anh lấy cái này đệm cho nó êm** here, use this as a pillow

đến *v.* [SV chí, đáo] (= **tới**) to arrive [at], to come [to], to reach at; to, up to, down to, until: **đến nay** to date; **từ trước đến nay** thus far, so far; **tính đến hôm nay** up to this day, until today; **từ đầu đến cuối** from beginning to end; **từ đầu đến chân** from head to toe; **nói đến** to speak or talk about, to speak of; **nghĩ đến** to think of; **đến giờ rồi** it's time, time's up; **đến đầu đến đũa, đến nơi đến chốn** in a complete way, carefully, thoroughly; **đến nỗi** to such a degree that; **đến tuổi** to come of age

đền 1 *n.* Taoist temple, temple CL **ngôi** [with **lập** to build]; palace: **đền này thờ Đức Khổng tử** this temple is dedicated to Confucius 2 *v.* to compensate for, to return: **đền ơn** to return a favor; **đền tội** to pay for one's sin; **bắt đền** to claim damages

đền bồi *v.* to pay back [moral debt]

đền bù *v.* to pay back, to make up for

đểnh đoảng *adj.* to be negligent, careless; indifferent

đều *adj.* to be equal, even, regular, both, all, in both or all cases: **đều đều** regularly; **chia đều** to divide equally; **mọi người đều biết** everyone knows; **anh ấy đi học đều** he goes to class regularly; **đồng đều** equal, even

đều đặn *adj.* regular, well-proportioned, even

đểu *adj.* ill-bred, vulgar; obscene: **đểu cáng, đểu giả** mean

đi 1 *v.* [SV tẩu, hành] to go, to depart, to walk away: **đi bách bộ** to take a walk; **đi bộ** to walk; **đi chợ** to go to market; **đi học** to go to school; **đi chơi** to go for a walk, to visit; **đi tuần** to patrol; **đi đái/đi giải/đi tiểu/đi tiểu tiện** to pass water; **đi cầu/đi đồng/đi đại tiện/đi ỉa/đi ngoài** to go to the bathroom; **hôm nay em có đi cầu không?** did he [the baby] have a bowel movement today?; **đường này đi một chiều** this is a one-way street 2 *adv.* [final particle] come on, [let us] be sure to: **chúng ta đi đi!** let's go; **học đi!** do your work!; **đem đi** to take away; **xoá đi** to cross off, to erase

đi buôn *v.* to do business

đi đời *adj.* lost, finished, done for

đi đứt *v.* to lose, to finish

đi ở *v.* to be a servant, to be a maid

đi ra *v.* to go out, to discharge

đi thi *v.* to take an examination, to sit for an examination

đi tu *v.* to become a monk

đi vắng *adj.* to be absent, not at home

đì *v.* to punish, to dump

đì đùng *v.* [of large firecrackers] to crackle

đĩ *n.* prostitute, harlot, whore

đỉa *n.* leech CL **con**: **dai như đỉa** to be obstinate, persistent

đĩa *n.* saucer, plate, dish: **đĩa bay** flying saucer; **đĩa** record, disc; **ném đĩa** to throw the disc; **bát đĩa** chinaware; **một đĩa thịt gà** a plate of chicken; a dish of chicken

địa *n.* R earth, land (= **đất**); geography [*abbr.* of **địa dư, địa lý**]: **điền địa** lands, ricefields; **lục địa** continent; **kinh thiên động địa** earth shaking; **chương trình năm thứ hai có nhiều sử địa** the second-year program has history and geography as subjects

địa bạ *n.* land register

địa bàn *n.* compass

địa cầu *n.* globe, earth [real size or miniature] CL **quả**

địa chấn *n.* earthquake

địa chấn học *n.* seismology

địa chấn ký *n.* seismograph

địa chất học *n.* geology

địa chỉ *n.* address

địa chính *n.* land registry

địa chủ *n.* landowner, landlord

địa danh *n.* place name
địa dư *n.* geography
địa điểm *n.* point, location, site
địa đồ *n.* map, plan
địa hạ *n.* underground [agent]
địa hạt *n.* district; field, domain, realm, sphere
địa hình *n.* topography, terrain
địa lôi *n.* underground mine
địa lợi *n.* geographical advantage; produce of the land
địa lý *n.* geography: **thầy địa lý** geomancer; **hôm nay chúng tôi thi địa lý** we have a geography test today
địa ngục *n.* hell [*opp.* **thiên đường/đàng**]
địa ốc *n.* real estate
địa phận *n.* territory
địa phủ *n.* hell
địa phương *n.* locality, local: **dân địa phương** local or native people; **óc địa phương** regionalism; **địa phương quân** local militia[man]
địa tầng *n.* stratum, layer
địa thế *n.* terrain
địa tô *n.* land rent
Địa Trung Hải *n.* the Mediterranean Sea
địa vị *n.* [social] position: **anh hãy đứng vào địa vị hắn** put yourself in his position, in his shoes
đích *n.* bull's eye, target; goal, objective, aim, purpose: **mục đích/chủ đích** main purpose
đích đáng *adj.* proper, appropriate, adequate
đích thân *adv., pron.* in person, personally; oneself, myself, yourself, etc.: **bạn đích thân vào gặp ông ta** you yourself come to see him
đích thị *adv.* exactly, precisely
đích tôn *n.* one's eldest son's eldest son
đích xác *adj.* to be exact, precise
địch 1 *n.* flute CL **ống** 2 *v.* to compete, to be a match for, to oppose, to resist: **đối địch** to compete with; **cừu địch, quân địch** enemy troops, the enemy; **vô địch** without equal, invincible; **nhà vô địch** champion
địch quân *n.* enemy troops, the enemy
địch quốc *n.* enemy nation
địch thù *n.* enemy, foe
địch thủ *n.* opponent, rival, competitor
điếc *adj.* deaf: **điếc tai** deaf; deafening; **vừa câm vừa điếc** deaf and dumb, deaf-mute; **giả điếc** to feign deafness
điếc đặc *adj.* deaf: **nó điếc đặc** he is as deaf as a post
điếm *n.* R inn, shop; watch tower: **điếm canh** watch house; **lữ điếm** inn, hotel; **phạn điếm** restaurant; **tửu điếm** wine shop; **gái điếm** call girl, prostitute
điếm đàng *v.* to be tricky
điếm nhục *v.* to smear the good name of, to

defame; to shame: **điếm nhục gia đình** to shame one's family
điềm *n.* omen, presage: **điềm lành** good omen; **điềm dữ** bad omen; **điềm gở** bad omen
điềm nhiên *adj.* be calm, keep calm, unruffled
điềm tĩnh *adj.* be calm, keep calm, unruffled
điểm *n.* point, dot (= **chấm**); point [in discussion]; mark [in school]: **điểm số** to count; to score; **kiểm điểm** to review; **giao điểm** intersection; **khởi điểm** starting point, point of departure; **nhược điểm** weakness, shortcoming; **quan điểm** viewpoint; **trụ điểm** strong point, quality; **yếu điểm** essential point; **cực điểm** maximum, extreme, climax; **băng điểm** freezing point; **địa điểm** position, location; **khuyết điểm** shortcoming, lacuna; **tô điểm** to adorn, to embellish; **trang điểm** to make up; **chỉ điểm** to point out, to show; to inform
điểm binh *v.* to review [of troops]
điểm cận nhật *n.* parhelion, mock sun
điểm chỉ *v., n.* to place one's fingerprint; informer
điểm danh *v.* to call the roll: **điểm danh học sinh mọi buổi sáng** to call the roll of students every morning
điểm huyệt *v.* to hit a mortal point [Chinese boxing]; to choose a burial spot
điểm số *n.* mark, grade [of student]
điểm tâm *n.* breakfast
điểm trang *v.* to adorn oneself
điểm viễn địa *n.* apogee
điểm xuyết *v.* to adorn, to deck
điên *adj.* losing one's mind; mad, crazy, insane [with **hoá** or **phát** to become]: **nhà thương điên** mental hospital; **mày điên à?** are you out of your mind?
điên cuồng *adj.* mad, insane
điên dại *adj.* foolish, stupid
điên đảo *adj.* upside down; shifty
điền 1 *n.* R ricefield (= **ruộng**): **chủ điền** landowner; **mặt vuông chữ điền** to be square-faced; **dinh** [or **doanh**] **điền** land exploitation, agricultural development; **công điền** ricefield which belongs to the village; **tư điền** privately-owned ricefield 2 *v.* to fill out [a blank], to fill [a vacancy]: **điền các từ thích hợp vào khoảng trống** to fill blanks with appropriate words
điền chủ *n.* landowner
điền địa *n.* land, ricefield: **cải cách điền địa** land reform; **Bộ Điền thổ và Cải cách điền** Department of Landed Property and Land Reform
điền khí *n.* farm tool, farm equipment
điền kinh *n.* athletics; track [sport]: **cuộc thi điền kinh** athletic competition

điền sản *n.* landed property

điền thổ *n.* land, farmland

điền viên *n.* fields and gardens, country life

điển *n.* classical book, classical example, literary allusion; statute, code, compendium: **cổ điển** ancient classics; to be classic(al); **kinh điển** the classics; **tự điển** [or **từ điển**] dictionary

điển cố *n.* literary allusion

điển tích *n.* literary allusion

điện 1 *n.* palace, temple: **cung điện** imperial palace; **Điện Độc lập** Independence Palace 2 *n.* electric(al), electricity, telegram, wire: **gởi điện thư** to send by fax; **đánh điện** to send a telegram; **nhà máy điện** power plant; **xe điện** streetcar, tram; **đèn điện** electric light; **đồ điện** electrical supplies; **thợ điện** electrician; **bàn là điện** electric iron; **quạt điện** electric fan; **bạn trả tiền điện chưa?** did you pay the electricity bill?; **công điện** official telegram

điện ảnh *n.* movies, cinematography

điện áp *n.* tension, voltage

điện báo *n.* telegraphy: **vô tuyến điện báo** wireless telegraphy

điện cực *n.* electrode

điện dung *n.* electric capacity

điện động *n.* [of force] electromotive

điện giải *n.* electrolysis

điện học *n.* electricity [as a subject of study]

điện kế *n.* galvanometer, electricity meter

điện khí *n.* electricity

điện lực *n.* electric power

điện năng *n.* electric power

điện thế *n.* voltage

điện thoại *n., v.* telephone; to telephone: **gọi điện thoại cho tôi** to telephone me, to ring me; **tôi vừa gọi điện thoại cho anh ấy** I just called him on the phone; **phòng điện thoại** telephone booth

điện tích *n.* electrolysis

điện tín *n.* telegram: **đánh điện tín** to send a telegram, to wire

điện trở *n.* [electrical] resistance

điện từ *n.* electromagnet(ic)

điện tử *n., adj.* electron; electronic: **kỹ sư điện tử** electronic engineer

điện văn *n.* telegram: **nguyên văn bức điện văn đó như sau** that telegram reads as follows

điếng *adj.* [of pain] killing, [of news] shocking: **đau điếng người** very painful

điệp 1 *n.* R butterfly **hồ điệp** (= **bướm**) 2 *v.* to repeat: **điệp ý** to repeat ideas; **trùng điệp/trùng trùng điệp điệp** innumerable, countless

điệp điệp *adj.* heaped up

điệp khúc *n.* chorus [of a song], refrain

điệp văn *n.* dispatch

điệp vận *n.* repeated rhyme

điêu *adj.* lying, false, untrue: **nói điêu** to lie

điêu ác *adj.* false, lying

điêu đứng *adj.* miserable

điêu khắc *v.* to carve, to sculpt: **nhà điêu khắc** sculptor

điêu linh *adj.* miserable, suffering

điêu luyện *adj.* accomplished, skillful

điêu ngoa *adj.* lying, false

điêu tàn *adj.* dilapidated, in ruins

điêu trá *adj.* lying, false

điếu 1 *n.* [smoking] pipe; CL for cigarettes, cigars, pipes: **điếu cầy** farmer's pipe 2 *v.* R to present condolences on somebody's death: **điếu tang mẹ bạn chết** to go and present condolences on the death of a friend's mother

điếu văn *n.* oration [at funeral]

điều 1 *adj.* bright red 2 *n.* word; thing, action, circumstance, affair, etc.; article, clause, item, provision: **bà ấy lắm điều lắm** she is a chatterbox, she invents stories; **điều ấy rất dễ hiểu** that is very easy to understand 3 *v.* R to arrange, to order, to direct: **điều một chiếc xe cho tôi chiều nay** to order a car for me this afternoon

điều chỉnh *v.* to regularize, to set in order, to regulate, to adjust

điều dưỡng *v.* to get medical care, to give medical care: **nữ điều dưỡng** nurse

điều đình *v.* to arrange, to negotiate

điều động *v.* to mobilize, to activate, to put to work, to control, to manipulate

điều giải *v.* to mediate

điều hoà *v.* to reconcile, to adjust, to regulate

điều khiển *v.* to manage, to control, to command, to conduct

điều khoản *n.* terms, conditions, stipulations

điều kiện *n.* condition [circumstance or requirement]: **với điều kiện là** on condition that; **vô điều kiện** unconditional; **điều kiện làm việc** working conditions; **điều kiện sinh hoạt** living conditions; **điều kiện vật chất** material conditions; **điều kiện tối thiểu** minimum requirements; **điều kiện bắt buộc** prerequisite; **điều kiện cần và đủ** necessary and sufficient conditions

điều lệ *n.* rule, regulation, by law: **điều lệ làm việc** working regulation

điều tra *v.* to investigate: **việc này chúng tôi cần điều tra thêm** we have to investigate this matter further; **Sở điều tra Liên bang** the Federal Bureau of Investigation

điều trần *v.* to petition; to report

điều trị *v.* to give or to receive medical treatment: **ông ấy phải nằm nhà thương điều trị** he had to be hospitalized

điều ước *n.* treaty; cf. **hiệp ước**

điểu *n.* R bird (= **chim**): **đà điểu** ostrich

điểu loại học *n.* ornithology

điệu 1 *n.* appearance, aspect, posture, attitude, gesture, manner, air; tune, aria, song: **nó làm điệu không thấy tôi** he pretended not to see me; **anh ấy nhớ nhiều điệu lắm** he remembers lots of tunes 2 *v.* to take away [person], to march off: **điệu tên ăn cắp vặt ở tiệm về đồn cảnh sát** take this shoplifter to the police station

điệu bộ *n.* appearance, posture, manner, gesture

đinh 1 *n.* nail CL **cái, chiếc**: **đinh ghim** pin, clip; **đinh ốc** screw; **búa đinh** claw hammer; **đóng cái đinh vào tường** to drive a nail into the wall; **đầu đinh** boil 2 *n.* village inhabitant, male individual: **bạch đinh** commoner; **thành đinh** to become an adult member of the village community; **làng này có năm trăm xuất đinh** this village reports five hundred male individuals

đinh hương *n.* clove

đinh hương hoa *n.* lilac

đinh ninh *adj.* sure, certain: **tôi cứ đinh ninh là Thứ bảy** I was certain [wrongly] it would be on Saturday

đính *v.* to paste, to glue, to stick a pin, to join, to enclose: **bản sao đính hậu** a copy of which is enclosed herewith

đính chính *v.* to rectify, to correct

đính hôn *v.* to be engaged

đính ước *v.* to promise

đình 1 *n.* communal house in the village containing a shrine of tutelary deity CL **ngôi, cái**; R hall, palace, courtyard: **gia đình** family; **tụng đình** court of justice; **triều đình** imperial court 2 *v.* to stop, to delay, to postpone, to adjourn: **đình lại/tạm đình** to suspend temporarily

đình bản *v.* to cease publication; to close [a newspaper]: **báo ấy đã bị đình bản** that newspaper has been suspended

đình chỉ *v.* to stop, to cease

đình chiến *v., n.* to stop fighting; armistice CL **cuộc: hiệp định đình chiến** armistice [agreement]; peace agreement

đình công *v.* (= **bãi công**) to go on strike, to strike

đình đốn *v.* to come to a standstill, to stagnate

đình thí *n.* civil service examination held at the imperial court in Hue; cf. **hương thí, hội thí**

đình trệ *v.* to put off, to stop up, to slow down

đỉnh 1 *n.* top, summit, peak: **đỉnh núi** the top of a mountain 2 *n.* incense burner, dynastic urn

đỉnh chung *n.* luxurious life, high living

đĩnh *n.* R boat, ship (= **tầu**): **tiềm thủy đĩnh** submarine

định *v.* to fix, to determine, to decide, to plan [to]: **nhất định** to make up one's mind; **tôi định Tết này đi Đà Lạt** I plan to go up to Dalat for the Tet vacation; **ấn định** to fix

định cư *v.* to be settled; to settle [refugees]

định đề *n.* postulate

định đoạt *v.* to decide, to determine

định hạn *v.* to set a deadline

định hướng *v.* to set a direction, to be orientated

định kiến *n.* bias, fixed idea

định kỳ *n.* fixed time, agreed deadline

định liệu *v.* to make arrangements

định luật *n.* [scientific] law

định lượng *v., adj.* to decide an amount; quantitative

định lý *n.* theorem

định mệnh *n.* destiny, fate: **thuyết định mệnh** determinism

định nghĩa *v., n.* to define; definition

định số *n.* fixed number

định sở *n.* fixed address, permanent dwelling place

định tâm *v.* to intend; to calm down

định thức *n.* formula, fixed pattern

định tinh *n.* fixed star

định tính *adj.* qualitative

định túc số *n.* quorum

đít *n.* buttock, bottom, rear end: **lỗ đít** anus; **đét đít** to spank; **đá đít** a kick in the pants

đít cua *n.* [Fr. *discours*] speech [with **đọc** to deliver]

địt *v.* to break wind

điu hiu *adj.* [of sight, landscape] desolate, gloomy

đo *v.* to measure, to gauge, to survey: **đo chiều dài căn phòng nầy** to measure the length of this room

đo lường *v.* to measure

đó 1 *pron., adv.* (= **đấy**) that, those; there, that place: **đó là** that's; **ai đó?** who is there? who is it?; **cái đó** that, that thing; **chỗ đó** that place, that spot, there; **nay đây mai đó** to move around, to be drifting around 2 *n.* cylindrical bamboo fish-pot: **đơm cá bằng cái đó** to catch fish with a cylindrical bamboo fish-pot

đò *n.* ferry, boat [with **chở** or **lái** to steer, **chèo** to row]: **bến đò** wharf, pier; **cô lái đò** barge girl

đỏ *adj.* [SV **hồng**] red; lucky [*opp.* **đen, xui**]: **đỏ mặt** blushing; **tầu đỏ** Red China, Red Chinese; **đèn đỏ** red light; **cuộc đỏ đen** gambling

đọ *v.* to compare

đoá *n.* CL for flowers (= **bông**): **đoá hoa biết nói** live flower

đoạ *adj.* decadent: **đày đoạ** ill-treated
đoái *v.* to have pity for: **đoái hoài, đoái thương** [with **đến** preceding object] to think of, to long for
đoái tưởng *v.* to reminsce
đoan 1 *n.* [Fr. *douane*] the customs: **thuế đoan** duties; **lính đoan** customs officer, customs inspector; **nhà đoan** customs [authorities] 2 *v.* to promise firmly
đoan chính *adj.* righteous, serious
đoan ngọ *n.* Double Five Festival [on the fifth day of the fifth lunar month]
đoan kết *v.* to promise
đoan trang *adj.* correct and decent, serious
đoán *v.* to guess, to predict: **đoán trước** to predict; **đoán quyết** to guess with certainty, be absolutely sure; **đoán sai/lầm** to guess wrongly; **đoán đúng/trúng** to guess right; **phán đoán** to judge; judgment; **tiên đoán** to predict; **phỏng đoán** to guess, to predict
đoàn *n.* band, flock, detachment, body, train: **sư đoàn** division [army unit]; **công đoàn** trade union, labor union; **đại đoàn** brigade [U.S.]; **liên đoàn** group, corps, regiment; league, confederation; **tiểu đoàn** battalion; **trung đoàn** regiment; **quân đoàn** army corps
đoàn kết *v., n.* to unite; unity, union
đoàn thể *n.* group, organization, body, community
đoàn tụ *v.* to be together, to re-unite
đoản *adj.* R to be short, brief (= **ngắn**) [*opp.* **trường**]: **sở đoản** shortcoming
đoản mệnh *adj., n.* short-lived; short life
đoản số *adj., n.* to be short-lived; short life
đoản thiên tiểu thuyết *n.* short story, novelette
đoạn 1 *n.* section, part, passage, paragraph: **anh dịch hộ tôi đoạn này** please translate this passage for me; **đoạn đầu** the opening paragraph; **đoạn cuối** the conclusion, the last paragraph, the last chapter; **tam đoạn luận** syllogism 2 *adv.* R finished; then (= **rồi**): **nói đoạn** so saying; **gián đoạn** to interrupt
đoạn đầu đài *n.* guillotine, scaffold
đoạn hậu *v.* to cut off the retreat
đoạn mại *n.* definitive sale
đoạn trường *adj., n.* painful; pains, misfortunes
đoạn tuyệt *v.* to break off: **đoạn tuyệt ngoại giao với** to break off diplomatic relations with
đoản *adj.* short: **đoản kỳ** short term
đoành *intj.* bang!
đoạt *v.* to seize, to grab [power, money], to win [prize, title]: **chiếm đoạt** to seize, to usurp power
đọc *v.* to pronounce, to read [silently or aloud], to be read; to pronounce: **bạn đọc**

reader; **đọc kinh** to say a prayer; **đọc lại** to reread, to repeat; **chữ này đọc thế nào?** how is this word pronounced?
đói *v.* to be hungry: **đói bụng, đói lòng** to be hungry [*opp.* **no**]; **đói kém** famine; **chết đói** to starve; **nhịn đói** to be without food, to go on a hunger strike
đói khổ *adj.* starving and poor, miserable
đói rách *adj.* poor
đòi 1 *v.* to demand [food, money, payment], to claim [damage, one's rights, etc.], to summon: **trát đòi** or **giấy đòi ai** summons, warrant 2 *n.* maid, servant: **phận tôi đòi** a servant's life
đòi hỏi *v.* to request, to ask
đom đóm *n.* firefly, glow worm
đóm *n.* bamboo fragment, spill
đỏm *adj.* spruced, neatly dressed: **đỏm dáng** to be over-fastidious about appearance and dress
đon đả *v.* to show willingness to help
đón *v.* (= **rước**) to go to greet or to meet, to welcome, to receive: **đón tiếp ai** to receive someone; **đón chào/đón rước/nghênh đón** to welcome
đòn 1 *n.* lever; carrying pole: **đòn gánh** carrying pole, shoulder pole; **đòn cân** balance rod, stroke; **đòn bẩy** lever 2 *n.* whipping, thrashing: **phải đòn** to be slapped; **trận đòn** flogging, whipping
đòn dong *n.* ridge-pole, ridge-beam
đòn bẩy *n.* motive force, leverage
đòn xóc *n.* sharp-ended carrying pole
đong *v.* to measure [capacity], to buy [cereals]: **đong gạo nấu ăn** to measure rice for cooking
đóng 1 *v.* to close, to shut: **đóng cửa** to shut the door; **đóng sách lại** to close the book 2 *v.* to drive in, to nail: **đóng đinh** to drive a nail 3 *v.* to make, to build: **đóng giày** to make shoes; **đóng thuyền** to build boats; **đóng bàn ghế** to make furniture 4 *v.* to pay; to contribute: **đóng thuế** to pay taxes
đóng bộ *adj.* dressed up
đóng chai *v.* to bottle
đóng dấu *v.* to stamp, to put the seal on: **đã ký tên và đóng dấu** signed and sealed
đóng đai *v.* to girdle
đóng góp *v.* to contribute [one's share]
đóng khung *v.* to frame; to dress up
đóng kịch *v.* to play a role, to act a part
đóng tro *v.* to act
đóng vai *v.* to play a part
đóng vảy *v.* to heal, to skin over
đọng *v.* to accumulate, [of water] to stagnate, to be in abeyance: **nước đọng** stagnant water
đọt *n.* browse, sprout: **đọt cây** the sprout shoots of a tree

đô *n.* R metropolis, capital city: **thủ đô** capital; **kinh đô** imperial city; **cố đô** ancient capital; **đế đô** imperial city

đô đốc *n.* commander-in-chief, admiral: **phó đô đốc** vice-admiral; **thuỷ sư đô đốc** Admiral of the fleet

đô hộ *v.* to dominate, to have domination over

đô hội *n.* big metropolis, business city: **phồn hoa đô hội** big city, flesh pots and hubs of business

đô la *n.* dollar: **đồng đô la Mỹ** U.S. dollar

đô sảnh *n.* city hall

đô thành *n.* city: **sân vận động đô thành** city stadium

đô thị *n.* city, urban center: **Bộ Kiến thiết và Thiết kế đô thị** Department of Reconstruction and Town Planning

đô trưởng *n.* mayor [of old twin cities of Saigon and Cholon]; cf. **thị trưởng**

đô vật *n.* wrestler

đố *v.* to dare, to defy, to challenge: **thách đố** to challenge; **câu đố** riddle; **bài tính đố** problem [mathematics]

đố ky *adj., v.* jealous; to envy

đồ 1 *n.* thing, object, baggage, material, furniture, utensil, tool; sort of, son of: **đồ ăn** food; **đồ chơi** toy; **đồ dùng** tool; **đồ đạc** furniture; **đồ hộp** canned food; **đồ uống** drink, beverage; **đồ cổ** antiques; **đồ khốn nạn!** what a rat!; **đồ ngu** stupid person 2 *n.* scholar, student in Sino-Vietnamese: **thầy/ông đồ** old scholar and teacher; **môn đồ** disciple; **sinh đồ** student; **tăng đồ** monk 3 *v.* to trace, to calk: **đồ hình vẽ** to trace a picture

đồ án *n.* plan, design

đồ bản *n.* map, drawing

đồ biểu *n.* diagram

đồ đệ *n.* disciple, student

đồ hình *n.* solitary confinement

đồ lễ *n.* offerings

đồ mã *n.* brightly-colored joss papers [used to represent fake money, etc. to be burnt during Asian funerals or the Hungry Ghost festival); gimcrack

đồ mừng *n.* presents: **đồ mừng đám cưới** wedding presents

đồ sộ *adj.* imposing, impressive

đồ tể *n.* butcher

đồ thị *n.* graph

đổ *v.* to pour, to spill; to throw away; to be poured, to be spilled, to fall, to topple over, to turn over, to crash, to collapse; to impute, to shift [responsibility, fault, etc.], to lay [blame]: **đổ đi** to throw away; **đổ lỗi/đổ thừa** to shift fault to someone; **đổ máu** bloodshed; **đổ đồng** on the average; the total prize; **đổ mồ hôi** to perspire, to sweat; **trời đổ mưa** it started to pour down; **nó đổ (oan) cho tôi** he

accused me wrongly; **đẳng ấy âm mưu lật đổ chính phủ quốc gia** that party is plotting to overthrow the national government

đổ bác *n.* gambling

đổ bộ *v.* [of troops] to land

đổ mồ hôi *v.* to perspire profusely

đổ xô *v.* to rush in

đỗ See **đậu**

đỗ quyên *n.* rhododendron; water rail

độ *n., adv.* time, period; degree, measure; approximately: **độ nọ** before, during that period; **độ này** these days, lately; **độ chừng** about; **nhiệt độ** temperature; **trình độ** extent, degree, level; **điều độ** moderation, temperance; **tốc độ** speed; **cô ấy độ ba mươi (tuổi)** she is about 30; **độ này tôi không hay gặp anh ấy** I don't see much of him lately; **nó sốt đến 40 độ** he has a temperature of 40

độ lượng *adj.* tolerant; generous

độ thế *v.* to help mankind

độ trì *v.* to help, to assist

đốc 1 *v.* to oversee, to supervise, to manage; to urge: **giám đốc đốc nhân công làm việc nhanh hơn** the director urged his employees to work faster 2 *n.* headmaster, chief, doctor: **quản đốc** manager; **giám đốc** director; **tổng đốc** province chief; **đốc công** foreman

đốc lý *n.* mayor [**thị trưởng** preferred term now]: **toà đốc lý** city hall

đốc phủ (sứ) *n.* district chief

đốc sự *n.* office manager

đốc thúc *v.* to encourage, to urge

đốc tờ *n.* [Fr. *docteur*] medical doctor

độc 1 *adj.* poisonous, venomous, malicious, harmful, cruel: **hơi độc** poisonous gas; **nước độc** deadly climate [of malaria-infested areas]; **nọc độc** venom; **thuốc độc** poison; **đánh thuốc độc** to poison; **đầu độc** to poison 2 *adv.* only, alone: **trong tiệm đó chỉ độc có một cái** there is only one left in that shop

độc ác *adj.* cruel, wicked: **bà ấy rất độc ác với người giúp việc** she is very cruel to her servant

độc bản *n.* reader [book]: **quốc văn độc bản** Vietnamese reader

độc bình *n.* flower vase

độc chất học *n.* toxicology

độc chiếc *adj.* single; alone

độc dược *n.* poision: **cà độc dược** belladonna

độc đảng *n.* one party

độc đoán *adj.* arbitrary, dogmatic

độc giả *n.* reader

độc hại *adj.* poisonous; harmful

độc huyền *n.* monochord

độc lập *adj., n.* independent; independence: **độc lập, tự do và hạnh phúc** independence, freedom and happiness

độc mộc *n.* dugout: **thuyền độc mộc** piragua

độc ngữ *n.* monologue, soliloquy

độc nhất *adj.* only, sole, unique: **cơ hội độc nhất vô nhị** a unique opportunity

độc quyền *n., adj.* monopoly [with **giữ, nắm** to hold]: **đại lý độc quyền** sole agent

độc tài *adj., n.* dictatorial; dictatorship: **nhà/tay độc tài** dictator

độc tấu *v., n.* to play solo; solo

độc thạch *n., adj.* monolith; to be monolithic

độc thân *adj.* single, unmarried: **cô ấy vẫn còn độc thân** she is still single

độc thần *n.* monotheism

độc tố *n.* toxin

độc xà *n.* viper

độc xướng *v.* to sing a solo

đôi *n., adj.* [SV **song**] pair, couple; two times, twice: **chia đôi** to divide in two; **sinh đôi** to be twins; **để sinh đôi** to have twins; **xứng đôi (vừa lứa)** to make a nice couple; **tốt đôi** to make a well-matched couple; **cậu đã có đôi bạn chưa?** Are you married (yet)?; **tay đôi** by two; bilateral; **chơi** [or **đi nước đôi**] to play double

đôi ba *adj.* two or three, a few

đôi bạn *n.* husband and wife, couple

đôi bên *n.* the two parties, the two sides

đôi co *v.* to dispute, to contend

đôi hồi *v.* to explain oneself; to have a friendly talk with someone

đôi mươi *n.* twenty years of age, twenty years old

đôi ta *n.* L the two of us [man and woman]

đôi tám *n.* sixteen years of age, sixteen years old

đối **1** *v.* to treat, to behave: **đối xử tử tế với ai** to treat someone kindly **2** *v.* to be parallel; couplet: **đối đáp** to reply; **cân đối** to be well-balanced, well-proportioned; **phản đối** to oppose, be against; **tuyệt đối** to be absolute; **tương đối** to be relative; **câu đối** couplet, parallel scrolls

đối chất *v.* to confront [witnesses]

đối chiếu *v.* to compare, to contrast [two entities]: **đối chiếu bản sao và bản chính** to compare the original and its photocopy

đối diện *v., adj.* to face; face to face; in front of

đối đãi *v.* (= **đối xử**) to treat, to behave [towards **với**]

đối đáp *v.* to answer, to reply

đối địch *adj.* opposing, resisting

đối kháng *v.* to resist, to oppose

đối lập *adj., n.* standing in opposition; opposition: **đảng đối lập** the opposition party

đối ngoại *adj.* [of policy] foreign: **chính sách đối ngoại của nhà nước** the foreign policy of the government

đối nội *adj.* [of policy] domestic, internal affairs

đối phó *v.* to face, to deal, to cope [**với** with]: **đối phó với tình hình kinh tế hiện nay** to cope with the present economic situation

đối phương *n.* the opposing party, the enemy, the adversary

đối thoại *n., v.* conversation, dialogue; to converse

đối thủ *n.* rival, opponent

đối tượng *n.* object, external thing

đối với *prep., adv.* towards, vis-a-vis; regarding

đối xứng *adj.* symmetrical

đồi *n.* hill: **một dãy đồi** a range of hills

đồi bại *adj.* decadent, corrupt, depraved

đồi mồi *n.* sea turtle

đồi phong bại tục *adj., n.* immoral; depraved customs

đồi truy *adj.* depraved: **tác phẩm đồi truy** depraved works

đổi *v.* to change, to alter, to exchange, to barter, to switch, to trade in: **thay đổi** to change; **trao đổi** to exchange; **đổi ý kiến** to change one's mind; **anh đổi hộ tôi cái giấy một trăm** could you change this 100-piastre bill for me?

đổi chác *v.* to barter, to trade, to exchange

đổi dời *v.* to change

đổi thay *v.* to change

đỗi *n.* measure, degree, extent: **quá đỗi** excessively

đội **1** *v.* to wear or carry on one's head: **đội mũ** to wear a hat **2** *n.* company [of soldiers], team, squad; sergeant (= **trung sĩ**): **đại đội** company; **trung đội** platoon; **tiểu đội** squad; **phân đội** section; **đội banh Ngôi sao Gia định** the "Giadinh Star" soccer team

đội hình *n.* formation, line-up

đội lốt *v.* to pretend to be, to pose as, to use as a cloak

đội ngũ *n.* army ranks, line-up

đội ơn *adj.* grateful: **tôi đội ơn cha mẹ tôi** I am grateful to my parents

đội sổ *adj.* at the bottom of a list

đội trưởng *n.* sergeant, chief-sergeant, leader of a group

đội tuyển *n.* selected team: **đội tuyển quốc gia Việt Nam thắng giải Á châu** the national team of Vietnam won the Asian Cup

đội viên *n.* member of a group, member of an association

đội xếp *n.* policeman, constable CL **ông, thầy**: **xe đội xếp** police car; **anh ấy bị đội xếp phạt** the police fined/booked him

đôm đốp *n.* clapping of hands

đốm *n.* spot, speckle, dot

đôn đốc *v.* to urge, to stimulate

đốn **1** *adj.* lousy, wretched, miserable, badly behaved: **cậu ấy đốn quá** he behaved badly

2 *v.* to cut down, to fell [a tree]: **đốn cây khô đó đi** to cut down that dead tree

đốn đời *adj.* degraded, miserable

đốn kiếp *adj.* degrading, miserable

đốn mạt *adj.* degraded, miserable

đồn 1 *n.* post, camp, fort, station: **đồn cảnh sát** police station 2 *v.* to spread a rumor: **đồn đại/tin đồn** rumor; **phao tin đồn** to spread a rumor

đồn điền *n.* plantation: **đồn điền cao su** rubber plantation

đồn trú *v.* to camp, to be stationed

độn 1 *v.* to stuff, to fill, to pack, to mix: **cơm độn ngô** rice mixed with corn 2 *adj.* stupid, dull, witless: **người đần độn/ngu độn** stupid person

độn thổ *v.* to vanish underground

đông 1 *n.* east: **phương đông** the East; **rạng đông** dawn; **Viễn Đông** Far East; **Trung Đông** Middle East; **Á Đông** Asia; **Đông Á** East Asia; **đông nam** southeast; **đông bắc** northeast 2 *n.* [SV **đông**] winter: **mùa đông** winter; **ba đông** three years 3 *v.* to freeze, to congeal, to coagulate: **thịt đông** frozen cooked meat; **nước đông dưới không độ** water froze under zero degree 4 *adj.* [of people] crowded; [of place] to be crowded with: **phần đông** the majority; **đám đông** crowd; **đông như kiến** to be numerous; **thành phố này đông dân cư lắm** this city is very crowded; **họ đông con lắm** they have too many children; **làm gì mà đông thế này?** what brought this crowd here?; **họ xúm đông quanh cái xe buýt** the crowd gathered around the bus

Đông Á *n.* East Asia: **Đại Đông Á** Greater Asia

Đông Âu *n.* East Europe

đông chí *n.* winter solstice

đông cung *n.* crown prince

Đông Dương *n.* Indo-China; **người Đông Dương** Indo-Chinese

đông đảo *adj.* in crowds; crowded

đông đúc *adj.* [of crowd, population] to be dense, heavy

Đông Đức *n.* East Germany

Đông Kinh *n.* Tonkin [*obsol.*], Tokyo

Đông Nam Á *n.* Southeast Asia, Southeast Asian: **Tổ chức Hiệp ước (Liên phòng) Đông Nam Á** Southeast Asia Treaty Organization

đông phương *n.* the east, the Orient

đông tây *n.* east and west: **Uỷ ban Thẩm định Hỗ tương giá trị Văn hóa Đông Tây** Committee for the Mutual Appreciation of Cultural Values of East and West

đông y *n.* Oriental medicine, Sino-Vietnamese medicine

đống *n.* heap, pile, mass: **đống rơm** stack of straw; **chất đống** to pile up, to heap up

đồng 1 *n.* field, ricefield, prairie: **ngoài đồng** in the ricefields 2 *n.* copper, bronze, brass: **bạch đồng** white brass; **thôi đồng** verdigris; **trơ như đá vững như đồng** stable, steadfast, immovable; **hơi đồng** smell of cash, lure of profit 3 *n.* coin, piastre: **đồng xu** cent, penny; **đồng hào** dime; **đồng bạc** piastre [coin or bill] 4 *adj.* R to be of the same [so and so]; to have the same; to do together (= **cùng**): **bất đồng** to be different; **tương đồng** to be similar to each other; **hội đồng** meeting, council, assembly

đồng áng *n.* ricefields: **công việc đồng áng** farm work

đồng âm *adj., n.* homophonous; homophone, homonym

đồng ấu *n.* child(ren): **lớp đồng ấu** first grade

đồng bang *n.* compatriot

đồng bào *n.* compatriot, countryman; blood brother

đồng bằng *n.* plains, delta

đồng bóng *adj.* fickle, inconstant, inconsistent

đồng chí *n.* [political] comrade

đồng chủng *n.* the same race, fellowman

đồng cỏ *n.* pasture, prairie

đồng dạng *adj.* identical, similar

đồng dao *n.* children's song

đồng đại *adj.* synchronic

đồng đạo *n.* person of the same religion

đồng đều *adj.* same, uniform

đồng điệu *adj.* having the same interest

đồng đội *n.* team-mate, companion-in-arm

đồng hạng *n.* single-price tickets

đồng hành *v.* to go together, to go in company

đồng hoá *v.* to assimilate [people, culture]

đồng học *n.* schoolmate, school fellow, fellow student

đồng hồ *n.* timepiece, watch, clock [with **để** to set, **lên giây** to wind]: **đồng hồ báo thức** alarm clock; **đồng hồ đeo tay** wrist watch; **đồng hồ treo tường** wall clock; **đồng hồ điện tử** digital/electric clock

đồng hương *n.* fellow-villager, fellow countryman

đồng không nhà trống *n.* scorched earth, plain land

đồng liêu *n.* colleague

đồng loã *v.* to be an accomplice in

đồng loại *n.* fellow, fellowman

đồng lòng *v., adj.* to be unanimous, to be in one, to be of one mind

đồng minh *adj., n.* in alliance; allied; alliance, league

đồng môn *n.* fellow-disciple: **hội đồng môn** alumni association

đồng nát *n.* scrap iron

đồng nghĩa *adj., n.* synonymous [**với** with]; synonym

đồng nghiệp *n.* colleague, co-worker

đồng nhất *adj.* identical, the same

đồng phạm *v.* to be an accomplice in

đồng phục *n.* uniform: **học sinh phải mặc đồng phục** students have to wear uniforms

đồng quê *n.* country, countryside

đồng song *n.* fellow student, school mate, classmate

đồng sự *n.* colleague, co-worker

đồng tâm *adj.* in agreement, of the same mind

đồng thanh *adv.* unanimously, in unison

đồng thời *adv., adj.* at the same time [**với** as], concurrently; contemporary: **hai việc đồng thời xẩy ra** the two events happen at the same time

đồng tình *adj., v.* unanimous, agreeable; to agree

đồng tiền *n.* money

đồng tính *adj.* of the same sex: **đồng tính luyến ái** homosexual love

đồng trinh *n.* virgin

đồng tử *n.* pupil, apple [of one's eye]

đồng văn *v.* to share a language or a writing system

đồng ý *v.* to agree [**với** with]: **bất đồng ý** to disagree

đổng *adj.* [of speech] indirect, at random: **chửi đổng** abusing at random

đổng lý *n.* cabinet director, chief, head: **đổng lý văn phòng** director of cabinet [in a ministry]; **đổng lý sự vụ** director of affairs, service chief

động **1** *v.* to move, to agitate [*opp.* **tĩnh** static]: **hành động** to act, act; **bạo động** violence; **hoạt động** to be active, activity; **vụ động đất** earthquake; **phát động** to start **2** *v.* to touch, to collide: **đừng động đến cô ấy** don't touch her **3** *adj., adv.* mutable, dynamic, stormy; as soon as: **động ăn một tí là đau bụng** as soon as I eat a little bit of it I get a stomach-ache; **biển động** stormy sea **4** *n.* cave, hole

động binh *v., n.* to mobilize; mobilization

động cơ *n.* motor, engine; motive: **máy bay bốn động cơ** four-engine plane

động cỡn *v.* to rut

động đậy *v.* to move, to stir: **đừng động đậy, tôi chụp hình cho bạn** don't move, I'm taking your photo

động đĩ *n.* brothel

động học *n.* dynamics

động kinh *v.* to fall into an epileptic fit or convulsion

động lòng *v.* to be touched with pity, to be hurt

động lực *n.* moving force, driving force

động mạch *n.* artery

động phòng *n.* nuptial chamber

động sản *n.* personal estate, chattels

động sinh học *n.* animal physiology

động tác *n.* movement, action, work, doing

động tâm *adj.* affected, touched by emotion

động thuỷ học *n.* hydraulics

động tĩnh *v., n.* movement and rest; development: **anh nên chờ xem động tĩnh ra sao?** you'd better wait to see how things develop

động từ *n.* verb

động vật *n., adj.* animal, animate being; zoological

động vật học *n.* zoology

động viên *v., n.* to mobilize [soldiers, or civilians for a job]; mobilization: **tổng động viên** general mobilization

đốp *n.* clapping [of hands], pop, smack [of bullet]

độp *n.* sound of a heavy thing falling on the ground, thud: **rơi độp một cái** to fall with a thud

đốt **1** *n.* finger joint, toe joint, phalanx, section **2** *v.* to light, to burn, to fire, to set fire to: **đốt pháo** to fire crackers **3** *v.* [of insects] to sting, to bite

đốt cháy *v.* to burn, to set blazing: **đốt cháy rừng** to set the bush aflame

đột *v.* R to act suddenly, abruptly, unexpectedly

đột biến *v.* to change suddenly: **tình hình đột biến đáng kể** the situation has changed suddenly

đột khởi *v.* to break out suddenly

đột kích *v., n.* to attack suddenly; surprise attack, rush attack, assault

đột ngột *adv.* suddenly, abruptly, unexpectedly, by surprise

đột nhập *v.* to break into, to burst into [**ai** precedes object]

đột nhiên *adv.* suddenly, unexpectedly

đột xuất *v.* to burst out of, to occur all of a sudden, to come out of the blue: **công tác đột xuất** an assignment comes out of the blue

đơ *adj.* stiff: **chân cứng đơ** a stiff leg

đớ *adj.* to be dumbfounded, to be speechless: **ông ấy đớ mặt ra vì không trả lời được** he is dumbfounded because he couldn't answer the questions

đờ *adj.* to be motionless, indolent, lazy: **lờ đờ** to be indolent, sluggish, [of eyes] dreamy, drowsy; **cứng đờ** stiff

đờ dẫn *adj.* stupid, unintelligent

đờ người *adj.* stunned, dumb

đỡ **1** *v.* to ward off, to parry [a blow]; to shield [from a missile]; to help [by taking the burden onto one's own shoulder]; to prop, to catch [ball, object]; to deliver [child]: **cô đỡ/bà đỡ** midwife; **cha đỡ đầu** godfather; **giúp đỡ** to help, to assist; **làm đỡ** to help [in work]; **nâng đỡ** to help, to back **2** *v.* to decrease, to be better, to diminish; to improve in health

đỡ đần *v.* to help, to assist

đỡ đầu *v.* to sponsor

đỡ đẻ *v.* to assist in childbirth, to deliver a baby

đỡ lời *v.* to speak in reply to

đới *n.* R zone [of earth]: **nhiệt đới** torrid zone; **hàn đới** frigid zone

đời *n.* [SV **thế**] life, existence CL **cuộc**; [SV **đại**] generation, times; world; reign: **mãn đời/suốt đời/trọn đời** throughout one's life; **qua đời** to pass away; **ở đời này** in this world; **đời này** in our days, these days; **(có) đời nào** never [verb preceded by **lại**]; **(có) đời nào tôi lại nói dối anh?** how can I possibly lie to you?

đời đời *adv.* eternally, perpetually, forever

đời người *n.* human life

đời sống *n.* living, livelihood, life, existence

đời sống đắt đỏ *n.* high cost of living

đợi *v.* to wait for: **chờ đợi/đợi chờ** to wait for; **mong đợi/trông đợi** to expect, to hope for

đợi thời *v.* to bide one's time

đơm 1 *v.* to fill [dish with food] neatly **2** *n.* eel pot CL **cái**

đờm *n.* spittle, spit, sputum, phlegm: **khạc đờm** to spit

đờm See **đảm**

đơn 1 *n.* application: **mẫu đơn** application form; **làm đơn** to write an application; **đầu/nộp đơn** to submit an application; **đơn hàng/hoá đơn** invoice; **đơn thuốc** doctor's prescription [with **kê, cho** to write] **2** *adj.* R to be single, alone; [of clothing] to be unlined, be of one layer [*opp.* **kép**]; [of number] to be odd: **cô đơn** alone; **chăn đơn** thin blanket

đơn bạc *n.* ingratitude

đơn độc *adj.* alone, isolated, solitary

đơn giản *adj.* simple, uncomplicated

đơn số *n.* odd number

đơn sơ *adj.* simple, meager, modest

đơn thân *adj.* single, alone

đơn tính *n.* unisex, unisexual

đơn trị *n.* uniform: **hàm số đơn trị** uniform function

đơn từ *n.* application

đơn vị *n.* unit [of measurement]; administrative or military unit

đớn hèn *adj.* miserable, wretched

đờn See **đàn**

đớp *v.* [of animals, insects] to snap up, to snatch, to catch

đợt *n.* wave, stage: **đợt sóng** wave; **chia ra làm nhiều đợt** to divide into many stages

đu *v.* to swing, to sway, to seesaw CL **cái, cây**: **đánh đu** to swing

đu đủ *n.* papaya CL **quả, trái**: **đu đủ ướp lạnh** iced papaya

đú *v.* to jest

đủ *adj.* sufficient; enough [object follows]; there is/are enough [*opp.* **thiếu**]: **ngần này sách đủ không?** are these books sufficient?; **anh có đủ tiền không?** do you have enough money?; **đầy đủ** complete; **trong buồng đó (có) đủ ánh sáng không?** is there enough light in that room?

đủ ăn *adj.* enough to eat, well-off

đủ dùng *adj.* sufficient, enough

đủ mặt *n.* all sorts [of], everyone

đua *v.* to compete, to race: **trường đua (ngựa)** race track; **thi đua** to emulate; **đua ngựa** horse race; **ngựa đua** race horse; **họ đua nhau mở trường tư** they are certainly opening private schools everywhere

đua chen *v.* to compete

đua đòi *v.* to copy, to imitate

đùa *v.* to amuse oneself: **nô đùa/chơi đùa** to play, to joke, to jest; **tôi nói đùa đấy** I was just kidding

đùa bỡn *v.* to joke, to jest

đùa nghịch *v.* to play, to fool around

đũa *n.* chopstick CL **chiếc** for one, **đôi** for pair: **đũa ngà** ivory chopsticks; **đũa bếp/cả** big flat chopsticks used in stirring and serving rice

đúc *v.* to cast, to mold [metal]; to cast [statue]: **bánh đúc** rice cake made of rice flour, and lime water; **rèn đúc** to produce, to create

đục 1 *v.* to chisel, to drill, to make [a hole], to perforate **2** *n.* chisel, carver **3** *adj.* turbid, muddy, troubled

đục chạm *v.* to carve

đục khoét *v.* to hollow out; to extort money

đục ngầu *adj.* cloudy, turbid, muddy, dirty [water]

đui *adj.* blind, sightless (= **mù**)

đùi *n.* thigh: **quần đùi** shorts, knee breeches

đũi *n.* silk, shantung

đùm *v.* to wrap, to envelop, to cover

đùm bọc *v.* to protect, to help, to assist [one's kin]

đun 1 *v.* to cook, to boil, to heat: **đun nước pha trà** to boil water for making tea **2** *v.* to push, to propel: **đun xe** to push a cart

đun bếp *v.* to light the kitchen stove, to cook

đun nấu *v.* to cook, to prepare meals

đùn *v.* to thrust, to push back, to reject, to shift [responsibility] onto somebody: **đùn việc cho ai** to shift responsibility onto someone;

ỉa đùn to open one's bowels in one's pants [said of a child]

đụn *n.* pile, heap: **chín đụn mười trâu** very wealthy, rolling in weath

đúng *adj., adv.* right, exact, correct, precise; exactly, correctly, precisely: **ba giờ đúng** 3 o'clock sharp; **đúng đường** right away

đúng đắn *adj.* right, correct, serious

đúng lúc *adv.* on time, in time: **đến đúng lúc** to arrive on time

đùng 1 *adv.* suddenly, unexpectedly: **lăn đùng ra chết** to die suddenly 2 *ejac.* boom! bang!

đùng đùng *adv.* loudly, violently

đủng đỉnh *v.* to go slowly, leisurely

đũng *n.* crotch [of trousers]

đụng *v.* to collide with, to touch on, to knock against, to hurtle: **đừng đụng đến tôi** don't touch me; **chung đụng** to have in common, to share

đụng chạm *v.* to bump against each other, to harm, to touch

đụng đầu *v.* to run into: **đụng đầu với những khó khăn** to run into difficulties

đụng độ *v.* to clash

đuốc *n.* torch CL **ngọn, bó**

đuôi *n.* tail; end: **đuôi sam** pigtail; **đầu đuôi** head and tail, top and bottom; **theo đuôi** to imitate, to follow; **nối đuôi** end to end, bumper to bumper

đuôi gà *n.* short pig-tail

đuôi nheo *n.* sheatfish's tail: **cờ đuôi nheo** triangular banner

đuối *adj.* tired, exhausted: **chết đuối** to be drowned; **yếu đuối** weak, feeble; **đắm đuối** to give oneself up to, passionate; **cá đuối** rayfish

đuổi *v.* to run after; to drive away, to expel, to dismiss: **đuổi theo** to chase; **theo đuổi** to pursue

đúp *v.* [Fr *double*] to duplicate; to repeat [a grade in school]

đụp *v., adj.* to patch over again; triple, three times

đút *v.* to insert; to put into; to feed: **đút tay vào túi quần** to put one's hands into the pockets of one's trousers; **đút lót/đút tiền** to bribe; **đút nút chai** to cork the bottle

đụt 1 *n.* coward, yellow, chicken 2 *v.* to take shelter: **đụt mưa** to take shelter from the rain

đừ *adj.* immobile, immovable: **mệt đừ** exhausted, worn out

đưa *v.* to take, to bring, to give, to hand; to lead, to guide; to see [someone] off: **đưa cho tôi miếng giấy** give me a piece of paper; **ông ấy vừa đưa một người bạn ra phi trường** he has seen his friend off at the airport

đưa chân *v.* to direct one's steps towards, to venture into: **đưa chân ai ra ga** to see someone off at the station

đưa dâu *v.* to accompany the bride [to the home of her husband]

đưa đà *v.* to push, to propel

đưa đám *v.* to follow the funeral procession

đưa đường *v.* to guide, to direct, to show the way to

đưa ma *v.* See **đưa đám**

đưa mắt *v.* to cast a glance at

đưa tình *v.* to ogle

đứa *n.* individual, CL for children or low status adults: **đứa bé, đứa trẻ** child

đứa ở *n.* house servant

đức *n.* virtue; [honorific prefix] His Majesty, Monsignor, His Holiness: **Đức Khổng Tử** Confucius; **đức Phật** Buddha; **nhân đức** kind, humane, generous, magnanimous; **thất đức** to have done a reprehensible thing

Đức *n.* Germany, German: **Đông Đức** East Germany; **Quốc Xã Đức** the Nazis

đức dục *n.* moral education, ethical instruction

đức độ *adj.* virtuous and tolerant

đức hạnh *n., adj.* virtue; virtuous

đức tính *n.* virtue, quality

đực *adj.* male [of all animals except chickens]: **giống đực** masculine [*opp.* **cái**]

đứng *v.* to stand, to be standing; to stop: **đứng dậy/lên** to stand up; **đồng hồ đứng rồi** the clock has stopped; **dựng đứng** to erect; **đứng ngoài** to keep oneself outside

đứng đắn *adj.* serious, correct

đứng đầu *adv., n.* to be at the head of; a leader of, chief of

đứng giá *n.* stable price

đứng lại *intj.* stop! halt!

đứng tuổi *adj.* middle-aged, mature

đừng *v.* to restrain [emotion, tears], do not, let us not: **anh đừng (có) đi** don't go; **đừng nói nhiều** don't talk too much

đựng *v.* to contain, to hold: **đựng nước** to contain water

được *adj., v.* acceptable, correct, fine, O.K., all right; to obtain, to get [game, harvest **mùa**; permission **phép** authority to do something]; to win [game **cuộc**, battle **trận**] [*opp.* **thua**]; to beat, to defeat [somebody]; to be, be allowed to [first verb in series]: **thế này có được không?** is this all right?; **em Toàn được thầy giáo khen** Toan was praised by the teacher; **50 giáo sư được chọn đi dự khóa tu nghiệp Anh văn** fifty teachers were selected to participate in the English workshop; **ăn được** eatable; **làm được** feasible

được kiện *v.* to win one's case [in court]

được mùa *v.* to have a good harvest

đười ươi *n.* orang utan

đượm *adj.* to be imbibed with a scent

đương *v.* See **đang**

đương *v.* to face, to resist, to oppose: **đương đầu** to confront, to face

đương cục *n.* authorities CL **nhà**

đương nhiên *adj., adv.* evident; obviously, naturally

đương sự *n.* interested party, applicant

đương thì *adj.* in full youth

đương thời *adj.* [of] the time, [at] that time

đường 1 *n.* sugar: **nước đường** syrup; **đường mật** sugar and honey 2 *n.* road, way, street, line: **lên đường** to set off, to start out; **dọc đường** on the way, enroute; **lạc đường** to be lost; **lầm đường lạc lối** to be astray

đường cái *n.* highway, main road

đường chéo *n.* diagonal

đường cong *n.* curved line, curve

đường đột *adv.* abruptly, suddenly, unexpectedly

đường đời *n.* path of life

đường đường *adv.* stately, openly, significantly, magnificently

đường giây nói *n.* telephone line, cable

đường hẻm *n.* narrow street, back street

đường hoàng *adj.* openly, in the open

đường kính *n.* diameter

đường nằm ngang *n.* horizontal

đường phân giác *n.* bisectrix, bisector

đường phèn *n.* sugar candy, rock sugar

đường sắt *n.* rail, railroad

đường tắt *n.* short cut

đường thẳng *n.* straight line

đường thẳng đứng *n.* vertical

đường thẳng góc *n.* perpendicular

đường tiệm cận *n.* asymptote

đường tròn *n.* circumference, circle

đường xích đạo *n.* equator

đứt *v.* [of string, thread, wire, rope] to be broken, [of skin] to be cut: **cắt đứt** to cut or snap off

đứt hơi *adj.* out of breath, exhausted: **mệt đứt hơi** exhausted, tired

đứt quãng *adj.* interruptive: **người nói đứt quãng** interruptive speaker

đứt ruột *adj.* deeply pained: **tiếc đứt ruột** to regret with a deep pain

E

e *v.* to be afraid; to fear: **tôi e rằng chúng ta sẽ trễ** I am afraid that we will be late

e dè *adj.* circumspect, cautious: **đừng e è gì, hãy nói thật** don't be so cautious, you should tell the truth

e lệ *adj.* shy: **cô gái đó thường e lệ khi đứng trước đám đông** that girl is often shy in front of a crowd

e ngại *v.* to hesitate: **ông ấy e ngại đến gặp tôi** he hesitates to meet me

e rằng *v.* to fear: **tôi e rằng bạn tôi sẽ gặp khó khăn** I fear that my friend will be in trouble

è cổ *v.* to bear a heavy load, to have to pay: **è cổ ra mà trả nợ** to have to pay debts

éc éc *v.* [of pig] to squeal

em 1 *n.* younger sibling: **em trai** younger brother CL **thằng, cậu, người, ông; em gái** younger sister CL **con, cô, người, bà** 2 *pron.* I, me [used by younger sibling to elder brother or elder sister, second person pronoun being **anh** or **chị** respectively]; you [used by elder brother or elder sister to younger sibling, first person pronoun being **anh**]; you [used by young man to his sweetheart or by husband to wife, first person pronoun being **anh**]; you [used to young child]

em dâu *n.* sister-in-law

em họ *n.* cousin [male or female]

em rể *n.* [one's younger sister's husband] brother-in-law

em út *n.* youngest brother or sister

ém *v.* to cover up, to hide: **ém chuyện đó đi, không nên nói với ai** to cover up that story, do not tell anyone

én *n.* swallow

eng éc *v., n.* [of pig] to squeal; squeal

eo *n.* waist: **đo vòng eo được bao nhiêu** to measure a waist to find out the circumference

eo bể *n.* straits

eo đất *n.* isthmus

eo éo *v.* to scream

eo hẹp *adj.* [of financial situation] scanty, too tight: **chúng tôi có cuộc sống eo hẹp lắm** we lead a very cash-strapped life

eo óc *n.* confused noise

eo ôi! *exclam.* interjection showing disgust, surprise

éo le *adj.* [of situation] tricky, full of surprises, awkward: **tình cảnh bạn tôi thật là éo le** my friend is in a very awkward situation

èo lả *adj.* weak, thin, feeble

ẽo ợt *adj.* in an effected voice: **ăn nói ẽo ợt** to speak in an effected voice

ép *v.* to squeeze, to press, to extract, to press out [oil, wine, etc.]; to force: **ép cam** to squeeze an orange; **ép ai làm việc gì** to force someone to do something

ép duyên *v.* to force a woman to marry against her will

ép nài *v.* to insist, to urge someone to do something

ép uổng *v.* to force, to compel

ẹp *adj.* crushed, flattened

ét *n.* [Fr. *aide-chauffeur*] driver's assistant

Ét Tô Ni *n.* Estonia, Estonian

ét xăng *n.* [Fr. *essence*] petrol, gasoline; **cây (ét) xăng, trạm (ét) xăng** petrol station, gasoline pump; **thùng ét xăng** jerry can; gasoline drum; gas tank [in car]

Ê

ê 1 *exclam.* hey!: **ê! đi đâu đấy?** hey! where are you going? 2 *adj.* numb, sore, aching 3 *v.* to be ashamed, to feel ashamed: **ê mặt/ê quá!** what a shame!

ê a *v.* to make noises loudly and unceasingly [as a child studying a primer aloud]

ê ẩm *adj.* tired, exhausted: **đau ê ẩm** a dull pain

ê chề *adj.* [of pain] overwhelmed by anguish

ê hề *adj.* abundant, too much: **thức ăn ê hề** too much food

ế *adj.* to have no customer, in little demand, quiet: **ế hàng** could not sell; **ế vợ** [of man] to have trouble getting a wife; **ế chồng** [of woman] to have trouble finding someone to marry

ếch *n.* frog: **ếch nhái** frog and tadpole

êm *adj.* [of music, voice] soft, [of weather] calm, [of seat, cushion] to be soft; **êm như ru** sweet

êm ả *adj.* quiet, peaceful, calm

êm ái *adj.* to be soft, tender, sweet; melodious

êm ấm *adj.* peaceful, tranquil, calm: **ông ta có cuộc sống êm ấm** he has a peaceful life

êm dịu *adj.* sweet, gentle: **lời nói êm dịu** sweet words

êm đềm *adj.* quiet and gentle

êm giấc *v., adj.* to sleep soundly; sleeping well

êm ru *adj.* very mild, very soft; smooth-sailing, quiet: **máy xe bạn nghe êm ru** your car engine is very quiet

êm tai *adj.* pleasing to the ear, melodious: **tiếng nhạc nghe êm tai** a melodious song

êm thấm *adj., adv.* amicable, peaceful; amicably

ểm *v.* to bring bad luck by one's presence; to exorcize: **ểm ma quỷ** to exorcize evil spirits

êu *intj.* bloody bad! phew!: **êu! xấu ơi là xấu phew!** it's very bad

êu ôi *exclam.* phew!: **êu ôi! sao thế!** phew! what happened?

G

ga 1 *n.* [Fr. *gas*] accelerator: **dận ga** to step on the accelerator; **tăng ga lên** to step hard on the accelerator 2 *n.* [Fr. *gare*] railroad station, bus station: **nhà ga** railway station; **xếp ga** station master

ga ra *n.* garage

gá *v.* to harbor [gamblers]

gà 1 *n.* [SV **kê**] chicken, fowl [CL **con**]: **trứng gà** egg; **cuộc chọi gà** cock fight; **chuồng gà** fowl house, hen house; **lồng gà** chicken coop 2 *v.* to give advice on, to assist someone

gà chọi *n.* fighting cock

gà con *n.* chick

gà giò *n.* chicken

gà gô *n.* young partridge

gà mái *n.* biddy, hen

gà mờ *adj.* dim, obscure: **mắt gà mờ** dim-sighted

gà nòi *n.* pure bred cock

gà rừng *n.* wood grouse, grouse

gà sống *n.* rooster

gà tây *n.* turkey

gà thiến *n.* capon

gà trống *n.* rooster

gả *v.* to give [one's daughter] in marriage

gã *n.* individual, block, chap, young man

gạ *v.* to court, to woo, to seduce [a young girl]; to coax, to wheedle, to cajole, to persuade: **bà ấy gạ bán đồng hồ đeo tay cho tôi** she cajoled me into selling her watch

gạ chuyện *v.* to try to approach someone

gạ gẫm *v.* to make approaches to, to persuade someone

gác 1 *n.* upper floor: **thang gác** staircase; **trên gác** upstairs 2 *v.* to put, to place, to set on: **gác chân lên bàn** to put one's legs on the table 3 *v.* [Fr. *garde*] to keep, to guard: **lính gác** watchman; **gác cửa** to keep the door; **người gác cửa** door-keeper; **canh gác** mounted guards

gác bếp *n.* kitchen shelf

gác bỏ *v.* to set aside: **gác bỏ ngoài tai** not to listen, to pay no attention to

gác bút *v.* to put away one's pen, to stop writing

gác chuông *n.* bell-tower, belfry: **gác chuông nhà thờ** a church bell-tower

gác thượng *n.* upper story, top floor

gác xép *n.* garret, loft, small floor

gạc 1 *n.* antlers [of deer] 2 *v.* to cross out: **gạc tên trong danh sách** to cross out the name on the list

gạch 1 *n.* brick: **nhà gạch** brick house; **lát gạch** to pave [with bricks or tiles]; **lò gạch** brick kiln 2 *v.* to draw [a line]; to cross out: **gạch một đường** to draw a line

gạch cua *n.* red yellow fat inside the shell of a crab

gạch dưới *v.* to underline: **gạch dưới những từ quan trọng** to underline the important words

gạch men *n.* tile

gạch nối *n.* hyphen [-]

gai 1 *n.* thorn: **chông gai** thorns and spikes; **gai ốc** goose pimples; **dây thép gai** barbed wire 2 *n.* hemp: **dây gai** hemp string

gai góc *adj., n.* difficult; obstacle, hurdle

gai mắt *adj.* bad-looking, shocking to the eyes

gái *n.* girl; female [as opp. to male **giai/trai**]: **mê gái** to be madly in love with a girl; **giai/trai gái** boy and girl, man and woman, male and female; to fool around with women; **nhà gái** the bride's family; **em gái** younger sister; **con gái** daughter; younger girl; **cháu gái** granddaughter; niece

gái điếm *n.* prostitute, street walker

gái giang hồ *n.* prostitute, street walker, whore

gái goá *n.* widow

gái nhảy *n.* taxi-dancer, dancing girl

gài *v.* to bolt, to button, to pin, to fasten: **gài cúc/gài khuy/gài nút** to button up

gãi *v.* to scratch: **gãi đầu gãi tai** to scratch one's ears; **gãi vào chỗ ngứa** to touch the right chord

gam *n.* [Fr. *gramme*] gram

gan 1 *n.* [SV **can**] liver [CL **buồng, lá**] 2 *v.* to be courageous, to be brave, to be tough: **bền gan** to keep patience; **nhát gan** timid, shy, cowardly; **cả gan** audacious, bold; **non gan** chicken-hearted 3 *n.* sole [of foot], palm [of hand]: **gan bàn tay** a palm of the hand

gan góc *adj.* fearless, intrepid

gan lì *adj.* calm and relaxed

gán *v.* to pawn, to attribute, to pledge: **gán cho ai lỗi lầm** to attribute mistakes to someone

gán ghép *v.* to force to take, to allot arbitrarily

gàn 1 *v.* to dissuade; to block, to prevent: **đừng gàn tôi, cứ để tôi làm** don't dissuade me, let me do it 2 *adj.* crazy, cracked, dotty; silly, stupid: **gàn dở** foolish, eccentric

gạn *v.* to decant, to purify: **gạn nước cho sạch** to decant water

gạn hỏi *v.* to press with questions, to interrogate thoroughly

gang 1 *n.* span [measure]: **gang tay** space between the ends of the thumb and the middle finger when extended; **gang tấc** short period 2 *n.* cast iron: **gang thép** iron

ganh *v.* to compete: **ganh nhau làm việc** to compete in work

ganh đua *v.* to vie, to compete

ganh tị *v.* to envy, to be jealous of: **ganh tị nhau những chuyện nhỏ nhặt** to envy each other in small things

gánh *v., n.* to carry with a pole and tow containers; to shoulder, to take charge; pole load: **gánh nước** to carry water; **đòn gánh** carrying pole; **gánh vác** to shoulder a responsibility

gánh hát *n.* troupe, theatrical company

gánh nặng *n.* burden, load

gáo *n.* dipper CL **cái**: **gáo dừa** dipper made of coconut shell

gào *v.* to scream, to roar, to howl, to cry, to shout: **kêu gào hòa bình** to clamor for peace

gạo 1 *n.* raw rice [cf. **cơm, lúa, thóc**]: **cơm gạo** rice, food; **giã gạo** to pound rice; **vo gạo** to wash rice; **xay gạo** to husk rice; **kiếm gạo** to earn one's living 2 *n.* kapok, bombax 3 *v.* to grind; to learn by heart: **gạo bài để đi thi** to learn by heart for examinations

gạo cẩm *n.* black glutinous rice

gạo chiêm *n.* summer rice

gạo mùa *n.* autumn rice

gạo nếp *n.* glutinous rice

gạo tẻ *n.* ordinary, non-glutinous rice

gạt 1 *v.* to level off, to scrape off; to reject, to brush aside; to ward off [blow] 2 *v.* to trick, to cheat, to deceive: **gạt người nào để lấy tiền** to cheat someone by taking his money; **lường gạt** to deceive 3 *v.* to elbow, to push aside: **gạt đám đông để đi** to elbow one's way through a crowd

gạt bỏ *v.* to refuse, to eliminate: **gạt bỏ ý kiến của ai** to reject someone's ideas

gạt lệ *v.* to brush away one's tears

gạt nợ *v.* to give something as payment of one's debt

gạt nước mắt *v.* See **gạt lệ**

gàu *n.* scoop, bailer, pail for drawing water

gàu dai *n.* bucket with long ropes, operated by two people

gàu sòng *n.* bucket with a long handle, hung from a tripod and operated by one person

gay *adj.* very red; tense: **đỏ gay** rubicund; **tình hình gay lắm** a tense situation

gay cấn *adj.* knotty, thorny, dangerous

gay gắt *adj.* bad-tempered, complaining

gay go *adj.* [of situation] tense, hard, [of fight] fierce

gáy 1 *n.* nape; scruff of the neck; back [of book]: **làm rợn tóc gáy** to make one's hair stand on end **2** *v.* to crow: **lúc gà gáy** at cockcrow

gảy *v.* to pluck, to play: **gảy đàn tây ban cầm** to play a guitar

gãy *v.* to be broken; to break, to snap: **bẻ gãy** to break; **gãy chân** to break one's leg

gãy gọn *adj.* [of speech] concise, neat

găm *v., n.* to pin, to point; pin, prick: **găm mấy tờ giấy nầy lại** to pin these papers

gặm *v.* to gnaw, to nibble

gắn *v.* to glue, to joint [broken pieces], to install, to fix: **gắn quạt điện** to install an electric fan; **gắn xi** to seal [up] with sealing wax; **gắn bó** to be attached to

găng **1** *adj.* tense, tight, taut **2** *n.* [Fr. *gant*] glove CL **chiếc** for one, **đôi** for a pair: **đeo găng tay** to wear gloves; **bỏ/tháo găng tay** to take off gloves

gắng *v.* to make efforts: **cố gắng** to try one's best

gắng công *v.* to do one's best

gắng gượng *v., adj.* to act unwillingly; against one's wishes

gắng sức *v.* to work hard, to do one's best: **ông ấy gắng sức làm cho xong việc** he worked hard to finish the job

gắp **1** *v.* to pick up with chopsticks: **gắp thức ăn** to pick up food **2** *n.* skewer: **gắp cá** a skewer of fish

gắp thăm *v.* to draw lots

gặp *v.* to meet, to encounter; to see, to run across: **tôi vừa mới gặp bạn tôi sáng nay** I have met my friend this morning

gặp dịp *v.* to have a favorable occasion, to be fortunate

gặp gỡ *n., v.* unexpected meeting; to meet, to encounter

gặp mặt *v.* to be reunited, to meet: **bạn cũ gặp mặt nhau** old friends are reunited

gặp nhau *v.* to meet one another

gặp phải *v.* to meet with: **gặp phải khó khăn** to meet with difficulties

gặp thời *v.* to have a good opportunity, to meet with good fortune: **bạn tôi gặp thời buôn bán phát đạt** my friend has a good opportunity to do business

gắt *adj., v.* strong, violent, harsh, biting; to grumble [at], to scold, to chide: **đừng gắt với con bạn** don't scold your child

gắt gao *adj.* keen, desperate, intense

gắt gỏng *adj., v.* grouchy; to be in a temper; to lose one's temper

gặt *v.* to reap, to harvest: **gặt hái** to harvest; **vụ gặt** harvest; **thợ gặt** reaper

gấm *n.* brocade and satin: **gấm vóc** brocade and glossy flowered satin/silk

gầm **1** *v.* to bow one's head in shame or anger

2 *n.* space underneath [table, bed]; underpass: **dưới gầm trời này** in this world; **dưới gầm bàn** underneath a table

gầm thét *v.* to bawl: **ông ấy gầm thét lên khi tức giận** he bawls when he's angry

gậm *v.* [of rodents] to gnaw

gân *n.* nerve; tendon; sinew; vein [as seen from outside]: **gân xanh**; nervure; **lấy gân** to flex one's muscles; **hết gân** to be worn out

gân cổ *v.* to harden the neck: **gân cổ cãi** to disapprove obstinately

gân guốc *adj.* sinewy; rugged

gần *adj., adv.* near, close; about to [precedes main verb]; nearly, almost: **gần đây** not far from here; recent(ly); **họ gần** near relation, close relative; **gần đó** thereabout

gần gũi *adv.* side by side, alongside

gần xa *adv.* everywhere, every place, far and wide

gấp **1** *v.* to fold, to close [a book]: **gấp sách lại** to close the book **2** *adj.* urgent; in a hurry

gấp bội *adj.* manifold, multiple

gấp đôi/hai *adj.* double: **sản phẩm tăng gấp đôi** production has doubled

gấp rút *adj.* very urgent, pressing

gập *v.* See **gặp**

gập ghềnh *adj.* uneven, broken, rough, bumpy: **đường gập ghềnh** rough road

gật *v.* to nod: **gật đầu chào** to greet someone with a nod; **ngủ gật** to fall asleep while sitting or standing

gật gà gật gù *v.* See **gật gù**

gật gù *v.* to nod repeatedly

gâu gâu *n.* the barking of a dog, bow-wow

gấu **1** *n.* bear CL **con**: **ăn như gấu** to eat gluttonously; **hỗn như gấu** very impolite **2** *n.* hem, fringe [of dress]: **gấu quần** cuffs of trousers

gầu *n.* dandruff, scurf

gẫu *adj.* idle, aimless: **nói chuyện gẫu** to chat idly

gây **1** *v.* to bring about, to cause, to provoke: **gây ra chiến tranh** to provoke a war **2** *v.* to quarrel

gây chiến *v.* to provoke a war

gây chuyện *v.* to cause a quarrel

gây dựng *v.* to create, to constitute, to establish, to set up

gây gãy *v.* to feel feverish

gây giống *v.* to crossbreed

gây gỗ *v.* to pick a quarrel

gây hấn *v.* to incite wars, to provoke hostilities

gây loạn *v.* to incite a rebellion

gây mê *v.* to anesthetize

gây oán *v.* to create enemies

gây sự *v.* to try to pick a quarrel

gây thù *v.* to create enemies

gầy *adj.* (= **ốm**) thin, skinny, emaciated, lean, gaunt [*opp.* **béo, mập**]

gầy còm *adj.* very thin

gầy gò *adj.* thin, skinny

gầy mòn *adj.* growing thinner, losing flesh, weakened, enfeebled

gầy nhom *adj.* skin and bones, gaunt, emaciated

gẩy *v.* See **gảy**

gẫy *v.* See **gãy**

gậy *n.* stick, cane: **chống gậy** to lean on a cane

gậy gộc *n.* sticks

ghe *n.* (= **thuyền**) junk, sampan, bark, craft, boat [CL **chiếc**]

ghe chài *n.* junk, fishing junk

ghé *v.* to stop at; to come close, to call at, to drop in: **ghé thăm bạn** to call at a friend's place; **ghé tai ai** to lean one's ear towards

ghé mắt *v.* to have a look at, to glue one's eyes to

ghé vai *v.* to share one's responsibility

ghè *v.* to break, to crush, to strike, to hit

ghẻ **1** *n.* itch, scabies: **cái ghẻ** acarid **2** *adj.* to be cold, indifferent: **ghẻ lạnh** indifferent; **dì ghẻ, mẹ ghẻ** step-mother

ghẻ lạnh *adj.* indifferent

ghẻ lở *n.* itch, scabies

ghẹ *n., v.* at the expense of; to sponge something: **ăn ghẹ** to sponge on; **đi ghẹ xe** to get a ride with somebody

ghém *n.* salad, mixed [raw] vegetables: **ăn ghém rau** to eat mixed vegetables

ghen *v., adj.* jealous; envious: **máu ghen** jealousy

ghen ghét *v.* to be jealous, to covet; to hate

ghen tuông *v.* to be jealous in love

ghẹo *v.* to tease; to bother: **ghẹo gái** to flirt with girls

ghép *v.* to assemble, to join, to unite, to graft: **ghép các chữ cái để thành một từ** to join letters to make a word; **ghép hai cây hồng** to graft two roses

ghét **1** *n.* dirt, filth [rubbed off body or skin] **2** *v.* to detest, to hate: **ông ấy không ghét ai cả** he doesn't hate anyone; **yêu cho vọt, ghét cho chơi** to spare the rod and spoil the child

ghét bỏ *v.* to abandon because of hate

ghét cay ghét đắng *v.* to hate someone's guts

ghê *v., adv.* to be horrified [so as to tremble], to shiver, to shudder, to have one's teeth on edge, to be horrible, terrible; terribly

ghê gớm *adj.* frightful, awful, formidable

ghê người *adj.* frightful, awful

ghê răng *v.* to set the teeth on edge

ghê sợ *adj.* terrific, awful, terrible, horrible

ghê tởm *adj.* sickening, disgusting, nauseous, repulsive

ghế **1** *n.* chair, seat, bench **2** *v.* to stir [boiled rice in pot] with chopsticks before lowering the fire and putting the lid on

ghế bành *n.* armchair, easy chair

ghế dài *n.* bench, seat

ghế dựa *n.* chair [with a back]

ghế đẩu *n.* stool, tabouret

ghế ngựa *n.* wooden bed [made of two or four boards resting on trestles]

ghế trường kỷ *n.* wooden sofa, couch

ghế xích đu *n.* rocking chair, swing

ghếch *v.* to lean on, to lean against, to rest on

ghếch chân *v.* to set, to put one's feet up on an object

ghềnh *n.* fall, waterfall, cataract: **lên thác xuống ghềnh** up hill and down dale

ghi **1** *v.* to record, to note, to write down: **ghi những câu nầy** write down these sentences; **ghi tên** to register one's name, to enlist; **ghi lòng tạc dạ** to remember [favor] for ever; **đáng ghi nhớ** noteworthy **2** *n.* [Fr. *aiguille*] switch on railroad: **bẻ ghi** to shunt, to switch off [rail]; **phu bẻ ghi** pointsman

ghi chép *v.* to note, to make a note of something; to inscribe, to write down: **ghi chép bài học** to write down a lession

ghi nhận *v.* to acknowledge [receipt of something]

ghi nhớ *v.* to remember: **ghi nhớ số điện thoại của ai** to remember someone's telephone number

ghi tên *v.* to put one's name down, to sign up, to register

ghì *v.* to hold tight, to tighten: **ôm ghì** to clasp, to embrace; **trói ghì** to tie up

ghim *n., v.* pin; to pin

ghim băng *n.* safety pin

gì *n., pron.* (= **chi**) what?; anything, everything, something: **Ông hỏi gì?** what can I do for you?; **cái gì?, những gì?** What?; **Anh muốn gì?** what do you want?; **Anh muốn gì cứ bảo tôi** if you want something [anything] just tell me; **nói gì nó cũng cười** he laughs at everything; **không cần gì?** it doesn't matter; **hèn gì** no wonder; **gì bằng** wouldn't it be better to ...?

gia **1** *n.* R house, household, home, family (= **nhà**): **quốc gia** state, nation; **đại gia** great family; **nhạc gia** in laws **2** *n.* R -ist, -er, -ian, as a suffix: **chính trị gia** statesman, politician; **khoa học gia** scientist; **tiểu thuyết gia** novelist; **nông gia** farmer **3** *v.* R to increase (= **thêm**): **tăng gia** to increase

gia ân *v.* to grant a favor

gia bảo *n.* family treasure

gia biến *n.* family disaster

gia bộc *n.* servant

gia cảnh *n.* family situation

gia cầm *n.* domestic birds, pets: **không được mang theo gia cầm lên máy bay** pets are not allowed on board

gia chánh *n.* home economics, cooking

gia chủ *n.* head of family: **đối với người Việt, chồng là gia chủ** to the Vietnamese, the husband is the head of his family

gia cư *n.* habitation, dwelling, abode

gia dĩ *adv.* moreover, besides, furthermore

gia dụng *n.* family use, appliances

gia đinh *n.* servant, attendant

gia đình *n.* family, home: **vô gia đình** homeless; **có gia đình** to have a family [wife and children]

gia giảm *v.* to increase and decrease, to make necessary adjustments

gia giáo *n.* family education: **cô ấy sinh ra trong một gia đình gia giáo** she was born in an educated family

gia hạn *v.* to extend [a period], to renew: **gia hạn hợp đồng** to renew a contract

gia hương *n.* native village

gia lễ *n.* family rites

Gia Nã Đại *n.* Canada, Canadian

gia nhân *n.* servants: **đối xử tử tế với gia nhân** to treat servants well

gia nhập *v.* to enter, to participate in, to join: **gia nhập quân đội** to join the army

gia phả *n.* family register, family tree, family history

gia phong *n.* family tradition

gia quyến *n.* family, relatives, dependents

gia sản *n.* family inheritance

gia súc *n.* domestic animals, pets

gia tài *n.* family inheritance, family property

gia tăng *v.* to increase: **gia tăng dân số** to increase the population

gia thanh *n.* the family reputation

gia thất *n.* family, household: **thành gia thất** to get married

gia thế *n.* genealogy, family situation

gia tiên *n.* ancestors, forefathers: **làm lễ gia tiên trong lễ cưới** to pray to ancestors on a wedding day

gia tốc *v.* to speed up, to accelerate

gia tộc *n.* family, tribe, household

gia trọng *v.* to add weight [as evidence] [*opp.* **giảm khinh**]: **trường hợp gia trọng** aggravating circumstances

gia truyền *adj.* hereditary

gia trưởng *n.* head, chief of the family

gia tư *n.* family property

gia vị *n.* spice, seasoning, condiment

giá 1 *v., n.* to cost; cost, price, value: **bán đấu giá** auction; **bán hạ giá** discount sale; **tăng giá** to raise the price; **hạ giá, giảm giá** to reduce the price; **đánh giá** to value, to estimate; **danh giá** reputation, honor, fame; **đáng giá** valuable; **vô giá** priceless, invaluable **2** *n.* bean sprouts, green shoots from peas **3** *n.* shelf, easel, support: **giá sách** book case **4** *conj.* if, suppose: **giá thử/giá dụ tôi mua xe nầy, ông bán bao nhiêu** if I buy this car, how much will it cost? **5** *adj.* cold, freezing

giá áo *n.* coat rack, portmanteau

giá bán *n.* selling price

giá biểu *n.* price list, price schedule

giá buôn *n.* purchase price

giá buốt *adj.* bitter, biting cold

giá cả *n.* price, cost

giá dụ *v., adv.* to suppose, let's presume that; for example

giá lạnh *n.* a biting cold

giá mua *n.* purchase price

giá mục *n.* price list

giá sách *n.* bookshelves, bookcases

giá thể *adv.* if, for example

giá thú *n.* marriage certificate: **ký giấy giá thú** to sign a marriage certificate

giá thử *adv.* if, for example

giá tiền *n.* price, cost, worth, value

giá trị *n.* value, worth: **có giá trị** to be valuable

già *adj., v.* [SV **lão**] old, aged; to grow old, to get old, to become old, to age; to be skilled [*opp.* **trẻ**]; [of texture, food] tough [*opp.* **non**]

già cả *adj.* very old: **cha mẹ tôi đã già cả** my parent are very old

già cằng *adj.* very old

già giặn *adj.* experienced, skilled, mature

già nua *adj.* old, aged

già yếu *adj.* old and weak

giả 1 *adj.* fake, simulated, feigned, pretentious, sham; false, counterfeit: **bạc giả** [*opp.* **thật, thực**] counterfeit money; **làm giả** to counterfeit, to falsify **2** *n.* R he who, that which, a person, *-er*, *or* as suffix: **tác giả** author, writer; **sứ giả** envoy, ambassador; **trưởng giả** the bourgeoisie, the middle class; **diễn giả** speaker; **học giả** scholar; **thính giả** listener; **giả đang nói với tôi** he was speaking to me **3** *v.* (= **trả**) to give back, to pay [back]; (= **hoàn**) to return, to refund: **trả/giả lại** to give the change

giả bộ *v.* to sham, to pretend: **cô ấy giả bộ ngây thơ** she pretends to be naive

giả cách *v.* to simulate, to sham

giả cầy *n.* pork stew

giả dạng *v.* to disguise oneself [**làm** as]

giả danh *v.* to pose as, to call oneself

giả dối *v., adj.* to be false, deceitful; fake, hypocritical: **ăn nói giả dối** to lie, to tell a lie

giả đò *v.* to pretend, to make believe

giả hiệu *adj.* feigned, false, sham

giả lại *v.* to answer, to return; to refund

giả mạo *v.* to forge, fake, counterfeit

giả như *v.* to suppose that

giả sử *v.* See **giả như**

giả tảng *v.* to sham, to pretend

giả thiết *v.* to suppose

giả thuyết *n.* hypothesis

giả trang *v.* to disguise oneself

giả vờ *v.* to pretend, to make believe: **giả vờ đau** to pretend to be sick

giã 1 *v.* to pound [rice, etc.] with a pestle (= **đâm**); to beat [slang]: **giã gạo** to pound rice 2 *v.* to neutralize: **thuốc giã độc** antidote, counter poison

giã ơn *v.* to thank, to show one's gratitude

giã từ *v.* to take leave of, to say goodbye

giác 1 *n.* R horn (= **sừng**): **tê giác** rhinoceros 2 *n.* R angle (= **góc**): **hình tam giác** triangle; triangular; **lượng giác học** trigonometry 3 *n.* R dime (= **hào, cắc**) 4 *v.* to cup: **ống giác** cupping glass

giác mô *n.* cornea

giác ngộ *v.* to awaken, to realize

giác quan *n.* organ of sense: **năm giác quan** the five sense organs: **khứu giác** smelling; **thị giác** eyesight; **thính giác** hearing; **vị giác** taste; **xúc giác** touch

giác thư *n.* memorandum, diplomatic note

giai *n.* (= **trai**) boy; male [as opp. to female **gái**]: **con giai** son, young boy; **em giai** younger brother; **bạn giai** boyfriend; **nhà giai** the bridegroom's family; **cháu giai** grandson, nephew; **đẹp giai** handsome

giai cấp *n.* [social] class, caste: **đấu tranh giai cấp** class struggle

giai điệu *n.* melody

giai đoạn *n.* period, phase, stage: **dự án chia ra nhiều giai đoạn khác nhau** the project has different stages

giai lão *v.* to grow old together [as husband and wife]: **bách niên giai lão** to live together for a hundred years

giai nhân *n.* beautiful lady, exquisite woman: **trong thành phố nầy thiếu gì giai nhân** in this city, there are many beautiful ladies

giai phẩm *n.* beautiful, exquisite literary work

giai tác *n.* elegant, fine literary composition

giai thanh *n.* distinguished young man, gentleman: **giai thanh gái lịch** gentlemen and women of fashion

giai thoại *n.* beautiful story, anecdote

giải 1 *v.* R to untie, to unfasten (= **cởi**); R to solve, to disentangle: **giải đáp** to answer, to reply; **giải nghĩa** to explain 2 *v.* to deliver, to hand [a criminal, prisoner] over to officials; to transport [a criminal] under guard 3 *v.* to spread, to lay out: **giải khăn bàn** to lay out a table cloth 4 *n.* prize, award: **giải nhất** first prize

giải binh *v.* to disarm, to demobilize

giải buồn *v.* to relieve the tedium, to break the monotony

giải cứu *v.* to save, to rescue

giải đáp *v.* to answer, to solve: **giải đáp thắc mắc** to answer enquiries

giải độc *v.* to be antidotal

giải giáp *v.* to disarm

giải giới *v.* to disarm

giải hoà *v.* to make peace, to reconcile

giải khát *v.* to quench thirst: **đồ giải khát** refreshments, drinks

giải khuây *v.* to alleviate, to allay one's sorrow

giải lao *v.* to have a break, to take a rest: **giờ giải lao** break time, coffee break

giải muộn *v.* See **giải buồn**

giải nghệ *v.* to retire, to leave one's profession

giải nghĩa *v.* to explain: **làm ơn giải nghĩa từ nầy cho tôi** please explain this word for me

giải ngũ *v.* to be discharged from the army

giải nhiệt *n.* febrifugal, heat-relieving

giải oan *v.* to clear [oneself or someone] of an unjust charge

giải pháp *n.* solution [to a problem]

giải phẫu *v., n.* to dissect; to have an operation; surgery: **bà ấy vừa giải phẫu mắt xong** she has had an eye operation

giải phóng *v.* to emancipate, to liberate

giải quán quân *n.* championship

giải quyết *v.* to solve [a difficulty]

giải sầu *v.* See **giải buồn**

giải tán *v.* to dissolve [a body], to adjourn; to break up, to scatter

giải thích *v.* to explain, to interpret

giải thoát *v.* to rid oneself, to liberate, to release, to free

giải thuyết *v.* to explain, to interpret

giải tích *v., adj.* analyzing; analytic

giải trí *v.* to have a distraction, to have recreation, to relax, to entertain

giải vây *v.* to break a blockade, to raise a siege

giãi *v.* to manifest, to show, to expose

giãi bày *v.* to convey one's thought/feeling: **giãi bày tâm sự** to reveal one's heart/feelings

giãi tỏ *v.* to manifest, to show

giam *v.* to detain, to confine, to imprison: **nhà giam** prison, jail; **trại giam** concentration camp; **bị giam** imprisoned

giam cầm *v.* to detain, to imprison

giam hãm *v.* to detain, to restrain, to lock up, to confine

giam lỏng *v.* to put under house arrest, to prevent from going outside/over a limit

giám *v.* R to supervise, to directly examine, to control

giám định viên *n.* expert, inspector

giám đốc *n.* director, supervisor: **ban giám đốc** board of directors; **phó giám đốc** vice director

giám học *n.* vice principal [of high school], director of courses

giám hộ *n.* guardian

giám khảo *n.* examiner: **hội đồng giám khảo** examination commission

giám mục *n.* bishop: **tổng giám mục** archbishop

giám sát *v.* to control, to inspect: **uỷ hội giám sát đình chiến** armistice control commission

giám thị *n.* overseer, proctor, invigilator

giảm *v.* to decrease, to reduce, to diminish [*opp.* **tăng**]

giảm bớt *v.* to reduce, to discount

giảm khinh *v.* to lighten [burden, punishment] [*opp.* **gia trọng**]: **trường hợp giảm khinh** extenuating or palliating circumstances

giảm thiểu *v.* to decrease, to reduce, to lessen

giảm thọ *v.* to shorten life

gian 1 *adj.* [*opp.* **ngay**] dishonest, deceitful, fraudulent, cheating, tricky, crooked: **bọn gian** villains; **ăn gian** to cheat; **Việt gian** traitor [Vietnamese] 2 *n.* apartment, compartment, room, house; R interval (= **khoảng**), space: **nhà có ba gian** the house has three rooms; **không gian** space

gian ác *adj.* dishonest and wicked

gian dâm *adj.* adulterous

gian dối *adj.* tricky, deceitful, false

gian giảo *adj.* cheating, shifty

gian hàng *n.* stall, stand: **đi đến gian hàng bán quần áo** to go to the clothing stalls

gian hiểm *adj.* crafty, artful, wily, sneaky, treacherous

gian hùng *n.* scoundrel

gian khổ *adj., n.* hard; hardship, adversity

gian lao *adj., n.* hard; hardship, adversity

gian lận *v.* to trick, to cheat [at an exam]

gian nan *adj.* difficult, laborious, troubled, hard

gian nguy *adj.* dangerous, perilous

gian nịnh *n.* wily flatterer

gian phi *n.* malefactor, evildoer

gian phu *n.* adulterer

gian phụ *n.* adulteress, loose woman

gian tà *adj.* pernicious, perfidious

gian tặc *n.* brigand, bandit

gian tham *adj.* covetous, dishonest, greedy

gian thần *n.* traitor [among mandarins]

gian trá *adj.* cheating, false, crooked

gian truân *n.* adversity, trial, hard life

gián *n.* cockroach [CL **con**]: **thuốc trừ gián** cockroach killer

gián điệp *n.* spy [CL **tên, tay**]; espionage: **phản gián điệp** counter spy; counter espionage

gián đoạn *v.* to interrupt

gián hoặc *adv.* in the event, in case

gián thu *adj.* [taxes] indirect, [as opp. to **trực thu** direct]

gián tiếp *adv., adj.* indirectly; indirect: **thuế gián tiếp** indirect tax

giàn *n.* arbor, rack, scaffold, trellis, pergola

giàn giụa *adj.* bathed in tears

giản dị *adj.* simple, easy: **sống một đời sống giản dị** to live a simple life

giản dị hóa *v.* to simplify

giản đồ *n.* diagram

giản đơn *adj.* simple, uncomplicated

giản lược *n.* summary, brief, abstract, synopsis

giản minh *v.* to be concise

giản tiện *adj.* practical, convenient

giản ước *v.* to be concise, simple, compact

giản yếu *adj.* essential, elementary, concise

giãn *v.* to slacken, to relax, to become distended, to stretch [*opp.* **co**]: **vải nầy co giãn** this fabric is stretchable

giang 1 *n.* R [large] river (= **sông**); R in names of rivers: **Cửu long giang** the Mekong River; **Dương Tử giang** the Yangtze river; **quá giang** to cross the river; to get a lift 2 *n.* a kind of bamboo with tough fibers used to make ropes

giang biên *n.* river bank, riverside

giang hồ *adj., n.* errant; adventure: **khách giang hồ** adventurer; **gái giang hồ** prostitute, whore, harlot, street walker

giang khẩu *n.* mouth of a river

giang sơn *n.* rivers and mountains; country, homeland, fatherland; burden of responsibility in family

giáng 1 *v.* R to demote, to lower; to descend 2 *v.* to give a hiding

giáng cấp *v.* to demote to a lower rank

giáng chỉ *v.* [of emperor] to publish an edict

giáng chiếu *v.* See **giáng chỉ**

giáng chức *v.* to demote

giáng hạ *v.* to descend

giáng sinh *v.* to be born: **lễ (Thiên Chúa) Giáng Sinh** Christmas; **đêm Giáng Sinh** Christmas Eve; **cây Giáng Sinh** Christmas tree

giáng thế *v.* to come into the world

giảng *v.* to explain, to teach, to preach: **giảng giải** to explain; **diễn giảng** to lecture; **giảng bài học** to explain a lesson

giảng dạy *v.* to teach

giảng đạo *v.* to preach a religion

giảng đề *n.* topic, subject [of lecture]

giảng đường *n.* amphitheater, lecture room, auditorium

giảng giải v. to explain, to expound
giảng hoà v. to make peace, to conciliate
giảng khoa n. subject, course of study
giảng kinh v. to comment on the classics
giảng luận v. to dissert, to expound
giảng nghĩa v. to explain, to interpret
giảng nghiệm trưởng n. senior assistant [in laboratory, university]
giảng nghiệm viên n. assistant [in laboratory, university]
giảng sư n. assistant professor [in university] Cf. **giáo sư, giảng viên**
giảng tập v. to teach, to drill
giảng viên n. lecturer
gianh n. (= **tranh**) thatch: **mái gianh** thatched roof
giành 1 v. to secure, to win: **giành được giải nhất** to win the first prize **2** n. basket [for fruit]
giành giật v. to scramble for, to dispute
giao v. to entrust [**cho** to], to deliver [object, merchandise]; to assign: **giao việc cho ai** to assign someone to do something
giao cảm adj. sympathetic [nerve]
giao cấu v. to have sexual intercourse
giao chiến v. to be engaged in fighting
giao dịch v. to trade, to communicate
giao du v. to contact frequently with, to be friends with, to accompany: **không nên giao du với thành phần bất hảo** don't befriend bad people
giao điểm n. point of intersection
giao hảo v. to have a good relation, to contact someone friendly; to have amicable relations with
giao hẹn v. to agree; to promise conditionally: **ông ấy đã giao hẹn với tôi là ông ấy sẽ trả nợ** he promised conditionally to pay his debts
giao hoán v. to exchange [culture, prisoners-of-war, etc.]
giao hoàn v. to return, to give back: **giao hoàn chiếc xe nầy cho chủ cũ** to return this car to the former owner
giao hợp v. to have sexual intercourse
giao hưởng n. symphony: **dàn nhạc giao hưởng** a symphony orchestra
giao hữu n. friendship: **trận đấu giao hữu** friendship match
giao kèo n. contract: **ký/làm giao kèo** to sign a contract
giao kết v. to establish relations
giao lưu v. to exchange relations [trade, culture]
giao ngân v. to hand money to
giao phó v. to trust, to entrust, to assign
giao tế n., v. public relations; to receive guests, to entertain guests: **Sở Giao tế** Public Relations Office

giao thiệp v. to deal with, to contact with, to socialize: **giao thiệp với bạn bè cùng sở** to socialize with colleagues
giao thông v., n. to communicate; communication [roads, railroads]; transportation: **phương tiện giao thông** means of communication; **giao thông công cộng** public transportation
giao thời n. transition period, turning point
giao thừa n. the transition hour between the old year and the new year; New Year's Eve
giao tiếp v. to be in contact, to have relations with
giao ước v. to promise, to pledge oneself [to]
giáo 1 n. lance, long-handled spear CL **ngọn, cây 2** v., n. R to teach, to instruct; R doctrine, religion, cult: **nhà gia giáo** good family; **ông giáo/thầy giáo** teacher; **tam giáo** the three traditional religions, e.g., Confucianism, Buddhism and Taoism; **Ấn độ giáo** Hinduism; **Cơ đốc giáo** Christianity, Protestantism; **Do thái giáo** Judaism; **Gia tô giáo** Catholicism; **Khổng giáo** Confucianism; **Lão giáo** Taoism; **Phật giáo** Buddhism; **Thiên chúa giáo** Christianity, Catholicism; **nhà truyền giáo** missionary
giáo án n. teaching plan, syllabus
giáo chủ n. prelate, cardinal: **Hồng y giáo chủ** Cardinal
giáo cụ n. teaching aids
giáo dân n. the Catholic followers/believers
giáo dục n., v. education; to educate: **có giáo dục** well educated, well bred; **vô giáo dục** ill bred; **Bộ Quốc gia Giáo dục** Ministry/Department of National Education; **Bộ trưởng Giáo dục** Minister of Education, Secretary of State for National Education; **giáo dục căn bản** fundamental education; **bình dân giáo dục** mass education; **giáo dục con cái** to educate children
giáo đầu v., n. to begin, to start; preliminary, preface, prologue
giáo điều n. dogma, commandment
giáo đình n. papal court
giáo đồ n. disciple, follower, believer
giáo đường n. place of worship; church
giáo giới n. educational world; teachers [as a group]
giáo hoá v. to educate, to civilize
Giáo hoàng n. Pope
giáo học n. teacher
giáo hội n. church, congregation
giáo huấn to teach, to educate, to re-educate: **trại giáo huấn** re-education camp
giáo hội n. church, denomination; congregation
giáo khoa n. subject [of study]: **sách giáo khoa** textbook

giáo khu *n.* diocese
giáo lý *n.* religious doctrine, religious teaching
giáo phái *n.* religious sect
giáo sĩ *n.* missionary, priest
giáo sinh *n.* student teacher; student [of normal school]
giáo sư *n.* university professor
giáo thụ *n.* teacher [old term]
giáo thuyết *n.* religious theory
giáo trình *n.* teaching syllabus/curriculum: **giáo trình tiếng Việt** Vietnamese syllabus
giáo viên *n.* primary/secondary school teacher
giáo vụ *n.* teaching service, department of teaching
giảo hình *n.* hanging [as a punishment]
giảo hoạt *adj.* crafty, artful; glib [old term]
giảo quyệt *adj.* artful, crafty, cunning
giảo trá *adj.* hypocritical
giáp **1** *v., adj.* to be close up to; near, adjacent: **anh ấy ở giáp bên tôi** he lives next door to me **2** *n.* armor: **áo giáp** bulletproof vest **3** *n.* cycle of twelve years: **anh ấy hơn tôi một giáp** he is twelve years older than I
giáp bào *n.* armor
giáp chiến *v.* to fight face to face
giáp giới *v.* to be near the border, to share the same border
giáp khoa *n.* laureate
giáp lá cà *v.* to fight face to face
giáp mặt *v.* to come face to face, to meet face to face
giáp năm *n.* last days of the year
giáp trận *v.* to join a battle
giạt *v.* to run around, to drift
giàu *adj.* rich, wealthy, well-off: **người giàu và người nghèo** the rich and the poor
giày *n.* (= **giầy**) shoe: **giày da** leather shoe
giày dép *n.* foot-wear
giày vò *v.* to torment, to nag
giày xéo *v.* to trample upon
giãy *v.* See **giẫy**
giặc *n.* pirate, invader, aggressor, rebel, enemy: **đánh giặc** to fight the enemy
giặc biển *n.* sea pirates
giặc giã *n.* piracy; war, hostilities
giăm bào *n.* shavings of wood
giăm bông *n.* ham
giẫm *v.* to crush, to tread, to trample: **giẫm ớt** to crush a chili pod
giằn *v.* to put down heavily, to stress [angrily]
giằn vặt *v.* to nag at, to torment: **bị lương tâm dằn vặt** to be tormented by one's conscience
giăng *n.* (= **trăng**) [SV **nguyệt**] moon: **mặt giăng, ánh giăng** moonlight; **gấu ăn giăng** eclipse of the moon
giăng *v.* to spread, to stretch [net **lưới**, sail **buồm**]

giằng *v.* to snatch, to pull towards oneself in a dispute
giằng co *v.* to pull about
giằng xé *v.* to snatch and tear something; to get at someone's throat: **giằng xé nhau vì quyền lợi** to get at one another's throat for benefits
giặt *v.* to wash, to launder: **giặt quần áo** to wash clothes; **thợ giặt** laundryman; **tiệm giặt/giặt ủi** laundry shop
giặt giũ *v.* to wash, to launder
giấc *n.* sleep, slumber; dream: **giấc ngủ** nap; **giấc mơ** dream; **ngủ một giấc** to take a nap; **ngủ quá giấc** to oversleep; **ngon giấc** to sleep soundly; **tỉnh giấc** to wake up; **yên giấc ngàn thu** to die
giấc điệp *n.* beautiful dream
giấc mộng *n.* (= **giấc mơ**) dream
giấm *n.* vinegar: **ngâm giấm** to preserve in vinegar
giầm *n.* paddle
giậm *v.* to stamp one's foot
giậm dọa *v.* to frighten, to terrorize
giần *n., v.* winnowing basket; to sift
giận *adj.* angry: **nổi giận** to get angry; **tức giận** to be furious
giận dỗi *v.* to lose one's temper
giận dữ *v.* to be infuriated, to be enraged: **giận dữ ai thế?** who are you enraged with?
giập *v.* to be cracked, to be bruised, to crush: **những quả chuối nầy đã bị giập rồi** these bananas were bruised
giập mật *adv.* hard, soundly: **làm giập mật để kiếm tiền** to work hard to earn money
giật *v.* to pull forcibly, to jerk, to snatch; to steal loan money: **giật chuông** to ring the bell [by pulling a rope]; **giật của ai** to rob someone of his belongings
giật gân *adj.* [of music] hot, thrilling, sensational: **phim giật gân** thrilling movies
giật giây *v.* to pull the strings, to control from behind the scene
giật mình *v.* to be startled
giật lùi *v.* to move back, to go backward
giấu *v.* to hide, to conceal
giấu giếm *v.* to hide
giầu *n.* betel (= **trầu**)
giầu không *n.* betel
giậu *n.* hedge
giây **1** *v.* to smear, to get involved in: **ông ấy giây vào việc rắc rối làm gì** he got involved in problems **2** *n.* second [of time]: **mất mười giây đồng hồ** it takes ten seconds
giây lát *n.* (= **giây phút**) a moment, in a second
giấy *n.* paper CL **cái, tờ giấy**: **phòng giấy** office; **giấy bạc** banknote; **bạc giấy** paper money; **giấy tờ** paper, document

giấy báo *n.* notice, card, notification: **giấy báo thi** notification for examination

giấy bóng *n.* glassine paper; cellophane

giấy chứng minh *n.* identity card: **giấy chứng minh nhân dân** identity card of a citizen

giấy chứng nhận *n.* certificate: **giấy chứng nhận sức khoẻ** health certificate

giấy đi đường *n.* travel document

giấy giá thú *n.* marriage certificate

giấy khai sinh *n.* birth certificate

giấy kính *n.* cellophane

giấy lọc *n.* filter paper

giấy lộn *n.* waste paper

giấy nhám *n.* sand paper

giấp nháp *n.* drafting paper

giấy nhật trình *n.* newsprint; old newspapers

giấy phép *n.* permit, license

giấy sáp *n.* wax paper, stencil

giấy thấm *n.* blotting paper

giấy thiếc *n.* tin foil

giấy thông hành *n.* passport

giấy vệ sinh *n.* toilet paper

giẫy **1** *v.* to clean [a field]: **giẫy cỏ** to weed **2** *v.* to wriggle, to strive, to struggle: **còn giẫy** kicking still

giẫy giụa *v.* to struggle

giẫy nảy *v.* to start up, to jump, to surprise

giẻ *n.* rag, dust cloth

giẻ cùi *n.* jay

gièm *v.* to berate, to disparage, to slander

gièm pha *v.* to backbite, to vilify, to talk down

gieo *v.* to sow, to cast

gieo mạ *v.* to sow rice seeds

gieo mình *v.* to throw oneself

giẹp *adj.* flat, flattened, collapsed

giêng *n.* the first month of the lunar year, January: **tháng giêng** January; **ra giêng** next January, early next year

giếng *n.* well: **nướcgiếng** well water; **đào giếng** to drill a well

giếng khơi *n.* a deep well

giếng mạch *n.* artesian well

giếng phun *n.* artesian well

giết *v.* [SV **sát**] to kill, to murder, to assassinate; to slaughter: **giết người cướp của** to kill people during a robbery

giễu *v.* to tease, to kid, to joke, to jest: **chế giễu** to mock

giễu cợt *v.* to tease, to joke

gìn giữ *v.* to keep, to preserve, to guard: **gìn giữ sạch sẽ** to keep clean

gió *n.* [SV **phong**] wind [CL **cơn, trận**]: **trời gió** to be windy

gió bắc *n.* northern wind

gió hanh *n.* dry and cold wind

gió lốc *n.* whirlwind

gió lùa *n.* draft

gió may *n.* zephyr

gió mậu dịch *n.* trade winds

gió mùa *n.* monsoon

gió nồm *n.* southern wind

giò **1** *n.* meat paste [wrapped in banana leaf]: **chả giò** Saigon spring rolls **2** *n.* foot [of pig, chicken], leg: **chân giò** pig's feet

giò bì *n.* minced pork and pork skin paste

giò lụa *n.* lean pork paste

giò thủ *n.* pig's head paste

giỏ *n.* market basket, flower basket

giòi *n.* worm, maggot

giỏi *adj.* good, adept, skilled, clever, able, capable; well: **học giỏi** to be smart or to do well in school; **mạnh giỏi** well, in good health; **nói giỏi tiếng Anh** to speak English very well

giòn *adj.* crispy, brittle, [of laugh] hearty, tinkling

giòn tan *adj.* very crispy

giong **1** *v.* to go away, to travel: **đi giong** to walk away, to saunter, to stroll **2** *n.* bamboo branch, bamboo twig

gióng **1** *n.* stump, section of bamboo tree or sugar cane: **gióng mía** sugar cane stick **2** *v.* to prod [goad, urge] with beatings

giòng **1** *n.* line: **giòng kẻ xuống giòng** to go to the next line or paragraph **2** *n.* current, flow, stream: **giòng nước** water flow

giọng *n.* voice, tone; intonation; tone of Vietnamese word [SV **thanh**]; accent, voice pitch: **nói tiếng Việt giọng Anh** to speak Vietnamese with an English accent

giọng kim *n.* soprano

giọng lưỡi *n.* lingo, tongue: **giọng lưỡi kẻ cướp** lingo of robbery

giọt *n.* drop: **giọt mưa** rain drop; **giọt máu** blood drop; **từng giọt** drop by drop

giọt lệ *n.* tears

giỗ *n.* [SV **kỵ**] anniversary of death, memorial day: **giỗ chạp, giỗ tết** festivals

giỗ đầu *n.* the first anniversary of the death of a person

giỗ hết *n.* the third anniversary of the death of a person

giỗ tết *n.* anniversaries and festivals

giối *v.* (= **trối**) to make the last recommendations; to write a will: **lời giối giăng** last will

giồi *n.* (= **nhồi**) blood pudding

giỗi *v.* to get angry, to get upset

giội *v.* to pour water on something/someone

giông *n.* storm, rainstorm: **giông bão** thunderstorm

giông giống *adv.* somewhat similar, alike

giông tố *n.* hurricane, storm, tempest (= **bão tố**)

giống **1** *n.* species, breed, strain, race; sex, gender: **hạt giống** seeds; **thóc giống** rice seeds; **nòi giống** race **2** v. to resemble, to look like, to be similar: **nó giống ba nó** he looks like his father

giống cái n. feminine

giống đực n. masculine

giống hệt adj. to be as like as two peas

giống người n. mankind, human race

giống như v. to look like

giống nòi n. race

giống vật n. animal

giồng v. (= **trồng**) to plant, to cultivate, to grow

giộp v. to blister [because of burn, scalding, sunburn]: **hai bàn tay bị giộp** both hands were blistered

giơ v. to raise [hand, foot]; to show: **giơ mặt** to show oneself; **giơ tay lên** to raise one's hands

giờ n. time; time of the clock; hour: **bây giờ là mấy giờ?** what time is it now?; **bây giờ** now; **bấy giờ** at that time; **một giờ** one o'clock; one hour, an hour; **một giờ đồng hồ** one hour; **nửa giờ** half an hour; **hai giờ rưỡi sáng** 2.30 a.m.; **ba giờ kém năm** five to three; **giờ ăn sáng** breakfast time; **đúng giờ** to be punctual

giờ đây n. now, at the present time

giờ giấc n., v. time; schedule; to stick to a schedule

giờ lâu adj. long, long time

giở **1** v. to alter, to change **2** v. to untie, to unwrap, to open: **giở sách** to open a book

giở chứng v. to change one's conduct

giở dạ v. [of woman] to begin to have labor pains

giở giọng v. to change one's tune

giở giời n. change of weather

giở mặt v. to change one's line of conduct

giở mình v. to turn over in bed

giở rét v. to become cold, to be cold again

giơi n. bat

giới n. sex; world, circles: **giới buôn bán** business circles

giới hạn n., v. limit, limitation; to limit: **giới hạn bài nói chuyện trong vòng hai giờ** to limit a talk to two hours

giới nghiêm n. curfew, martial law: **ban hành lệnh giới nghiêm** to declare martial law/curfew

giới thiệu v. to introduce [socially]: **tôi xin giới thiệu bạn tôi với ông** may I introduce my friend to you

giới tuyến n. demarcation line

giời (= **trời**) sky, heaven; weather, climate; God, Lord, Providence, Heavens; R long: **ba tháng giời** three long months; **giữa giời** in the open air, outdoors; **trên giời** in the sky;

chầu giời to die, to pass away; **có (mà) giời biết** Heaven knows; **Giời ơi!** good heavens!; **Giời sáng chưa?** is it light yet?; **Giời mưa** it's raining outside; **chân giời** horizon; **Chúa Giời** God; **mặt giời** the sun

giời đánh n. God's punishment

giời đất n. nothing at all [in negative statements]: **nó say, chẳng biết giời đất gì** he was dead drunk and wasn't conscious of anything

giời giáng v. to have a nasty fall

giờn v. to flit, to flitter about, to wander

giỡn v. to play, to romp: **giỡn với con** to play with children

giợn v. to feel a thrill: **làm giợn tóc gáy** to make one's hair stand on end

giũ v. to shake the dust or water off

giũa v. to file; to smooth, to polish: **giũa móng tay** to file one's finger-nails

giục v. to urge on, to incite/motivate someone to do something: **giục ai làm việc** to urge someone to work

giúi **1** v. to push with force, to thrust: **giúi ai ngã** to push someone to fall **2** v. to slip something secretly: **giúi tiền vào túi ai** to slip money into someone's pocket

giủi n. bow/stack net

giụi v. to rub, to stamp out: **giụi mắt** to rub one's eyes

giùm v. to aid, to help: **giùm một tay** to give help, to give a hand

giun n. worm, earthworm; **thuốc giun** vermifuge

giun dế n., adj. worms and crickets; feeble

giun sán n. worms and tapeworms

giúp v. to help, to aid: **giúp đỡ ai việc gì** to help someone do something

giúp ích to be of service to, to be useful

giúp sức v. to help, to back up

giúp việc v. to aid, to assist, to collaborate

giữ v. [SV **thủ**] to keep, to hold, to maintain; to protect, to guard, to watch over: **gìn giữ** to maintain, to preserve; **canh giữ, phòng giữ** to guard; **giữ độc quyền** to have the monopoly of; **giữ lời hứa** to keep one's promise, one's word; **giữ miếng** to stand on one's guard; **giữ miệng** to hold one's tongue; **giữ mình** to be on one's guard; **giữ nhà** to guard the house; **giữ sổ sách** to keep books; **giữ trật tự** to maintain order; **giữ việc** to assume work

giữ bo bo v. to guard jealously

giữ gìn v. to maintain, to preserve, to be careful

giữ khư khư v. to guard jealously

giữ trẻ v. to mind children

giữa n., adv. [SV **trung**] in the middle, in the center; amidst, between, among: **giữa đường** half way, on the way; **giữa trời** in the open air; **giữa ban ngày** in broad daylight; **giữa trưa** midday, noon

giương *v.* to open one's eyes wide, to stare; to stretch string: **giương mắt mà xem** to stare at someone

giường *n.* bed CL **cái**: **làm giường** to make the bed; **liệt giường** to be bedridden; **khăn giải giường** bed sheet; **dưới gầm giường** under the bed

giường chiếu *n.* bed and mat

giựt *v.* (= **giật**) to snatch; to win; to pull: **tên cướp giật tiền hành khách** the thief snatched the passenger's money; **giật giải túc cầu thế giới** to win the World Cup

go *n.* woof, weft

gò 1 *n.* mound, knoll CL **cái**: **gò má** cheekbone 2 *v.* to tighten, to hammer into shape

gò bó *v.* to impose strict discipline; [of written style] to be affected

gò cương *v.* to draw in the rein, to pull in the reins, to rein

gò đống *n.* hillock

gò gẫm *v.* to forge [written style]

gò lưng *v.* to bend the back

gò má *n.* cheekbone

gõ *v.* to knock, to nap, to rap: **gõ cửa nhà ai** to knock on the door of someone's house; **chim gõ mõ** woodpecker; **gõ đầu trẻ** to teach

gõ lại *v.* to straighten [warped metal surface]

goá *adj.* widowed: **goá chồng** to be a widow; **goá vợ** a widower

góc *n.* angle, corner; portion, fraction, piece [of a cake]: **góc vuông** right angle; **góc nhọn** acute angle

gói *v., n.* to wrap up; to pack; parcel, package, pack, bundle: **gói quà** to wrap up a present; **một gói thuốc lá** a pack of cigarettes

gỏi *n.* special Vietnamese dish made of prawn, pork and vegetables, Vietnamese coleslaw

gọi *v.* (= **kêu**) to call, to hail, to summon; to name: **gọi là** to be named…, as a matter of form; **kêu gọi** to appeal to, to call upon; **lời/tiếng gọi** call, appellation, appeal

gọi cổ phần *v.* to call upon shareholders

gọi cửa *v.* to knock at the door

gom *v.* to gather together [money]: **gom các thứ lại để cho vào thùng** to gather everything for packing

gòn *n.* cotton, wadding

gọn *v., adj.* to be neatly arranged, to dress neatly; to be methodical, systematic, in order: **văn gọn** concise style

gọng *n.* rim, frame, framework: **gọng ô** umbrella frame; **ngã chổng gọng** to fall on one's back with arms and feet pointing upward

gọng kìm *n.* prongs, tines [of pincers]; two pronged [attack]

goòng *n.* [Fr. *wagonnet*] tip cart, tip wagon

góp *v.* to contribute, to donate; to pay jointly with others or on installment: **góp chung tiền trả hoá đơn** to share the bill, to contribute; **góp phần** to contribute one's share [**vào** to]; **giả/trả góp** to pay in installments

góp chuyện *v.* to take part in a conversation

góp nhặt *v.* to collect little by little, to accumulate

góp phần *v.* to take part in, to participate in: **góp phần xây dựng thành phố** to take part in the building of a city

góp sức *v.* to focus one's energies on

góp vốn *v.* to pool capital in a business

gót *n.* heel [of foot, shoe]: **theo gót** to follow; **nhẹ gót** to have a quick stop; **quay gót** to turn around

gót sen *n.* L pretty girl

gọt *v.* to peel [fruit] with knife, to sharpen [pencil]

gô 1 *n.* partridge **gà gô** 2 *v.* to tie, to tie up, to bind [RV **lại**]

gồ *adj.* prominent, jutting out, protruding, projecting: **trán gồ** prominent forehead

gồ ghề *adv.* uneven, rough, broken, hilly, bumpy, unsmooth: **đường gồ ghề** rough road

gỗ *n.* [SV **mộc**] (= **cây**) wood, timber, lumber: **gỗ cứng** hardwood; **than gỗ** wood coal; **đống gỗ** wood pile; **mọt gỗ** woodeater; **bè gỗ** raft of timber; **bằng gỗ** wooden

gỗ dán *n.* veneered wood

gốc *n.* [SV **bản**] foot [of a tree]; root: **gốc cây** foot of a tree; **nguồn gốc** origin; **tiền gốc** capital

gốc gác *n.* origin, descent

gốc lãi *n.* principal and interest

gốc ngọn *adv.* from the beginning to the end: **đầu đuôi gốc ngọn** thoroughly

gốc tích *n.* origin, descent

gộc *adj.* [slang] big, large, huge

gối 1 *n.* pillow, cushion, bolster [CL **cái**] to rest one's head [**đầu**] [**vào** on]: **áo gối** pillowcase; **nhồi gối** to stuff a pillow 2 *n.* knee: **đầu gối** knee; **quì gối/xuống gối** to kneel down; **mỏi gối** to be tired [after sitting, walking]; **bó gối** to be at a loss, be helpless

gồi *n.* latania, macaw tree

gội *v.* to wash one's hair: **gội đầu** to wash one's hair; **tắm gội** to bathe, to wash up

gốm *n.* pottery: **đồ gốm** pottery

gồm *v.* to total up; to include, to comprise: **gồm có** to consist of; **bao gồm** to include

gôn *n.* [Fr. *goal*] goal in soccer or football: **người giữ gôn** (= **thủ môn**) goalkeeper

gông *n.* cangue; stocks [used on criminals]

gông cùm *n.* yoke, slavery

gồng *n.* a magic power of making oneself invulnerable to weapons

gồng gánh *v.* to carry with a pole

gộp *v.* to add up: **gộp các món chi tiêu lại để thanh toán** to add up all expenses for payment

gột *v.* to clean [with brush and water]; to wipe

gột rửa *v.* to clean and wash; to get rid of

gở *adj.* [of an omen **điềm**] ill [*opp.* **lành**]

gỡ *v.* to unravel, to disentangle, to extricate, to clear up [knot, embarrassing situation]; to recover [money lost at gambling]

gỡ đầu *v.* to comb out one's hair

gỡ gạc *v.* to profit, to take advantage of

gỡ nợ *v.* to pay off a debt

gỡ tội *v.* to exculpate, to clear oneself

gởi *v.* See **gửi**

gợi *v.* to arouse, to awaken, to revive [emotion, memories], to strike up [conversation], to whet [desires]: **gợi nhớ** to revive memories; **gợi ý** to give a suggestion

gớm *adj.* horrified; horrible, terrible, dreadful, disgusting: **đau gớm** terrible pain; **gớm ghê** frightful, horrible

gờm *v.* to be scared of, to be afraid of

gợn *adj., n.* [of water] rippled, wavy; flaw [in gem]

gợn sóng *adj.* undulating, wavy

gợt *v.* to scum, to skim

gù 1 *v.* to coo [of dove] 2 *adj.* hunch-backed: **người gù lưng** a hunch-backed person

gụ *n.* a kind of tough wood used for furniture

gục *v.* to bend down [one's head **đầu**]: **ngã gục xuống** to slump down

guốc *n.* wooden shoe or clog [CL **chiếc** for one, **đôi** for a pair]: **đi guốc** to wear wooden clog

guồng *n.* propellor; spinning wheel; machine, machinery: **guồng máy** machinery, apparatus

gừ *v.* [of dog] to snarl, to growl

gửi *v.* to send, to forward, to remit, to dispatch; to entrust, to leave in someone's care

gửi lại *v.* to commit, to entrust someone with something; to send back

gửi lời *v.* to send a message

gửi rể *v.* [of a son-in-law] to live with one's wife's family

gửi thân *v.* to die: **gửi thân ở nơi đất khách quê người** to die in a foreign country

gừng *n.* ginger CL **củ** for root, **nhát** for slices: **mứt gừng** candied ginger, gingersnap

gươm *n.* sword [CL **lưỡi, thanh**]: **mang, đeo gươm** to carry a sword; **tuốt/rút gươm** to draw a sword; **Hồ Gươm** the Sword Lake

gườm *v.* to scowl, to glower: **làm sao mà bạn gườm ông ta thế?** why should you scowl at him?

gượm *v.* to hold back, to postpone: **gượm đã!** hold it!

gương *n.* [SV **kính**] mirror CL **cái, tấm**: **soi gương** to look in the mirror; **theo gương/noi gương** to follow the example of

gương mặt *n.* appearance, face, look: **gương mặt sáng sủa** good-looking face

gương mẫu *n.* model, example: **giáo viên luôn là người gương mẫu cho học sinh** a teacher is always a model for students

gương tốt *n.* good example

gượng *v., adj.* to do something reluctantly, to make efforts; unnatural: **gượng cười** to smile reluctantly

H

ha! *intj.* [exclamation of joy, surprise] ah! oh!

ha hả *adv.* loudly: **cười ha hả** to laugh loudly

há 1 *v.* to open wide [one's mouth]; to be opened: **giầy há miệng** torn shoes; **tầu há mồm** landing ship 2 *adv.* how?, is it not obvious that?

há dễ *adj.* not easy at all: **há dễ gì được công việc tốt** it is not easy at all to find a good job

há hốc *v.* to gape, to open one's mouth wide

hà 1 *v.* to breathe, to blow: **hà hơi** to breathe 2 *n.* oyster, teredo 3 *n.* R river (= **sông**): **sông Ngân Hà** the Milky Way river; **sông Hồng Hà** Red River [in North Vietnam]

hà chính *n.* tyranny

hà hiếp *v.* to oppress: **hà hiếp dân lành** to oppress the common people

hà khắc *adj.* tyrannical, very harsh

hà khốc *adj.* tyrannical

hà lạm *adj.* graft-ridden

Hà Lan *n.* Holland, Dutch: **đậu Hà Lan** string beans

hà mã *n.* hippopotamus

Hà Nội *n.* Hanoi [capital of Vietnam]

hà tần hà tiện *adj.* to be miserly, stingy

hà tất *adv.* what is the use of?, why?; no need: **vấn đề đã rõ, hà tất phải nói làm gì** the issue is clear, no need to say anything

Hà Thành *n.* [the city of] Hanoi

hà tiện *adj.* miserly, stingy: **ông ấy giàu lắm nhưng rất hà tiện** he is very rich but stingy

hả 1 *v.* to lose flavor or perfume, to taste flat: **rượu nầy hả hơi rồi** this wine tastes flat 2 *adj., v.* to be satisfied, to be content; to vent one's anger: **nói cho hả dạ/hả hê** to speak out by venting one's anger 3 *adv.* [final particle denoting surprise]: **thế hả?** is that so?

hạ 1 *n.* (= **hè**) summer: **mùa hạ** summer season 2 *v.* to lower [price, flag, sail]; [of planes] to land; to issue [orders]; to beat, to defeat [opponent]; to bring down: **hạ giá bán** to lower the price; **máy bay vừa hạ cánh** the plane has landed

hạ bệ *v.* to topple: **tổng thống vừa bị hạ bệ** the president has been ousted

hạ bộ *n.* man's sexual organs, man's private parts

hạ bút *v.* to begin to write

hạ cánh *v.* to land, to touch down: **máy bay vừa hạ cánh** the plane has landed

hạ cấp *n.* low level, lower rank, subordinate

hạ chí *n.* summer solstice

hạ cố *v.* to condescend: **hạ cố đến ai** to condescend to someone

hạ cờ *v.* to lower the national flag

hạ du *n.* delta, lowland

hạ giá *v.* to lower the price, to reduce the price: **tất cả hàng hoá nầy đều hạ giá** the price of all these goods has been reduced

hạ giới *n.* this world [*opp.* **thiên đàng**]

hạ huyệt *v.* to lower the coffin into the grave

hạ lệnh *v.* to command, to order

hạ lưu *n.* downstream; low class

hạ mã *v.* to dismount, to get off one's horse

hạ màn *v.* to lower the curtain

hạ mình *v.* to stoop, to condescend

hạ nghị viện *n.* lower house, House of Representatives, House of Commons

hạ ngục *v.* to send to prison

hạ sĩ quan *n.* non-commissioned officer

hạ tầng **1** *n.* lower layer: **hạ tầng cơ sở** infrastructure **2** *v.* to reduce/to demote to a lower rank: **hạ tầng công tác** to regrade a job level

hạ thần *n.* I, me [your humble subject]

hạ thổ *v.* to bury, to inter

hạ thủ *v.* to kill someone

hạ thuỷ *v.* to launch [a ship]

hạ tuần *n.* last ten days of a month

Hạ Uy Di *n.* Hawaii, Hawaiian

hạc *n.* crane, flamingo [CL **con**]: **cưỡi hạc** to pass away

hách *adj., v.* authoritative, unduly stern; to show off one's power

hách dịch *adj.* imperious: **khúm núm với cấp trên nhưng hách dịch với cấp dưới** to be obsequious towards one's superiors but imperious towards one's subordinates

hạch *n.* R nucleus [of atom]

hạch **1** *n.* gland, ganglion: **bị hạch ở cổ** to have a ganglion on the neck; **bệnh dịch hạch** plague **2** *v.* to find faults with, to demand this and that

hạch xách *v.* to insult someone

hai *num.* [SV **nhị**] two, double: **mười hai** twelve; **hai mươi** twenty; **một trăm hai** [**mươi/chục**] one hundred and twenty; **một trăm linh/lẻ hai** one hundred and two

hai chấm *n.* colon (:)

hai lòng *adj.* double-faced, duplicitous, disloyal

hai thân *n.* parents

hái *v.* to pick, to pluck [fruit, flower, vegetable]: **hái cam** to pick an orange

hài **1** *v.* R to laugh at, to harmonize, to be humorous: **khôi hài** to be humorous, joking, comedian-like; **hài lòng** to be happy, satisfied, content **2** *n.* slipper [CL **chiếc** for one, **đôi** for a pair]

hài cốt *n.* bones, remains

hài hước *adj.* comic, humorous: **chuyện hài hước** humorous story

hài kịch *n.* comedy

hài nhi *n.* infant, baby

hải *n.* R sea, ocean (= **bể**): **hải cảng** seaport; **hải sản** seafood; **hàng hải** to navigate, navigation

hải cảng *n.* seaport

hải cẩu *n.* seal [CL **con**]

hải chiến *n.* naval battle

hải dương *n.* ocean

hải đảo *n.* island

hải đồ *n.* sea chart

hải đăng *n.* lighthouse

hải đường *n.* cherry apple flower

hải hà *adj.* immense, vast

hải khẩu *n.* mouth of a river

hải lục không quân *n.* all three armed forces [navy, army and air force]

hải lưu *n.* sea current

hải ly *n.* beaver

hải lý *n.* nautical mile

hải mã *n.* sea horse, hippocampus

Hải Nam *n.* Hainan Island

hải ngoại *adv.* overseas, abroad: **đi ra hải ngoại** to go overseas

hải phận *n.* territorial waters

hải phòng *n.* coast guard

Hải Phòng *n.* Haiphong

hải quân *n.* navy: **căn cứ hải quân** naval base; **hải quân lục chiến đội** marine corps

hải quân *n.* navy, naval forces

hải sâm *n.* trepang, holothurian, sea slug

hải tặc *n.* pirate

hải triều *n.* tide

hải vận *n.* sea transport, maritime transport

hải vị *n.* seafood

hải yến *n.* salangane

hãi *adj.* afraid of

hãi hùng *adj.* fearful, frightening

hại *v.* to harm; to damage, to hurt: **có hại** harmful [**đến/tới** to]; **làm hại đến/tới** to harm; **tai hại** disastrous

ham *v.* to be fond of, to be mad about: **tôi biết anh ấy không ham tiền tài** I know he doesn't care for money

ham chuộng *v.* to esteem
ham mê *v.* to be passionately fond of
ham muốn *v.* to desire
ham thích *v.* to desire, to love
hám *adj.* greedy for: **hám danh lợi** greedy for fame and gain
hàm 1 *n.* jaw: **hàm răng/răng hàm** molar; **răng tiền hàm** premolar; **hàm trên** upper jaw; **hàm dưới** lower jaw; **quai hàm** jawbone 2 *n.* rank, grade, dignity: **phẩm hàm** honorary
hàm ân *v.* to be grateful
hàm hồ *adj.* ambiguous, indefinite, aggressive, thoughtless, inconsiderate
hàm oan *v.* to suffer an injustice
hàm răng *n.* denture, set of teeth: **làm sạch răng** to clean the denture
hàm số *n.* function [algebra]
hàm súc *adj.* meaty, substantial
hàm thiếc *n.* bit [of horse]
hàm thụ *n.* correspondence course: **ghi danh học hàm thụ** to enroll for a correspondence course
hàm tiếu *n.* [of flower] to begin to open
hãm *v.* (= **phanh, thắng**) to stop [car, machine], to put the brakes on
hãm hại *v.* to assassinate, to murder, to harm
hãm hiếp *v.* to rape, to molest
hãm tài *adj.* [of face] unpleasant, ominous look
hạm đội *n.* fleet: **Đệ Thất Hạm Đội** the 7th Fleet
hạm trưởng *n.* warship's captain
han *v.* to get rusty
Hán *n.* Chinese: **chữ Hán** Chinese characters, Chinese script
Hán học *n.* Chinese studies, Sinology: **nhà Hán học** Sinologist
Hán tự *n.* Chinese [written] characters, Chinese script
Hán văn *n.* Chinese language or literature
hàn 1 *v.* to weld, to solder; to heal [a wound]: **thợ hàn** welder; **hàn xì** welding; **hàn điện** electric welding; **hàn chì** coarse soldering 2 *adj.* R to be cold (= **rét**); R poor, needy: **cảm hàn** to catch cold; **thương hàn** typhoid fever
Hàn *n.* Korea, Korean: **Bắc Hàn** North Korea; **Nam Hàn** South Korea; **Đại Hàn Dân Quốc** the Republic of [Greater] Korea
hàn đới *n.* Arctic circle, frigid zone
hàn gắn *v.* to bandage, to heal: **hàn gắn vết thương chiến tranh** to heal the war wounds
hàn huyên *v., adj.* to chat; friendly
hàn lâm viện *n.* academy
hàn nhiệt *n.* fever
hàn nho *n.* poor scholar
hàn sĩ *n.* impoverished student
hàn thiếc *n.* fire soldering

hàn thử biểu *n.* thermometer
hàn vi *adj.* poor and humble
hãn hữu *adj.* R rare, scarce, exceptional: **cơ hội hãn hữu** a rare opportunity
hạn 1 *n.* limit, deadline; ill luck: **hạn chế/có hạn** limited; **công ty hữu hạn** corporation/company limited; **vô hạn** unlimited; **kỳ hạn** deadline; **giới hạn** boundary; **quyền hạn** limit of authority 2 *n.* drought: **hạn hán** drought
hạn chế *v.* to limit, to restrict: **không hạn chế** no restriction, unlimited
hạn định *v.* to fix, to determine
hạn độ *n.* fixed limit, restriction
hạn giới *n.* limit
hạn hán *n.* drought
hạn kỳ *n.* term, limit
hạn vận *n.* ill luck
hang *n.* cave, den, cavern
hang hốc *n.* cavern, hole, hollow
hang hùm *n.* tiger's den
háng *n.* hip: **giạng háng** to spread one's legs out
hàng 1 *n.* row, line, ranks: **xếp hàng** to stand in line, to queue: **làm ơn sắp hàng ở đây và đợi đến lượt gọi** please queue here and wait to be called 2 *n.* [SV **hoá**] merchandise, goods, wares, cargo: **hàng hoá** goods; **cửa hàng** shop, store 3 *v.* to surrender [to]: **đầu hàng** to surrender
hàng ba *n.* veranda
hàng chữ *n.* line [of letters, types]
hàng cơm *n.* restaurant
hàng giải khát *n.* snackbar
hàng giang *n.* river navigation
hàng hải *v., n.* to navigate; navigation: **nhà hàng hải** navigator, seafarer; **thuật hàng hải** navigation; **công ty hàng hải** shipping company
hàng họ *n.* business, trade
hàng hoá *n.* goods, merchandise, commodity
hàng không *n.* aviation; aerial navigation, airline: **công ty hàng không** airline company; **hàng không dân sự** civil aviation
hàng không mẫu hạm *n.* aircraft carrier
hàng năm *adj., adv.* yearly, year after year
hàng ngày *adj., adv.* daily, day after day
hàng ngũ *n.* [army] troops; ranks; community
hàng nước *n.* teahouse, teashop
hàng phố *n.* street dwellers; one's street
hàng phục *v.* to surrender, to yield to
hàng quán *n.* inn, store, shop
hàng rào *n.* hedgerow, hedge, fence
hàng rong *n.* hawker, peddler, street vendor, huckster
hàng tạp hoá *n.* haberdashery, grocery, department store, dime store, five and ten store

hàng thịt *n.* butcher's shop
hàng tỉnh *n., adj.* fellow citizens from the same province; provincial
hàng tổng *n.* fellow citizens from the same canton
hàng xách *n.* broker, comprador
hàng xã *n.* fellow villagers
hàng xáo *n.* rice dealer, rice hawker
hàng xén *n.* haberhashery, shop of miscellaneous goods, dime store, five and ten store
hàng xóm *n.* neighbor
hãng *n.* firm, company, agency: **hãng buôn** commercial firm; **hãng tàu** shipping company
hạng *n.* category, kind, rank, class: **thượng hạng** first class; **nhất hạng** first of all; **hảo hạng** top quality, **hạng nhất** first class; **hạng nhì** second class; **hạng bét** tourist class, lowest class
hanh *adj.* [of weather] cold and dry
hanh thông *adj.* easy, flowing, going well
hành 1 *n.* scallion, onion: **một củ hành tây** an onion 2 *v.* R to act, to execute: **thi hành** to carry out, to execute [an order]; **cử hành** to perform, to celebrate; **thi hành** to practice; **chấp hành** to execute; **quyền hành** power 3 *v.* to torment, to wreck: **con bệnh hành ông ta** he was a wreck due to his sickness 4 *v.* R to go, to travel (= **đi**): **bộ hành** to go on foot; to be a pedestrian; **xuất hành** to start out, to set out, to leave; **khởi hành** to start a trip; **song hành** parallel; **tuần hành** parade; **thông hành** passport
hành binh *n.* military operation
hành chính *n., adj.* administration; administrative: **Học viện Quốc gia Hành chính** National Institute of Administration; **công việc giấy tờ hành chính** administrative job
hành dinh *n.* headquarters
hành động *v., n.* to act; act, action, deed: **chúng ta nên hành động ngay tức thì** we should act immediately
hành hạ *v.* to ill-treat, to persecute
hành hình *v.* to execute [a prisoner]
hành hung *v.* to act with violent assault and battery
hành hương *v.* to go on a pilgrimage
hành khách *n.* traveler, passenger: **toa chở hành khách** passenger car
hành khất *v.* to beg: **người hành khất** beggar
hành kinh *v.* to menstruate: **hành kinh không đều** to menstruate irregularly
hành lạc *n.* amusement; debauchery
hành lang *n.* corridor, passageway, hall
hành lý *n.* luggage, baggage
hành pháp *n.* executive, government [as opp. to legislative **lập pháp**, and judiciary **tư pháp**]

hành phạt *v.* to punish
hành quân *v.* See **hành binh**
hành quyết *v.* to execute, to carry out a death sentence
hành thích *v.* to assassinate
hành tinh *n., adj.* planet [of system]; planetary
hành tội *v.* to mistreat, to persecute
hành trình *n.* trip, journey, itinerary: **ông ấy mệt sau một cuộc hành trình dài** he is tired after a long trip
hành trang *n.* luggage, baggage
hành tung *n.* track, trail, whereabouts
hành văn *v.* to compose, to style
hành vi *n.* behavior, action, gesture
hãnh diện *adj.* to be proud
hạnh 1 *n.* R apricot **hạnh đào** 2 *n.* R conduct, behavior: **phẩm hạnh** moral virtue
hạnh kiểm *n.* behavior, conduct
hạnh ngộ *n.* a happy meeting
hạnh nhân *n.* almond
hạnh phúc *n., adj.* happiness; happy
hạnh vận *n.* good luck, good fortune
hao *v., adj.* to be spent; consumed: **hao tiền** costly
hao hao *v.* to look alike
hao hụt *adj., v.* lessened, short; to undergo some loss
hao lỗ *v.* to lose
hao mòn *v., adj.* to weaken; worn out, flat
hao phí *v.* to waste: **hao phí thì giờ** to waste time
hao sức *v.* to wear out
hao tài *adj., v.* costly; to spend much money
hao tổn *v.* to waste, to cost
háo *v.* to be eager for, to feel a thirst for something: **háo danh** to be eager for fame
háo hức *adj.* enthusiastic
hào 1 *n.* (= **cắc, giác**) dime; one ten thousandth: **một đồng ba hào** one piastre and thirty cents 2 *n.* trench, moat: **chiến hào** trench
hào hiệp *adj.* chivalrous, knightly
hào hoa *adj., n.* noble; person of notoriety
hào hùng *adj.* magnanimous, courageous, exciting
hào khí *n.* courage
hào kiệt *n.* hero
hào lũy *n.* fortifications
hào nhoáng *adj.* showy
hào phóng *adj.* generous
hào phú *n.* rich person
hào quang *n.* halo, glory
hảo *adj.* R good (= **tốt**)
hảo hán *n.* courageous man, decent guy
hảo hạng *n.* good quality, high class, high rate
hảo tâm *adj.* good-hearted, kind-hearted
hảo ý *n.* good intention; goodwill

hão *adj.* [of talk] empty, idle; [of promise] to be hollow; [of efforts] vain: **lời hứa hão** an empty promise

hão huyền *adj.* impracticable, fantastic: **hy vọng hão huyền** impracticable hope

hạp *v.* (= **hợp**) to agree, to go with, to match: **hai bạn ấy hạp nhau lắm** these two friends agree with each other

hát *v.* [SV **ca**] to sing, to give theatrical performances: **bài/bản hát** song; **đĩa hát** record; **máy hát** victrola, phonograph; **nhà hát/rạp hát** theater [building]; **đào hát** actress; **kép hát** actor; **đi xem/coi hát** to go to the theater

hát bóng *n.* cinematography, cinema, motion pictures, movies

hát bội *n.* Vietnamese opera, classical theater

hát cải lương *n.* modernized theater

hát tuồng *n.* Vietnamese opera, classical theater

hạt 1 *n.* grain, stone, seed, kernel, drop: **hạt thóc** rice grain; **hạt mưa** drop of rain; **chè hạt** tea buds; **tràng hạt** string of beads 2 *n.* province, jurisdiction: **địa hạt** area, jurisdiction, field

hạt giống *n.* seed

hạt ngọc *n.* precious stone

hạt sen *n.* [dried] lotus seed. Cf. **hột sen**

hạt trai *n.* pearl

hạt xoàn *n.* diamond: **mua một cái nhẫn hạt xoàn** to buy a diamond ring

háu *v.* to long for, to desire

háu ăn *adj.* voracious, ravenous, to be always impatient to eat

háu đói *adj.* gluttonous

hay 1 *v.* (= **biết**) to know [because of information received], to learn, to hear: **bạn hay tin gì không?** do you have any news?; **cho hay** to inform, to advise 2 *adv.* [SV **năng**] R to have the habit of [doing so and so]: **thường hay** often, frequently; **chúc cháu hay ăn chóng lớn** may your baby eat often and grow up fast 3 *conj.* or, whether: **anh uống nước chè hay (là) cà phê?** would you have tea or coffee? 4 *adj.* good, interesting [*opp.* **dở**], well: **cuốn sách nầy hay lắm** this book is very interesting

hay biết *v.* to know

hay cáu *adj.* irascible, to be irritable, to be quick-tempered

hay chữ *v., adj.* to be educated; well read, learned: **người hay chữ** well educated person

hay dở *adj.* good and bad

hay hay *adj.* good enough, fair, quite good, rather good [looking]

hay ho *adj.* interesting

hay hờn *adj.* [of baby] tearful, whining

hay là *adv.* or, or else

hay sao? isn't it?: **chị ấy chả sung sướng hay sao?** isn't she happy?

hãy 1 *adv.* still, yet: **hồi tôi hãy còn đi học** when I was still a schoolboy 2 *adv.* imperative particle standing before a verb, let: **hãy đi ngay!** go straight away!; **chúng ta hãy làm cái này trước đã hãy** let's do this first

hãy còn *adv.* up to now, still, yet

hắc 1 *adj.* pungent, harsh, stern: **nước hoa nầy hắc quá** this perfume is too pungent 2 *adj.* R black (= **đen**): **hắc y, áo đen** black shirt

hắc ám *adj.* evil, shady

hắc bạch *adj.* black and white, clear-cut

Hắc Hải *n.* Black Sea

hắc ín *n.* asphalt

hắc lào *n.* herpes, shingles, ringworm

hắc vận *n., adj.* ill luck; unlucky

hăm *v.* to threaten, to menace, to intimidate: **đừng có hăm người ta, họ không sợ đâu** don't threaten people, they are not scared

hăm dọa *v.* to threaten, to intimidate

hăm he *v.* to be ready to act, to be truculent

hăm hở *v., adj.* to show alacrity and zeal; to be zealous and enthusiastic

hầm hầm *adj.* very furious, angry

hầm hè *v.* to look aggressive

hầm hừ *adj.* furious

hắn *pron.* he, she, him, her: **làm ơn đưa lá thư nầy cho hắn** please give this letter to him

hằn học *v.* to bear a grudge, to be frustrated and angry in one's attitude

hẳn *adv.* thoroughly, completely; definitely, surely, certainly: **bỏ hẳn** to abandon completely; **ở hẳn** to stay permanently: **ông ấy hẳn thích ở Đà Lạt** he certainly likes to stay in Dalat

hẳn hoi *adv.* correctly, properly

hăng 1 *adj.* [of smell] to be acrid; [of garlic, onion] to be strong-flavored 2 *adj.* to be ardent, eager

hăng hái *adj., adv.* to be enthusiastic, eager; eagerly, enthusiastically

hăng máu *adj.* furious, in a fit of anger

hăng say *adj.* engrossed in, utterly dedicated: **cô ấy rất hăng say làm việc** she is dedicated to work

hằng 1 *adv.* usually, ordinarily, often, always: **vẫn hằng mong ước** to have always dreamed of; **hằng ngày** everyday 2 *adj.* every: **hằng ngày, họ đến đây làm việc** they come here to work every day 3 *n.* the moon, goddess: **Hằng nga/chị Hằng** the moon

hằng hà sa số *adj.* numerous

hằng năm *adv.* annual, every year

hằng ngày *adv.* every day: **báo hằng ngày** daily newspaper

hằng số *n.* constant [number]

hằng tâm *adj.* kind-hearted, generous
hằng tháng *adv.* monthly, every month
hằng tuần *adv.* weekly, every week
hắt *v.* to push away, to throw, to sweep aside
hắt hiu *v.* [of wind] to blow lightly; to flicker
hắt hơi *v.* to sneeze
hắt hủi *v.* to neglect
hắt (sì) hơi *v.* to sneeze
hâm *v.* to warm up, to heat: **hâm cơm lại** to heat rice
hâm mộ *v.* to have admiration and respect for, to be a fan of: **tôi rất hâm mộ bóng đá** I am a fan of soccer
hầm **1** *v.* to braise, to simmer, to stew: **hầm thịt heo cà-rốt** to stew pork with carrots **2** *n.* trench, tunnel, cellar, basement, underground shelter: **bật đèn lên khi xe lửa qua hầm** to turn on the light when the train comes to the tunnel
hầm trú ẩn *n.* air-raid shelter
hẩm hiu *adj.* unlucky, unfortunate
hậm hực *v.* to be displeased
hân hạnh *adj., v.* to be honored, happy, to have the honor: **chúng tôi hân hạnh được tiếp đón quí vị** we have the honor of welcoming you
hân hoan *adj., v.* joyful, merry; to feel greatly pleased
hận *n.* resentment, hatred, rancor: **hận ông ấy làm gì ông ta là một người tốt** don't hate him, he is a good man; **ân hận/hối hận** to regret, to be sorry
hấp *v.* to steam [food]; to dry-clean
hấp dẫn *v.* to attract
hấp háy *v.* [of eyes] to wink
hấp hối *v.* to be in agony
hấp hơi *v.* to be stuffy, not well ventilated
hấp lực *n.* attraction
hấp tấp *v.* to hurry, to rush, to be in a hurry
hấp thụ *v.* to absorb, to receive
hất *v.* to throw, to jerk, to push
hất cẳng *v.* to trip; to oust
hất hải *v.* to be bewildered, panic-stricken
hất hàm *v.* to raise one's chin as a signal
hầu **1** *n.* R monkey (= **khỉ**) **2** *v.* to wait upon, to serve: **quan hầu** military aide; **nàng hầu** concubine; **chư hầu** satellite, vassal **3** *adv.* almost, nearly: **hầu như/hầu hết** nearly all
hầu bao *n.* purse
hầu bóng *v.* to incarnate the spirits
hầu cận *n.* close aide, trusted servant, bodyguard
hầu chuyện *v.* to keep company with, to entertain, to hold a conversation with someone
hầu hạ *v.* to serve, to be in the service of
hầu hết *adv.* almost all, nearly all
hầu kiện *v.* to appear in court

hầu quốc *n.* vassal country, satellite, colony
hầu tước *n.* marquis
hậu **1** *adv.* R after, behind, back; future (= **sau**) [*opp.* **tiền**]: **cửa hậu** back door **2** *adj.* generous, liberal: **ông ấy đãi tôi một bữa cơm hậu quá** he offered me a generous meal **3** *n.* queen, empress: **hoàng hậu** queen, empress; **hoa hậu** beauty queen, Miss
hậu bị *n.* reserve army
hậu binh *n.* rearguard
hậu bổ *v.* [of official] to wait for an assignment, to stand in
hậu bối *n.* future generations, posterity; anthrax in the back
hậu cần *n.* army ordnance, logistics
hậu cung *n.* palace of the queen; inside of a temple
hậu cứu *v.* to be re-examined later: **tại ngoại hậu cứu** free on bail
hậu duệ *n.* descendant, offspring
hậu đãi *v.* to treat generously
hậu đậu *n., adj.* a stroke following smallpox; clumsy, awkward
hậu đình *n.* a rear building
hậu đội *n.* rearguard
hậu hĩnh *adj.* generous, liberal
hậu lai *n.* future, to come
hậu môn *n.* anus
hậu phương *n.* behind battle-field, war-supported region
hậu quả *n.* result, outcome, consequence
hậu sản *n.* illness following childbirth, post-childbirth complications
hậu sinh *n.* younger generations, posterity
hậu tạ *v.* to reward liberally, to show deep gratitude for
hậu thế *n.* future generations
hậu thuẫn *v.* to back up, to support
hậu tiến *adj.* backward, underdeveloped
hậu tuyển *n.* candidate for an election
hậu vận *n.* future fate, prospects
hây hây *adj.* [of wind] blowing gently; [of cheeks] to be rosy/ruddy
hẩy *v.* to push away, to throw away
hè **1** *n.* [SV **hạ**] summer: **mùa hè** summer **2** *n.* veranda, pavement, sidewalk **3** *v.* to shout together
hẹ *n.* shallot, leek
hẻm *n.* narrow alley, lane: **đường hẻm/ ngõ hẻm** narrow alley, lane
hen *n., v.* asthma; to cough
hèn *adj.* feeble, coward; lowly [*opp.* **sang**]; base, vile
hèn chi/gì *n.* no wonder
hèn hạ *adj.* base, vile, low, humiliating
hèn mạt *adj.* base, vile, low, humiliating
hèn mọn *adj.* lowly, small, humble

hèn nhát *adv.* cowardly

hẹn *v.* to promise, to agree; to give a deadline, an appointment, an ultimatum: **sai/lỗi hẹn** to break an engagement/appointment/promise; **đúng hẹn** to keep one's word, an appointment, a promise

hẹn hò *v.* to make an appointment, to promise

heo *n.* pig (= **lợn**): **thịt heo** pork; **chuồng heo** pigsty; **giò heo** pig's feet

heo cái *n.* sow

heo con *n.* piglet

heo nái *n.* sow

heo rừng *n.* wild boar

heo sữa *n.* suckling pig

héo *v.* to wilt, to dry up, to wither

héo lánh *adj.* [of a place] deserted, remote

hẹp *adj.* narrow: **chật hẹp** narrow; **hẹp hòi** narrow-minded, stingy

hét *v.* to shriek, to scream, to roar, to yell, to shout: **hò hét** to shout

hề *n.* clown, buffoon, jester: **trò hề** buffoonery, farce, comedy

hề *v.* to matter: **không/chẳng hề gì** it does not matter; **không/chẳng/chưa hề (bao giờ)** to have never [done something]

hề hả *adj.* to be satisfied

hễ *adv.* as sure as, as soon as, if, each time, whenever: **hễ ai không tuân theo pháp luật thì sẽ bị phạt** if anyone breaks the law, he will be punished

hệ 1 *n.* branch, generation: **thế hệ** generation 2 *n.* system: **hệ thống hệ giao cảm** sympathetic system; **thần kinh hệ** nervous system

hệ luận *n.* corollary, consequence

hệ luỵ *n.* social ties, consequence

hệ quả *n.* result, outcome, consequence

hệ số *n.* co-efficient, weight [of subject in examination]

hệ thống *n.* system: **hệ thống giáo dục** education system

hệ thống hoá *v.* to systematize

hệ thức *n.* relation [in math]

hệ trọng *adj.* important, vital: **đóng một vai trò hệ trọng trong chính phủ** to play an important role in the government cabinet

hếch *v.* to raise, to lift up: **mũi hếch** upturned nose

hên *adj.* (= **may**) lucky, fortunate

hên xui *n.* luck and ill luck

hến *n.* mussel, corbicula: **câm như hến** as dumb as a fish

hết 1 *v.* to finish, to complete; to end, to cease, be finished, be completed: **hết nhẵn, hết ráo, hết sạch** all finished 2 *adj., adv.* whole; all: **trước hết** first of all; **sau hết** last of all, finally

hết cả *adv., adj.* all, whole

hết hồn *adv.* out of one's wits: **sợ hết hồn** to be frightened out of one's wits

hết hơi *v.* to be out of breath

hết lòng *adj.* wholehearted, with all one's heart: **ông ấy giúp đỡ bạn bè hết lòng** he helps his friends wholeheartedly

hết lời *v.* to finish speaking, to be unable to find any more arguments: **xin cảm ơn tất cả quí vị, đến đây tôi xin hết lời** thank you very much, I have finished speaking

hết nhẵn *v.* to finish all, to be clean out of: **hết nhẵn tiền** to be broke

hết ráo *v.* to be completely out of

hết sạch *v.* to be clean out of, to finish all, to have no more left

hết sức *adj.* to be physically exhausted; to try one's best to

hết thảy *adj., adv.* whole; all

hết thời *adj.* out of date, out of fashion

hết trơn *v.* See **hết sạch**

hết ý *adj.* excellent, very good

hệt *adj.* to be identical [to], as alike as: **giống hệt** as like as two peas, exactly the same

hí *v.* to neigh

hí hoáy *v.* to be busy with, to be absorbed in

hí hoạ *n.* caricature, cartoons, comics, funnies

hí hởn *v.* to leap with joy

hí hửng *v.* to leap with joy

hí kịch *n.* drama

hí trường *n.* stage, theater

hí viện *n.* theater, playhouse

hì hì *exclam.* ha, ha [laughter]

hỉ *v.* to blow one's nose: **hỉ mũi vào khăn tay** to blow one's nose into a handkerchief

hỉ hả *v.* to be satisfied

hỉ sự *n.* happy occasion

hia *n.* mandarin's boots [part of traditional costumes]

hích *v.* to jostle, to push, to jolt

hịch *n.* edict, proclamation, order of the day

hiếm *adj.* rare, scarce: **hiếm có** to have few, to be rare; **hiếm con** to have few/no children; **hiếm hoi/hiếm người** there is a shortage of

hiếm hoi *v.* to be rare; to have few or no children

hiềm *v.* to dislike, to hate, to resent: **hiềm (vì) một nỗi là** unfortunately there is one difficulty, and that is ...; **thù hiềm** hatred, resentment; **tư hiềm** personal hatred; **tị hiềm** to avoid suspicion

hiềm khích *v.* to detest

hiềm nghi *v.* to suspect

hiểm *adj.* dangerous, perilous: **nguy hiểm** dangerous; **nham hiểm/thâm hiểm** to be cunning, sly, wily

hiểm địa *n.* strategic area

hiểm độc *adj.* to be cunning, sly, wicked

hiểm hoạ *n.* danger, peril

hiểm hốc *adj.* dangerous, tricky
hiểm nghèo *adj.* dangerous, perilous, difficult
hiểm trở *adj.* [of road, place] dangerous, obstructive
hiểm yếu *adj.* strategically important
hiên *n.* veranda, porch
hiên ngang *adj.* haughty, proud
hiến *v.* to offer: **hiến mình** to offer one's life; **cống hiến** to contribute
hiến binh *n.* military police(man)
hiến chương *n.* constitution, charter: **bản Hiến Chương Liên Hợp Quốc** the United Nations Charter; **Hiến chương Đại Tây Dương** the Atlantic Charter; **Hiến chương Thái Bình Dương** the Pacific Charter
hiến pháp *n.* constitution
hiền *adj.* mild, sweet, meek, good-natured, gentle; R [of wife] virtuous, loyal, worthy
hiền đệ *n.* you, my brother
hiền hậu *adj.* mild, kind, benevolent
hiền huynh *n.* you, my brother
hiền lành *adj.* meek, good-natured
hiền mẫu *n.* kind mother
hiền muội *n.* younger sister
hiền nhân *n.* virtuous man
hiền sĩ *n.* virtuous man
hiền tài *adj.* virtuous and talented
hiền thần *n.* loyal subject
hiền thê *n.* good wife
hiền triết *n.* sage, philosopher
hiền từ *adj.* kind, indulgent
hiển danh *v.* to become famous
hiển đạt *v.* to succeed [in one's career]
hiển hách *adj.* brilliant, illustrious, highly glorious
hiển hiện *v.* to appear clearly
hiển linh *v., adj.* to be miraculous; to turn out to be powerful
hiển minh *v.* to be clearly demonstrated
hiển nhiên *v., adj.* to be evident; to be obvious manifest; evident
hiển vi *adj.* microscopic: **kính hiển vi** microscope
hiển vinh *adj.* successful and honorable
hiện 1 *v.* to appear, to become visible: **hình ảnh hiện ra rất rõ** the pictures appear very clearly 2 *adv.* now, at present: **hiện tôi đang ở Việt Nam** I am now in Vietnam
hiện dịch *n.* active service, permanent military service
hiện diện *v.* to be present: **khách hiện diện khoảng 200 người** about 200 guests are present; **sự hiện diện** the presence
hiện đại *n., adj.* present times; contemporary, up-to-date, modern
hiện đại hoá *v.* to modernize: **sự hiện đại hoá** modernization

hiện giờ *adv.* at [the] present [time]
hiện hành *v.* [of law] to be in force or in effect
hiện hình *v.* to appear
hiện hữu *v., adj.* to exist at present; present, existing
hiện kim *n.* actual cash
hiện nay *n.* nowadays, at the present time
hiện tại *n., adv.* present, at [the] present [time]
hiện thân *n.* personification, incarnation
hiện thời *n.* present, now, at [the] present [time]
hiện thực *adj.* realistic: **chủ nghĩa hiện thực** realism
hiện tình *n.* the present situation, present conditions
hiện trạng *n.* present situation
hiện tượng *n.* phenomenon
hiện vật *n.* things in nature, object; in kind payment; material things
hiếng *adj.* squint-eyed, cross-eyed
hiếp *v.* to oppress, to bully: **ăn hiếp, ức hiếp** to oppress; **hãm hiếp/hiếp dâm** to rape
hiếp dâm *v.* to assault, to rape
hiệp 1 *v.* (= **hợp**) to come together, to unite 2 *n.* round [in boxing]; half [of soccer]: **ghi bàn thắng ở hiệp hai** to score one goal in the second half
hiệp định *n.* agreement, convention: **hiệp định đình chiến** armistice agreement, truce agreement; **hiệp định thương mại** trade agreement
hiệp đồng *n.* contract
hiệp hội *n.* association
hiệp khách *n.* knight
hiệp lực *v.* to unite, to join forces: **đồng tâm hiệp lực** to join forces together
hiệp thương *v.* to confer, to negotiate
hiệp ước *n.* pact, treaty: **hiệp ước bất xâm phạm** non-aggression pact; **hiệp ước phòng thủ** defense treaty; **hiệp ước thân thiện** treaty of friendship; **hiệp ước thương mại** trade pact
hiếu *adj., n.* dutiful, filial, pious; filial piety: **có hiếu đối với cha mẹ** to show filial piety towards one's parents; **bất hiếu** to be impious
hiếu chiến *adj.* warlike, bellicose
hiếu danh *v.* to thirst for fame
hiếu dưỡng *v.* to nurse one's parents
hiếu để *adj.* dutiful toward one's parents
hiếu động *adj.* lively, active, dynamic, restless
hiếu hạnh *n., adj.* filial piety; dutiful
hiếu hoà *adj.* peace-loving
hiếu học *adj.* studious
hiếu kỳ *adj.* curious
hiếu nghĩa *n.* filial piety
hiếu sắc *adj.* lustful, lewd
hiếu thảo *adj.* pious
hiếu thắng *adj.* ambitious, aggressive

hiếu trung *n.* piety and loyalty

hiểu *v.* to understand, to grasp: **họ không hiểu ý của bạn** they don't understand your ideas

hiểu biết *v., n., adj.* to understand; understanding

hiểu dụ *n.* notice, announcement, proclamation

hiểu lầm *v.* to misunderstand

hiểu ngầm *v.* to understand through hints

hiệu **1** *n.* (= **tiệm**) shop, store, department store: **hiệu thuốc tây** pharmacy **2** *n.* pen name, pseudonym; nickname: **bút hiệu** pseudonym; **quốc hiệu** official name of a country **3** *n.* signal, sign: **ra hiệu** to motion, to signal; **nhãn hiệu** trade mark, label; **khẩu hiệu** password, watch word, slogan

hiệu chính *v.* to regulate, to check, to revise

hiệu đính *v.* to edit, to check

hiệu đoàn *n.* student council

hiệu lệnh *n.* order, command

hiệu lực *n., adj.* effect, validity; effective

hiệu năng *n.* efficacy, efficiency

hiệu nghiệm *adj.* effective, efficient

hiệu quả *n.* effect, result: **vô hiệu quả** without result; in vain

hiệu số *n.* difference, remainder

hiệu suất *n.* efficiency, output, yield

hiệu triệu *v.* to appeal

hiệu trưởng *n.* high school principal, primary school principal, headmaster, university president

hình *n.* form, shape, figure; appearance, image, portrait, photograph, picture, illustration (= **ảnh**): **máy hình** camera; **chụp hình** to take pictures; **vô hình** invisible; **thiên hình vạn trạng** multiform

hình ảnh *n.* image, picture: **hình ảnh quê hương** the images of one's home country

hình bát giác *n.* octogon(al)

hình bầu dục *n., adj.* oval; elliptical

hình bình hành *n., adj.* parallelogram; ellipsoidal

hình bốn cạnh *n.* quadrilateral

hình bốn góc *n.* quadrangle

hình cầu *n., adj.* sphere; spherical

hình chóp *n.* pyramid(al)

hình chữ nhật *n., adj.* rectangle; rectangular

hình dáng *n.* appearance, form, air, look

hình dạng *n.* appearance, bearing, carriage

hình dung *n., v.* appearance, form; to visualize, to picture, to imagine

hình hài *n.* skeleton

hình học *n.* geometry

hình khối chóp *n.* pyramid

hình lăng trụ *n.* prism(atic)

hình lập phương *n., adj.* cube; cubic

hình luật *n.* penal code, criminal law

hình lục giác *n.* hexagon(al)

hình lục lăng *n.* hexagon(al)

hình mạo *n.* face, physiognomy

hình nhân *n.* effigy [burned in rituals]

hình như *v.* to seem, to appear, to look like

hình ống *n., adj.* cylinder; cylindrical

hình phạt *n.* punishment, penalty

hình sắc *n.* See **hình mạo**

hình thái *n.* shape, form

hình thái học *n.* morphology

hình thang *n.* trapezoid

hình thế *n.* position, situation

hình thể *n.* exterior, physical appearance, body

hình thoi *n.* lozenge; diamond-shape

hình thù *n.* shape, figure, form

hình thức *n.* form, formality

hình trạng *n.* exterior, aspect

hình tròn *n.* circle

hình trụ *n., adj.* cylinder; cylindrical

hình tượng *n.* image, likeness

hình vóc *n.* stature

hình vuông *n.* square

híp *adj.* [of eyes] swollen [because of sleep, fatness or bump]: **híp mắt** blinded

híp pi *n.* happie, hippy

hít *v.* to inhale, to breathe, to sniff: **hít thở không khí trong lành** to sniff up fresh air

hiu *adj.* melancholic, gloomy, sad: **đìu hiu** desolate, lonely and sad

hiu hắt *v.* [of wind] to blow lightly

hiu hiu *v.* [of wind] to blow very lightly

hiu quạnh *adj.* deserted and melancholic

ho *v.* to cough: **cơn ho** fit of cough

ho gà *n.* whooping cough

ho he *v.* to speak up, to move, to stir

ho lao *n.* tuberculosis

hò *v.* to shout, to yell: **reo hò** to acclaim

hò hét *v.* to shout, to yell

hò khoan *intj.* heave ho

hò reo *v.* to acclaim

họ **1** *n.* extended family, clan; family name, last name: **tên họ bạn là gì?** what is your full name?; **chúng tôi cùng một họ** we belong to the same family, we have the same family name; **anh ấy họ Nguyễn** his family name is Nguyen **2** *pron.* they, them: **họ đến chưa?** have they arrived yet? are they here yet?

họ hàng *n.* relation, relative, family to be related [**với** to]

họ ngoại *n.* relatives on one's mother's side

họ nội *n.* relatives on one's father's side

hoa **1** *n.* (= **bông**) flower; blossom: **vườn hoa** flower garden, park; **chữ hoa** capital letter; **nở hoa** to blossom; **vải hoa** in printed cloth; **cánh hoa** petal; **đài hoa** calyx; **nhị hoa** stamen **2** *v.* to wave one's hands as in talking, to gesticulate

Hoa *n.* Chinese, Sino: **người Hoa** Chinese; **Trung hoa** China

hoa cái *n.* cranium, skull

hoa đăng *n.* a flowered lantern

hoa đèn *n.* lamp wick

hoa hậu *n.* beauty queen, Miss

hoa hoè *adj.* loud, gaudy

hoa hồng *n.* commission; rose flower: **ăn hoa hồng** to receive a commission

hoa khôi *n.* beauty queen, Miss

Hoa kiều *n.* overseas Chinese resident

Hoa Kỳ *n.* America, the USA: **Tiếng Nói Hoa Kỳ** the Voice of America

hoa lệ *adj.* glamorous, exquisite, resplendent

hoa liễu *adj.* venereal: **bệnh hoa liễu** venereal disease

hoa lợi *n.* income

hoa mắt *adj.* dazzled

hoa mầu *n.* crop, harvest

hoa nguyệt *n.* love, flirtation

hoa niên *n.* bloom of youth, prime youth

hoa quả *n.* fruits, various fruits

hoa râm *adj.* gray, gray-haired

hoa tai *n.* earring

hoa tay *n.* dexterity, skill in handwriting, drawing

Hoa Thịnh Đốn *n.* Washington

hoa tiêu *n.* pilot

hoa viên *n.* flower garden

hoá 1 *v.* to become, to get, to grow, to be transformed into: **hoá ra** to change; **hoá dại, hoá điên** to go berserk; **biến hoá** to change; **cải hoá** to change [conduct, person]; **đồng hoá** to assimilate; **giáo hoá, khai hoá** to educate; **phong hoá** customs and manners; **Tạo hoá** the Creator; **tiến hoá** to progress; **tiêu hoá** to digest; **văn hoá** culture; **đơn giản hoá, giản dị hoá** to simplify; **dân chủ hoá** to democratize; **thần thánh hoá** to deify **2** *n.* merchandise, goods: **hàng hoá, hoá phẩm** goods; **ngoại hoá** foreign goods; **nội hoá** native goods

hoá chất *n.* chemical product

hoá công *n.* the Creator

hoá đơn *n.* invoice, bill of sale

hoá giá *n.* price, cost: **hợp đồng hoá giá** Price Control Commission

hoá học *n.* chemistry, chemical

hoá hợp *n.* synthesis

hoá phẩm *n.* merchandise, goods

hoá thạch *n.* fossil

hoá trang *v.* to disguise oneself, to make up

hoá trị *n.* valence: **hoá trị một** univalent; **hoá trị hai** bivalent

hoà 1 *v.* to mix, to blend [**với** with] **2** *v.* to [come to a] draw, to tie [in game, sport or contest]; to be square; to break even **3** *n.,*

adj., v. peace, harmony, accord; peaceful, be harmonious; to harmonize: **cầu hoà** to sue for peace; **điều hoà** regular; **giảng hoà** to mediate, to make peace; **hiếu hoà** peace-loving; **khoan hoà** easy, nice; **ôn hoà** moderate, calm, poised

hoà âm *n.* chord; harmony

hoà bình *n., adj.* peace; to be peaceful

hoà giải *v.* to mediate, to conciliate, to reconcile: **tòa án hoà giải** justice of the peace court

hoà hoãn *v.* to be at ease, to relax, to be moderate

hoà hội *n.* peace conference

hoà hợp *v.* to be in accord [with]

hoà khí *n.* harmony, concord

Hoà Lan *n.* (= **Ha Lan**) Holland/the Netherlands, Dutch

hoà nhã *adj.* amiable, courteous: **bà ấy có thái độ hoà nhã** she has an amiable attitude

hoà nhạc *n.* concert

hoà thuận *adj.* to be in accordance with or at harmony with; harmonious

hoà thượng *n.* Buddhist monk, the most venerable

hoà ước *n.* peace treaty

hoà vốn *v.* to recover capital [after a sale or a game]

hoả *n.* fire, flame: **xe hoả** train; **lính cứu hoả** fireman; **bốc hoả/phát hoả** to catch fire; **phóng hoả** to set on fire; **phòng hoả** to prevent fires; **xe cứu hoả** fire truck

hoả diệm sơn *n.* volcano

hoả đầu quân *n.* cook [in army mess]

hoả hoạn *n.* fire, blaze [the accident]

hoả lò *n.* charcoal stove, brazier

hoả lực *n.* fire power

hoả mai *n.* firelock, rifle: **súng hoả mai** firelock gun

hoả pháo *n.* gun, cannon

hoả sơn *n.* volcano

hoả tai *n.* fire [the accident]

hoả táng *v.* to cremate

hoả tiễn *n.* rocket, flaming arrow

hoả tiêu *n.* saltpeter, potassium nitrate

Hoả tinh *n.* Mars

hoả tốc *adj.* very urgent, pressing

hoả xa *n.* train; railway: **đường hoả xa** railroad

hoạ 1 *adj., adv.* rare, unusual; perhaps, maybe: **hoạ chăng, hoạ hoằn** unusual; **hoạ là năm thì mười hoạ** once in a blue moon **2** *n.* misfortune, calamity, disaster, catastrophe [*opp.* **phúc**]: **hoạ vô đơn chí** misfortunes never come singly; **hoạ chiến tranh, chiến hoạ** the scourge of war, war **3** *v.* to draw, to paint (= **vẽ**): **hội hoạ** painting; **phác hoạ** to sketch, to outline; **minh hoạ** to illustrate; **hoạt hoạ** animated cartoons

hoạ chăng *adv.* perhaps, maybe, at most: **hoạ chăng chỉ có những người không suy nghĩ mới làm như thế** only thoughtless people would do that

hoạ đồ *n.* map, plan, blueprint

hoạ may *adv.* perhaps, maybe

hoạ mi *n.* nightingale: **chim hoạ mi** nightingale

hoạ phẩm *n.* painting

hoạ sĩ *n.* painter, artist

hoạ sư *n.* painter master, artist

hoác *adj.* to be wide open, gaping

hoạch *v.* R to stroke [of pen, brush] (= **nét**) R to paint, to draw [up]; **kế hoạch** plan, program; **trù hoạch** to plan

hoạch *v.* R to earn, to reap: **thu hoạch lúa** to harvest rice

hoạch định *v.* to draw up, to define, to plan

hoài 1 *v.* to waste: **hoài công** to waste labor; **hoài của** to waste money 2 *adj., adv.* constantly, continuous, repeatedly: **nó ăn hoài** he just eats and eats

hoài bão *n.* ambition, dream, aspiration

hoài cảm *n.* memory, recollection

hoài cổ *v.* to think of the past, to miss the past

hoài của! *intj.* what a pity! what a shame!

hoài nghi *adj.* doubtful, skeptical

hoài niệm *v.* to long for

hoài vọng *v., n.* to hope; hope

hoại *adj.* spoiled, out of order, damaged: **phá hoại** to destroy; **huỷ hoại** to destroy

hoan *adj., n.* joyous; cheer, welcome: **liên hoan** festival; **hân hoan** pleased, glad, happy

hoan hô *intj.* shout hurrah, applaud; cheers! long live!

hoan hỉ *v.* to be overjoyed

hoan lạc *adj.* pleased, overjoyed

hoan nghênh *v.* to welcome [with **nhiệt liệt** warmly]

hoán *v.* to change, to exchange (= **đổi**): **giao hoán** to exchange

hoán cải *v.* to change

hoán dịch *v.* to change, to exchange

hoán vị *v., n.* to permute; permutation, transposition: **cách hoán vị** permutation

hoàn 1 *n.* sphere, pill, pellet, small ball 2 *adj.* completed, perfect: **hoàn toàn** perfect 3 *v.* to return, to refund (= **trả**): **hoàn lại tiền** to refund; **cải tử hoàn sinh** to resuscitate, to bring back to life; **cải lão hoàn đồng** to rejuvenate

hoàn bị *adj.* complete, perfect

hoàn cảnh *n.* environment, circumstances, milieu, ambiance, situation, context

hoàn cầu *n.* the world, the earth: **khắp hoàn cầu** all over the world

hoàn hảo *adj.* excellent, perfect

hoàn hồn *v.* to recover from shock, to regain consciousness

hoàn mỹ *adj.* perfectly beautiful, beautiful, perfect

hoàn tất *v.* to finish, to complete

hoàn thành *v.* to complete, to finish

hoàn thiện *adj.* perfect, excellent

hoàn toàn *adj., adv.* perfect, perfectly flawless; entirely, completely, fully

hoàn tục *v.* [of monk] to return to secular life

hoàn vũ *n.* the universe

hoãn *v.* to postpone, to put off, to defer: **trì hoãn** to delay, to postpone

hoãn binh *v.* to postpone military action, to delay action

hoãn dịch *v., n.* to defer military service; deferment

hoạn 1 *n.* misfortune, accident: **hoạn nạn** bad luck/misfortune; **bệnh hoạn** sickness, illness; **hoả hoạn** fire; **hậu hoạn** disastrous consequence, ill effects 2 *v.* to castrate: **hoạn quan** eunuch

hoạn đồ *n.* official career, civil service career

hoạn giới *n.* mandarinate, officialdom

hoạn lộ *n.* official career

hoạn nạn *n.* misfortune, adversity, distress

hoang 1 *adj.* spendthrift; extravagant: **tiêu hoang** spend extravagantly; **ăn hoang mặc rộng** live expensively 2 *adj.* [of house] abandoned; [of land] uncultivated; [of child] illegitimate; deserted: **chửa hoang** bear an illegitimate child; **bỏ hoang** leave unfilled, unoccupied; **rừng hoang** virgin forest; **hoang dã** wild

hoang dại *adj.* wild: **cây hoang dại** wild tree

hoang dâm *adj.* lustful

hoang đàng *adj.* dissolute, debauched

hoang đảo *n.* unexplored island

hoang địa *n.* wasteland

hoang điền *n.* uncultivated field

hoang đường *adj.* fabulous, incredible, extraordinary, fantastic

hoang mang *adj.* undecided, confused

hoang phế *adj.* uncultivated

hoang phí *v.* to waste, to squander

hoang tàn *adj.* devastated, in ruins

hoang toàng *adj.* extravagant

hoang vắng *adj.* deserted

hoang vu *adj.* wild

hoàng 1 *adj.* yellow (= **vàng**); **hoàng bào** yellow imperial robe 2 *n.* phoenix 3 *n.* emperor; prince: **Nhật Hoàng** the Emperor of Japan; **Anh Hoàng** the King of England; **Nữ Hoàng Anh** the Queen of England; **bảo hoàng** monarchist; **thành hoàng** tutelary god of a village; **cựu hoàng** former emperor

hoàng anh *n.* oriole

hoàng ân *n.* imperial favor
hoàng cung *n.* imperial palace
hoàng bào *n.* imperial robe
hoàng đạo *n.* zodiac: **ngày hoàng đạo** lucky day, auspicious day
hoàng đế *n.* emperor, king
hoàng gia *n.* royal family
hoàng giáp *n.* doctor's degree
Hoàng Hà *n.* the Yellow River
Hoàng Hải *n.* the Yellow Sea
hoàng hậu *n.* queen, empress
hoàng hôn *n.* twilight, dusk, sunset
hoàng kim *n.* gold: **thời đại hoàng kim** the golden age
hoàng ngọc *n.* topaz, yellow sapphire
hoàng oanh *n.* oriole
hoàng phái *n.* royal family
hoàng phụ *n.* the emperor's father
hoàng thái hậu *n.* the queen mother
hoàng thái tử *n.* the crown prince
hoàng tinh *n.* arrow root
hoàng thành *n.* imperial city
hoàng thân *n.* prince
hoàng thất *n.* imperial family
hoàng thiên *n.* Heaven
hoàng thượng *n.* Sire; His Majesty
hoàng tộc *n.* imperial family
hoàng triều *n.* the reigning dynasty
hoàng tuyền *n.* Hades, hell
hoàng tử *n.* prince
hoàng yến *n.* canary [bird], serin
hoảng *v.* to be stupefied, to panic, to be awestruck: **hoảng hốt** to be panic-stricken; **hoảng sợ** to panic
hoành *n., adj.* width, breath; transversal, horizontal (= **ngang**) [*opp.* **tung**]
hoành cách mô *n.* diaphragm [in abdomen]
hoành đồ *n.* drawing, draft, [detailed] map [of building]
hoành độ *n.* abscissa [as opp. to ordinate **tung độ**]
hoành hành *v.* to act in an overbearing manner, to be aggressively haughty or arrogant
hoành phi *n.* carved board with Chinese inscription
Hoành sơn *n.* Vietnamese Cordillera
hoành tài *n.* great talent
hoảnh *adj.* dry, tearless [of eyes]: **ráo hoảnh** dry
hoạnh *v.* to scold, to criticize, to blame: **hoạnh họe** to find fault with someone's work
hoạnh tài *n.* windfall, ill-gotten money
hoạt *adj., n.* active, quick; living: **sinh hoạt** life/living
hoạt ảnh *n.* moving pictures, motion pictures, movies
hoạt bát *adj.* vivaciuos, eloquent, active, brisk: **đi đứng hoạt bát** to have an active gait

hoạt đầu *adj.* crooked
hoạt động *v., n.* to be active; activity: **hoạt động chính trị** political activities; **hoạt động xã hội** social activities; **hoạt động hội viên** active member
hoạt hoạ *n.* animated cartoons
hoạt kê *n., adj.* humor; humorous
hoạt kế *n.* livelihood
hoắc *adv.* very: **thối hoắc** to smell very bad
hoặc *conj.* or, either (= **hay**): **hoặc đúng hoặc sai** right or wrong
hoặc giả *adv.* or, perhaps, if by any chance
hoắm *adv., adj.* very; sunken deep: **sâu hoắm** very deep
hoẵng *n.* deer
hoắt *adj.* very sharp: **nhọn hoắt** sharp-ended
hóc *v.* to stick, to have [bone, etc.] stuck in one's throat
hóc búa *adj.* difficult, tough: **bài toán hóc búa** a very difficult mathematics problem
hóc hiểm *adj.* dangerous, perilous
học 1 *v.* to study, to learn: **học tiếng Việt** to learn Vietnamese; **du học** to study abroad 2 *n.* study, subject: **toán học** mathematics; **vật lý học** physics; **ngữ học** linguistics; **động vật học** zoology; **khoa học** science; **trường học** school; **tự học** self-taught; **hiếu học** studious; **niên học** school year, academic year; **tiểu học** elementary [education], primary [education]; **trung học** secondary [education]; **đại học** university [education], higher education
học bạ *n.* student file, school record, school report
học bổng *n.* scholarship: **được cấp học bổng** to be awarded a scholarship
học chế *n.* educational system
học chính *n.* educational service
học cụ *n.* school equipment, teaching aid
học đòi *v.* to imitate, to follow, to copy
học đường *n.* school
học giả *n.* scholar, learned man
học giới *n.* educational circles
học hành *v.* to study [and to practice]
học hiệu *n.* school: **Mỹ Quốc Lục Quân Học Hiệu** U.S. Military Academy; **Hải Quân Học Hiệu** Naval Academy; **đại học hiệu** college, university
học hỏi *v.* to study, to learn, to educate oneself
học kỳ *n.* term, semester, session
học lõm *v.* to learn merely by observing, to pick up something from someone
học mót *v.* to imitate, to copy
học lực *n.* capacity, ability [of a student]
học niên *n.* school year, academic year
học phái *n.* school of thought
học phí *n.* tuition fees, school fees

học sinh *n.* student, pupil [primary and high schools]: **nam học sinh** schoolboy; **nữ học sinh** schoolgirl

học tập *v.* to study, to learn: **học tập chính trị** to study politics

học thuật *n.* learning, education

học thuyết *n.* doctrine, theory

học thức *n.* knowledge, learning: **có học thức** educated; **vô học thức** uneducated

học trò *n.* pupil, student, schoolboy, schoolgirl

học vấn *n.* instruction, education, learning

học vị *n.* academic title, degree

học viện *n.* institute [of learning]: **đại học viện** university

học vụ *n.* educational matters, educational affairs: **bình dân học vụ** mass education

học xá *n.* student hostel, dormitory, residence hall: **đại học xá** university residence hall

hoe *adj.* bright red, reddish: **nó khóc nhiều mắt đỏ hoe** his eyes become reddish from too much crying

hoè *n.* sophora, japonica [botany]

hoen *adj.* stained, spotted: **hoen ố** stained

hoi *adj.* [of mutton] smelly: **hoi sữa** smelly milk

hói *adj.* bald: **hói đầu** bald-head

hỏi *v.* [SV **vấn**] to ask, to question, to inquire: **câu hỏi** question; **vặn hỏi** to interrogate; **hỏi cung** to interrogate [defendant]; **đòi hỏi** to demand

hỏi han *v.* to ask, to inquire

hỏi mượn *v.* to borrow

hỏi nhỏ *v.* to whisper a question

hỏi thăm *v.* to inquire about someone's health, to send one's regards to: **cho tôi hỏi thăm ba mẹ bạn** send my regards to your parents

hỏi vay *v.* to borrow [money]

hỏi vợ *v.* to ask for a girl's hand in marriage

hom hem *adj.* skinny, thin, gaunt, emaciated

hóm *adj.* [of child] mischievous: **cậu bé hóm hỉnh** mischievous boy

hòm *n.* locker, trunk, coffer CL **cái, chiếc** (= **rương**); coffin; **hòm xe** luggage-boot

hõm *adj.* [of cheeks, eyes, etc.] hollow; deep

hon *adj.* tiny: **tí hon** tiny, dwarf-sized, pint-sized

hòn *n.* ball, stone: **hòn bi** marble [children's]; **hòn đá** stone, piece of stone; **hòn đạn** bullet; **hòn đất** clod of earth; **hòn gạch** piece of brick; **hòn núi** mountain; **hòn ngọc** precious stone; **hòn đảo** island; **hòn máu** clot

hong *v.* to dry [something]

hóng *v.* to get, to enjoy: **đi hóng mát** to get fresh air

hòng *v.* to expect, to hope, to intend: **cha mẹ làm việc khổ cực hòng cho con cái được sung sướng** parents work hard hoping that their children will have a better life in future

hỏng *v.* to break down, to be out of order, to fail: **hỏng thi** to fail an examination; **hỏng bét** to be fouled up; **hỏng mắt** to lose one's eyesight; **xe bị hỏng** the car broke down

họng *n.* throat, mouth: **cổ họng, cuống họng; câm họng đi!** shut up!

hóp *adj.* [of cheeks] hollow, sunken

họp *v.* to gather, to meet, to convene, to assemble: **hội họp/nhóm họp** to have a meeting; **tụ họp** to hold a meeting; **khoá họp** session; **phiên họp** meeting

họp mặt *v.* to gather, to meet with others

họp sức *v.* to join forces, to unite

hót **1** *v.* [of birds] to sing, to twitter **2** *v.* to shovel

hô *v.* to cry out, to shout, to give military command: **hoan hô** to cheer, to acclaim; **tri hô** to shout [for help]; **cách xưng hô** form of address

hô hào *v.* to call upon, to appeal to

hô hấp *v., n.* to breathe; respiration

hô hoán *v.* to yell, to shout

hố **1** *n.* big hole, foxhole, ditch: **hố vệ sinh** septic tank; **sắp xuống hố** to have one foot in the grave **2** *v.* to be made a fool of; to overpay [price]: **Ông mua cái nầy hố rồi** you overpaid, you paid too much for this

hồ **1** *n.* lake, pool: **bờ hồ** lakeshore; **hồ Hoàn Kiếm** Returned-Sword Lake **2** *n.* paste, gum, glue, starch, mortar to starch [shirts, etc.]: **thợ hồ** mason, bricklayer

hồ cầm *n.* Chinese violin

hồ điệp *n.* R butterfly (= **bươm bướm**)

hồ đồ *adj.* blurred, muddled, vague

hồ hởi *adj.* cheerful, happy

hồ lô *n.* bottlegourd, calabash

hồ ly *n.* fox

hồ nghi *v.* to doubt, to suspect

hồ quang *n.* arc of light [between incandescent electrodes]

hồ sơ *n.* file, docket, document

hồ tắm *n.* swimming pool

hồ thỉ *n.* a man's ambitions

hồ tiêu *n.* black pepper

hổ **1** *n.* tiger **2** *v.* to be ashamed, to feel shame: **xấu hổ/hổ thẹn** to be ashamed

hổ lốn *n.* gallimaufry, mixed staff, meal ragout made of leftovers, slew of various ingredients, hodgepodge; medley

hổ mang *n.* cobra: **rắn hổ mang** cobra

hổ phách *n., adj.* amber

hổ thẹn *adj.* to be ashamed, to feel embarrassed: **cô ấy đỏ mặt vì hổ thẹn** she is blushing in shame

hổ trợ *v.* to help one another

hỗ tương *adj.* mutual, reciprocal: **Cơ Quan An Toàn Hỗ Tương** Mutual Security Agency

hộ 1 *v.* to help, to assist, to aid in: **anh viết hộ tôi đi** please write it for me; **bảo hộ** protectorate; **giám hộ** trusteeship; **phù hộ** [of deities] to assist, to protect 2 *n.* household: **trong xóm nầy có bao nhiêu hộ?** how many households are there in this cell? 3 *adj.* civil: **luật hộ** civil law

hộ chiếu *n.* passport

hộ giá *v.* to escort a king

hộ khẩu *n.* number of inhabitants

hộ lại *n.* village or county clerk

hộ pháp *n.* guardian spirit [in Buddhism], [Caodaist] Pope; giant, colossus

hộ sản *n., adj.* maternity, pertaining to childbirth: **nghỉ hộ sản** maternity leave

hộ sinh *v.* to deliver a child: **nhà hộ sinh** maternity hospital; **nữ hộ sinh** midwife; **Trường Nữ Hộ Sinh Quốc gia** School of Midwifery

hộ tang *adj.* mourning, grieving

hộ thân *v.* to protect oneself

hộ tịch *n.* civil status, legal status

hộ tống *v.* to escort

hộ vệ *v.* to escort, to guard

hốc *n.* hole, cave, hollow: **hốc đá** a hollow in the rocks

hốc hác *adj.* to be gaunt, emaciated

hộc 1 *v.* to vomit 2 *n.* drawer: **để hồ sơ vào học tủ** to put documents into desk drawers

hộc tốc *adj.* very fast, breathless: **làm việc hộc tốc cho xong bản báo cáo** to work without stop in order to finish the report

hôi 1 *adj., v.* bad-smelling, smelly; to smell bad, to stink: **hôi như cú** to smell like a skunk 2 *v.* to loot: **hôi của sau vụ nổ bom** to loot after an explosion

hôi hám *v.* to stink

hối 1 *v.* to repent, to regret, to be sorry: **họ rất hối hận vì đã làm lỗi** they are very sorry for making mistakes 2 *v.* to urge, to press, to push: **ông ta cứ hối tôi đi học hoài** he always urges me to go to school

hối cải *v.* to show repentance and the desire to change: **khoan dung đối với những người biết hối cải** to be tolerant of those who showed repentance and the desire to change

hối đoái *n.* exchange: **sở hối đoái** exchange office

hối hả *v.* to urge, to press; to be in a hurry

hối hận *v.* to repent, to regret: **bạn tôi rất hối hận vì đã không giúp ông được gì** my friend regretted that he couldn't help you at all

hối lộ *v.* to bribe: **ăn hối lộ** to receive a bribe; **vụ hối lộ** bribery

hối thúc *v.* to urge, to push

hối xuất *n.* exchange rate: **hối xuất một đô la**

Mỹ là bao nhiêu? what is the exchange rate for one U.S. dollar?

hồi 1 *n.* moment, time, period; act [of a play], chapter [of a novel **tiểu thuyết**]; round: **một hồi trống** a roll(ing) of the drum; **hồi ấy, hồi đó** at that time; **hồi nầy** these days 2 *v.* to return (= **về, trả lại**): **hồi âm** to reply; **phục hồi** to restore; **vãn hồi** to restore

hồi âm *v.* to reply, to respond

hồi cư *v.* to come back to one's home after an evacuation

hồi đáp *v.* to answer, to reply

Hồi giáo *n.* Islam

hồi hộp *adj.* nervous, anxious

hồi hương *v.* to return from abroad

hồi hưu *v.* to retire [from work]

hồi kinh *v.* to come back to the capital

hồi loan *v.* [of king] to return to the palace, to return from a trip

hồi môn *n.* dowry

hồi phục *v.* to recover

Hồi Quốc *n.* Pakistan

hồi sinh *v.* to restore to life: **cải tử hồi sinh** to resuscitate

hồi tâm *v.* to regret, to repent

hồi tỉnh *v.* to regain consciousness, to come to normal

hồi tưởng *v.* to recall, to reminisce [object preceded by **đến/tới**]

hội 1 *v.* to gather, to meet: **chúng ta nên hội nhau bàn thảo chương trình** we should meet to discuss the program 2 *n.* assembly; association, society; fete: **hội giáo chức** teachers' association; **ngày hội** festival day 3 *n.* opportunity, occasion, time: **cơ hội** opportunity

hội ái hữu *n.* association

hội buôn *n.* commercial firm

hội chợ *n.* fair, show: **hội chợ Tết** Tet festival show

hội đàm *v., n.* to negotiate; to confer; conference

hội đồng *n.* meeting, council: **Hội Đồng Bảo Công An** Security Council; **Hội Đồng Quản Thúc** Trusteeship Council; **Hội Đồng Đô thành** municipal council; **hội đồng gia tộc** family council; **Hội đồng Du học** Commission on Overseas Study

hội hè *n.* festivals, feasts

hội hoạ *n.* painting

hội họp *v.* to gather, to meet: **hội họp báo chí** press conference

hội kiến *v.* to see, to interview, to meet officially

hội kín *n.* secret society

hội nghị *n.* conference, convention, meeting: **Hội Nghị Tứ Cường** Big Four Conference; **Hội Nghị Á Phi** Afro-Asian Conference

hội ngộ *v.* to meet, to encounter, to re-unite

hội quán *n.* headquarters [of society], club

hội trường *n.* conference hall

hội trưởng *n.* president, chairman [of society]

hội tụ *v.* to converge

hội viên *n.* member of a society/club: **hội viên danh dự** honorary member; **hội viên hoạt động** active member

hội ý *v.* to have an exchange of ideas, to consult one's opinions

hôm *n.* day, afternoon, evening: **chiều hôm nay** this afternoon; **ngày hôm nay** today; **hôm qua** yesterday; **hôm kia** the day before yesterday; **hôm nọ** the other day; **hôm kìa** three days ago; **hôm sau** the next day; **hôm trước** the day before; the other day

hôn *v.* to kiss

hôn lễ *n.* wedding ceremony

hôn mê *v.* to be unconscious, to be in a coma

hôn nhân *n.* marriage

hôn phối *n.* marriage

hôn phu *n.* fiancée

hôn thú *n.* marriage certificate

hôn ước *n.* promise of marriage

hồn *n.* soul [of living or dead men] [as opp. to body **xác**]: **tâm hồn** soul [of living man]; **linh hồn** soul [of dead man]; **cô hồn** medium; **kinh hồn** frightening

hồn nhiên *adj.* natural, innocent, spontaneous

hổn hển *adj.* panting: **thở hổn hển** to be panting

hỗn *adj.* impolite, insolent, ill-mannered, rude

hỗn chiến *v.* to engage in a dog-fight brawl, to fight free for all

hỗn độn *adj.* disorderly, chaotic

hỗn hào *adj.* impolite, rude

hỗn hống *n.* amalgam

hỗn hợp *v., adj.* [of committee or commission] to joint, to mix; mixed: **uỷ ban hỗn hợp** a joint committee

hỗn láo *adj.* impolite, rude

hỗn loạn *adj.* disorderly, chaotic

hỗn mang *adj.* chaotic, misty

hỗn tạp *adj.* to be helter skelter, pellmell, mishmash-like

hỗn xược *adj.* impolite, rude

hông *n.* hip, haunch

hống hách *adj.* [of official] to show one's power, arrogant

hồng 1 *adj.* rose, pink, rosy 2 *n.* wild goose 3 *n.* persimmon CL **quả, trái**

Hồng Hải *n.* Red Sea

hồng hào *adj.* rosy, ruddy

hồng hộc *adj.* panting

hồng huyết cầu *n.* red corpuscle, red cell

Hồng Kông *n.* Hong Kong

hồng lâu *n.* house of prostitution

hồng ngoại *n.* infra-red: **hồng ngoại tuyến** infra-red rays

Hồng Mao *n.* British, English [man]

hồng nhan *n.* beautiful woman

hồng phúc *n.* great happiness

Hồng quân *n.* Red Army

hồng quần *n.* woman

Hồng Thập Tự *n.* Red Cross

hồng thuỷ *n.* deluge, flood

hồng y *n.* red robe [worn by cardinals]: **Đức Hồng y Giáo chủ** the Cardinal

hổng *adj.* hollow, having gaps: **lỗ hổng** hole/gap

hộp *n.* box, carton, case, can: **hộp diêm** a box of matches, **hộp nữ trang** jewelry case; **đồ hộp** canned food; **cá hộp** canned fish; **sữa hộp** canned milk

hộp đêm *n.* nightclub

hộp quẹt *n.* box of matches

hộp số *n.* gear-box

hộp thư *n.* letter box

hốt *v.* to gather, to rake in, to scoop up

hốt hoảng *v.* to get excited, to panic

hột *n.* (= **hạt**) grain; stone, seed; kernel; drop [of rain **mưa**]: **hột sen** [fresh] lotus seed; **hột lúa giống** rice seed

hột xoàn *n.* diamond: **tiệm bán hột xoàn** a diamond dealer's shop

hơ *v.* to dry over a fire, to heat over a fire

hơ hớ *adj.* [of girl] to be young, in the glow of juvenile beauty

hớ *v.* to pay too much for a piece of merchandise; to blunder

hớ hênh *adj.* careless, tactless

hờ *adj.* not close, not secure: **bạn hờ** no close friend

hờ hững *adj.* negligent, indifferent, half-hearted

hở *adj.* opened, uncovered, leaked: **để hở cửa** to leave the door opened; **áo hở vai** decollete

hở hang *adj.* scanty: **cô ấy ăn mặc hở hang** she is scantily dressed

hở môi *v.* to open one's mouth, to speak up

hở răng *v.* to open one's mouth, to speak up

hơi 1 *n.* [VS **khí**] steam; breath; vapor, gas, air; odor: **đánh hơi** to scent; **bay hơi, đi hơi** to evaporate; **bốc hơi** to vaporize; **cầm hơi** to hold one's breath; **hết hơi** out of breath; **uống một hơi** to drink in one gulp; **thở hơi cuối cùng** to breathe one's last; **xe hơi** automobile 2 *adv.* slightly, somewhat, a little, a bit, rather [precedes verb]: **việc nầy hơi gấp** this is quite an urgent matter

hơi đâu (mà) *adv.* what is the use of?

hơi men *n.* [smell of] alcohol: **người ông ấy có hơi men nồng** he has a strong smell of alcohol

hơi ngạt *n.* asphyxiating gas

hơi sức *n.* force, strength

hơi thở *n.* breath: **hơi thở cuối cùng** one's last breath

hời *adj.* inexpensive, cheap: **không ai bán giá hời cho bạn đâu** no one sells to you at very cheap prices

hởi *adj.* satisfied: **bạn nói thế họ thật là hởi dạ, hởi lòng** you said that they are satisfied

hỡi *intj.* [exclamation used in formal address before second person pronoun]: **hỡi đồng bào thân mến** dear compatriots!

hỡi ôi! *intj.* alas!

hợm *adj.* to be haughty, arrogant, conceited

hợm hĩnh *adj.* supercilious

hơn *adj.* [*opp.* **kém**] more, more advantageous, than; surpassed, outdone; to have more than, more than: **A hơn B về toán** A is better than B in math; **anh ấy có nhiều tiền hơn tôi** he has more money than me; **tốt hơn** better than; **đẹp hơn** more beautiful than

hơn nữa *adv.* furthermore

hơn thiệt *n.* pros and cons, advantages and disadvantages

hớn hở *v.* to be cheerful, to be in a good mood, to be in good spirits

hờn *v.* [of a child] to cry, to be fussy, to throw a tantrum; to hold a grudge, to complain, to grumble

hờn giận *v.* to sulk, to be angry

hờn căm *v.* to hate

hớp *v.* to sip, to snap up

hợp *v.* [**hiệp**] to unite, to be united, [*opp.* **tan**]; to be suitable, be conformable, to go together: **Liên hợp Quốc** the United Nations; **hỗ hợp** mixed, joint; **phù hợp** in conformity with; **tổng hợp** synthesis

hợp ca *v.* to sing together in a chorus: **đoàn hợp ca** choir

hợp cách *adj.* appropriate, adequate, right way

hợp cẩn *n.* wedding feast [the bride and bridegroom share the wine cup]

hợp chất *n.* compound

Hợp Chủng Quốc Hoa Kỳ *n.* the United States of America

hợp đồng *n.* contract: **ký hợp đồng** to sign the contract

hợp kim *n.* alloy

hợp lẽ *adj.* reasonable, logical, sensible, rational

hợp lệ *adj.* orderly, regular

hợp lực *v.* to join forces

hợp lý *adj.* rational, reasonable, logical, sensible

hợp lý hoá *v.* to rationalize

hợp nhất *v.* to unite, to unify; to be united, to merge

hợp pháp *adj.* legal, lawful: **bất hợp pháp** illegal

hợp quần *v.* to unite

hợp tác *v.* to co-operate

hợp tác xã *n.* co-operative

hợp tấu *n.* chorus, concert

hợp thời *adj.* timely, fashionable, opportune

hợp thức *adj.* proper, appropriate, suitable

hợp tính *adj.* compatible

hớt *v.* to cut off small bits, to skim, to remove [scum]; to tattle

hớt tóc *v.* to have or give a hair cut

hớt ha hớt hãi *adj.* in a hurry, panic-stricken

hớt lẻo *adj.* to be an informer

hu hu *v.* to cry or to weep noisily

hú *v.* to call out to

hú hí *v.* to enjoy oneself [with wife and children]

hú hoạ *adv.* by accident; haphazardly

hú hồn *v.* to call back a soul

hú tim *n.* hide and seek

hú vía! *intj.* phew! a narrow escape

hủ *adj.* old-fashioned, outmoded: **cổ hủ** old-fashioned

hủ bại *adj.* corrupt, degenerate: **bài trừ phong tục hủ bại** to abolish degenerate customs

hủ lậu *adj.* old-fashioned, outmoded, backward

hủ nho *n.* old-fashioned scholar

hủ tục *n.* outmoded traditions or customs

hũ *n.* jar: **hũ mứt** a jar of jam

hùa *v.* to follow, to go along: **hùa theo bạn bè** to follow friends

huân chương *n.* medal: **huân chương văn hoá giáo dục** medal for educational and cultural services

huân công *n.* merit

huân tước *n.* title, honor

huấn *v.* to teach, to instruct: **giáo huấn/giảng huấn** to teach

huấn dụ *v.* to teach, to advise

huấn đạo *n.* educational officer

huấn lệnh *n.* instructions, order

huấn luyện *v.* to train, to coach, to teach

huấn luyện viên *n.* training officer

huấn từ *n.* speech [by the President or a Secretary of State]

húc *v.* to butt, to hit, to collide: **xe húc vào cây** the car banged into a tree

hục hặc *v.* to quarrel, to nag

huê *n.* See **hoa**

huê lợi *n.* yield, income

Huế *n.* Hue [in central part of Vietnam]

huề *v.* See **hoà**

huệ *n.* lily: **hoa huệ** lily flower

huếch hoác *adj.* wide, opened, gaping

huênh hoang *v., adj.* to be showy, to brag; bombastic

húi *v.* to clip, to cut one's hair

hủi *n.* leprosy: **người hủi** a leper (= **cùi**); **bệnh hủi** leprosy; **trại hủi** leper colony

hụi *n.* See **hội**

hum húp *adj.* swollen

hùm *n.* tiger: **hang hùm** tiger's lair

hụm *n.* a gulp, a drink: **hụm nước** a gulp of water

hun *v.* See **hôn**

hun đúc *v.* to forge, to form, to train

hùn *v.* to contribute [money, share] in an investment: **hùn vốn mở tiệm ăn** to contribute the capital to open a restaurant

hung 1 *adj.* [of hair, etc.] reddish 2 *adj.* mad, furious, ferocious, violent

hung ác *adj.* cruel, wicked

hung bạo *adj.* cruel, wicked

hung dữ *adj.* to be fierce-looking

hung hãn *adj.* to be aggressive, violent

hung hăng *adj.* to be aggressive, violent, reckless; impetuous

Hung Gia Lợi *n.* Hungary, Hungarian

hung phạm *n.* murderer, assassin, killer, criminal

hung tàn *adj.* cruel, brutal

hung thần *n.* evil spirit

hung thủ *n.* murderer, assassin, killer, criminal

hung tín *n.* bad news

hung tợn *adj.* savage

húng *n.* mint leaves

hùng *adj.* brave, strong, powerful: **anh hùng** hero

hùng biện *adj.* eloquent: **tài hùng biện** eloquence

hùng cường *adj.* strong, powerful

hùng dũng *adj.* brave, martial

hùng hậu *adj.* [of forces] strong, powerful

hùng hoàng *n.* red arsenic

hùng hổ *adj.* violent, vehement, aggressive

hùng hồn *adj.* eloquent, forceful

hùng tráng *adj.* strong, mighty, magnanimous, grand, grandiose

hùng vĩ *adj.* great, imposing, grandiose

huống *adv.* all the more reason for, even more so

huống chi *adv.* let alone, not to mention, much less: **đi tản bộ cho khoẻ mạnh; các cậu cũng không được phép, huống chi là nô đùa ầm ĩ** the boys were not allowed a healthy walk, much less a romp

huống hồ *adv.* much less, let alone, not to mention

húp 1 *v.* to slurp, to suck in [soup, rice gruel] 2 *adj.* swollen: **má sưng húp** to have a swollen cheek

hụp *v.* to dive, to plunge, to disappear under the water

hút *v.* to suck, to inhale, to smoke, to vacuum: **cấm hút thuốc** no smoking!; **hút bụi** to vacuum a place

hụt *adj.* to be lacking, short: **thiếu hụt** in deficit; **bắt hụt** to fall to catch; **chết hụt** to escape death very narrowly

huy chương *n.* medal

huy động *v.* to mobilize

huy hiệu *n.* name, badge

huy hoàng *adj.* splendid, radiant, resplendent

huý *n.* tabooed name, forbidden name [to avoid mentioning names of elders, words similar to or homonymous with unlucky words]: **tên huý** tabooed name; **Cụ tên Nguyễn Nam và huý là Đông Sơn** his name was Nguyen Nam, but his tabooed name was Dong Son

huý nhật *n.* anniversary of death

huỷ *v.* to destroy, to cancel: **phá huỷ/ tiêu huỷ** to destroy; **thiêu huỷ** to burn so as to destroy

huỷ bỏ *v.* to cancel, to abolish: **huỷ bỏ kỳ thi vấn đáp** to abolish the oral examination; **huỷ bỏ tài liệu mật** to destroy secret documents

huỷ hoại *v.* to destroy, to demolish: **trong chiến tranh nhiều nhà cửa bị huỷ hoại** during the war many houses were destroyed

huých *v.* to push, to shove

huỵch *n.* thud, whack [noise of heavy thing falling down]

huyên náo *adj.* noisy, bustling, uproarious: **nhiều tiếng huyên náo ở ngoài đường** there are lots of uproars in the street

huyên thiên *v.* to talk big, to brag, to boast

huyền 1 *n.* mark or symbol for low falling tone: **dấu huyền** falling tone marker, grave accent 2 *adj.* jet; black: **chuỗi hạt huyền** a jet necklace; **mắt huyền** black eyes 3 *n.* R string [of a musical instrument]: **đàn độc huyền** monochord, Vietnamese one-string instrument

huyền ảo *adj.* illusory, fanciful: **một cảnh huyền ảo** a fanciful scenery

huyền bí *adj.* mysterious, occult

huyền chức *v.* to suspend position [an official]

huyền diệu *adj.* abstruse, mysterious, marvelous, wonderful

huyền hoặc *adj.* fantastic, fabulous, legendary

huyền vi *adj.* mysterious, subtle, delicate

huyện *n.* (= **quận**) district: **tri huyện** chief of district

huyện đường *n.* yamen, office of district chief

huyện lỵ *n.* district city, county capital

huyện trưởng *n.* district chief

huyết *n.* blood (= **máu**): **lưu huyết** bloodshed; **bạch huyết** lymph; **hoại huyết** scurvy; **thổ huyết** to vomit blood; **nhiệt huyết** enthusiasm; **băng huyết** hemorrhage

huyết áp *n.* blood pressure

huyết bạch *n.* leucorrhea

huyết cầu *n.* blood corpuscle, blood cell
huyết cầu tố *n.* hemoglobin
huyết chiến *n.* bloody battle
huyết khí *n.* energy, constitution
huyết mạch *n.* pulse; vital thing
huyết nhục *n.* consanguinity kinship
huyết quản *n.* blood vessel
huyết thanh *n.* serum
huyết thanh học *n.* serology
huyết thống *n.* blood, descent, parentage, kinship
huyết tương *n.* plasma
huyệt 1 *n.* grave; cave, hole: **đào huyệt** to dig a grave; **hạ huyệt** to lower a coffin into a grave 2 *n.* vital point in the human body [Chinese boxing and medicine]
huynh *n.* elder brother (= **anh**): **tứ hải giai huynh đệ** all men are brothers; **phụ huynh** parents [of students]; **gia huynh** my elder brother
huynh trưởng *n.* eldest son
huỳnh *n.* firefly, glow worm (= **đom đóm**)
huýt *v.* to whistle: **huýt sáo** to whistle
hư *adj.* decayed, rotten, spoiled (= **hỏng**); out of order, damaged; [of children] naughty, spoiled, unruly, ill-bred; false [*opp.* **thực**]: **nhà bị hư** damaged house
hư danh *n.* vainglory, empty fame, vanity of fame: **mấy ai chuộng hư danh** no one attaches importance to empty fame
hư hoại *adj.* spoiled, injured, damaged
hư hỏng *v., adj.* to break down, to fail; to be out of order, to be spoiled
hư không *adj.* vain, nil
hư số *n.* abstract number
hư vị *n.* nominal position
hư vô *adj.* nothing: **cõi hư vô** nothingness
hừ *intj.* huh! hum!
hứa *v.* to promise, to vow: **lời hứa** promise, vow; **giữ lời hứa** to keep one's promise
hứa hảo *n.* empty promise
hứa hẹn *v.* to promise
hứa hôn *v.* to betroth, to engage
hưng *adj.* R flourishing, thriving; prosperous [*opp.* **phế**]: **chấn hưng** to develop, to render prosperous; **phục hưng** renaissance
hưng binh *v.* to raise troops
hưng khởi *v.* to prosper, to thrive
hưng quốc *v.* to foster the country, to build the nation
hưng thịnh *n.* prosperity
hưng vong *n.* ups and downs
hứng 1 *v.* to catch [something falling] 2 *n.* interest, inspiration, enthusiasm: **làm việc tuỳ hứng** to work only when one has a feeling of enthusiasm
hứng thú *adj.* interested, interesting

hửng *v.* [of day] to break, [of sun] to be coming out: **trời hửng sáng** daylight breaks
hững hờ *adj.* cold and indifferent
hương *n.* perfume, fragrance, incense: **nén hương** incense stick, joss stick; **bình hương, lư hương** incense burner
hương án *n.* altar
hương ẩm *n.* village feast
Hương Cảng *n.* Hong Kong
hương chính *n.* village administration
hương chức *n.* village authorities
Hương Giang *n.* Perfume River [in Hue]
hương hoa *n.* offerings [incense and flowers]
hương hoả *n.* inheritance
hương hồn *n.* soul [of dead person]
hương khói *n.* ancestral cult, ancestor worship
hương sư *n.* village teacher
hương thí *n.* regional examination
hương thôn *n.* village, hamlet
hương trưởng *n.* village chief
hương vị *n.* taste, flavor
hướng *n., v.* direction; to face, to be directed: **phương hướng** directions; **định hướng** set course; **chí hướng** ambition, aspiration
hướng dẫn *v.* to guide, to lead
hướng dương *n.* sunflower
hướng đạo *n.* guide; boy scout
hướng đạo sinh *n.* boy scout
hướng tâm *adj.* [of a force] centripetal
hường *adj.* See **hồng**
hưởng *v.* to enjoy [a condition in life]; to receive: **đương sự được hưởnng phụ cấp ly hương** the employee [or official] will receive an expatriation allowance
hưởng thọ *v.* to die at the age of
hưởng thụ *v.* to enjoy: **hưởng thụ đời sống** to enjoy life
hưởng ứng *v.* to respond [to], to answer, to support: **hưởng ứng lời kêu gọi của nghiệp đoàn** to respond favorably to the union's appeal
hươu *n.* stag, roe deer: **sừng hươu** deer antler
hươu vượn *n.* idle talk, humbug
hưu *v.* R to rest, to stop working, to retire: **về hưu, hồi hưu** to retire
hưu bổng *n.* retirement pension
hưu chiến *n.* cessation of hostilities, truce, armistice
hưu trí *v.* to retire from employment
hữu 1 *v.* to have, to own; R there is/are (= **có**): **quyền sở hữu** ownership; **quyền tư hữu** private ownership; **quốc hữu hoá** to nationalize 2 *n.* friend (= **bạn**): **bạn hữu/bằng hữu** friend; **trận đấu giao hữu** friendship match 3 *adj.* right, right hand side (= **phải, mặt**): **bên hữu** to the right; **cực hữu** extreme right; **thiên hữu** rightist; **tả hữu** left and right

hữu cơ *adj.* organic: **hoá học hữu cơ** organic chemistry
hữu danh *adj.* famous, well-known
hữu dụng *adj.* useful
hữu duyên *adj.* lucky, compatible, favorable
hữu hạn *adj.* limited: **công ty hữu hạn** company limited (Ltd)
hữu hiệu *adj.* efficient, effective
hữu hình *adj.* visible, concrete, tangible, material
hữu ích *adj.* useful
hữu ngạn *n.* right bank [of river]
hữu nghị *adj., n.* friendly; friendship
hữu sản *adj., v.* wealthy; to own property
hữu tình *adj.* lovely, charming
hữu ý *adj., adv.* intentional; intentionally [*opp.* **vô tình**]
hy hữu *adj.* rare: **đó là chuyện hy hữu** that is a rare story
Hy Lạp *n.* Greece, Greek
hy sinh *v.* to sacrifice [oneself]: **cha mẹ hy sinh cho con cái** parents sacrifice themselves for their children
hy vọng *v.* to hope: **họ hy vọng một ngày mai tươi sáng** they hope for a bright future
hý hoạ *n.* cartoon, caricature
hý kịch *n.* comedy
hý trường *n.* theater
hý viện *n.* theater
hỷ *adj.* glad, happy: **giấy báo hỷ** wedding announcement
hỷ tín *n.* good news [about marriage or childbirth]
hýt rô *n.* [Fr. *hydrogene*] hydrogen

I

i tờ *v.* i and t; first lesson of an anti-illiteracy textbook, to have just begun to learn how to read and write: **nó còn i tờ về tiếng Anh** he knows only the ABC of English
ì *v.* to be motionless; to be inert, to be stubborn, to be obstinate: **tôi không hiểu tại sao ông ta lại ngồi ì ra đó không làm gì cả** I don't understand why he sits so still the whole day without doing anything
ì à ì ạch *adv.* strenuously: **khiêng cái túi ì à ì ạch** to carry a bag strenuously
ì ạch *adv.* with difficulty, strenuously
ỉa *v.* to go to the bathroom, to empty one's bowels
ỉa chảy *v.* to have diarrhea
ỉa đái *v.* to make a mess
ỉa đùn *v.* [of child] to dirty one's diaper or pants

ích *v.* to have profit, to use, to be profitable, to be useful: **hữu ích/có ích** to be useful; **vô ích** useless
ích kỷ *adj.* selfish: **không ai quí trọng con người ích kỷ** no one respects a selfish person
ích lợi *adj.* profitable, useful
im *adj.* silent, quiet, still, calm: **im hơi lặng tiếng** to keep quiet
im bặt *v.* to become completely silent
im lặng *adj.* silent, quiet: **im lặng!** silence please!
im lìm *adj.* quiet
im mồm *v.* to shut up, to shut one's mouth
im như tờ *adj.* very quiet
im phăng phắc *adv.* absolute noiselessly
in 1 *v.* [SV **ấn**] to print: **máy in** printing machine, press; **nhà in** printing house; **thợ in** printer **2** *v.* to engrave: **in vào trí óc** to engrave something on one's mind **3** *adj.* to be as alike as two peas: **hai anh em in như đúc** the two brothers are as alike as two peas
in ít *adj.* little
inh *adj.* noisy, boisterous
inh ỏi *adj.* noisy, loud, strident: **tiếng còi xe kêu inh ỏi** the car's horn is very loud
inh tai *adj.* deafening
ình *v.* to swell
ít *adj.* little, small quantity; to be or have little/few; there is little; there are few; to act to a small degree [second verb in series]; to act only rarely [first verb in series]: **ít nói** to be taciturn; **chúng tôi [có] ít tiền** we have little money; **ở đây ít muỗi** there are few mosquitoes here; **nó ăn ít** he eats a little; **nó ít ăn** he rarely eats; **chút ít** a little, a few
ít khi *adj., adv.* rare; seldom: **bà ấy ít khi đi họp** she rarely comes to the meeting
ít lâu *n.* a little while: **ít lâu nay tôi không gặp ông ấy** I haven't met him for a little while
ít nhất *adv.* at least: **công việc đó làm ít nhất phải mất một tháng** that job needs at least one month to complete
ít nhiều *adj.* a little, some, a few
ít nữa *adj.* at least; in a while; more: **vấn đề đó ít nữa sẽ rõ** that issue will be clear in a while
ít ỏi *adj.* in a small quantity
ít ra *adj.* at least, to say the least
ỉu *adj.* doughy, soggy: **bánh mì đã ỉu rồi** this bread roll was doughy
ỉu xìu *adj., n.* gloomy; dampened spirits: **cô ấy buồn quá mặt mày ỉu xìu** she is very sad, that's why she looks gloomy

K

ka ki *n.* khaki, a type of fabric

ka li *n.* potassium

ke 1 *n.* [Fr. *quai*] quay, dwarf, dock railroad tracks 2 *n.* [Fr. *équerre*] square ruler

ké 1 *v.* to put one's money with, to make a small side-bet [jointly with a gambler] 2 *v.* to squeeze in: **đi ké xe** to squeeze in for a lift 3 *n.* cocklebur

kè kè *adj.* close by, side by side: **đi kè kè bên nhau** to walk side by side

kè nhè *adj.* [of voice] insistent: **nói kè nhè** to speak in an insistently low voice

kẻ 1 *n.* individual, person, man [cf. **người**] 2 *v.* to draw [a line]: **kẻ một đường thẳng** to draw a straight line; **thước kẻ** ruler; **giấy kẻ rồi** lined paper

kẻ cả *adj.* elder, senior

kẻ chợ *n.* city people; city [old term]

kẻ cướp *n.* robber

kẻ khó *n.* the poor

kẻ thù *n.* enemy, foe

kẻ trộm *n.* burglar

kẽ *n.* crack, interstice, gap, crevice: **kẽ hở** gap

kéc *n.* parrot

kem *n.* [Fr. *creme*] ice cream; beauty cream: **kem bốn màu** four color ice-cream; **kem đánh giầy** shoe polish

kém *adj.* [*opp.* **hơn**] less [advantageous, profitable, etc.]; weak, fewer, less than: **ba giờ kém năm** five to three [2:55]; **mắt kém** [to have] poor eyesight; **A kém điểm hơn B về Pháp văn** A's score is less than B's for French

kèm *v.* to go along with, to guide and guard: **đi kèm** to send along, to enclose; **kèm theo đây** enclosed herewith

kèm nhèm *adj.* bleary-eyed

kẽm *n.* zinc: **bản kẽm** zinc block, plate

kén 1 *n.* cocoon 2 *v.* to select, to choose (= **chọn**): **kén cá chọn canh** to pick and choose, choosy

kèn *n.* trumpet, bugle, clarinet, saxophone: **thổi kèn** to play one of these wind instruments; **không kèn không trống** without fanfare

kèn cựa *adj.* jealous, envious

kèn kẹt *v.* to creak

keng *n.* cling clang

kẻng 1 *adj.* smart, chic 2 *n.* makeshift gong

keo 1 *n.* gelatin, glue 2 *n.* round [fighting]: **vật nhau ba keo** to wrestle three rounds 3 *adj.* stingy, parsimonious: **keo bẩn/keo cú, keo kiệt** mean, stingy

keo sơn *adj.* [of friendship] close, long-lasting

kéo 1 *n.* pair of scissors 2 *v.* to pull, to drag: **kéo cờ** to hoist the flag; **kéo buồm** to trice up a sail; **kéo đàn vĩ cầm** to play the violin

kéo bè *v.* to form a gang, to gang up, to form a party

kéo cánh *v.* to form a gang, to gang up, to gather into a faction

kéo co *n.* tug of war

kéo dài *v.* to stretch, to lengthen, to drag on/out

kéo lại *v.* to recover, to make up

kéo lê *v.* to trail, to drag

kèo *n.* rafter

kẻo *conj.* or else, because, or otherwise, lest: **chúng ta nên cẩn thận kẻo chúng biết** we should be careful lest they know about it; **mau lên kẻo trễ** hurry up or you'll be late

kẽo kẹt *adj.* sound of a creaking door or wheels

kẹo 1 *adj.* stingy, tightfisted, close-fisted 2 *n.* candy: **cho ăn kẹo nó cũng không dám làm** he wouldn't dare do it even if we give him candy

kẹo bông *n.* cotton candy

kẹo cao su *n.* chewing gum

kẹo chanh *n.* lemon drop

kép 1 *n.* actor, comedian 2 *adj.* double, twofold; of two thicknesses: **áo kép** lined coat

kẹp *v.* to press, to squeeze

két *n.* [Fr. *caisse*] safe; cashier's desk; case, carton [of beer, etc.]: **két sắt** safe; **một két bia** a carton of beer

kẹt *v.* to be caught, to be pinched; to stick: **ngón tay của nó bịt kẹt trong cửa** his fingers are pinched in the door; **tôi bị mắc kẹt rồi, tôi không đi được** I am stuck so I can't go

kê 1 *n.* millet 2 *n.* cock, chicken (= **gà**) 3 *v.* to list, to mention, to declare: **kê khai hàng hoá mang theo** to declare goods; **liệt kê danh sách người tham dự** to list the names of participants 4 *v.* to wedge up; to put, to arrange [furniture]: **kê bàn ghế trong nhà** to arrange furniture in the house

kê cứu *v.* to study, to examine [for reference]

kê gian *v.* to declare dishonestly

kê khai *v.* to declare, to list

kế 1 *n.* ruse, scheme, stratagem, trick: **con người nhiều mưu kế** to have many tricks up one's sleeve 2 *conj.* then, after that: **kế đó** after that

kế cận *adj.* neighboring, next, adjacent: **kế cận nhà tôi** next to my house

kế chân *v.* to succeed, to replace somebody

kế hoạch *n.* plan, project, strategy

kế mẫu *n.* stepmother

kế nghiệp *v.* to take over [a business]

kế phụ *n.* stepfather

kế thất *n.* second wife

kế thừa *v.* to inherit

kế tiếp *v.* to continue, to succeed

kế toán *n.* accountant, bookkeeper

kế tục *v.* to continue, to follow

kế tự *n.* heir

kế vị *v.* to succeed

kề *adj.* next, close to: **ngồi kề ai** to sit next to someone

kể *v.* to relate, to narrate, to tell [a story], to mention, to enumerate, to cite [facts, figures]: **như vừa kể trên** as abovementioned; **không kể** not to mention, not to speak of; **không đáng kể** minor, not worth mentioning; **không kể xiết** numerous

kể lể *v.* to tell stories, to talk on and on

kệ **1** *v.* to leave alone, to pay no attention to: **mặc kệ** to ignore, to leave someone alone; **kệ thây nó** to leave him alone **2** *n.* shelf: **kệ sách** bookshelf **3** *n.* Buddhist prayer-book

kếch xù *adj.* [of amount] huge, bulky, colossal

kệch *v.* to make sure not to do [something], to be afraid of [somebody]

kệch *adj.* coarse, rude: **quê kệch, thô kệch** boorish, unrefined

kền *n.* [Fr. *nickel*] nickel: **mạ kền** to nickel plate

kênh **1** *n.* (= **kinh**) canal: **kênh Suez** the Suez Canal **2** *adj.* warped, not level: **cái bàn kênh phải kê lại** the table is not level and must be re-positioned

kênh kiệu *v.* to put on airs, to give oneself airs, arrogant: **cô lúc nào mặt cũng vác lên thật là kênh kiệu** she has her nose up in the air and gives herself airs

kềnh *v.* to lie flat, to sprawl: **ngã kềnh ra** to fall flat

kềnh càng *adj.* encumbering, cumbersome

kết **1** *v.* to fasten together, to tie in knots; to be bound together: **kết bạn** to make friends; **kết đoàn** to unite, to get in a group **2** *v.* to end, to conclude, to wind up

kết án *v.* to condemn, to convict, to sentence

kết cấu *n.* structure, composition

kết cục *n.* conclusion, final outcome

kết duyên *v.* to get married [**với** to]

kết đôi *v.* to get married

kết hôn *v.* to get married, to marry

kết hợp *v.* to combine, to co-ordinate: **kết hợp lý thuyết và thực hành** to combine theory and practice

kết liễu *v.* to come to an end, to finish

kết luận *v., n.* to conclude; conclusion

kết lực *n.* cohesion, force of cohesion

kết mô *n.* conjunctiva [anatomy]

kết nạp *v.* to admit to: **kết nạp vào đảng** to admit somebody to the party

kết nghĩa *v.* to join a brotherhood; to get married

kết quả *n.* result, outcome

kết thúc *v.* to end, to conclude, to come to an end

kết tinh *v.* to crystallize

kết toán *v.* to draw a final balance-sheet, to make up accounts

kết tội *v.* to accuse, to charge

kết tràng *n.* colon [anatomy]: **kết tràng lên** ascending colon; **kết tràng ngang** transverse colon; **kết tràng xuống** descending colon

kết tụ *v.* to conglomerate, to agglomerate

kết tủa *v.* to precipitate; to be precipitated [a substance]

kêu *v.* to shout; to call [for], to summon, to order [food]; to complain; to ring, to make noise: **ai kêu bạn kìa** someone is ringing you; **làm ơn kêu ông Nam cho tôi** please call Mr. Nam for me

kêu ca *v.* to complain, to grumble: **không ai kêu ca gì cả phải không?** no one complained at all?

kêu cứu *v.* to cry for help

kêu gào *v.* to cry out for, to call upon

kêu gọi *v.* to appeal [to], to call [upon]

kêu la *v.* to shout, to yell, to scream

kêu nài *v.* to insist, to beseech, to entreat

kêu oan *v.* to base one's case on unjust suffering, to protest one's innocence

kêu van *v.* to beseech, to entreat, to implore

kều *v.* to pull with a stick

kha khá *adj., adv.* better; fairly, rather: **điều đó kha khá tốt** that is better

Kha Luân Bố *n.* Christopher Columbus

khá *adj.* rather good, pretty good; be better; [in health] rather well: **khá đấy chứ!** pretty good, isn't he?; **anh ấy là người khá** he's a decent guy; **bài này khá dài** this lesson is pretty long; **anh ấy dịch khá lắm** he's a very good translator

khá giả *adj.* well off, rich: **gia đình bà ấy khá giả** her family is rich

khả ái *adj.* lovely, lovable: **cô ấy trông rất khả ái** she looks lovely

khả dĩ *adj.* able, possible

khả năng *n.* ability, capability: **khả năng làm việc** working ability

khả nghi *adj.* suspicious: **điều đó khả nghi lắm** it's very suspicious

khả ố *adj.* detestable: **chúng ta không chấp nhận những hành vi khả ố đó** we don't accept such detestable behaviors

khả quan *adj.* good, favorable, satisfactory: **kết quả khả quan** a satisfactory result

khác *adj., adv.* other, different; else; unlike: **hai nước khác** two other countries; **một chỗ nào khác** somewhere else; **một người nào**

khác someone else; **một cái gì khác** something else

khác biệt *adj.* different: **khác biệt quan điểm** different points of view

khác thường *adj.* unusual; extraordinary, exceptional

khác xa *adj.* completely different, quite different: **Việt Nam bây giờ khác xa Việt Nam ngày xưa** Vietnam today is quite different from Vietnam in the past

khạc *v.* to spit: **khạc nhổ** to spit

khách *n.* guest, visitor: **khách nước ngoài** foreign visitor; **khách hàng** customer; **đất khách** foreign land; **tiếp khách** to receive visitors; **đãi khách** to entertain; **ăn cơm khách** to be invited to dinner; **chính khách** political figure; **hành khách** passenger; **du khách, lữ khách** traveler, tourist; **đắt khách** to have many customers, to be in great demand

khách hàng *n.* customer: **tiệm ăn của tôi có nhiều khách hàng quen** my restaurant has many regular/repeat customers

khách khứa *n.* guests, visitors

khách qua đường *n.* passerby, stranger

khách quan *adj.* objective: **nhận xét khách quan** objective observation

khách sạn *n.* hotel: **khách sạn hạng sang** luxury hotel

khách sáo *adj.* formal: **cứ tự nhiên đừng khách sáo làm gì** please take it easy, no need to be formal

khách thể *n.* object: **chủ thể và khách thể** subject and object

khai 1 *v.* to declare, to state, to testify: **lời khai** declaration, statement, testimony **2** *adj.* [of urine] urine-smelling **3** *v.* to open (= **mở**), to dredge up: **khai trường** to re-open school

khai báo *v.* to declare, to inform the authorities

khai bút *v.* to write one's first essay [on New Year's day]

khai chiến *v.* to declare war

khai diễn *v.* to start the performance

khai giảng *v.* to begin a new academic year: **năm nay trường khai giảng sớm** this year, the school year starts early

khai hạ *v.* to start the celebrations

khai hấn *v.* to start the hostilities

khai hoa *v.* to bloom, to blossom

khai hoá *v.* to civilize

khai hoả *v.* to open fire

khai hoang *v.* to reclaim wasteland, to cultivate new land

khai hội *v.* to open a meeting/festival

khai huyệt *v.* to dig a grave

khai khẩn *v.* to clear land, to break new ground

khai mạc *v.* [of conference] to open

khai mỏ *v.* to mine

khai phá *v.* to clear land, to discover

khai quật *v.* to exhume, to dis-inter

khai quốc *v.* to found a nation, to build an empire

khai sáng *v.* to found

khai sinh *v.* to register a birth, to declare a childbirth: **giấy khai sinh** birth certificate

khai thác *v.* to exploit land/resources

khai thông *v.* to clear, to free something of obstruction

khai triển *v.* to develop

khai trừ *v.* to expel, to purge [a party member]

khai trương *v.* to open a business, to open a shop

khai trường *n.* first day of school

khai tử *v.* to declare a death

khai vị *n.* entree, aperitif

khái luận *n.* summary, outline

khái lược *n.* summary

khái niệm *n.* general idea, concept, notion

khái quát *adj.* general, generalized

khái quát hoá *v.* to generalize

khải hoàn *n.* triumphal return

khải hoàn môn *n.* Arch de Triumph [in Paris]

kham *v.* to endure, to bear, to suffer: **bất kham** unendurable; **không kham nổi việc nặng nhọc** to be unable to endure heavy work

kham khổ *adj.* [of life] hard, austere

khám 1 *v.* to search [man, pocket, house, etc.], to examine, to check [organ, patient]: **khám sức khoẻ, khám bệnh** to check one's health, to check up **2** *n.* jail, prison

khám đường *n.* prison, jail

khám nghiệm *v.* to examine, to investigate

khám phá *v.* to discover [secret, plot]

khám xét *v.* to examine, to investigate, to check: **nhân viên quan thuế đang khám xét hành lý** customs officers are checking the luggage

khảm *v.* to inlay [with metal or pearl shells]

khan *adj.* dry, scare, rare: **khan cổ, khan tiếng** hoarse [throat]; **hàng hoá khan lắm** goods are short/rare

khan hiếm *n., adj.* shortage; rare

khán đài *n.* stand, grand-stand: **khán giả đã đầy khán đài** the audience occupied all stands

khán giả *n.* onlooker, spectator, audience [of play, show]

khán hộ *n.* male nurse, hospital aid: **nữ khán hộ** nurse

khàn *adj.* hoarse

khản *v.* to become hoarse: **khản tiếng** hoarse voice

khang an *adj.* healthy, safe and sound

khang cường *adj.* vigorously strong

khang ninh *adj.* healthy, safe
khang trang *adj.* spacious and beautiful: **nhà cửa khang trang** a beautiful, spacious house
kháng án *v.* to appeal [a sentence]
kháng cáo *v.* to appeal
kháng chiến *v., n.* to resist; resistance: **quân kháng chiến** resistance army
kháng cự *v.* to resist, to offer resistance
kháng điệp *n.* [note of] protest message
kháng độc *adj.* antitoxic
kháng độc tố *n.* antitoxin
kháng sinh *n.* antibiotic
khẳng khái *adj.* indomitable, proud, chivalrous
khanh *n.* you [used by ruler to official]; high-ranking official
khanh khách *adj., n.* peeling; burst of laughter
khanh tướng *n.* cabinet minister
khánh *n.* stone gong, silver/gold stone gong
khánh hạ *v.* to celebrate
khánh kiệt *v.* [of finances] to be all spent, to be completely lost
khánh thành *v.* to inaugurate [program, building]: **khánh thành vận động trường quốc gia** to inaugurate the national stadium
khánh tiết *n.* festival, entertainment, protocol
khảnh *adj.* to be delicate, dainty: **mảnh khảnh** thin, slender, slim
khảnh ăn *adj.* dainty, to eat little
khao *v.* to celebrate [victory, success in exam]; to give a feast, to treat someone with food: **khao bạn một chầu cơm đặc sản** to treat friends to a seafood dinner
khao binh *v.* to give a banquet to soldiers under one's command
khao khát *v.* to thirst for, to crave for
khao thưởng *v.* to reward [with victuals, bonus]
khao vọng *v.* to celebrate [promotion, success in exam], to give a feast
khảo 1 *v.* to torture to get information: **tra khảo** to investigate by torture; **khảo tiền** to request for money 2 *v.* to do research; to examine, to test [students]: **khảo thí** to test, to examine; **giám khảo** examiner 3 *v.* to shop around in order to get an idea of prices: **khảo giá** to check the price
khảo cổ *v.* to study archeology
khảo cứu *v.* to study, to investigate, to do research: **khảo cứu về sự thay đổi xã hội** to do research on social changes
khảo hạch *v.* to test [for school, law court]
khảo sát *v.* to examine, to investigate, to do research
khảo thí *v.* to examine
khát *v.* to be thirsty: **khát nước** to be thirsty; **giải khát** to quench one's thirst; **đồ giải khát** refreshments, drinks
khát máu *adj.* blood-thirsty

khát vọng *v.* to hope for, to yearn for, to thirst after
kháu *adj.* [of child] good-looking, pretty, cute
khay *n.* tray: **khay trà** tea tray
khắc 1 *v.* to carve, to engrave: **có khắc chữ ký** with an engraved signature; **bản khắc** zinc plate 2 *n.* quarter of an hour; two-hour period: **hai giờ một khắc** two and a quarter hours; **khoảnh khắc** short time
khắc cốt *v.* to remember for ever
khắc khoải *adj.* worried, anxious
khắc khổ *adj.* harsh, austere: **sống một đời sống khắc khổ** to live a harsh life
khắc kỷ *v.* to be self-controlled
khắc lậu *n.* clepsydra
khắc nghiệt *adj.* severe, stern, strict: **khí hậu khắc nghiệt** severe climate
khắc phục *v.* to subdue, to overcome [difficulties]
khăm *adj.* nasty, fetid, smelling like rotten fish: **chơi khăm ai** to play a nasty trick on someone
khăn *n.* towel; napkin; handkerchief, kerchief; turban [with **quấn**, **vấn** to wind around one's hand]: **dùng khăn ăn** to use a napkin
khăn áo *n.* clothes, clothing
khăn bàn *n.* table cloth
khăn chùi mồm *n.* napkin, handkerchief
khăn gói *n.* bundle, pack
khăn lau *n.* wash-cloth
khăn mặt *n.* towel
khăn mùi soa *n.* handkerchief
khăn quàng *n.* scarf, muffler
khăn tang *n.* mourning turban
khăn tay *n.* handkerchief
khăn tắm *n.* bath towel
khăn trắng *n.* white mourning head-band
khăn vuông *n.* scarf
khăn xếp *n.* ready-to-wear turban
khăng *n.* game of sticks
khăng khăng *adj.* persistent
khăng khít *adj.* attached, devoted
khẳng *adj.* thin, skinny: **gầy khẳng** thin; **khẳng kheo** skinny
khẳng định *v., adj.* to confirm; affirmative [as opp. to negative **phủ định**]
khắp *adv.* all over [places], every, everywhere: **khắp mọi nơi** everywhere; **khắp mọi người** everyone
khắt khe *adj.* stern, austere, strict
khắc *n.* notch, nick
khâm liệm *v.* to shroud, to dress a corpse
khâm mạng *n.* the king's order; imperial order
khâm phục *v.* to admire [and respect]
khâm sai *n.* imperial envoy, viceroy
khấn *v.* to pray: **khấn trời Phật** to pray to Buddha
khấn vái *v.* to kowtow and pray

khẩn *v., adv.* R earnest; earnestly: **khẩn thiết, thành khẩn** to beseech, to entreat; **khẩn khoản** to implore

khẩn *adj.* urgent, pressing: **khẩn báo** to inform urgently

khẩn cấp *adj.* urgent, pressing: **yêu cầu khẩn cấp** urgent request

khẩn cầu *v.* to beseech: **khẩn cầu sự trợ giúp** to beseech for urgent aid

khẩn hoang *v.* to open up wastelands, to cultivate new lands

khẩn khoản *v.* to insist [in inviting]

khẩn thiết *adj.* earnest

khẩn trương *adj.* tense, urgent, requiring immediate attention: **tình thế khẩn trương** tense situation

khấp khểnh *adj.* [of road] uneven, bumpy, rugged: **răng khấp khểnh** uneven teeth

khấp khởi *v.* to exult, to rejoice, to feel elated

khập khiễng *adj.* limping

khất *v.* to ask for a delay, to postpone [payment]: **khất nợ** to ask for extension in the payment of a debt

khất nợ *v.* to ask for postponement in the payment of a loan

khất thực *v.* to beg for food

khâu 1 *v.* to sew, to stitch: **khâu quần áo** to sew clothes; **máy khâu** sewing machine 2 *n.* stage, step [in a process]: **thực hiện từng khâu của dự áo** to implement the project stage by stage

khâu vá *v.* to sew, to do needlework

khấu *v.* to deduct: **khấu nợ** to postpone the payment of one's debt; **khấu trừ** to withhold

khấu biệt *v.* to bow and bid farewell

khấu đầu *v.* to kowtow, to bow one's head

khấu trừ *v.* to deduct: **khấu trừ vào tiền lương** to deduct from a salary

khẩu *n.* (= **miệng**) mouth: **cấm khẩu** to become dumb; **hà khẩu** estuary; **hải khẩu** seaport; **nhân khẩu** ration; **nhập khẩu** import; **xuất khẩu** export

khẩu âm *n.* accent

khẩu cái *n.* [hard] palate: **nạng khẩu cái** soft palate, velum

khẩu cái âm *n.* palatal [sound]

khẩu cái âm hoá *adj.* palatalized

khẩu chiến *n.* oratorical joust/quarrel

khẩu cung *n.* oral statement [of defendant]

khẩu hiệu *n.* slogan, password: **hô to khẩu hiệu** to shout a slogan/password

khẩu khí *n.* personality [through speech, style]

khẩu kính *n.* diameter, caliber

khẩu lệnh *n.* password: **cho biết khẩu lệnh** to give one's password

khẩu phần *n.* ration: **khẩu phần hàng ngày của công nhân** daily ration of a worker

khẩu Phật tâm xà *adj.* hypercritical

khẩu tài *n.* eloquence

khẩu thuyết *n.* summary given orally

khẩu truyền *v.* to transmit orally

khe *n.* slit, crack: **khe hở** slit, groove, channel

khe khẽ *adv.* gently, softy

khè *adj.* dirty yellow: **vàng khè** very dirty yellow [of old paper, old white cloth]

khẽ *adj., adv.* gentle, soft; gently: **nói khẽ** to speak in a soft voice

khẹc *n.* (= **khỉ**) monkey: **đồ con khẹc!** what a monkey!

khem *v.* to abstain from: **kiêng khem, ăn khem** to be on a diet

khen *v.* to praise, to congratulate, to commend: **khen ngợi, ngợi khen** to praise [*opp.* **chê**]; **đáng khen** praiseworthy, laudable; **lời khen** praise, compliments

khen ngợi *v.* to praise: **khen ngợi sự thành công** to praise one's success

khen thưởng *v.* to reward

khéo *adj.* skillful, clever, dexterous; be cautious [or else], be careful, watch it; what's the use of; how: **khéo (không) (lại) ngã!** Watch it, you may fall down; **khéo dư nước mắt!** what a waste of tears!

khéo tay *adj.* clever, dexterous

khéo léo *adj.* skillful, clever

khéo nói *adj.* talkative

khéo tay *adj.* dexterous

khép *v.* to shut, to close; to condemn: **khép cửa lại** to close the door

khép nép *adj.* shy and modest

khép tội *v.* to charge, to accuse

khét *adj., n.* [of burning thing] harsh smelling; burning smell

khét tiếng *adj.* very famous

khê *adj.* [of rice] burnt

khế *n.* carambola, starfruit

khế ước *n.* contract: **khế ước đã hết hạn** expired contract

khế văn *n.* act, deed

khề khà *adj., v.* [of voice] drawling and hoarse; to talk over a drink

khệ nệ *v.* to carry [heavy things] with difficulty

khênh *v.* to carry with one's hands, to move by hand [heavy object]

khệnh khạng *v.* to be awarded; to walk slowly like an important person, to put on airs

khểnh *adj.* uneven, rough: **khấp khểnh** uneven; **nằm khểnh** to be idle [lying on one's back, with legs crossed]

khêu *v.* to raise, to extract [with a pin]; to arouse [feeling, nostalgia], to evoke: **khêu lòng ganh ghét đối với ai** to rouse one's jealousy of someone

khêu gợi *v.* to attract, to stir up

khi 1 *n.* (= **lúc**) time, when something, when: **khi nào, đến khi; sau khi** after something happens; **trước khi** before [something happens]; **một khi** once [something happens]; **(một) đôi khi** once or twice, sometimes; **đang khi** while [something is taking place]; **có khi** sometimes 2 *v.* (= **khinh**) to berate, to look down, to despise, to scorn, to hold in contempt: **đừng khi ông ta, ông ta là một người hiền** don't look down on him, he is a kind man

khi không *adv.* by chance, by accident: **khi không ông ấy hỏi tôi về bạn** he asked me about you by accident

khi nào *adv.* when: **khi nào bạn đi?** when will you go?

khi quân *n., v.* high treason; to slight the king/majesty

khí *n.* air, gas, vapor, steam (= **hơi**): **không khí** air, atmosphere; **dưỡng khí** oxygen; **đạm khí** nitrogen; **khinh khí** hydrogen

khí áp *n.* atmospheric pressure

khí cầu *n.* balloon, dirigible

khí cụ *n.* tool, instrument, implement

khí động học *n.* aerodynamics

khí giới *n.* arms, weapons

khí hậu *n.* climate, weather

khí huyết *n.* blood; energy, vigor

khí khái *adj.* proud, unwilling to accept a favor from someone

khí lực *n.* strength, energy, vigor

khí phách *n.* character, stamp: **khí phách anh hùng** heroic character

khí quản *n.* trachea, windpipe

khí quyển *n.* atmosphere

khí sắc *n.* complexion, look: **khí sắc hồng hào** a ruddy complexion

khí thể *n.* gas

khí tiết *n.* pride, courage

khí tĩnh học *n.* aerostatics

khí tượng *n.* atmosphere, meteor: **sở khí tượng** weather bureau

khỉ *n.* [SV **hầu**] monkey: **trò khỉ** money business [slang]; nothing: **nó có làm khỉ gì đâu** he's doing a dreadful thing

khía *v.* to notch, to cut a deep line in: **khía quả xoài** to cut deep into a mango

khía cạnh *n.* angle, aspect

khích *v.* to jeer; to stimulate, to stir, to provoke: **hiềm khích** hate, rancor; **khuyến khích** to encourage; **quá khích** extremist

khích bác *v.* to criticize

khích động *v.* to excite, to stir up

khích lệ *v.* to encourage

khiêm nhượng *adj.* unassuming, self-effacing

khiêm tốn *adj.* modest, humble: **thái độ khiêm tốn** a humble attitude

khiếm diện *v.* to be absent

khiếm khuyết *adj., n.* to be imperfect; short-coming, defect

khiếm nhã *adj.* rude, impolite [of speech, behavior]: **hành động khiếm nhã** impolite behavior

khiên *n.* shield

khiên chương *n.* shoulder piece; hood [academic attire]

khiến 1 *v.* to direct, to order, to command, to ask: **khiến ai làm việc gì** to order someone to do something; **ai khiến anh!** nobody asked you to do that; **việc ấy khiến cho anh phải lo nghĩ** that made you worry 2 *conj.* so, that is why: **nó phạm nhiều lỗi quá khiến chủ phải cho nghỉ việc** he made many mistakes, that is why the boss sacked him

khiển trách *v.* to reprimand, to blame

khiêng *v.* [of two or more persons] to carry a heavy thing by hand

khiếp *adj.* afraid, scared, horrified: **khủng khiếp** awful, horrible

khiếp đảm *adj.* terrified, scared out of one's wits

khiếp nhược *adj.* weak, cowardly

khiếp sợ *adj.* terrified

khiêu *v.* to provoke, to stir up

khiêu chiến *v.* to challenge, to provoke a war

khiêu dâm *adj., v.* sexy; suggestive, obscene, pornographic, sexually stimulating

khiêu hấn *v.* to provoke hostilities

khiêu vũ *v.* to dance

khiếu *n.* natural gift/skill or endowment: **có khiếu** to be gifted, to have a skill

khiếu nại *v.* to complain

khiếu oan *v.* to claim one's innocence, to complain about some injustice

khinh *adj., v.* to be scornful of, contemptuous of; to scorn, to look down on, to despise: **khinh bỉ, khinh rẻ ai** to despise, to look down on somebody

khinh bỉ *v.* to despise

khinh binh *n.* front run-up infantry soldier

khinh khi *v.* to scorn, to disdain

khinh khí *n.* hydrogen: **bom khinh khí** H bomb

khinh khí cầu *n.* balloon

khinh khỉnh *v., adj.* to disdain; disdainful

khinh miệt *v.* to scorn, to spurn

khinh rẻ *v.* to scorn, to disdain

khinh thị *v.* to defy: **khinh thị pháp đình** to be contemptuous of the court

khinh suất *v.* to slight

khít *adj.* well-joined, flush; next to, close by

khịt mũi *v.* to sniff, to snuffle

kho 1 *n.* warehouse, store: **kho hàng** warehouse; **kho bạc** treasury; **người giữ kho** storekeeper 2 *v.* to boil with fish sause, to cook in brine: **kho thịt** to cook meat in fish sauce

kho tàng *n.* treasure

khó *adj.* difficult, hard [*opp.* **dễ**]; bad: **khó coi** bad to look at, not nice; **khó chịu** hard to bear; uncomfortable, unwell; **kẻ khó** the poor; **nghèo khó** poor; needy; **khốn khó** in very reduced circumstances, very poor

khó bảo *adj.* disobedient, stubborn

khó chịu *adj.* hard to bear, unbearable; uncomfortable, unwell

khó chơi *adj.* hard to deal with, hard to make friends with: **ông ấy là người khó chơi** it is hard to make friends with him

khó coi *adj.* shocking, unsightly

khó dễ *v.* to cause trouble, to make difficulties: **cảnh sát khó dễ với người lái xe** police caused difficulties for the drivers

khó khăn *adj.* difficult

khó nhọc *adj.* tiring, painful, strenuous, hard: **công việc khó nhọc** hard work

khó ở *adj.* difficult to live, to live uncomfortably

khó thở *adj.* oppressive: **không khí khó thở** oppressive weather

khó thương *adj.* detestable, unlovable: **con người khó thương** unlovable person

khó tính *adj.* fastidious, hard to please

khó xử *adj.* awkward: **bà ấy ở trong tình thế khó xử** she is in an awkward situation

khoa 1 *v.* to gesticulate, to wave: **khoa chân khoa tay** to wave one's arms 2 *n.* a branch of science, subject of study, specialty; college, faculty [within a university]: **phân khoa nhân văn** department of humanities; **văn khoa** arts, letters; **nội khoa** internal medicine; **ngoại khoa** surgery; **nha khoa** dentistry; **y khoa bác sĩ** doctor of medicine [MD]

khoa bảng *n.* system of degree, examination system

khoa cử *n.* examination

khoa học *n., adj.* science; scientific: **nhà khoa học** scientist; **danh từ khoa học** scientific term

khoa học gia *n.* scientist

khoa trưởng *n.* dean [of college, faculty]

khoá 1 *n., v.* lock; to lock: **chìa khoá** key; **ổ khoá** lock 2 *n.* school year, academic year: **học khoá, niên khoá** school year; **mãn khoá** to finish school or military service; **lễ mãn khoá** graduation ceremony; **khoá tu nghiệp giáo sư Anh văn** training course for teachers of English; **khoá hè** summer session; **thời khoá biểu** time-table, schedule [of classes]

khoá bóp *n.* padlock

khoá chữ *n.* combination lock

khoá sinh *n.* graduate, scholar [old system]

khoá tay *n.* handcuffs

khoá trình *n.* curriculum: **hoạt động ngoại khoá trình** extra-curricular activities

khoả thân *adj.* naked; nude: **vũ khoả thân** strip-tease show

khoác *v.* to wear over one's shoulders; to put over: **khoác áo** to put a coat over one's shoulders; **khoác tay nhau** to hold arm in arm

khoác lác *v.* to be bragging, to boast

khoai *n.* sweet potato, taro, potato

khoai lang *n.* sweet potato

khoai mì *n.* manioc

khoai sọ *n.* taro

khoai tây *n.* potato

khoái *adj., v.* to be pleased; to like, to feel good, happy: **tôi khoái xem bóng đá** I like to watch soccer matches

khoái lạc *n.* pleasure: **chủ nghĩa khoái lạc** hedonism

khoái trá *adj.* contented, satisfied

khoan 1 *v.* to bore [a hole], to drill: **khoan vài lỗ để trồng cột** to drill a few holes to put up pillars 2 *adj.* slow, poised, relaxed, take it easy: **khoan đã, chờ tôi một chút** take it easy, just wait for me a few minutes

khoan dung *adj.* forgiving, tolerant: **thái độ khoan dung** tolerant attitude

khoan hậu *adj.* generous

khoan hồng *adj.* tolerant, clement, lenient: **chính sách khoan hồng** lenient policy

khoan khoái *v., adj.* elated, happy, stoked [slang]

khoan thai *adj.* deliberate, slow: **ăn nói khoan thai** to be deliberate in speaking

khoán *v.* to be granted a contract/testimony, to hire by the piece: **thầu khoán** contractor; **làm khoán** to do by the piece; **giá khoán** piece rate; **thị trường chứng khoán** stock exchange

khoản *n.* article, item, condition [of agreement], clause, provision: **điều khoản trong thoả ước** the clauses in the agreement

khoản đãi *v.* to entertain, to treat someone to something

khoang 1 *n.* hold [of boat] 2 *adj.* piebald, tabby: **mèo khoang** tabby cat

khoáng chất *n.* mineral

khoáng chất học *n.* mineralogy

khoáng dã *n.* vast field

khoáng đãng *adj.* roomy; liberal-minded

khoáng đạt *adj.* broad-minded, liberal-minded

khoáng sản *n.* minerals

khoáng vật *n.* mineral

khoảng *n.* interval, about, length of time, period of time: **vào khoảng năm năm** approximately a five-year period; **vào khoảng** about, approximately

khoảng cách *n.* space, distance: **khoảng cách giữa Hà Nội và Huế là 600 ki-lô mét** the distance between Hanoi and Hue is 600 kilometers

khoảng chừng *adv.* about, approximately

khoanh *n., v.* circle; slice, round piece; to circle; to roll, to coil: **khoanh tay** to fold one's arms; **khoanh vùng** to circle into zones, to divide land into zones

khoảnh *n.* an area equivalent to 100 *mau* (mow), or 360,000 square meters; a plot, lot

khoảnh khắc *n.* short moment, jiffy

khoát *v.* to wave, to beckon: **khoát tay từ giã mọi người** to wave goodbye to everyone

khoắng *v.* to stir; [slang] to steal, to swipe: **khoắng cho đường tan trong nước** to stir sugar in water to dissolve it

khóc *v.* to weep, to cry; to mourn for: **khóc (âm) thầm** to cry or weep silently; **khóc như mưa** to cry bitterly; **than khóc** to mourn

khóc lóc *v.* to cry, to whimper

khóc nức nở *v.* to sob

khóc oà *v.* to burst into tears

khóc rưng rức *v.* to cry aloud

khóc sụt sịt *v.* to sob, to weep

khóc sướt mướt *v.* to cry bitterly

khóc than *v.* to wail

khóc thầm *v.* to cry or weep silently or inwardly

khoe *v.* to boast, to show off

khoe khoang *adj., v.* boastful; to show off

khoé *n.* corner [of eye **mắt**]; trick, ruse: **mánh khoé** trick

khoẻ *adj.* strong; healthy: **bạn khoẻ không?** how are you? [greeting]; **mạnh khoẻ, khoẻ mạnh** well, healthy; **ăn khoẻ** to have a big appetite; **sức khoẻ** healthy; strength

khoẻ khoắn *adj.* healthy

khoẻ mạnh *adj.* strong, vigorous; healthy

khoèo *adj.* bent, curved

khoét *v.* to bore, to dig a hole: **đục khoét** [of an official] to rob [the people], to extort money

khói *n.* smoke, fumigation: **không có lửa sao có khói** there is no smoke without fire; **hương khói** incense and smoke, ancestor worship

khói lửa *n.* war, warfare

khỏi *v.* to recover, to avoid, to escape, to get well, away from: **rời khỏi** to leave; **anh khỏi phải đi** you don't have to go; **để khỏi mất thì giờ** in order to save time; **tôi không khỏi nhớ tới anh ấy** I can't help remembering him; **anh khỏi hẳn chưa?** have you completely recovered?

khom *v.* to be bent, to be curved; to bend one's back: **khom lưng** to bend one's back

khóm *n.* clump, cluster: **khóm cây** a cluster of trees

khọm *adj.* aged, decrepit

khô *adj.* dry [*opp.* **ướt**], withered [*opp.* **tươi**]: **phơi khô** to dry [in the sun]; **nho khô** dried grapes/sultanas

khô cằn *adj.* arid, barren

khô dầu *n.* oil cake

khô đét *adj.* withered, shrivelled up

khô héo *adj.* wilted

khô khan *adj.* dry, arid; [of heart] indifferent

khô ráo *adj.* dry, arid

khố *n.* string; belt, sash, loin-cloth: **đóng khố** to wear a loin-cloth; **khố rách áo ôm** ragged, poor

khổ 1 *adj.* unhappy, wretched, miserable: **cực khổ** suffering; **đau khổ** [slang] to be poor 2 *n.* width [of fabric]: **khổ vải một mét** fabric of one-meter width

khổ chủ *n.* host: **khổ chủ tiếp đãi khách rất nồng hậu** the host treated his guests very well

khổ công *v.* to take great pains, to make great efforts

khổ cực *adj.* suffering hardship

khổ hạnh *adj.* ascetic

khổ não *adj.* miserable, deplorable

khổ nhục *adj.* humiliating, disgraceful

khổ qua *n.* bitter melon (= **mướp đắng**)

khổ sai *n.* hard labor: **bị kết án mười năm tù khổ sai** to be sentenced to ten years of hard labor

khổ sở *adj.* wretched, miserable, agonizing

khổ tâm *adj.* painful

khổ thân *adj., v.* painful; to suffer

khốc hại *adj.* disastrous: **thảm khốc** awful, terrible

khốc liệt *adj.* fierce, raging, highly devastating

khôi hài *adj.* humorous, funny, joking, witty

khôi ngô *adj.* good-looking, handsome, bright

khôi phục *v.* to recover [something lost], to restore, to establish

khối 1 *n.* mass, bloc, volume, bulk: **thước khối** cubic meter 2 *adj.* a lot, many, plenty of: **nó có khối tiền** he has a lot of money

khối lượng *n.* volume, amount: **khối lượng công việc quá nhiều** the volume of work is too much

khôn *adj.* clever, wise, prudent shrewd, artful [*opp.* **dại**]

khôn hồn *exclam.* if you are prudent!; be wise!

khôn khéo *adj.* clever, smart, artful, shrewd

khôn ngoan *adj.* clever, wise, prudent

khôn thiêng *adj.* [of spirits] powerful

khốn *adj.* to be in difficulty, in danger: **khốn nỗi** unfortunately

khốn cùng *n.* poverty, dire poverty, utter misery

khốn đốn *adj.* in a tough position

khốn khổ *adj.* miserable, suffering, wretched; pained, poor

không *adj.* not [precedes main verb] (= **chẳng, chả**); no; to be without: **không có gì** there is nothing; **ăn không** to eat without paying; **anh ấy không đi** he's not going; **anh (có) đi không?** are you going [or not]?; **Không có xe làm sao đi đến đây được?** how can you get there without a car?; **ăn không, ở không** to be idle; **tay không** empty-headed; **vườn không nhà trống** no man's land; **đi chân không** to go barefoot

không có chi or **không có gì** *adj.* not at all, don't mention it, you're welcome

không đâu *adj.* unfounded, not based on facts: **những chuyện không đâu** stories were not based on facts

không gian *n.* space [as opp. to time **thời gian**]

không kể *adv.* not counting, not including, excluded: **giá 300 đô la không kể thuế** the price is 300 dollars excluding tax

không khí *n.* air; atmosphere

không quân *n.* Air Force

không sao *adv.* it doesn't matter

không tiền (khoáng hậu) *adj.* unprecedented

không trung *n.* in the air; space

không tưởng *adj.* utopian: **kế hoạch không tưởng** a utopian plan

không vận *n.* air transport

khống chế *v.* to control

Khổng *n.* Confucius: **Khổng (phu) tử** Confucian(ist); **đạo Khổng** Confucianism

Khổng giáo *n.* Confucianism

khổng lồ *adj.* gigantic, colossal: **người khổng lồ** giant

Khổng miếu *n.* Temple of Confucius

khờ *adj.* credulous, dull, dumb, gullible, naive: **khù khờ, khờ dại** naive

khơi 1 *n.* open sea: **ngoài khơi** off the coast [of]; **ra khơi** to take to the open sea 2 *v.* to dig [up]; to enlarge, to widen, to arouse

khơi mào *v.* to instigate, to promote, to introduce

khởi *v.* to begin, to start (= **bắt đầu**): **khởi sự, khởi đầu** to begin

khởi binh *v.* to raise troops

khởi chiến *v.* to open hostilities, to start hostilities

khởi công *v.* to begin work

khởi đầu *v.* to begin

khởi điểm *n.* starting point, departure

khởi hành *v.* to start a trip, to set out, to depart

khởi hấn *v.* to start hostilities

khởi loạn *v.* to rise up, to rebel

khởi nghĩa *v.* to lead a nationalist revolt

khởi nguyên *n.* original

khởi phát *v.* to begin, to start

khởi sắc *v.* to prosper, to thrive

khởi sự *v.* to begin [work]

khởi thảo *v.* to sketch, to outline, to draft [text]

khởi thuỷ *adv., adj.* beginning, starting; original

khởi tố *v.* to start a lawsuit

khởi xướng *v.* to instigate, to take the initiative

khớp *n.* articulation, joint: **ăn khớp nhau** to jibe, to agree with each other, to be in harmony with each other

khớp xương *n.* joint

khu 1 *n.* area, district, zone, section, sector: **chiến khu** war zone; **đặc khu** district; **quân khu** military district; **liên khu** interzone; **phân khu** sub area 2 *n.* bottom, buttocks

khu biệt *v.* to distinguish, to discriminate

khu bưu chính *n.* postal sector, army post code

khu trục *n.* fighter plane

khu trục hạm *n.* destroyer

khu trừ *v.* to get rid of, to eradicate

khu vực *n.* area, zone

khú *v.* [of salted vegetables] to smell bad

khù khờ *adj.* slow-witted

khù khụ *adv.* [to cough] loudly

khụ *adj.* very old and bent

khua *v.* to stir up; to beat [drum **gong**] noisily, thump: **khua môi** to move lips, to talk too much; **khua tay** to throw arms up, to gesticulate

khuân *v.* to carry [a heavy thing]: **phu khuân vác** porter

khuất 1 *v., adj.* to hide; to be out of sight, hidden: **khuất mặt cách lòng** out of sight, out of mind 2 *v.* to yield, to bow to

khuất gió *adj.* sheltered from the wind

khuất nẻo *adj.* remote, out of the way

khuất núi *adj.* deceased

khuất phục *v.* to submit oneself to, to surrender

khuất tất *v.* to kneel down, to bow; to humble oneself

khuây *v.* to become calm, to be relieved [from grief, nostalgia]

khuây khoả *adj.* to be relieved [from grief, nostalgia]

khuấy *v.* to stir up: **khấy nồi cơm** to stir the rice pot

khúc *n.* section, portion: **khúc cá** a portion of a fish; **khúc cây** a section of a tree trunk; **khúc nhạc** a section of songs

khúc chiết *adj.* coherent, clear, precise

khúc khích *v.* to giggle: **cười khúc khích** to giggle

khúc khuỷu *adj.* [of a road] winding, tortuous

khúc xạ *n.* refraction, bending of rays

khuê các *n.* woman's apartment

khuê nữ *n.* young feudal woman
khuếch *v.* R to enlarge, to amplify
khuếch đại *v.* to enlarge, to amplify
khuếch khoác *v.* to boast, to brag
khuếch tán *v.* to spread out, to scatter
khuếch trương *v.* to expand, to develop
khui *v.* to open, to unpack: **khui chai rượu** to open a bottle of wine
khum khum *adj.* arched, bent
khúm núm *v.* to be too humble or ceremonious, to be obsequious
khung *n.* frame, framework: **đóng khung** to frame a picture; [slang] to be dressed up
khung cảnh *n.* context, scenery
khung cửi *n.* loom
khùng *adj.* furious, mad, crazy: **phát/đâm khùng** to become/to get mad or crazy
khủng bố *v.* to terrorize: **tên khủng bố** terrorist
khủng hoảng *n.* crisis: **kinh tế khủng hoảng** economic crisis, depression; **khủng hoảng về tinh thần** emotionally disturbed
khủng khiếp *adj.* horrible, awful
khuôn *n.* mold, model, pattern
khuôn khổ *n.* shape and size; framework
khuôn mặt *n.* [shape of] face
khuôn mẫu *n.* model, example
khuôn phép *n.* discipline, regulation
khuy *n.* button: **cài khuy** to button
khuy bấm *n.* snap [button]
khuya *adj.* late [at night]: **thức khuya** to stay up late
khuya khoắt *adj.* late [at night]
khuya sớm *n.* night and day, morning and evening
khuyên **1** *v.* to advise: **lời khuyên** advice **2** *n.* circle, earring: **đôi khuyên** a pair of earrings
khuyên bảo *v.* to advise, to counsel, to recommend
khuyên can *v.* to advise against something, to persuade someone
khuyên giải *v.* to comfort, to explain
khuyên ngăn *v.* to advise against something
khuyên nhủ *v.* to advise, to counsel
khuyên răn *v.* to admonish
khuyến học *v.* to encourage learning: **hội khuyến học** association for the encouragement of learning
khuyến khích *v.* to encourage, to stimulate
khuyến nông *v.* to encourage agriculture
khuyển *n.* dog (= **chó**): **quân khuyển** dog army
khuyển mã *n.* beast
khuyển nho *adj.* cynical
khuyết **1** *n.* buttonhole, loop [used as a buttonhole] **2** *adj.* [of position] missing, vacant; [of moon] not full; **dự khuyết** alternate [officer]; **khiếm khuyết** shortcoming

khuyết điểm *n.* shortcoming, defect, mistakes, error, negative points
khuyết tịch *adj.* absent
khuynh diệp *n.* eucalyptus: **dầu khuynh diệp** eucalyptus oil
khuynh đảo *v.* to overthrow, to topple
khuynh gia bại sản *adj.* ruinous, bankrupted
khuynh hướng *n.* tendency
khuynh hữu *n.* rightist
khuynh tả *n.* leftist
khuỳnh *v.* to spread out one's arms, to be akimbo
khuỳnh chân *v.* to straddle one's legs
khuỷu *n.* elbow: **khuỷu tay** elbow
khuỵu *v.* to collapse: **ngã khuỵu** to fall and collapse
khư khư *v.* to hold tight, to guard jealously, to retain stubbornly
khứ hồi *v., n.* to go and come back; round trip: **vé khứ hồi** return ticket
khừ khừ *v.* to groan, to moan
khử *v.* to get rid of, to dispose of: **trừ khử** to reduce [chemistry]
khử độc *v.* to pasteurize, to sterilize
khử trừ *v.* to eliminate, to eradicate
khứng *v.* to consent, to accept
khước *v.* to refuse, to decline
khước từ *v.* to decline
khứu giác *n.* sense of smell
khướt *adj.* tired, worn out: **say khướt** dead drunk
ki cóp *adj., v.* stingy; to only collect small things
ki lô *n.* [Fr. *kilogram*] kilogram
ki lô mét *n.* [Fr. *kilometre*] kilometer
kí *n.* [Fr. *kilogram*] kilogram
kì *v.* to rub [dirt] off
kì kèo *v.* to nag, to reproach; to argue about the cost
kia **1** *pron.* there, that: **cái nầy của tôi, cái kia của bạn** this is mine, that is yours **2** *adj., adv.* that, other; before: **hôm kia** day before yesterday; **ngày kia** day after tomorrow; **năm kia** year before last; **bên kia** the other side; **trước kia** formerly; **một ngày kia** some day [in the future]
kia kìa *adv.* over there
kìa *adv.* over there, yonder [more distant than **kia**]: **ngày kìa** two days after tomorrow; **năm kìa** three years ago; **hôm kìa** three days ago
kích **1** *n.* halberd **2** *n.* size, measurement, part of dress under the arm-holes **3** *v.* to jack: **kích xe lên** to jack a car
kích bác *v.* to disparage, to criticize
kích động *v.* to arouse, to impact
kích thích *v.* to excite, to stimulate
kích thích tố *n.* hormone

kích thước *n.* size, measurements

kịch *n.* play, drama, theater: **bi kịch** drama; **diễn kịch** to perform; **đóng kịch** to have a part in a play; to fake, to pretend; **hài kịch** comedy; **thảm kịch** tragedy

kịch bản *n.* play script, scenario

kịch chiến *n.* fierce fighting

kịch liệt *adj.* violent, fierce, vehement

kịch sĩ *n.* actor, actress

kịch trường *n.* the theater

kiêm *v.* to cumulate [functions]: **kiêm nhiệm** to be concurrently in charge

kiêm toàn *v.* to complete

kiếm 1 *v.* [= **tìm**] to seek, to look for, to search for: **tìm kiếm, kiếm thấy** to find; **kiếm việc làm** to look for work 2 *n.* sword, foil

kiếm ăn *v.* to make one's living

kiếm cách *v.* to find out a way of doing something

kiếm chác *v.* to make profits

kiếm chuyện *v.* to make trouble, to pick a quarrel

kiếm cung *n.* sword and bow

kiếm hiệp *n.* knight errant

kiếm khách *n.* knight errant

kiếm thuật *n.* swordsmanship, fencing

kiềm *v.* to hold back, to restrain

kiềm chế *v.* to keep in check, to restrain, to control

kiềm tỏa *v.* to restrain, to bind, to restrict

kiểm *v.* to verify, to control, to examine, to inspect [baggage, goods]; to check

kiểm duyệt *v., n.* to censor; censorship

kiểm điểm *v.* to review

kiểm đốc *v.* to manage, to supervise

kiểm giá *v.* to control prices

kiểm khảo *v.* to examine, to investigate

kiểm lâm *n.* forestry [service]

kiểm nhận *v.* to control, to stamp visas; **dấu kiểm nhận** visa stamp

kiểm sát *v.* to inspect, to check

kiểm soát *v.* to control, to examine, to check

kiểm thảo *v.* to review one's work, to criticize

kiểm tra *v.* to control, to inspect, to examine, to take a census

kiên *adj.* strong, solid; patient

kiên chí *n.* determination, steadfastness

kiên cố *adj.* solid, strong, well-built

kiên định *adj.* steadfast, firm: **lập trường kiên định** firm attitude

kiên gan *adj.* patient, persevering

kiên nhẫn *adj.* patient, long-suffering

kiên quyết *adj., v.* determined; to be determined, with determination: **kiên quyết hành động** to be determined for actions

kiên tâm *v., adj.* to be patient; patient, steadfast

kiên trì *v.* to hold fast, to keep firmly, to stick to

kiên trinh *adj., v.* [of woman] loyal, to be faithful

kiến *n.* ant: **tổ kiến** ant hill; **con ong, cái kiến** small things, small people; **đông như kiến** crowded, numerous; **kiến bò bụng** very hungry

kiến giải *n.* view, interpretation, insight

kiến hiệu *adj.* effective, efficacious

kiến lập *v.* to build up, to establish

kiến nghị *n.* motion, proposal, resolution

kiến quốc *v.* to build up the nation

kiến tạo *v.* to build, to create, to establish

kiến thị *adj.* seen [and approved]

kiến thiết *v.* to build [up], to rebuild, to construct: **kiến thiết đô thị** to construct a city

kiến thức *n.* knowledge, learning

kiến trúc *n.* architecture

kiến trúc sư *n.* architect

kiến văn *n.* knowledge, learning

kiện 1 *n.* tared, bale, package: **một kiện bông** a bale of cotton; **bưu kiện** parcel post 2 *v.* to sue: **kiện nhà báo** to sue a journalist; **một vụ kiện** a lawsuit; **thầy kiện** lawyer; **được kiện** to win one's case; **thua kiện** to lose one's case

kiện cáo *v.* to open a lawsuit, to sue someone

kiện toàn *v.* to consolidate, to be complete, to strengthen

kiện tụng *v.* to take out a lawsuit, to sue someone

kiện tướng *n.* champion, star, ace

kiêng *v.* (= **cữ**) to avoid, to abstain from: **kiêng làm việc nặng** to avoid heavy work; **ăn kiêng** to be on a diet

kiêng dè *v.* to economize, to save, to be cautious

kiêng nể *v.* to have regard and consideration for, to respect

kiềng 1 *n.* iron tripod used as stove: **kiềng ba chân** tripod 2 *n.* necklace, bracelet

kiểng *n.* gong

kiễng *v.* to stand on tiptoe: **đứng kiễng chân lên để lấy sách** to have to stand on tiptoe to take out books

kiếp *n.* existence, life [as something inevitable, according to Buddhism]: **số kiếp** destiny, fate; **kiếp sống con người** man's life

kiết 1 *n.* dysentery: **đi kiết ly** to have dysentery 2 *adj.* poor, penniless: **kiết cú/kiết xác** stingy, penniless

kiệt 1 *adj.* stingy, avaricious, miserly, mean 2 *adj.* exhausted, worn out; no more: **kiệt sức** to be physically exhausted

kiệt lực *adj.* to be physically exhausted

kiệt quệ *adj., v.* [of finances, economic situation] being at the lowest ebb; to be worn out

kiệt tác *n.* masterpiece

kiệt xuất *adj.* outstanding, pre-eminent

kiêu *adj.* arrogant, proud, vainglorious: **kiêu hãnh** to be proud of; **kiêu căng/kiêu ngạo** to be arrogant; **thắng không kiêu, thua không nản** no vainglory in good fortune, no loss of heart in adversity

kiêu ngạo *adj.* arrogant, haughty

kiếu *v.* to excuse oneself; to refuse, to decline

kiều *n.* R (= **cầu**) bridge

kiều bào *n.* compatriot [abroad], overseas national

kiều dân *n.* immigrant, resident [alien]

kiều diễm *adj.* graceful, charming, attractive

kiều lộ *n.* bridges and roads: **kỹ sư kiều lộ** civil engineer

kiểu *n.* model, pattern; fashion; style

kiểu cách *adj.* affected, unnatural

kiểu mẫu *n.* model, example

kiệu 1 *n.* sedan chair, palankeen, carriage 2 *n.* pickled scallion 3 *n.* trot: **đi nước kiệu** to ride at a trot

kim 1 *n.* needle, pin; [clock] hand: **xỏ kim** to thread a needle 2 *n.* R gold (= **vàng**); metal: **kim khí, kim loại** metal materials; **bạch kim** platinum; **hợp kim** alloy; **á kim** metalloid 3 *adj.* R present, modern; now (= **nay**) [*opp.* **cổ**]: **từ cổ chí kim** from ancient times up to now

kim băng *n.* safety pin

kim chỉ *n.* needlework, sewing

kim chỉ nam *n.* compass; guide, handbook, manual

kim cổ *n.* the past and the present

kim cương *n.* diamond

kim đan *n.* knitting needle

kim hoàn *n.* goldsmith, silversmith

kim khâu *n.* sewing needle

kim khí *n.* metal

kim loại *n.* metal

kim ngạch *n.* turn-over

kim ngân hoa *n.* honeysuckle

kim thạch *adj.* durable, lasting

kim thoa *n.* gold hairpin

kim thời *n.* present time, present

kim tiền *n.* money

kim tinh *n.* Venus [the planet]

kim tuyến *n.* lame, gold thread

kim tự tháp *n.* pyramid

kim văn *n.* modern literature [as opp. to **cổ văn**]

kìm 1 *v.* to restrain, to rein: **kìm hãm** to hold back 2 *n.* pincers, pliers

kín *adj.* tight, covered, secret: **đóng kín** to shut tight; **đậy kín** to be covered [pot, container]; **hội kín** secret society; **chỗ kín** genitals

kín đáo *adj.* secretive, secret: **cất vào nơi kín đáo** to keep in a secret place

kín miệng *adj.* discreet, undisclosed: **giữa kín miệng không nói với ai** to keep secret, not to talk to anybody else

kinh 1 *adj.* terrified, frightened 2 *n.* capital city, metropolis: **kinh đô Bắc kinh** Beijing city 3 *n.* prayer-book, sacred book, the Bible 4 *n.* Viet nationality [*opp.* ethnic groups in Vietnam]

kinh bang tế thế *v.* to govern the state and help humanity

kinh doanh *v., n.* to carry on business; to do business; trade, commercial enterprise

kinh điển *n.* classics, canonical books

kinh đô *n.* capital city

kinh độ *n.* degree of longitude

kinh giới *n.* sweet marjoram

kinh hãi *adj.* frightened

kinh hoàng *adj.* frightened, scared

kinh hoảng *adj.* frightened, scared

kinh hồn *adj.* frightened out of one's wits

kinh kệ *n.* Buddhist books of prayers

kinh khủng *adj.* frightful, awful, horrible

kinh kỳ *n.* capital

kinh lịch *n.* experience

kinh luân *n.* supervision, administration; administrative skill

kinh lược *n.* viceroy [in North Vietnam]

kinh lý *v., n.* to inspect; inspection

kinh ngạc *adj., v.* astounded; to be stupefied

kinh nghiệm *v., adj., n.* to experience; experienced; experience

kinh nguyệt *n.* menses, menstruation: **kinh nguyệt không đều** to have irregular menses

kinh niên *adj.* chronic: **bệnh kinh niên** chronic illness

kinh phí *n.* expenditures, expenses: **kinh phí đi lại** traveling expenditures

kinh qua *v.* to undergo, to suffer, to go through

kinh sợ *adj.* afraid, frightened

kinh sử *n.* classics and history

kinh tế *n.* economy: **kinh tế quốc gia** national economy; **kinh tế học** economics

kinh thánh *n.* the Bible

kinh thành *n.* capital, metropolis

kinh tuyến *n.* longitude, meridian

kinh viện *n.* academic

kính 1 *n.* glass [the material]; eye glasses [CL **đôi, cặp**]; optical instrument: **đeo/mang kính** to wear glasses; **cửa kính** glass window; **tấm kính** pane of glass; **miếng kính** piece of broken glass 2 *v.* to respect, to honor: **tôn kính** to honor; **cung kính** to be respectful

kính ái *adj.* loving and respectful

kính bẩm *v.* to report respectfully [used in addressing superior]

kính cáo *n.* respectfully yours [at the end of advertisement, leaflet]

kính cẩn *adj.* respectful, deferential

kính cận *n.* near-sighted glasses
kính chúc *v., n.* to treat someone respectfully; respectful wishes
kính dâng *v.* to present offers respectfully
kính hiển vi *n.* microscope
kính lão *n.* old people's glasses, far-sighted glasses
kính mời *v.* to invite respectfully
kính nể *v.* to have regard and consideration for
kính phục *v.* to admire
kính râm *n.* sun-glasses
kính tặng *v.* to present respectfully
kính thiên lý *n.* telescope
kính thiên văn *n.* telescope
kính thỉnh *v.* to invite respectfully
kính thưa *v., n.* to report respectfully; particle of address to senior or elderly: **kính thưa quí ông bà** ladies and gentlemen
kính trình *v.* to report respectfully
kính trọng *v.* to respect
kính viễn vọng *n.* telescope
kính viếng *v.* to pay one's respects to a dead person, to pay one's last tribute to
kính yêu *adj.* revered and loved
kình 1 *n.* whale: **cá kình, cá voi** whale 2 *v.* to be opposed, to be in conflict
kình địch *v.* to be in opposition, to be at enmity with
kíp 1 *adj.* urgent, pressing, hurried: **cần kíp** in a hurry 2 *n.* (= **ca**) shift: **kíp làm đêm** night shift
kịp *v.* to be or act in time, to be on schedule: **theo kịp, đuổi kịp** to catch up with
kịp thời *adv.* in time, timely: **ông ấy đã đưa ra quyết định kịp thời** he gave a timely decision
kịt *adj.* dark, black, dense: **đen kịt** all black
ký *v.* to sign; to record: **chữ ký** signature; **nhật ký** diary; **thư ký** secretary
ký giả *n.* newsman, correspondent
ký hiệu *n.* symbol, sign; code
ký kết *v.* to sign, to conclude [agreement, pact]
ký lục *n.* secretary, clerk, recorder
ký nhận *v.* to acknowledge [receipt], to make out receipt
ký quỹ *v.* to deposit [security money]
ký sinh *adj.* parasitical: **ký sinh trùng** parasite
ký sự *n.* memoirs, essays
ký thác *v.* to entrust
ký túc xá *n.* boarding school, dormitory
ký ức *n.* memory
kỳ 1 *n.* R flag (= **cờ**): **quốc kỳ** national flag 2 *n.* fixed time or space of time, term: **thời kỳ** period; **học kỳ** term, session 3 *n.* administrative division of Vietnam [under French domination]: **Bắc kỳ** Tonkin; **Trung kỳ** Annam; **Nam kỳ** Cochin-China 4 *adj.*

strange, extraordinary (= **lạ**): **bạn làm gì kỳ thế** how strange! what are you doing!
kỳ an *n.* praying for good health
kỳ ảo *adj.* miraculous
kỳ án *n.* strange case
kỳ công *n.* exploit, marvelous achievement
kỳ cục *adj.* strange, funny, odd: **họ có lối sống kỳ cục quá** they have a very strange life-style
kỳ cùng *adv.* to the end
kỳ cựu *adj.* old, veteran, experienced: **cầu thủ kỳ cựu** very old experienced player
kỳ dị *adj.* strange, odd
kỳ dư *n.* the rest: **kỳ dư không thay đổi** otherwise no change
kỳ hạn *n.* date, term: **tới kỳ hạn** to fall due; due date
kỳ hào *n.* village elder
kỳ hình *n.* odd appearance
kỳ khôi *adj.* unusual, strange, interesting
kỳ lạ *adj.* strange, extraordinary
kỳ lân *n.* unicorn
kỳ ngộ *n.* chance meeting, unexpected meeting
kỳ phùng địch thủ *n.* adversaries of equal talent
kỳ quái *adj.* strange, odd
kỳ quan *n.* wonder: **bảy kỳ quan thế giới** the seven wonders of the world
kỳ quặc *adj.* odd, funny: **suy nghĩ kỳ quặc** funny thinking
kỳ tài *n.* extraordinary talent
kỳ thật *adv.* actually, in reality
kỳ thị *v.* to discriminate: **kỳ thị chủng tộc** racial discrimination
kỳ thú *adj.* interesting
kỳ thuỷ *adv.* at the beginning: **thời kỳ thuỷ của lịch sử** at the beginning of history
kỳ vọng *v.* to wish for, to pray for
kỷ luật *n.* discipline, codes of conduct: **có tinh thần kỷ luật** to follow the codes of conduct
kỷ lục *n.* record, best performance: **kỷ lục thế giới** the world record
kỷ nguyên *n.* era: **kỷ nguyên mạng vi tính toàn cầu** Internet era
kỷ niệm 1 *v.* to commemorate: **đài kỷ niệm** a commemorative monument 2 *n.* souvenir; memory: **cửa hàng bán đồ kỷ niệm** a souvenir shop
kỷ yếu *n.* proceedings, a summary record of: **kỷ yếu hội nghị** the proceedings of a conference
kỹ *adj.* careful: **việc làm kỹ** careful work
kỹ càng *adj.* (= **kỹ lưỡng**) careful, thorough
kỹ năng *n.* skill: **bốn kỹ năng ngôn ngữ là nghe, nói, đọc và viết** the four language skills are listening, speaking, reading and writing

kỹ nghệ *n.* industry: **kỹ nghệ nhẹ** light industry

kỹ sư *n.* engineer: **kỹ sư cầu đường** a civil engineer

kỹ thuật *n.* technology; technique: **khoa học kỹ thuật tân tiến** modern science and technology

L

la 1 *n.* mule: **con la lai lừa và ngựa** a mule is a cross between an ass and a mare **2** *v.* to shout, to scream; to scold: **đứa bé la lên vì bị đau** the baby screams of pain

la bàn *n.* compass: **hoa tiêu phải dùng la bàn để lái tàu** a pilot has to use a navigator compass to steer a boat

la cà *v.* to loiter, to hang around: **nó chẳng làm gì cả, suốt ngày la cà ở quán cà-phê** he is idle and hangs around at a café all day

la đà *v.* [of branches] to be swaying; to reel, to move unsteadily

la hét *v.* to shout, to roar, to scream: **trẻ con la hét ầm ỹ ngoài đường** children shouting loudly in the street

la làng *v.* to shout for help: **nếu có chuyện gì bạn cứ la làng lên** if you have any trouble you should shout for help

la liệt *adv.* everywhere, all over: **họ bày bán la liệt đủ thứ** they sell everything everywhere

la lối *v.* to yell, to scold [to show one's authority]

la mắng *v.* to scold: **là cha mẹ không nên la mắng con cái nhiều** being parents, we shouldn't scold our children too much

La Mã *n.* Rome, Roman

la ó *v.* to protest noisily, to hiss, to boo

lá 1 *n.* leaf: **lá chuối** banana leaf; **nón lá** latania leaf hat; **nhà lá** latania covered hut **2** *n.* classifier noun, card, form: **lá bài** playing card; **lá cờ** flag; **lá đơn** application form; **lá thư** letter

lá chắn *n.* shield, screen, shutter

lá mía *n.* nose cartilage

lá thắm *n.* love message

là 1 *v.* to be, to be equal: **hai với ba là năm** two and three is five; **tôi là người Mỹ** I am an American **2** *v.* to iron, to press (= **ủi**): **là quần áo** to iron clothes; **bàn là** an iron **3** *intj.* [final particle]; how!: **đẹp đẹp là!** how very pretty! **4** *conj.* then: **ông không làm là không có tiền tiêu** if you don't work then you don't have money to spend

lả *adj., v.* exhausted; to be prone; to droop: **đói lả** to be exhausted because of hunger; **mệt lả** exhausted

lả lơi *adj., v.* lascivious; to indulge in, be familiar with: **không nên lả lơi với phụ nữ lạ như thế** one shouldn't be familiar with strange women

lả lướt *adj.* limp, listless: **đi lả lướt** to walk listlessly

lả tả *v.* to be scattered

lã chã *v.* [of tears] to drip, to trickle

lạ *adj.* [SV **kỳ**] strange, unusual, extraordinary, odd, foreign; not to know, not to be familiar with: **người lạ** stranger; **quái lạ** to be extraordinary, unheard of; **lạ quá!** how strange!

lạ đời *adj.* strange, odd, queer, eccentric: **ăn nói lạ đời** to say something strange

lạ kỳ *adj.* strange: **ăn mặc quần áo lạ kỳ quá** to wear strange clothes

lạ lùng *adj.* strange, unknown, extraordinary, odd

lạ mặt *adj.* strange, unknown [face]: **kẻ lạ mặt** stranger

lạ miệng *adj.* strange tasting, eaten for the first time: **tôi ăn món nầy lạ miệng** I am eating this dish for the first time

lạ tai *adj.* strange-sounding, heard for the first time

lạ thường *adj.* unusual, extraordinary

lác *adj.* squint-eyed, cross-eyed: **mắt lác** to have squinting eyes; **anh ấy lác cả mắt** he was amazed; he was full of admiration

lác đác *adj.* scattered

lạc 1 *v.* to be lost, to lose one's way: **lạc đường/lạc lối** to lose one's way **2** *n.* (= **đậu phụng**) peanut, shelled peanut, groundnut: **lạc rang** roasted peanuts; **dầu lạc** peanut oil; **bơ lạc** peanut butter

lạc bước *v.* to rove, to wander

lạc cảnh *n.* paradise

lạc đà *n.* camel

lạc đề *v.* to go off the subject, to be irrelevant to the subject

lạc điệu *adj.* tuneless: **hát lạc điệu** to sing out of tune

lạc giọng *adj.* off-key

lạc hậu *adj.* backward, under-developed: **các nước chậm tiến lạc hậu** under-developing countries

lạc loài *adj.* alone in a strange land: **lạc loài ở nước ngoài** to be alone in a foreign country

lạc lõng *adj.* alone, lost in a strange place

lạc nghiệp *v.* to enjoy one's work, to be content with one's lot: **an cư lạc nghiệp** to settle down well

lạc quan *adj.* optimistic: **ông ấy luôn luôn lạc quan** he is always optimistic

lạc quyên *v.* to take a collection, to raise funds: **lạc quyên cứu trợ nạn nhân bão lụt** to raise funds for flood victims

lạc thú *n.* pleasure

lạc viên *n.* paradise

lách 1 *v.* to make one's way; to slip [oneself **mình**, or something]: **lách mình qua đám đông** to make one's way through a crowd **2** *n.* spleen

lách cách *v.* to clink, to clatter, to clash, to rattle

lách tách *v.* to crackle, to crepitate

lạch *n.* canal, waterway

lạch bạch *v.* to waddle, to toddle

lạch cạch *v.* See **lách cách**

lạch đạch *v.* to waddle

lạch tạch *v.* See **lách tách**

lai 1 *adj.* half-breed, crossbreed, hybrid: **Tây lai** Eurasian [person of mixed French and Vietnamese blood]; **Tầu lai** person of mixed Chinese and Vietnamese blood **2** *n.* turn-up, hemline

lai căng *adj.* miscellaneous: **cuộc sống lai căng** foreign influent life

lai giống *v.* to cross breeds

lai láng *v.* [of feeling] to be overflowing

lai lịch *n.* background, curriculum vitae, past record

lai rai *adj.* dragging on: **làm việc lai rai** dragging on working

lai tỉnh *v.* to regain consciousness, to come to

lai vãng *v.* to frequent [a place]

lái *v.* to steer, to drive [ship, automobile, plane]: **lái xe hơi** to drive a car; **tay lái** steering wheel; **bằng cầm lái** driving license

lái buôn *n.* merchant, dealer, trader: **lái lợn** pig seller; **lái trâu** buffalo seller

lái đò *n.* boatman, bargeman

lải nhải *v.* to mutter on and on

lãi *n.* tapeworm

lãi *n.* profit, dividend, interest: **lãi ba phân** three percent interest

lại 1 *v.* to come, to arrive: **ông lại nhà tôi** please come to my house; **để lại** to leave [behind]; to resell; **ở lại** to stay [behind]; **tóm lại** to sum up; in short; **lại đây!** come here!; **trở lại** to come back; **đi đi lại lại** to go back and forth, to move to and from **2** *adv.* again, back: **trả lại** to return; to give the change; **đem lại** to bring again; **đi lại** to come again, to go back and forth; to have relations; **qua lại** to go back and forth; to come and go, to frequent; **quay lại** to turn around; **còn lại** there remains; remaining; **đánh lại** to fight back, to hit back; **trái lại** on the contrary; **ngược lại** conversely; **gói lại** to wrap up; **buộc lại** to tie [package] up; **trói lại** to tie [person] up; **lùi lại** to step back; **hoàn lại** to return, to refund; **lại ăn** to eat again, to resume eating; **lại nói** to speak

again, to talk again, to resume talking; **lại làm** to resume working

lại sức *v.* to recover one's strength

lam *adj.* royal blue

lam chướng *n.* miasma, *noxious effluvium*

lam lũ *adj.* ragged and dirty

lam nham *adj.* bungled

làm *v.* to do, to make; to work; (= **hành**) to act; to be done: **đồng hồ này làm bên Thuy Sĩ** this watch is made in Switzerland; **họ làm mỗi tuần 40 giờ** they work 40 hours a week; **anh ấy chỉ nói chứ không làm** he only talks but never acts; **bạn đang làm gì đó?** what are you doing?; **ông đứng làm trung gian** he acted as the intermediary; **bài tính này làm khó** this problem is hard to solve; **đừng làm (cho) ba má lo** don't make your parents worry; **đóng làm hai quyển** to be bound in two volumes

làm ăn *v.* to make a living, to earn one's living

làm bạn *v.* to be a friend to; to get married to

làm bằng *v.* to serve as evidence, to give evidence

làm bộ *v.* to be arrogant, to be haughty

làm cao *v.* to put on airs, to play hard to get

làm cỏ *v.* to weed; to massacre

làm công *v.* to work [for **cho**]: **người làm công** worker, employee

làm chứng *v.* to be the witness

làm dáng *v.* to be dandyish, to give undue attention to dress

làm dịu *v.* to abate, to ease: **làm dịu sự căng thẳng** to ease the tension

làm duyên *v.* to mince; to attract

làm đỏm *v.* to be coquettish

làm giả *v.* to counterfeit, to fake: **làm giả nước hoa** to produce counterfeit perfume

làm giàu *v.* to get rich, to enrich: **ông ấy làm giàu bằng cách đầu tư vào nhà cửa** he gets rich by investing in property

làm gương *v.* to set an example: **làm gương cho trẻ con** to set an example for children

làm hỏng *v.* to wreck, to spoil, to foul up

làm khách *v.* to be formal, to stand on ceremony: **cứ tự nhiên đừng làm khách** please be at ease, no need to be formal

làm lành *v.* to make it up with: **vợ phải làm lành với chồng** his wife tries to make it up with him after they quarrel

làm lẽ *v.* to become someone's concubine

làm lễ *v.* to hold a ceremony: **làm lễ cưới** to hold a wedding ceremony

làm loạn *v.* to rebel, to riot; to raise hell

làm lông *v.* to pluck

làm lơ *v.* to ignore, to turn a blind eye to: **cô ấy thấy tôi làm lơ** she saw me but she ignored me

làm lụng *v.* to work

làm ma v. to hold burial rites for
làm mai v. to act as a matchmaker
làm mẫu v. to serve as a model
làm ơn v. to do the favor
làm phách v. to put on airs
làm quen v. to make the acquaintance of
làm reo v. to go on strike
làm ruộng v. to do farming
làm sao adv. why, how: **bạn có làm sao không?** what is wrong with you?
làm tàng v. to behave arrogantly
làm thinh v. to keep silent
làm thịt v. to kill for food: **làm thịt heo đãi tiệc** to kill a pig for a party
làm tiền v. to make money
làm tôi v. to serve as a servant
làm trai v. to behave like a man
làm trò v. to make fun, to perform funny antics, to clown
làm tròn v. to fulfill: **họ đã làm tròn nhiệm vụ của họ** they fulfilled their duties
làm việc v. to work, to be busy at work: **khi tôi đang làm việc thì ông ấy bỏ đi** while I was busy working he left
lảm nhảm v. to mumble, to rave, to talk about trifles
lạm v. to abuse [power, etc.], to do something in excess: **tiêu lạm công quỹ** to spend in excess of public funds
lạm dụng v. to abuse, to take advantage of, to misuse: **lạm dụng quyền hành** to abuse power
lạm phát v. to inflate, to issue too much [paper currency]: **nạn lạm phát tiền tệ** inflation
lạm quyền v. to abuse power
lan n. orchid, iris: **mộc lan** laurel magnolia; **ngọc lan** magnolia
lan v. [of water, fire, vegetation] to spread: **lan rộng** to spead widely
lan can n. rail, parapet
lan tràn v. to spread all over, to overflow
làn 1 n. classifier for waves on water or hair etc.: **làn gió** gusts of wind; **làn khói** trails of smoke 2 n. handbasket
lang 1 n. wolf: **lòng lang dạ thú** to have a wolf's heart and a beast's feeling 2 n. herb doctor, Vietnamese physician: **ông lang, thầy lang** herb doctor
lang bang v. to roam about, to be frivolous
lang bạt v. to roam around, to be an adventurer
lang băm adj. quack
lang ben n. herpes, scurf
lang chạ adj., v. mixed; lewd; to sleep around
lang quân n. [my] husband
lang thang v. to wander
lang vườn n. quack
lang y n. Vietnamese physician

láng adj. shiny, glossy (= **bóng**): **da láng** patent leather; **sàn nhà láng** shiny floor
láng giềng n. neighbor
làng n. village, commune; circles, world: **làng báo** the press circles; **dân làng** villager
làng chơi n. playboys; prostitutes [collectively]
làng mạc n. village [inhabitants]
làng nước n. village [inhabitants]
làng xóm n. village [inhabitants], co-villagers, people, neighbors
làng văn n. writers [collectively]
lảng 1 v. to sneak away: **nói lảng** to change the subject of conversation, to shift to another subject 2 adj. absent-minded: **lảng trí** absent-minded
lảng tai adj. hard of hearing
lảng vảng v. to hang around, to roam around, to loiter around
lãng du v. to roam around, to wander
lãng mạn adj. romantic: **chủ nghĩa lãng mạn** romanticism
lãng phí v. to waste
lãng quên v. to forget
lãng tử n. vagabond
lạng 1 n. a tael, liang [a measure of weight equivalent to 378 grams]: **một lạng vàng** a tael of gold 2 v. to slice [meat], to carve: **lạng mấy lát thịt nạc** to carve a few lean slices
lanh adj. (= **nhanh**) fast, quick; intelligent: **lanh trí** intelligent, bright; **lanh tay** to be quick
lanh lảnh adj. [of voice] piercing
lanh lẹ adj. agile, fast
lanh lẹn adj. agile, active
lánh v. (= **tránh**) to avoid, to keep away, to escape: **lánh xa kẻ xấu** to keep away from bad people; **dân lánh nạn** refugee
lành 1 adj. mild, kind, meek, gentle: **hiền lành** gentle; **người lành** kind people 2 adj. good [of climate]; healthy; [of clothes] not torn, in good condition; [of food] good to eat, healthy [opp. **độc**]: **lành mạnh** healthy; **thức ăn lành** good food
lành lạnh adj. a little chilly
lành lặn adj. intact, unbroken, whole, safe and sound, undamaged: **ăn mặc lành lặn** decently dressed
lành mạnh adj. healthy, strong
lảnh adj. shrill [of voice]
lãnh 1 v. (= **lĩnh**) to receive, to draw [salary, supplies]: **lãnh lương** to draw/receive a salary 2 n. glossy silk, taffeta
lãnh binh n. military commander
lãnh đạm adj. cold, indifferent
lãnh đạo v. to lead: **cấp lãnh đạo** leaders; **tài lãnh đạo** leadership
lãnh giao v. to receive instruction(s)

lãnh hải *n.* territorial waters
lãnh hoá giao ngân *n.* cash on delivery [C.O.D.]
lãnh hội *v.* to understand, to comprehend
lãnh không *n.* air space
lãnh sự *n.* consul: **toà lãnh sự** consulate; **tổng lãnh sự** consul-general
lãnh thổ *n.* territory
lãnh tụ *n.* leader
lãnh vực *n.* territory; field, domain, realm
lạnh *adj.* cold: **hôm nay trời lạnh** it's cold today; **tủ lạnh** fridge; **ghẻ lạnh** cold, indifferent; **nóng lạnh** fever, malaria
lạnh buốt *adj.* icy cold
lạnh lẽo *adj.* cold, wintry; deserted, lonely and cold, indifferent
lạnh lùng *adj.* cold, indifferent
lạnh ngắt *adj.* very cold
lao 1 *v.* to throw: **lao mình xuống nước** to throw oneself into the water 2 *n.* javelin; pole 3 *n.* tuberculosis: **bị lao phổi** to have tuberculosis; **Hội bài lao** Anti-Tuberculosis Society
lao công *n.* labor: **lao công cưỡng bách** forced labor; **Nghiệp đoàn Lao công** Labor Union
lao đao *adj.* unstable, unsteady
lao động *v., n.* to toil/labor; laborer, worker: **dân lao động** working people; **đảng Lao Động** Labor Party, Workers' Party; **Ngày lao động Quốc tế** May Day
lao khổ *n.* labor, hardship, hard work
lao lực *v.* to be physically exerting, to be over-exerting
lao tâm *n.* sorrow, worry, grief; mental work
lao tù *n.* prison, jail
lao tư *n.* labor and capital; workers and capitalists
láo *adj., v.* insolent, impertinent; to be false, nonsensical; to lie: **làm thì láo báo cáo thì hay** to give a good report on one's bad work
láo lếu *adj.* insolent, impolite, impertinent; careless, unreliable
láo nháo *adj.* badly mixed
láo xược *adj.* insolent, impudent
Lào *n.* Laos, Laotian
lào xào *v.* to whisper; to rustle
lảo đảo *v.* to stagger, to totter
lão *adj.* old, aged, elderly (= **già**): **tiền dưỡng lão** old-age pension; **Nguyệt lão** the God of Marriages
lão ấu *n.* old and young: **nam phụ lão ấu** men and women, young and old, everyone
lão bộc *n.* old servant
lão giáo *n.* Taoism
lão luyện *adj.* experienced, skilled
lão mẫu *n.* old mother
lão thành *adj.* old and experienced
Lão Tử *n.* Lao Tze

lạo xạo *adj.* scratching
lạp xưởng *n.* Chinese sausage
lát 1 *adj.* short, instant, moment (= **chốc**): **lát nữa** in a moment; **chốc lát, giây lát** short moment 2 *v.* to pave, to cover [road, floor]: **lát gạch sàn nhà** to cover the floor with tiles
lạt 1 *n.* bamboo string: **dùng lạt để buộc bánh chưng** to use bamboo strings to tie sticky rice cakes 2 *adj.* (= **nhạt**) watery, insipid, flat, not sweet enough [*opp.* **ngọt**]; not salted [*opp.* **mặn**]: **canh nhạt quá** the soup is not salted
lạt lẽo *adj.* (= **nhạt nhẽo**) to be watery, insipid, tasteless; light; cold, cool, indifferent
Lạt ma *n.* Lama: **Đạt lai Lạt ma** Dalai Lama
lau 1 *v.* to wipe, to clean, to mop: **giẻ lau** dust cloth, rag; **khăn lau** towel, rag; **khăn lau bát** dish towel; **khăn lau mặt** washcloth, towel 2 *n.* reed, *arundinaceous* cane
lau chùi *v.* to dust [with a cloth], to clean
lau dầu *v.* to lubricate, to clean
lau nhau *v.* [of children] to swarm
láu *adj.* [of child] smart, clever
láu lỉnh *adj.* mischievous, roguish; sharp, smart, clever
láu táu *v.* to act or to talk fast and thoughtlessly
làu nhàu *v.* to grumble, to complain
lay *v.* to shake, to push: **không lay chuyển** unshakable; **lung lay** to move, to budge
láy *v.* to repeat
lạy *v.* to bow low; to kowtow, to prostrate oneself before; to pray; to greet with a kowtow: **lạy Chúa ạ!** I pray to my God!; **lạy ông!** I beseech you
lắc *v.* to shake with side-to-side motions: **lắc đầu** to shake one's head; **lúc lắc** to move, to sway
lắc chuông *v.* to ring a bell
lắc đầu *v.* to shake one's head
lắc la lắc lư *v.* See **lắc lư**
lắc lư *v.* to swing, to sway, to rock
lăm *num.* five [when preceded by a numeral in the ten]: **mười lăm** fifteen; **hai mươi lăm** twenty five
lăm lăm *v.* to keep [weapon] ready
lăm le *v.* to be eager to, to want very much to [get something]
lắm *adj., adv.* much or many, plenty of; very much: **vườn này lắm chuối** this garden has many banana trees; **ở đây lắm muỗi lắm** there are lots of mosquitoes around here; **tốt lắm** very good; **tôi thích anh ấy lắm** I like him very much
lắm điều *adj.* talkative, gossipy, quarrelsome
lắm kẻ *n.* many people
lắm khi *adj.* many times
lắm lúc *adj.* many times

lắm mồm *adj.* talkative, gossipy, quarrelsome

lắm phen *adj.* many times

lăn *v.* to roll: **lăn bánh xe** to roll a tire

lăn chiêng *v.* to fall flat

lăn đùng *v.* to fall, to collapse; to drop dead

lăn kềnh *v.* to fall flat

lăn lóc *v.* to have/experience hardships; to lie around, to wallow

lăn long lóc *v.* to roll about

lăn lộn *v.* to have/experience hardships; to lie around

lăn tay *v.* to take fingerprints

lăn tăn *v.* to drizzle

lăn xả *v.* to hurl oneself at, to fling oneself at, to throw oneself into [**vào**]

lằn *n.* wale, streak

lặn *v.* to be under the water, to dive, to set: **mặt trời lặn** the sun sets; **tàu lặn** submarine; **thợ lặn** diver; **anh ấy có thể lặn trong mười lăm phút** he can stay under the water for fifteen minutes

lặn lội *v.* to travel up hill and down dale; to go through a lot of trouble

lăng *n.* royal tomb

lăng kính *n.* prism

lăng loàn *adj.* [of woman] pert, saucy

lăng mạ *v.* to insult

lăng nhăng *adj.* purposeless, thoughtless; irresponsible; flirtatious

lăng nhục *v.* to insult

lăng quăng *v.* to run around

lăng tẩm *n.* imperial tomb

lăng trụ *n.* prism: **khối lăng trụ thẳng** right prism; **khối lăng trụ xiên** oblique/slanting prism

lăng xăng *v.* to bustle, to act as a busybody, to be an eager beaver

lắng **1** *v.* to lend [an ear]; to try to listen: **lắng nghe** to listen closely **2** *v.* to settle, to abate

lằng nhằng *v.* to drag; to be confused

lẳng *adj.* flirtatious

lẳng lơ *adj.* flirtatious, sexy

lẳng lặng *v.* See **lặng**

lẳng *n.* a handled basket: **mua một lẳng hoa** to buy a handled-basket of flowers

lặng *adj.* to be silent, quiet: **im/yên lặng** quiet

lặng lẽ *adv.* silently, in silence, quietly

lắp *v.* (= **ráp**) to assemble, to join, to put together [*opp.* **tháo**]; to load [bullet **đạn**]: **lắp đạn vào súng** to load bullets into a gun; **xưởng lắp xe đạp** bicycle assembly plant; **lắp mộng** to mortise, to dovetail

lắp bắp *v.* to stutter, to stammer

lắt léo *v., adj.* winding; to be delicate, involved

lắt nhắt *adj.* tiny, minute

lặt vặt *adj.* miscellaneous, sundry

lác cấc *adj.* rude, impolite, impertinent

lâm *v.* to get into, to be hit by: **lâm vào cảnh nghèo khổ** to get into a poor, hardup situation

lâm bệnh *v.* to fall sick, to be taken ill

lâm bồn *n.* childbirth

lâm chung *v.* to be about to die

lâm học *n.* forestry

lâm luy *adj.* involved, implicated

lâm ly *adj.* moving, doleful

lâm nguy *v.* to be in danger

lâm sản *n.* forest products

lâm thời *adj.* provisional, temporary, interim

lâm trận *v.* to be in action, to be in combat

lâm tuyền *n.* solitude among the forests

lấm *v.* to be soiled, to stain with: **chân lấm tay bùn** to be dirty from farmwork, to soil

lấm la lấm lét *v.* See **lấm lét**

lấm lét *v.* to look furtively

lấm tấm *adj.* spotted, speckled: **áo bị tấm tấm vết dơ** the clothes were spotted with dirt

lầm *v.* (= **nhầm**) to be mistaken, to make a mistake; to confuse, to misunderstand: **họ lầm tôi với bạn tôi** they are confused by me and my friend; **lỗi lầm** mistakes; **sai lầm** to commit an error

lầm lầm *v.* to mumble, to grumble

lầm lẫn *v.* to be mistaken

lầm rầm *v.* to mutter, to murmur [as in praying]

lầm than *adj.* miserable, wretched

lẩm bẩm *v.* to mumble to oneself

lẩm cẩm *adj.* confused, cracked, crazy

lẩm nhẩm *v.* to mumble, to mutter

lẫm liệt *adj.* imposing, stately

lân **1** *n.* fabulous unicorn (= **sư tử**); **múa lân** lion dance, dragon dance **2** *n.* phosphorus **lân tinh**

lân bang *n.* neighboring country

lân cận *adj.* neighboring, adjoining

lân la *v.* to get near, to seek friendship

lân quốc *n.* neighboring country

lân tinh *n.* phosphorus

lân tuất *n.* pity, compassion

lấn *v.* to infringe; to encroach upon: **xâm lấn** to invade

lần *n.* (= **bận, lượt**) time, turn, round: **hai lần** twice; **ba lần** three times; **lần này** this time; **lần sau** next time; **lần trước** last time; **nhiều lần** several times, many times; **mỗi lần** each time

lần *v.* to search, to feel for; to grope one's way

lần bước *v.* to grope, to fumble along

lần hồi *adv.* from day to day

lần lượt *adv.* in turn, one after another in order

lần lữa *v.* to waver, to procrastinate; to postpone

lần mò *v.* to try cautiously; to look for [address]

lần thần *adj.* hesitant, wavering, slow in making up one's mind

lẩn *v.* to hide: **lẩn mặt** to hide, to keep out of sight

lẩn lút *v.* to hide, to conceal oneself

lẩn mẩn *adj.* frivolous

lẩn quất *v.* to hide or to be lurking around, to lurch

lẩn thẩn *adj.* dotty, cracked

lẫn *v., adj.* confused, mixed up, mistaken; each other, one another: **giúp đỡ lẫn nhau** to help one another; **tôi lẫn Ba với anh nó** I always mistake Ba for his brother; **sự giúp đỡ lẫn nhau** mutual help; **lấy lẫn** to take by mistake

lẫn lộn *v.* to be mixed, to mix up, to confuse

lận *v.* to cheat, to deceive: **gian lận** to deceive; **cờ gian bạc lận** to cheat in games

lận đận *adj.* unsuccessful

lấp *v.* to fill in [hole, gap]; to cover: **che lấp** to cover, to hide

lấp lánh *v.* to shine, to twinkle, to sparkle

lấp ló *v.* to appear vaguely

lập *v.* to set up, to establish; to be set up: **thành lập** to found, to establish, to form; **sáng lập** to found; **tạo lập** to create; **thiết lập** to establish, to set up; **trung lập** neutral(ist), impartial

lập cập *v.* to tremble, to shiver

lập công *v.* to do some meritorious work

lập dị *adj.* eccentric

lập đông *n.* the beginning of winter

lập hạ *n.* the beginning of summer

lập hiến *adj.* [of monarchy] constitutional: **quân chủ lập hiến** constitutional monarchy

lập kế *v.* to draw up a scheme, to plan

lập loè *v.* [of light] to be off and on

lập luận *v.* to argue

lập pháp *adj.* [of power] legislative: **quyền lập pháp** legislative power

lập phương *n., adj.* cube; cubic

lập thân *v.* to establish oneself in life

lập thể *n.* solid [geometry]

lập thu *n.* the beginning of autumn

lập trường *n.* position, viewpoint, standpoint, attitude

lập tức *adv.* right away, at once, instantly: **ngay lập tức** immediately

lập xuân *n.* the beginning of spring

lật *v.* to turn upside down, to turn over: **lật đổ** to overthrow

lật bật *v.* to shiver, to tremble

lật đật *v.* to hurry, to hasten

lật lẹo *v.* to cheat, to swindle, to be crooked

lật lọng *v.* to cheat, to swindle, to be crooked

lật tẩy *v.* to unmask, to call a bluff, to expose

lâu *v., adj.* to take a long time; to last; to last

long: **bao lâu** how long? [of time]; **chẳng/ không bao lâu** soon; **từ lâu** for a long time, long ago; **bấy lâu** for a long time; **giờ lâu** during a long hour

lâu các *n.* palace

lâu dài *adj.* lasting, durable

lâu đài *n.* palace, mansion

lâu đời *adj.* old, durable

lâu la *n.* subordinates in gang of bandits

lâu lâu *adv.* now and then, occasionally

lầu *n.* story, upper floor (= **gác**); building with more than one floor, palace: **trên lầu** upstairs; **lầu ba** third floor; **nhà lầu** many storied house; building

lầu hồng *n.* brothel

lầu xanh *n.* brothel

lậu 1 *adj., v.* contraband; to dodge, to avoid paying [taxes, customs duties]: **lậu vé** to travel or get free entertainment without paying for one's ticket; **buôn lậu** to smuggle; to engage in contraband traffic; **hàng lậu** smuggled goods, contraband 2 *n.* gonorrhoea

lây *v.* to be contagious; to be infected, to contaminate, to pass on: **bệnh hay lây** contagious disease; **vạ lây** to be affected by an offense

lây nhây *v.* to drag, to leave unfinished

lấy 1 *v.* to take, to seize, to obtain, to receive, to accept: **có người biếu cá mà ông không lấy** somebody gave him some fish, but he refused to take them; **năm nay Đại học Sư phạm lấy 200 sinh viên** the Faculty of Education is taking in 200 students this year; **chúng giành lấy quyền lãnh đạo** they seized leadership 2 *v.* to wed, to marry [somebody]: **tôi lấy nhà tôi năm tôi mới 20** I married my husband when I was only 20 3 *v.* to steal: **tôi bị nó lấy mất cây bút máy mới rồi** someone stole my new fountain pen 4 *adv.* by oneself, for oneself: **đi lấy** to go alone; **học lấy** to study by oneself; **làm lấy** to do something oneself

lấy chồng *v.* [of woman] to get married

lấy cớ *v.* to use as an excuse or pretext

lấy cung *v.* to question, to examine, to interrogate

lấy được *v.* to do something at all costs, for one's sake

lấy giống *v.* to crossbreed stock/plants, to breed a strain

lấy lẽ *v.* to marry as second wife [a married man]; to become a concubine of

lấy lệ *adv.* for the sake of formality

lấy lòng *v.* to try to please [somebody]

lấy nhau *v.* [of a couple] to be married

lấy tiếng *v.* to do something just for the sake of prestige

lấy vợ v. [of man] to get married

lấy vợ lẽ v. to take a second wife/concubine

lầy adj. miry, swampy, marshy, moory: **bùn lầy** miry, boggy; **sa lầy** caught in the swamp

lầy lội adj. muddy, miry

lầy nhầy adj. sticky

lẫy v. (= **dỗi**) to sulk: **cô ấy lẫy không ăn cơm** she sulked and refused to eat

lẫy bẩy v., adj. to shake, to tremble; trembling: **sợ run lẫy bẩy** to tremble with fear

lẫy v. [of baby] to turn over

lẫy lừng adj. [of fame] most well-known

le v. to put out, to show off

le lói adj., v. bright; to glimmer

le te adj. short and small: **thấp le te** low and small

lé adj. squinting, cross-eyed: **lé mắt** to squint

lè v. to stick out [one's tongue]; to push [food] out with the tongue

lè nhè v. [of voice] to be drawling

lẻ adj. [of numbers] odd [opp. **chẵn**]; [of cash] to be small; [100, 1000, etc.] to be followed by additional units (= **linh**): **số lẻ** odd number; decimal; **bán lẻ** to retail; **bạc lẻ, tiền lẻ** small change; **ba trăm lẻ hai** three hundred and two [302]

lẻ loi adj. alone, lonesome, all alone, isolated

lẻ tẻ adj. scattered, sporadic

lẽ n. reason, argument

lẽ dĩ nhiên adv. obviously, of course, naturally

lẽ mọn adj. concubine: **phận lẽ mọn** concubine status

lẽ phải n. reason, common sense

lẽ thường n. common sense: **có lẽ** perhaps; **không lẽ** it doesn't make sense if…

lẽ ra adv. actually

lẹ adj. (= **nhanh**) fast, quick, speedy; agile: **lanh lẹ** quick; **lẹ lên!** hurry up!

lem adj. soiled, dirty: **lọ lem** dirty

lem lém adj. [to eat or to speak] fast

lem lẻm adj. [to speak] fast

lem luốc adj. very dirty

lem nhem v. to soil; to blur, to smear

lém adj. talkative, loquacious, voluble

lèm nhèm adj. near-sighted

lẹm adj. notched: **lẹm cằm** to have a receding chin

len 1 v. to make one's way [as in a crowd]; to interfere, to intrude 2 n. [Fr. laine] wool, woolen: **áo len** sweater, pullover; **hàng len** woolens; **chăn len, mền len** woolen blanket

len lén adj. afraid; scared

len lỏi v. to make one's way [in crowd, difficulty], to intrude

lén adj. sneaky, secret, furtive, stealthy: **nhìn lén** to cast a furtive glance

lén lút adj. secretive, on the sly, sneaky

lèn v. to stuff, to cram full; to wedge

lẻn v. to sneak or to steal [in, out]: **lẻn đi** to take off furtively; **cất lẻn** secretly, furtively

leng keng n. dingdong, ding a ling

leo v. to climb, to creep: **cây leo** creeper; **dưa leo** cucumber

leo lẻo adj. [of water] very limpid; vigorous: **nước trong leo lẻo** very clear water; **chối leo lẻo** to deny vigorously

leo lét v. [of light] to flicker, to burn fitfully

leo trèo v. to climb

léo nhéo v. to nag noisily, to shout, to bawl

léo xéo adj. [of voice, crying] confused

lèo n. Laos, Laotian. See **Lào**

lèo lá adj. smooth-spoken, smooth-tongued

lèo lái v. to interrupt others; **mách lẻo** to palaver

lẽo đẽo v. to follow closely, to stick to

lẹo v. [of dog, pig] to copulate

lép adj. empty, husky, ill-filling; [opp. **chắc**] flat: **hột lép** empty nut; **ngực lép** flat chest

lép bép adj. talkative, indiscreet

lép kẹp adj. deflated: **bụng lép kẹp** empty stomach

lép xép v., adj. to crackle continuously; crackle; shuffling on the ground: **cô ấy nói lép xép suốt ngày** her tongue crackles continuously the whole day

lẹt đẹt v. to fall behind, to drag behind

lê 1 n. pear (CL **quả, trái**) 2 v. to drag [oneself, one's feet or something]: **bò lê** to crawl along; **kéo lê** to drag

lê dân n. the common people

lê dương n. [Fr. légion] French foreign legion: **lính lê dương** Foreign Legionnaire

lê la v. [of children] to crawl about

lê thê adj. very long, trailing

lề 1 n. regulation, custom, habit, tradition, procedure 2 n. margin, edge: **bản lề** hinge; **lề đường** sidewalk, pavement, roadside

lề luật n. regulation, custom, habit

lề lối n. manner, procedure

lề thói n. custom, habit

lễ n. religious ceremony or festival, fete, rite, ritual, holiday, Catholic mass [to have **xem, làm**]: **nghỉ lễ** to have holidays; **lễ phép** politeness, good manners; **lễ vật** offerings, present, gift; **nghi lễ** rites; protocol

lễ bái v. to worship

lễ độ n. politeness, courtesy

lễ giáo n. education, ethical behavior, ethics

lễ nghi n. rites, rituals, ceremonies

lễ nghĩa n. rites, rituals, ceremonies

lễ phép n. politeness, courtesy: **có lễ phép** to be polite

lễ phục n. formal dress, formal wear

lễ tế n. offerings, sacrifices

lễ vật n. offerings, gift, present

lệ 1 *n.* custom, rule, regulation: **điều lệ** by laws; **cổ lệ** old custom; **chiếu lệ, lấy lệ** for the sake of formality; **thường lệ** ordinary; **hợp lệ** legal, lawful; **phàm lệ** general rule; **tục lệ** customs and manners 2 *n.* tear: **rơi lệ** to cry

lệ án *n.* jurisprudence

lệ khệ *adj.* awkward, clumsy

lệ liễu *n.* weeping willow

lệ ngoại *n.* exception

lệ phí *n.* fees

lệ thuộc *v.* to be [politically] dependent upon

lếch thếch *adj.* [of clothes] untidy, sloppy

lệch *adj.* tilted, slanting, awry: **sự chênh lệch** discrepancy, difference; **thiên lệch** biased

lên 1 *v.* to go up, to come up, to rise: **mặt trời lên** the sun rises; **lên lầu một** to go up the first floor 2 *adv.* up, upward, up to; on: **bay lên** to go up in the air, to fly up; **đạp lên** to trample, to step on; **kéo lên** to pull up; **kêu lên** to cry out; **nói lên** to speak up; **tiến lên** to move forward, to step forward

lên án *v.* to condemn, to give a sentence

lên bổng xuống trầm *v.* to go up and down [of voice]

lên cân *v.* to put on weight

lên cơn *v.* to have a fit

lên dây *v.* to wind up, to tune [a stringed instrument]

lên đèn *v.* to light up

lên đồng *v.* to go into a trance

lên đường *v.* to set out [on a trip]; to start a journey

lên giọng *v.* to raise one's voice

lên lớp *v.* to take a class, to give a lesson, to attend a class

lên mặt *v.* to be haughty

lên men *v.* to undergo fermentation

lên nước *v.* [of stone, lacquerware, wood] to shine, to be glossy; to become arrogant

lên sởi *v.* to have the measles

lên thác xuống ghềnh *v.* to go up and down

lên tiếng *v.* to raise one's voice

lên voi xuống chó *v.* to go up and down [the social scale]

lên xe xuống ngựa *adj., v.* well-to-do; to live in luxury

lênh đênh *v.* to drift

lênh láng *v.* to run all over, to be spilled

lênh kềnh *v.* to be cumbersome

lệnh *n.* (= **lịnh**) order, command: **hạ lệnh, ra lệnh** to issue an order; **nhật lệnh** order of the day; **thượng lệnh** order from above; **huấn lệnh** directives, orders; **sắc lệnh** decree; **thừa lệnh** by order of; **tuân lệnh** to obey an order

lêu đêu *adj.* lanky

lêu lổng *v.* to loaf, to be lazy, to be unsettled and irresponsible, to fool around

lều *n.* tent, hut, shed, cottage: **cắm lều** to pitch a tent

li See **ly**

li *n.* millimeter; a tiny bit: **một li một tí** a little bit

li bì *adj., adv.* [of sleep] sound, soundly: **say li bì** dead drunk; **sốt li bì** to have a high fever

li ti *adj.* very small

lí nhí *v.* to speak softly and indistinctly

lì 1 *adj.* stubborn, obstinate: **gan lì** unmoved; **ngồi lì, nằm lì** motionless 2 *adj.* very smooth

lì xì *v.* to give a New Year's present [in cash]

lia *v.* to throw fast, to sling: **lia hòn đá xuống hồ** to sling a stone into the lake

lìa *v.* to leave, to abandon; to separate, to part: **chia lìa** to be separated; **lìa khỏi quê hương** to leave one's country

lìa bỏ *v.* to leave

lìa khỏi *v.* to leave

lìa trần *v.* to die

lịch *n.* calendar: **âm lịch** lunar calendar; **tây lịch, dương lịch** solar calendar

lịch duyệt *adj.* experienced

lịch sử *n.* history: **biến cố lịch sử** historical event; **một ngày lịch sử** a historic day

lịch sự *adj.* polite, courteous, well-mannered, urbane; well-dressed: **bất lịch sự** discourteous

lịch thiệp *adj.* experienced, courteous, well-mannered

lịch trình *n.* process, development, evolution

liếc 1 *v.* to cast a furtive look, to glance furtively 2 *v.* to strop, to whet, to sharpen [knife, razor]

liêm *adj.* honest, incorruptible: **người thanh liêm** [of official] honest/uncorrupted person [not to take bribes]

liêm khiết *adj.* to be honest, incorruptible

liêm sỉ *adj.* sense of decency: **có liêm sỉ** decent; **vô liêm sỉ** shameless, indecent

liếm *v.* to lick

liềm *n.* sickle, scythe: **búa liềm** hammer and sickle; **trăng lưỡi liềm** crescent moon

liệm *v.* to prepare a body for the coffin, to shroud [corpse]

liên bang *n.* union, federation, federal

liên bộ *adj.* interministerial, interdepartmental

liên can *v.* to be related, to be involved

liên danh *n.* joint list

liên đoàn *n.* labor union; federation, syndicate, league: **tổng liên đoàn** federation

liên đội *n.* regiment

liên đới *adj.* jointly responsible

liên hệ *v.* to be related, to be interested, to contact: **liên hệ với văn phòng chính phủ** to contact with the government office; **mối liên hệ** relationship

Liên Hiệp Quốc *n.* United Nations

liên hợp *v.* [of points, lines, curves, etc. in math] to be conjugate

liên kết *v.* to unite, to associate [**với** with]

liên khu *n.* interzone

liên lạc *v.* to have contact, to contact, to liaise: **sĩ quan liên lạc** liaison officer

liên lạc viên *n.* liaison person

liên lụy *v.* to be involved, to be implicated

liên miên *adj.* continuous, unbroken, continuously

liên minh *v., n.* to unite, to ally; alliance

liên phòng *n.* mutual defense, common defense: **hiệp ước liên phòng** mutual defense treaty

liên quân *n.* allied troops; interservice: **trường võ bị liên quân** Inter-Arms Military School

liên thanh *n.* machine gun

liên tịch *adj.* joint, in joint session: **hội nghị liên tịch** joint conference

liên tiếp *adj., adv.* to be continuous; continuously, in succession

liên tỉnh *adj.* interprovincial

liên tục *adj.* continuous, continuing

liên từ *n.* conjunction [grammar]

liên tưởng *v.* to remember by association

liến *adj.* fluent, voluble: **liến thoắng** gabble

liền 1 *adj.* contiguous, adjoining; [of wound] next to: **năm ngày liền** five days running, five consecutive days; **nối liền** to connect, to link, to join 2 *adv.* immediately: **nói xong đi liền** so saying he left immediately

liễn *n.* rice or soup container with a cover; porcelain jar 2 *n.* scroll

liểng xiểng *v.* to suffer complete defeat, to lose heavily [in gambling]

liệng *v.* to throw, to cast, to fling; [of bird, plane] to hover, to soar

liếp *n.* bamboo partition; bamboo lattice-work

liệt 1 *adj.* paralyzed 2 *v.* to arrange, to display; to rank: **ông ấy được liệt vào hàng những nhà khoa học gia giỏi nhất trên thế giới** he is ranked among the best scientists in the world

liệt anh *n.* hero

liệt chiếu *adj.* bed-ridden

liệt cường *n.* the world powers

liệt dương *adj.* sexually impotent

liệt giường *adj.* to be bed-ridden

liệt kê *v.* to list, to enumerate, to declare

liệt nữ *n.* heroine

liệt quốc *n.* all nations

liệt sĩ *n.* war dead, [dead] heroes [of past revolution], martyrs

liệt truyện *n.* stories of outstanding men

liệt vị *n.* ladies and gentlemen

liều 1 *v.* to be reckless, to behave foolishly, to be bold enough; to risk: **đánh liều** to run a risk; **làm liều** to act rashly; **nói liều** to talk at random; **liều mình/mạng, liều thân** to risk one's life 2 *n.* dose, dosage

liều lĩnh *adj.* foolhardy, rash, daring

liễu *n.* willow tree: **lệ liễu, thuỳ liễu** weeping willow; **lông mày lá liễu** eyebrows shaped like willow leaves

liễu yếu đào tơ *n.* young girl

liệu *v.* to think about, to reflect on/weigh on one's mind; to guess, to estimate: **định liệu** to decide; **lo liệu** to make arrangements; **tiên liệu** to foresee

liệu hồn *v.* be careful! [or I'm going to punish you]

lim *n.* ironwood

lim dim *adj.* [of eyes] half-closed

lịm *v.* to faint, to pass out; to lose consciousness

linh *adj.* supernaturally powerful: **anh linh, linh thiêng** soul spirit; **tứ linh** the four sacred animals [dragon **long**, unicorn **ly**, turtle **qui**, phoenix **phượng**]

linh cảm *n.* afflatus; presentiment

linh cữu *n.* coffin

linh diệu *adj.* wonderful, wondrous, marvelous

linh dược *n.* effective drug

linh đan *n.* efficacious pill of medicine

linh đình *adj.* lavish, formal [of banquet]

linh động *v.* to be flexible, to be lively

linh hiệu *adj.* effective, efficacious

linh hoạt *adj.* lively, vicacious, active

linh hồn *n.* soul

linh mục *n.* Catholic priest

linh nghiệm *adj.* efficacious

linh sàng *n.* altar, chariot of the soul

linh thiêng *v.* to have supernatural powers

linh tinh *adj.* miscellaneous

linh tính *n.* premonition, foreboding

linh ứng *v.* to have supernatural powers

linh xa *n.* hearse

lính *n.* [SV **binh**] soldier, private; policeman: **binh lính** soldier, the military; **gọi lính** to draft; **đi lính, đăng lính** to enlist; **trại lính** barracks; **tuyển lính, mộ lính** to recruit soldiers

lính bộ *n.* infantryman

lính cảnh sát *n.* policeman

lính đoan *n.* customs officer

lính hầu *n.* bodyguard

lính kỵ mã *n.* cavalryman

lính lê dương *n.* foreign legionnaire

lính mật thám *n.* secret-service man

lính nhảy dù *n.* paratrooper

lính sen đầm *n.* constable

lính thợ *n.* army engineer

lính thuỷ *n.* sailor [Navy]
lính tráng *n.* soldiers, the military
lính trừ bị *n.* reserve army
lỉnh *v.* to slip away
lĩnh See **lãnh**
lịnh See **lệnh**
líp *adj.* [Fr. *libre*] free
lít *n.* [Fr. *litre*] liter
líu lo *v.* [of birds] to twitter, to warble, [of babies] to jabber, to speak indistinctly
líu lưỡi *adj.* tongue-tied
líu tíu *adj.* [of speech] indistinct, confused
lo *v., adj.* to worry, to be worried; to be anxious about: **chăm lo** to look after
lo âu *v.* to be worried
lo buồn *v.* to be worried and sad
lo lắng *v.* to be worried
lo liệu *v.* to make arrangements for, to attend to [some business]
lo ngại *v.* to be worried about something
lo sợ *v.* to be worried and afraid
lo xa *adj.* foreseeing, far-sighted
ló *v.* to show up, to appear
lò 1 *n.* oven, kiln, stove, furnace: **hoả lò** charcoal brazier 2 *v.* to stick out [head **đầu**]
lò bánh mì *n.* baker's oven, bakery
lò bánh tây *n.* bakery
lò cò *v.* to hop: **nhảy lò cò** to hop on one foot
lò dò *v.* to grope, to fumble one's way
lò đúc *n.* foundry, mint
lò gạch *n.* brick kiln
lò gốm *n.* pottery kiln
lò heo *n.* slaughter-house
lò lợn *n.* slaughter-house
lò rèn *n.* blacksmith's
lò sát sinh *n.* slaughter-house
lò sưởi *n.* fireplace, radiator
lò vôi *n.* lime kiln
lò xo *n.* [Fr. *resort*] spring: **lò xo xoắn dài** coil spring; **lò xo xoắn bẹt** spiral spring; **lò xo nhíp** half elliptic spring, leaf spring, plate spring
lõ *adj.* [of nose] aquiline
lọ *n.* vase, flask, bottle, jar: **lọ hoa** flower vase
lọ là *adv., adj.* there; eccentric
loa *n.* megaphone, horn [of gramophone], loudspeaker: **mồm loa mép giải** loud-mouthed; **hình loa** funnel-shaped
loá *v.* to dazzle, to blind
loà *v.* to have dim sight: **mù loà** blind
loà xoà *adj.* [of dress] untidy
lõa lồ *adj.* naked, nude
lõa xõa *adj.* [of hair] to be flowing
loạc choạc *v., adv.* to act haphazardly; incoherently
loai nhoai *adj.* restless
loại 1 *n.* species, kind, type, category, sort

(= **loài**): **nhân loại** mankind; **chủng loại** species; **đồng loại** fellowman, fellow human being; **môn loại** species; **tộc loại** family; **từ loại** parts of speech; **phân loại** to classify 2 *v.* to reject, to eliminate; to fail
loại trừ *v.* to exclude, to expel
loan *n.* hen-phoenix
loan báo *v.* to announce, to inform, to make known
loan giá *n.* royal carriage
loan phòng *n.* woman's apartment
loạn *n., adj.* disorder, rebellion, revolt, uprising: **nổi loạn** to riot, to revolt; **phiến loạn** rebel; **biến loạn** revolution; **chạy loạn** to be a refugee; **khởi loạn** to foment, to lead a rebellion; **làm loạn** to raise hell
loạn dâm *adj.* incestuous
loạn đả *v.* to fight freely
loạn đảng *n.* gang of rebels
loạn lạc *n.* trouble, hostilities, warfare
loạn luân *adj.* incestuous
loạn ly *n.* trouble, warfare, war
loạn óc *adj.* deranged, insane
loạn quân *n.* rebels, rebel troops
loạn sắc *n.* daltonism, color blindness
loạn tặc *n.* rebel
loạn thần *n.* rebel, insurgent
loạn thị *n.* astigmatism
loạn xạ *adj.* disorderly, confused
loang *v.* to spread
loang lổ *adj.* speckled, spotted
loáng *v., adv.* to flash; quickly
loáng thoáng *adj.* dotted, scattered; to be seen or heard vaguely
loàng xoàng *adj.* mediocre, indifferent
loảng xoảng *n.* clink, clank [of dishes struck together]
loãng *adj.* watery, diluted, weak [*opp.* **đặc**]: **cà phê loãng** weak coffee
loạng choạng *v.* to stagger, to reel, to lurch, to totter
loanh quanh *v.* to go around [and around]; to be undecided
loạt *n.* series, salvo: **sản xuất từng loạt** mass production; **nhất loạt** uniform
loay hoay *v.* to be busy with something
loăng quăng *v.* to run about
loằng ngoằng *adj.* zig-zagging
loắt choắt *adj.* tiny, diminutive
lóc cóc *v.* to work hard, to toil, to clop
lóc ngóc *v.* to get up on one's feet, to try hard to sit up
lọc *v.* to filter; to screen, to choose, to select: **chọn lọc** to select; **nước lọc** boiled and filtered water; **lừa lọc** to cheat, to dupe
loe *adj.* bell-mouthed
loé *v.* to flash

loè *v.* to flare, to dazzle; to bluff: **lập loè** to flash, to flare, to twinkle

loè loẹt *adj.* showy, gaudy, flashy

loét *adj.* [of wound] gaping

loi choi *v.* to hop, to skip

lòi *v.* to protrude, to jut out

lòi dom *n.* pile, hernia

lòi đuôi *adj.* unmasked

lòi ruột *adj.* disemboweled

lòi tiền *v.* to disburse

lòi tói *n.* chain, rope

lõi 1 *n.* core, duramen: **lõi ngô** corn cob; **lõi dứa** pineapple core 2 *adj.* experienced: **lõi đời** experienced

lom khom *v.* to be bent down

lòm *adj.* very gaudy: **đỏ lòm** bright red, gaudy red

lỏm *v.* to overhear, to pick up: **học lỏm** to pick up without formal lessons

lõm *adj.* concave [*opp.* **lồi**]; [of cheeks] hollow; [of eyes] sunken

lõm bõm *adj., v.* splashing; to wade; to know or remember bits of something

lon *n.* jar [for rice, etc.], can: **một lon sữa** a milk can

lon ton *v.* to run with short steps

long 1 *v.* to come off, to come apart [RV **ra**]: **long trời lở đất** earth-shaking; **đầu bạc răng long** old age 2 *n.* R dragon (= **rồng**)

long bào *n.* imperial robe

long biên *n.* ancient name of Hanoi

long đình *n.* imperial court, imperial palace

long đong *adj.* having a hard time

long lanh *v.* [of eyes] to be shining

long mạch *n.* favorable geomantic features

long não *n.* camphor: **cây long não** camphor tree

long nhãn *n.* dry longan pulp

long thịnh *adj.* prosperous, wealthy

long trọng *adj.* solemn, formal: **buổi lễ khai mạc long trọng** a solemn inauguration ceremony

long tu *n.* seaweed

long vân *n.* happy occasion

long vương *n.* River God

lóng 1 *n.* internode: **lóng mía** a sugar-cane internode 2 *n.* slang: **tiếng lóng** slang

lóng cóng *adj.* clumsy, unhandy

lóng lánh *v.* to sparkle, to glitter

lóng ngóng *v.* to be waiting for

lòng 1 *n.* innards, bowels, entrails, intestines, tripes; heart; feeling: **từ thuở lọt lòng** since one's birth; **làm mất lòng ai** to hurt someone's feelings; **an lòng** to have peace of mind; **bằng lòng** satisfied, content; **bền lòng** to persevere; **con đầu lòng** first-born child; **hết lòng** devoted; **đồng lòng** unanimously;

khó lòng difficult; **lấy lòng** to please; **lót lòng** as breakfast; **phải lòng** to fall in love with; **phiền lòng** worried, troubled; **sẵn lòng** willing, ready; **sờn lòng** discouraged; **thoả lòng** satisfied; **thuộc lòng** to know by heart, to learn by rote; **vui lòng** glad, happy; **vững lòng** to persevere 2 *n.* bed, bottom; palm: **lòng sông** river bed; **lòng bàn tay** a hand palm

lòng bàn chân *n.* sole of the foot

lòng bàn tay *n.* palm [of hand]

lòng chảo *n.* base of frying pan

lòng dạ *n.* heart, the heart [to do something]

lòng lợn *n.* pig's tripes

lòng son *n.* loyalty, faithfulness

lòng sông *n.* river bed

lòng súng *n.* caliber [of gun]

lòng tham *n.* greediness

lòng thành *n.* sincerity, honesty

lòng thòng *v.* to be hanging down, trailing

lòng thương *n.* pity, compassion, mercy

lỏng *adj.* liquid, fluid, thin, watery [*opp.* **đặc**]; loose [*opp.* **chặt**]: **cháo lỏng** watery rice congee; **giam lỏng** to keep prisoner; **thả lỏng** to set free

lỏng lẻo *adj.* loose, not tight

lọng *n.* parasol

lóp ngóp *v.* to sit up or get up with difficulty

lót *v., n.* to line [a garment]; lining; dunnage: **dùng rơm để lót** to use straw as dunnage; **ăn lót dạ** to have breakfast; **áo lót mình** undershirt; **đút lót** to bribe; **lo lót** to try to corrupt [officials]

lọt *v.* to slip into, to sneak into; to pass through, to fall into; [of news] to leak: **đi lọt** to go through; **ra lọt cửa** to pass through the gate; **những tin tức mật đã lọt ra ngoài** the secret news has leaked out

lọt lòng *adj.* to be born

lọt tai *adj.* to reach the ear of; to be pleasant to hear

lô *n.* [Fr. *lot*] lot, series: **một lô đất** a lot of land

lô cốt *n.* [Fr. *blockhaus*] blockhouse, watch tower

lô gích *adj.* logical: **đầu óc lô gích** logical mind

lô nhô *adj.* uneven, irregular, rugged

lố *n.* dozen

lố nhố *adj.* numerous but not in order

lỗ 1 *n.* hole, pit, opening, grave: **đục lỗ** to bore a hole; **lỗ khóa** a key hole 2 *v.* to lose [in business]; **bán lỗ** to sell at a loss; **lỗ vốn** to lose one's capital

lỗ chỗ *adj.* full of holes

lỗ chân lông *n.* pore [of skin]

lỗ đít *n.* anus

lỗ hổng *n.* gap, opening, vacuum

lỗ mũi *n.* nostril
lỗ mãng *adj.* blunt, coarse, rough-mannered
lỗ tai *n.* ear, ear hole
lộ 1 *n.* street, road (= **đường**): **đại lộ** avenue, boulevard; **kiều lộ** highways and bridges; **lục lộ** land route; public works; **quốc lộ** national highway; **xa lộ** freeway; **tiền mãi lộ** toll [on turnpike] 2 *v.* to appear; to reveal, to disclose; to be revealed: **lộ mặt** to appear; **để lộ** to show, to betray; **tiết lộ** to leak [a secret]
lộ diện *v.* to show up: **xuất đầu lộ diện** to show one's face
lộ hầu *v.* to have a prominent Adam's apple
lộ liễu *adj.* conspicuous, too obvious, without restraint: **ăn mặc lộ liễu** to dress up without restraint
lộ phí *n.* traveling expenses, travel costs
lộ tẩy *v.* to show one's true colors
lộ thiên *adj., n.* in the open air; open-air
lộ trình *n.* itinerary
lộ trình thư *n.* record of official travel
lốc *n.* tornado, twister: **gió lốc** whirlwind
lộc 1 *n.* official salary; good fortune, happiness, honors of office: **hái lộc** to pick buds, to pick a good fortune; **phúc, lộc, thọ** happiness, honors of office, and longevity 2 *n.* deer, stag, hart 3 *n.* bud, new leaf, shoot [with **đâm, nẩy, trổ** to grow]: **nẩy lộc** to grow new leaves
lộc cộc *n.* the clump of wooden shoes
lôi *v.* to drag, to pull, to draw
lôi cuốn *v.* to attract, to draw: **lôi cuốn sự chú ý** to attract attention
lôi đình *n.* fit of anger, rage
lôi kéo *v.* to pull, to draw into
lôi thôi *adj.* complicated; to be troublesome, annoying; [of clothes] to be untidy, wrong, sloppily: **ăn mặc lôi thôi** to dress untidily; **gây lôi thôi** to make troublesome
lối 1 *n.* path, way, footpath: **lạc lối** to have lost the way 2 *n.* manner, fashion, style: **lề lối** manner 3 *adv.* about, approximately: **lối 30 người** about thirty people
lối chừng *adv.* about, approximately
lối đi *n.* way, path
lồi *adj.* protruding, convex [*opp.* **lõm**]
lỗi *n.* mistake, fault: **lỗi chính tả** spelling mistakes; **xin lỗi ông** I beg your pardon; excuse me; **có lỗi** guilty; **bắt lỗi** to reproach; **đỗ lỗi** to accuse; **tạ lỗi** to apologize; **tội lỗi** sin; **tha lỗi, thứ lỗi** to forgive; **mất năm lỗi** to make five mistakes
lỗi đạo *v.* to fail in one's [moral] duty
lỗi hẹn *v.* to fail to keep one's promise
lỗi lạc *adj.* outstanding, eminent, distinguished
lỗi lầm *n.* mistake: **phạm lỗi lầm** to make a mistake

lỗi thời *adj.* outdated, outmoded: **áo quần lỗi thời** outmoded clothes
lội 1 *v.* to wade, to ford: **lặn lội** to travel up hill and down dale 2 *v.* to swim: **bơi lội** swimming; **lụt lội** flood
lốm đốm *adj.* spotted, dotted, speckled, mottled
lổm cổm *v.* to crawl, to creep
lổm ngổm *v.* to crawl, to creep; to swarm
lộn *v.* to somersault; to turn over; to go back, to return; to be mistaken: **lộn hai vòng** to turn over twice; **lộn về nhà** to turn around and go home; **đi lộn đường** to take the wrong road; **lẫn lộn** mixed up; **nói lộn** to say the wrong thing
lộn bậy *adj.* upside-down, topsy turvy
lộn giống *adj.* mixed with another strain
lộn lại *v.* to turn around, to go back, to return
lộn máu *adj.* furious
lộn mửa *adj.* nauseous
lộn nhào *v.* to overturn; to fall head first [in diving]
lộn ruột *adj.* furious
lộn sòng *v.* to swap, to switch; to get lost in a crowd
lộn tiết *adj.* furious
lộn xộn *adj.* disorderly, confused
lông *n.* [SV **mao**] hair [of human body]; fur; [SV **vũ**] feather: **chổi lông gà** feather duster; **lỗ chân lông** pore; **nhổ lông** to remove hairs, to depilate; **nhặt lông, vặt lông** to pluck; **quạt lông** feather fan; **thay lông** to molt; **ăn lông ở lỗ** to live like a caveman; **bới lông tìm vết** to find fault, be fussy
lông bông *n.* vagabond
lông lá *adj.* hairy
lông mao *n.* hair
lông mày *n.* eyebrows: **nhổ lông mày** to pluck eyebrows; **kẻ lông mày** to draw eyebrows
lông măng *n.* down [feathers]
lông mi *n.* eyelashes
lông ngông *adj.* tall, lanky
lông nhông *adj.* unruly
lông vũ *n.* feather
lồng *n.* coop, [bird] cage: **lồng chim** bird cage; **tháo cũi sổ lồng** to liberate someone
lồng ấp *n.* coal heater; incubator
lồng bàn *n.* mesh cover that is put over food to protect it against flies
lồng chim *n.* bird cage
lồng gà *n.* chicken coop
lồng lộn *v.* to get excited, to get upset [because of jealousy]
lồng ngực *n.* thorax
lộng lẫy *adj.* radiant, resplendent, magnificent: **vẻ đẹp lộng lẫy** a resplendent beauty
lộng ngôn *n.* profanity
lộng nguyệt *v.* to enjoy the moonlight

lộng quyền *v.* to abuse power

lốp *n.* rubber tire: **nổ lốp** to have a blown tire; **bẹp lốp** to have a flat tire

lốp đốp *v.* to crack

lộp cộp *n.* clump [of shoes]

lốt *n.* slough, castoff skin, appearance: **đổi lốt** to change appearance; **đội lốt** to disguise oneself

lột *v.* to remove forcibly, to strip; [of crustaceans or cicadas] to change or to shed skin; [of crustaceans] to change shell: **lột mặt nạ** to unmask; **lột da** to shed one's skin

lơ 1 *n.* [Fr. *chauffeur*] assistant driver [on public car] 2 *v.* to ignore, to pretend not to hear: **nó gặp tôi nó làm lơ** he saw me but he ignored me

lơ đãng *adj.* careless, negligent, absent-minded

lơ đễnh *adj.* careless, negligent

lơ là *v.* to be different, to show a lack of interest in: **lơ là công việc** to show a lack of interest in working

lơ lớ *v.* to speak with a slight accent

lơ lửng *v.* to be hanging in the air; to act without a pattern; to drift sluggishly

lơ mơ *adj.* vague

lơ thơ *adj.* [of tress, hair, grass] sparse

lớ ngớ *adj.* lost, confused [in a new environment]

lờ *v.* to ignore, to pretend to forget

lờ đờ *adj.* sluggish, lazy; dull-witted, thick-headed

lờ mờ *adj., adv.* to be dim, unclear, vague; vaguely

lở 1 *v.* [of cliff, dam, wall, etc.] to break off, to break away, to collapse, to crumble: **long trời lở đất** earth-shaking 2 *v.* to have a skin eruption; [of eruption, rash] to break out

lỡ 1 *v.* to miss: **lỡ bữa ăn** to miss a meal; **lỡ tàu buổi sáng** to miss the morning train; **lỡ cơ hội** to miss an opportunity 2 *v.* to be clumsy with: **lỡ tay** to be clumsy with the hands; **lỡ lời** to be clumsy with words

lỡ bước *v.* to slip; to fall

lỡ làng *v.* to be interrupted or to fail halfway

lỡ lầm *v.* to make a mistake

lỡ ra *adv.* if at all, in case

lỡ tay *v.* to be clumsy with one's hands

lỡ tàu *v.* to miss the boat/train

lỡ thì *v.* [of woman] to have passed the marriageable age

lời 1 *n.* spoken word(s); utterances, statements: **cạn lời** to use up all arguments; **cướp lời** to interrupt; **hết lời** to finish talking; **nặng lời** to use unpleasant words or scolding tone; **nuốt lời** to break one's promise; **vâng lời** to obey; **lắm lời** talkative 2 *n.* (= **lãi**) benefit,

interest, profit, gain: **buôn bán có lời nhiều** to do business that has high profits

lời hứa *n.* promise, vow: **giữ lời hứa** to keep a promise

lời lẽ *n.* words; reasoning

lời nguyền *n.* oath

lời nói *n.* words, statement

lợi *adj.* profitable, gainful, useful, advantageous [*opp.* **hại**]: **bất lợi** useless, harmful; **cầu lợi** to seek profit; **danh lợi** glory and gain [of office]; **hám lợi** greedy; **ích lợi** useful; **trục lợi** to exploit; **tiện lợi** convenient; **vụ lợi** profit-seeking, mercenary

lợi dụng *v.* to take advantage of, to avail oneself of

lợi hại *n.* advantages and disadvantages; pros and cons

lợi ích *n.* use, advantage

lợi khí *n.* [sharp] instrument, tool

lợi lộc *n.* benefit, profit, gain; income

lợi quyền *n.* economic right, interests

lợi tức *n.* income, revenue: **thuế lợi tức** income tax

lởm chởm *adj.* uneven, rugged

lợm *adj.* nauseous: **lợm giọng** to be nauseous

lớn *adj.* [SV **đại**] big, great, adult; grown up: **cao lớn** tall; **khôn lớn** grown up; **người lớn** adult; **rộng lớn** big; **to lớn** big

lớn con *adj.* tall

lớn lao *adj.* big, grandiose; large

lớn tiếng *v.* to speak loudly

lớn tuổi *adj.* elderly

lớn xác *adj.* big in body

lớn vớn *v.* to stick around, to loiter

lợn *n.* (= **heo**) pig, hog, swine: **chuồng lợn** pigpen, pigsty; **lò lợn** slaughter-house; **thịt lợn** pork; **thủ lợn** pig's head; **mõm lợn** pig's snout

lợn cái *n.* sow

lợn con *n.* piglet

lợn đực *n.* boar

lợn lòi *n.* wild boar

lợn nái *n.* sow

lợn rừng *n.* wild boar

lợn sề *n.* old sow

lợn sữa *n.* suckling pig

lợn ỷ *n.* fat pig

lớp *n.* layer, stratum, bed; class, grade, rank: **lớp học** classroom; **tầng lớp** social classes; **thứ lớp** order, ranking; **lên lớp** to go up the next higher grade

luận *v.* to discuss, to consider: **bàn luận, đàm luận** to discuss; **bài luận** composition, essay, dissertation; **bình luận** to comment; **tam đoạn luận** syllogism; **bất luận, vô luận** no matter, regardless; **công luận** public opinion

luận án *n.* dissertation, thesis [for a degree]

luận đề *n.* subject, topic
luận điệu *n.* argument, line
luận giải *v.* to comment and explain
luận lý học *n.* logic [as a science]
luận ngữ *n.* the Analects of Confucius
luận thuyết *n.* theory, doctrine
luận văn *n.* essay, dissertation
luật *n.* law, rule, regulation: **vi phạm luật** to violate the law; **tuân theo luật** to abide by the law; **công luật** public law; **dân luật** civil law; **dự luật** draft, bill; **định luật** scientific law; **hình luật** penal code; **pháp luật** the law; **đúng luật** legal, lawful; **trái luật** illegal, unlawful; **trường luật** school of law
luật gia *n.* lawyer
luật học *n.* law studies
luật khoa *n.* law [subject of law]: **trường đại học luật khoa** school of law, faculty of law
luật lệ *n.* rules and regulations
luật pháp *n.* the law
luật sư *n.* lawyer
lúc *n.* moment, instant (= **khi**), time [when something happens]: **lúc ấy** a moment ago, at that time; **lúc đó** [at] that time; **lúc nào?** when?; **lúc này** at this time; **có lúc** there are times; **lắm lúc** several times, many times; **trong lúc** while
lúc la lúc lắc *v.* See **lúc lắc**
lúc lắc *v.* to swing: **lúc lắc cái nôi cho em bé** to swing the baby's cradle
lúc nhúc *v.* to swarm, to teem
lục **1** *num.* six (= **sáu**): **đệ lục chu niên** sixth-year aniversary **2** *v.* to record, to copy: **kỷ kục** record; **mục lục** table of contents; **sao lục** to make a copy **3** *v.* to search, to rummage: **lục ngăn kéo tìm hồ sơ** to search documents in the drawers
lục bát *n.* the six-eight meter [in Vietnamese poetry]
lục bộ *n.* the six ministers of the old monarchy [**lại, hộ, lễ, công, hình và binh** = Interior, Finances, Rites, Public works, Justice and War]
lục địa *n.* mainland, continent
lục đục *v.* to be in disagreement, to quarrel, to be in conflict
lục giác *n.* hexagon
lục lạo *v.* to search
lục lăng *n.* hexagon
lục lọi *v.* to search
lục lộ *n.* public works [**công chánh** more modern]
lục phủ *n.* the six internal organs
lục quân *n.* army [as opp. to navy, air force]: **Mỹ quốc Lục quân Học hiệu** U.S. Military Academy; **Bộ trưởng Lục quân** Secretary of the Army

lục soát *v.* to search
lục sự *n.* clerk [of the court]
lục súc *n.* the six domestic animals [horse, ox, goal, pig, dog, and fowl]
lục tỉnh *n.* the six original provinces of South Vietnam; the southern provinces
Lục Xâm Bảo *n.* Luxembourg
lục xì *n.* medical examination of licensed prostitutes
lui *v.* (= **lùi**) [SV **thoái**] to withdraw, to recoil: **tháo lui, rút lui** to retreat; **đánh lui** to push back
lui tới *v.* to frequent: **chúng tôi vẫn lui tới với nhau hơn mười năm nay** we have been visiting each other frequently for more than ten years
lúi húi *adj.* bent over some work
lúi xùi *adj., v.* untidy; to be untidy; to live humbly
lùi **1** *v.* to step or move back(ward); to back up **2** *v.* to roast [sugar cane, potatoes] in ashes
lủi thủi *v.* to walk or work alone
lụi bại *adj.* ruined, destroyed
lum khum *adj.* to be curved, arched
lúm *adj.* dimpled
lùm *n.* cluster, grove: **lùm cây tre** a cluster of bamboos
lún *v.* to sink, to sag, to cave in: **phía đất nầy đã lún xuống** this site was sunk
lún phún *adj., v.* [of beard] scattered; to start to grow; [of rain] to drizzle
lùn *adj.* short [not tall] [*opp.* **cao**]: **người/thằng lùn** dwarf; **ông ấy không lùn đâu** he is not short at all
lụn *v.* to finish, to end
lụn bại *adj.* ruined
lung *adj.* excessive; unsure
lung lạc *v.* to try to influence, to persuade someone
lung lay *v., adj.* to be shaking, unsteady; [of tooth] be loose: **răng tôi đã lung lay** my tooth has been loosened
lung tung *adj.* confounded, embarrassed, overwhelmed, awkward, clumsy
lùng *v.* to hunt for, to look for
lủng *v.* to perforate, to have a hole
lủng ca lủng củng *v.* to clash: **vợ chồng họ lủng ca lủng củng nhiều năm nay** the couple have clashed with each other for several years
lủng lẳng *v.* to be pendent, to dangle
lũng đoạn *v.* to control [market], to monopolize, to rig: **lũng đoạn thị trường** to rig the market
lụng thà lụng thụng *adj.* See **lụng thụng**
lụng thụng *adj.* [of clothes] too big
luộc *v.* to boil [food, but not water]; to sterilize: **luộc trứng** to boil an egg; **luộc rau** to boil vegetables

luộm thuộm *adj.* careless, untidy: **ăn mặc luộm thuộm** to dress up untidily

luôn 1 *adv.* [follows main verb] often, frequently; always, continually, unceasingly: **ông ấy đi Đà Lạt luôn** he goes to Da Lat very often 2 *adv.* to do all at once, in one operation, at the same time: **tôi muốn ông ấy đi luôn với tôi** I want him to be gone the same time as I

luôn luôn *adv.* very often, always

luôn miệng *v.* to talk incessantly

luôn mồm *v.* to talk incessantly

luôn tay *v.* to work all the time

luôn thể *adv.* at the same time

luồn *v.* to pass, to sneak [through], to slip underneath

luồn cúi *v.* to bow, to humiliate oneself

luồn lỗi *v.* to bow, to humiliate oneself; to get things done

luồn lụy *v.* to kowtow to [an official], to humiliate oneself

luống *n.* furrow, bed [in garden]: **trong vườn nhà tôi có nhiều luống hoa hồng** in my garden, there are some rose bush beds

luống cuống *v.* to be bewildered, to be perplexed, to lose one's head

luồng *n.* current [of ideas, **tư tưởng**], gust, draft [of wind **gió**]: **luồng điện** electrical current; **luồng âm thanh** sound wave

lụp xụp *adj.* [of house] low and dark: **tôi ở trong một căn nhà lụp xụp** I live in a low, dark house

lụt *v.* to flood, to inundate: **miền nầy đang bị lụt** this region is flooding; **trận lụt** a flood

lụt lội *n., adj.* flood, inundation; flooded, inundated

luỹ *n.* rampart, wall, hedge: **luỹ tre** bamboo hedge; **chiến luỹ** the war front [military]

luỹ thừa *n.* power [of a number]

luỹ tiến *adj.* progressive

luy 1 *v.* to cause trouble, to annoy: **luy đến người khác** to cause trouble to other people 2 *n.* (= **lệ**) tears: **luy tuôn rơi** tears streamed down

luyến *v.* to be fond of, to long for, to be attached to: **quyến luyến** to be attached to

luyến ái *v.* to love

luyến tiếc *v.* to feel a nostalgia for, to regret

luyện *v.* to refine [metals]; to train [people]: **huấn luyện, rèn luyện** to train; **tập luyện** to drill

luyện kim *n.* alchemy; metallurgy

luyện tập *v.* to drill, to practice, to exercise: **luyện tập nói tiếng Việt** to practice speaking Vietnamese

lư hương *n.* incense burner

lừ *v.* to glower, to stare angrily at

lừ đừ *adj.* indolent, lazy; slothful

lử *adj.* tired out, worn out: **mệt lử** very tired

lữ điếm *n.* inn, hotel

lữ đoàn *n.* brigade

lữ hành *v.* to travel

lữ khách *n.* traveler

lữ quán *n.* inn, hotel

lữ thứ *v.* to stop at a remote place during one's journey

lưa thưa *adj.* scattered, sparse, thin

lứa *n.* brood, litter; height, category, class: **chúng nó cùng một lứa** they are in the same class; **lứa heo** a litter of piglets; **đôi lứa** couple; **vừa đôi phải lứa** well matched

lừa 1 *n.* donkey, ass 2 *v.* to deceive, to trick, to cheat: **đánh lừa** to cheat; **bị lừa, mắc lừa** to be cheated

lừa cái *n.* she-ass

lừa con *n.* ass's foal

lừa dối *v., adj.* to deceive; deceitful

lừa đảo *v.* to swindle, to defraud

lừa gạt *v.* to dupe, to deceive, to cheat

lửa *n.* [SV **hoả**] fire, flame: **chữa lửa** to stop a fire; **binh lửa, khói lửa** war, warfare; **xe lửa** train; **bật lửa** cigarette lighter; **lính chữa lửa** fireman; **đá lửa** flint; **núi lửa** volcano

lựa *v.* to select, to choose: **lựa chọn** to choose

lực *n.* strength, ability, power (= **sức**): **sức lực** strength; **mã lực** horsepower; **nghị lực** energy; **áp lực** pressure; **bất lực** incapable; **cực lực** strongly, energetically; **động lực** moving force; **binh lực** armed forces; **hợp lực** to unite; **kiệt lực** exhausted; **năng lực** ability; **thực lực** real strength; **quyền lực** power, authority; **nguyên tử lực** atomic energy; **học lực** ability [of student]; **tận lực** with all of one's strength; **thực lực** real strength

lực điền *n.* farmer, farm hand

lực lưỡng *adj.* robust, husky

lực lượng *n.* strength, force(s)

lực sĩ *n.* athlete

lưng *n.* back [of body, furniture]: **thắt lưng, dây lưng** belt, sash; **gù lưng** hunch-backed; **đau lưng** backache; **ngả lưng** to lie down

lưng chừng *adj.* half way, half done

lưng lửng *adj.* [of stomach] almost full

lưng vốn *n.* capital

lừng *v.* to resound, to pervade: **tiếng tăm ông vang lừng** your reputation resounds everywhere; **hoa thơm lừng** fragrant flowers

lừng danh *adj.* famous, well-known

lừng khừng *adj.* indifferent

lừng lẫy *adj.* very famous, renowned

lửng *adj.* half-finished, half-full; half-done; hanging in the air: **bỏ lửng** to leave unfinished, unattended

lửng lơ *adj.* hanging in the air; half-done

lững chững *v.* to toddle
lững lờ *adj.* wavering, hesitant; indifferent
lững thững *v.* to walk slowly or leisurely
lược 1 *n.* comb: **lược thưa** large-toothed comb 2 *v.* to baste, to tack, to sew loosely or with long stitches to hold the work temporarily
lược dịch *v.* to translate briefly
lược đồ *n.* sketch, diagram
lược sử *n.* summarized history
lược thuật *v.* to summarize, to give a short report
lưới *n.* net, web: **đánh lưới** to catch [fish, bird] with a net; **mạng lưới vi tính toàn cầu** internet
lười *adj.* lazy
lười biếng *adj.* lazy
lưỡi *n.* tongue; blade [of knife]: **uốn lưỡi** to roll one's tongue [to produce a drill]; **chóp lưỡi, đầu lưỡi** tip of the tongue, apex; **cứng lưỡi** tongue-led; **lè lưỡi, thè lưỡi** to stick out one's tongue; **lưỡi dao** knife blade
lưỡi cày *n.* plough share
lưỡi câu *n.* fish hook
lưỡi gà *n.* uvula; tongue [of shoe]; valve: **lưỡi gà hình nắp** flap valve; **lưỡi gà hình cầu** ball valve
lưỡi lê *n.* bayonet
lưỡi liềm *n.* sickle
lưỡi trai *n.* visor [on cap]
lườm *v.* to look askew at with anger, to scowl at
lượm *v.* to pick up, to collect, to gather [news, etc.]
lượm lặt *v.* to gather, to accumulate
lươn *n.* eel: **mắt lươn** small-eyed
lươn lẹo *adj.* crooked, dishonest
lườn *n.* side
lượn *v.* to hover, to soar, to glide
lương *n.* salary, wages, pay: **tiền lương** salary; **lĩnh lương** to get paid; **sổ lương** payroll; **ăn lương công nhật** to be paid by the day
lương bổng *n.* salary [and allowances]
lương dân *n.* law-abiding citizens
lương duyên *n.* happy marriage
lương đống *n.* pillars of the state
lương hướng *n.* pay, wages
lương khô *n.* dry provisions
lương lậu *n.* salary, wages
lương tâm *n.* conscience
lương thiện *adj.* honest, law-abiding
lương thực *n.* food [supplies]
lương tri *n.* intuitive knowledge
lương y *n.* good physician/doctor
lường 1 *v.* to measure: **đo lường** to measure 2 *v.* to deceive, to cheat: **lường gạt khách hàng** to cheat customers
lưỡng cực *n.* bipolar
lưỡng lự *adj., v.* hesitant, undecided; unable to make up one's mind

lưỡng viện *n.* House of Representatives and Senate, two chambers
lượng 1 *n.* capacity; quantity [as opp. to quality **phẩm**]: **phẩm chất và số lượng** quality and quantity 2 *v.* to measure, to gauge; to estimate: **lượng khoảng bao nhiêu tiền** to estimate the amount of money
lượng giác học *n.* trigonometry
lượng thứ *v.* to pardon, to forgive
lượng tình *v.* to pardon out of sympathy
lượng tử *n.* quantum
lượng xét *v.* to examine, to take into consideration
lướt *v.* to glide; to pass quickly; to glance through; to scamper
lướt mướt *adj.* soaking wet
lượt *n.* time, turn, round; layer, coat: **đọc ba lượt** to read three times; **đến lượt ai?** whose turn?; **lần lượt** in turn, to take turns
lượt thượt *adj.* [of clothes] loosely hanging
lưu *v.* to stay, to stop, to detain, to keep: **tôi lưu lại đây vài ngày** I am staying here a few days; **lưu một bản cho tôi** to keep a copy in a file
lưu danh *v.* to leave a good reputation
lưu đày *v.* to exile, to banish
lưu động *adj.* mobile, roving, itinerant
lưu hành *v.* to circulate [currency]
lưu hoàng *n.* sulfur
lưu học sinh *n.* boarder
lưu huyết *n.* bloodshed
lưu huỳnh *n.* sulfur: **lưu huỳnh bột** flowers of sulfur
lưu lạc *v.* to be wandering
lưu loát *adj.* fluent: **bạn muốn lưu loát tiếng Việt, bạn phải tập nói nhiều** if you want to be fluent in Vietnamese, you will have to practice speaking more
lưu luyến *v.* to be attached to, to be fond of
lưu ly *n.* parting, separation
lưu tâm *v.* to pay attention to, to concern oneself with
lưu thông *v.* to communicate, to circulate
lưu trú *v.* to reside, to live, to stay
lưu truyền *v.* to hand down, to pass tradition down
lưu trữ *v.* to conserve, to preserve: **sở lưu trữ công văn** bureau of archives
lưu vong *adj.* exiled: **chính phủ lưu vong** government in exile
lưu vực *n.* [river] valley, basin
lưu ý *v.* to pay attention [**đến** to]; to call [someone's] attention
lựu *n.* pomegranate
ly 1 *n.* glass, cup: **ly rượu** wine glass 2 *num.* millimeter; tiny bit: **phim 16 ly** 16-millimeter film

ly biệt *v.* to separate from, to part

ly dị *v.* to divorce: **xin ly dị** to apply for a divorce

ly hôn *v.* to divorce

ly hương *v.* to go abroad, to leave one's native land

ly khai *v.* to dissociate oneself from, to break away from

ly kỳ *v., adj.* acting strangely; marvelous, extraordinary: **câu chuyện ly kỳ** strange story

ly tán *v.* [of a ground, family] to disperse, to be scattered

ly tâm *adj.* centrifugal [*opp.* **hướng tâm**]

lý *n.* reason, ground, common sense, argument: **lý do** reason; **có lý** to be right, reasonable; **chân lý** truth; **hữu lý** logical; **vô lý** absurd

lý do *n.* reason

lý hoá *n.* physics and chemistry: **con tôi rất giỏi môn lý hoá** my son is good in both physics and chemistry

lý học *n.* physics

lý lẽ *n.* reason, argument

lý lịch *n.* personal history, curriculum vitae: **viết bản sơ yếu lý lịch kèm theo đơn xin việc** to enclose a curriculum vitae with one's application

lý luận *v., n.* to reason, to argue; argument

lý số *n.* fortune-telling: **nhà lý số** fortune-teller

lý sự *adj., v.* reasonable; to reason, to argue; to be argumentative

lý tài *n.* finance; money matter

lý thú *n., adj.* interest; interesting

lý thuyết *n., adj.* theory; theoretical

lý trí *n.* reason, intellect, knowledge

lý trưởng *n.* head of a village

lý tưởng *n., adj.* an ideal; ideal: **thật khó chọn được người lý tưởng** it is hard to choose an ideal person

lý tưởng hoá *v.* to idealize

ly *n.* dysentery: **bị bệnh kiết ly** to have dysentery

M

ma **1** *n.* ghost, phantom: **bà ấy sợ ma lắm** she is scared of ghosts **2** *n.* funeral: **đưa đám ma** to attend a funeral [procession]; **thây ma** corpse

ma cà bông *n.* vagrant, tramp

Ma Cao *n.* Macao

ma chay *n.* funeral ceremonies

ma cô *n.* pimp, pander

ma dút *n.* [Fr. *mazout*] oil, fuel, diesel oil

ma giáo *adj., adv.* dishonest; cheatingly: **buôn bán ma giáo** dishonest business

ma men *n.* alcohol attraction, lure of drink

ma nhê tô *n.* magneto

ma ni ven *n.* crank

ma quỉ *n.* ghosts and devils, evil spirits

Ma Rốc *n.* Morocco

ma sát *v.* to rub: **sức ma sát** friction

ma tuý *n.* narcotics, drug: **buôn bán ma túy là bất hợp pháp** drug trafficking is illegal

ma vương *n.* Satan

ma xó *n.* ghost of house corners

má **1** *n.* cheek: **gò má** cheekbone; **đánh má hồng** to apply rouge on the cheeks **2** *n.* (= **mẹ**) mother, mummy [used by child to mother]: **con giúp má nấu ăn** I help my mother to do cooking

má đào *n.* pink cheek; woman: **phận má đào** woman's fate

má hồng *n.* rosy cheek; woman

má lúm đồng tiền *n.* dimpled cheeks

mà **1** *adv.* but, yet, and: **dẫu mà** even though; **vậy mà** yet; **để mà** in order to; **nhưng mà** but; **thế mà** yet **2** *conj.* that, in which, at which, wherein, where at: **cái nhà mà họ muốn bán là của bạn tôi** the house which they want to sell is my friend's house **3** *intj.* final particle to emphasize the meaning of command: **tôi bảo mà!** I did tell you!; **anh ấy không đi mà!** he's not going, I told you!

mà cả *v.* to bargain, to haggle: **giá nhất định, không mà cả** fixed prices, no bargaining

mà lại *conj.* but: **ông ta nghèo mà lại tử tế** he is poor but very kind

mà thôi *adv.* no more and no less, only: **chỉ có chừng ấy việc mà thôi** there is only a bit of work, no more and no less

mả *n.* grave, tomb: **bốc mả** to exhume the bones and transfer them to elsewhere; **mồ mả** graves and tombs

mã **1** *n.* effigy, paper article burned in ancestral rituals: **đồ mã** to be false, junky, fragile **2** *n.* appearance, plumage; caliber: **tốt mã** having good looks **3** *n.* yard [measure of length] **4** *n.* code: **mật mã** secret code **5** *n.* horse (= **ngựa**); **kỵ mã** cavalry; **song mã** two horses

mã binh *n.* cavalryman, horseman

mã hiệu *n.* code

Mã Lai *n.* Malaysia, Malay

mã lực *n.* horse-power

mã não *n.* agate

mã tấu *n.* scimitar

mã thượng *adj.* generous

mạ **1** *n.* rice seedling: **gieo mạ** to sow rice seedlings **2** *v.* to plate [with gold **vàng**, silver bạc]: **mạ bạc** to silver-plate; **mạ đồng** to copper-plate; **mạ kền** to nickel-plate; **mạ vàng** to gold-plate

mác 1 *n.* knife, scimitar **2** *n.* [Fr. *marque*] make, brand: **mặc áo quần có mác nổi tiếng** to wear clothes of a well-known brand

Mác-xít *n.* Marxist

Mạc Tư Khoa *n.* Moscow

mách *v.* to report, to tell, to inform; to recommend; to give information or clues in order to help: **mách cho bạn dùng một loại thuốc tốt** to recommend a friend to try a good medicine

mách bảo *v.* to inform, to advise

mách lẻo *v.* to tell tales; to denounce

mách qué *v.* to lie, to bluff; to use profanity

mạch *n.* pulse, vein, [blood] vessel [with **chẩn, bắt, coi, xem** to take]: **bắt mạch** to check one's pulse; **mạch máu** blood vessel; **động mạch** artery; **tĩnh mạch** vein

mạch điện *n.* electric circuit

mạch lạc *adj., n.* coherent; cohesion, coherence, clarity

mạch nha *n.* malt

mai 1 *n.* tomorrow: **mai tôi sẽ gặp ông** I will see you tomorrow; **sáng mai** tomorrow morning; **chiều mai** tomorrow afternoon; **nay mai** soon **2** *n.* hoe, large-blade spade **3** *n.* matchmaker: **ông mai/bà mai** matchmaker **4** *n.* shell [of turtle **rùa**, crab **cua**, squid **mực**]: **mai cua** crab's shell **5** *n.* R apricot, plum: **ô mai** salted apricots, salted prunes; **ông ấy tặng tôi một cành hoa mai** he presented me a branch of apricot flowers as a gift

mai danh ẩn tích *v.* to seclude oneself from the world

mai hậu *n.* future, posterity: **làm việc cực nhọc để mai hậu cho con cháu** to work hard for our children's future

mai kia *adv.* soon, later on

mai mốt *adv.* soon, in a few days' time

mai một *v.* to be lost, to disappear

mai phục *v.* to lie in ambush

mai sau *adv.* later, in the future

mai táng *v.* to bury a corpse, to arrange a funeral

mái 1 *n.* roof: **nhà mái ngói** a tiled-roof house **2** *n.* [of chicken, bird] female: **gà mái** hen

mái chèo *n.* oar, paddle

mái đầu *n.* one's hair

mái hiên *n.* porch roof; verandah

mái tóc *n.* one's hair

mài *v.* to file, to sharpen, to grind: **mài dao** to sharpen a knife; **đá mài** whetstone

mài miệt *v.* to devote oneself to [work], to indulge in [pleasure]

mải *v.* to be absorbed [in a task]: **mải miết** to be busy with

mãi *adv.* continuously, unceasingly, forever, all the time: **chúng tôi đợi mãi không thấy anh ta đến** we waited and waited, but he didn't show up; **họ làm việc mãi** they work all the time

mãi dâm *n., v.* prostitution; to be a prostitute

mãi lộ *n.* bribe to highwaymen in ancient times; turnpike toll

mãi mãi *adv.* for ever, eternally

mại *v.* (= **bán**) to sell: **thương mại** trade, commerce; **đoạn mại** definite sale

mại bản *n.* salesman, comprador

mại quốc *n.* traitor

man *adj.* false: **ông ấy khai man** he made a false statement

man di *adj.* savage, barbarous

man mác *adj.* immense, limitless

man rợ *adj.* savage, barbarous

màn *n.* curtain, net; screen [with **bỏ, buông** to lower, **vắt** to pull up]: **kéo màn** to raise the curtain; **hạ màn** to lower the curtain; **màn bạc** silver screen; **bức màn sắt** the iron curtain; **Bức màn tre** the bamboo curtain; **màn ảnh** movie screen

mãn 1 *n.* (= **mèo**) cat **2** *v.* to end, to finish, to terminate: **chương trình đến đây đã mãn** the program is ended

Mãn Châu *n.* Manchuria, Manchu

mãn cuộc *n.* the end of an affair or business

mãn đời *adj.* till the end of one's life

mãn hạn *v.* to complete, to finish, to be at the end of one's term [in office, prison...]

mãn khoá *v.* to graduate: **lễ mãn khoá** graduation ceremony

mãn kiếp *adj.* till the end of one's life

mãn kỳ *v.* to expire

mãn nguyện *adj.* to be satisfied, content

mãn phần *v.* to die

mãn tang *v.* to end mourning for someone

Mãn Thanh *n.* Manchu [dynasty]

mãn ý *adj.* satisfied, satisfactory

mạn *n.* area, region: **mạn Biên Hoà** in the area of Bien Hoa

mạn đàm *v.* to converse, to talk in a friendly way

mang 1 *n.* gill [of fish]: **mang cá** gills of fish **2** *v.* to bring or take with oneself, to carry; to wear: **mang giầy** to wear shoes; **mang theo hộ chiếu** to bring your passport with you

mang máng *adj.* vague: **nhớ mang máng** to remember vaguely

mang nợ *v.* to get into debts

mang ơn *v.* to be grateful to: **mang ơn ai đã giúp đỡ mình** to be grateful to someone who helped us

mang tai *n.* temples
mang tiếng *v.* to suffer discredit
máng 1 *n.* gutter, drain: **rửa sạch ống máng** to clean gutters **2** *v.* to hang up [clothes]: **máng áo quần** to hang up clothes
máng cỏ *n.* manger
màng 1 *n.* membrane **2** *v.* to care for, to be concerned with: **không màng đến/tới danh lợi** not to be concerned with fame and profit
màng nhện *n.* cobweb
màng nhĩ *n.* ear-drum
màng óc *n.* meninges
màng phổi *n.* pleura
màng ruột *n.* mesentery
màng trinh *n.* hymen
mảng 1 *n.* fishing bamboo raft **2** *adj.* to be busy, absorbed **3** *n.* big mass, big piece: **một mảng đất rộng** a big piece of land
mãng cầu *n.* (= **na**) custard-apple
mạng 1 *n.* web, net, network: **mạng nhện** cobweb; **mạng lưới** network **2** *n.* veil **3** *n.* (= **mệnh**) life [as opp. to death]; fate, destiny: **sinh mạng** human life; **định mạng** destiny; **án mạng** murder; **bỏ mạng** to die; **liều mạng** to risk one's life; **tính mạng** life **4** *v.* to darn: **mạng áo quần** to darn clothes
manh *n.* piece, rag: **một manh vải** a piece of fabric
manh mối *n.* clue: **tìm cho ra manh mối** to find out a clue
manh nha *v.* to bud, to begin
manh tâm *v.* to have a bad intention
manh tràng *n.* blind gut, cecum
mánh *n.* trick, dodge: **mánh lới, mánh khoé** tricks
mành *n.* blinds, shades
mành mành *n.* blinds, shades
mảnh 1 *n.* piece, bit, fragment, shrapnel; broken piece: **mảnh ruộng** a piece of rice field; **một mảnh vườn** a small garden; **một mảnh kiếng bể** a piece of broken glass **2** *adj.* thin, frail: **cô ấy mảnh khảnh quá** she is very thin
mãnh hổ *n.* ferocious tiger
mãnh liệt *adj.* strong, intense, violent, fierce: **đánh nhau mãnh liệt** fierce fighting
mãnh lực *n.* force, strength, power
mãnh thú *n.* wild beast
mãnh tướng *n.* brave general
mạnh *adj.* strong, powerful; well: **một chính phủ mạnh** a powerful government; **bà mạnh khoẻ không?** are you well?, how are you?
mạnh cánh *v.* to have connections
mạnh dạn *adj.* bold
mạnh giỏi *adj.* healthy, well
mạnh khỏe *adj.* strong, healthy; well in health
mạnh mẽ *adj.* strong, vigorous
mao *n.* (= **lông**) hair, fur

mao dẫn *n.* capillarity
mao quản *n.* capillary
mào *n.* cock's comb: **mào gà** cock's comb
mào *v.* to begin, to start: **khai mào** preamble; **mào đầu** to say a few introductory words
mạo 1 *v.* to forge, to fake, to falsify: **mạo chữ ký** to falsify one's signature **2** *n.* (= **mũ**) hat: **vương mạo** crown
mạo danh *v.* to assume another person's name
mạo hiểm *v., adj.* to take risks, to venture; adventurous
mạo muội *v.* to make oneself bold enough, to venture: **tôi xin mạo muội trình bày ý kiến của tôi** may I venture to convey my opinions
mạo nhận *v.* to assume falsely [ownership rights, etc.]; to claim wrongly
mát *adj.* [of air] fresh, cool; [of body] fresh, cool: **bóng mát** shade; **gió mát** breeze; **nghỉ mát** to take a summer vacation
mát mặt *adj.* contented; well-off, comfortable
mát mẻ *adj.* cool, fresh: **không khí mát mẻ** fresh air
mát ruột *v.* to be satisfied: **ông nói như thế họ mát ruột lắm** they were satisfied when you said those things
mát tay *adj.* [of doctor] skillful: **ông bác sĩ chữa mát tay lắm** the doctor treats patients very skillfully
mát trời *n.* cool weather
mạt *adj.* base, mean, unlucky: **mạt số** mean/unlucky fate
mạt cưa *n.* sawdust
mạt đời *n.* the end of one's life
mạt hạng *n.* lowest class
mạt kiếp *n.* the end of one's life
mạt lộ *adj.* at the end of a road: **anh hùng mạt lộ** [of a hero] at the end of one's road/life
mạt sát *v.* to insult, to abuse, to disparage: **đừng có mạt sát một người bạn như thế** don't disparage a friend as such
mạt vận *n.* ill-luck
mau *adj.* quick, rapid, fast: **mau chóng/mau lẹ** quick; **nói mau** to speak fast; **mau lên** hurry up
mau chân *adj.* agile
mau miệng *adj.* fair-spoken
mau tay *adj.* fast/quick
mau trí *adj.* quick-witted
máu *n.* [SV **huyết**] blood; temper, character: **chảy máu** to bleed; **cuộc đổ máu** bloodshed; **có máu mặt** well-to-do; **hăng máu** to get angry; **hộc máu** to vomit blood; **mạch máu** blood vessel; **cho máu** to give blood; **ngân hàng máu** blood bank
máu cam *n.* nose bleed
máu điên *n.* insanity, lunacy, dementia
máu ghen *n.* jealousy

máu mủ *n.* blood ties, kinship
màu *n.* [SV **sắc**] color
màu da *n.* complexion
màu mè *adj.* showy; colorful: **áo quần màu mè** colorful clothes
màu mỡ *adj.* fat, fertile, rich: **vùng đất màu mỡ** rich land area
màu sắc *n.* color, hue
may 1 *n., adj.* [*opp.* **rủi**] luck; lucky, fortunate: **số may** good fortune; **không may, chẳng may** unfortunate 2 *v.* to sew, to stitch, to make clothes: **thợ may** tailor; **máy may** sewing machine
may đo *adj.* made-to-measure, custom-made, tailor-made
may mắn *adj.* lucky
may ô *n.* singlet
may ra *adv.* maybe, perhaps
may rủi *n.* chance, risk
may sẵn *adj.* ready-made: **mua áo quần may sẵn** to buy ready-made clothes
may vá *v.* to sew and mend, to do needle-work
máy 1 *v.* to wink at: **máy mắt bạn đi nơi khác** to signal [by a wink] a friend to leave 2 *n.* [SV **cơ**] machine, motor, engine: **nhà máy, xưởng máy** factory, plant; **thợ máy** mechanic; **bộ máy hành chính** government machinery; **quạt máy** electric fan; **thang máy** elevator, lift; **xe máy** motor-cycle; **bút máy** fountain pen
máy bay *n.* airplane
máy cày *n.* plowing machine
máy chém *n.* guillotine
máy chữ *n.* typewriter
máy cưa *n.* power saw
máy dệt *n.* power loom
máy điện *n.* dynamo, generator
máy điện báo *n.* telegraph machine
máy điện thoại *n.* telephone
máy điện toán *n.* (= **máy vi tính**) computer
máy ép *n.* press
máy ghi âm *n.* tape recorder
máy hát *n.* gramophone, phonograph
máy hơi nước *n.* steam engine
máy hút bụi *n.* vacuum cleaner
máy in *n.* printing machine
máy khâu *n.* sewing machine
máy khuếch đại *n.* amplifier, intensifier, enlarger: **máy khuếch đại cao tầng** high frequency amplifier
máy lạnh *n.* air-conditioner
máy lọc *n.* filter
máy may *n.* sewing machine
máy móc *n.* machinery: **thời đại máy móc** machinery age
máy nước *n.* hydrant: **nhà máy nước** water works

máy phát điện *n.* generator
máy phát thanh *n.* radio transmitter
máy quay phim *n.* movie camera
máy thu thanh *n.* radio receiver
máy tiện *n.* lathe
máy tính *n.* calculator
máy tụ điện *n.* condenser
máy vi âm *n.* microphone
máy vu tính *n.* computer
máy xay lúa *n.* rice-hulling machine
mày *pron.* you [used by a superior to a(n) subordinate/inferior, an elder to a child arrogantly, first person pronoun being **tao**]: **chúng mày** you (guys)
mày *n.* [SV **mi**] eyebrow: **lông mày** eyebrows; **kẻ lông mày** to pencil one's eyebrows; **cau mày** to knit one's brows
mày đay 1 *n.* nettle-rash, urticaria 2 *n.* medal
mảy may *n.* a fleck
mắc 1 *adj.* (= **đắt**) expensive 2 *v.* (= **móc**) to hang onto a peg; to be caught in [net, trap, work, disease, debt]
mắc áo *n.* peg, coat hanger, coat rack
mắc cỡ *v.* to be shy, to feel shame
mắc bận *v.* to be busy, to be occupied
mắc bẫy *v.* to be trapped, ensnared
mắc bệnh *v.* to be sick, to be ill
mắc cạn *v.* to run aground
mắc câu *v.* to be hooked
mắc cỡ *v.* to be ashamed
mắc cửi *v.* to be at a criss-cross
mắc kẹt *v.* to be caught in
mắc lừa *v.* to be duped, to be deceived
mắc mưu *v.* to be trapped [because of ruse]
mắc nạn *v.* to run into an accident
mắc nghẽn *v.* to be blocked, to be stranded
mắc nợ *v.* to run into debt
mắc ơn *v.* to be indebted [morally] to
mắc việc *v.* to be busy
mặc 1 *v.* to wear, to put on [coat, trousers, skirt, blouse, shirt]: **mặc quần áo** to dress [someone]; **ăn mặc** to dress 2 *adj.* leaving [someone, something] alone, not to care: **để mặc tôi** leave me alone
mặc cả *v.* to bargain
mặc cảm *n.* complex
mặc dầu *conj.* although
mặc kệ *v.* to leave alone, to ignore
mặc nhiên *adj.* calm, indifferent
mặc niệm *v.* to observe [a minute's] silence
mặc sức *adv.* without restraint, as much as one can: **ăn mặc sức** to eat as much as you can, all you can eat
mặc thây *v.* to leave alone, to ignore
mắm *n.* salted fish, shrimp: **nước mắm** fish sauce; **mắm mực** salted squid; **mắm tôm** shrimp paste

mắn *v., adj.* [of woman, animal] to be fertile, not barren

mằn thắn *n.* small meat-filled dumplings similar to ravioli, boiled in soup

mặn *adj.* salty [*opp.* **nhạt, lạt**]; [of feeling] hearty; to deepen; to be determined to [buy]: **cá mặn** salty fish; **nước mặn** salt water [as opp. to **nước ngọt** fresh water]

mặn mà *adj.* warm, cordial

măng *n.* bamboo sprout: **măng cụt** mangosteen; **măng tây** asparagus

măng đa *n.* [Fr. *mandat*] money order

măng sông *n.* [Fr. *manchon*] gas mantle, Welsbach mantle

măng sữa *n.* youth, infancy, babyhood

mắng *v.* to scold

mắng chửi *v.* to scold and curse

mắng nhiếc *v.* to vituperate

mắt *n.* [SV **mục, nhãn**] eye: **đau mắt** to have sore eyes; **để mắt** to lay one's eyes upon; **đưa mắt** to take a quick look; **liếc mắt** to glance; **mù mắt** blind; **nước mắt** tears; **nháy mắt** to wink; **chớp mắt** to blink; **nhắm mắt** to close one's eyes; to die

mắt cá *n.* astragalas, talus, anklebone

mắt kém *adj.* poor-sighted

mắt lác *adj.* squint-eyed, cross-eyed

mắt loà *adj.* dim-sighted

mắt lươn *n.* small eyes

mắt ốc nhồi *n.* goggle-eyes

mắt xanh *n.* beautiful woman's eyes

mắt xếch *n.* to have slant eyes

mặt *n.* [SV **diện**] face; surface, side: **bề mặt** face, surface, area; **chừa mặt** to avoid; **có mặt** to be present; **đủ mặt** all [present]; **họp mặt** to get together; **khuất mặt** to be absent; **lạ mặt** stranger; **thay mặt cho** to represent for

mặt dày *adj.* shameless, brazen

mặt đất *n.* ground

mặt đồng hồ *n.* dial of a clock

mặt mẹt *adj.* shameless

mặt mo *adj.* to be shameless, brazen

mặt mũi *n.* face, countenance

mặt nạ *n.* mask

mặt ngoài *n.* outside [appearance]

mặt phải *n.* right side; truth

mặt phẳng *n.* plane: **mặt phẳng nằm ngang** horizontal plane; **mặt phẳng nằm nghiên** inclined plane

mặt trái *n.* wrong side; tail

mặt trăng *n.* the moon

mặt trận *n.* battlefront; front

mặt trời *n.* the sun

mâm *n.* food tray [wooden or copper, round or square]

mầm *n.* sprout, shot, germ: **mọc mầm, nẩy mầm** to sprout, to bud

mân *v.* to feel, to palpate: **mân mó** to touch

mân *v.* (= **làm**) to work, to do

mân thinh *v.* to keep quiet

mẫn cán *adj.* diligent, quick-minded

mận *n.* plum: **cây mận** plum tree

mấp máy *v.* [of lips] to move gently

mấp mé *v.* to reach almost up to

mấp mô *adj.* [of ground] uneven

mập *adj.* (= **béo**) fat, portly

mập mạp *adj.* chubby, fat

mập mờ *adj.* dim, unclear, ambiguous

mất *v.* [SV **thất**] to lose, to spend [money, time]; to cost, to take; to be lost, wasted; to die: **bà ấy mất hai trăm bạc** she lost 200 piasters; **tôi mất 2 tiếng đồng hồ mới tìm thấy** it took me two hours to find it; **làm việc này mất mấy ngày?** how many days does this job take?; **mẹ tôi mất (đi) hồi 1943** my mother died in 1943

mất công *v.* to labor in vain, to waste labor

mất dạy *adj.* ill-bred

mất giá *adj.* depreciated

mất gốc *adj.* uprooted, to be torn away from the original

mất lòng *v., adj.* to hurt; hurting, be offended

mất mùa *v.* to have a bad harvest

mất ngủ *adj.* sleepless

mất tích *adj.* missing

mất trinh *v.* to be deflowered

mất vía *v.* to be scared out of one's wits

mật 1 *n.* honey: **mật ong** honey; **mật mía** molasses; **trăng mật** honeymoon 2 *n.* bile, gall: **túi mật** gall bladder; **to gan lớn mật** bold, daring 3 *adj.* secret: **bí mật** secret, mysterious

mật báo *v.* to report secretly

mật đàm *n.* confidential talks, secret talks

mật điện *n.* confidential telegram, code telegram, cipher telegram

mật độ *n.* density

mật lệnh *n.* secret order

mật mã *n.* secret code

mật thám *n.* police inspector, investigator, spy, police(man), detective; cf. **công an**

mật thiết *adj.* [relationship] close, intimate

mật ước *n.* secret agreement or treaty

mâu *n.* lance: **xà mâu** spear

mâu thuẫn *n., v.* contradiction; to contradict [**với**]

mấu *n.* knot, notch: **mấu xương** protuberance [on bone]

mầu *n.* See **màu**

mầu *adj.* miraculous: **phép mầu** miracle

mầu nhiệm *adj.* miraculous, marvelous

mẩu *n.* piece: **một mẩu bánh mì** a piece of bread

mẫu 1 *n.* Vietnamese acre, mow: **mẫu ta** [equivalent to 3,600 square meters]; **mẫu tây**

hectare **2** *n.* model, sample, pattern [tailor's]: **gương mẫu** model, example; **kiểu mẫu** model, sample; **làm mẫu** to serve as a model **3** *n.* mother (= **mẹ**): **thân mẫu** mother; **kế mẫu** stepmother; **tổ mẫu** grandmother

mẫu âm *n.* vowel: **bán mẫu âm** semi-vowel

mẫu đơn *n.* peony tree

mẫu giáo *n.* nursery, kindergarten

mẫu hạm *n.* aircraft carrier: **hàng không mẫu hạm** aircraft carrier

mẫu hệ *n.* matriarchy

mẫu quốc *n.* mother country

mậu dịch *n.* trade: **quan hệ mậu dịch** trade relation; **mậu dịch quốc doanh** state store

mây 1 *n.* [SV **vân**] cloud (CL **đám** or **áng**) **2** *n.* rattan, cane: **ghế mây** cane chair; **roi mây** rattan switch

mây mưa *n., v.* sexual intercourse, lovemaking; to have sex

mấy *adv.* how much? how many?; some, a few: **mấy giờ?** when? what time is it?; **mấy tiếng đồng hồ?** how many hours?; **em lên mấy?** how old are you?; **mười mấy?** ten and how many?; **hôm nay mùng mấy?** what day of the month is it today?

mấy thuở *adv.* as only very occasionally, rarely: **mấy thuở gặp ai** to meet someone rarely

me 1 *n.* tamarind: **cây me** tamarind tree **2** *n.* (= **mẹ**) mother, you [used by mother to child]

me tây *n.* Vietnamese woman married to a French man

me xừ *n.* [Fr. *monsieur*] Mr., Sir. [so-and-so]

mé *n.* space, area [near the edge or demarcation]

mè *n.* (= **vừng**) sesame: **rang mè** to roast sesame

mè nheo *v.* to bother [with requests]

mè xửng *n.* sesame candy

mẻ 1 *n.* catch [of fish, shrimps]; beating, thrashing; batch: **một mẻ cá** a catch of fish **2** *n.* rice ferment **3** *adj.* to be chipped, nicked, jagged: **chén sứt mẻ** a chipped bowl

mẹ *n.* [SV **mẫu**] mother: **tiếng mẹ đẻ** mother tongue; **mẹ con** mother and child; **bố mẹ/cha mẹ** father and mother, parent

mẹ chồng *n.* mother-in-law [of a woman]

mẹ đẻ *n.* mother

mẹ đĩ *n.* the mother of our little girl, my wife

mẹ ghẻ *n.* stepmother

mẹ mìn *n.* child kidnapper

mẹ nuôi *n.* foster mother, adoptive mother

mẹ vợ *n.* mother-in-law [of a man]

men 1 *n.* leaven, ferment, yeast **2** *n.* enamel, glaze **3** *v.* to go along the side/edge: **đi men theo bờ sông** to go along the river bank

méo *adj.* semi-round [shape]: **méo mó** deformed

méo mặt *v.* to worry oneself too much

mèo *n.* [SV **miêu**] cat: **mèo con** kitten; **mèo cái** she-cat

mẹo *n.* ruse, expedient, stratagem

mép *n.* corner of the mouth; edge, border: **râu mép** mustache; **bẻm mép, múa mép** to have a glib tongue; **mồm mép** to be a good talker

mét 1 *adj.* pale: **mặt tái mét/xanh mét** pale face **2** *n.* [Fr. *metre*] meter

mẹt *n.* flat winnowing basket

mê *v.* to be unconscious; to sleep soundly; to be infatuated: **ngủ mê** to sleep soundly; **nằm mê** to dream [in sleep]; **nói mê** to talk in sleep; **thuốc mê** anesthetic; **bùa mê** philter; **ham mê** to have a passion for; **hôn mê** unconscious, delirious

mê hoặc *v.* to deceive

mê hồn *adj.* fascinating

mê lộ *n.* maze

mê man *v.* to be unconscious, to be in a coma

mê mẩn *v.* to be bewitched

mê sảng *v.* to be delirious

mê tín *v., adj.* to be superstitious; superstitious, blindly believe in

mề *n.* gizzard: **mề gà** chicken gizzards

mề đay *n.* [Fr. *médaille*] medal

Mễ Tây Cơ *n.* Mexico, Mexican

mếch lòng *v.* to offend, to hurt someone

mềm *adj.* [SV **nhu**] soft, tender, flexible [*opp.* **cứng**]: **bánh mềm** soft cake

mềm dẻo *adj.* pliable, flexible, supple

mềm lòng *adj.* discouraged

mềm mại *adj.* supple

mềm mỏng *adj.* compliant, yielding

mềm nhũn *adj.* soft, very soft

mềm yếu *adj.* weak

Mên *n.* Cambodia, Cambodian: **Cao mên** Cambodia

mến *v.* to be fond of, to love: **yêu mến** to love; **kính mến, quí mến** to love and respect; **các bạn thân mến!** Dear friends

mền *n.* (= **chăn**) blanket

mênh mông *adj.* immense, vast

mệnh *n.* (= **mạng**) life, fate, destiny: **sinh mệnh, tính mệnh** life; **số mệnh, vận mệnh** fate, destiny

mệnh chung *v.* to die, to pass away

mệnh danh *v.* to call, to name

mệnh đề *n.* clause, predicate

mệnh lệnh *n.* order

mệnh một *v.* to happen to die

mệt *v., adj.* to be tired, exhausted; unwell: **làm việc không biết mệt** to work tirelessly

mệt dừ *adj.* exhausted

mệt lử *adj.* very tired

mệt mỏi *adj.* tired, worn out

mệt nhoài *v.* to be exhausted

mệt nhọc *v., adj.* tired, weary

mệt nhử *v.* to be exhausted

mếu *v.* to get ready to cry

mi *n.* (= **mày**) you [arrogant]

mi *n.* eyelid: **lông mi** eyelashes

mí mắt *n.* eyelid

mì 1 *n.* wheat, bread: **lúa mì** wheat; **bánh mì** bread; **bột mì** wheat flour 2 *n.* noodles, Chinese noodles: **mì xào đồ biển** fried noodles with seafood

mị *v.* to flatter, to coax

mị dân *v.* to be demagogic

mía *n.* sugarcane: **bã mía** bagasse; **nước mía** sugarcane juice

mỉa *v.* to speak ironically, to be ironical: **không nên mỉa làm gì** shouldn't be ironical

mỉa mai *v., adj.* to ridicule; to be ironical, sarcastic

Miên *n.* Cambodia, Cambodian: **Miên Hoàng** the King of Cambodia

miên man *adj.* never-ending

miên viễn *adj.* lasting, durable

miến *n.* vermicelli (= **bún tàu**)

Miến Điện *n., adj.* Burma, Burmese

miền *n.* region, area

miễn *v.* to be exempt, free [from taxes, labor]; to forgive: **miễn thuế** to be tax-exempt, duty-free

miễn chấp *v.* to forgive

miễn chức *v.* to be dismissed from office

miễn cưỡng *adj.* unwilling, reluctant

miễn dịch *v., adj.* to immunize; to be exempt from military service

miễn là *adv.* provided that, on condition that

miễn nghị *v.* to absolve, to dismiss

miễn phí *v.* to be free-of-charge

miễn thứ *v.* to forgive

miện *n.* hat, crown: **vương miện** crown; **lễ gia miện** coronation

miếng *n.* morsel, piece, slice, bite; plot [of land]: **một miếng thịt** a slice of meat; **một miếng bánh** a piece of cake

miệng *n.* [SV **khẩu**] mouth: **súc miệng** to rinse one's mouth; **ăn tráng miệng** to eat dessert; **đồ tráng miệng** dessert

miệt *n.* region, area: **miệt vườn** garden area; **miệt dưới** down under

miệt mài *v.* to wallow, to be wrapped up in [passion, work, hobby]: **miệt mài làm việc** to be wrapped up in working

miệt thị *v.* to disdain, to defy

miêu tả *v.* to depict, to describe: **miêu tả cuộc sống ở thành thị** to describe a life in the city

miếu *n.* temple, shrine: **gia miếu** family shrine; **Khổng miếu** Temple of Confucius; **Văn miếu** Temple of Literature

miễu *n.* small shrine

mím *v.* to tighten [lips **môi**]

mỉm cười *v.* to smile

mìn *n.* [Fr. *mine*] mine [military]: **cốt mìn** dynamite; **giật mìn** to dynamite, blow up

mịn *adj.* [of skin] smooth, silky

minh *adj.* bright, clear: **bình minh** dawn; **phân minh** fair; **thanh minh** to explain oneself; **thông minh** intelligent; **văn minh** civilized; civilization

minh bạch *adj.* clear, explicit

minh châu *n.* oriental pearl

minh chủ *n.* leader of alliance or revolution; oath-taker

minh hoạ *v.* to illustrate: **minh hoạ cho một cuốn sách** to illustrate a book

minh mẫn *adj.* clear-sighted, intelligent

minh nguyệt *n.* bright moon

minh oan *v.* to explain an injustice

minh tinh *n.* [movie] stars

minh ước *n.* pact, treaty: **Minh ước Bắc Đại Tây Dương** North Atlantic Treaty; **Minh ước Đông Nam Á** Southeast Asia Treaty

mình *n.* body, you [between husband and wife]: **chúng mình** inclusive we [you and I]; **tự mình** oneself; **một mình** by oneself

mình mẩy *n.* body

mít *n.* jackfruit

mít đặc *adj.* thick-headed, completely dull

mịt mờ *adj.* very dark, pitch dark

mịt mù *adj.* dim and distant

mo *n.* sheath [of areca leaf]

mó *v.* to touch [object preceded by **đến/tới, vào**]: **sờ mó người nào** to touch somebody

mò *adj.* groping for [in water or in the dark]; hunting for [women]: **mò cua** groping for crabs; **nói mò** speaking without knowledge

mò mẫm *v.* to grope; to feel one's way

mỏ 1 *n.* beak, bill 2 *n.* mine, quarry: **mỏ than** coal mine; **đào mỏ** to be a gold digger; **kỹ sư mỏ** mining engineer; **khai mỏ** to exploit a mine; **phu mỏ** miner

mỏ ác *n.* sternum

mỏ hàn *n.* soldering-iron

mỏ lết *n.* [Fr. *molette*] monkey wrench

mỏ neo *n.* anchor

mõ *n.* wooden fish [hollow piece of wood which a town crier beats while making his announcements or which a Buddhist monk beats while saying prayers]: **gõ mõ** to beat a wooden fish

móc *v.* to hook; to draw out with fingers, to pick [pocket]: **móc túi** to pick pockets

mọc *v.* to rise; [of plant] to grow: **mặt trời mọc** the sun rises; **cây mọc** plants grow

moi *v.* to pull out, to dig up, to dig out: **moi tiền** to extort money

mòi 1 *n.* herring 2 *n.* sign, omen: **có mòi** to have a chance to

mỏi *adj.* weary, tired [followed by name of body part, such as **chân, gối, lưng, mắt, tay** leg, knee, back, eyes, hand]: **mỏi chân** tired legs

mọi *adj.* every, all [verb preceded by **đều**]: **mọi nơi** everywhere; **mọi khi** every time; **mọi người** everybody

móm *adj.* to be toothless

móm mém *v.* [of old toothless person] to chew

mõm *n.* cape, promontory

mõm *n.* muzzle, snout

mon men *v.* to try to get near, to approach gradually

món *n.* dish on the menu; course [dinner]; item; sum [of money], loan; subject [of study]: **bữa ăn có tám món** it was an eight-course dinner; **tôi có một món tiền thưởng** I have a sum of bonus money; **món nợ tinh thần** moral debt

món bở *n.* interesting business

mòn *adj.* worn out or down [because of friction]: **hao mòn** worn-out, weakened

mọn *adj.* small, humble, trifling, insignificant: **hèn mọn** humble; **lẽ mọn** concubine; **nhỏ mọn** small, mean; **việc mọn** small job

mong *v.* to expect, to wait; to hope: **chờ mong** to wait; **mong đợi** to hope

mong đợi *v.* to expect, to wait

mong manh *adj.* weak, thin, fragile, delicate

mong mỏi *v.* to expect or to desire impatiently

mong nhớ *v.* to think of, to miss: **mong nhớ người nào** to miss someone

mong ước *v.* to wish, to hope for

móng **1** *n.* nail [of finger or toe], hoof, claw: **móng tay** finger nail **2** *n.* foundation [of building]: **xây móng nhà** to build the foundation of a house

móng chân *n.* toe nail: **đánh móng chân** to polish toe nails

móng tay *n.* finger nail: **cắt móng tay** to cut finger nails; **thuốc đánh móng tay** fingernail polish

mỏng *adj.* thin, frail, fragile, delicate [*opp.* **dầy**]

mỏng dính *adj.* very thin

mỏng manh *adj.* frail, fragile, delicate

mỏng mảnh *adj.* fragile, flimsy

mỏng môi *adj.* gossipy, loose-tongued

mỏng tanh *adj.* paper-thin

mọng *adj.* succulent: **một chùm nho chín mọng** a bunch of succulent grapes

móp *adj.* to be hollow, sunken, flattened

mót *v.* to glean: **mót lúa ngoài đồng** to glean rice in the fields

mót *v.* to desire [to urinate **đái** or to defecate **ỉa**]

mọt *n.* termite, wood-boring worm, moth

mọt sách *n.* bookish person

mô *n.* mound: **mấp mô** [of ground] uneven mound

mô **1** *pron.* (= **gì, đâu**) what? where?: **bạn đi mô?** where do you go? **2** *n.* tissue [biology]: **mô thần kinh** nerve tissue

mô bì *n.* epithelium

mô hình *n.* model [miniature]

mô phạm *n.* model, example, norm: **nhà mô phạm** educator

mô phỏng *v.* to imitate, to copy

mô tả *v.* to describe, to render

mô thức *n.* pattern

mồ *n.* [SV **mộ**] grave, tomb

mồ côi *adj.* orphaned: **nhà mồ côi, trường mồ côi** orphanage; **mồ côi cha** fatherless; **mồ côi mẹ** motherless

mồ hóng *n.* soot

mồ hôi *n.* sweat, perspiration: **ra mồ hôi** to perspire; **của mồ hôi nước mắt** hard-gotten fortune

mồ mả *n.* graves, tombs

mổ **1** *v.* to peck: **những con gà đang mổ thóc** the chickens are pecking rice grains **2** *v.* to kill [fowl, pig] for food; to cut open, to operate on: **mổ heo làm tiệc** to kill a pig for a party

mổ xẻ *v.* to dissect, to have an operation on: **bà ta vừa bị mổ nhẹ ở cổ** she has had a minor operation on the neck; **khoa mổ xẻ** surgery

mộ **1** *v.* to recruit [soldiers, labor, followers]: **tuyển mộ lính** to recruit soldiers **2** *n.* grave, tomb (= **mồ, mả**): **xây mộ cho ai** to build one's tomb; **ngày tảo mộ** memorial day

mộ chí *n.* tombstone

mộ đạo *adj.* devout

mộ địa *n.* graveyard, cemetery

mộ phần *n.* tomb, grave

mốc **1** *adj., n.* mildewed, musty, moldy; mildew, mold: **bức tường bị mốc vì ẩm ướt** the walls became moldy because of dampness **2** *n.* landmark, boundary: **cắm mốc chia vùng** to set up landmarks for zoning

mốc meo *adj.* moldy all over

mốc xì *adv.* nothing at all: **trong túi chả có mốc xì gì cả** nothing at all in one's pocket

mộc **1** *n.* shield (= **khiên**) **2** *n.* wood (= **gỗ**); tree, timber: **thợ mộc** carpenter; **bàn gỗ mộc** a wooden table; **đồ mộc** woodwork

mộc lan *n.* magnolia

mộc mạc *adj.* simple, unaffected

mộc nhĩ *n.* cat's ear, job's ear [mushroom]

mộc tinh *n.* Jupiter

môi **1** *n.* lip [with **mím** to close]: **sáp/son môi** lipstick; **đánh môi son** to apply lipstick; **âm hai môi** bi-labial; **âm môi răng** labiodental; **khua môi múa mỏ** to boast, to brag; **sứt môi**

harelip **2** *n.* go-between, intermediary **3** *n.* ladle CL **cái**

môi giới *n.* intermediary, matchmaker: **làm môi giới** to serve as a matchmaker

môi nhân *n.* matchmaker, go-between

môi trường *n.* environment

mối 1 *n.* termite, white ant, pest: **diệt mối** to control termites **2** *n.* end [of entangled thread or string]: **gỡ mối dây bị rối ra** to loosen the end of an entangled string **3** *n.* a classifier noun prefix added to certain verbs in order to create a noun: **mối hy vọng** hope; **mối lo âu** worry; **mối nguy hiểm** dangers **4** *n.* liaison; marriage or business go-between

mối hàng *n.* customer

mối manh *n.* cause, origin

mối tình *n.* love

mồi *n.* prey, bait; charge: **mua mồi đi câu cá** to buy bait for fishing; **làm mồi cho** to fall a prey to

mỗi *num.* each: **mỗi ngày** each day; **mỗi người** each person

mồm *n.* [SV **khẩu**] mouth (= **miệng**): **há mồm** to open one's mouth; **lắm mồm** to be talkative, gossipy; **câm mồm, im mồm** to shut up

môn *n.* (= **cửa**) door; field or subject of study; specialty, game, sport: **môn bóng chuyền** volleyball game; **chuyên môn** to specialize; specialty; **môn tiếng Anh** English subject

môn bài *n.* commercial license

môn đệ *n.* disciple, follower, student

môn đồ *n.* disciple, follower

môn phái *n.* school of thought, sect

mồn một *adj.* clear, evident, manifest

mông *n.* buttock, bottom: **tiêm thuốc vào mông** to inject medicine into one's bottom

Mông *n.* R Mongolia, Mongolian: **Ngoại Mông** Outer Mongolia; **Nội Mông** Inner Mongolia

Mông Cổ *n.* Mongolia, Mongolian

mông quạnh *adj.* immense and deserted

mống 1 *n.* rainbow **2** *n.* body, person: **họ đã đi hết không còn một mống** they have all gone, there is nobody left

mộng *n.* dream: **ác mộng** nightmare; **ảo mộng** illusion, daydream; **mơ mộng** daydreaming; **đoán mộng** to explain dreams; **cõi mộng** dream-land

mộng ảo *adj.* visionary; unreal

mộng tinh *n.* wet dream, nocturnal emission

mộng tưởng *n., v.* to dream, to be in a reverie; illusion, vision

mốt 1 *n.* (= **kia**) the day after tomorrow: **mai mốt** in a day or two **2** *num.* one [following a numeral after twenty, thirty ..., but not **mười** itself or a hundred, thousand]: **hai mươi mốt** 21; **hai trăm mốt** 210; **ba nghìn mốt** 3,100; **bốn vạn mốt** 41,000 **3** *n., adj.* [Fr. *mode*]

style, fashion; to be fashionable: **mốt mới** new fashion

một *num.* [SV **nhất**] one, a, an; each: **mỗi một** each; **vở kịch một hồi** one-act play; **một khi** once [something happens]; **tháng mười một** November; **con một** only child; **mồng/mùng một** the first day of the month; **muôn một** one chance out of ten thousand; **mười một** eleven; **năm một** one each year, one [child] every year; **từng nhà một** one by one, each house; **từng người một** one person at a time

một lòng *adj.* loyal [**với** to]

một mình *adj.* by oneself, alone

một mực *adv.* invariably, stubbornly

một thể *adv.* at the same time, at one

một vài *num.* a few

mơ 1 *n.* apricot: **quả/trái mơ** apricot fruits **2** *v.* to dream: **giấc mơ** a dream

mơ hồ *adj.* vague, indefinite

mơ màng *v.* to dream

mơ mộng *v., adj.* to dream, to be in a state of reverie; dreamy

mơ tưởng *v.* to dream of, to desire

mơ ước *v.* to dream of, to desire

mớ *n.* tray [of roasted sticky rice **cốm**], layer [of clothes **quần, áo**], bundle, mass [of materials **tài liệu**], a lot: **mua một mớ rau** to buy a bundle of vegetables

mờ *adj.* dim, vague, unclear, blurred: **lờ mờ** unclear; **lu mờ** to wane, to grow dim, be outshone; **mập mờ** unclear, confused, vague, ambiguous

mờ ám *adj.* suspicious, fishy

mờ mịt *adj.* obscure, somber, blank, dark: **một tương lai mờ mịt** a dark future

mở *v.* [SV **khai**] to be open; to open [*opp.* **đóng**]; to start; to hold [exam, contest]; to turn on [light, water, etc.]: **hé mở** half-open, ajar; **úp mở** to be unclear, not precise; **mở đèn lên** to turn on the light

mở đầu *v.* to open, to begin: **mở đầu chương trình ca nhạc** to begin a musical performance

mở đường *v.* to make the way accessible

mở hàng *v.* to start a sale, to be the first customer in a shop

mở mang *v.* to develop: **mở mang đất nước** to develop the country

mở mặt *adj.* honored, successful

mỡ *n.* fat, grease [beef or mutton]: **béo mỡ** fat; **nực chảy mỡ** sweltering heat; **mạng mỡ** peritoneum

mợ *n.* aunt [wife of one's uncle **cậu**], mother's younger brother's wife: **tôi sống với gia đình mợ tôi** I live with my aunt's family

mới 1 *adj.* [SV **tân**] new; just recently happened [*opp.* **cũ**]: **vừa mới** to have just; **bạn**

tôi vừa mua xe mới my friend has just bought a new car **2** *adv.* to be or to occur only then; truly: **thế mới lạ!** isn't it astonishing!; **có bằng lòng thế tôi mới kí** I'll sign only if you agree to that; **có thể ta mới xứng đáng là...** only then will we deserve...

mới cưới *adj.* newly-wed

mới đầu *adv.* at first, at the beginning

mới đây *adv.* recently, lately

mới đẻ *adj.* newborn: **đứa bé mới đẻ** newborn baby

mới lạ *adj.* new, unusual: **điều nầy rất mới lạ đối với tôi** this is very unusual to me

mới mẻ *adj.* new, recent, fresh: **tin tức mới mẻ** fresh news

mới nguyên *adj.* brand-new

mới rồi *adv.* recently, lately

mới tinh *adj.* brand-new

mời *v.* [SV **thỉnh**] to invite: **mời khách** to invite a guest; **thư mời/giấy mời** letter of invitation; **thiếp mời** invitation card

mời mọc *v.* to invite

mớm *v.* to feed from beak to beak or mouth to mouth; to prompt, to prime: **bú mớm** to be breast-fed

mớm lời *v.* to prompt, to prime

mơn *v.* to to smooth with one's fingers; to start: **mơn cho ai nói** to start someone talking

mơn mởn *adj.* very young; freshly tendered

mu *n.* shell, carapace [of turtle **rùa**], back [of human hand **bàn tay**]: **mu rùa** shell of turtle

mù *adj.* blind: **mù mắt** blinded; **người mù** a blind man; **trường mù** school for the blind

mù chữ *adj.* illiterate: **nạn mù chữ** illiteracy

mù loà *adj.* blind

mù mịt *adj.* somber, uncertain

mù quáng *v., adj.* to act blindly; blind

mù tịt *adj.* as blind as a bat; ignorant

mủ *n.* pus; sap, latex [of rubber tree]: **mủ cây cao su** latex of rubber trees; **mưng mủ** to become a pussy

mũ *n.* hat, cap [any kind but conical or flat ones]: **bỏ/cất mũ** to take off a hat; **đội mũ** to wear a hat

mũ dạ *n.* felt hat

mũ lưỡi trai *n.* cap [with visor]

mũ nồi *n.* beret

mũ rơm *n.* straw hat

mũ sắt *n.* steel helmet

mụ **1** *n.* old woman, matron: **bà mụ** midwife **2** *v.* to become dull/torpid: **học quá mụ người** to become sluggish from too much study

mua *v.* [SV **mãi**] to purchase, to buy [*opp.* **bán**]: **bà ấy mua nhiều thức ăn quá** she bought a lot of food

mua bán *v.* to shop; to trade

mua buôn *v.* to buy wholesale

mua chịu *v.* to buy on credit

mua chuộc *v.* to lure, to entice with money, to get into somebody's good graces

mua lại *v.* to buy secondhand

mua lẻ *v.* to buy at retail

mua sĩ *v.* to buy wholesale

mua việc *v.* to bring oneself trouble

mua vui *v.* to seek pleasure, to amuse oneself

múa *v.* [SV **vũ**] to dance [ritually, with fan **quạt** or sword **kiếm**]: **múa may** to dance, to move around; **múa quạt** to dance with fans

múa mép *v.* to talk, to chatter

múa võ *v.* to do shadow-boxing

mùa *n., adj.* [SV **quí**] season; time, tide; harvest, crop: **gạo mùa** 10th-month rice [as opp. to **gạo chiêm** fifth-month rice]; **trái mùa** unseasonable; **gió mùa** monsoon; **bốn mùa** the four seasons; **mất mùa** to lose a harvest; **được mùa** to have a good harvest

mùa đông *n.* winter

mùa hạ *n.* (= **mùa hè**) summer

mùa màng *n.* harvest, crop

mùa thu *n.* autumn

mùa xuân *n.* spring

múc *v.* to ladle out, to scoop out [with spoon **thìa**, dipper **gáo**]: **múc canh vào bát** to ladle soup into a bowl

mục **1** *adj.* [of wood] to be rotten; decayed: **gỗ mục nát** rotten wood/timber **2** *n.* section, column [in newspaper], item: **mục phụ nữ** the women's column; **chương trình có năm mục** the program has five items

mục đích *n.* aim, purpose, objective, goal

mục đồng *n.* shepherd

mục kích *v.* to witness, be an eye witness of

mục lục *n.* table of contents

mục nhĩ *n.* (dried) thin-top mushroom

mục sư *n.* Protestant minister, pastor, clergyman

mục tiêu *n.* objective, target, purpose

mui *n.* roof, top [of car, rickshaw, boat]: **xe bỏ mui** convertible car

múi *n.* section [of orange **cam**, grapefruit **bưởi**, tangerine **quít**, jackfruit **mít**, mangosteen **măng cụt**]: **ăn mấy múi bưởi** to eat some slices of a grapefruit; **không xơ múi gì** not to get one penny of the profit

mùi *n.* smell, odor, scent; color; taste, flavor: **rượu mùi** liquor; **nếm mùi** to taste; **bén mùi** to take to, get used to; **có mùi** to smell [bad]; **nặng mùi** to smell bad

mùi soa *n.* [Fr. *mouchoir*] handkerchief

mùi vị *n.* taste

mủi lòng *v.* to be moved, to feel compassion

mũi *n.* nose; nasal mucus; point [of knife **dao**]; cape [point of land]: **mũi giày** heel of shoe; **mũi súng** muzzle of gun]; **mũi chỉ**

stitch; **khâu mấy mũi** few stitches; **hỉ mũi** to blow one's nose; **khịt mũi** to sniff; **lỗ mũi** nostril; **ngạt mũi** to have a stuffed nose; **sổ mũi** to have a runny nose; **bịt mũi, bưng mũi** to stop one's nose; **chảy máu mũi** to have a nose bleed; **thính mũi** to have a sensitive nose; **nói giọng mũi** to speak through the nose; **sống mũi** bridge of the nose

mủm mỉm *v.* to smile

mũm mĩm *adj.* plump, chubby

mun *n., adj.* ebony

mùn *n.* humus

mủn *adj.* disintegrated

mụn *n.* boil, pimple, carbuncle; piece, bit, odds and ends [of material, cloth]

mùng *n.* (= **màn**) mosquito-net

mủng *n.* small bamboo basket: **thúng mủng** basketware

muối *n., v.* salt; to salt: **trứng muối** salted egg; **muối cá** to salt fish; **ruộng muối** salt marsh

muối biển *n.* sea-salt

muối mỏ *n.* rock salt

muối tiêu *n.* salt and pepper

muối vừng *n.* crushed salt grains and roasted sesame seeds

muỗi *n.* mosquito: **thuốc trừ muỗi** mosquito repellent; **buồng này muỗi quá** this room is full of mosquitoes; **vết muỗi đốt/cắn** mosquito bite; **ruồi muỗi** flies, insects; **muỗi đòn sóc** Anopheles [mosquito]

muôn *num.* [SV **vạn**] myriad, ten thousand: **muôn vạn người đói khổ** ten thousands of the poor; **muôn năm!** long live…!

muôn dân *n.* the whole population

muôn đời *adv.* eternally, for ever

muôn một *adj.* one chance in ten thousand, for the smallest part

muôn phần *adv.* extremely: **muôn phần khó khăn** extreme difficulties

muôn thuở *adv.* for ever, eternally

muôn vàn *adv.* a great many, a myriad, an uncountable amount of, boundless

muốn *v.* to want, to desire: **ý muốn** will, desire; **trời muốn mưa** it looks like rain; **ham muốn** to covet; **thèm muốn** to covet

muộn *adj.* to be late, tardy: **muộn con** to be late having children; **muộn mất rồi** it's too late

muông *n.* [SV **thú**] quadruped: **chim muông** animals

muống *n.* bindweed; spinach: **rau muống** water spinach

muỗng *n.* spoon: **muỗng cà-phê** coffee spoon

muốt *adj.* very white: **nước da trắng muốt** very white skin

múp míp *adj.* chubby, plump

mút *v.* to suck: **đừng cho em bé mút tay** don't let the baby suck its fingers

mưa *v., adj.* to rain; rainy: **giọt mưa/hạt mưa** raindrop; **nước mưa** rain water; **áo mưa** raincoat; **mùa mưa** rainy season; **tạnh mưa rồi** it has stopped raining

mưa bụi *n.* drizzle

mưa dầm *n.* lasting rains

mưa đá *n.* hail

mưa gió *n.* rain and wind, unfavorable weather

mưa nắng *n.* [weather] elements; rain or shine

mưa phùn *n.* drizzle

mưa rào *n.* shower, downpour

mứa *v.* to leave [food, one's own portion]: **bỏ mứa** unfinished

mửa *v.* (= **nôn**) to vomit: **nôn mửa** to vomit

mức *n.* (= **mực**) level, demarcation, line, standard: **đúng mức** a right level; **mức sống** living standard

mừng *adj., v.* pleased, glad; to congratulate: **ăn mừng** to celebrate; **chúc mừng** to congratulate, to wish; **chào mừng** to greet; **đồ mừng** [wedding] present; **tin mừng** good news

mừng quýnh *adj.* overjoyed

mừng rỡ *v.* to be very pleased

mừng thầm *v.* to rejoice inwardly

mừng tuổi *v.* to wish Happy New Year

mươi *num.* ten [when numerated by a preceding unit numeral]; about ten: **chín mươi** ninety; **mươi người** about ten people

mười *num.* [SV **thập**] ten [when not numerated by a proceding unit numeral]: **mười một** eleven; **mười hai** twelve; **mười ba** thirteen; **thứ mười** tenth; **một phần mười** one tenth; **tháng mười** October; **gấp mười** tenfold

mười mươi *adv.* surely: **chắc mười mươi** 100 percent sure

mướn *v.* (= **thuê**) to hire, to rent: **mướn nhà** to rent a house; **mướn xe** to hire a car

mượn *v.* to borrow [money, tool], to hire: **I mượn tiền của chị tôi** I borrowed money from my sister; **cho mượn** to lend

mương *n.* gutter, ditch, canal

Mường *n.* Muong [tribal name]: **tiếng Mường** Muong language [considered as archaic form of Vietnamese]

mường tượng *v.* to remember vaguely

mướp *n.* Italian squash, zucchini; fiber melon, vegetable sponge: **trái mướp đắng** bitter melon; **rách như xơ mướp** ragged, tattered

mướt *v.* to trickle: **sướt mướt** to be crying; **mướt mồ hôi** to perspire profusely

mượt *adj.* to be smooth and shining

mứt *n.* preserved fruit, jam, marmalade: **mứt nho** raisins; **mứt mận** prunes

mưu *n.* stratagem, ruse, trick: **nhiều mưu kế/đa mưu** a lot of stratagems, tricky

mưu cơ *n.* scheme, plot

mưu mẹo *n.* expedient, artifice, trick

mưu mô *n., v.* scheme, plot; to plot

mưu phản *n., v.* conspiracy; to plan to betray; to plot treason

mưu sát *v.* to plot murder, to attempt to assassinate

mưu sĩ *n.* strategist; adviser, mastermind

mưu sinh *v.* to make one's living

Mỹ *n.* America, American: **Châu Mỹ** the continent of the Americas; **Bắc Mỹ** North America; **Trung Mỹ** Central America; **Nam Mỹ** South America

mỹ *adj.* (= **đẹp**) beautiful: **mỹ nhân** a beautiful lady; **thẩm mỹ** esthetic

mỹ cảm *adj.* good feeling, good impression

mỹ hoá *v.* to Americanize

mỹ kim *n.* U.S. dollar

mỹ lệ *adj.* beautiful, lovely, attractive

mỹ mãn *adj.* [of results] satisfactory, perfect

mỹ miều *adj.* beautiful, good-looking

mỹ nhân *n.* beautiful lady

mỹ nữ *n.* pretty girl

mỹ quan *n.* beautiful looks

Mỹ quốc *n.* the United States of America

mỹ thuật *n.* fine arts, art, esthetics: **nhà mỹ thuật** artist: **trường mỹ thuật** school of fine arts

mỹ tục *n.* good customs [used with **thuần phong**]

mỹ vị *n.* delicacies, nice dish: **cao lương mỹ vị** luxury food

mỹ ý *n.* good intention: **ông ấy có mỹ ý tặng cho tôi một máy vi tính** he gave a computer as an indication of his good intention

N

na *n.* custard apple, sugar apple CL **quả, trái** (= **mãng cầu**): **quả na chín** ripe custard apple

na ná *adj.* analogous, similar

Na Uy *n.* Norway: **người Na-Uy** Norwegian

ná *n.* arbalest, crossbow

nả *n.* duration, short time: **chả mấy nả mà tôi đã đến tuổi sáu mươi rồi** I will be sixty very soon [in a short time]

nã 1 *v.* to seek, to hunt for [criminal]: **nã kẻ trộm** to hunt for a thief; **tầm nã, truy nã** to extort 2 *v.* to pour, to shower: **nã đạn vào vùng địch** to fire shells into an enemy area

nạc *adj.* [of meat] lean: **thịt nạc** lean meat

nách 1 *n.* armpit, under-arm: **tay xách nách mang** loaded with packages and bundles 2 *v.* to carry under one's arm: **mẹ tôi nách rổ**

đi chợ my mother carried a basket under her arm to the market

nai 1 *n.* deer CL **con**: **thịt nai** venison 2 *v.* to stretch [one's back **lưng**]: **nai lưng** to toil

nai nịt *v.* to dress for battle or fighting

nái *adj.* female: **heo nái** sow; **tốt nái** prolific

nài 1 *v.* to insist, to entreat: **nài xin ai việc gì** to entreat someone for something; **nài nỉ** to entreat very insistingly 2 *n.* ostler, mahout, jockey 3 *v.* to mind, to flinch from: **không nài khó nhọc** not to mind hard work

nài xin *v.* to beseech

nải *n.* hand, bunch [of bananas]: **buồng chuối nầy có sáu nải** this bunch of bananas has six hands

nam 1 *n.* south, southern: **miền Nam Việt Nam** the south of Vietnam; **đông nam** southeast; **tây nam** southwest 2 *n.* male; man [*opp.* **nữ**]: **phái nam** male 3 *n.* (= **trai**) son: **trưởng nam** eldest son

Nam Á châu *n.* South Asia

Nam Băng Dương *n.* Antarctic Ocean

Nam bộ *n.* South Vietnam; southern part

nam châm *n.* magnet

nam cực *n.* South Pole

Nam Dương *n.* Indonesia, Indonesian

nam giao *n.* ceremony in honor of the sky and the earth

Nam Hải *n.* South Sea

Nam Hàn *n.* South Korea

nam kha *n.* empty dream

Nam Kỳ *n.* South Vietnam

Nam Mỹ *n.* South America

nam nhi *n.* man, men [as opp. to woman, women **phụ nữ**]

nam nữ *n.* male; female

nam phần *n.* South Vietnam; southern part

Nam Phi *n.* South Africa

Nam Quan *n.* Vietnam-China's Gateway

nam sinh *n.* schoolboy

nam sử *n.* Vietnamese history [as opp. to Chinese history **Bắc sử**]

nam trang *n.* man's clothes [used in disguise]

Nam Tư *n.* Yugoslavia, Yugoslav

Nam Vang *n.* Phnom Penh

Nam Việt *n.* South Vietnam

nạm 1 *n.* bunch, handful: **một nạm tóc** a handful of hair 2 *n.* beef flank: **phở nạm** soup with beef flank

nan 1 *n.* bamboo slat/tape [used for basket or fan]: **cái quạt có mười hai nan** a fan has twelve slats; **nan hoa** spoke 2 *adj.* difficult (= **khó**): **tiến thoái lưỡng nan** to be in a dilemma

nan giải *adj.* [of problem] hard to solve: **vấn đề nầy nan giải lắm** this problem is hard to solve

nán *v.* to wait a little longer, to stay on for a while

nản *v.* to be discouraged, to lose heart, to recoil from difficulties: **bại không nản** not losing heart when defeated; **nản chí, nản lòng** to lose heart

nạn *n.* accident, danger, calamity, disaster, catastrophe, peril: **nạn lụt** flood; **hoạn nạn** unfortunate; **dân lánh nạn** refugee

nạn nhân *n.* victims, casualties: **giúp đỡ nạn nhân chiến tranh** to help war casualties

nang *n.* sack, bag, capsule: **nang thượng thận** suprarenal; **phế nang** lung alveola

nàng *n.* lady, dame, young woman, she/her

nàng dâu *n.* daughter-in-law: **quan hệ mẹ chồng và nàng dâu là một vấn đề của phụ nữ trong xã hội xưa** the mother-in-law and daughter-in-law relationship was a serious problem in the old society

nàng hầu *n.* concubine

nạng *n.* crutches: **chống nạng** to use crutches

nanh *n.* tusk, fang

nanh ác *adj.* wicked, cruel

nanh nọc *adj.* dangerous, cruel

nanh vuốt *n.* wickedness; clutches

nánh *v.* to lean, to tilt on one side

nao 1 *v.* to be stirred, to be perplexed: **nao lòng** to be perplexed 2 *adv.* which [see **nào**]: **nơi nao?** where? [which place]

nao nao *v., adj.* to be touched, upset, meandering

nao núng *v.* to flinch, to be upset

náo động *v.* to stir, to disturb, to get into a flurry: **mọi người náo động khi nghe tiếng nổ** everyone got into a flurry because of an explosion

náo nhiệt *v., adj.* noisy, to be in an uproar; lively, bustling

náo nức *v.* to be excited: **tôi rất náo nức đi ra nước ngoài** I am very excited about going overseas

nào *adv.* which …?, every, any; whichever; [in enumeration, precedes each item], come on! [at beginning of a sentence]: **khi nào** when? when [something happens]; **cái nào?** which one?; **chỗ nào?** which place?; **bài nào cũng khó** every lesson is difficult; **cái nào cũng được** any one of them will do; **bất cứ người nào đến muộn** whoever comes late

não *n.* (= **óc**) brain: **đau trong não** to feel pain in one's brain

não bộ *n.* encephalon

não nũng *adj.* sad, sorrowful

não thất *n.* ventricle

nạo *v.* to grate; to squeeze: **nạo dừa** to grate a coconut

nạo óc *v.* to beat one's brains

nạo tiền *v.* to extort money

nạo thai *v.* to have an abortion

nạp 1 *v.* (= **nộp**) to charge [electricity]; to load [gun]: **nạp bình điện** to charge battery; **nạp súng** to load a gun 2 *v.* to submit, to pay: **nạp thuế** to pay tax; **nạp đơn xin việc** to submit an application for a job

nát *adj.* broken, crushed, rotten: **đập nát** to smash to pieces; **xé nát** to tear to pieces

Nát bàn *n.* Nirvana

nát bét *adj.* completely crushed, ruined

nát dừ *adj.* completely crushed, boiled to shreds

nát gan *adj.* worried, anxious

nát nhàu *adj.* crumpled

nát tương *adj.* broken to pieces

nát vụn *adj.* smashed to bits

nạt *v.* to threaten: **doạ nạt** to bully; **nạt nộ** to threaten

náu *v.* to hide, to take refuge: **ẩn náu** to go into hiding

nay *adv., adj.* this, these [of day, year]; at this time, at present, now: **hôm nay** today; **ngày nay** nowadays; **bấy nay, cho đến nay** up to now, until this day; **ba tháng nay** these three months; **đời nay** in this world; **lâu nay** lately; **xưa nay** up to now

nay kính *pron.* [convention] respectfully yours

nay mai *adv.* soon in a day or two, in the near future

nay thư *pron.* [convention] yours truly, faithfully yours

này *adv., adj.* this, these, here: **nhà này** this house; **này đây mai đó** to go here and there; **đây này** here it is

nảy *v.* to grow, to sprout, to bud; to bounce, to come suddenly: **cây bắt đầu đâm chồi nảy mầm** trees start sprouting

nảy nở *v.* to open, to bloom, to develop, to thrive: **hoa trong vườn nảy nở vào mùa xuân** it is spring now, flowers are blooming

nãy *adv.* [of moment] just past, recently: **ban/lúc, hồi nãy** a while ago, recently

nãy giờ *adv.* for a short while, a moment ago

nạy *v.* to pry something open: **nạy cái nắp hộp ra** to pry the cover off the box

nặc danh *adj.* [of letter] anonymous

nặc nô *n.* woman hired to collect debts; coarse-mannered woman

năm 1 *n.* [SV **niên**] year: **năm ngoái, năm rồi** last year; **năm nay** this year; **sang năm** next year; **quanh/suốt năm** all though the year; **hàng năm** every year 2 *num.* [SV **ngũ**] five: **ba giờ năm** five minutes past three; **năm mươi** fifty; **thứ năm** the fifth, Thursday; **lên năm** to be five years old; **mồng/mùng năm** the fifth day [of the month]; **trăm lẻ năm** 105

nắm 1 *v.* to hold in one's fist, to clench, to close tightly, to grasp: **nắm tay lại** to clench one's fist; **nắm thời cơ** to grasp at an opportunity 2 *n.* handful: **một nắm cơm** a handful of cooked rice

nắm chắc *v.* to have [something, success] secure in one's hand; to grasp something firmly

nắm cổ *v.* to nab, to grab

nắm giữ *v.* to seize, to hold: **ông ấy nắm giữ chức vụ quan trọng** he holds an important position

nắm tay *n.* fist

nắm xương *n.* bones, remains

nằm *v.* to lie down: **nằm nghiêng** to lie on the side; **nằm ngửa** to lie on the back; **nằm sấp** to lie on the stomach; **nằm mê/mộng** to have a dream

nằm bẹp *v.* to be bedridden

nằm bếp *v.* to be in childbirth

nằm co *v.* to lie curled up

nằm dài *v.* to lie [idle]

nằm mê *v.* to have a dream

nằm ngủ *v.* to sleep

nằm sóng sượt *adj.* lying idle

nằm vạ *v.* to lie down to protest

năn nỉ *v.* to be insistent in making a request; to entreat

nắn *v.* to set back [something] into shape; to set [dislocated bone]; [of pickpocket] to feel with hands

nắn nót *v.* to write carefully

nằn nì *v.* to be insistent in making a request; to entreat

nặn *v.* to model [clay, ceramics, statue]; to squeeze out [milk, pus]; to fabricate [stories]

năng *adv.* often, frequently [precedes main verb]: **siêng năng** laborious, hard-working; **bạn tôi năng đến nhà tôi** my friend often comes to my house

năng lực *n.* ability; power, energy

năng lượng *n.* energy, power: **năng lượng nguyên tử** nuclear energy

năng suất *n.* productivity; power, capacity: **tăng năng suất** to increase productivity; **năng suất hút** absorbent power; **năng suất sáng** illuminative power

nắng *n.* sun, sunshine, sunlight: **trời nắng** it's sunny; **cảm nắng** to get sunstroke; **tắm nắng** to sunbathe; **ánh nắng** sunlight, sunshine

nắng chang chang *adj.* bright and sunny; under a blazing sun

nắng hanh *adj.* dry and sunny

nằng nặc *v.* to insist stubbornly

nặng *adj.* heavy, weighty; [of illness]; serious [of smell, cigarette, liquor]; strong [opp.

nhẹ]: **sức nặng** weight; **bệnh nặng** seriously ill; **nghiện nặng** strongly addicted

nặng nề *adj.* heavy

nặng tai *adj.* hard of hearing

nặng trình trịch *adj.* very heavy

nặng trĩu *adj.* overloaded

nắp *n.* cover, lid [of box]: **đậy nắp** to put on the cover

nắp hơi *n.* valve: **nắp hơi an toàn** safety valve

nấc 1 *v.* to hiccup: **nấc cụt** hiccough 2 *n.* degree, notch; step, grade

nấm *n.* mushroom: **mọc lên như nấm** to spring up like mushrooms

nấm mồ *n.* mound on a grave; grave, tomb

nậm *n.* decanter, flask, wine bottle

nấn ná *v.* to procrastinate, to linger

nâng *v.* to pick up and support, to raise or lift

nâng đỡ *v.* to help, to support: **bạn tôi cần ông nâng đỡ** my friend needs your support

nâng niu *v.* to fondle, to pamper: **cô ta nâng niu từng cánh hoa** she caresses every flower

nẵng *v.* to steal, to swipe

nấp *v.* to hide

nấp bóng *v.* to get under someone's protection

nâu *adj.* brown

nấu *v.* to cook: **nấu cơm** to cook rice, to do cooking

nấu nướng *v.* to cook, to do the cooking: **con gái thường giúp mẹ nấu nướng** a daughter often helps her mother do the cooking

nẫu *adj.* [of fruit] too ripe, rotten: **nẫu ruột, nẫu gan** to be sorrow-stricken, ineffable

nây *n.* flabby fat

nấy *adv.* [demonstrative, referring back to a previous definite **nào, gì, ai**]: **ai nấy** everyone [**đều** precedes verb]; **cái nào cái nấy** every one of them; **cha nào con nấy** like father, like son; **anh ấy làm đồng nào tiêu đồng nấy** he spends every piaster he earns

nẩy *v.* to bounce; to sprout

né *v.* to dodge, to avoid

nẻ *v.* to be chapped, to crack

nem *n.* pork roll [of pork hash]

nem nép *adj.* to be shy, timid, fearful, respectful

ném *v.* to throw, to hurl, to cast: **ném đĩa** disc throwing; **ném tạ** shotputting

nén 1 *v.* to press down, to squeeze, to crush: **khí nén** pressed air 2 *n.* classifier for bars of gold **vàng**, joss sticks **hương**: **nén hương** a joss-stick

nén lòng *v.* to control oneself, to contain oneself

neo 1 *adj.* to be short of [help] 2 *n., v.* anchor; to anchor: **bỏ /thả neo** to cast anchor; **kéo neo** to raise anchor; **nhổ neo** to heave, to weigh anchor

néo *v.* to tighten, to pull tight

nẻo *n.* way, direction: **nói một đường làm một nẻo** to talk in one way but act in another

nép *v.* to hide oneself: **khép nép** to stand aside deferentially

nẹp *n.* edge, rim, hem

nét *n.* stroke [of pen, brush], line: **nét bút, nét chữ** a stroke of the pen; **nét mặt** countenance, facial feature

nê *n.* pretext, excuse [with **lấy** to use]

nề 1 *n.* to apply mortar, to plaster: **thợ nề** bricklayer 2 *v.* to mind: **không nề hà** never mind

nể *v.* to have respectful consideration for, to respect: **kính nể người già cả** to have respectful consideration for the elderly

nể mặt *v.* to have regards for: **nể mặt bạn bè** to have regards for friends

nể nang *v.* to have respectful consideration for

nể vì *v.* to have consideration for

nệ *v.* to persist

nêm *n., v.* wedge; to wedge, to pack in: **nêm cái cửa cho an toàn** to wedge the door securely; **chật như nêm** jampacked

nếm *v.* to taste [food]: **khi nấu ăn, bạn phải nếm thức ăn** in cooking food, you have to taste it

nệm *n.* mattress: **nệm bông** a cotton-padded mattress

nên 1 *conj.* as a result, consequently; that is why; therefore: **ông ấy mệt cho nên ông ta ở nhà** he is tired, therefore he stays at home 2 *v.* to be obliged [to do something], ought to, must, should: **bạn nên giúp bà ấy** you should help her

nến *n.* candle, taper CL **cây, ngọn** [with **thắp** to light, **đốt** to burn]: **thắp nến** to light a candle

nền 1 *n.* foundation, basis: **xây nền nhà** to build the foundation of a house; **nền độc lập** independence 2 *n.* classifier noun: **nền trời** sky; **nền văn hóa** culture; **nền văn minh** civilization; **nền tự do** freedom; **nền dân chủ** democracy; **nền kinh tế** economy; **nền thương mại** trade; **nền kĩ nghệ** industry

nền móng *n.* foundation

nền nếp *n.* good family, good stock

nền tảng *n.* foundation, base

nện *v.* to trample [earth, dirt], to ram down; to strike, to beat

nếp 1 *n.* glutinous [rice] [*opp.* **tẻ**]: **cơm nếp** glutinous rice [cooked like ordinary rice]; **gạo nếp** glutinous rice [raw] 2 *n.* crease, fold, habit

nếp sống *n.* life, way of life

nếp nhà *n.* family ways, family customs and practices

nếp tẻ *n.* glutinous rice and non-glutinous rice; truth and falsehood

nết *n.* [good] behavior, manners, morals: **mất nết** to have loose morals, to be out of control; **tính nết** character

nết na *adj.* virtuous, well-behaved

nêu 1 *v.* to bring up; to set [example **gương**]: **nêu gương cho mọi người** to set an example for everyone 2 *n.* Tet's bamboo stick, New Year's bamboo stick

nếu *conj.* if: **nếu không** if not, otherwise; **nếu tôi không lầm thì ông là người Mỹ** if I am not wrong, you are an American

nếu thế *adv.* if that's the case, if so

nếu vậy *adv.* if that's the case

Nga *n.* Russia, Russian: **Bạch Nga** White Russia(n); **Xích Nga** Red Russia(n)

Nga hoàng *n.* czar

Nga Sô *n.* Soviet Russia

ngà *n.* elephant tusk: **ngà voi** ivory; **tháp ngà** ivory tower; **đũa ngà** ivory chopsticks

ngà ngà *adj.* tipsy

ngả 1 *n.* direction along a road or path; way: **mỗi người đi một ngả** each person goes in a different direction 2 *v.* to lean, to incline; to kill [animal for food]; to fell [tree]; to take off [hat]: **ngả nón chào ai** to take off one's hat to greet someone; **họ ngả một con bò để ăn Tết** they killed an ox for Tet

ngả lưng *v.* to lie down; to rest for a short time

ngả nghiêng *v.* to be indecent, to waver

ngã *v.* to fall down, to tumble down: **cậu bé bị ngã nhưng không sao** the child has fallen but he is all right; **dấu ngã** mark for broken rising tone

ngã ba *n.* crossroads, intersection; turning point

ngã bảy *n.* intersection with seven directions [in Saigon]

ngã chồng kềnh *v.* to fall backwards, to fall on one's back

ngã giá *v.* to agree on a price

ngã gục *v.* to collapse

ngã lòng *v.* to be discouraged, to be disheartened

ngã ngũ *adj.* settled, concluded

ngã ngửa *v.* to fall on one's back; to be shocked

ngã nước *v.* to be affected with malaria

ngã sáu *n.* intersection with six directions [in Saigon]

ngã sấp *v.* to fall flat on one's face

ngã tư *n.* crossroads, intersection

ngạc nhiên *v.* to be surprised

ngách *n.* branch, ramification, arm [of river]; back street, alley

ngạch 1 *n.* threshold 2 *n.* scale, roll of regular employees, payroll of status employees [with **nhập, vào** to enter, be admitted into]

ngai *n.* throne: **ngai vua, ngai vàng** king's throne

ngái ngủ *adj.* still sleepy after getting up, not fully awake

ngài 1 *n.* silkworm butterfly 2 *n., pron.* you, Your Excellency [used of officials], he, she [used of deities and persons with high status]

ngải *n.* moxa, sagebrush, mugwort: **ngải cứu** mugwort

ngãi *n.* (= **nghĩa**) righteousness, faithfulness: **nhân ngãi** lover

ngại *v.* to mind an inconvenience or difficulty, to be hesitant, to be worried, to be fearful: **ái ngại** to pity, to feel sorry [**cho** for]; **e ngại** to be afraid; **đáng ngại** worth worrying about; **lo ngại** to worry; **ngần ngại** to hesitate; **nghi ngại** to suspect, to fear; **trở ngại** obstacle

ngại ngùng *v.* to hesitate, to waver

ngan *n.* swan, goose

ngán *v.* to be discouraged; to be tired of

ngàn 1 *num.* (= **nghìn**) thousand: **mười ngàn** ten thousand; **một trăm ngàn** (= **mười vạn**) one hundred thousand; **hàng ngàn** thousands of 2 *n.* mountains and forests

ngạn *n.* river bank: **tả ngạn** left bank; **hữu ngạn** right bank

ngạn ngữ *n.* folk saying

ngang 1 *adj.* horizontal, transversal; to be wide [as opp. to **dọc**]; to be level with; to cross: **ngang qua đường** to cross the road; **bề/chiều ngang** width; **ngang hàng** equal; **đò ngang** ferryboat; **đường ngang** shortcut 2 *v.* to act rudely, arrogantly without fuss or consideration for other people: **rượu ngang** moonshine; illicitly distilled liquor; **ngang như cua** to be very stubborn, to act strangely; **chơi ngang** debauched; **nghênh ngang** arrogant

ngang bướng *adj.* stubborn, obstinate: **con người ngang bướng** a stubborn person

ngang dạ *v.* to lose one's appetite because of eating between meals

ngang hàng *adj.* same; the same rank

ngang ngược *adj.* perverse

ngang nhiên *adv.* proudly, rudely

ngang tai *adj.* unpleasant, disagreeable [to the ear]

ngang tàng *adj.* rude, inconsiderate, arrogant, unruly

ngáng *v.* to strip [somebody]; to bar, to hinder: **ngáng đường đi** to obstruct the road

ngành *n.* branch [of river, family, study], level [of educational system]: **ngành đại học** higher education, tertiary education

ngành nghề *n.* trade, profession: **bạn thích ngành nghề gì nhất?** what profession do you like most?

ngành ngọn *adj.* all the details, all the ins and outs

ngảnh *v.* (= **ngoảnh**) to turn in another direction, to turn away [**cổ, đầu, mặt**]: **ngảnh đầu lại** to turn one's head

ngạnh *n.* hook, beard [of fish hook, spear]

ngao *n.* oyster; shell

ngao du *v.* to travel, to roam, to wander about for pleasure: **ông ta đã ngao du khắp thế giới** he traveled all over the world

ngao ngán *v.* to be disappointed, to be disgusted

ngáo *n.* bugbear, bogey

ngào *v.* to cook in syrup, to coat with sugar by boiling slowly

ngào ngạt *adj.* pervasive, overwhelming [scent]: **mùi thơm ngào ngạt** a pervasive fragance

ngạo *v.* to mock, to be arrogant, to scoff at: **kiêu ngạo** haughty, arrogant

ngạo mạn *adj.* haughty, ridiculous, disrespectful towards one's superiors

ngạo ngược *adj.* insolent, impertinent

ngáp *v.* to yawn: **ngáp ngắn ngáp dài** to yawn repeatedly

ngát *adj.* very sweetly scented

ngạt *v.* to be choked, to be stifled, to breathe with difficulty: **ngạt thở** to breathe with difficulty; **ngạt mũi** to be stuffy; **chết ngạt** asphyxiated, suffocated

ngay *adj.* straight, erect; to be righteous, honest [*opp.* **gian**]: **làm ngay** to act right away, immediately [follows main verb]; **ngay bây giờ** right now; **đứng ngay lên!** stand up! stand up straight!

ngay cả *adv.* even, no exception

ngay đơ *adj.* stiff, stark

ngay lập tức *adv.* at once, right away, immediately

ngay lưng *adj.* lazy, slothful

ngay mặt *adj.* dumbfounded, speechless

ngay ngáy *v.* to be worried

ngay ngắn *adj.* straight, tidy, neat, upright: **ăn ở ngay ngắn** to behave in an upright manner

ngay thẳng *adj.* straightforward, honest, righteous

ngay thật *adj.* sincere, honest

ngay xương *adj.* lazy, slothful

ngáy *v.* to snore

ngày *n.* [SV **nhật**] day, daytime: **ban ngày** in the daytime; **cả ngày** all day; **đêm ngày** night and day; **hàng ngày** every day, daily; **lâu ngày** long time ago; **mỗi ngày** each day; **nửa ngày** half a day; **suốt ngày** all day long; **tối ngày** throughout the day; **một ngày gần đây** in the near future; **hai ngày một lần** every two days; **một ngày kia** someday

ngày hội *n.* festive day, festival
ngày hôm kia *n.* day before yesterday
ngày hôm nay *n.* today
ngày hôm sau *n.* the next day, the following day
ngày kia *n.* day after tomorrow
ngày kìa *n.* in three days
ngày lễ *n.* holiday
ngày mai *n.* tomorrow
ngay nay *n.* nowadays
ngày nghỉ *n.* holiday, day off
ngày rằm *n.* the fifteenth day of the lunar month
ngày sau *adv.* later on
ngày sinh *n.* date of birth
ngày Tết *n.* New Year festival, Tet holiday
ngày tháng *n.* time, date
ngày trước *n.* formerly, in the old days
ngày xưa *n.* the old days; once upon a time, in the past
ngắc ngoải *v.* to be in agony
ngắc ngư *v.* to hum and ha, to stumble
ngăm *adj.* [of skin] tanned, dark: **da ngăm ngăm** slightly dark skin
ngắm *v.* to take aim; to behold a view, to gaze at or upon [scenery, picture], to watch: **ngắm cảnh đẹp** to gaze at a beautiful landscape
ngắm nghía *v.* to look at, to gaze at many times
ngắm vuốt *v.* to spruce oneself up
ngăn 1 *n.* separation, partition, compartment, drawer: **bàn giấy có nhiều ngăn** a desk has several drawers 2 *v.* to prevent, to partition, to stop, to block, to obstruct: **ngăn phòng làm việc ra làm ba** to partition the room into three parts; **can ngăn** to dissuade; to advise against
ngăn cách *v.* to separate
ngăn cấm *v.* to prohibit
ngăn cản *v.* to prevent, to hinder
ngăn kéo *n.* drawer
ngăn nắp *adj.* orderly, tidy
ngăn ngừa *v.* to prevent: **ngăn ngừa bệnh tật** to prevent diseases
ngăn trở *v.* to prevent, to hinder
ngắn *adj.* short [of length] [*opp.* **dài**]
ngắn ngủi *adj.* [of time] short, brief
ngắt 1 *v.* to pick, to plunk [flower, fruit]; to interrupt [speech], to punctuate [sentence]: **ngắt hoa** to pick flowers; **ngắt câu** to punctuate sentences; **ngắt lời ai** to interrupt someone 2 *adv.* very, excessively: **xanh ngắt** very green; **buồn ngắt** very sad; **lạnh ngắt** very cold; **lặng ngắt** completely silent; **tẻ ngắt** very sad; **tím ngắt** deep purple
ngặt *adj.* strict, severe, stern: **lệnh nghiêm ngặt** strict orders
ngặt nghèo *adj.* difficult, hard, severe, serious: **căn bệnh ngặt nghèo** serious illness

ngặt nghẽo *v., adj.* to split one's sides with laughter
ngặt vì *adv.* unfortunately; however it's unfortunate that
ngâm 1 *v.* to soak, to marinate: **ngâm quần áo trước khi giặt** to soak clothes before washing; **ngâm giấm** to pickle 2 *v.* to recite [poetry] in a chanting voice: **ngâm thơ** to recite poems
ngấm *v.* to be soaked, to be impregnated; [of alcohol, medicine] to absorb; to start to be felt
ngấm ngầm *adv.* secretly
ngầm *adj.* secret [first or second verb in series]: **ngấm ngầm** to be secret; **tàu ngầm** submarine; **hiểu ngầm** to understand, to read between the lines; **đá ngầm** reef; **đường ngầm** tunnel; **xe điện ngầm** subway
ngẫm *v.* to think over, to reflect upon: **suy ngẫm** to think over
ngẫm nghĩ *v.* to think over, to reflect upon
ngậm *v.* to hold something [candy, toothpick] in one's mouth; to close the mouth: **ngậm kẹo** to hold a candy in one's mouth; **ngậm miệng** to close one's mouth
ngậm ngùi *v.* to grieve for, to feel sorry for
ngậm vành *adj.* to be grateful
ngân 1 *v.* to vibrate, to shake, to resound 2 *n.* silver, money (= **bạc**): **ngân hàng** bank; **phát ngân** to pay out; **thu ngân viên** cashier
ngân bản vị *n.* gold/money standard
Ngân Hà *n.* the Milky Way
ngân hàng *n.* bank: **ngân hàng Quốc gia** the National Bank; **ngân hàng máu** blood bank; **thống đốc ngân hàng** the Governor of the bank
ngân khố *n.* Treasury: **tổng ngân khố** General Treasury
ngân nga *v.* to trill
ngân phiếu *n.* check, money order
ngân quỹ *n.* fund, budget, treasury
ngân sách *n.* budget: **ngân sách quốc gia** national budget
ngấn *n.* wrinkle, line, fold: **cổ cao ba ngấn** neck with three folds
ngần *n.* quantity, number, measure, moderation, that much, this many: **ngần ấy, ngần này** this much; **vô ngần** innumerable
ngần ngại *v.* to hesitate, to be irresolute
ngần ngừ *v.* to hesitate
ngẩn *v.* to look dumbfounded, dumb; to be stunned: **ngẩn mặt, ngẩn người, ngồi ngẩn người ra một lúc lâu** to sit stunned for a long while
ngẩn ngơ *v.* to be stirred, to be stupefied, to be confused [because of melancholy]: **ngẩn ngơ vì tình** to be stupefied with love

ngẳng *v.* to raise, to lift [**cổ** neck, **đầu** head, **mặt** face]; to look up: **ngẳng đầu** to raise one's head

ngấp nghé *v., adj.* looking furtively; covert

ngập *v.* to be flooded, to be submerged: **tràn ngập** to overflow; **nguy ngập** dangerous; **ngập lụt** flooded; **ngập tới mắt cá** ankle-deep; **ngập tới đầu gối** knee-deep

ngập ngừng *adj., v.* hesitant; to hesitate, to halt, to stumble

ngất 1 *v.* to be unconscious, to swoon, to faint: **ngất đi vì bị ngã** to be unconscious after falling **2** *adj.* very high, very tall up to the sky; dizzy: **những toà nhà cao ngất trời** high-rise buildings

ngất nga ngất nghểu *adj.* See **ngất nghểu**

ngất nga ngất ngưởng *adj.* See **ngất ngưởng**

ngất nghểu *adj.* very tall and tottering; perched

ngất ngưởng *adj.* staggering, unsteady, swaying

ngất trời *adj.* skyscraping, sky-high

ngâu *adj.* sudden and brief shower [in seventh lunar month]: **mưa ngâu** shower in the seventh lunar month

ngâu ngấu *adj.* crunchy

ngấu nghiến *v.* to eat greedily, to devour: **ăn ngấu nghiến** to eat greedily

ngầu *adj.* turbid, muddy, bloodshot: **nước sông đục ngầu** the river water is very muddy

ngẫu hứng *n.* sudden inspiration

ngẫu lực *n.* a couple of forces

ngẫu nhiên *adv.* to be accidental, by accident

ngẫu số *n.* even number

ngây *v., adj.* naive, looking stupid; bewildered: **ngây ngô** naive

ngây ngất *adj.* delighted, thrilled, enraptured

ngây thơ *adj.* naive, innocent, artless, guileless

ngấy 1 *v.* to have had enough of, to be sick and tired of [**phát** to become]: **tôi chán ngấy mì gói** I am sick of instant noodles **2** *v.* to shiver with cold, to feel feverish: **ngây ngấy** to feel a bit feverish

ngầy ngà *v.* to importune, to bother

nghe *v.* to listen to, to hear, to be heard: **tôi thích nghe nhạc** I like to listen to music

nghe chừng *v.* it seems

nghe đâu *v.* it is said that

nghe ngóng *v.* to be on the lookout for [news]

nghe như *conj.* it seems

nghe trộm *v.* to eavesdrop

nghé *n.* buffalo calf

nghé mắt *v.* to glance at, to peep at

nghè 1 *n.* holder of doctor's degree in Sino-Vietnamese classics **2** *n.* little temple, road-side shrine

nghén *v.* to be pregnant: **thai nghén, có**

nghén to be pregnant; **ốm nghén** to have morning sickness

nghẽn *adj.* [of road] blocked, obstructed

nghẹn *v.* to be choked

nghẹn lời *v.* to be speechless

nghẹn ngào *v.* to be choked with tears

nghèo *adj.* [SV **bần**] to be poor [*opp.* **giàu**]: **kẻ nghèo** the poor, the needy; **hiểm nghèo** dangerous

nghèo đói *adj.* poor and starving

nghèo khó *adj.* needy, indigent

nghèo khổ *adj.* poor and wretched

nghèo nàn *adj.* poor, needy

nghẹo *v.* to tilt [one's head] to one side

nghẹt *adj.* strangled, choked, suffocated, stopped up, obstructed

nghê thường *n.* rainbow-colored clothes [used by immortal fairies in dancing]

nghề *n.* [SV **nghệ**] profession, trade, craft, occupation: **bạn có nghề gì?** what is your profession?; **nhà nghề** professional

nghề nghiệp *n.* profession, trade, occupation

nghề ngỗng *n.* [slang] occupation, job

nghệ *n.* profession, trade (= **nghề**): **kỹ nghệ** industry; **bách nghệ** polytechnic; **công nghệ** crafts; industry; **văn nghệ** arts and letters; **mỹ nghệ** fine arts

nghệ sĩ *n.* artist

nghệ thuật *n.* art: **nghệ thuật vì nghệ thuật** art for art's sake

nghếch *v.* to raise, to lift one's head

nghển *v.* to stretch, to crane one's neck: **nghển cổ** to crane one's neck

nghênh *v.* to welcome (= **đón**): **hoan nghênh** to welcome

nghênh đón *v.* to welcome

nghênh ngang *adj.* to be cumbersome; swaggering, haughty, arrogant

nghênh tiếp *v.* to welcome

nghểnh ngãng *adj.* hard of hearing

nghêu ngao *v.* to sing to oneself

nghểu nghệnh *adj.* very tall, very high, perched, high up

nghi *v.* (= **ngờ**) to suspect: **đa nghi** suspicious, distrustful; **hiềm nghi** to doubt; **hoài nghi** to doubt, to be skeptical; **hồ nghi** to have doubts; **khả nghi** suspicious; **tình nghi** to suspect [in crime]; **bán tín bán nghi** not to know whether to believe or not

nghi hoặc *v.* to be suspicious, to be doubtful

nghi kỵ *v.* to be distrustful

nghi lễ *n.* rites, ceremonies; protocol: **trưởng phòng nghi lễ** protocol officer; **nghi lễ đám cưới** wedding ceremony

nghi ngại *v.* to worry

nghi ngờ *v.* to suspect, to doubt, to be uncertain

nghi ngút *adj.* [of smoke] rising and thick

nghi thức *n.* deportment; ceremonies, rites

nghi vấn *n.* question [mark]; interrogative form

nghỉ *v.* to rest, to have a good vacation: **ngày nghỉ** holiday, day off; **tạm nghỉ** intermission

nghỉ chân *v.* to stop walking, riding, etc.

nghỉ hè *v.* to have a summer vacation

nghỉ mát *v.* to have a summer vacation

nghỉ ngơi *v.* to rest, to take a rest

nghỉ tay *v.* to stop working

nghỉ việc *v.* to quit a job

nghĩ *v.* to think [**rằng** that, **đến/tới** of, about]: **ông ấy nghĩ rằng** he thinks that; **ý nghĩ** idea, thought; **ngẫm nghĩ** to think over; **suy nghĩ** to think, to ponder; **tôi thiển nghĩ** in my humble opinion

nghĩ ngợi *v.* to think, to reflect

nghị *v.* to discuss, to deliberate: **đề nghị** to suggest; **quyết nghị** resolution, motion; **kiến nghị** motion, petition; **hội nghị** conference; **thương nghị** to negotiate

nghị định *n.* order, decree

nghị hoà *v.* to hold peace talks

nghị hội *n.* assembly, congress, parliament

nghị luận *v.* to discuss, to deliberate

nghị lực *n.* energy, perseverance, courage, fortitude

nghị quyết *n.* decision, resolution

nghị sĩ *n.* senator, congressman, deputy, member of parliament [MP]

nghị sự *n.* item of business: **chương trình nghị sự** agenda

nghị viên *n.* congressman, councillor

nghị viện *n.* parliament, house of representative, House of Commons: **thượng nghị viên** Senate

nghĩa 1 *n.* meaning, sense: **cắt nghĩa, giải nghĩa, giảng nghĩa** to explain; **ý nghĩa** meaning, significance; **chữ nghĩa** letters, literacy; **định nghĩa** to define; definition 2 *n.* the right, the right thing to do; justice, righteousness; devotedness, loyalty: **có nghĩa** devoted, loyal; **kết nghĩa** to marry; to become a friend of; **lễ nghĩa** rites; **phi nghĩa** ill acquired; **tiết nghĩa** faithfulness, loyalty; **tín nghĩa** trustworthiness; **tình nghĩa** relationship, what's between two persons; **trung nghĩa** loyal; **vô nghĩa** ungrateful; **chính nghĩa** [righteous] cause; **nghĩa vua tôi** duty to one's king; relationship between husband and wife

nghĩa binh *n.* volunteer soldier

nghĩa bóng *n.* figurative meaning

nghĩa bộc *n.* loyal servant

nghĩa cử *n.* good deed

nghĩa đen *n.* literal meaning, word for word meaning

nghĩa địa *n.* cemetery

nghĩa hiệp *n.* knight

nghĩa khí *n.* righteousness, integrity

nghĩa là *v.* to mean that, that is to say: **có nghĩa là** to mean that

nghĩa lý *n.* meaning, good sense

nghĩa mẫu *n.* adoptive mother, foster mother

nghĩa phụ *n.* adoptive father, foster father

nghĩa sĩ *n.* righteous man

nghĩa thục *n.* public school

nghĩa trang *n.* cemetery

nghĩa tử *n.* adopted child

nghĩa vụ *n.* duty, obligation

nghịch *adj., v.* hostile, rebellious; contrary, reverse (= **ngược**); [of vote] negative: **bội nghịch, phản nghịch** traitor; **ngỗ nghịch** rebellious; **53 phiếu thuận chống 4 phiếu nghịch** 53 to 4 votes

nghịch cảnh *n.* adversity, hardship

nghịch đảng *n.* gang of rebels

nghịch đời *adj.* queer, eccentric

nghịch lý *adj.* illogical; paradoxical

nghịch mắt *adj.* shocking

nghịch ngợm *adj.* turbulent, restless, mischievous

nghịch quân *n.* rebel

nghịch tặc *n.* rebel, insurgent

nghiêm *adj.* stern, severe, strict: **nghiêm!** attention!; **giới nghiêm** curfew; **oai nghiêm, uy nghiêm** imposing, impressive

nghiêm cách *adj.* strict, rigorous

nghiêm cấm *v.* to forbid, to strictly forbid

nghiêm khắc *adj.* stern, severe, strict, harsh

nghiêm ngặt *adj.* strict, stern; strict; vigilant

nghiêm nghị *adj.* austere, serious

nghiêm trang *adj.* solemn, serious

nghiêm trị *v.* to punish severely

nghiêm trọng *adj.* serious, critical

nghiễm nhiên *adj.* all of a sudden, without any fuss, imperturbable

nghiệm *v.* to consider

nghiệm số *n.* root [of equation **phương trình** or function **hàm số**], solution [algebra]

nghiên *n.* ink stone: **bút nghiên** writing brush and ink slab letters, literature, literacy career

nghiên cứu *v.* to do research, to study, to investigate

nghiến *v.* to grind [one's teeth **răng**], to crush to pulp; to hack off; to do something quickly, speedily: **máy nghiến đứt một ngón tay ông ta** the machine hacked off his finger

nghiền *v.* to crash into powder, to grind: **nghiền nhỏ** to crush into pieces; **nghiền hạt tiêu** to grind pepper into powder

nghiền ngẫm *v.* to reflect, to ponder

nghiện *v.* to be addicted to [opium **thuốc phiện**, alcohol **rượu**, smoking **hút thuốc**, coffee **cà-phê**, etc.]: **nghiện ma tuý** to be addicted to drugs

nghiêng v. to lean, to incline, to tilt: **nằm nghiêng** to lie on one side; **cái cột nầy nghiêng sắp đổ** this pillar is tilted and is about to collapse; **cái đẹp nghiêng nước nghiêng thành** a devastating beauty

nghiêng mình v. to lean, to bend, to stoop; to bow one's head

nghiêng ngửa adj. unstable, full of ups and downs

nghiệp 1 n. trade, occupation, profession: **nghề nghiệp** profession; **tốt nghiệp** to graduate; **nông nghiệp** agriculture; **chức nghiệp** profession; **sự nghiệp** career; **thất nghiệp** out of work, unemployed; **thương nghiệp** business 2 n. karma

nghiệp báo n. karma

nghiệp chủ n. property owner

nghiệp chướng n. karma

nghiệp dư adj. amateur, non-professional: **ca sĩ nghiệp dư** an amateur singer

nghiệp đoàn n. trade union

nghiệt adj. stern, strict; naughty, wicked: **cấm nghiệt** strictly forbidden; **cay nghiệt** cruel

nghiêu khê adj. difficult, inconvenient

nghìn num. [SV **thiên**] one thousand (= **ngàn**): **hai nghìn rưỡi** 2,500; **ba nghìn mốt** 3,100; **bốn nghìn hai** 4,200; **năm nghìn tư** 5,400; **năm hai nghìn lẻ sáu** the year 2006

nghìn nghịt adj. See **nghịt**

nghinh v. (= **nghênh**) to welcome

nghinh chiến v. to intercept [enemy]

nghinh tân v. to welcome something new, new boss [used with **tống cựu** to send off something old, former boss]

nghịt adj. thick, dense: **đông nghịt** crowded

ngo ngoe v. to squirm, to try to stir

ngò n. coriander

ngỏ adj., v. revealing; to be open or left open; to reveal: **bỏ ngỏ, để ngỏ** to leave open; **thư ngỏ** open letter; **chính sách bỏ ngỏ không phận** the open skies policy

ngỏ lời v. to speak, to express, to say a few words: **ngỏ lời cảm tạ quan khách** to express one's thanks to guests

ngỏ ý v. to offer to do something, to make known one's intention

ngõ n. gate; small path, lane, dead end street, narrow alley: **ngõ hẻm** narrow lane

ngõ hầu adv. in order to: **tôi nói lên điều nầy ngõ hầu giúp ông hiểu hoàn cảnh của tôi** I say these things in order to help you to understand my situation

ngọ n. midday, noon: **đúng ngọ, chính ngọ** at 12 o'clock sharp; **Tết Đoan Ngọ** the Double Five Festival [fifth day of fifth lunar month]

ngọ ngoạy v. to wriggle, to squirm

ngoa adj. sharp-tongued; exaggerated: **nói ngoa** to be false, deceitful; **điêu ngoa, chua ngoa** viperish

ngoạ bệnh v. to be sick

ngoạ triều n. nickname of Emperor Le Long Dinh (1005–1009), who held his court audiences while lying in bed

ngoái v., adj. turning [head] around; last: **năm ngoái** last year

ngoài adv. [SV **ngoại**] outside, out, over: **ngoài nhà** outside of the house; **ngoài ba mươi tuổi** over thirty years old; **bề ngoài** appearance; **ngoài trời** outdoors; **ngoài đường, ngoài phố** in the street; **bên ngoài** outside; **áo ngoài** outer garment; **người ngoài** outsider, foreigner; **nước ngoài** foreign country

ngoại adj. in-law; outside, on the mother's side: **ông bà ngoại** maternal grandparents; **cháu ngoại** children of one's daughter; **xuất ngoại** to go abroad; **tại ngoại hầu tra** on bail; **họ ngoại** one's mother's family; **hải ngoại** overseas

ngoại bang n. foreign country

ngoại cảnh n. externalities; environment, landscape

ngoại giả adv. besides, beside [all that], moreover, in addition

ngoại giao n. diplomacy, foreign affairs, external affairs: **chính sách ngoại giao** foreign policy; **Bộ ngoại giao** Ministry of External Affairs, Ministry or Department of Foreign Affairs, Department of State; **Bộ trưởng Ngoại giao** Minister of Foreign Affairs, Secretary of State [for Foreign Affairs], Foreign Secretary; **nhà ngoại giao** diplomat

ngoại giao đoàn n. diplomatic corps

ngoại hạng n. extra-fine quality, superb quality

ngoại hình n. appearance, look

ngoại hoá n. foreign imported goods [opp. **nội hoá**]

ngoại khoa n. out-patient

ngoại kiều n. foreign resident, foreign national

ngoại lai adj. foreign loan

Ngoại Mông n. Outer Mongolia [opp. **Nội Mông**]

ngoại ngữ n. foreign language

ngoại nhân n. foreigner; outsider

ngoại ô n. suburbs

ngoại quốc n. foreign country: **người ngoại quốc** foreigner

ngoại tệ n. foreign currency: **đổi ngoại tệ** to exchange foreign currency

ngoại thương n. foreign trade

ngoại tình n., adj. adultery; adulterous

ngoại trưởng *n.* Foreign Minister, Foreign Secretary, [U.S.] Secretary of State, Secretary of State for Foreign Affairs

ngoại viện *n.* foreign aid

ngoại vụ *n.* foreign service, foreign affairs

ngoại xâm *n.* foreign aggression/invasion

ngoạm *v.* to snap, to snatch, to bite

ngoan *adj.* [of wife, child] well-behaved, submissive, good-mannered: **có vợ hiền con ngoan** to have a kind wife and well-behaved children

ngoan cố *adj.* stubborn, obstinate

ngoan đạo *adj.* devout, religious, pious

ngoan ngoãn *adj.* obedient, docile, well-behaved

ngoạn cảnh *v.* to enjoy scenery

ngoạn mục *adj.* [of landscape] beautiful, pretty, nice-looking

ngoảnh *v.* to turn back one's head: **ông ấy ngoảnh lại nhìn tôi** he is turning back his head to see me

ngoáo ộp *n.* bogey, bugbear

ngoáy **1** *v.* to scrape around inside hollow things, to winkle: **ngoáy tai** to winkle wax out of one's ear **2** *v.* to scribble, to scrawl: **viết ngoáy** to write quickly

ngoảy *v.* to wag, to turn away in anger: **cô ấy ngoảy đi không nói một lời** she turned away in anger without saying a word

ngoặc *v., n.* to hook, to pull down; parenthesis, bracket, quotation marks

ngoặc đơn *n.* parenthesis, parentheses ( )

ngoặc kép *n.* inverted commas, quotation marks " "

ngoặc vuông *n.* brackets [ ]

ngoằn ngoèo *adj.* wiggly, meandering, winding

ngoắt ngoéo *adj.* complicated; tricky, crafty

ngoặt ngoẹo *adj.* limp, bent, not able to stand upright

ngóc *v.* to raise, to lift up: **ngóc đầu** to lift up one's head

ngọc *n.* gem, precious stone: **bạch ngọc** white jade; **bích ngọc** emerald; **hoàng ngọc** ruby

ngọc hành *n.* penis

Ngọc Hoàng *n.* the Jade Emperor; God; Heaven

ngọc lan *n.* magnolia

ngọc thạch *n.* jade; precious stone, gem

ngọc trai *n.* pearl

ngoe ngoảy *v.* to wag [tail]

ngoẻo *v.* [slang] to die: **chết ngoẻo** to die

ngoẹo *v.* to turn off, to branch off; to become wry

ngoi *v.* to rise above [the water, a mark]; to creep up

ngói *n.* tile: **lợp ngói** to lay the roof with tiles; **mái ngói** tile roof

ngòi **1** *n.* fuse [of fire cracker, musket]; nib pen: **ngòi pháo** fuse of fire cracker; **ngòi bút** nib pen **2** *n.* sting: **ngòi con ong** stings of bees **3** *n.* canal, arroyo

ngòm *adj.* very extreme: **đen ngòm** very black/dark

ngon *adj.* [of food] tasty, delicious, good: **ngủ ngon** to sleep soundly; **bà ấy nấu ăn ngon quá** she cooked very delicious food

ngon giấc *adj.* soundly asleep

ngon lành *adj.* tasty, delicious; easy

ngon miệng *adj.* tasty, delicious, appetizing

ngon ngọt *adj.* [of words] honeyed, sweet

ngon ơ *adj.* very easy, simple; just like that

ngón *n.* finger: **ngón tay** finger; **ngón chân toe**; **ngón tay cái** thumb; **ngón tay chỏ** index finger; **ngón tay út** little finger

ngọn *n.* peak, top [of mountain, tree, flame]: **ngọn núi** mountain peaks; **ngọn lửa** flame; **ngọn nến** candles [CL for flags **cờ**, trees **cây**, lamp **đèn**, etc.]

ngọn ngành *n.* origin, cause

ngọn nguồn *n.* origin, foundation

ngóng *v.* to expect, to wait for: **thương gia ngóng hàng về** business people are waiting for their goods

ngỏng **1** *v.* to crane: **ngỏng cổ lên nhìn** to crane one's neck to see **2** *v.* to have an erection: **ngọc hành ngỏng lên** penis having an erection

ngót *v., adv.* [of vegetables] to shrink after being cooked; almost, nearly, a little less than [a quantity, a period of time]

ngọt *adj.* sweet; [of blade] very sharp: **ngọt như đường** sweet as sugar; **nước ngọt** fresh water; **bánh ngọt** cake, sweets; **nói ngọt** to use sweet words

ngọt lịm *adj.* very sweet

ngọt ngào *adj.* [of speech] sweet, suave

ngô *n.* (= **bắp**) corn, maize: **một bắp ngô** an ear of corn; **hạt ngô** corn kernel; **ngô rang** popcorn; **lõi ngô** corn cob; **bột ngô** corn meal; **râu ngô** corn silk; **áo ngô** corn husk [or bract]; **tỉa ngô** to shell corn

ngô đồng *n.* sterculia, platanifolia

ngô nghê *adj.* stupid, silly

ngố *adj.* to be an imbecile, doltish

ngổ *adj.* violent [in play]; reckless

ngỗ nghịch *adj.* unruly; undutiful

ngộ *adj.* strange, odd, curious; cute, pretty

ngộ cảm *v.* to catch cold

ngộ độc *v.* to be poisoned [because of food]

ngộ giải *v.* to misinterpret

ngộ nạn *v.* to have an accident

ngộ nghĩnh *adj.* cute, pretty; queer

ngộ nhận *v.* to confuse, to misunderstand, to mistake [something for something else]

ngộ sát *v.* to commit manslaughter [through negligence]

ngốc *adj.* stupid, naive, foolish: **thằng ngốc** the idiot

ngôi *n.* throne, kingship; status, rank, dignity; station, position; [grammar] person: **cướp ngôi** to usurp the throne; **lên ngôi** to ascend the throne; **nối ngôi** to succeed; **nhường ngôi** to abdicate, to yield; **truyền ngôi** to pass the throne on; **thoái ngôi** to abdicate; **truất ngôi** to dethrone; **một ngôi sao sáng** a rising star [of theater, movieland]

ngôi thứ *n.* rank, hierarchy

ngôi vua *n.* throne

ngồi *v.* [SV **tọa**] to sit: **ngồi xuống** to sit down; **chỗ ngồi** seat

ngồi dậy *v.* to sit up

ngồi lì *v.* to sit tight

ngồi rồi *v.* to stay idle

ngồi tù *v.* to stay in prison

ngồi vắt chân chữ ngũ *v.* to sit with one leg crossed over the other

ngồi xếp chân bằng tròn *v.* to sit cross-legged

ngồ xổm *v.* to squat

ngôn *n.* speech, word: **cách ngôn** saying, maxim; **châm ngôn** adage; **đa ngôn** talkative; **đại ngôn** boasting; **ngụ ngôn** fable; **thông ngôn** interpreter; **tuyên ngôn** declaration

ngôn luận *n.* speech: **tự do ngôn luận** freedom of speech

ngôn ngữ *n.* language

ngôn ngữ học *n.* linguistics

ngốn *v.* to eat gluttonously

ngổn ngang *adj.* cumbersome and disorderly

ngông *adj.* eccentric; extravagant

ngông cuồng *adj.* eccentric, crazy

ngỗng *n.* goose: **đi chân ngỗng** to goose-step; **súng lông ngỗng** children's toy made of goose feather quills

ngỗng đực *n.* gander

ngỗng trời *n.* wild goose, brant

ngộp *adj.* stifled

ngót *v.* to crave for

ngột ngạt *adj.* oppressive, stuffy

ngơ *v.* to ignore; to lose one's eyes to: **làm ngơ bạn bè** to ignore friends

ngơ ngác *adj.* haggard; stupefied

ngớ ngẩn *adj.* simple, foolish, empty-headed

ngờ *v.* [SV **nghi**] to suspect, to believe; to expect: **tôi không ngờ ông ta nói vậy** I don't believe he said so

ngờ vực *v.* to be doubtful, to suspect

ngỡ *v.* to think, to believe [wrongly]

ngơi *v.* to rest: **nghỉ ngơi** to take a rest

ngời *adj.* radiant, resplendent: **sáng ngời** glowing

ngợi *v.* to praise: **khen ngợi, ca ngợi** to praise

ngơm ngớp *v.* to worry

ngợm *n.* idiot

ngớt *v.* [of illness, anger, weather] to abate, to calm down, [of rain] to subside, to stop: **ông ta đã ngớt giận** his anger has subsided

ngu *adj.* to be foolish, doltish, stupid

ngu dại *adj.* ignorant, foolish

ngu đần *adj.* dull-witted

ngu độn *adj.* dull-witted

ngu muội *adj.* ignorant

ngu ngốc *adj.* stupid, foolish

ngu xuẩn *adj.* slow-witted, stupid

ngu ý *n.* my humble opinion

ngù ngờ *adj.* simple-minded, naive

ngủ *v.* to sleep: **buồn ngủ** to be sleepy; **buồng/phòng ngủ** bedroom; **ngủ gật** to fall asleep while sitting or standing; **thuốc ngủ** sleeping pill; **đi ngủ** to go to bed; **một giấc ngủ** sleep, nap, slumber; **tỉnh ngủ** to be a light sleeper; **áo ngủ** pajamas; **bệnh ngủ** sleeping sickness; **ngái ngủ** to be still sleepy after getting up; **ru ngủ** to lull to sleep

ngũ *num.* five (= **năm**): **đệ ngũ** fifth

ngũ âm *n.* the five notes [**cung, thương, giốc, chuỷ, vũ**] of the classical pentatonic scale

ngũ cốc *n.* the five cereals; cereals

ngũ giác đài *n.* pentagon

ngũ giới *n.* the Five Commandments of Buddhism [against murder, theft, lust, lying, drunkenness]

ngũ hành *n.* the five elements [metal **kim**, wood **mộc**, water **thuỷ**, fire **hoa**, earth **thổ**]

ngũ kim *n.* the five metals [gold, silver, copper, iron and tin]

ngũ kinh *n.* the five Confucian classical books

ngũ luân *n.* the five moral obligations

ngũ ngôn *n.* line or verse with five beats

ngũ quan *n.* the five senses [eye, ear, nose, tongue and hands]

ngũ sắc *n.* the five primary colors [blue **xanh**, yellow **vàng**, red **đỏ**, white **trắng** and black **đen**]

ngũ tạng *n.* the five viscera [heart **tâm**, liver **can**, stomach **tỳ**, lungs **phế**, kidneys **thận**]

ngũ tuần *n.* fifth years

ngũ thường *n.* the five cardinal virtues [benevolence **nhân**, righteousness **nghĩa**, propriety **lễ**, knowledge **trí**, sincerity **tín**]

ngũ vị *n.* the five tastes [salty, bitter, sour, peppery hot, sweet]

ngụ *v.* to live, to dwell, to reside: **tôi cư ngụ ở số 14 đường Lê Lợi** I live at Number 14 Le Loi Street

ngụ ngôn *n.* fable

ngụ ý *v.* to imply

ngục *n.* prison, jail: **cai ngục** jailer; **vượt ngục** to break jail; **hạ ngục** to imprison; **địa ngục** hell

ngục thất *n.* jail house
nguệch ngoạc *v.* to scribble, to scrawl
ngụm *n.* mouthful [of drink]
ngùn ngụt *v.* [of flames, smoke] to rise profusely
nguôi *v.* to subside, to calm down
nguội *v., adj.* to cool off; cool, cold; to be lost, gone: **chiến tranh nguội** cold war; **cơm nguội** cold rice; **thợ nguội** fitter
nguồn *n.* spring, source; cause, origin: **nguồn gốc** origin
nguồn cơn *n.* the ins and outs, head and tail, beginning and end [the whole story from beginning to end]
nguồn gốc *n.* origin
ngụp *v.* to sink under the water
nguy *adj.* dangerous, perilous
nguy biến *n.* danger, emergency
nguy cấp *adj.* dangerous and pressing
nguy cơ *n.* danger, peril
nguy hại *adj.* dangerous, harmful
nguy hiểm *adj.* dangerous, perilous
nguy kịch *adj.* dangerous, serious, critical
nguy nan *n.* danger, peril
nguy nga *adj.* sumptuous, imposing
nguy ngập *adj.* dangerous, endangered
ngụy *adj., n.* false, spurious; puppet; rebel; bogus
ngụy chính phủ *n.* puppet government – "pretender" government which makes false claim to rightful authority
ngụy trang *v.* to camouflage
nguyên 1 *adj.* intact, brand new: **còn nguyên, mới nguyên** brand new; **để nguyên** to leave alone 2 *n.* plaintiff: **bên nguyên đơn** plaintiff 3 *adj.* former, ex: **nguyên thủ tướng** former minister
nguyên âm *n.* vowel sound
nguyên bản *n.* original, first draft; primeval, primitive
nguyên cáo *n.* accuser, plaintiff
nguyên chất *n.* [of alcohol] neat, real, unmixed; principal [element, constituent, ingredient]
nguyên do *n.* cause, origin
Nguyên đán *n.* New Year [lunar calendar]; New Year's Day
nguyên hàm *n.* primitive [of a function **hàm số**]
nguyên liệu *n.* raw materials
nguyên lý *n.* principle [fundamental truth]
nguyên nhân *n.* cause, factor
nguyên niên *n.* the first year of a reign
nguyên sinh chất *n.* protoplasma
nguyên soái *n.* generalissimo
nguyên tắc *n.* principle [primary rule of cause]
nguyên thủ *n.* head of state, chief of state

nguyên thuỷ *adj.* original
nguyên tố *n.* element
nguyên trạng *n.* primitive state, status quo
nguyên tử *n.* atom: **bom nguyên tử** atomic bomb
nguyên tử lực *n.* atomic power, atomic bomb
nguyên tử lượng *n.* atomic weight
nguyên tử năng *n.* atomic power, atomic energy
nguyên uỷ *n.* origin, root cause
nguyên văn *n.* original, verbatim: **dịch nguyên văn** textual translation
nguyên vẹn *adj.* intact, untouched, undamaged, unbroken, whole, complete
nguyền *v.* to swear, to vow: **thề nguyền** to vow; **nguyền rủa** to curse; **lời nguyền** oath
nguyện *v.* to swear, to pledge; to pray, to make a vow: **cầu nguyện** to pray; **mãn nguyện** satisfied, content; **sở nguyện** what one has desired; **tình nguyện, chí nguyện** volunteer
nguyện vọng *n.* aspirations
nguyệt *n.* moon (= **trăng**); month (= **tháng**): **bán nguyệt** half moon; fortnight
nguyệt bổng *n.* monthly salary
nguyệt cầu *n.* the moon [astronomy]
nguyệt đạo *n.* orbit of the moon
nguyệt kinh menstruation, menses
Nguyệt lão *n.* the old man in the moon, God of marriages
nguyệt liễm *n.* monthly dues
nguyệt san *n.* monthly review
nguyệt thực *n.* lunar eclipse
nguýt *v.* to give a dirty look, to throw a quick glance
ngư *n.* fish (= **cá**): **ngư phủ** fisherman
ngư lôi *n.* torpedo: **diệt ngư lôi hạm** destroyer
ngư nghiệp *n.* pisciculture; fisheries
ngư ông *n.* fisherman
ngư phủ *n.* fisherman
ngữ *n.* (= **tiếng**) language: **quốc ngữ** national language; **Anh ngữ** English; **chuyển ngữ** medium of instruction; **ngạn ngữ** saying; **ngoại ngữ** foreign language; **Pháp ngữ** French; **sinh ngữ** living language, modern language; **cổ ngữ** ancient language; **thành ngữ** idiom, expression; **thổ ngữ** dialect; **thuật ngữ** jargon, technical language; **tục ngữ** proverb; **Việt ngữ** Vietnamese; **tiếp đầu ngữ** prefix; **tiếp vĩ ngữ** suffix; **biểu ngữ** banner
ngữ âm học *n.* phonetics
ngữ căn *n.* root, radical
ngữ điệu *n.* intonation
ngữ học *n.* linguistics
ngữ nguyên *n.* etymology
ngữ nghĩa học *n.* semantics
ngữ nhiệt *n.* calorifuge
ngữ pháp *n.* grammar

ngữ thái học *n.* morphology

ngữ thể *n.* linguistic form, discourse form, text type

ngữ vựng *n.* glossary, lexicon, vocabulary

ngự giá *n.* imperial carriage; imperial journey

ngự lâm *n.* imperial guard

ngự uyển *n.* imperial park

ngứa *adj., v.* to be itchy; to itch

ngứa mắt *v.* to be unable to stand something shocking, to shock the eyes

ngứa miệng *v.* to desire to speak up

ngứa nghề *v.* to be in heat, to feel a sexual urge

ngứa tai *v.* to be shocked in the ears [by gossips, etc.], to feel uncomfortable at hearing something shocking

ngứa tay *v.* to itch to strike somebody

ngừa *v.* to prevent: **ngừa bệnh hơn chữa bệnh** prevention is better than cure; **ngăn ngừa tai nạn** to prevent any accident

ngửa *v.* to look upward; to lie on one's back: **nằm ngửa** to lie on one's back; **ngã ngửa** to fall on one's back; **sấp ngửa** tails or heads

ngựa *n.* [SV **mã**] horse: **chuồng ngựa** stable; **đua ngựa** horse race; **trường đua ngựa** race track; **móng ngựa** horse shoe; **vành móng ngựa** the witness stand; **đuôi ngựa** pony's tail

ngựa cái *n.* mare

ngựa con *n.* colt

ngựa đua *n.* race horse

ngựa vằn *n.* zebra

ngực *n.* chest: **đấm ngực** to beat one's chest; **phanh ngực** to bare one's chest; **tức ngực** to feel a tightness across one's chest; **thộp ngực** to grab [someone] by the coat's lapel; **trống ngực** heart beat/throb; **lồng ngực** thoractic cavity

ngửi *v.* to smell, to sniff

ngưng *v.* to stop short, to cease, to suspend: **họ vừa ngưng làm việc** they have stopped working

ngưng trệ *v.* to come to a standstill, to stagnate: **việc buôn bán của bà ấy bị ngưng trệ** her business was stagnant

ngừng *v.* (= **dừng**) to stop, to halt: **ngừng bắn** cease-fire; **ngừng xe lại đây** to stop one's car here

ngừng bước *v.* (= **ngừng chân**) to stop going

ngừng tay *v.* to knock off: **hãy ngừng tay trong năm phút nữa** please knock off in the next five minutes

ngừng trệ *v.* to come to a standstill, to stagnate

ngửng *v.* to raise one's head/face upward; to turn up: **ngửng đầu lên** to raise one's head

ngước *v.* to raise one's head/face upward, to stretch [neck], to look up: **ngước nhìn cái tháp cao** to raise one's eyes to look at the tower

ngược *adj.* opposite; upstream; upside down, inside out [*opp.* **xuôi**]: **ngược gió** against the wind; **ngược lại** on the contrary, vice versa; **đảo ngược, lộn ngược** upside down, topsy turvy

ngược dòng *n.* upstream

ngược đãi *v.* to ill-treat, to maltreat

ngược đời *adj.* eccentric, absurd

ngươi *n.* you [used to "inferiors" by kings, officials]: **nhà ngươi** you

người *n.* [SV **nhân**] man, person, individual, people; human beings; other people; body: **con người** man; **đời người** human life; **làm người** to be human beings; **loài người** mankind; **nên người** to become a man; **quê người** foreign land; **thương người** to love [and pity] others; **mỗi người** everybody

người dưng *n.* stranger; outside of family

người đời *n.* people; the world at large

người làm *n.* employee; servant

người mình *n.* our people; we Vietnamese [as opp. to them]

người ở *n.* servant

người ta *n., pron.* people, one, they

người yêu *n.* lover

ngưỡng *n.* threshold: **ngưỡng cửa** threshold, doorstep

ngưỡng mộ *v.* to admire

ngượng *adj.* embarrassed, ashamed: **ngượng ngập, ngượng ngùng** to be awkward, clumsy; **phát ngượng** to become embarrassed

ngưu *n.* (= **trâu, bò**) buffalo, ox: **hoàng ngưu** ox, cow; **thuỷ ngưu** water buffalo

Ngưu lang *n.* the Herd-boy [together with **Chức nữ** the Weaver]

nha *n.* office, bureau, service, directorate: **nha thông tin** information bureau; **Nha Văn hoá** Office of Cultural Affairs

nha *n.* (= **răng**) tooth: **nha khoa** dentistry; **nha sĩ** dentist

nha khoa *n.* dentistry

nha lại *n.* staff, employees in a yamen

nhan phiến *n.* opium

nha sĩ *n.* dentist, dental surgeon

nhá *v.* to chew carefully

nhá *adv.* See **nhé**

nhá nhem *n.* twilight, dusk; poor eyesight

nhà **1** *n.* house, dwelling, abode, building: **tôi ở một ngôi nhà gạch** I live in a brick house **2** *n.* family, household, home: **ăn ở nhà** to eat at home; **người nhà** relative; someone in the family; **ở nhà** to stay at home; **nhớ nhà** homesick; **vắng nhà** to be out, not at home **3** *n.* darling, spouse, lover: **đây là nhà tôi** this is my spouse

nhà ăn *n.* dining hall

nhà bác học *n.* scientist

nhà báo *n.* journalist, newsman
nhà bè *n.* house on raft
nhà bếp *n.* kitchen
nhà buôn *n.* merchant, trader, businessman
nhà chùa *n.* temple; Buddhist clergy
nhà chung *n.* Catholic clergy
nhà chứa *n.* brothel
nhà cửa *n.* house, housing
nhà đá *n.* prison, jail
nhà ga *n.* railroad station
nhà gác *n.* many-storied house
nhà gái *n.* the bride's family
nhà giáo *n.* teacher(s): **ba tôi là một nhà giáo lão thành** my father is an experienced teacher
nhà hàng *n.* restaurant, shop: **đi ăn nhà hàng** to have a meal at a restaurant
nhà hát *n.* theatre
nhà hộ sinh *n.* maternity hospital
nhà in *n.* printing house
nhà khách *n.* guest house: **ở nhà khách rẻ hơn ở khách sạn** staying at a guesthouse is cheaper than a hotel
nhà máy *n.* factory
nhà ngang *n.* annex, wing
nhà nghề *n.* professional [as opp. to amateur]
nhà nguyện *n.* chapel
nhà nho *n.* Confucian scholar
nhà nước *n.* the government, state: **công nhân viên nhà nước** government employees
nhà quê *adj., n.* boorish; countryside; native village, country people
nhà riêng *n.* private home, residence
nhà sách *n.* bookstore, bookshop
nhà sư *n.* Buddhist monk
nhà táng *n.* catafalque; funeral directory
nhà tắm *n.* bathroom
nhà thổ *n.* brothel
nhà thờ *n.* church
nhà thương *n.* hospital
nhà tôi *n.* my wife, my husband
nhà trai *n.* the groom's family
nhà trẻ *n.* creche, kindergarten
nhà trọ *n.* boarding house
nhà trường *n.* the school
nhà tu *n.* convent
nhà văn *n.* writer
nhà vua *n.* the king
nhà xác *n.* morgue
nhà xe *n.* garage
nhà xí *n.* (= **nhà cầu**) toilet
nhà xuất bản *n.* publisher, publishing house
nhả **1** *adj.* too familiar, too friendly: **ăn nói chớt nhả** to speak in a too familiar way **2** *v.* to let fall from one's mouth, to spit out: **nhả nước bọt** to spit
nhã *adj.* refined, elegant, well-mannered: **phong nhã** elegant; **bất nhã** rude, tactless;

hoà **nhã** concord, harmony; **nhàn nhã** leisurely; **tao nhã** elegant, sophisticated
nhã nhặn *adj.* refined, polite, courteous: **ông ấy ăn nói nhã nhặn** he speaks politely
nhã ý *adj.* good idea, thoughtful idea: **ông giám đốc có nhã ý mời bạn ăn cơm** the manager has a thoughtful idea of inviting you for dinner
nhác **1** *adj.* negligent; neglectful; lazy **2** *v.* to catch a glimpse of: **tôi nhác thấy bà ấy ở đằng xa** I catch a glimpse of her from afar
nhạc *n.* music: **âm nhạc** music; **hoà nhạc** concert; **ban nhạc, giàn nhạc** orchestra; **ban quân nhạc** military band; **tấu nhạc** to perform, to play music
nhạc công *n.* musician
nhạc điệu *n.* tune, aria
nhạc đội *n.* orchestra; band
nhạc khí *n.* musical instrument
nhạc khúc *n.* piece of music, tune, aria
nhạc kịch *n.* musical play, opera
nhạc mẫu *n.* mother-in-law
nhạc phụ *n.* father-in-law
nhạc sĩ *n.* musician, song composer
nhạc sư *n.* music teacher
nhạc trưởng *n.* conductor, band master
nhạc viện *n.* conservatory, conservatoire
nhạc vũ *n.* ballet
nhai *v.* to chew: **nhai kẹo cao su** to chew chewing-gum; **nhai lại** to chew the cuds, to ruminate
nhái *n.* toad, frog
nhài *n.* jasmine
nhài quạt *n.* leucoma
nhãi *n.* brat, kid, urchin: **nhãi con!** little devil!
nhại *v.* to mimic, to imitate; to parody
nham hiểm *adj.* dangerous to an element of deception/trickery or wickedness
nham nhở *adj.* dirty, soiled, stained
nhám *adj.* rough, uneven
nhàm *adj.* trite, stale, boring: **nhắc lại mãi nhàm tai** to become trite with repetition
nhàm tai *adj.* made stale by repetition
nhảm *adj.* false; nonsense, unfounded: **tin nhảm** superstitious; **chơi nhảm** to fool around; **nói nhảm** to talk nonsense
nhan *n.* title
nhan đề *n.* book's title
nhan nhản *adj.* abundant; crowded all over, everywhere
nhan sắc *n.* beauty
nhàn *adj.* leisurely; idle, free
nhàn đàm *v.* to chat, to have a leisurely talk
nhàn hạ *adj.* free, unoccupied
nhàn lãm *v.* to read and see at leisure
nhàn rỗi *adj.* free, unoccupied: **lúc nhàn rỗi** during leisure time, free time

nhãn 1 *n.* longan: **trái nhãn** longan fruit 2 *n.* trade-mark, label: **dán nhãn lên sản phẩm** to stick labels on products

nhãn cầu *n.* eyeball

nhãn giới *n.* field of vision, eyeshot

nhãn hiệu *n.* label

nhãn khoa *n.* ophthalmology

nhãn kính *n.* eye-glasses

nhãn lực *n.* eyesight

nhãn quan *n.* point of view, range of knowledge: **ông ấy là người có nhãn quan rộng** he has a wide range of knowledge

nhạn *n.* swallow [bird]

nhang *n.* (= **hương**) incense: **tàn nhang** incense ashes; **đốt/thắp nhang** to burn incense

nhãng *v.* to forget; to be absent-minded: **xao nhãng** to be careless, to be negligent

nhanh *adj.* fast, rapid, quick: **nhanh lên!** be quick!

nhanh chóng *adj.* prompt, quick: **mọi việc đều nhanh chóng** everything is quick

nhanh nhẩu *adj.* eager; vivacious, active

nhanh nhẹn *adj.* active, nimble, fast, lively: **dáng điệu nhanh nhẹn** to have a lively gait

nhánh *n.* branch: **nhánh sông** a fork in the river; **chi nhánh** branch [of store, office]

nhành *n.* branch

nhao *v.* to be noisy, to be turbulent, to become uproarious: **đám đông nhao lên** the crowd got rowdy

nháo *adj.* disorderly: **nháo nhác** to be scared, frightened

nhào 1 *v.* to dive, to jump down: **nhào đầu xuống sông** to jump down into the river 2 *v.* to knead: **nhào bột làm bánh** to knead flour to make a cake

nhào lộn *v.* to make loops; to turn a somersault: **các nghệ nhân nhào lộn trên sân khấu** the artists are turning somersaults on the stage

nhào nặn *v.* to knead carefully

nhão *adj.* pasty, clammy, doughy; flabby: **cơm nhão** pasty rice; **bắp thịt nhão** flabby muscles

nhạo *v.* to laugh at, to mock, to sneer, to ridicule, to make fun of: **chế nhạo người nào** to mock at someone

nhạo báng *v.* to laugh at, to mock

nhát 1 *n.* cut, stab, slash [with knife]; stroke [with knife **dao**, a hammer **búa**]; slice: **nó bị đâm ba nhát** he was stabbed three times; **thái thành nhiều nhát** to cut into many slices; **cho tôi mấy nhát bánh mì** give me some slices of sandwich bread 2 *n.* (= **lát**) short moment, short while 3 *adj.* to be cowardly, timid, shy, chicken-hearted: **nhát như**

cáy timid as a rabbit; **nhát gan** chicken-hearted

nhạt *adj.* (= **lạt**) insipid, tasteless [lacking salt or sugar]; weak; [of color] light, pale: **sơn màu nhạt** to paint a light color; **trà nhạt** weak tea

nhạt phèo *adj.* very tasteless

nhau 1 *adv.* reciprocally, mutually, together, each other, one another: **giúp nhau** to help each other; **cùng nhau** together; **giống nhau** similar 2 *n.* placenta: **nơi chôn nhau cắt rốn** birthplace

nhàu *adj.* wrinkled, rumpled, crumpled: **làm nhàu** to crumple

nháy *v.* to wink, to blink; to twinkle: **nháy mắt** to wink; **trong nháy mắt** in a twinkle

nhảy *v.* to jump, to leap, to dive, to hop; to dance: **nhảy đầm** to dance; **gái nhảy** taxi girl; **tiệm nhảy** dancing hall; **nhảy qua đống rác** to jump over a rubbish pile

nhảy cao *v.* to high jump

nhảy dù *v.* to parachute

nhảy đầm *v.* to dance

nhảy múa *v.* to perform dances

nhảy mũi *v.* (= **hắt hơi**) to sneeze

nhảy nhót *v.* to hop, to jump around

nhảy sào *v.* to pole-vault

nhảy xa *v.* to broad/long jump

nhạy *adj.* sensitive, quick, fast

nhắc 1 *v.* to lift, to raise; to promote: **cân nhắc** to weigh the pros and cons; **nhắc ghế để trên bàn** to lift chairs and put them on the tables 2 *v.* to remind, to recall: **ngày mai anh nhắc tôi đi họp nhé** tomorrow, could you remind me to have a meeting; **nhắc lại** to repeat

nhắc nhở *v.* to remember [something]

nhăm See **lăm**

nhắm 1 *v.* to close [eyes]; to aim [gun, arrow, target]: **nhắm mắt lại** to close one's eyes 2 *v.* to taste [appetizers, meat, etc.], to eat over sips of alcohol [at the beginning of the meal and with the help of alcohol]

nhắm nghiền *v.* to close one's eyes tightly

nhắm nháp *v.* to peck at

nhắm rượu *v.* to eat over sips of alcohol

nhắm *v.* to aim at, to hit

nhăn *v., adj.* to wrinkle; wrinkled: **nhăn mặt** to have a wry face; **da nhăn** wrinkled skin; **nhăn mặt, nhăn nhó** to grimace; **vết nhăn** wrinkles

nhăn nheo *adj.* wrinkled, shriveled: **mặt nhăn nheo** wrinkled face

nhăn răng *v.* to grin

nhắn *v.* to relay a message, to send word to someone [through someone]

nhắn nhủ *v.* to advise, to recommend

nhằn *v.* to chew meat off [bone], to chew pulp off [seed]

nhẵn *adj.* smooth, finished, all gone: **nhẵn mặt** to be well-known; **hết nhẵn** all gone, all finished

nhẵn bóng *adj.* smooth and shining

nhẵn lì *adj.* polished

nhẵn nhụi *adj.* smooth; [of beard] well shaved

nhẵn thín *adj.* smooth; well shaved, hairless

nhăng *adj.* careless, negligent; silly, not serious: **lăng nhăng** not serious; **nhố nhăng** to display a lack of taste

nhăng nhẳng *adj.* stubborn

nhăng nhít *adj.* careless, perfunctory, by halves

nhắng *v.* to be impudent, to behave in a ridiculously domineering way

nhằng *adj.* tangled

nhặng *n.* blue-bottle, fly

nhặng xị *v.* to put on airs, to be fussy, to get upset for nothing

nhấp *v.* to sip, to taste: **nhấp môi một tí rượu** to sip a bit of spirit

nhắt *adj.* too small; **chuột nhắt** mouse; **lắt nhắt** small, minute

nhặt **1** *v.* to pick up from the floor, to collect, to glean, to gather: **cóp nhặt những giấy vụn** to collect waste papers **2** *adj.* close, thick, dense [*opp.* **khoan**], quick

nhặt nhạnh *v.* to pick up, to glean

nhắc *v.* to lift, to raise: **nhấc chân lên** to lift up one's legs

nhầm *v.* See **lầm**

nhẩm *v.* to figure out in silence, to revise silently, to try to memorize: **lẩm nhẩm** to speak to oneself; **tính nhẩm** mental arithmetic

nhậm *v.* to assume [responsibility, duties]: **đảm nhậm chức vụ mới** to assume a new position

nhậm chức *v.* to assume [power, duties]: **lễ tuyên thệ nhậm chức** the oath of office

nhân **1** *v.* to multiply: **tính nhân** multiplication; **số nhân** multiplier; **nhân bốn** to multiply by four **2** *n.* almond, kernel; filling [of cake]; nucleus [in physics]: **bánh bao nhân thịt và trứng** a dumpling with meat and egg filling **3** *n.* (= **người**) man, person, individual: **cá nhân** individual; **cố nhân** old friend; **gia nhân** servant; **thân nhân** relative; **yếu nhân** Very Important Person [VIP] **4** *n.* cause: **không có nhân sao có quả** no effect without cause **5** *n.* benevolence: **ông ấy ăn ở có nhân** he behaves with benevolence

nhân ái *adj.* kind, generous, benevolent

nhân bản *n.* humanism

nhân cách *n.* dignity, personality

nhân cách hoá *v.* to personify

nhân chủng *n.* human race

nhân chủng học *n.* ethnology

nhân chứng *n.* witness

nhân công *n.* manpower, artifacts, human labor

nhân danh *n.* on behalf of: **nhân danh ban chấp hành** on behalf of the executive committee

nhân dân *n.* people [of a country], the masses: **cộng hoà nhân dân** people's republic; **uỷ ban nhân dân thành phố** people's committee of the city

nhân dịp *adv.* on the occasion of: **tôi gởi quà nhân dịp đám cưới của bạn tôi** I am sending a present to my friend on the occasion of his wedding

nhân duyên *n.* predestined affinity [between husband and wife]

nhân đạo *adj., n.* human, humane; humanity

nhân đức *adj.* humane, benevolent

nhân gian *n.* this world

nhân khẩu *n.* population, number of inhabitants

nhân loại *n.* mankind, humankind, humanity

nhân loại học *n.* anthropology

nhân lực *n.* manpower, human resources

nhân mãn *n.* overpopulation

nhân mạng *n.* human life

nhân ngãi *n.* lover

nhân nghĩa *n.* charity and justice, benevolence and righteousness

nhân nhượng *v., adj.* to make concessions; to be talented; talented

nhân phẩm *n.* human dignity

nhân quả *n.* cause and effect

nhân quần *n.* the public, the people, society, human society

nhân quyền *n.* human right

nhân sâm *n.* ginseng

nhân sinh *n.* human life

nhân sinh quan *n.* philosophy of life

nhân số *n.* population

nhân sự *n.* human affairs, human resource

nhân tài *n.* talent, talented people

nhân tạo *adj.* artificial: **tơ nhân tạo** rayon

nhân thể *adv.* by the way, incidentally

nhân thọ *n.* life: **bảo hiểm nhân thọ** life insurance

nhân tiện *adv.* See **nhân thể**

nhân tính *n.* human nature

nhân tình *n.* lover, mistress

nhân trung *n.* space between the nose and the upper lip

nhân từ *adj.* charitable, generous, kind

nhân vật *n.* figure, personage

nhân vị *n.* humane person; personalism

nhân viên *n.* member; staff; employee; personnel

nhấn *v.* to press on; to stress, to emphasize: **nhấn mạnh** to emphasize

nhẫn 1 *n.* [finger] ring: **đeo nhẫn** to wear a ring 2 *v.* to endure, to contain oneself: **kiên nhẫn** to be patient; **tàn nhẫn** to be ruthless

nhẫn nại *v.* to be patient, to endure

nhẫn nhục *v.* to endure all indignities

nhẫn tâm *adj.* merciless, cruel

nhận *v.* to receive, to accept, to get; to acknowledge, to recognize, to confess, to admit: **nhìn nhận** to recognize, to acknowledge; **công nhận** to recognize; **biên nhận** to acknowledge receipt; **đảm nhận** to assume

nhận chân *v.* to realize

nhận diện *v.* to identify

nhận định *v.* to appraise, to assess

nhận lời *v.* to accept, to agree: **nhận lời mời dự tiệc** to accept one's invitation to a party

nhận thấy *v.* to note, to understand

nhận thức *v.* to realize, to perceive

nhận thực *v.* to certify

nhận xét *v.* to observe, to comment, to judge: **nhận xét về ai** to judge someone

nhấp nháy *v.* to wink, to twinkle, to blink

nhấp nhoáng *v.* to glitter, to gleam

nhấp nhô *v.* to go up and down [especially on the water]

nhấp nhổm *v.* to be restless; to be anxious

nhập *v.* (= **vào**) to enter; to join: **nhập bọn** to join a group; **sáp nhập** to emerge; **xâm nhập** to penetrate, to infiltrate; **nhập khẩu** to import

nhập cảng *v.* to import: **hãng nhập cảng** import firm

nhập đề *v., n.* to begin to address the topic; introduction

nhập học *v.* to begin schooling: **thi nhập học** entrance examination

nhập khẩu *v.* See **nhập cảng**

nhập môn *n.* beginner course: **Ngữ học Nhập môn** Introduction to Linguistics

nhập ngũ *v.* to join the army

nhập quan *v.* to put into a coffin [body]

nhập tâm *v.* to commit to memory, to remember

nhập tịch *v.* to be naturalized

nhất *num.* (= **một**) one; first: **thứ nhất** first; **đệ nhất** first grade, firstly; **ít nhất** at least; **nhiều nhất** at most; **nhất là** mostly, especially; **duy nhất** only, sole; **hợp nhất** to unite; **thống nhất** to unify; **khó nhất** the most difficult; **hạng nhất** first class; **lớp nhất** fifth grade [the highest in primary school]

nhất cử lưỡng tiện *v.* to kill two birds with one stone

nhất định *adj.* limited, fixed, definite: **giá nhất định** fixed price

nhất hạng *adv.* first class; especially

nhất là *adv.* first and foremost, especially

nhất lãm *n.* one glance

nhất loạt *adv.* uniformly, all together

nhất luật *adv.* all and sundry

nhất nhất *adv.* each and every one

nhất quán *adj.* consistent

nhất quyết *v.* to be resolved, to be determined

nhất tề *adv.* together, uniformly, alike

nhất thiết *adv.* altogether, absolutely

nhất thống *adj.* unity

nhất thời *adv.* temporary

nhất trí *v.* to be united, to be unanimous, to be of one mind

Nhật *n.* Japan, Japanese

nhật *n.* (= **mặt trời**) sun; day (= **ngày**): **bạch nhật** daylight; **chủ nhật** Sunday; **sinh nhật** birthday; **thường nhật** ordinarily; **công nhật** paid by the day

Nhật Bản *n.* Japan, Japanese

nhật báo *n.* daily newspaper

nhật dạ *n.* day and night

nhật dụng *n.* daily use

nhật ký *n.* diary; daily agenda

nhật lệnh *n.* order of the day

nhật nguyệt *n.* the sun and moon

nhật thực *n.* solar eclipse

nhật trình *n.* daily newspaper

nhầu *adj.* See **nhàu**

nhậu *v.* to booze

nhầy *adj.* sticky, viscous

nhầy nhụa *adj.* covered with something oily and sticky

nhậy *adj.* See **nhạy**

nhe *v.* to show [one's teeth]

nhé *adv.* [final particle] all right? O.K.?: **chúng ta đi nhé?** shall we go, O.K.?

nhè 1 *v.* to choose [as target or attack] 2 *v.* to whine, to snivel, to whimper: **ngủ nhè suốt ngày** to snivel the whole day

nhè nhẹ *adj.* gentle

nhẽ *adv.* See **lẽ**

nhẹ *adj.* [of weight, blows, knocks, footsteps, etc.] light [*opp.* **nặng**]; slight, soft, gentle

nhẹ bổng *adj.* very light

nhẹ dạ *adj.* credulous, gullible

nhẹ nhàng *adj.* light, gentle, agile, soft, nimble

nhẹ nhõm *adj.* nimble, brisk, active

nhem *adj.* See **lem**

nhèm *adj.* dirty, soiled

nheo mắt *v.* to blink one's eyes

nheo nhéo *v.* to call stridently and insistently

nheo nhóc *v.* [of children] to be neglected, to be uncared for

nhẽo *adj.* mushy, flabby

nhét *v.* to stuff, to thrust in, to cram: **nhét rẻ vào mồm** to gag someone's mouth with rags

nhễ nhại *v.* [of sweats, tears] to stream, to flow abundantly: **mồ hôi nhễ nhại** sweat-drops flow abundantly

nhếch *v.* to grin broadly; to open slightly [lips **môi**] as in smiling: **nhếch miệng cười** to slightly open one's mouth and smile

nhện *n.* spider: **mạng nhện** cobweb

nhi *n.* child: **hài nhi** infant; **nam nhi** man; **thiếu nhi** adolescent

nhi đồng *n.* young child, infant

nhi khoa *n.* pediatrics

nhi nữ *n.* little girl

nhí nha nhí nhảnh See **nhí nhảnh**

nhí nhảnh *v., adv.* to be lively, to be playful; sprightly, jovially

nhì *num.* second: **thứ nhì** second; **hạng nhì** second class; **lớp nhì** fourth grade [next to the highest in primary school]

nhì nhằng *adj.* mixed; average, passable

nhỉ *adv.* [final particle] as a tag question [don't you think? have you any idea? Oh yes?]: **bài này khó nhỉ?** this lesson is difficult, isn't it?; **hôm nay giời đẹp quá nhỉ?** the weather is very nice today, don't you think so?; **tuần này chúng ta học mấy bài nhỉ?** how many lessons did we study this week, do you know?; **à nhỉ!** Oh yes! [the speaker suddenly remembered or noticed something]

nhĩ *n.* (= **tai**) ear: **nhĩ tai** eardrum

nhị 1 *n.* two-string Chinese violin: **kéo đàn nhị** to play a two-string violin **2** *num.* (= **hai**) two: **đệ nhị** the second; **nhị hỷ** two happy days **3** *n.* stamen, pistil [in flower]: **nhị cái** pistil; **nhị đực** stamen

Nhị Hà *n.* Red River [in North Vietnam]

nhích *v.* to shift, to inch, to move slightly: **nhúc nhích** to budge, to move slightly

nhiếc *v.* to chide, to scold: **nhiếc mắng, nhiếc móc** to make sarcastic remarks about someone

nhiễm *v.* to catch, to contract: **nhiễm lạnh** to catch cold

nhiễm bệnh *v.* to contract a disease

nhiễm độc *v.* to be poisoned; to be intoxicated

nhiễm sắc thể *n.* chromosome

nhiễm trùng *v.* to be infected

nhiệm chức *v.* to take up an appointment

nhiệm kỳ *n.* term of office: **nhiệm kỳ của đại biểu quốc hội là bốn năm** the term of office for a member of parliament is four years

nhiệm vụ *n.* task, duty, function, responsibility: **việc đó không phải nhiệm vụ của tôi** it is not my responsibility

nhiệm ý *adj.* according to one's wish; optional: **môn học nhiệm ý** optional subjects

nhiên liệu *n.* fuel; raw materials: **Việt Nam phải mua nhiều nhiên liệu nước ngoài**

Vietnam has to buy a lot of raw materials from foreign countries

nhiễn *adj.* (= **nhuyễn**) well-kneaded: **bột gạo nhiễn** well-kneaded rice flour

nhiếp ảnh *n.* photography: **nhà nhiếp ảnh** photographer, cameraman

nhiếp chính *v.* to act as a regent, to take up power

nhiệt *n.* (= **nóng**) heat, warmth: **nguồn phát nhiệt** a resource of heat

nhiệt biểu *n.* thermometer

nhiệt điện *n.* thermoelectricity

nhiệt độ *n.* temperature

nhiệt động học *n.* thermodynamics

nhiệt đới *n.* tropical zone

nhiệt học *n.* thermology

nhiệt huyết *n.* enthusiasm, ardor, zeal

nhiệt kế *n.* thermometer

nhiệt liệt *adj.* [of welcome, ovation] warm: **hoan nghênh nhiệt liệt** to give a warm welcome to someone

nhiệt lượng kế *n.* calorimeter

nhiệt tâm *n.* zeal, enthusiasm

nhiệt thành *adj.* warm, sincere, enthusiastic, fervent

nhiêu *adj.* much, many: **bao nhiêu?** how much? how many?; **bấy nhiêu** that much, that many, so much, so many; **bao nhiêu (là)** so much, so many …!; **kiếm bao nhiêu tiêu bấy nhiêu** I spend all what I earn

nhiều *adj.* [SV **đa**] having much/many; there is much …, there are many; a great deal, a lot, lots of [with direct object]: **nhiều nhất** at most; **ít nhiều** a little, few, some; **khu này nhiều muỗi** this area has a lot of mosquitoes; **nhiều người** many people; **mưa nhiều mấy ngày nay** there was much rain in the last few days

nhiều ít *adj.* more or less

nhiễu 1 *n.* crepe [the fabric] **2** *v.* to annoy, to disturb, to harass, to bother: **quấy nhiễu phụ nữ** to harass women

nhiễu hại *v.* to harm, to do damage to

nhiễu loạn *v.* to disturb, to make trouble

nhiễu nhương *n.* trouble, war: **chúng ta đang sống trong một xã hội nhiễu nhương** we are living in a troubled society

nhiễu sự *adj.* troublesome

nhím *n.* porcupine

nhìn *v.* to look (at), to stare: **một cái nhìn** a look; **nhìn một cái** to take a look; **nhìn đi nhìn lại** to look and look; **thoạt nhìn** at first sight; **nhìn thấy** to see

nhìn chòng chọc *v.* to stare

nhìn nhận *v.* to recognize, to acknowledge; to admit, to confess

nhịn *v.* to abstain from, to endure, to suppress, to refrain from [doing something]; to hold [**thở** the breath, **cơm** rice]; **nhịn ăn** to endure without food; **nhịn cười** to suppress laughter

nhịn đói *v.* to starve, to endure without food

nhịn nhục *v.* to bear, to endure, to resign oneself to

nhỉnh *adj.* slightly bigger

nhịp 1 *n.* rhythm, measure, cadence: **đánh/gõ nhịp** beat time 2 *n.* span, bay [of bridge]: **cầu Tràng Tiền [ở Huế] có mười hai nhịp** the Trang Tien bridge [in Hue] has 12 spans

nhịp điệu *n.* rhythm

nhịp độ *n.* rate, speed: **nhịp độ sinh sản ở mức trung bình** the birth rate is at an average level

nhịp nhàng *adj.* rhythmical, well-balanced, harmonious

nho 1 *n.* grapes: **nho tươi** fresh grapes; **một chùm nho** a bunch of grapes; **mứt nho** raisins; **vườn nho** vineyard; **nước nho** grape juice; **cây nho** vine; **rượu nho** wine 2 *n.* Confucian: **nhà nho** Confucian scholar [trained in Sino-Vietnamese classic]; **chữ Nho** Chinese characters; **đạo Nho** Confucianism

Nho gia *n.* Confucian scholar

Nho giáo *n.* Confucianism

nho nhã *adj.* refined, distinguished; well-educated

nho nhỏ *adj.* See **nhỏ**

nho nhoe *v.* to display, to show off

nho phong *n.* scholar's tradition

nhỏ 1 *adj.* small, little: **thằng nhỏ** little boy; **bé nhỏ** little, small; **nho nhỏ** to be smallish 2 *v.* to drop: **nhỏ thuốc vào mắt** to put eyedrops into the eyes

nhỏ bé *adj.* tiny, petite, small: **công việc nhỏ bé** a small job

nhỏ giọt *adv.* in drops, by drop, by installment: **trả tiền nhỏ giọt** to pay by installments

nhỏ mọn *adj.* small, humble; mean: **món quà nhỏ mọn** a humble gift; **con người nhỏ mọn** a mean person

nhỏ nhắn *adj.* tiny, dainty, pretty, little

nhỏ nhặt *adj.* unimportant; mean, trifling

nhỏ nhẹ *adj.* [of voice] soft, gentle

nhỏ nhen *adj.* mean, petty, small-minded

nhỏ to *v.* to talk intimately, to coo: **hai mẹ con đang nhỏ to với nhau** the mother and her daughter are exchanging confidences with each other

nhỏ xíu *adj.* very tiny, very small

nhọ *adj., n.* stained, sooty; soot: **mặt đầy nhọ** to have one's face covered with soot

nhọ nhem *adj.* dirty, spotted

nhoà *v.* to be blurred, to be dimmed

nhoài *v.* to be exhausted, to be faint with exhaustion: **mệt nhoài** to feel too tired

nhoáng *n.* flash, glossy: **bóng nhoáng** shiny; **chớp nhoáng** lightning; **hào nhoáng** showy, glittering, having good appearance

nhọc *adj.* (= **mệt**) weary, tired, worn out: **mệt nhọc** to be tired; **khó nhọc** painstaking, hard

nhọc lòng *v.* to take pains: **cha mẹ nhọc lòng dạy dỗ con cái** parents take pains to bring up their children

nhọc nhằn *adj.* tired, tiresome

nhoè *v.* to be smeared, to blur, to be smudged

nhoẻn *v.* to smile slightly

nhoi nhói *adj.* [of pain] piercing, excruciating

nhom *adj.* skinny, like a lath: **người gầy nhom** skinny person

nhóm 1 *v.* to light, to kindle: **nhóm bếp** to light a stove; **nhóm lửa** to kindle a fire 2 *n., v.* group; to gather, to meet, to unite; to hold [meeting]; [of meeting; conference]: to be held: **nhóm họp** to hold a meeting; **phiên nhóm** meeting; **phòng nhóm** meeting room, conference room

nhòm *v.* See **dòm**

nhón *v.* to pinch: **nhón mấy hạt đậu phụng** to pinch some peanuts

nhón chân *v.* to walk on tiptoe

nhón gót *v.* to stand or walk on tiptoe

nhọn *adj.* sharp, pointed: **nhọn hoắt** to be very sharp, pointed

nhong nhong *v.* to tinkle [of bells]

nhong nhóng *v.* to wait for a long time

nhổng nhãnh *v.* to behave in a flirtatious manner

nhổng nhẽo *v.* to snivel: **cô ấy đang nhổng nhẽo với ông chủ** she is snivelling with her boss

nhô *v.* to raise [head, etc.], to jut out; to project: **nhô đầu lên** to raise one's head; **nhấp nhô** to bob up and down

nhố nhăng *adj.* See **lố lăng**

nhổ 1 *v.* to spit: **ống nhổ** spittoon; **cấm nhổ bậy** No Spitting! 2 *v.* to pull out, to uproot; to pluck [hair, feather], to extract [tooth]: **nhổ răng** to pull out [extract] a tooth; **nhổ cây** to uproot a tree

nhổ neo *v.* to weigh anchor

nhồi *v.* to stuff, to wad, to cram full: **bắp cải nhồi thịt** stuffed cabbage; **cà chua nhồi thịt** stuffed tomatoes; **nhồi sọ** to cram; to indoctrinate

nhôm *n.* [Fr. *aluminium*] aluminium

nhổm nhoàm *v.* to eat like a pig

nhổm *v.* to stand up, to get up

nhốn nháo *adj.* disorderly, riotous, noisy

nhộn *v.* to be troublesome, to bustle: **sao nhộn lên thế?** why bustle like that?

nhộn nhịp *adj.* busy, lively, bustling

nhộng *n.* chrysalis of silkworm: **trần như nhộng** stark naked

nhốt *v.* to lock up, to keep, to detain, to confine: **nhốt chim trong lồng** to confine a bird in a cage

nhột *v.* to feel tickled: **người tôi hay nhột** I am a ticklish person

nhơ *adj.* See **dơ**

nhớ *v.* to remember, to recall; to miss [family, etc.]: **ghi nhớ** to remember; **sực nhớ** to remember suddenly; **tưởng nhớ** to remember, to think of; **thương nhớ** to think of, to mourn for [deceased person]; **trí nhớ** memory

nhớ dai *v.* to have a good memory

nhớ lại *v.* to recall, to reminisce

nhớ mang máng *v.* to remember vaguely

nhớ mong *v.* to long to see someone

nhớ nhà *v.* to be homesick

nhớ nhung *v.* to miss someone

nhớ ra *v.* to remember suddenly

nhớ thương *v.* to long to see; to grieve for: **nhớ thương gia đình** to long to see one's family

nhờ *v.* to rely on, to ask for, to depend on: **nhờ ai làm việc gì** to ask someone to do something

nhờ có *v.* to thank

nhờ cậy *v.* to depend on someone for something, to ask for: **nhờ cậy cấp trên giúp đỡ** to depend on superiors for help

nhờ vả *v.* to depend on [for help, support]

nhỡ 1 *adj.* medium sized 2 *v.* (= **lỡ**) to miss: **nhỡ chuyến xe lửa sáng nay** to miss this morning's train

nhơn *n.* See **nhân**

nhơn nhơn *adj.* brazen faced, self-satisfied

nhớn *adj.* See **lớn**

nhớn nhác *v.* to look haggard/anxious; to look around in bewilderment

nhờn *adj.* oily, greasy; too familiar [to elder or superiors]: **cả hai tay đầy dầu máy nhờn** both hands are greasy with lubricant

nhởn nhơ *v.* to look carefree; to be playful

nhỡn *n.* See **nhãn**

nhớp *adj.* dirty: **mặt mày nhớp nhúa** dirty face

nhớt 1 *adj.* viscous 2 *n.* motor oil

nhớt nhợt *adj.* very slimy, very viscous

nhợt *adj.* See **lợt**

nhợt nhạt *adj.* very pale: **nước da nhợt nhạt** pale complexion

nhu *adj.* (= **mềm**) to be soft [opp. **cương**], flexible: **lúc nhu lúc cương** flexible sometimes and tough at other times

nhu cầu *n.* need, requirement: **thoả mãn nhu cầu** to meet one's needs

nhu đạo *n.* judo

nhu mì *adj.* gentle, sweet: **con gái bạn rất nhu mì** your daughter is very gentle

nhu nhú *v.* to begin to sprout: **măng mới nhu nhú** bamboo shoots are beginning to sprout

nhu nhược *adj.* to be feeble, weak-hearted: **ông ta có thái độ nhu nhược đối với nhân viên** he has a soft attitude toward his employees

nhu thuật *n.* judo

nhu yếu *n.* need, prime necessity

nhu yếu phẩm *n.* necessaries, necessities

nhủ *v.* to advise, to urge, to exhort: **khuyên nhủ bạn bè** to advise one's friends

nhũ mẫu *n.* wet nurse

nhuần nhuyễn *adj.* skillful, fluent: **tiếng Anh của bạn nhuần nhuyễn lắm** your English is very fluent

nhuận *adj.* [of month, year] leap, intercalary: **tháng năm nhuận** an intercalary fifth month; **năm nhuận** leap year

nhuận bút *n.* royalty: **ông sẽ được trả tiền nhuận bút** you will be paid your royalty

nhuận sắc *v.* to embellish, to revise [a text]

nhuận tràng *adj.* aperient, laxative

nhúc nhích *v.* to stir, to budge, to move: **đứng yên không nhúc nhích** to stand firmly without moving

nhục *adj., v.* disgraced, dishonored [opp. **vinh**]; to shame, to disgrace, to feel humiliated: **làm nhục** to dishonor, to insult; **ô nhục** shame; **sỉ nhục** to insult, to offend; **vinh nhục** glory and shame; ups and downs

nhục dục *n.* sexual desire, lust

nhục đậu khấu *n.* nutmeg

nhục hình *n.* corporal punishment

nhục mạ *v.* to insult, to curse

nhục nhã *v., adj.* shameful, disgraceful

nhuệ *adj.* pointed; sharp, acute: **tinh nhuệ** well-trained

nhuệ binh *n.* well-trained army

nhuệ khí *n.* ardor, enthusiasm, zeal

nhúm *v., n.* to pinch; pinch, bite: **một nhúm đường** a pinch of sugar

nhún *v., adj.* lowering oneself by bending one's legs; humble, modest

nhún vai *v.* to shrug one's shoulders

nhún mình *adj.* modest

nhún nhường *adj.* modest, self-effacing: **thái độ nhún nhường** a modest attitude

nhủn *adj.* very soft, pulpy, faint: **bủn nhủn chân tay** to have one's limbs weakened

nhũn *v.* to become soft [because of overcooking or overriping]; to be modest: **nhũn nhặn** modest and courteous

nhung 1 *n.* velvet: **ghế nhung** velvet chairs 2 *n.* young antler

nhung nhúc *v.* to swarm, to teem

nhung phục *n.* military uniform

nhung trang *n.* military attire

nhúng *v.* to dip [in water]; to interfere [**vào in**]: **nhúng chả giò vào nước chấm** to dip spring rolls into fish sauce

nhùng nhằng *v.* to hesitate, to procrastinate

nhủng nhẳng *v.* to be stubborn, to drag out

nhũng *v., adj.* disturbed; disorderly; superfluous

nhũng lại *adj.* corrupted

nhũng lạm *v.* [of official] to be corrupt, to take bribes

nhũng nhiễu *v.* to disturb, to harass

nhuốc *adj.* dirty, soiled; stained, shameful: **nhơ nhuốc** sallying

nhuốm *v.* to catch [disease]: **nhuốm bệnh** to catch a disease

nhuộm *v.* to dye: **thợ nhuộm** dyer; **thuốc nhuộm** dyestuffs, dyes; **nhuộm áo quần** to dye one's clothes

nhút nhát *adj.* timid, shy: **cô ấy nhút nhát không giám nói** she is shy so she couldn't speak up

nhụt *adj., v.* [of knife] to be dull, blunt; to get dumped: **làm nhụt** to get dumped

nhuy *n.* (= **nhị**) stamen, pistil: **nhuy hoa** flower stamen

nhuyễn *adj.* soft and smooth, yielding, well-kneaded: **bột nhuyễn** well-kneaded dough

nhuyễn khẩu cái *n.* soft palate, velum

nhuyễn thể *n.* mollusk

như 1 *adj.* like; as: **giống như** to look like; **hình như, dường như** it seems that; **y như** exactly alike, identical with; **còn như** as for; **khó gặp được người như bạn** it is hard to have a person like you **2** *conj.* if, in case: **như ông đồng ý, tôi sẽ làm** if you agree, I will do it

như ai *adv.* like/as any other: **cô ta cũng làm việc siêng năng như ai** she is working as hard as any other person

như cũ *adv.* as previously, as before

như hệt *adv.* exactly alike, as like as two peas

như không *adv.* a cinch, as if nothing had happened

như là *adv.* as if: **làm việc như là chơi** to work as if one plays

như sau *adv.* as follows

như thế *adv.* thus, so; like that

như thể *adv.* as if, like, as though

như thường *adj.* as usual

như trước *adv.* as before, as previously

như tuồng *adv.* as if, as though

như vầy *adv.* like this; then

như vậy *adv.* thus, so; like that

như xưa *adv.* as formerly

như ý *adj.* as you wish, as you like

nhứ *v.* to entice, to lure [with a bait]

nhừ *v., adj.* softened; well-done/cooked, tender: **nát nhừ** completely smashed; **chín nhừ** well-cooked

nhừ đòn *v.* to get a sound beating

nhừ tử *adj.* half-dead

nhử *n.* rheum [from the eyes]

nhử *v.* to entice, to lure: **nhử mồi** to lure with a bait

nhựa *n.* sap, gum, tar, resin; asphalt; glue: **nhựa sống** sap, vitality; **nhựa đường** asphalt

nhức *v.* to ache, to feel a stinging pain: **nhức đầu** to have a headache; **nhức răng** to have a toothache

nhưng *conj.* but, yet: **mặc dầu họ nghèo nhưng họ rất lương thiện** although they are poor, they are very honest; **nhưng mà** but

những *adv.* [pluralizer] various, all, certain number: **những ai** all those who, any one; **những gì** what [things]; **những khi** whenever, every time; **những lúc** whenever, every time; **những người không đóng thuế** those who don't pay taxes

nhược *adj.* (= **yếu**) weak; worn out, exhausted: **nhược điểm** weakness; **suy nhược** deficient, decreasing; **nhu nhược** weak [morally]

nhược bằng *adv.* if, in case: **nhược bằng bạn không thích thì bạn cứ nói với tôi** if you don't like it, just tell me

nhược điểm *n.* weakness, shortcoming [*opp.* ưu điểm]

nhược tiểu *adj.* underdeveloping: **các nước nhược tiểu** underdeveloping countries

nhường *v.* to cede, to yield, to be self-denying, to give up what is one's due: **nhường chỗ cho đàn bà, trẻ con và người già** to give up one's seat to women, children or elderly people

nhường ấy *n.* that much, that many: **nhường ấy cũng đủ** that much will do

nhường bước *v.* to give way to somebody

nhường chỗ *v.* to give up one's seat

nhường lại *v.* to give up something to someone, to leave something to someone: **tôi nhường phòng tôi cho bạn tôi** I am leaving my room to my friend

nhường lời *v.* to leave the floor [or pass the microphone] to somebody: **tôi xin nhường lời cho diễn giả** may I leave the floor for our speaker

nhường ngôi *v.* to abdicate

nhường nhịn *v.* to show self-denial: **anh em trong gia đình phải nhường nhịn lẫn nhau** brothers in a family have to give way to each other

nhượng *v.* See **nhường**

nhượng bộ *v.* to make concessions, to compromise, to yield, to give way

nhượng địa *n.* concession, leasehold

nhứt *num.* See **nhất**

nhựt *n.* See **nhật**

ni 1 *n.* Buddhist nun: **ni cô** Buddhist nun; **tăng ni** monks and nuns, the Buddhist clergy **2** *adj.* (= **này**) this, these: **cái ni** this thing

nỉ *n.* wool, felt

nỉ non *v.* to complain; to moan, to groan; [of speech] to be sweet, or plaintive

nia *adj.* large, flat basket

nĩa *n.* fork: **muỗng nĩa** spoon and fork

ních *v.* to stuff, to fill: **ních cho đầy túi** to fill up one's pocket; **chật ních** very crowded

nịch *adj.* sure, stable, firm: **chắc nịch** as iron; **chắc nịch** [of things] firm

niêm 1 *n.* stamp, postage stamp **2** *v.* to seal: **niêm phong bì lại** to seal an envelope

niêm luật *n.* prosody

niêm phong *v.* to close, to seal up [envelope, door]

niêm yết *v.* to stick, to post [bill, announcement]

niềm nở *adj.* [of welcome, reception] warm, cordial: **sự đón tiếp niềm nở** a warm welcome

niệm *v.* to pray under one's breath, to chant [prayer]: **tụng niệm** to chant prayers

niên *n.* (= **năm**) year: **thường niên** annual; **kinh niên** chronic; **tân niên** New Year; **chu niên** anniversary; **cao niên** old age; **đồng niên** of the same age; **ngũ niên** five years; **tất niên** year's end

niên bổng *n.* yearly salary, annual pay

niên đại *n.* era, age, generation: **niên đại đồ đá** The Stone Age

niên giám *n.* year book

niên hiệu *n.* dynastic title

niên học *n.* school year, academic year

niên khoá *n.* school year, fiscal year

niên kỷ *n.* age, era

niên lịch *n.* almanac

niên thiếu *n.* youth, young, childhood: **thời niên thiếu** the days of youth

niên trưởng *n.* senior, oldest person

niên xỉ *n.* age

niêu *n.* earthenware pot [used to cook rice, etc.]: **cơm niêu** rice cooked in an earthen pot

nín *v.* to stop [crying **khóc**, laughing **cười**, breathing **thở**]: **nín cười** to stop laughing

nín bặt *v.* to stop suddenly [crying, talking]

nín thinh *v.* to keep silent

nín thở *v.* to hold one's breath

ninh *v.* to braise, to simmer, to boil for a long time

nịnh *v.* to flatter, to fawn on

nịt *v., n.* to tie, to belt; garter, belt: **nịt bụng** to belt one's belly

níu *v.* to cling, to grab; to hold back, to pull back

no *v., adj.* full; [after eating] full, enough: **no bụng** to be full of stuff; **ăn cho no** to eat one's fill

no ấm *adj.* well-provided, well-off

no đủ *v.* to have all that one needs

no nê *adj.* full

no say *v.* to have eaten well

nó *pron.* [arrogant] he, him, she, her, it [child, animal]: **ông đã nói chuyện với nó chưa?** have you talked to him yet?

nỏ *n.* crossbow, arbalest

nõ *n.* core, slump; bowl [of pipe]

nọ *adv.* (= **kia**) other, that: **hôm nọ** the other day; **cái này cái nọ** this and that

nóc *n.* roof top, house top: **nóc nhà** house top

nọc *n.* venom, sting; talon, stock [in card game]: **nọc rắn** a snake's venom

noi *v.* to follow [trail **chân**, example **gương**]: **noi gương ai** to follow someone's example

nói *v.* to talk, to speak; to tell, to say: **nói chuyện với ai** to talk to someone; **nói tiếng Việt giỏi** to speak Vietnamese very well; **nói cho tôi nghe chuyện của bạn** tell me your story; **giọng nói** tone [of voice], voice; **hay nói** talkative; **lời nói** words

nói bóng *v.* to hint [with or without malice]

nói bỡn *v.* to crack jokes

nói càn *v.* to talk nonsense

nói cạnh *v.* to insinuate

nói chơi *v.* to kid, to joke: **đừng có giận, tôi nói chơi mà** don't be upset, I am just joking

nói dóc *v.* to tell a lie, to boast

nói dối *v.* to lie

nói đùa *v.* to kid, to joke

nói khoác *v.* to boast

nói láo *v.* to talk nonsense; to tell lies

nói leo *v.* to interrupt adults or superiors

nói mát *v.* to insinuate

nói phét *v.* to boast

nói quanh *v.* to speak around

nói thẳng *v.* to speak openly

nói thầm *v.* to whisper

nói thật *v.* to speak the truth

nói tục *v.* to use obscene language

nói xấu *v.* to speak ill of

nói xỏ *v.* to utter ironical innuendoes against

nòi *n.* race: **nòi người** human race

nom *v.* to look, to see: **chăm nom** to look after; **thăm nom** to visit; **trông nom** to look after, to take care of

non 1 *adj.* tender, young [*opp.* **già**]; to be unripe; weak, feeble; inexperienced, premature, a little less than: **để non** to be a premature baby; to have a premature baby; **da non** skin on a newly healed wound; **hầu non** young concubine; **ruột non** small intestine;

tre **non** young bamboo; **chết non** to die young **2** *n.* mountain: **núi non** mountains; **non xanh nước biếc** green mountains and blue water

non bộ *n.* rockwork in a garden

non choẹt *adj.* very young

non gan *adj.* chicken-hearted

non nớt *adj.* inexperienced, new in one's field

non nước *n.* motherland, fatherland

non sông *n.* fatherland, motherland

nón *n.* conical palm hat, cartwheel hat, hat, helmet (= **mũ**): **nón lá** conical palm hat; **đội nón an toàn** to wear a helmet

nón lá *n.* conical palm hat

nón lông *n.* feather hat

nõn *n.* bud, burgeon

nõn nà *adj.* white and soft: **trắng nõn nà** very white

nong **1** *n.* flat, large winnowing basket **2** *v.* to stretch; to exert oneself: **nong chiếc giày chật** to stretch a tight shoe

nóng *adj.* warm, hot [subject **trời** if weather is mentioned]; to be hot-tempered: **hơ nóng** to warm up over a fire; **hơi nóng** hot air; **máu nóng** angry, quick-tempered; **đốt nóng** to warm up

nóng bức *adj., n.* sweltering; suffocating heat

nóng đầu *adj.* feverish

nóng giận *v.* to become angry, to get mad

nóng hổi *adj.* [of food] very hot

nóng lạnh *v.* to have fever

nóng lòng *adj.* impatient, anxious

nóng mặt *v.* to become furious

nóng nẩy *v.* [of weather] to be hot; to be quick-tempered

nóng nực *adj.* hot, sweltering

nóng ruột *v.* to be impatient, anxious

nóng sốt *adj.* [of food] warm; impatient; [of news] fresh, hot: **thức ăn nóng sốt** hot food; **tin tức nóng sốt** hot/fresh news

nóng tiết *adj.* furious

nóng tính *adj.* quick-tempered

nọng *n.* neck, throat [of animals]

nô **1** *v.* to amuse oneself, to engage in frolic: **con nhà đó chỉ nô suốt ngày** their child plays the whole day **2** *n.* servant, slave: **nông nô** serf

nô bộc *n.* servant

nô đùa *v.* to amuse oneself, to play

nô lệ *n.* slave, slavery

nô lệ hóa *v.* to enslave

nô nức *v.* to emulate; to show up amidst excitement

nô tỳ *n.* maid-servant

nổ *v.* to explode, to go off: **chất nổ, thuốc nổ** explosive; **bùng nổ** to break out; **tiếng nổ** explosion

nỗ lực *v.* to strive, to endeavor, to exert all one's strength

nộ *v.* to intimidate: **không nên nộ trẻ con** don't intimidate the children

nốc *v.* to drink in one gulp, to gulp: **nốc nguyên một chai rượu** to gulp down the whole bottle of wine

nôi *n.* cradle

nối *v.* to join, to connect [by sewing, tying, welding]: **nối liền** to connect; **gạch nối** hyphen

nối dõi *v.* to carry on the lineage, to continue the ancestral line

nối đuôi *v.* to form a queue, to stand in line, to be bumper to bumper

nối gót *v.* to follow the example of, to imitate, to copy: **nối gót bậc đàn anh** to follow the examples of seniors

nối khố *adj.* [of friends] bosom: **bạn nối khố** a bosom friend

nối nghiệp *v.* to continue someone's work

nối ngôi *v.* to succeed to the throne

nồi *n.* pot, cauldron: **nồi đất** an earthen pot

nồi cất *n.* alambic, still

nồi chưng *n.* autoclave

nồi hấp *n.* autoclave

nổi **1** *v.* to rise to the surface, to emerge, to float; [of relief] high [*opp.* **chìm**]; to swell up, to appear; [of rebels] to rise up; [of storm] to come up: **nổi loạn** to riot, to revolt; **của nổi** visible wealth, real estate; **ba chìm bảy nổi** with many ups and downs; **trời nổi gió** the wind rises **2** *v.* (= **được**) to have the strength, to be able to, can [able to do something]: **nó không khiêng nổi cái thùng ấy** he can't carry that case; **dịch nổi không?** can you translate it?; **nó ăn nổi ba bát cơm rang** he can eat three bowls of fried rice

nổi danh *v.* to become famous

nổi loạn *v.* to rebel

nổi nóng *v.* to lose one's temper

nỗi lòng *n.* feelings, sentiments

nỗi niềm *n.* feelings, sentiments

nội *adj.* (= **trong**) inside, inner, internal [*opp.* **ngoại**]; on the father's side [*opp.* **ngoại**], among, within: **ông bà nội** paternal grandparents; **cháu nội** children of one's son; **nội nhật hôm nay** today; **bên nội** one's father's [lineage] side; **họ nội** relatives on father's side

nội bộ *n.* internal situation

nội các *n.* cabinet [in government]: **hội đồng nội các** cabinet council

nội chính *n.* domestic politics, internal affairs

nội công *n.* inner strength

nội cung *n.* inner temple; inner palace

nội dung *n.* contents [of speech, document]

nội địa *n.* inland
nội gián *n.* planted spy
nội hoá *n.* local goods
nội khoa *n.* internal medicine
nội loạn *n.* civil war; internal strife
Nội Mông *n.* Inner Mongolia
nội phản *n.* traitor
nội qui *n.* regulations, by-laws
nội tại *adj.* imminent
nội thận *n.* kidney
nội thương *n.* internal disease
nội thương *n.* internal trade
nội tịch *n.* registered on a village's roll [of names]
nội tình *n.* internal situation
nội trị *n.* internal affairs, internal administration
nội trợ *n.* housewife, housekeeper, housekeeping
nội tướng *n.* wife
nội vụ *n.* internal affairs: **Bộ trưởng Nội vụ** Secretary of Internal Affairs
nôm *n.* demotic or vulgar script: **chữ nôm** demotic script [as opp. to **chữ Nho/Hán** Chinese script]; **tiếng Nôm** native language
nồm *adj.* [of wind] southern: **gió nồm** south wind, southeast wind
nộm **1** *n.* salad **2** *n.* effigy to be burnt in a religious ceremony; puppet
nôn **1** *v.* to throw up, to vomit: **nôn mửa, nôn oẹ** to vomit; **buồn nôn** nauseous, nauseating **2** *v.* to be bursting to: **anh tôi nôn đi về nhà** my brother is bursting to go home
nôn nao *adj.* nauseous, dizzy, anxious
nôn nóng *v.* to be eager to, to be bursting to
nông **1** *n.* agriculture, farming: **canh nông** agriculture; **nhà nông** farmer; **nông trại** farm **2** *adj.* shallow: **cái hồ nầy nông** this lake is shallow
nông cạn *adj.* shallow, superficial
nông cụ *n.* farm implement, farm tools
nông dân *n.* peasant, farmer
nông gia *n.* farmer
nông giới *n.* farmers [collectively]
nông học *n.* agriculture, agronomy
nông lâm *n.* agriculture and forestry
nông nghiệp *n.* agriculture
nông nô *n.* serf
nông nổi *v.* to act without much thinking
nông nổi *n.* uncomfortable situation, plight
nông phu *n.* farmer
nông sản *n.* farm products
nông tín cuộc *n.* agricultural credit bureau
nông trại *n.* farm
nông trường *n.* collective farm
nồng *adj.* [of scent] strong; [of feelings] warm, intense, hot, ardent: **rượu nồng** strong wine

nồng hậu *adj.* warm, intense, deep: **cảm tình nồng hậu** a warm symphathy
nồng nàn *adj.* intense, profound, impetuous, passionate: **tình yêu nồng nàn** a passionate love
nồng nực *adj.* sweltering, sultry
nộp *v.* to deliver [criminal], to submit [application] to the authorities; to pay [taxes, fine], to hand in: **nộp đơn xin việc** to submit an application for a job
nốt **1** *n.* spot, mark: **nốt ruồi** beauty mark, mole **2** *v.* to finish [doing something], to finish up: **ăn nốt đi!** finish it!; **Làm nốt đi!** finish it! [work or food] **3** *n.* [Fr. *note*] grade, mark [student's]; note [music]
nơ *n.* [Fr. *noeud*] bow tie, bow [with **đeo, thắt** to wear]
nở *v.* [of flower, plant] to bloom, to open; [of eggs] to hatch: **gà nở** the chicken hatched; **sinh nở** to have a child
nở mày nở mặt *v.* to be happy, to be proud
nỡ *v.* to have the heart [to do something]: **nỡ lòng nào** to have the heart to do something for no reason; **chẳng nỡ, không nỡ** not to have the heart to
nợ *v.* to owe, to be in debt: **công nợ, món nợ** debt; **con nợ** debtor; **chủ nợ** creditor; **đòi nợ, hỏi nợ** to collect a debt; **khách nợ** debtor; **khất nợ** to ask for a postponement; **mang nợ, mắc nợ** to get into debt; **quịt nợ** to refuse to pay a debt; **vỡ nợ** bankrupt
nợ đời *n.* debt owed for a lifetime
nợ máu *n.* blood debt
nợ miệng *n.* bread-and-butter debt: **trả nợ miệng** to return an invitation to dinner
nợ nần *n., v.* debts; to owe
nơi *n.* place, location: **khắp mọi nơi** everywhere; **nơi sinh** birthplace; **đến/tới nơi** to arrive at a place
nới *v.* to disrobe, remove [a dress]; to ease, to slacken; to loosen [knot, control]: **nới thắt lưng** to loosen one's belt
nới rộng *v.* to extend [authority], to relax [control]
nới tay *v.* to be lenient, to relax control
nơm nớp *adj.* fearful, nervous
nụ *n.* bud: **nụ hoa** flower bud; **nụ hồng** a rose bud; **chè nụ, trà nụ** tea buds; **cười nụ** a smile
núc ních *adj.* fat and clumsy
núi *n.* [SV *sơn*] mountain: **ngọn núi** the top of a mountain; **chân núi** foot of mountain; **dãy/ răng núi** a range of mountains
núi lửa *n.* volcano
núi non *n.* mountains
nung *v.* to bake [brick, lime, iron]: **nung bánh mì** to bake bread

núm *n., v.* knob, button; handful; to seize, to catch; to grab: **núm cửa** a door knob; **núm lấy nó** to grab him

núm vú *n.* teat, nipple

núng *adj.* shaken, disturbed, weakened

nũng *adj.* wheedling [of child, wife]; to ask for/seek caress/attention from: **đứa bé làm nũng mẹ** the child is seeking a cuddle from his mother

nuộc *n.* round, turn, knot [of string]: **cột một nuộc lạt** to tie a turn of bamboo tape

nuôi *v.* [SV **dưỡng**] to nourish, to feed, to breed, to rear; to support, to adopt; to grow [hair]: **con nuôi** adopted child; **Hội Cha Mẹ Nuôi** Foster Parents Plan Inc; **vú nuôi** wet nurse; **nuôi con bằng sữa** to breastfeed; **nuôi chó** to breed a dog

nuôi dưỡng *v.* to cultivate, to foster

nuôi nấng *v.* to bring up: **nuôi nấng con cái** to bring up children

nuông *v.* to indulge, to spoil [child]: **nuông chiều con** to indulge one's children

nuốt *v.* to swallow; to control [anger, hatred]; to suppress; to break [promise **lời (hứa)**]: **nuốt một viên thuốc** to swallow a medicinal pill; **nuốt lời hứa** to break a promise

nuốt trửng *v.* to swallow without chewing

núp *v.* to hide, to take cover: **ẩn núp** to hide

nút *n.* cork, cap, stopper, knot: **mở nút chai** to draw a cork; **gỡ nút giây** to undo knots of a string

nữ *n.* (= **gái**) woman, female: **nữ anh hùng** heroine; **nữ cứu thương** female nurse; **cung nữ** imperial servant, imperial concubine; **phụ nữ** woman, women; **sư nữ** Buddhist nun

nữ anh hùng *n.* heroine (= **anh thư**)

nữ công *n.* housework, sewing, cooking

nữ điều dưỡng *n.* nurse

nữ giới *n.* women's world, the female sex

nữ hoàng *n.* queen

nữ học đường *n.* girls' school

nữ học sinh *n.* schoolgirl

nữ khán hộ *n.* female nurse

nữ lưu *n.* woman, girl; female

nữ ca sĩ *n.* female singer

nữ sinh *n.* schoolgirl

nữ sinh viên *n.* girl student

nữ thí sinh *n.* girl candidate, girl student [at exam], female examinee

nữ trang *n.* jewelry; female attire

nữ vương *n.* queen

nữ y tá *n.* female nurse

nứa *n., adj.* species of bamboo; slender, thornless, long-sectioned [used as building materials]

nửa *n.* [SV **bán**] a half; mid: **nửa tháng** half a month, fortnight; **già nửa** more than a half; **hơn nửa** more than a half; **quá nửa** a little more than fifty percent, over fifty percent; **non nửa** less than a half; **bán nửa tiền** to sell at half price; **nửa tỉnh nửa** half sober, half drunk; **nửa nọ nửa kia** half and half; **nửa nạc nửa mỡ** half joking, half serious

nửa chừng *n.* half way [done]

nửa đêm *n.* midnight

nửa đời *n.* uncompleted life

nửa đường *n.* half way

nửa ngày *n.* half day; noontime

nữa *adj.* additional, more, further: **lát nữa, chốc nữa** in a moment; **còn nữa** to be continued [put at the end of articles]; more coming; **hơn nữa** moreover; **hai quyển sách nữa** two more books; **hai người nữa** two more persons; **ăn nữa đi** eat some more

nữa là *adv.* much less, let alone, even: **cho vay nó còn không, nữa là cho hẳn** he wouldn't even lend me the money, let alone give me the money

nức *adj.* widespread; ardent, enthusiastic: **thơm nức** odorous, fragrant

nức danh *adj.* very famous

nức lòng *v.* to become enthusiastic

nức nôm *v.* to cry, to sob

nức nở *v.* to sob: **khóc nức nở** to sob one's heart out; **khen nức nở** to praise someone with many words

nức tiếng *v.* to become famous

nực *adj.* hot: **trời nắng nực** it is hot; **mùa nực** hot season, summer

nực cười *adj.* funny

nực nội *adj.* hot

nưng *v.* See **nâng**

nứng *v.* to be in the heat

nước 1 *n.* [SV **thuỷ**] water; liquid, fluid; juice [of fruit], milk [of coconut]: **tiền nước** water bill; **máy nước** hydrant; **nhiều nước** juicy; **đun nước pha trà** to boil water to make tea; **mời ông ngồi chơi xơi nước** please take a seat and have a cup of tea 2 *n.* [SV **quốc**] country, nation, state: **nhà nước** government, state; **đồ bán nước** traitor; **đất nước** nation, motherland; **yêu nước** patriotic

nước ăn *n.* drinking water

nước bài *n.* move [in card game]

nước bạn *n.* friendly nation, neighboring countries

nước bọt *n.* saliva

nước cam *n.* orange juice

nước canh *n.* soup

nước chanh *n.* lemon juice, lemonade

nước chấm *n.* sauce

nước chè *n.* tea [the drink]

nước cờ *n.* move [in chess]

nước da *n.* complexion

nước dãi *n.* saliva
nước đá *n.* ice
nước đái *n.* urine
nước đái quỉ *n.* ammonia
nước độc *n.* unhealthy climate
nước hoa *n.* perfume
nước kiệu *n.* amble
nước lã *n.* [plain] water
nước lạnh *n.* [cold] water
nước lọc *n.* boiled and filtered water
nước mắm *n.* fish sauce: **nước mắm là gia vị đặc biệt của người Việt** Vietnamese fish sauce is a very special spicy sauce
nước mặn *n.* salt or sea water
nước mắt *n.* tears
nước miếng *n.* saliva
nước ngoài *n.* foreign country: **nhiều người Việt ở nước ngoài** many Vietnamese are living in foreign countries
nước ngọt *n.* fresh water
nước nhà *n.* home country
nước non *n.* nation
nước sơn *n.* coat of paint
nước thuỷ triều *n.* tide
nước tiểu *n.* urine
nương **1** *n.* terrace field, farm [of sweet potatoes **khoai**, tea **chè**, mulberry **dâu**, etc.]: **ruộng mương** rice fields; **nương khoai** sweet potatoes field **2** *v.* to lean on, to rely on, to depend on [for support and shelter]: **cha mẹ nương nhờ con cái khi về già** parents depend on children when they get old
nương náu *v.* to take refuge, to be in hiding
nương tay *v.* to be careful; to treat with consideration
nướng *v.* to roast [meat, corn], to grill, to toast: **nấu nướng** to cook; **nướng bánh** to grill cake
nứt *v.* to crack, to split: **cái ly bị nứt rồi** a glass was cracked
nứt mắt *adj.* newly-hatched, too young
Nữu Ước *n.* New York: **đi thăm thành phố Nữu Ước** to visit New York City

O

o **1** *n.* paternal aunt [father's sister] **2** *n.* young girl: **o con gái** a young girl **3** *v.* to coax, to seduce, to flirt: **o mèo** to flirt
o bế *v.* to flatter; to pamper, to spoil
o o *v.* to snore noisily
o oe *v.* [of infant] to cry
ó *n.* eagle
ó *v.* to shout, to boo, to scream: **nhiều người la ó khi ông ấy đến** many people shouted

when he first arrived
oa trữ *v.* to receive [stolen goods], to harbor [criminal]
oà *v.* to break into tears: **khóc oà** to burst out into tears
oách *adj.* well-dressed
oạch *n.* thud: **rơi xuống một cái oạch** to fall down with a thud
oai *v., n.* to look stately, imposing; majesty, authority: **ông ta ra oai với mọi người** he shows his authority to everyone
oai nghiêm *adj.* stately, imposing, august
oai oái *v.* to cry because of pain
oai quyền *n.* power, authority
oai vệ *adj.* stately, imposing
oái oăm *adj.* complicated, intricate; strange; cruel, ironical
oải *adj.* tired, worn out: **uể oải** worn out
oan *adj.* to be condemned or punished unjustly: **vu oan** to accuse unjustly; **chết oan** to die unjustly; **đổ oan** to accuse falsely; **giải oan** to expiate; **chịu oan, bị oan** to be a victim of an injustice; **minh oan** to bring injustice to light; **thác oan** to die unjustly; **vu oan** to libel
oan gia *n.* misfortune, ruin
oan hồn *n.* soul of someone who died a victim of injustice
oan nghiệt *adj.* evil, wicked
oan trái *n.* [Buddhism] debt from previous life, karma derived from bad actions
oan uổng *adj.* unjust, unfortunate
oan ức *adj.* unfair, wrong
oán *v., n.* to resent, to bear a grudge against; resentment, hatred: **oán giận/oán hờn** resentment, hatred; **thù oán** to resent; **ân oán** ingratitude and rancor
oán thán *v.* to complain, to grumble
oán thù *v.* to resent, to hate: **bạn không nên gây oán thù với họ** you shouldn't cause resentment between them
oán trách *v.* to complain, to grumble
oản *n.* steamed glutinous rice molded into a truncated cone and offered in Buddhist temples: **oản bánh khảo** truncated cone-shaped cookie made of rice flour
oang *adj.* [of voice] resonant, resounding
oang oang *v.* to speak loudly
oanh *n.* oriole: **chim oanh** oriole
oanh kích *v.* to bomb, to attack with bombs
oanh liệt *adj.* to be glorious, famous, heroic, illustrious
oanh tạc *v.* to bomb: **máy bay oanh tạc** bomber
oanh tạc cơ *n.* bomber
oành oạch *adj.* frequent, thudding: **ngã oành oạch** to fall frequently

oằn oại *v.* [of wounded or suffering person] to squirm, to writhe

oằn tù tì *n.* one two three [children's game]

oắt *adj.* [slang] little, small [brat], puny: **oắt con** thin and short, dwarfish

oặt *v.* to bend, to give away

óc *n.* [SV **não**] brain, mind: **đầu óc minh mẫn** bright mind; **loạn óc** to be mentally disturbed; **nhức óc** deafening, ear-splitting

óc ách *adj.* (= **ọc ạch**) flatulent

óc xýt *n.* oxide: **óc xýt già** peroxide; **óc xýt mangan già** manganese peroxide

ọc *v.* to vomit, to throw up; to flow: **đứa bé bú xong đã ọc ra hết** the baby threw up everything after sucking milk

ọc ọc *v.* to gurgle, to bubble [of water]

oe oe *v.* [of baby] to cry, to wail: **em bé khóc oe oe** the baby cries

oẹ *v.* to vomit: **nôn oẹ** to retch

oi *adj.* sultry, hot and sticky: **trời oi ả/oi bức** it is hot and sticky

oi ả *adj.* hot and sticky

oi bức *adj.* hot and muggy

ói *v.* to have indigestion; to throw up, to vomit

om **1** *v.* to simmer [fish, shrimps, crab]; to drag out: **om cá** to simmer fish **2** *adv.* noisily: **bà ấy la lối om sòm** she shouted noisily **3** *adj.* very dark: **tối om** pitch dark **4** *n.* [Fr. *ohm*] ohm [in physics]: **om kế** ohmmeter

om sòm *adv.* noisily

ỏm *adj.* noisy, fussy: **cãi nhau ỏm tỏi** to quarrel noisily

ỏn ẻn *adj.* [of voice] female-like, soft-spoken

ong *n.* bee: **bầy ong** swarm of bees; **tổ ong** beehive; **mật ong** honey; **sáp ong** beeswax

ong bầu *n.* wasp

ong bướm *n.* bees and butterflies; flirtations, love making

ong chúa *n.* queen bee

ong đất *n.* wasp

ong đực *n.* drone

ong mật *n.* honey bee

ong nghệ *n.* drone

ong thợ *n.* worker bee

óng *adj.* [of fabric] shining, glossy: **óng ả/óng ánh** smooth and shining, glittering

ỏng *v.* to be potbellied: **ỏng bụng** [of belly] protuberant

õng ẹo *v., adj.* to walk or behave flirtatiously; unusual and playful: **cô ấy đi õng ẹo** she walks in playful steps

óp *adj.* meager, not well-filled: **đừng có mua cua óp** don't buy a skinny crab

ọp ẹp *adj.* [of box, package] flimsy, cranky: **cái hộp nầy ọp ẹp lắm** this box is very flimsy

ót *n.* nape/scruff of the neck

Ô

ô **1** *n.* (= **dù**) umbrella: **che ô** to carry an umbrella over one's head; **xếp ô lại** to close an umbrella; **dương ô** to open an umbrella **2** *n.* compartment, box, case; drawer: **kéo ô tủ ra lấy hồ sơ** to pull out drawers to find files **3** *n.* black: **ngựa ô** black horse **4** *exclam.* oh! hey!: **ô hay! bạn có ý gì?** hey, what do you mean?

ô chữ *n.* crossword puzzle

ô danh *n.* bad reputation

ô hay *exclam.* well, why!: **ô hay! sao bạn làm như thế** well, why did you do that!

ô hô *exclam.* alas!

ô hợp *adj.* undisciplined, disorderly, unruly: **đạo quân ô hợp** an undisciplined army

ô kéo *n.* drawer

ô lại *n.* corrupt official

ô mai *n.* apricots [or other small fruits] preserved in salt licorice and ginger

ô nhục *adj.* dishonored, sullied, ignoble: **ông ta cảm thấy ô nhục vì đã phạm lỗi lầm lớn** he felt like an ignoramus after he made a big mistake

ô rô *n.* holly

ô ten *n.* [Fr. *hôtel*] hotel

ô tô *n.* [Fr. *automobile*] auto(mobile), car, vehicle: **bạn tôi đi ô tô Nhật** my friend drives a Japanese car

ô tô buýt *n.* bus

ô tô ray *n.* motor-rail

ô trọc *adj.* impure, filthy

ô uế *adj.* filthy, dirty

ố *adj.* spotted, stained, soiled: **hoen ố** stained

ồ **1** *exclam.* oh!: **ồ! hay quá** oh! excellent! **2** *v.* to rush, to dash: **cười ồ** to roar with laughter

ồ ạt *v.* [of a crowd] to move fast and impetuously

ổ *n.* nest, brood, litter, pallet, hole; loaf: **ổ chim** bird nest; **ổ mắt** eye hole; **một ổ bánh mì** a loaf of bread

ốc *n.* snail; nut, screw; shell-fish: **đinh ốc** screw; **ốc sên** snail; **bún ốc** shell-fish vermicelli soup

ốc bươu *n.* shell-fish

ốc nhồi *n.* large edible snail: **mắt ốc nhồi** bulging eyes

ốc vặn *n.* helix, screw

ộc *v.* to spew, to gush out, to flow out: **ộc máu ra** to spew blood out

ôi **1** *adj.* [of meat] spoiled, rotten, tainted: **thịt ôi** tainted meat **2** *exclam.* alas! oh!: **chao ôi! than ôi!** alas!; **trời ôi!** Heavens! oh! my God!

ối **1** *exclam.* oh!: **ối trời ôi!** Heavens! Help! **2** *adj.* plenty of, many: **còn ối ra đấy** there is still plenty of it

ổi *n.* guava: **quả/trái ổi** guava fruit

ôm *v.* to embrace, to carry in both arms [with **chặt, ghì** tightly]: **người mẹ ôm đứa con vào lòng** the mother carries her child in both arms

ôm ấp *v.* to hug; to cherish, to harbor

ôm bụng *v.* to hold one's sides [with laughter]

ôm chầm *v.* to embrace, to hug tight

ốm *adj.* [SV **bệnh**] sick, ill (= **đau**); to be lean, skinny (= **gầy**): **phát ốm** to become sick; **cáo ốm** to feign illness

ốm liệt giường *v.* to be seriously ill

ốm nặng *adj.* seriously ill

ốm nghén *v.* to have morning sickness

ốm tương tư *v.* to be lovesick

ốm yếu *adj.* thin, weak, feeble

ôn *v.* to review [lessons], to revise: **ôn lại bài để thi** to review one's lessons for an examination

ôn dịch *n.* epidemic; plague

ôn độ *n.* temperature

ôn đới *n.* temperate zone

ôn hoà *adj.* moderate, conciliating

ôn tập *v.* to review [lesson]

ôn tồn *adj.* [of voice, speech] calm, poised

ồn *adj.* noisy: **làm ồn** to make noise

ồn ào *adj.* noisy

ổn *adj.* settled, steady: **ổn định** steady, stable; **yên ổn** peaceful, safe

ổn định *adj.* stable, steady

ổn thoả *adj.* settled or arranged peacefully, satisfactory to all

ông **1** *n.* grandfather; you [used by grandchild to grandfather, first person pronoun being **cháu**]; I [used by grandfather to grandchild, second person pronoun being **cháu**]: **ông nội** paternal grandfather; **ông ngoại** maternal grandfather **2** *n.* gentleman, sir, Mr., you [used for men, first person pronoun being **tôi**]; he [of men over 30]: **chào ông** Good morning sir; **ông Nam là một người Việt** Mr. Nam is a Vietnamese

ông bà **1** *n.* grandparents; Mr. and Mrs. [so and so]: **kính gởi ông bà Nguyễn Văn Nam** to Mr. and Mrs. Nguyen Van Nam **2** *n.* ancestors, forefathers: **thờ cúng ông bà** to worship one's ancestors

ông bụt *n.* Buddha

ông cháu *n.* grandfather and grandchild: **hai ông cháu ông Việt** Mr. Viet and his grandchild

ông công *n.* the kitchen god

ông cụ *n.* father; old gentleman

ông lão *n.* old man

ông ngoại *n.* maternal grandfather

ông nhạc *n.* father-in-law

ông nội *n.* paternal grandfather

ông tổ *n.* ancestor

ông trăng *n.* the moon

ông trời *n.* heavens

ống *n.* tube, pipe, canal; piggy bank: **ống dẫn nước** water pipe; **bỏ ống** to put money in a piggy bank

ống cao su *n.* hose

ống chân *n.* shin

ống chỉ *n.* spool, reel

ống điếu *n.* pipe [for smoking]

ống khói *n.* smokestack, chimney

ống kính *n.* lens [of a camera]

ống máng *n.* drain pipe, gutter [under the eaves]

ống nghe *n.* stethoscope; earphone

ống nhỏ giọt *n.* dropper

ống nhòm *n.* binoculars, field glasses, opera glasses

ống nhổ *n.* spittoon

ống phóng *n.* spittoon, cuspidor

ống quần *n.* leg of trousers

ống sáo *n.* flute

ống tay áo *n.* sleeve of coat

ống tiêm *n.* syringe [for injections]

ống tiền *n.* piggy bank

ổng *pron.* he, him (= **ông ấy**)

ốp **1** *v.* to prod, to goad: **ốp ai làm việc gì** to prod someone to do something **2** *v.* to press together: **ốp hai bàn tay lại** to press two hands together

Ơ

ơ *intj.* hey!: **ơ! việc gì đấy?** hey! what is the matter?

ơ hờ *adj.* indifferent

ờ *intj.* yes, yea!: **bạn đồng ý không? ờ, tôi đồng ý** do you agree? yes, I do

ở **1** *adv.* [SV **tại**] to be located, at, in, on: **quyển sách ở trên bàn** the book is on the table; **quyển sách dấu ở trong ngăn kéo** the book was hidden in the drawer **2** *v.* to live: **tôi ở đường Võ Tánh** I live on Vo Tanh Street; **bạn tôi ở Hà Nội** my friend lives in Hanoi **3** *v.* to behave: **ở ác với người khác** to behave wickedly to someone

ở cữ *v.* to bear a child; to be confined

ở đậu *v.* to stay temporarily

ở đợ *v.* to be a servant

ở không *adj.* idle

ở lại *v.* to stay, to remain: **ông ấy ở lại đây vài ngày** he stays here for a few days

ở lỗ *v.* to be naked

ở riêng *v.* to make a separate home; to get married

ở trọ *v.* to board, to live in a boarding-house
ở truồng *v.* to be naked
ở vậy *v.* to stay single
ợ *v.* to burp, to belch
ơi *intj.* hey! hello!: **mình ơi! mình ở đâu?** hey my darling! where are you?; **trời ơi!** Heavens!; **Lâm ơi!** hey Lam!
ỡm ờ *adj.* to pretending not to be serious; in a joking manner: **cô ta ăn nói ỡm ờ không ai tin được** no one believes her because she speaks in a joking/teasing way
ơn *n.* [SV **ân**] favor: **làm ơn cho ai** to do someone a favor; **cảm ơn** thank, thank you; **biết ơn** to be grateful; **chịu ơn** to be indebted to; **đền ơn** to return a favor
ơn huệ *n.* favor
ơn nghĩa *n.* favor, benefit, blessing
ớn *v.* to be sick of: **tôi ớn món xôi rồi** I am getting sick of sticky rice
ớt *n.* chilli, red pepper: **tương ớt** chilli sauce: **bạn ăn tương ớt được không?** can you take chilli sauce?

P

pa-ra-bôn *n.* parabola
pha 1 *v.* to mix; to prepare, to make: **pha trà** to make tea; **pha cà phê** to make coffee 2 *adj.* all-purpose, miscellaneous: **làm pha nhiều việc** to do miscellaneous work 3 *n.* [Fr. *phare*] phase, stage: **dòng điện ba pha** three-phase electricity 4 *n.* [Fr. *phare*] headlight, searchlight: **đèn pha** high beam carlight [*opp.* **cốt**]
pha lê *n.* crystal: **một bộ ly pha lê** a set of crystal glasses
pha trò *v.* to clown, to joke, to make jokes: **ông ấy cứ pha trò suốt ngày** he makes jokes all the time
pha trộn *v.* to mix: **pha trộn xi-măng và cát** to mix cement and sand
phá *v.* to destroy, to demolish; to disturb, to bother: **phá nhà cũ để xây nhà mới** to demolish an old house in order to build a new one; **tôi đang làm việc, đừng phá tôi** I am working, don't disturb me
phá án *v.* to annul/void a verdict
phá bĩnh *v.* to play a dirty trick
phá đám *v.* to disturb, to be a joykiller, to sabotage
phá giá *v.* to set a price war; to devaluate: **phá giá đồng bạc Việt Nam** to devaluate the Vietnamese currency
phá giới *v.* to violate religious commandments

phá hoại *v.* to destroy, to sabotage: **công tác phá hoại** demolition operation
phá huỷ *v.* to destroy
phá kỷ lục *v.* to break a [previous] record
phá ngang *v.* to stop going to school, to abandon one's work
phá phách *v.* to devastate, to plunder
phá quấy *v.* to disturb the peace
phá sản *v.* to become bankrupt: **ông ấy bị phá sản vì làm ăn buôn bán lỗ** he went bankrupt because his business suffered losses all the time
phá tân *v.* to deflower
phá thai *v.* to have an abortion
phá trinh *v.* to deflower
phá vỡ *v.* to break through
phà *n.* ferry
phác 1 *v.* to reek, to breathe 2 *v.* to sketch; to outline: **phác thảo một kế hoạch** to outline a plan
phác hoạ *v.* to sketch, to outline: **phác hoạ một toà nhà cao ốc** to sketch a building plan
phách 1 *adj.* bossy, boastful, haughty: **làm phách** to be boastful 2 *n.* manner, way: **mỗi người một phách** everyone has his own mannerism 3 *n.* detachable section, upper part of examination paper bearing examinee's name: **rọc phách** to cut off the detachable section of an examination paper
phạch *n.* whack [noise of fans, sails, etc.]
phai *v.* to fade; to fade away: **áo bạn đã phai nhạt màu** the color of your shirt has faded
phái 1 *n.* branch, faction, wing, party: **tả phái** left wing; sect; **giáo phái** sect; **phe phái** faction; **đảng phái** parties, partisan 2 *v.* to delegate, to send someone to do something
phái bộ *n.* mission
phái đoàn *n.* mission, delegation: **phái đoàn ngoại giao** diplomatic mission; **phái đoàn thương mại** trade mission; **trưởng phái đoàn** chief delegate
phái nữ *n.* female sex
phái viên *n.* envoy; correspondent: **đặc phái viên của ABC** special correspondent of ABC [a US or Australia TV station]
phải 1 *v.* to have to; must, should, ought to: **mọi người phải tuân theo pháp luật** everyone has to obey the law; **con cái phải vâng lời cha mẹ** children ought to listen to their parents 2 *adj.* right [*opp.* **trái**]: **tay phải** right hand; **làm điều phải** to do the right thing 3 *adj.* correct [*opp.* **sai**]; all right; yes: **trả lời phải** correct answer; **phải không?** is that correct?
phải biết *adv.* extremely, truly: **đẹp phải biết** extremely beautiful
phải cách *adj., n.* proper, decent; right way, correct method

phải chăng *adj.* reasonable: **tôi mua cái nhà của tôi với giá phải chăng** I bought my house at a reasonable price

phải đạo *adj.* conformable doing a duty

phải đòn *v.* to get a spanking

phải gió *v.* to catch cold; to be naughty: **cái anh nầy phải gió!** how naughty you are!

phải không *adv.* [tag question words ending equivalent to "is it?," "isn't it?," "are you?," "aren't you?," "does it?" etc.]: **bạn là người Việt, phải không?** you are Vietnamese, aren't you?

phải lòng *v.* to fall in love with

phải rồi *adj.* quite right, that is it: **phải rồi, tôi đồng ý với bạn** quite right, I agree with you

phải trái *adj.* right and wrong

phàm 1 *adv.* as, being, generally speaking: **phàm là người, ai cũng có lần lầm lỗi** as human beings, everyone makes mistakes sometime 2 *adj.* to be coarse, rude: **người phàm ăn** a rough eater

phàm lệ *n.* common sense; foreword

phàm phu *n.* ordinary man, philistine

phàm trần *n.* this world

phàm tục *n.* common custom

phạm 1 *v.* to violate, to break: **phạm luật đi đường** to break traffic regulations 2 *v.* to commit, to make: **phạm tội** to commit an offense; **phạm lỗi** to make a mistake

phạm nhân *n.* convict, prisoner

phạm pháp *v.* to break the law

phạm phòng *v.* to become sick after having sexual intercourse

phạm thượng *v.* to be impolite to superiors

phạm trù *n.* category, field

phạm vi *n.* sphere, domain, field, scope, competence

phán *v.* [of kings, superiors] to order, to command

phán đoán *v.* to judge

phán quyết *v.* to decide, to make a decision

phàn nàn *v.* to complain, to grumble

phản 1 *n.* wooden bed, camp bed 2 *v.* to be disloyal to; to betray: **lừa thầy phản bạn** to deceive one's teacher and betray one's friend

phản ánh *v.* to reflect; to inform, to report

phản bội *v.* to betray

phản cách mạng *adj.* anti-revolutionary, counter-revolutionary

phản chiếu *v.* to reflect: **sự phản chiếu toàn phần** total reflection

phản chứng *n.* counter-evidence

phản công *v.* to counter-attack, to engage in counter-offensive

phản cung *v.* [of criminal or suspect] to contradict oneself, to retract one's statement

phản dân chủ *adj.* anti-democratic

phản đế *adj.* anti-imperialist

phản đề *n.* antithesis

phản đề nghị *n.* counter-proposal

phản đối *v.* to oppose, to object, to be against: **công đoàn phản đối việc tăng lương 2 phần trăm, họ đòi năm phần trăm** the union objects a two percent salary increase; they are asking for five percent

phản động *adj.* reactionary

phản gián *v.* to carry out counter-intelligence

phản gián điệp *n.* counter-espionage, counter-spy

phản hồi *v.* to go back, to return to

phản kháng *v.* to protest [against], to oppose

phản loạn *n., v.* rebellion; to rebel, to revolt

phản lực *n.* counter-reaction: **máy bay phản lực** jet plane

phản nghịch *adj.* rebellious

phản phúc *adj.* treacherous

phản quốc *v.* to betray one's nation: **tên phản quốc** traitor, quisling

phản tặc *n.* rebel

phản trắc *v.* to betray

phản ứng *v., n.* to react; reaction

phản xạ *v., n.* to reflect; reflection

Phạn 1 *n.* Sanskrit, Pali: **kinh chữ phạn** a Sanskrit book of prayers 2 *n.* cooked rice (= **cơm**)

phạn điếm *n.* inn, restaurant, eatery

Phạn ngữ *n.* Sanskrit, Pali

Phạn tự *n.* Sanskrit

phang *v.* to hit hard with a long stick, to whack

phảng phất *v., adj.* [of thoughts, memories] to flit by, to linger, to waft; vague, dim

phanh 1 *v.* to open up, to dissect [corpse **thây**], to unbutton [shirt **áo**]: **phanh áo ra** to unbutton one's shirt 2 *v.* (= **thắng**) [Fr. *frein*] to brake: **bóp phanh/hãm phanh** to apply the brake; **phanh tay** hand brake; **cái phanh này không ăn** this brake doesn't work

phanh ngực *v.* to bare one's chest

phanh phui *v.* to reveal, to expose

phanh thây *v.* to kill someone violently with a knife [criminal]

phành phạch *v.* to flop [fan and the like] noisily

phao 1 *n.* life buoy, life saver; float: **mang phao vào khi lên tàu** to put on a life saver while in a boat 2 *n.* oil container in a lamp 3 *v.* to spread [news, rumor], to circulate: **phao tin nhảm** to circulate false rumors

phao khí *v.* to give up, to forgo, to relinquish

phao phí *v.* to waste, to squander: **phao phí thì giờ** to waste time

pháo 1 *n.* firecracker: **đốt pháo** to set off firecrackers 2 *n.* artillery gun

pháo binh *n.* artillery man
pháo bông *n.* firework
pháo cối *n.* big firecracker
pháo đài *n.* fort, fortress, stronghold, bulwark: **pháo đài bay** rocket fortress
pháo đội *n.* battery; squad
pháo hạm *n.* gunboat
pháo thủ *n.* artillery man
pháp *n.* (= **phép**) rule, law: **hợp pháp** legal; **bất hợp pháp** illegal, unlawful; **công pháp** public law; **cú pháp** syntax; **hình pháp** criminal law; **hiến pháp** constitution; **lập pháp** legislative; **phạm pháp** to break the law; **phi pháp** illegal, unlawful; **hành pháp** executive; **tư pháp** judiciary
Pháp *n.* France: **người/tiếng Pháp** French
pháp chế *n.* legislation, legal system
pháp danh *n.* religious name of a Buddhist
pháp đình *n.* court, tribunal: **tối cao pháp đình** the Supreme Court
pháp định *v., adj.* to go by the law; legal: **cơ quan pháp định** a legal organization
pháp lệnh *n.* law and order
pháp luật *n.* laws, the law
pháp lý *n.* law, legal
Pháp ngữ *n.* French [spoken language]
pháp nhân *n.* juror
Pháp quốc *n.* France
Pháp tịch *n.* French citizenship, French nationality
pháp trường *n.* execution grounds
Pháp văn *n.* French [written language]
pháp viện *n.* court, tribunal: **tối cao pháp viện** the Supreme Court
Pháp Việt *n.* Franco-Vietnamese
phát 1 *v.* to distribute; to emit, to utter: **phát bài học cho học sinh** to distribute lessons to students; **phát khói** to emit smoke 2 *v.* to start, to break out; to become: **phát cáu** to become angry; **phát điên** to get mad 3 *n.* shot, injection: **một phát súng** a gunshot; **một phát tiêm** an injection, a shot 4 *v.* to slap, to spank: **phát vào mông ai** to spank someone's bottom 5 *v.* to cut/trim, to scythe
phát âm *n.* to pronounce: **phát âm tiếng Việt** to pronounce Vietnamese; **điểm phát âm** point of articulation
phát âm học *n.* articulatory phonetics
phát biểu *v.* to express opinions; to make a speech
phát cáu *v.* to get angry
phát chẩn *v.* to give alms
phát dục *v.* to grow, to develop
phát đạt *v.* to prosper, to thrive
phát điện *v.* to generate electricity: **máy phát điện** generator
phát động *v.* to begin a movement; to mobilize

phát giác *v.* to reveal, to disclose, to uncover [a plot, secret]
phát hành *v.* to publish, to issue, to distribute: **phát hành sách** to distribute books; **nhà phát hành** distributor
phát hiện *v.* to discover; to excavate
phát hoả *v.* to catch fire; to open fire
phát huy *v.* to develop; to manifest
phát khiếp *adj.* terrified
phát mại *v.* to put up for sale
phát minh *v., n.* to discover, to invent; invention
phát ngôn nhân *n.* (= **phát ngôn viên**) spokesman: **phát ngôn viên bộ ngoại giao** a spokesman of the Ministry of Foreign Affairs
phát nguyên *v.* [of river] to rise; to originate: **sông Cửu Long phát nguyên từ Trung Hoa** the Mekong River originates in China
phát nguyện *v.* to make a vow
phát phì *v.* to get fat
phát sinh *v.* to produce, to create; to be born
phát tài *v.* to get rich, to become wealthy, to prosper
phát thanh *v.* to broadcast: **đài phát thanh** broadcasting station; **máy phát thanh** radio transmitter
phát thệ *v.* to swear, to vow
phát tích *v.* to originate, to rise up
phát tiết *v.* to come out, to appear
phát triển *v.* to develop, to expand: **Việt Nam cần phát triển công nghiệp nặng** Vietnam should develop its heavy industry
phát xít *n., adj.* [Fr. *fasciste*] fascism; fascist
phát xuất *v.* to originate, to spring, to start
phạt 1 *v.* to cut down, to prune: **phạt cành cây** to cut down the branches of a fell tree 2 *v.* to punish; to penalize, to fine: **tiền phạt** fine; **nộp phạt** to pay the fine; **trừng phạt** to punish; **biên phạt** to give a ticket to; **hình phạt** punishment
phạt góc *v.* to be penalized with a corner-kick
phạt vạ *v.* to punish by a fine
phau *adj.* very white, spotless: **trắng phau** white as snow
phắc tuya *n.* [Fr. *facture*] invoice, bill
phăng *adj.* straight away, immediately: **sao anh không đi phăng lên Đà Lạt?** Why don't you go to Dalat straight away?
phăng phắc *adj.* completely silent
phẳng *adj.* level, even; smooth, calm, quiet: **hình học phẳng** plane geometry; **mặt phẳng** plane; **sòng phẳng** square, honest [in transactions]
phẳng lặng *adj.* calm, quiet, peaceful
phẳng lì *adj.* very smooth, even, flat
phẳng phiu *adj.* even, level, smooth
phất *v., adv.* to act right away; at once, immediately: **đứng phất dậy** to stand up immediately

phẩm *n.* dye; ink
phẩm bình *v.* to criticize; to comment
phẩm cách *n.* human dignity: **giữ gìn phẩm cách** to preserve one's dignity
phẩm chất *n.* quality: **bảo đảm phất chất tốt** a good quality insurance
phẩm giá *n.* dignity
phẩm hàm *n.* grade, rank
phẩm hạnh *n.* good behavior
phẩm loại *n.* class, kind, type
phẩm phục *n.* mandarin's costume
phẩm vật *n.* articles, items, things
phân 1 *n.* a hundredth; centimeter, centigram, percent [of interest]: **lãi năm phân** five percent interest; **bách phân** percentage; **thập phân** decimal **2** *n.* excrement, dung, night soil, manure: **phân bón** fertilizer; **bón phân** to use fertilizer on soil **3** *v.* (= **chia**) to divide: **phân khúc vãi nầy thành ba phần** to divide this fabric into three parts
phân ban *n.* sub-committee; section, sub-department
phân bày *v.* to explain
phân bì *v.* to compare enviously
phân biệt *v.* to distinguish, to discriminate: **chúng ta cần phân biệt phải trái** we should distinguish between right and wrong
phân bố *v.* to distribute, to dispose: **phân bố hàng hoá đồng đều cho mọi người** to distribute goods equally to everyone
phân bua *v.* to justify oneself, to excuse oneself
phân cách *v.* to separate
phân cấp *v.* to decentralize, to delegate powers to lower levels
phân chia *v.* to divide up
phân công *v.* to divide up the work, to assign work: **phân công cho nhân viên** to assign work for employees
phân cục *n.* sub-branch office, sub-department
phân cực *v.* to polarize
phân định *v.* to classify
phân giải *v.* to mediate; to explain, to solve, to consolidate: **phân giải sự bất đồng giữa hai người** to mediate between two persons in conflict
phân giới *v., n.* to demarcate; demarcation
phân hạng *v.* to classify
phân hoá *v.* to split
phân hội *n.* association branch
phân khoa *n.* faculty, college, school [within a university]: **phân khoa giáo dục** school of education
phân loại *v.* to classify
phân ly *adj., v.* separated; to part
phân minh *adj.* clear, clear-cut, concise
phân nhiệm *v.* to divide responsibilities

phân nửa *num.* half
phân phát *v.* to distribute
phân phối *v.* to distribute, to allocate: **cuốn từ điển nầy sẽ được phân phối khắp trên thế giới** this dictionary will be distributed all over the world
phân quyền *v.* to decentralize
phân số *n.* fraction, rate [of interest, etc.]
phân suất *n.* percentage [of moisture, commission]; amount, percent, rate [of interest]
phân tách *v.* to analyze
phân tán *v.* to scatter, to disperse
phân tâm *adj.* undecided
phân tích *v.* to analyze
phân tranh *v.* to be in conflict, to clash, to quarrel
phân trần *v.* to explain one's intentions
phân tử *n.* molecule
phân ưu *v.* to share sorrow, to convey one's sympathy [to a bereaved person]
phân vân *v., adj.* to be undecided; perplexed
phân xử *v.* to arbitrate, to settle
phân xưởng *n.* workshop
phấn 1 *n.* powder [for face, body]: **đánh phấn** to powder one's face; **trát phấn** to use too much make up; **đánh son phấn** to make up **2** *n.* pollen: **phấn ngô** maize pollen **3** *n.* chalk: **một cục phấn** a piece of chalk
phấn đấu *v.* to struggle with enthusiasm, to strive
phấn hoa *n.* pollen: **dị ứng phấn hoa** pollen allergy
phấn khởi *v.* to be encouraged; to feel enthusiatic
phấn sáp *n., v.* cosmetics; to make up
phấn son *n.* powder and lipstick, cosmetics
phần *n.* part, portion, share: **chia làm niều phần** to divide into many parts; **cổ phần** share, stock
phần đông *adv.* most, the majority of
Phần Lan *n.* Finland, Finnish
phần mộ *n.* tomb, grave
phần nhiều *adv., adj.* most, the majority of, mostly, generally
phần thưởng *n.* prize, award: **lễ phát phần thưởng** prize/award ceremony
phần trăm *n.* percentage
phần tử *n.* element
phẫn *n.* excrement, feces
phẫn chí *v.* to be bitterly disappointed
phẫn nộ *v.* to be angry, to be furious
phẫn uất *v.* to be angry at an injustice
phận *n.* condition, status, fate, lot, plight (= **phần**): **số phận** fate, destiny; **an phận** to be content with one's lot; **danh phận** fame, renown; **duyên phận** fate in marriage
phận sự *n.* duty, function
phận vị *n.* position, status

phấp phỏng *v.* to be flustered, to be restless because of worry

phấp phới *v.* [of flags **cờ**, banner **biểu ngữ**, sails **buồm**] to flutter, to wave: **những lá cờ đang phất phới trong gió** flags are fluttering in the wind

phập phồng *v.* to be worried; to throb

phất 1 *v.* to wave; to brush away: **phất cờ** to wave flags 2 *v.* to prosper in business, to become rich

phất phơ *v.* to wander, to loiter about; to waver

phất trần *n.* feather duster

Phật *n.* Buddha: **Phật tử** Buddhist; **đạo Phật** Buddhism; **niệm Phật** to pray to Buddha; **Phật đản** Buddha's birthday

Phật giáo *n.* Buddhism

Phật học *n.* studies in Buddhism

Phặt lăng *n.* [F. *franc*] French franc

Phật tổ *n.* Buddha

Phật tử *n.* Buddhist

phẫu thuật *n.* surgery: **giải phẫu** to have an operation

phẩy 1 *v.* to brush lightly with one's finger; to fan off gently 2 *n.* comma: **dấu phẩy** comma

phe *n.* faction, side, sect: **về phe với ai** to take sides with someone; **phe cánh** faction; **phe đảng** partisan

phe phẩy *v.* to wave [fan, etc.] lightly

phè *v., adv.* to be satiated; excessively: **chán phè** to be excessively dull

phè phỡn *v.* to be satiated, to over-indulge

phen *n.* time, turn, chance, occasion: **đôi phen** sometimes, now and then; **nhiều phen/lắm phen** many times

phèn chua *n.* alum

phèn đen *n.* iron sulfate

phèn phẹt *adj.* flat and round [of face]

phèn xanh *n.* copper sulfate

phèng la *n.* gong

phép *n.* [SV **pháp**] rule, custom, usage, method; permission, authorization; magical power: **lễ phép** politeness; **xin phép** to ask permission; **cho phép** to permit, to allow; **được phép** to have permission; **giấy phép** permit

phép chia *n.* division

phép cộng *n.* addition

phép cưới *n.* civil marriage

phép lạ *n.* miracle

phép mầu *n.* miracle

phép nhà *n.* family's rule of conduct

phép nhân *n.* multiplication

phép rửa tội *n.* Christening

phép tắc *n.* rules, regulations; politeness, courtesy

phép trừ *n.* substraction

phét *v.* to boast, to brag: **nói phét** to tell tall tales, to tell a lie

phét lác *v.* to boast, to brag

phê *v.* to initial, to sign [to express, either approval or disapproval], to pass on, to mark [student papers]; to criticize, to comment

phê bình *v.* to criticize, to review: **nhà phê bình** critic

phê chuẩn *v.* to approve, to ratify, to accept [treaty]

phế *v.* to abandon; to remove from office: **truất phế** to remove from a position, to dethrone

phế bào *n.* vesicule

phế binh *n.* war invalid

phế bỏ *v.* to abolish, to nullify

phế đế *n.* dethroned emperor

phế hưng *n.* decadence and prosperity

phế nang *n.* alveolus

phế nhân *n.* invalid; disabled person

phế phẩm *n.* substandard products, second-hand products

phệ *adj.* fat, obese, pot-bellied

phếch *adj.* very white, bleached

phên *n.* bamboo wattle, bamboo lattice used as partition

phềnh *v.* to swell up, to be distended

phềnh bụng *adj.* full [from eating], or big with child

phệnh *adj.* big and fat; **ông phệnh** pot-bellied figurine

phết 1 *n.* comma: **dấu phết** comma [,] 2 *v.* to spread: **phết hồ** to spread glue

phệt *v., adj.* sitting on the ground; plump

phễu *n.* funnel: **rót dầu vào chai bằng phễu** to use a funnel to pour oil into bottles

phi 1 *v.* to fry [onions], to brown: **phi hành** to fry onions 2 *n.* Africa: **châu Phi/Phi châu** Africa; **Phi Luật Tân** the Philippines; **Bắc Phi** North Africa; **Nam Phi** South Africa; **Hội nghị Á Phi** the Afro-Asian Conference 3 *v.* to fly (= **bay**); to gallop 4 *n.* imperial concubine

phi cảng *n.* airport

Phi châu *n.* Africa

phi chiến *adj.* demilitarized: **vùng phi chiến** demilitarized zone

phi công *n.* pilot

phi cơ *n.* airplane: **thuỷ phi cơ** seaplane; **phi cơ oanh tạc** bomber

phi đạn *n.* missile, rocket

phi đĩnh *n.* airplane, airship

phi đội *n.* squadron, flight, crew

phi hành *n.* flight, navigation

phi lao *n.* sea pine

phi lộ *n.* foreword

Phi Luật Tân *n.* the Philippines: **người Phi Luật Tân** Filipino

phi lý *adj.* illogical

phi nghĩa *adj.* dishonest, disloyal; ill-gotten, ill-acquired

phi phàm *adj.* uncommon, unusual

phi pháp *adj.* illegal, unlawful

phi tang *v.* to destroy the evidence

phi tần *n.* imperial concubines

phi thường *adj.* unusual

phi trường *n.* airport

phí *v.* to waste, to squander [money **tiền**, time **thì giờ**, efforts **công**]: **hoang phí** to squander; **phung phí** to waste

phí phạm *v.* to be extravagant, to waste

phí tổn *n.* cost, expense, expenditure: **phí tổn ăn ở** accommodation expenditure

phì 1 *adj.* fat (= **béo**): **phát phì** to get fat **2** *v.* to puff, to go forth: **phì cười** to burst out laughing

phì nhiêu *adj.* [of land] fertile, rich: **ruộng phì nhiêu** fertile fields

phì nộn *adj.* corpulent, fat

phì phà phì phèo *v.* See **phì phèo**

phì phèo *v.* to huff and puff

phì phị *adj.* chubby, fat

phỉ 1 *v.* to slander, to defame: **phỉ nhổ** to insult **2** *adj.* satisfied; content: **phỉ dạ, phỉ lòng** to satisfy oneself **3** *n.* bandit: **thổ phỉ** local bandits

phỉ báng *v.* to slander, to defame

phỉ dạ *v.* to satisfy oneself

phỉ nguyền *v.* to fulfill one's wishes

phỉ nhổ *v.* to spit at

phỉ sức *v.* to come to one's full strength/capacity

phị *adj.* [of face, cheeks] chubby, bloated

phía *n.* direction, cardinal point, side: **bốn phía, tứ phía** all directions

phích *n.* [Fr. *filtre*] thermos bottle

phịch *adv.* thud

phiếm *adj.* [of talk] idle, aimless: **chuyện phiếm** gossips

phiếm luận *v.* to expatiate in a humorous way

phiếm thần *n.* pantheist

phiên *n.* turn, time; session: **phiên họp** meeting; **thay phiên nhau, luân phiên** to take turns, to rotate; **đến phiên ai?** whose turn?

phiên âm *v.* to transcribe phonetically: **dấu/ký hiệu phiên âm** phonetic symbol

phiên chợ *n.* market day

phiên dịch *v.* to translate

phiên dịch viên *n.* translator

phiên phiến *adj.* careless, not too particular, cursory

phiến *n.* slab, block, sheet: **phiến đá** a slab of stone

phiến diện *adj.* unilateral, one-sided

phiến động *v.* to stir to violence; to rebel, to revolt

phiến loạn *v.* to rebel, to revolt

phiến quân *n.* rebels

phiền *v.* to bother, to annoy, to disturb, to trouble; to be sad, to be worried: **ông ấy phiền con cái quá** he is worried about his children

phiền hà *v., n.* to bother, to disturb; trouble: **tránh phiền hà** to avoid troubles

phiền muộn *v.* to be sad, to be grieved

phiền não *v.* to be grieved, to be afflicted

phiền nhiễu *v.* to annoy, to bother

phiền phức *adj.* complicated, difficult, troublesome

phiền toái *adj.* complicated, troublesome

phiêu *v.* to drift, to float

phiêu bạt *v.* to drift away, to wander, to live a vagabond life: **cuộc đời phiêu bạt** a wandering life

phiêu lưu *v.* to wander, to venture

phiếu 1 *n.* ballot, vote: **đi bỏ phiếu** to go to the polls; **thùng phiếu** ballot-box **2** *n.* ticket, banknote, note, card, pass, voucher, order, coupon: **bưu phiếu** money order; **phiếu ăn trưa** a lunch voucher

phim *n.* [Fr. *film*] film, movie: **quay phim** to make a film; **máy quay phim** a movie camera; **một cuộn phim** a roll of film [for camera]; **chiếu phim** to show a movie

phim câm *n.* silent movies

phim chính *n.* main feature

phim màu *n.* color films or movies

phim nói *n.* talking movies

phim nổi *n.* 3-D movies

phim tài liệu *n.* documentary film

phim thời sự *n.* newsreel

phím *n.* fret, key [on banjo, guitar, etc.]

phin *n.* coffee filter

phinh phính *adj.* See **phính**

phính *adj.* chubby, plump, fat [of cheeks]: **má phính** fat cheeks

phình *v.* to swell

phỉnh *v.* to coax; to cheat: **phỉnh ai làm việc gì** to coax someone to do something

phỉnh phờ *v.* to coax

pho *n.* set, unit, volumes [book]: **một pho sách** a set of books; **một pho tượng** a statue

pho mát *n.* cheese

phó 1 *n.* assistant, vice, deputy, second: **phó giám đốc** deputy director; **phó tổng thống** vice-president **2** *v.* to entrust: **ông ấy phó việc nhà cho vợ** he entrusts his family affairs to his wife

phó bản *n.* duplicate copy

phó bảng *n.* doctor's degree at second grade [a pass grade]

phó chủ tịch *n.* vice-chairman, vice-president

phó đô đốc *n.* vice-admiral

phó đốc lý *n.* deputy mayor

phó giám đốc *n.* assistant director

phó hội trưởng *n.* vice-president of society/ association

phó lãnh sự *n.* vice-consul

phó mát *n.* [Fr. *fromage*] cheese

phó thác *v.* to entrust

phó mặc *v.* to entrust completely, to leave someone alone

phó thủ tướng *n.* Deputy Prime Minister

phó tiến sĩ *n.* Master degree [of Arts, Sciences]

phò *v.* to escort, to assist, to support; to serve [king]

phò mã *n.* Prince Consort

phò tá *v.* to support, to aid

phong **1** *v.* to bestow, to confer a title; to appoint: **bạn tôi được phong làm phó giám đốc** my friend was appointed deputy director **2** *n.* leprosy: **bệnh phong** leprosy **3** *n.* wind (= **gió**): **cuồng phong** furious wind/gale

phong ba *n.* storm, vicissitudes

phong bao *n.* tip, reward

phong bì *n.* envelope: **phong bì cỡ nhỏ** a small-size envelope

phong cách *n.* style; gait: **phong cách diễn đạt** a style of expression

phong cảnh *n.* landscape, scenery: **Việt Nam có nhiều phong cảnh đẹp nổi tiếng** Vietnam has many well-known beautiful sceneries

phong cầm *n.* organ [musical instrument]

phong dao *n.* folk song

phong độ *n.* behavior, manners, attitude

phong hoá *n.* customs and morals

phong kiến *adj.* feudal: **chế độ phong kiến** feudalism

phong lan *n.* orchid

phong lưu *adj.* well-off financially; well-mannered

phong nhã *adj.* refined, distinguished, elegant

phong phanh *adj.* dressed scantily [clearly not enough]

phong phú *adj.* rich, abundant

phong quang *adj.* spacious, clean

phong sương *adj.* experienced hardship: **cuộc đời phong sương** an experienced and hard life

phong thấp *n.* rheumatism

phong thổ *n.* climate

phong thuỷ *n.* feng shui

phong tình *adj.* amorous; [of disease] venereal

phong toả *v.* to block, to sanction

phong trào *n.* movement [literary or social]

phong trần *n.* adversity, hardship

phong tục *n.* customs and manners

phong vũ biểu *n.* barometer

phóng **1** *v.* to let go, to let out, to enlarge [picture, photo], to blow up, to free: **phóng chim** to free birds; **phóng hình** to enlarge photos

2 *v.* to throw, to launch [javelin **lao**; missile, rocket **hoả tiễn**; satellite **vệ tinh**]: **phóng hoả tiễn** to launch a missile

phóng đại *v.* to enlarge; to exaggerate

phóng đăng *v., adj.* to have loose morals, dissolute

phóng hoả *v.* to set fire

phóng khoáng *adj.* liberal

phóng pháo *n.* to drop or release bombs: **phi cơ phóng pháo** bomber

phóng sinh *v.* to set free animals; to abandon

phóng sự *n.* news report

phóng thanh *v.* to broadcast by a loud-speaker

phóng thích *v.* to release, to free: **phóng thích tù nhân** to release prisoners

phóng túng *adj.* free, loose: **sống cuộc đời phóng túng** to live a free life

phóng uế *v.* to defecate

phóng viên *n.* newsman, correspondent, reporter

phóng xạ *adj.* radio-active; **bụi phóng xạ** radio-active dust

phòng **1** *n.* room, chamber; office, hall (= **buồng**); **thư phòng** study room; **văn phòng du lịch** tourism office; **phòng triển lãm** exhibition hall **2** *v.* to ward off, to guard against, to prevent: **phòng bệnh hơn chữa bệnh** prevention is better than cure

phòng ăn *n.* dining room

phòng bị *v.* to prevent, to guard against, be vigilant

phòng chưởng khế *n.* notary's office

phòng đọc sách *n.* reading room

phòng giấy *n.* office

phòng hoả *n.* fire prevention

phòng học *n.* classroom, study room

phòng khách *n.* living room

phòng ngủ *n.* bedroom

phòng ngự *v.* to defend

phòng ngừa *v.* to prevent

phòng tắm *n.* bathroom, shower room

phòng thân *v.* to defend oneself, to protect oneself

phòng thí nghiệm *n.* laboratory

phòng thủ *v.* to defend: **phòng thủ chung** collective defense; **phòng thủ thụ động** civil defense, passive defense; **hiệp ước phòng thủ** defense treaty

phòng thương mại *n.* chamber of commerce

phòng trà *n.* tea room; club

phòng tuyến *n.* defense line

phòng vệ *v.* to defend, to guard

phòng xa *adj., v.* farsighted; to prepare for all contingencies

phỏng **1** *v.* to estimate, to be about, to be approximate: **phỏng chừng bao nhiêu** to estimate the cost/quantity **2** *adj.* to be swollen; to be burned **3** *v.* to imitate, to follow, to copy, to adapt: **phỏng theo cuốn tiểu thuyết của Shakespeare** to adapt Shakespeare's novel

phỏng dịch *v.* to translate roughly

phỏng đoán *v.* to guess, to conjecture

phỏng vấn *v.* to interview

phọt *v.* to spurt out, to gush out, to squirt: **máu phọt ra từ vết thương** blood spurted out from the wound

phô *v.* to display, to show off

phô bầy *v.* to display, to show off

phô trương *v.* to display, to show off

phố *n.* street; house, apartment; **đường phố** the streets; **ra phố** to go out, to go downtown

phố phường *n.* streets and districts [where members of the same guild used to live together], shopping center

phố xá *n.* shopping center

phổ *v.* to re-write: **phổ nhạc một bài thơ** to set/re-write a poem to music

phổ biến *v.* to popularize, to publicize

phổ cập *v.* to popularize, to universalize, to make compulsory for everyone: **phổ cập giáo dục** to make education compulsory for everyone

phổ thông *adj.* common, popular, general, universal: **phổ thông đầu phiếu** general election; **giáo dục phổ thông** general education

phôi *n.* embryo

phôi pha *v.* to fade, to lose freshness

phôi thai *adj.* embryonic, budding

phối cảnh *n.* perspective: **phép phối cảnh đường thẳng** linear perspective; **vẽ theo cách phối cảnh** to draw in perspective

phối hợp *v.* to combine; to co-ordinate

phối trí *v.* to co-ordinate, to organize

phổi *n.* [SV **phế**] lung: **cuống phổi** bronchus; **nang phổi** alveolus; **màng phổi** pleura

phồn hoa *adj.* bustling, lively

phồn thịnh *adj.* prosperous

phông *n.* [Fr. *fond*] background, setting [on the stage]; scenery, scene

phổng *v.* to swell up, to puff up

phỗng **1** *n.* idol, statue, statuette, figurine **2** *v.* to swipe, to take over [slang]

phốp pháp *adj.* plump, burly

phốt *n.* [Fr. *faute*] mistake

phốt phát *n.* [Fr. *phosphate*] phosphate

phốt pho *n.* [Fr. *phosphore*] phosphorus

phơ *adj.* [of hair] to be hoary, snow white

phờ *adj.* very tired, worn out, exhausted

phở *n.* noodle soup served with beef, chicken, etc.: **bạn thích ăn phở gì?** what kind of Vietnamese noodle soups do you prefer?

phơi *v.* to dry in the sun or wind, to expose to the sun: **phơi quấn áo** to dry clothes in the sun

phơi bày *v.* to expose, to display

phơi phới *adj.* slightly excited

phơn phớt *adj.* [of color] very light, pale

phớt **1** *n.* [Fr. *feutre*] felt: **mũ phớt** a felt hat **2** *v.* to touch or stroke lightly

phu *n.* coolies, laborer: **phu mỏ** miner; **phu khuân vác** porter, dockworker; **nông phu** farmer; **vị hôn phu** fiance; **tiều phu** woodman, woodcutter; **sĩ phu** scholar

phu nhân *n.* husband (= **chồng**)

phu phen *n.* coolies, workers

phu thê *n.* wife and husband, couple

phú **1** *v.* to endow: **trời phú cho ông ấy một đầu óc thông minh** heaven has endowed him with intelligence **2** *n.* poetic essay [with alliteration, assonance, symmetry, etc.] **3** *adj.* rich, wealthy (= **giàu**): **triệu phú** millionaire; **trọc phú** rich but lonely; **trù phú** prosperous and powerful

phú hào *n.* bourgeois

phú nông *n.* rich peasant

phú quí *n.* wealth and honors, riches and honors

Phú Sĩ *n.* Mount Fuji [in Japan]

phù **1** *v.* to blow hard, to puff: **thổi phù** to blow hard **2** *v.* to be swollen, to swell like oedema: **phù thũng** to have beri-beri; **bệnh phù** beri-beri **3** *n.* written charm (= **bùa**)

phù dâu *n.* maid of honor, bridesmaid

phù du *adj.* ephemeral, fleeting: **một cuộc đời phù du** an ephemeral life

phù dung *n.* hibiscus

phù hiệu *n.* insignia, badge

phù hoa *adj.* short-lived, transitory, gaudy

phù hộ *v.* [of spirits] to protect, to assist

phù hợp *v.* to be in keeping [**với** with], to suit, to match with

phù phép *n.* magic, incantation

phù phiếm *adj.* excessive, useless, impractical, vain

phù rể *n.* best man [in wedding]

phù sa *n.* alluvium, silt

phù sinh *n.* short life

phù tá *v.* to second, to aid, to support

Phù Tang *n.* Japan

phù thuỷ *n.* sorcerer; witch

phù trầm *v., n.* to float and to sink; ups and downs of life

phù trì *v.* to guard, to protect

phù vân *n., adj.* drifting cloud; vain, ephemeral

phủ **1** *n.* mansion, palace; office: **phủ Tổng Thống** the presidential palace **2** *v.* to cover, to wrap up: **bao phủ** to cover, to wrap up; **che phủ** to cover

phủ chính *v.* to correct, to amend

phủ dụ *v.* to comfort [people], to placate: **phủ dụ dân chúng** to placate people

phủ đầu *v.* to be premonitory, to scold at the beginning [in order to show one's authority]

phủ định *v.* to deny, to be negative

phủ nhận *v.* to deny: **ông ấy phủ nhận những tin đồn** he denies all rumors

phủ phục *v.* to prostrate oneself, to kowtow very low

phủ quyết *v.* to veto: **quyền phủ quyết** to veto power

phũ *adj.* brutish, rough, coarse

phũ phàng *adj.* cruel, ruthless, harsh: **sự thật phũ phàng** a harsh reality

phụ 1 *v., adj.* to help, to assist; minor, secondary [as opp. to principal **chính**]; to be attached, to form an adjunct **phụ thuộc** [**vào to**]: **vai phụ** minor part, minor role; **bản phụ** copy; **phụ bếp** assistant cook **2** *v.* to show no gratitude to, to turn one's back on; to be ungrateful; to break faith: **phụ bạc** disloyal; **phụ lời hứa** to break one's promise **3** *n.* father (= **cha**): **thân phụ, phụ thân** father; **quốc phụ** father of one's nation; **nhạc phụ** father-in-law **4** *n.* wife (= **vợ**); lady, woman: **quả phụ** widow; **thiếu phụ** young lady; **chinh phụ** warrior's wife; **trinh phụ** faithful wife

phụ âm *n.* consonant sound [*opp.* **nguyên âm**]

phụ bạc *v.* to be ungrateful

phụ cận *adj.* neighboring, adjacent

phụ cấp *n.* allowance, subsidy: **phụ cấp gia đình** family allowance; **phụ cấp ly hương** expatriation allowance

phụ chính *n.* regent

phụ chú *n.* footnote, annotation

phụ đạo *v.* to give extra-class help, to do tutoring

phụ giáo *n.* assistant [in university], instructor

phụ hệ *n.* paternal line of descent

phụ hoạ *v.* to echo, to repeat [someone's opinion], to chime in

phụ huynh *n.* parents: **Hội phụ huynh học sinh** Parents' Association

phụ khảo *n.* assistant lecturer, tutor [in university]

phụ khoa *n.* gynecology

phụ khuyết *adj.* alternate, complementary

phụ lục *n.* appendix [in a book]

phụ lực *v.* to assist

phụ mẫu *n.* parents

phụ nữ *n.* woman, women: **giới phụ nữ** women; **Hội phụ nữ quốc tế** International Women's Association

phụ tá *n.* assistant; assistance, aid: **ông phụ tá bộ trưởng quốc phòng** the Assistant Secretary of State for National Defense

phụ thân *n.* father

phụ thu *n.* additional levy: **thuế phụ thu** levied tax

phụ thuộc *v., adj.* to be dependent, secondary, auxiliary, adjunct

phụ trách *v.* to be in charge of

phụ trương *n.* supplement [to a newspaper]

phụ tùng *n.* accessories [with a machine]

phụ từ *n.* adverb

phụ ước *v.* to break an agreement

phúc *n.* (= **phước**) good luck, good fortune, happiness: **có phúc** to have good fortune; **làm phúc** to be benevolent, to give alms

phúc Âm *n.* gospel

phúc đáp *v.* to reply, to answer, to respond: **phúc đáp thư tín** to reply to letters

phúc đức *n., adj.* good luck, good fortune, good deeds; kind-hearted

phúc hậu *adj.* kind, benevolent, virtuous

phúc lợi *n.* welfare

phúc trình *v., n.* to report; report

phục 1 *v.* to admire: **kính phục** to respect; **phục tài của bà ấy** to admire her talent **2** *v.* to be accustomed to, to bear, to adapt [climate, etc.]: **không/bất phục thuỷ thổ** to be unable to adapt oneself to the climate

phục binh *v.* to lie in ambush, to ambush

phục chức *v.* to reinstate a position

phục dịch *v.* to serve; to do hard work for: **họ phục dịch mọi khách hàng rất tốt** they serve everyone excellently

phục hồi *v.* to restore

phục hưng *v.* to flourish again, to be revived; to restore, to rehabilitate

phục kích *n.* to ambush

phục nguyên *v.* to return to health, to rehabilitate

phục phịch *adj.* fat and clumsy

phục quốc *v.* to restore national sovereignty, to regain national independence

phục sinh *v.* to be born again, to be reborn: **Lễ Phục Sinh** Easter holidays

phục sức *n.* clothing, dressing

phục thiện *v.* to yield to reason, to correct oneself

phục thù *v.* to avenge, to revenge: **phục thù cho ai** to revenge someone

phục tòng *v.* to submit oneself to, to yield to, to obey, to comply with

phục tùng *v.* See **phục tòng**

phục vị *v.* to prostrate oneself

phục viên *v.* to demobilize

phục vụ *v.* to serve

phủi *v.* to dust, to brush off

phun *v.* to eject, to spit, to belch, to spout; [of volcano] to erupt; to blow, to spray: **phun thuốc trừ sâu** to spray insecticide; **nhà máy phun khói** the factory belched out smoke

phùn *adj.* misty, drizzling: **mưa phùn** drizzle

phung phí *v.* to waste, to squander: **phung phí thì giờ** to waste time

phúng *v.* to offer [wreath, ritual objects] to a deceased person

phùng *v.* to swell, to bloat: **phùng má** to swell one's cheeks

phụng *v.* R to receive [from a superior]; to serve, to obey, to honor; **thờ phụng** to worship

phụng chỉ *v.* to obey the imperial decree

phụng dưỡng *v.* to support [elders] with respect, to take care of parents

phụng phịu *v.* to sulk, to look unhappy

phụng sự *v.* to serve: **phụng sự quốc gia** to serve one's nation

phụng thờ *v.* to worship: **phụng thờ tổ tiên** to worship ancestors

phút *n.* minute, instant, moment: **giờ phút này** at this moment; **kim chỉ phút** minute hand

phút chốc *n.* a jiffy, a very short moment

phút đâu *adv.* suddenly, all of a sudden

phụt 1 *v. to* eject, to gush out, to jet 2 *adv.* suddenly: **đèn bỗng phụt tắt** the lights suddenly went out

phứa *adv.* sloppily, senselessly, indiscriminately, without consulting anybody [follows main verb]: **cãi phứa** to argue senselessly

phức *adj.* complex, complicated

phức số *n.* improper fraction, compound number

phức tạp *adj.* complicated, complex: **chúng ta không giải quyết được vấn đề phức tạp nầy** we can't solve this complicated matter

phước *adj.* See **phúc**

phướn *n.* banner, streamer

phưỡn *v.* to poke [one's belly **bụng**] out

phương *n.* direction; side: **phương hướng** direction; **phương bắc** the north direction; **bốn phương** the four directions; **địa phương** area, local; **Đông phương** the East; **Tây phương** the West; **đối phương** the opposite side, the enemy; **song phương** bilateral

phương cách *n.* means, method

phương châm *n.* precept, formula, motto

phương danh *n.* famous name

phương diện *n.* aspect, respect, viewpoint

phương hại *v.* to be harmful to, to prejudice: **bạn làm việc nầy không phương hại đến ai** it will cause no harm to anyone when you do this thing

phương hướng *n.* direction, cardinal point, orientation

phương kế *n.* expedient, scheme, method

phương ngôn *n.* proverb, saying

phương pháp *n.* method, way: **chọn phương pháp mới thích hợp mà học tiếng Anh** to choose a new appropriate method to learn English

phương pháp học *n.* methodology

phương sách *n.* process, ways, method [of working]

phương thức *n.* manner, determinant [math]

phương tiện *n.* means, ways, method [*opp.* **cứu cánh** purpose]: **phương tiện giao thông** means of transport

phương trình *n.* equation [math]

phường *n.* guild; a quarter of a town, district; **phố phường** shopping streets

phường chài *n.* fishermen [collectively]

phường chèo *n.* comedians, actors

phường kèn *n.* band, orchestra, musicians

phường nhạc *n.* band, orchestra, musicians

phường tuồng *n.* opera singers

phượng 1 *n.* (= **phụng**) phoenix: **phượng hoàng** phoenixes 2 *n.* flamboyant, royal ponciana

phượu *v.* to tell tall tales; [of talk, story] to fabricate

phứt 1 *v.* to pluck off: **phứt lông vịt** to pluck off a duck's feathers 2 *adv.* pat, to act definitively, without hesitation: **làm phứt cho rồi** to do something without hesitation

phựt *adj.* resembling the noise of string or rope that snaps

pi *n.* [math] pi

pin *n.* [Fr. *pile*] battery: **đèn pin** flashlight

pi-ni-xi-lin *n.* penicillin

píp *n.* [Fr. *pipe*] pipe [using tobacco]

pi-ra-ma *n.* [Fr. *pyjama*] pajamas: **một bộ pi-ra-ma** a pair of pajamas

pô-mát *n.* ointment

pô *n.* shot: **chụp cho tôi một pô** take a shot for me

Q

qua 1 *v.* to pass, to go across, to go through, to go or come over, to cross: **trải qua nhiều kinh nghiệm** to go through many experiences; **đi qua đường** to go across the road; **ba mươi năm đã qua** thirty years have passed; **tôi vừa đọc qua cuốn sách nầy rồi** I have gone over this book 2 *adv.* past, across, through, under, over: **vượt qua** to take over 3 *adv.* sketchily, incompletely, not thoroughly, carelessly: **nói qua** to speak briefly; **đọc qua lá thư** to read hastily thorough this letter; **họ bơi qua sông** they swim across the river 4 *v.* to stop over: **qua thăm thủ đô** to stop over in the capital 5 *adj.* last: **đêm qua** last night; **hôm qua** yesterday; **năm qua** last year

qua đời *v.* to pass away

qua khỏi *v.* to escape [death]; to recover: **ông ấy vừa qua khỏi bệnh** he has recovered from his illness

qua lại *v.* to go back and forth

qua loa *adv.* negligently, incompletely

qua quít *adv.* perfunctorily

quá *v., adv.* to go beyond; beyond, to exceed; over, past, too, very: **quá hẹn** past the deadline; **bất quá** simply, not more; **quá bát tuần** over eighty; **khó quá** too difficult

quá bán *adj.* more than half; absolute majority

quá bộ *v.* to take some extra steps; to condescend [to come to my house]

quá cảnh *v.* to transit

quá chén *v.* to drink too much

quá chừng *adv.* excessively, extremely: **đẹp quá chừng** extremely beautiful

quá cố *adj., v.* dead [polite term]; passed away

quá đáng *adj.* excessive, exaggerated

quá độ *adv.* excessively: **làm việc quá độ** to work excessively

quá giang *v.* to cross a river; to get a ride, to get a lift

quá hạn *adj.* overdue; expired: **không nên dùng thuốc đã quá hạn** don't use expired medicines

quá khích *adj.* extremist

quá khứ *n.* the past: **những chuyện đó đã đi vào quá khứ** those stories were of the past

quá lời *adj.* excessive, superlative: **khen quá lời** superlative praise

quá quất *adj.* exaggerated, excessive

quá sức *adv.* beyond one's strength, extremely

quá tải *adj.* overloaded

quá tay *adv.* over the limit [in beating somebody, adding spices etc.], excessively

quá thể *adv.* too, extremely

quá trình *n.* process

quá trớn *adv.* over the limit, excessively

quá ư *adv.* too, extremely: **quá ư tồi tệ** too bad

quà *n.* snacks; present, gift [with **làm** to make]: **tặng quà cho ai** to give a present to someone; **ăn quà** to eat between meals, to have snacks

quà bánh *n.* cakes; gifts, presents

quà biếu *n.* present, gift

quà cáp *n.* presents, gifts

quà cưới *n.* wedding present

quà Nô-en *n.* Christmas present

quà sáng *n.* breakfast

quà Tết *n.* New Year's present

quả 1 *n.* fruit; classifier noun for fruits, mountains, hills, balls, fists, organs of body etc.: **ăn hai quả cam** to eat two oranges; **quả tim** heart; **quả thận** kidney; **quả đất** earth; **quả lắc** pendulum 2 *n.* blow, kick, shot: **đá một quả** to kick a shot 3 *n.* betel box; lac-quered box [to contain fruit preserves, betel] 4 *adv.* indeed, really: **quả là dễ thương** it is nice indeed

quả báo *n.* consequences of one's previous life, karma

quả cảm *adj.* courageous

quả cân *n.* weight [on scales]

quả cật *n.* kidney

quả cầu *n.* shuttle cock

quả đấm *n.* fist, punch

quả đất *n.* the earth, globe

quả nhân *n.* I, we [used by monarchs]

quả nhiên *adv.* sure enough, true enough, indeed, as expected

quả phụ *n.* widow

quả quyết *v., adj.* to be determined; determined

quả tạ *n.* dumbbell; weight

quả tang *adj.* redhanded: **bị bắt quả tang** to be caught redhanded, to be caught in the act

quả thật *adv.* (= **quả thực**) honestly, truly

quả tình *adv.* truly, really

quạ *n.* [SV ô] raven, crow

quách 1 *n.* outside wall [of site, used with **thành**], outside covering [of coffin, used with **quan**] 2 *adv.* to have an alternative; completely, straight away [follow main verb or end sentence]: **làm quách việc nầy cho rồi** to do this job straight away

quai *n.* handle, bail, [of basket] strap: **quai nón** a hat strap

quai bị *n.* mumps: **lên quai bị** to have the mumps

quai hàm *n.* jaw bone

quái 1 *adj.* odd, queer, strange: **kỳ quái** strange, monstrous; **quái lạ!, quái nhỉ!** how strange! 2 *adv.* nothing at all: **chẳng hiểu quái gì** to understand nothing at all

quái ác *adj.* abominable, mischievous

quái dị *adj.* strange, very odd

quái đản *adj.* fantastic, incredible

quái gở *adj.* strange, fantastic; bad [of omen], unusual

quái lạ *adj.* strange

quái thai *n.* deformed or hideous infant, monster, monstrosity

quái tượng *n.* strange phenomenon

quái vật *n.* monster

quan 1 *n.* string of cash [coins with square holes] 2 *n.* French franc (= **Phật lăng**) 3 *n.* mandarin, official, officer 4 *n.* sense: **ngũ quan** the five senses 5 *n.* coffin: **áo quan, quan tài** coffin; **nhập quan** to put into a coffin

quan ải *n.* frontier, pass

Quan Âm *n.* Goddess of Mercy [in Buddhism]

quan báo *n.* the Official Gazette

quan cách *n.* mandarin's way, bureaucrat's attitude

quan chế *n.* civil service system, mandarinate

quan chức *n.* officials

quan điểm *n.* viewpoint, view

quan hà *n.* frontier post and river: **chén quan hà** farewell drink

quan hệ 1 *n.* relation, relationship: **mối quan hệ ngoại giao** diplomatic relations **2** *adj.* important: **việc quan hệ** an important matter

quan khách *n.* guest, visitor

quan lại *n.* officials; officialdom

quan liêu *adj.* bureaucratic: **chế độ quan liêu** bureaucracy

quan niệm *n., v.* conception, concept; to view

quan sát *v.* to observe, to watch

quan sát viên *n.* observer: **quan sát viên tthường trực** permanent observers

quan tài *n.* coffin

quan tâm *v.* to be concerned [**đến/tới** with]

quan thoại *n.* Mandarin Chinese [language]

quan thuế *n.* duties, tariff; customs

quan toà *n.* judge, magistrate

quan trọng *adj.* important, vital: **một quyết định quan trọng** an important decision

quan trọng hoá *v.* to dramatize, to exaggerate the importance of: **quan trọng hoá vấn đề** to exaggerate the importance of an issue

quan trường *n.* officialdom

quan viên *n.* official

quán 1 *n.* hut; inn, restaurant, store, office; shelter, kiosk: **tửu quán** wine shop, bar, pub; **ấn quán** printing shop; **hội quán** headquarters [of society]; **lữ quán** inn, hotel; **báo quán** newspaper kiosk; **sứ quán** embassy; **thư quán** bookstore; **phạn quán** restaurant; **lãnh sự quán** consulate **2** *n.* native place: **sinh quán, quê quán** native country; **ông ấy quán làng Nhân Mục** he is a native of the village of Nhan Muc

quán quân *n.* champion [sport]

quán thông *v.* to understand totally, to penetrate

quán triệt *v.* to possess totally, to grasp thoroughly

quán xuyến *v.* to know thoroughly; to be able to take care of

quàn *v.* to leave a corpse in a temporary shelter prior to burial: **nhà quàn** funeral director

quản 1 *v.* to mind [difficulty, hardship]: **ông ta chẳng quản khó nhọc** he didn't mind the difficulties **2** *n.* tube, pipe, duct (= **ống**): **huyết quản** blood vessel; **thanh quản** larynx; **khí quản** trachea; **thực quản** esophagus **3** *v.* to manage, to control, to take care of, to administer: **ông ấy không quản nổi khách sạn nầy** he could not manage this hotel

quản đốc *n.* manager, director

quản gia *n.* steward [in household]

quản hạt *n.* competence, jurisdiction

quản lý *v., n.* to manage; manager

quản ngại *v.* to be concerned about difficulties, to be hesitant

quản thúc *v.* to put under surveillance, to put under house arrest

quản trị *v.* to administer: **quản trị Hợp Tác Quốc Tế** to administer the International Cooperation; **Hội đồng Quản trị** board of trustees, board of directors; governing board

quản tượng *n.* elephant keeper, mahout

quang 1 *n.* rattan or bamboo frame [to hold loads at the ends of carrying pole] **2** *adj.* bright (= **sáng**), clear [of obstacles]: **phát quang** to clear an area; **trời quang (mây tạnh)** a clear sky

quang âm *n.* time; light and shadow

quang bút *n.* pencil of light

quang cảnh *n.* spectacle, situation, scene

quang chất *n.* radium

quang dầu *n.* varnish, shellac

quang đãng *adj.* [of weather] radiant, clear

quang hoá *n.* photochemistry

quang học *n.* optics

quang kế *n.* photometer

quang kính *n.* spectroscope

quang minh *adj.* bright, radiant, glorious; righteous, magnanimous

quang phổ *n.* spectrum: **quang phổ mặt trời** solar spectrum

quang phổ kính *n.* spectroscope

quang phổ ký *n.* spectrograph

quang tuyến *n.* rays; X-ray

quang vinh *adj.* glorious

quáng *adj.* to be dazzled: **mù quáng** blind [with anger, passion]

quáng gà *n.* night blindness, nyctalopic

quàng 1 *v.* to wrap around one's neck or shoulder, to throw over: **khăn quàng** scarf, shawl; **ôm quàng** to embrace **2** *adj.* wrong, negligent: **vơ quàng** to seize/take indiscriminately

quàng quạc *v.* [of duck] to quack; [of person] to quack, to talk pretentiously

quàng xiên *adj.* [of talk] foolish, rash, rude

quảng bá *v.* to broadcast, to spread, to telecast

quảng cáo *v., n.* to propagandize, to advertise, to publicize; advertisement: **hãng quảng cáo** advertising agency; **đăng quảng cáo trên báo** to put an advertisement in the newspapers

Quảng Châu *n.* Guangzhou [Canton]

quảng đại *adj.* generous, magnanimous; wide: **quảng đại quần chúng** the masses

Quảng Đông *n.* Kwanglung [a province of China]: **tiếng Quảng Đông** Cantonese [a Chinese dialect]

quảng giao *v.* to know a lot of people
quảng hàn *n.* the moon
Quảng Tây *n.* Guangxi [a province of China]
quảng trường *n.* square: **quảng trường Ba Đình Hà Nội** the Hanoi Ba Dinh square
quãng *n.* space, distance, space of time, interval: **quãng cách** distance
quanh *adv., adj.* to be around something; to be winding around; tortuous, twisting: **chung/xung quanh** around; **nói quanh** to talk around; **bàn quanh** to discuss or talk in a circle; **khúc quanh** elbow, bend; **loanh quanh** to turn around; **đi loanh quanh** to go around; **quanh đi quẩn lại có một chuyện mà anh ấy nói mãi** he always talks about the same story all the time
quanh co *adj.* winding; tortuous: **đường đi quanh co** a winding road
quanh năm *adv.* throughout the year, all year round
quanh quẩn *v., adj.* to turn around, to go round in circles, hanging around; devious: **ở nhà quanh quẩn suốt ngày** to hang around at home; **bà ta nói quanh quẩn mãi** she talks in a devious way all the time
quân quách *adv.* around here, around, about
quánh *adj.* [of paste, dough] thick, dense, firm
quành *v.* to turn round, to bend: **quành ra phía sau mà đi** to turn round the back before leaving
quạnh *adj.* isolated, deserted: **đồng không mông quạnh** empty and deserted fields
quạnh hiu *adj.* deserted, forlorn; desolate, lonely
quào *v.* to claw, to scratch: **quào lưng** to scratch on the back
quát *v.* to shout, to storm: **quát ầm ỹ cả lên** to shout noisily
quát mắng *v.* to shout angrily at
quát tháo *v.* to shout blusteringly at someone
quạt *v., n.* to fan; fan: **múa quạt** fan dance
quạt điện *n.* electric fan
quạt giấy *n.* paper fan
quạt kéo *n.* punka
quạt lông *n.* feather fan
quạt máy *n.* electric fan
quạt trần *n.* ceiling fan
quạu *v., n., adj.* quarrelsome; ugly look; surly
quay 1 *v.* to turn [an object or oneself], to twist, to spin; to turn around, to go back: **quay người lại** to turn around by oneself; **nhớ quay lại đây** to remember to come back here 2 *v., adj.* to grill, to roast; roasted: **chim quay** roasted squibs; **quay gà** to roast chicken; **thịt quay** roasted pork; **vịt quay** roasted duck
quay bước *v.* to turn on one's heel

quay cóp *v.* to copy
quay cuồng *v.* to whirl, to be frantic
quay gót *v.* to turn on one's heel
quay phim *v.* to make a film, to film, to shoot a film
quay quắt *adj.* deceitful, shrewd
quay tít *v.* to spin very fast
quẩy *v.* to carry with a pole (= **gánh**): **quẩy hàng đi chợ bán** to carry goods to the market on a shoulder pole
quắc *adj.* bright: **sáng quắc** to shine brightly
quắc mắt *v.* to scowl, to glower
quắc thước *adj.* hale and hearty: **ông cụ tôi còn quắc thước lắm** my grandfather is still very hale and hearty
quắm *adj.* hooked; crooked
quằm quặm *adj.* quarrelsome, surly, frowning
quặm *adj.* hooked: **mũi quặm** a hooked nose
quăn *adj., v.* [of hair] curly, wavy; [of paper] to be dog-eared: **uốn quăn** to curl; **tóc quăn** curly hair
quăn queo *adj.* twisted: **sợi giây quăn queo** a twisted wire
quắn *adj.* twisted
quằn *adj.* bent under pressure
quằn quại *v.* [of suffering man] to squirm, to writhe
quặn *v.* [of pain] to writhe in pain
quăng *v.* to throw [nets **lưới**, etc.], to toss, to fling, to hurl, to cast: **quăng rác vào thùng rác** to throw rubbish into a bin
quẳng *v.* to throw away
quặng *n.* ore: **quặng sắt** iron ore
quắp *v.* to curl [one's limbs as in a lying position]; to hold tightly in one's arms, legs, or talons
quặp *v.* to seize between one's legs, to bend down; to drop: **râu quặp** to be henpecked
quắt *v.* to shrivel, to shrink, to crinkle up, to be wizened: **người ông ấy quắt lại vì sống nghèo khổ** his body is shrivelled up because of poor nutrition
quắt quéo *adj.* dishonest, crafty, cunning
quặt *v.* to turn [right or left]: **quặt lại** to make a U-turn
quặt quẹo *adj.* sickly
quân 1 *n.* troops, army [with **dàn** to deploy, **mộ** to recruit]: **mộ quân** to recruit an army; **hậu quân** rear guard; **tiền quân** vanguard; **hải quân** navy; **không quân** air force; **du kích quân** guerrilla, guerilla man; **lục quân** army; **thuỷ quân** navy; **thuỷ quân lục chiến đội** marine corps; **thuỷ lục không quân** army, navy and air force 2 *n.* band, gang: **quân ăn cướp** a band of bandits 3 *n.* card, piece, man: **quân cờ** a chessman; **quân bài** card, game

quân bị *n.* armament

quân bình *n.* equilibrium, balance, evenness, equality

quân bưu *n.* army's post office, fleet's post office

quân ca *n.* military march, martial song

quân cách *n.* military protocol [**lễ nghi** ceremony]

quân cảng *n.* military port

quân cảnh *n.* military police

quân chế *n.* military regulation

quân chính *n.* military administration

quân chủ *n., adj.* king, monarchy; monarchical: **quân chủ lập hiến** constitutional monarchy; **quân chủ chuyên chế** absolute monarchy

quân công *n.* military achievement, meritorious service: **quân công bội tinh** military medal, war medal

quân cơ *n.* military secret

quân cụ *n.* ordnance

quân dịch *n.* military service

quân dụng *n.* military supplies, war materials

quân đoàn *n.* army corps

quân đội *n.* troops, the army

quân giai *n.* military hierarchy, chain of command

quân giới *n.* arms, weapons; military circles

quân hạm *n.* battleship, man-of-war, warship

quân hiệu *n.* military badge

quân huấn *n.* military training

quân khí *n.* weapons, arms

quân khố *n.* military stores, commissary

quân khu *n.* military zone or district

quân kỳ *n.* military flag

quân kỷ *n.* military discipline

quân lính *n.* soldiers, troops

quân luật *n.* martial law [with **thiết** to declare]: **tuyên bố tình trạng thiết quân luật** to declare martial law or a curfew

quân lực *n.* armed forces

quân lương *n.* war supplies

quân nhạc *n.* military band

quân nhân *n.* army man, service man

quân nhơn *n.* See **quân nhân**

quân nhu *n.* military supplies, provisions: **sở quân nhu** Quartermaster Corps

quân pháp *n.* military code, martial law

quân phân *v.* to divide or distribute equally

quân phí *n.* military expenditures

quân phiệt *adj.* military

quân phục *n.* military uniform

quân quản *n.* military administration or supervision

quân sĩ *n.* soldiers, warriors

quân số *n.* serial number, soldier's number; numerical strength

quân sư *n.* military adviser

quân sự *n., adj.* military affairs; military: **toà án quân sự** military court, court martial; **đại học quân sự** military academy

quân thù *n.* enemy

quân trang *n.* military equipment

quân tử *n.* noble man, superior man [Confucianism]

quân vụ *n.* military affairs: **sĩ quan quân vụ** post executive; **sĩ quan quân vụ phó** post adjutant

quân vương *n.* king, ruler

quân xa *n.* military vehicle, service vehicle

quân y *n.* army medical corps

quân y sĩ *n.* medical officer, surgeon: **quân y sĩ ngành không quân** flight surgeon; **quân y sĩ trung đoàn** regimental surgeon

quân y viện *n.* military hospital: **y sĩ trưởng quân y viện** senior surgeon of a military hospital

quấn *v.* to roll [turban, bandage, etc.] around; to be rolled around; [of child] to hang on or around [elders]: **quấn lấy người em bé** to wrap round a baby's body

quần 1 *n.* trousers, pants: **áo quần** clothes; **một bộ quần áo** a suit of clothes; **quần dài** trousers 2 *n.* small ball, tennis: **sân quần vợt** tennis court 3 *v.* to be tired out, to be exhausted: **bị kẹ địch quần** to be exhausted by the enemy

quần áo *n.* clothes, clothing

quần chúng *n.* the masses

quần cư *v.* to live in groups

quần đảo *n.* archipelago

quần đùi *n.* short pants, underpants

quần quật *v.* to work hard

quần tụ *v.* to live together, to get together

quần vợt *n.* tennis: **giải vô địch quần vợt** tennis championship; **giải quần vợt Mỹ mở rộng** U.S. Open [tennis]

quẩn *v.* to stick around; to be in the way: **đứng ra một bên kẻo quẩn chân người ta** to stand aside, not to be in the way

quẩn *adj.* to be hard-up, muddled in the mind: **người già thường hay quẩn** old people are often muddled in their minds

quẩn bách *adj.* hard-up; poor

quẩn trí *v.* to become muddle-headed

quận *n.* country, district

quận trưởng *n.* district chief, country chief

quầng *n.* halo [around sun or moon], dark ring [around eyes]: **mắt có quầng đen** to have dark rings around one's eyes

quất *n.* kumquat: **mứt quất** preserved kumquats

quật 1 *v.* to whip, to flog, to beat 2 *v.* to exhume [corpse so as to violate a grave]: **khai quật** to dig out, to excavate

quật cường *adj.* indomitable: **ông ấy là người**

có ý chí quật cường he has an indomitable will

quật khởi *v.* to rise up, to revolt

quây *v.* to enclose, to surround, to encircle

quây quần *v.* to live together, to be united, to gather around: **gia đình quây quần trong dịp Tết** the family members are united at Tet

quấy **1** *v.* to stir, to tease, to cause trouble: **quấy cà phê cho tan** to stir coffee **2** *v.* to annoy, to bother: **đừng quấy ông ta** don't bother him **3** *adj., adv.* to be wrong [*opp.* **phải**]; recklessly, inconsiderately

quấy nhiễu *v.* to bother, to pester, to harass: **quấy nhiễu phụ nữ** to harass women

quấy quá *adj.* negligent, careless, sloppy

quấy quả *v.* to trouble by borrowing things, to pester with requests, to ask for favors

quấy rầy *v.* to bother, to pester

quầy *n.* display counter, stall [in market], stand: **đi dọc quầy hàng** to go along the goods counter

quẩy *v.* See **quảy**

quẫy *v.* to frisk, to swish

quậy *v.* See **quấy**

que *n.* stick, twig: **que diêm** match stick

que đan *n.* knitting-needle

que hàn *n.* welding stick

què *adj.* crippled, lame, disabled: **què chân** to be crippled in a leg

què quặt *adj.* lame

quen *adj., v.* to know, to be acquainted with, to be used to, to be accustomed to: **người quen** acquaintance; **thói quen** habit; **làm quen với** to get acquainted with; **quen thân** to know well

quen biết *v.* to know, to be acquainted with [people]

quen mặt *v.* to look familiar

quen thân *v.* to acquire a habit

quen thói *v.* to have a habit of: **nó quen thói lười biếng** he has a bad habit—laziness

quen thuộc *adj.* familiar or acquainted with

quen việc *v.* to have experience on a job

quèn *adj.* indifferent, poor, worthless: **có kiến thức quèn** to have poor knowledge

queo *adj.* tortuous, curved, twisted, bent: **nằm queo** to lie with knees to chin; **bẻ queo** to twist [words], to distort [facts]

quéo *adj.* curved, bent: **quắt quéo** to be crooked

quèo *v.* to trip up; to seize with a hook

quẹo *v.* (= **rẽ**) to turn [right or left], to be winding: **làm ơn quẹo phải** please turn right; **chỗ quẹo chữ U** U-turn

quét *v.* to sweep [**sàn nhà** floor]; to apply [paint **sơn**, whitewash **vôi**]; to wipe out, to mop up: **quét sàn nhà hàng ngày** to sweep the floor every day

quét dọn *v.* to clean up [house, floor]: **quét dọn nhà cửa** to clean up one's house

quét trước *v.* to clean up

quét vôi *v.* to whitewash, to paint

quẹt *v.* to rub, to strike (= **diêm**): **quẹt diêm** to strike a match; **hộp quẹt** box of matches

quê *n.* native village, countryside: **quê quán, quê hương** native country; **đồng quê, thôn quê, nhà quê** countryside; **quê kệch, quê mùa** boorish, coarse; **dân quê** peasant; **thôn quê** countryside

quê hương *n.* native village, country

quê mùa *adj.* boorish, rustic

quê ngoại *n.* mother's village

quê người *n.* foreign land/country: **chúng tôi đang sống ở quê người** we are living in a foreign country

quê nội *n.* father's village

quê quán *n.* native village or country

quế *n.* cinnamon

quế chỉ *n.* cinnamon twig

quế hoa *n.* sweet olive

quệ *adj.* weakened, ruined: **kiệt quệ** exhausted; ruined

quên *v.* to forget [to do something]; to omit: **bỏ quên** to forget [something somewhere]; **tôi quên không khoá cửa** I forgot to lock the door

quên bẵng *v.* to forget completely

quên mình *adj.* self-sacrificing

quềnh quàng *v.* to do in a hurry, to be hasty

quết *v.* to smear, to coat, to plaster

quệt *v.* to smear, to coat

quều quào *adj.* [of legs and arms] lanky; awkward

qui **1** *n.* (= **rùa**) turtle **2** *v.* (= **về**) to return: **qui tiên** to pass away **3** *v.* to bring together: **qui vào một mối** to bring together as a whole

qui chế *n.* regulation, rule; administrative system, civil service system

qui củ *n.* standard, norm, order, method

qui định *v.* to define, to affirm, to fix

qui đầu *n.* foreskin

qui hàng *v.* to surrender

qui luật *n.* rules and regulations statute

qui mô *n.* standards, model, norm, pattern, scale

qui nạp *v.* to induce, to infer [conclusion]

qui phục *v.* to surrender [to], to yield, to submit

qui tắc *n.* rules, regulations, method: **qui tắc tam xuất** rule of three

qui thuận *v.* to surrender [to]

qui tiên *v.* to die, to pass away

qui trình *n.* rules, regulations

qui tụ *v.* to gather, to assemble, to converge

qui ước *n., v.* agreement, convention; to establish an agreement

quí 1 *adj.* noble (= **sang**) [*opp.* **hèn**]; valuable, precious: **để những vật quí vào tủ sắt** to leave valuable things in a safe 2 *n.* quarter, three months; **quí xuân** the three months of spring

quí báu *adj.* precious, valuable

quí đông *n.* the three months of winter

quí giá *adj.* precious, valuable

quí hoá *adj.* [of things, feelings] good, very nice

quí hồ *adv.* provided that: **muốn làm gì thì làm, quí hồ đừng làm nhục đến gia đình** do whatever you want, but make sure not to bring shame upon the family

quí hữu *n.* my good friends

quí khách *n.* distinguished guests, guests of honor

quí kim *n.* precious metal, gold

quí mến *v.* to love and esteem, to hold in esteem

quí phái *adj.* noble, aristocratic

quí tộc *n.* aristocracy

quí trọng *v.* to admire and respect

quì 1 *v.* to kneel down: **quì gối xuống lạy** to kneel down for praying 2 *n.* species of lotus, sunflower, turnsole litmus

quỉ *n.* devil; monster

quỉ kế *n.* wicked device, stratagem

quỉ quái *adj.* cunning, diabolical

quỉ quyệt *adj.* shrewd, cunning, wily

qui thuật *n.* magic, magician

quĩ *n.* coffer, cash box, budget, funds: **thủ quĩ** treasurer; **công quĩ** public funds; **quĩ hưu bổng** superannuation fund

quĩ đạo *n.* orbit, trajectory

quĩ tích *n.* locus, geometrical locus: **quĩ tích của đường** loci of curves; **quỹ tích của điểm** loci of points

quít *n.* mandarin, tangerine: **một múi quít** a tangerine section

quịt *v.* to welch, to refuse to pay a debt

quốc *n.* country (= **nước**): **cường quốc** power/great nation; **ái quốc** patriotic; **bản quốc** our country; **địch quốc** the enemy country; **lân quốc** neighboring country; **Liên Hợp Quốc** the United Nations; **liệt quốc** all the nations; **quí quốc** your country; **tổ quốc** fatherland, motherland; **Trung Quốc** China; **Anh Quốc** England; **Mỹ Quốc** the U.S.A.; **phản quốc** traitor

quốc âm *n.* national language

quốc biến *n.* revolution

quốc ca *n.* national anthem

quốc dân *n.* people

Quốc dân đảng *n.* Nationalist Party: **Việt Nam Quốc Dân Đảng** Vietnamese Nationalist Party

quốc doanh *n.* nationalized business, state business

quốc gia *n.* nation, country: **Quốc gia Giáo dục** National Education; **những nhà lãnh đạo quốc gia** national leaders

quốc giáo *n.* national religion

quốc hiệu *n.* official name of a country

quốc học *n.* national education system

quốc hội *n.* national assembly, congress, parliament: **dân biểu quốc hội** deputy; **Quốc hội tái nhóm chiều hôm qua** The National Assembly reconvened yesterday afternoon

quốc hồn *n.* national soul, national spirit

quốc huy *n.* national emblem

quốc hữu hoá *v.* to nationalize

quốc khách *n.* state guest

quốc khánh *n.* national day

quốc kỳ *n.* national flag

quốc phong *n.* national customs and manners

quốc phòng *n.* national defense: **bộ quốc phòng** ministry of defense

quốc phụ *n.* father of the nation

quốc phục *n.* national costumes

quốc sắc *n.* national beauty [queen]

quốc sỉ *n.* national shame

quốc sử *n.* national history

quốc tang *n.* national mourning

quốc táng *n.* state funeral

quốc tế *adj., n.* international: **bang giao quốc tế** international relations

quốc tế hoá *v.* to internationalize

quốc thể *n.* national prestige

quốc thiều *n.* national anthem

quốc tịch *n.* nationality, citizenship: **ghi xuống quốc tịch của bạn** write down your nationality

quốc trái *n.* government bond

quốc trưởng *n.* chief of state, president of state

quốc tuý *n.* national characteristic or spirit

quốc uy *n.* national prestige

quốc văn *n.* national language; Vietnamese literature, national literature

quốc vụ khanh *n.* secretary of state

quốc vương *n.* king

quốc xã *n., adj.* Nazi

quơ *v.* to gather, to seize

quờ *v.* to grab, to feel for, to grope for: **quờ quạng** to grope for

quở *v.* to scold, to reprimand: **quở mắng người nào** to scold someone

quy *n.* See **qui**

quý *adj.* See **quí**

quỳ *v.* See **quì**

quỷ *n.* See **quỉ**

quỹ *n.* See **quĩ**

quyên *v.* to raise, to collect [funds]; to give money to charity: **cuộc lạc quyên** fund raising

quyên giáo *v.* to raise money for charity
quyên sinh *v.* to commit suicide
quyến *adj.* attached to: **quyến luyến** to be attached to: **gia quyến** wife and children, relatives
quyến dỗ *v.* to seduce, to entice
quyến luyến *v.* to be attached to: **quyến luyến gia đình** to be attached to family
quyến rũ *v.* to seduce, to attract
quyến thuộc *n.* parents; relatives
quyền 1 *n.* power, authority, right: **quyền bính, quyền hành** power; **cầm quyền** to be in power; **nhà cầm quyền** authorities; **chính quyền** the government; **binh quyền** military power; **nhân quyền** human rights; **đặc quyền** privileges; **chủ quyền** sovereign(ty); **phân quyền** separation of power; **có quyền** to have the right to, be entitled to; **uy quyền** power; **uỷ quyền** proxy, delegation of power; **thẩm quyền** authority 2 *n.* acting: **quyền thủ tướng** acting premier; **quyền khoa trưởng** acting dean 3 *n.* fist; boxing, pugilism: **đánh quyền, đấu quyền** to box
quyền Anh *n.* western boxing [as opp. to Chinese or Vietnamese boxing]: **vô địch quyền Anh** boxing champion
quyền bính *n.* power, authority
quyền hạn *n.* power, authoriy
quyền hành *n.* power, authority: **tôi không có quyền hành thay đổi kế hoạch** I don't have the authority to change the plan
quyền lợi *n.* interests, benefit: **bênh vực quyền lợi cho mọi người** to protect everyone's interests
quyền lực *n.* power
quyền thế *n.* power and influence
quyền thuật *n.* art of fighting, boxing art
quyển 1 *n.* a classifier noun for rolls, scrolls, volumes, books: **quyển thượng** volume 1 [of two]; **quyển hạ** volume 2 [of two]; **ba quyển sách** three books
quyết *v.* to decide, to make up one's mind [to], to be determined: **cương quyết** to be determined; **nhất quyết** determined to; **cả quyết** resolutely; **phán quyết** [of court] to decide; **phủ quyết** veto; **quả quyết** to affirm; **tự quyết** self-determination
quyết chí *v.* to be set in one's mind, to keep one's decision
quyết chiến *v.* to decide to fight, to fight until victory
quyết định *v., n.* to decide; to be decisive; decision: **chúng tôi đang chờ quyết định của ban giám đốc** we are waiting for the directors' decision
quyết đoán *v.* to be decided, to determine, to appraise with certainty

quyết liệt *adj.* drastic, decisive: **giờ phút quyết liệt** a decisive moment
quyết nghị *v., n.* to resolve; resolution: **đệ trình bản quyết nghị** to submit a resolution; **thông qua bản quyết nghị** to pass the resolution; **dự thảo bản quyết nghị** draft resolution
quyết nhiên *adv.* decidedly, surely, certainly
quyết tâm *v., n.* to be determined, to be resolved; determination, strong will: **họ có quyết tâm hoàn thành dự án** they have a strong determination to complete the project
quyết thắng *v.* to be resolved to win
quyết toán *v.* to draw up the balance sheet: **quyết toán ngân sách thường niên** to draw up the balance sheet of an annual budget
quyết tử *v.* to decide to die, to be ready to die
quyết ý *adj.* to be resolved
quyệt *adj.* shrewd, false, sly, wily: **quỉ quyệt, xảo quyệt** cunning
quýnh *adj.* nervous, shaken, excited, embarrassed: **mừng quýnh** to be excited with joy; **luýnh quýnh** to be nervous, shaken; **sợ quýnh** to be frightened, scared
quỳnh *n.* red stone, ruby

R

ra 1 *v.* [SV **xuất**] to exit, to go out, to come out; to go [out] into, to come [out] into; to look, to become; to issue [order **lệnh**], to give [signal **hiệu**, assignment **bài**]: **ra bể** to go to the sea; **ra sân** to go [out of the house] into the yard; **ra đường** to go out in the street; **ra dáng** ... to look 2 *adv.* out, outside, forth: **không ra gì, chẳng ra gì** to amount to nothing; **chẳng ra hồn** to be worth nothing; **bày ra** to display, to show off; **béo ra** to get fat; **đỏ ra** to become red; **nói ra** to speak up; **nhìn ra, nhận ra** to recognize; **nhớ ra** to remember, to call forth; **tìm ra, kiếm ra** to find out; **trở ra** to be out; **lối ra** "exit, do not enter"; **cửa ra vào** door; **ra vô thong thả** admission is free; **hiện ra** to appear; **sinh ra, đẻ ra** to be born, to give birth to; **hoá ra** to become; it turns out that; **thành ra** to come out; **chia ra** to divide up, to divide into
ra đa *n.* radar
ra đi *v.* to depart, to leave
ra đi ô *n.* [Fr. *radio*] radio
ra điều *v.* to appear as: **ra điều là người có học** to appear as an educated person
ra đời *v.* to be born; to start in life: **em tôi mới ra đời nên còn thiếu kinh nghiệm xã hội** my

brother has just started working, therefore he hasn't had much experience of society

ra gì *adj.* worthless: **con người đó chẳng ra gì** that person is worthless

ra giêng *adv.* early next year, after Tet, next January

ra hiệu *v.* to signal: **ra hiệu cho xe ngừng lại** to signal to traffic to stop

ra hồn *adj.* worth something, quite good

ra lệnh *v.* to order, to give an order, to command: **ra lệnh ngưng bắn** to order a stop to the fighting

ra mắt *v.* to appear before the public for the first time; to launch: **ra mắt sách mới** to launch a new book

ra mặt *v.* to show oneself: **không ra mặt** to act behind the scenes

ra miệng *v.* to express one's opinion

ra người *v.* to become a decent person, to be worthy of being a human being

ra oai *v.* to put on airs

ra phết *adv.* well, mighty, extremely: **món chả giò nầy ngon ra phết phết** this spring roll dish is extremely delicious [colloquial]

ra rả *adv.* incessantly, ceaselessly

ra ràng *adj.* fully-fledged

ra rìa *v.* to be discarded, neglected

ra sức *v.* to strive, to do one's best: **họ ra sức làm việc suốt ngày** they do their best on the job all day

ra tay *v.* to set out to do something; to show one's ability

ra toà *v.* to appear before a court

ra trận *v.* to go to the front: **trong chiến tranh, có hàng ngàn thanh niên ra trận** during the war, many young people went to the front

ra vẻ *v.* to seem to, to pretend

rá *n.* closely-woven basket [used for carrying or storing things and also for washing rice]

rà 1 *v.* to grope, to thrust oneself; to caulk: **rà vào đám đông** to thrust oneself into a crowd 2 *v.* to check: **rà lại chương trình ngày mai** to check tomorrow's schedule

rả rích *adj.* continuous: **mưa rả rích suốt tuần lễ** it rained continuously for the whole week

rã *v.* to be dispersed, to break up; to fall off

rã đám *v.* to end a party, to close a festival, to separate

rã họng *adj.* exhausted, fainted

rã rời *adj.* very tired, worn out, exhausted

rã rượi *adj.* exhausted; depressed

rạ *n.* rice stubble: **mái nhà bằng rạ** rice stubble roof

rác *n.* garbage, refuse, rubbish, litter: **đổ rác** to dump the garbage; **thùng rác** garbage bin; **phu rác** garbage collector; **xe rác** garbage truck; **rơm rác, cỏ rác** rubbish

rác rưởi *n.* rubbish; dregs: **chúng nó là rác rưởi của xã hội** they are the dregs of society

rạc *v.* to be exhausted; to become skinny: **lo nghĩ quá rạc người** to look haggard/worn down because of too many worries

rách *adj.* torn: **áo rách** a torn shirt; **xé rách** to tear [on purpose]; **giẻ rách** rag

rách bươm *adj.* torn to shreds

rách mướp *adj.* ragged, tattered

rách rưới *adj.* ragged

rạch 1 *n.* irrigation ditch, stream, small irrigation canal; arroyo: **lấy nước từ rạch** to take water from an irrigation canal 2 *v.* to slit, to slash; to split; to divide: **rạch cái hộp bằng con dao** to slit a box with a knife

rạch ròi *adj., adv.* [to talk] clear; distinct: **ông ấy ăn nói rạch ròi** he speaks clearly

rái 1 *n.* otter: **con rái cá** an otter 2 *v.* to fear; to dread

rải *v.* to spread, to sow, to lay down: **rải đá lót đường** to lay down stones on the road; **rải nhựa đường** to cover a road with asphalt

rải rác *adj.* scattered

ram *n.* [Fr. *rame*] ream, quire [of paper]

rám *v., adj.* to be sunburnt; sunburnt: **rám nắng** to have sunburn

rạm *n.* blackish water crab

ran *v.* to resound: **cười ran** to laugh boisterously; **nổ ran** to crackle, to explode noisily

rán 1 *v.* (= **chiên**) to fry [meat, fish, chicken, eggs]: **rán gà** to fry chicken; **gà rán** fried chicken 2 *v., adv.* to try, to endeavor, to strive; some more, over, in: **rán sức** to try one's best; **ngủ rán** to sleep in

ràn rụa *adj.* overflowing

rạn *adj.* cracked

rang *v.* to fry, to roast [peanuts, chestnuts **hạt dẻ**, melon seeds **hạt dưa**, sesame **vừng**, coffee **cà phê**]; pop [corn **ngô, bắp**]: **ngô rang, bắp rang** popcorn; **rang cà phê** to roast coffee seeds

ráng *n.* rainbow

ràng *v.* (= **gài**) to tie up, to fasten, to bind

ràng buộc *v.* to attach firmly, to tie up, to bind: **mối ràng buộc gia đình** family ties

rạng *v., n.* to break, to become dawn; dawn: **trời vừa rạng sáng** dawn has broken; **rạng ngày mười bảy** at the dawn of the 17th

rạng danh *v.* to become famous

rạng đông *n.* daybreak, dawn

rạng ngời *adj.* resplendent, glittering

rạng rỡ *adj.* radiant, brilliant

ranh 1 *adj.* shrewd, hard to deceive; mischievous, roguish: **thằng ranh con** the little devil, a mischievous boy; **chơi ranh** to play dirty tricks 2 *n.* demarcation, limit, boundary: **phân ranh** to fix the boundaries; **giáp ranh** adjoining

ranh giới *n.* demarcation

ranh mãnh *adj.* shrewd, smart; mischievous, naughty

rành *v.* to be clear; to know precisely, to master [a subject]

rành mạch *adj.* clear, intelligible, explicit, unambiguous

rành rành *adj.* obvious, evident, manifest

rành rọt *adj.* clear: **giải thích vấn đề rành rọt** to explain the issue clearly

rảnh *v.* to be free: **hôm nay tôi rảnh** today I am free; **thì giờ rảnh** spare time

rảnh chân *adj.* free

rảnh mắt *v.* to get out of sight: **đi đi cho rảnh mắt** go away, get out of my sight

rảnh mình *adj.* free of care or responsibility

rảnh tay *adj.* having free moments: **ông ấy không rảnh tay chút nào** he doesn't have a free moment, he is busy all the time

rảnh thân *adj.* free of care or responsibility

rảnh trí *v.* to have a free mind

rảnh việc *v.* to have leisure time, to have some spare time

rãnh *n.* stream, brook; gutter, drain; groove

rao *v.* to announce, to advertise, to cry out [news or merchandise **hàng**]

rao hàng *v.* to shout out one's wares

ráo **1** *adj.* dry: **khô ráo** dry **2** *adv.* entirely, utterly, totally: **nắng ráo** dry and sunny heat; **ráo, nhẵn ráo** to run out, to be all gone; **chạy ráo** all disappear

ráo hoảnh *adj.* [of eyes] dry, tearless

ráo riết *adj.* [of work] hard; [of contest, race] keen, hectic: **làm việc ráo riết** to work hard

rào *v., n.* to fence, to block; fence, hedge: **rào giậu** fence, hedge; **xây hàng rào** to build a fence

rào đón *v.* to take all precautions, to talk around: **khi nói chuyện, người Việt thường rào đón không đi thẳng vào vấn đề** when talking, Vietnamese often beat around the bush [go in circles] before answering the main points

rảo *v.* to walk faster, to accelerate, to quicken one's steps: **rảo bước** to walk faster

rạo rực *v.* to be nauseous

ráp **1** *v.* to assemble, to adjust, to join: **ráp máy may** to assemble a sewing machine **2** *adj.* (= **nháp**) rough: **giấy ráp** sandpaper; **đá ráp** pumice stone

rạp **1** *n.* temporary shed; theater: **rạp hát** theater [building]; **rạp xi-nê, rạp chiếu bóng** movie theater **2** *v.* to bend [**cúi**] all the way down to the ground; to lie [**nằm**] flat on the ground; to bow very low: **nằm rạp xuống đất** to lie flat on the ground

rát *v.* [of pain] to feel pain: **rát cổ họng** to feel pain in the throat

rát mặt *v.* to feel a burning sensation on one's face: **nắng rát mặt** the face feels the sun's heat

rạt *v.* to stand all the way to the side

rau **1** *n.* vegetables, greens: **vườn rau** vegetable garden; **cơm rau** vegetable meal **2** *n.* (= **nhau**) umbilical cord; **nơi chôn rau cắt rốn** native place

rau sống *n.* salad

rau thơm *n.* mint, basil

ráy *n.* ear wax: **lấy ráy tai** to take out ear wax

rày *adv.* now, this time, today; **từ rày (trở đi)** from now on; **mấy ngày rày** these few days

rảy *v.* to sprinkle [with water]

rắc *v.* to sow, to sprinkle: **rắc hột giống** to sow seeds; **rắc muối lên thức ăn** to sprinkle salt on food

rắc rối *adj.* complicated, intricate; troublesome: **công việc rắc rối** a complicated job

răm *n.* persicary; fragrant knotweed

răm rắp *adj.* obeying as one body, all at the same time: **tất cả đều nghe lời răm rắp** they all obey as one body

rắm *n.* fart: **đánh rắm** to break wind

rằm *n.* full moon: **ngày rằm** fifteenth day of the lunar month; **trăng rằm** full moon

răn **1** *adj.* (= **nhăn**) wrinkled [of skin, clothes] **2** *v.* to advise, to warn, to instruct: **giáo viên thường xuyên khuyên răn học sinh** teachers always advise students; **lời răn** commandment; **mười điều răn** the Ten Commandments

răn reo *adj.* wrinkled, wizened

rắn **1** *n.* [SV **xà**] snake: **nọc rắn** venom **2** *adj.* [SV **cương**] hard, rigid [*opp.* **mềm**]: **rắn lại** to harden

rắn đầu *adj.* stubborn, hard-headed

rắn hổ mang *n.* copperhead

rắn mối *n.* lizard

rắn nước *n.* water-snake

rắn rỏi *adj.* strong, tough

rặn *v.* to contract one's abdominal muscles [when defecating or lifting a heavy object]

răng **1** *n.* [SV **nha**] tooth: **đánh răng** to brush teeth; **đau răng** to have a toothache; **hàm răng** jaw; **răng giả** fake tooth; **hàm răng giả** dental plate; **nghiến răng** to grind one's teeth; **mọc răng** to cut teeth; **trồng răng** to grow a tooth; **xỉa răng** to pick one's teeth; **chải răng** to brush one's teeth; **bàn chải răng** tooth-brush; **thuốc đánh răng** tooth-paste **2** *adv.* [Hue dialect] what, how, why

răng cưa *n., adj.* teeth of a saw; saw-toothed; serrated

răng cửa *n.* incisor, front tooth

răng hàm *n.* molar

răng khôn *n.* wisdom tooth

răng nanh *n.* canine, eyetooth

răng sâu *n.* decayed tooth

răng sún *n.* decayed tooth

răng sữa *n.* milk tooth

răng tiền hàm *n.* premolar, bicuspid

răng vẩu *n.* buck tooth

rằng 1 *v.* to say [as follows] that: **bảo/nói rằng** to say that; **chẳng nói chẳng rằng** to say nothing, without warning 2 *conj.* that: **chúng tôi nghĩ rằng chúng tôi có thể giúp bạn** we think that we can help you

rằng rặc *adj.* too long, endless, interminable: **dài rằng rặc** too long

rặng *n.* row [of trees], chain, range [of mountains]: **rặng núi** a range of mountains

rắp *v.* to be about to, to intend to: **rắp tâm làm việc gì** to intend to do something

rặt *adv.* entirely, altogether, nothing but; there are just: **rặt những hàng xấu** there are just bad quality goods

râm *adj.* shady: **bóng râm** shade; **kính râm** sun-glasses; **ngồi trong râm** to sit in the shade

rầm 1 *adj.* loud, noisy 2 *n.* beam, rafter

rầm rầm *adv.* noisily, with a roar

rầm rập *n.* noisily

rầm rì *v.* to whisper, to murmur

rầm rộ *adj., adv.* ebullient; noisily in a body

rậm *adj.* [of hair, vegetation] thick, dense, bushy: **rừng rậm** thick forest; **tóc rậm** thick hair

rậm rạp *adj.* thick, dense, bushy

rận *n.* body louse [**chấy, chí**]: **bệnh chấy rận** typhus

rấp *v.* to block, to close [road]; to cover up

rập *v.* to copy, to reproduce [model]: **rập theo kiểu** to copy a pattern

rập rình *v.* to be bouncing in rhythm, to resound low and high: **tiếng nhạc rập rình** music resounds both low and high

rập rờn *v.* to float, to bob

rất *adv.* very [to precede verbs]: **phim này rất hay** this film is very good; **trường ấy rất qui củ** that school is very well organized; **vấn đề đó rất (là) phức tạp** that problem is very complicated

râu *n.* [SV **tu**] beard; mustache: **râu tôi mọc nhanh quá** my mustache grows quickly; **râu mép** mustache; **cạo râu** to shave; **để râu** to grow a beard or mustache

râu cằm *n.* beard

râu mép *n.* mustache

râu quai nón *n.* whiskers

rầu *v., adj.* sad, sorrowful, depressed: **buồn rầu** to be sorrowful

rầu rầu *adj.* melancholic

rây *v., n.* to strain, to sift, to bolt/sieve; strainer: **rây bột** to sift flour

rầy 1 *v.* to scold, to annoy, to bother, to pester 2 *n.* [Fr. *rail*] rail: **đường rầy** railway

rầy la *v.* to scold, to reprimand

rầy rà *adj.* troublesome, complicated

rẫy *v.* to clear land for cultivation: **làm rẫy** to slash and burn

rè *v.* [of voice] cracked

rẻ *adj.* cheap, inexpensive: **hàng rẻ tiền** cheap goods [*opp.* **đắt**]; **rẻ như bùn** dirt cheap

rẻ mạt *adj.* dirt cheap

rẻ rúng *v.* to belittle, to berate; to abandon

rẻ thối *adj.* dirt cheap

rẽ *v.* to turn [right or left]; to divide, to split: **chia rẽ** to separate, to split; **chỗ rẽ** turning point; **rẽ phải** to turn right

rèm *n.* bamboo blinds

ren *n.* [Fr. *dentelle*] lace

rén *v.* to tiptoe, to walk gingerly: **đi rón rén** to walk gingerly

rèn *v.* to forge; to train, to form: **rèn luyện** to train; **thợ rèn** blacksmith; **lò rèn** furnace

rèn đúc *v.* to forge, to create

rèn luyện *v.* to forge, to train

reo 1 *v.* to rustle, to hiss: **thông trên đồi reo** the pines on the hill are rustling 2 *v.* to shout, to cheer, to yell: **mọi người trong phòng reo lên khi ông ấy đến** everyone in the room shouted with joy when he arrived

reo *v.* [Fr. *grevè*] to strike; **làm reo** to go on strike

reo hò *v.* to shout, to cheer

réo *v.* to call loudly, to hail

réo rắt *adj.* [of voice] plaintive

rét *adj.* [SV **hàn**] cold: **trời rét** it's cold; **bệnh sốt rét** malaria; **mùa rét** winter

rét buốt *adj.* cold, freezing

rét mướt *adj.* cold [of weather]

rế *n.* bamboo basket [used as pad for hot pot]

rề rà *adj.* dawdling; dragged out

rể *n.* son-in-law: **chàng/chú rể** bridegroom; **anh rể** elder sister's husband; **em rể** younger sister's husband; **kén rể** to choose a son-in-law; **anh em rể** brothers-in-law [whose wives are sisters]; **phù rể** to be the best man

rễ *n.* [SV **căn**] root: **nhổ rễ** to uproot; **mọc rễ** to take root

rễ cái *n.* main root

rễ con *n.* rootlet

rễ cũ *n.* rootstalk, rhizome

rên *v.* to groan, to moan

rên rỉ *v.* to groan, to moan

rền *v.* to toll, to ring; to happen repeatedly

rệp *n.* bedbug

rết *n.* centipede

rêu *n.* moss: **mọc rêu** moss growth; **xanh rêu** mossy green

rêu rao *v.* to spread, to divulge, to broadcast [rumor, news]

rì *adj.* dark green, lush: **cỏ mọc xanh rì** the grass grew lushly green

rì rào *v.* to whisper, to murmur

rì rầm *v.* to whisper

rỉ 1 *v., n.* to be rusty, to get rusty; rust 2 *v.* to act in small or gentle repetitions, to ooze out: **rỉ từng giọt** to drip; **xăng rỉ ra ngoài thùng** the petrol is oozing out of the can

rỉ rả *adv.* slowly and prolonged

rỉ răng *v.* to open one's mouth, to speak out

rỉ tai *v.* to whisper into someone's ear

ria 1 *n.* edge, border, rim 2 *n.* mustache [with **để** to grow]

rìa *n.* fringe, edge, border

rỉa *v.* to peck, to nibble

rỉa rói *v.* to insult: **rỉa rói ai** to insult someone

rích *adj.* very old: **cũ rích** out of date

riêng *adj.* [SV **tư**] special, particular, personal, private: **nhà riêng** private house; **của riêng** personal property [of someone]; **con riêng** child by previous marriage; **ở riêng** to settle apart from relatives

riêng biệt *adj.* separate, apart

riêng tây *adj.* private, own

tiêng tư *adj.* personal, private

riềng *n.* galingale [the root of a plant that is used in cooking and medicine]

riết 1 *v.* to pull tight, to act unceasingly; to be stingy: **riết hai đầu dây** to pull tight two heads of string 2 *adj.* strict, severe: **bà ấy riết lắm** she is very strict

riết róng *adj.* miserly, closefisted

riêu *n.* fish or crab soup, chowder eaten with rice or rice spaghetti

riễu *v.* to banter, to make fun

rim *v.* to cook with fish sauce

rinh 1 *adj.* noisy 2 *v.* to carry with both hands: **rinh bàn ghế vào phòng** to carry furniture into the room with both hands

rình *v.* to spy, to lie in ambush, to watch

rình mò *v.* to spy on

rít *v.* to hiss, to whizz; to be shrill

rịt *v.* to tie, to dress: **rịt vết thương** to tie a wound

ríu rít *v.* [of birds, children] to chatter, to prattle

rìu *n.* ax

rổ *n.* rush basket

rò *v.* to leak

rỏ 1 *v.* to drip, to ooze; to give [eye lotion] in drops 2 *n.* basket

rõ *adj., adv.* clear, distinct; clearly, distinctly: **hai năm rõ mười** it's as clear as daylight

rõ mồn một *adj.* absolutely clear, obvious

rõ ràng *adj.* clear, distinct, evident, obvious

rõ rệt *adj.* clear, distinct

rọ *n.* bow net, eel pot, hoop net, coop

róc *v.* to whittle the bark off: **róc mía** to whittle sugar cane

róc rách *v.* [of stream] to drip, to babble

rọc *v.* to cut [pages that are folded]

roi *n.* whip, rod, switch: **roi ngựa** horse whip

roi vọt *n.* whipping

rọi *v.* to beam, to shine, to focus [light, searchlight]

rom *n.* [Fr. *rhum*] rum

róm *n.* caterpillar

rón rén *v.* to tiptoe

rong 1 *v.* to wander, to be itinerant or perambulating: **hàng rong** street vendor, peddler, hawker 2 *n.* alga, seaweed

rong rỏng *adj.* slender

rong ruổi *v.* to travel

róng *n.* scaffolding

ròng 1 *adj.* pure: **vàng ròng** pure gold 2 *adj.* all through, whole: **ba năm ròng** throughout three years

ròng rã *adj., adv.* uninterrupted; unceasingly, incessantly

ròng rọc *n.* pulley

ròng rọc *adj.* to be striped

rót *v.* to pour [from bottle, pot, etc.]: **rót rượu ra ly** to pour wine into a glass

rô *n.* diamond [on cards]

rồ *adj.* mad, crazy: **hoá điên rồ** to become crazy

rồ dại *adj.* mad, crazy, insane

rổ *n.* bamboo basket

rỗ *adj.* [of face] pock-marked: **mặt rỗ** to have a pock-marked face

rộ *adj.* noisy, profuse: **rầm rộ** with a lot of noise and fuss

rối *v.* to be tangled, to tangle, to mix up: **tóc rối** tangled hair; **quấy rối** to disturb, to harass; **bối rối** uneasy, perplexed

rối beng *adj.* troubled: **tình hình rối beng** troubled situation

rối loạn *adj., adv.* troubled; disorderly, out of control

rối ren *adj.* disorder, confused

rối rít *v.* to be perplexed, to be nervous, to panic, to bustle

rối trí *adj.* nervous

rồi 1 *adv., adj.* already; finished, recent: **vừa rồi** to be recent; recently; **rồi chưa?** have you finished?; **xong rồi** already finished; **hết rồi** all gone 2 *conj.* then: **nó ăn, rồi đi học** he ate, then went to school

rồi đây *adv.* later, in the future

rồi ra *adv.* later on

rồi thì *adv.* and then

rỗi *v., adj.* free, unoccupied: **rỗi việc, nhàn rỗi** to be free

rỗi rãi *v.* to have free time, to have leisure

rôm *n.* heat rash, prickly heat [with **mọc** to have]

rôm sẩy *n.* heat rash

rốn 1 *n.* nave 2 *v.* to extend [stay, visit, working period] in order to finish up; to exert oneself further, to make an extra effort

rộn *v., adv.* to be noisy, to raise a fuss; disorderly: **bận rộn** to be busy; **làm rộn** to raise a fuss

rộn rã *adj.* noisy, vehement

rộn rịp *adj.* to be bustling

rong 1 *n.* high tide 2 *v.* to wander around: **chạy rong** to roam about

rống *v.* to trumpet; to roar: **voi rống lên nghe ghê quá** it's terrible to hear an elephant roaring

rồng *n.* [SV **long**] dragon: **mặt rồng** the king's face; **thuyền rồng** dragon boat

rỗng *adj.* empty; hollow: **túi rỗng** empty pocket

rỗng không *adj.* empty

rỗng tuếch *adj.* absolutely empty, meaningless

rộng 1 *adj.* wide, spacious, big, broad [*opp.* **hẹp, chật**]: **áo quần rộng** clothes are big; **nghĩa rộng** extended meaning; **mở rộng** to enlarge, to expand 2 *adj.* free, generous: **tiêu pha rộng rãi** to spend freely

rộng bụng *adj.* generous, broad-minded

rộng cẳng *adj.* free

rộng lượng *adj.* generous, tolerant

rộng rãi *adj.* wide, spacious; broad-minded; generous, liberal

rốt *adv.* to be the last: **sau rốt** last of all

rốt cục *adv.* at the end, finally, ultimately

rờ *v.* to grope, to feel, to touch

rờ rẫm *v.* to grope, to touch

rỡ *v.* to be radiant: **mừng rỡ** to be very glad; **rạng rỡ** glorifying; **rực rỡ** radiant, resplendent

rõ ràng *adj.* radiant, shining

rợ *adj.* savage, barbarian; gaudy: **mọi rợ** barbarian

rơi *v.* to fall, to drop [**xuống** down, **ra** out, **vào** into]; to shed: **rơi lệ** to shed tears; **bỏ rơi** to abandon; **đánh rơi** to drop [accidentally]; **đẻ rơi** to have one's baby in the absence of a midwife or obstetrician; **con rơi con vãi** abandoned child; **thư rơi** anonymous letter; **của rơi** an object that somebody has dropped

rơi lệ *v.* to shed tears, to cry

rời *v.* to be detached from, to separate from: **rời đi** to leave; **tháo rời ra** to take apart; **họ rời Đà Lạt hôm qua** they left Dalat yesterday

rời rã *adj.* exhausted

rời rạc *adj.* dissimilar, incoherent, without coordination

rơm *n.* straw: **mũ rơm** straw hat; **mống rơm, đụn rơm** haystack; **nấm rơm** straw mushroom

rơm rác *n.* trifle, junk

rơm rớm *adj.* [of eyes] wet with tears

rớm *v.* to ooze, to be wet [with blood **máu**, tears **nước mắt**]

rờn *adj.* quite green: **xanh rờn** very green

rợn *v.* to shiver with fear: **làm rợn tóc gáy** to make one's hair stand on ends

rợp *v.* to be shady, to be in the shade: **ngồi nghỉ ở chỗ rợp** to take a rest in the shade

rớt 1 *v.* to fall, to drop, to fail [an exam] [*opp.* **đậu, đỗ**]: **ví tôi rớt ở trên xe** I dropped my wallet in the car 2 *adj.* to be left behind; to remain: **còn rớt lại vài thứ** something is left behind

rớt mồng tơi *adj.* as poor as a church mouse

ru *v.* to lull, to sing [to baby]: **ru con ngủ** to lull a baby to sleep; **bài hát ru con** lullaby

ru ngủ *v.* to rock, to lull to sleep; to lull

ru rú *v.* to stay home

rú 1 *n.* forest: **rừng rú** forest 2 *v.* to shout, to shriek, to scream [of joy or fear]

rù rờ *adj.* slow, indolent

rủ 1 *v.* to invite [to come along]; to urge, to ask: **rủ nhau đi ăn** to ask someone to go to a restaurant 2 *v.* to hang down: **rủ màn xuống** to hang down a curtain

rủ rê *v.* to induce, to entice: **rủ rê bạn đi uống rượu** to invite one's friend to the pub

rủ rỉ *v.* to whisper, to murmur softly

rũ 1 *v., adj.* to droop; drooping, hanging: **cây rũ chết** the tree withered, lifeless; **cờ rũ** flag half mast; **mệt rũ** exhausted 2 *v.* to rinse [clothes]: **rũ hai nước** to rinse twice

rũ rượi *adj.* [of hair] drooping, hanging, disheveled: **cười rũ rượi** to laugh heartily

rùa *n.* [SV **qui**] turtle, tortoise: **chậm như rùa** snail-paced, as slow as a tortoise

rủa *v.* to curse: **nguyền rủa** to curse; **chửi rủa** to scold

rữa *adj.* decayed, rotten

rúc *v.* to hoot; to creep, to crawl

rúc rích *v.* to giggle

rục *adj.* overcooked, stewed to shreds: **thịt hầm chín rục** the meat was stewed to shreds

rục rịch *v.* to get ready to, to prepare to: **rục rịch dọn nhà đi nơi khác** to get ready to move to another place

rủi *n., adj.* luck, bad luck; unfortunate [*opp.* **may**], unlucky

rủi ro *adj.* unlucky, unfortunate: **chuyện rủi** bad luck

rụi *adj.* ravaged completely: **nhà cháy rụi** the house was completely burned

rum *n.* rum: **uống rượu rum** to drink rum

rúm *adj.* distorted, contorted; crumpled

run *v.* to shake, to tremble, to quiver: **run như cầy sấy** to tremble like a leaf

run rẩy *v.* to tremble, to shiver

rủn *adj., v.* to be limp, to be faint: **đói rủn cả người** to be weak with hunger

rủn chí *adj.* dejected, downcast, discouraged

rung *v.* to shake, to ring [bell]: **rung chuông nhà thờ** to ring the bell at the church

rung cảm *v.* to throb with emotion

rung chuyển *v.* to shake violently; to make a strong impact on

rung động *v.* to vibrate; to quiver, to throb with motion

rung rinh *v.* to shake, to vibrate, to quiver

rùng *v.* to shudder, to shiver, to quiver

rùng mình *v.* to tremble with fear

rùng rợn *adj.* horrifying, ghastly: **tai nạn rùng rợn** a horrifying accident

rụng *v.* [of flower **hoa**, fruit **quả**, leaves **lá**, hair **tóc**, tooth **răng**] to fall: **lá rụng** leaves fell; **tóc rụng nhiều** hairs drop a lot

rụng rời *adj., v.* faint with fright; to be panic-stricken, hysterical [because of fear, bad news]

ruốc *n.* shredded meat salted and dried: **mắm ruốc** shrimp paste

ruồi *n.* housefly, fly: **diệt ruồi** to kill flies

ruồi muỗi *n.* flies and mosquitoes

ruồng *v.* to abandon, to desert: **ruồng bỏ gia đình** to abandon one's family

ruộng *n.* [SV **điền**] rice field: **đồng ruộng** fields; **làm ruộng** to farm; **cày ruộng** to plow

ruộng đất *n.* land, rice fields

ruột 1 *n.* intestine, bowels, entrails, gut; heart; blood [relationship]: **đau ruột** intestinal pain 2 *adj.* related by blood: **anh ruột** elder brother [as opp. to **anh họ** cousin]; **chị ruột** elder sister [as opp. to **em ruột** younger brother, younger sister]; **cậu ruột** mother's younger brother

ruột gà *n.* coil spring

ruột gan *n.* heart

ruột già *n.* large intestine

ruột non *n.* small intestine

ruột thịt *adj.* being of the same parents; related by blood [relative]

ruột thừa *n.* appendix

ruột tượng *n.* sausage-shaped belt, belt holder

rút *v.* to pull; to pull back, to withdraw: **nó rút mùi soa ra chùi mắt** he pulled out his handkerchief and wiped his eyes; **họ rút quân về** they withdrew their troops; **bà rút đơn kiện** she withdrew her complaint; **rút tiền ở nhà băng** to withdraw money from the bank

rút bớt *v.* to reduce, to cut [staff, expenses]

rút gọn *v.* to reduce [a fraction]

rút lui *v.* to withdraw, to retreat

rút ngắn *v.* to shorten, to condense, to cut short: **rút ngắn kỳ nghỉ hè** to cut holidays short

rút thăm *v.* to draw lots

rụt *v.* to withdraw, to jerk back [neck, head, hand]

rụt rè *v.* to be shy, to be timid

rưa rứa *adj.* similar

rửa *v.* to wash, to clean [object, face, hands, etc. but not clothes, rice, or hair]; to develop, to print [film]: **rửa xe** to wash one's car; **rửa tay** to wash one's hands; **rửa hình** to develop a roll of film

rửa ráy *v.* to wash

rửa tội *v.* to baptize

rữa *v.* to wither, to decay, to rot: **chín rữa** over-ripe

rực *adj.* bright, glowing

rực rỡ *adj.* [of light, success, victory] brilliant, radiant; splendid: **ánh sáng rực rỡ** brilliant lights; **trang hoàng rực rỡ** a splendid decoration

rưng rức *adv.* [of pain] to be sharp, intense: **khóc rưng rức** to cry bitterly

rừng *n.* [SV **lâm**] forest, jungle; wild: **người rừng** orangutan; **mèo rừng** wild cat; **thú rừng** wild beast; **lợn rừng** wild boar; **chở củi về rừng** to carry coals to Newcastle

rừng rú *n.* forests, woods

rước *v.* (= **đón**) to meet on arrival, to welcome: **tiếp rước** to receive; **tôi đón rước bạn tôi ở phi trường** I am picking up my friend at the airport; **đám rước** procession; **rước đèn** lantern parade

rươi *n.* edible worms, clam worm [found in rice fields near the sea coast]

rưới *v.* to sprinkle: **rưới nước mắm vào canh** to sprinkle fish-sauce into soup

rười rượi *adj.* dismal, sad, gloomy: **mặt ông ấy buồn rười rượi** his face looks sad

rưỡi *num.* a half [the preceding numeral is **trăm, nghìn/ngàn...**]: **hai trăm rưỡi** two hundred and fifty; **nghìn rưỡi** one thousand five hundred

rưỡi *num.* a half: **ba đồng rưỡi** three and a half piastres; **ba thước rưỡi** three and a half meters; **một giờ rưỡi** half past one; **một tiếng rưỡi** one and a half hours

rườm *adj.* superfluous, redundant, complicated

rườm rà *adj.* dense; [of style] superfluous, wordy: **cành cây rườm rà** dense branches; **ăn nói rườm rà** to say superfluous words

rương *n.* (= **hòm**) trunk, case, box: **khiêng rương quần áo lên xe** to load a trunk of clothes in the car

rường *n.* framework [of building]; beam

rường cột *n.* keystone, pivot, pillar

rượt *v.* to follow, to chase

rượu *n.* [SV **tửu**] alcohol, drink, wine, liquor, spirit: **say rượu** to be drunk; **lò rượu** distillery;

nghiện rượu to be a drinker; **cất rượu** to distill alcohol

rượu bia *n.* beer

rượu chát *n.* wine

rượu chè *v.* to drink heavily

rượu đế *n.* rice wine

rượu mạnh *n.* spirits, brandy

rượu mùi *n.* liquor

rượu nếp *n.* fermented sticky rice

rượu nho *n.* wine: **rượu nho đỏ** red wine

rượu sâm banh *n.* champagne

rượu vang *n.* wine

rứt *v.* to pull [hair, clothes]; to tear out; to be separated from: **cắn rứt** to gnaw; **rứt tóc** to pull hairs off

S

sa 1 *n.* gauze, silk cloth 2 *v.* to fall [especially from the sky]; to drop down, to prolapse: **sa xuống hố** to fall into a hole

sa chân *v.* to take a false step, to slip: **sa chân lỡ bước** to meet with misfortune

sa cơ *v.* to meet with an accident or misfortune: **sa cơ lỡ vận** to meet with a misfortune, to land in a predicament

sa đà *v.* to over-indulge in sensual pleasures

sa đoạ *v.* to be utterly depraved

sa lầy *v.* to be bogged, to bog down

sa mạc *n.* desert

sa môn *n.* Buddhist priest

sa ngã *v.* to fall into, to be debauched

sa nhân *n.* bastard; cardamom

sa sầm *v.* to look angry

sa sút *v.* to decline [in wealth, status], to fall into poverty

sa thải *v.* to dismiss, to lay off

sa trường *n.* battlefield

sá chi *v.* to not mind

sà *v.* [of bird, plane] to swoop down: **bay sà trên mặt nước** to skim over the surface of the water

sà lan *n.* [Fr. *chaland*] lighter, barge

sả 1 *n.* citronella 2 *v.* to cut to pieces

sách *n.* [SV **thư**] book: **hàng bán sách** bookshop, bookstore; **sách giáo khoa** textbook

sách vở *n.* books and exercise books

sạch *adj., adv.* clean; completely, entirely: **một cái bàn sạch** a clean table; **trong sạch** to be pure, honest; **hết sạch** all gone

sạch bong *adj.* very clean, spotless

sạch sẽ *adj.* clean, tidy, spotless: **sàn nhà sạch sẽ** a clean floor

sạch tội *adj.* clear of all sins

sạch trụi *adj.* nothing left: **của cải sạch trụi** to have no penny left

sai 1 *v.* to send [on an errand], to order, to command: **sai người đi mua thức ăn** to send somebody to buy food; **tay sai** servant, lackey 2 *adj., n.* incorrect, wrong, false; error, mistake: **tin tức sai** incorrect information; **sai lỗi chính tả** spelling mistakes 3 *adj.* [of tree] to yield plenty of fruits: **cây cam sai trái** the orange tree yields plenty of oranges

sai bảo *v.* to give orders, to order about

sai bét *adj.* completely wrong, all incorrect

sai biệt *adj.* different, divergent

sai hẹn *v.* to fail to keep an appointment: **ông ấy đã xin lỗi tôi vì ông ta đã sai hẹn** he made an apology for his failure/inability to keep the appointment

sai khiến *v.* to order, to command

sai lầm *adj., n.* to be mistaken, to make mistakes; wrong, mistake: **những cái sai lầm của tuổi trẻ** the mistakes of youth; **những ý kiến sai lầm** wrong ideas

sai lời *v.* to break one's promise

sai trái *adj.* wrong

sai ước *v.* to break a promise

sái *adj.* dislocated, out of joint; out of place, untimely; contrary to, opposed to: **sái tay** untimely sprain of the arm

Sài Gòn *n.* Saigon

Sài thành *n.* Saigon City

sải *n.* span [of human arms], width of outstretched arms

sải tay *n.* arm length; full span [of the arms]

sãi *n.* a caretaker in a Buddhist temple; Buddist monk

sam *n.* king crab: **đuôi sam** plait, pigtail

sám hối *v.* to repent, to feel remorse

sàm *v.* to calumniate, to slander

san 1 *n.* review, journal: **nguyệt san** monthly review; **bán nguyệt san** biweekly; **tập san** journal 2 *v.* to level, to grade [road], to smooth; to raze to the ground, to excavate: **san bằng mặt đất** to excavate a ground level

san bằng *v.* to excavate: **san bằng đất để làm nhà** to excavate the ground to build a house

san hô *n.* coral

san sẻ *v.* to share

sán 1 *v.* to approach, to come very close to 2 *n.* tapeworm, taenia: **thuốc sán** taeniacide, taeniafuge

sán lãi *n.* ascaris

sàn *n.* wooden or parquet floor: **sàn nhà** floor; **nhà sàn** house on stilts

sàn sàn *adj.* nearly equal, about the same

sản *v.* to produce, to create, to generate

sản khoa *n.* obstetrics

sản lượng *n.* product, output, rate of production

sản nghiệp *n.* property, inheritance, possession

sản phẩm *n.* product, result, outcome

sản phụ *n.* a woman post-partuition [one who has just given birth]

sản quyền *n.* manufacturing rights

sản vật *n.* product [of a country]

sản xuất *v.* to produce, to manufacture, to make: **Việt Nam sản xuất rất nhiều gạo** Vietnam produces a lot of rice

sạn *n.* grit; pebble

sang **1** *v.* to go over, to come over, to cross: **đem sang** to bring over; **gửi sang Mỹ** to send to America; **đi sang Pháp** to go to France; **sang qua đường** to go across the road **2** *v.* to transfer: **sang tên xe** to transfer car registration; **sang tên nhà cho ai** to transfer the ownership of a house to someone **3** *adj.* [SV **quí**] to be noble [opp. **hèn**]; to be used to expensive living: **nhà giàu sang** rich and noble family

sang đoạt *v.* to misappropriate, to embezzle

sang độc *v.* to form an abscess

sang máu *v.* to give a blood transfusion

sang nhà *v.* to sublet for rental, to transfer a lease

sang sảng *adj.* [of voice] metallic, sonorous

sang số *v.* to shift gear

sang tay *v.* to change owner

sang tên *v.* to transfer [property]

sang trọng *adj.* noble, luxury, distinguished

sáng *adj., n.* [SV **minh**] bright; to be bright, well lit; to be intelligent; dawn, morning: **ánh sáng** ray or beam of light; **ánh sáng mặt trời** sunlight; **kinh đô ánh sáng** a city of light; **tảng sáng** dawn; **soi sáng** to light; **tia sáng** light ray; **bữa ăn sáng** breakfast; **ăn sáng** to have breakfast; **sáng trăng** moonlight

sáng bóng *adj.* shining

sáng chế *v.* to invent, to create, to make

sáng choang *adj.* bright, dazzling

sáng dạ *adj.* intelligent

sáng kiến *n.* initiative

sáng lạn *adj.* glaring, bright

sáng lập *v.* to found, to establish

sáng mai *n.* the next morning

sáng quắc *adj.* [of eyes] flashing: **mắt sáng quắc** to have blinking eyes

sáng rực *adj.* incandescent, glowing

sáng sớm *n.* early in the morning, in the early morning

sáng sủa *adj.* bright, well lighted; bright-looking, intelligent

sáng suốt *n.* to be clear-sighted, enlightened

sáng tác *v.* to create, to be creative, to compose: **sáng tác nhạc** to compose music/songs

sáng tạo *v.* to create, to invent

sáng trưng *adj.* bright, brilliant, dazzling

sáng ý *adj.* perspicacious, intelligent

sàng **1** *v., n.* to winnow, to sieve; flat winnowing basket **2** *n.* (= **giường**) bed: **bạn đồng sàng** bedmate; **long sàng** royal bed

sảng *adj.* delirious

sảng khoái *v., adj.* cheery, in good spirits, brisk

sảng sốt *v.* to fall into a panic, to be frantic

sanh *v.* See **sinh**

sánh *v.* to compare: **so sánh** to compare; **không sánh kịp** cannot compare to

sánh duyên *v.* to get married

sánh đôi *v.* to be matched in marriage, to be a couple

sánh vai *v.* to go or walk side by side

sành **1** *n.* earthenware **2** *adj.* expert, skilled, experienced

sảnh *n.* hall: **thị sảnh, đô sảnh** city hall, town hall

sao **1** *n.* star: **ngôi sao điện ảnh** movie star; **có sao** starry; **hình sao** star-shaped; **chòm sao** constellation; **cờ sao sọc** stars and stripes **2** *adv.* how? what matter? why; **làm sao?** how?; **tại/vì sao?** why?; **không sao** no trouble, it does not matter **3** *v.* to roast, to fry medicinal herbs **4** *v.* to copy, to transcribe: **bản sao** copy; **sao y bản chính** a true copy of the original

sao bắc cực *n.* the polar star

sao bắc đẩu *n.* ursa major

sao băng *n.* shooting star

sao chổi *n.* comet

sao đổi ngôi *n.* shooting star

sao hôm *n.* evening star

sao lục *v.* to copy, to make copies of

sao mai *n.* morning star

sáo **1** *n.* flute: **thổi sáo** to play the flute **2** *n.* magpie **3** *n.* bamboo blinds

sào **1** *n.* pole: **nhảy sào** the pole-vault **2** *num.* one tenth of an acre or 360 square meters

sào huyệt *n.* lair, den, nest [of beasts, pirates, rebels], haunt, hide-out

sáp *n.* wax; pomade; lipstick: **sáp môi** lipstick; **sáp ong** beeswax; **phấn sáp** to make up

sáp môi *n.* lipstick

sáp nhập *v.* to annex, to merge, to integrate

sát **1** *adj.* close to, closely attached to: **theo sát** following closely; **dịch sát** literally translating **2** *v.* (= **giết**) to kill: **ám sát** to assassinate; **cố sát** murder; **mưu sát** to murder

sát cánh *adj.* side by side

sát chủng *n.* genocide

sát hạch *v.* to examine [students], to test

sát nhân *n.* homicide, murder: **kẻ sát nhân** an assassin, murderer

sát phụ *n.* patricide

sát sinh *v.* to kill animals: **lò sát sinh** slaughterhouse

sát trùng *n.* insecticide, antiseptic

sạt *adj.* broken, smashed

sạt nghiệp *v.* to be ruined financially, to become bankrupt

sau *adv.* [SV **hậu**] behind, after, back, following [*opp.* **trước**]: **đằng sau** behind; **phía sau** in the back; **đời sau** next life, next generation; **hôm sau** the following day; **cửa sau** back door; **sau khi** after [something happens]

sau cùng *adv.* last, last of all

sau đây *adv.* below, as follows

sau hết *adv.* finally, last of all

sau này *adv.* hereafter, later on

sau nữa *adv.* moreover; next

sau rốt *adv.* last, last of all

sáu *num.* [SV **lục**] six: **mười sáu** 16; **sáu mươi** 60; **thứ sáu** the sixth, Friday; **một trăm sáu mươi** 160; **một trăm lẻ sáu** 106; **tháng sáu** the sixth lunar month, June

say *adj.* drunken, intoxicated: **say rượu** drunk [*opp.* **tỉnh**]; **say mê** to be very fond of

say đắm *v.* to be passionately in love with

say mê *v.* to be very fond of

say nắng *n.* sunstroke

say sóng *v.* to be seasick

say sưa *adj., v.* very drunk; to be absorbed in [reading, entertainment]

sảy **1** *n.* prickly heat **2** *v.* to winnow

sắc **1** *n.* (= **màu**) color, beauty; look, appearance; sex, women: **ngũ sắc** the five colors; **cảnh sắc** view, aspect; **thất sắc** to turn pale; **nhan sắc** beauty; **hiếu sắc** lustful **2** *adj.* [of knife] sharp [*opp.* **cùn**]: **dao sắc** a sharp knife **3** *n.* royal edict, decree **4** *v.* to brew medicinal herbs until the liquid is reduced

sắc bén *adj.* sharp

sắc cạnh *adj.* sharp-edged; sharp, intelligent, clever

sắc chỉ *n.* royal decree

sắc dục *n.* sex, lust

sắc đẹp *n.* beauty

sắc lệnh *n.* decree

sắc luật *n.* decree order

sắc phục *n.* formal attire: **sắc phục đại học** academic attire, cap and gown

sắc sảo *adj.* smart, sharp-witted, intelligent

sắc thái *n.* aspect, feature

sắc thuế *n.* tax category

sắc tố *n.* pigment

sặc **1** *v.* to choke because one has swallowed food the wrong way **2** *v.* to give forth a strong smell: **sặc mùi rượu** to smell of liquor

sặc gạch *v.* to vomit blood

sặc sỡ *adj.* flashy, gaudy, colorful

sặc sụa *v.* to smell, to stink of, to reek of

săm *n.* inner tube, tube

săm lốp *n.* tire and tube

sắm *v.* to buy, to go shopping [furniture, property, jewels]; to prepare: **đi sắm bàn ghế** to buy furniture

sắm sửa *v.* to get ready; to shop, to buy

săn *v.* to hunt: **đi săn** to go hunting; **chó săn** hunting dog, police dog

săn bắn *n.* hunting

săn bắt *v.* to pursue, to chase

săn đón *v.* to be attentive to

săn sóc *v.* to look after, to take care of

sắn *n.* (= **khoai mì**) manioc, cassava: **bột sắn** tapioca

sẵn *adj.* ready: **sẵn có** to have ready

sẵn lòng *v., adj.* to be disposed or willing to

sẵn sàng *v., adj.* to be ready to; to be prepared

săng *n.* coffin

sằng sặc *adj., v.* laugh heartily; to giggle

sắp **1** *v.* to be arranged; to arrange, to put in order; to set [types **chữ**]: **sắp chỗ ngồi cho quan khách** to arrange seats for guests **2** *v.* to be about to: **sắp chết** to be about to die

sắp đặt *v.* to make arrangements

sắp đống *v.* to pile up, to head up

sắp hàng *v.* to file in, to line up, to queue up

sắp hạng *v.* to classify

sắp sẵn *v.* to prepare, to get ready

sắp sửa *v.* to get ready [to], to prepare [to]; to be about to

sắt *n.* iron: **bằng sắt** made of iron; **đường sắt** railroad; **tủ sắt** safe; **bức màn sắt** iron curtain

sắt cầm *n.* marital union: **sắt cầm hòa hợp** best of luck to newly-weds

sắt đá *adj.* tough, indifferent

sâm *n.* ginseng: **nhân sâm** ginseng root

sâm banh *n.* champagne

sâm sẩm *n.* dusk, twilight

sấm **1** *n.* thunder: **trời sấm chớp** it is thunderstorm and lightning **2** *n.* prophecy: **lời sấm** prediction, prophecy

sầm **1** *v.* to crash, to clash: **đâm sầm** to bump into **2** *v.* to become dark

sầm sập *adj.* beating, pelting

sầm uất *adj.* busy, bustling

sẩm *n.* blind street singer

sẫm *adj.* [of color] dark

sân *n.* court, yard; athletic field: **sân quần vợt** tennis court; **sân vận động** stadium; **sân trước** front yard

sân banh *n.* football field, soccer field

sân bay *n.* airfield, airport

sân chơi *n.* playground

sân khấu *n.* stage [in theater]

sân máy bay *n.* airfield, airport

sân quần vợt *n.* tennis court

sân vận động *n.* stadium

sấn *v.* to dash in, to rush headlong, to hurl

sấn sổ *v.* to act violently

sần sùi *adj.* rough [to feel], lumpy

sấp *adj.* lying on one's stomach, face down, prone [*opp.* **ngửa**]: **mặt sấp** reverse, tails [of coin]

sấp ngửa *n.* heads or tails

sập **1** *n.* carved bed, platform **2** *v.* to collapse: **họ xây lại một ngôi nhà sập** they have rebuilt a collapsed house; **xe sập mui** convertible car

sâu **1** *adj.* deep, profound; [of eyes] sunken [*opp.* **nông**]: **bề/chiều sâu** depth; **đào sâu** to dig deep; **hố sâu** deep ditch, deep hole; **sông sâu** a deep river **2** *n.* [SV **trùng**] worm, insect, pest; decay: **sâu rau** vegetable insects

sâu bọ *n.* insect(s)

sâu cay *adj.* mordant, bitter, caustic

sâu hoắm *adj.* very deep

sâu răng *n.* tooth decay

sâu sắc *adj.* profound

sâu xa *adj.* profound, deep [in meaning]

sấu *n.* crocodile

sầu *adj.* sad, sorrowful, melancholic: **sầu muộn** sadness, grief; **đa sầu** melancholic [by nature]; **ưu sầu** worry

sầu bi *n., adj.* grief; grief-stricken

sầu cảm *adj.* melancholic

sầu khổ *adj.* sorrowful, unhappy

sầu muộn *adj.* grieved

sầu não *adj.* very sad, deeply grieved

sầu oán *n.* sorrow and rancor

sầu riêng *n.* durian

sầu thảm *adj.* dejected, downcast, mournful

sây *adj.* scratched: **sây sát** abraded, scraped off

sấy *v.* to dry over a fire

sầy *adj.* scratched and bruised: **sầy da** to be scratched

sẩy *v.* to take a false step, to slip, to fail: **sẩy thai** to have a miscarriage

sẩy chân *v.* to slip, to take a false step, to stumble over

sẩy miệng *v.* to make a slip of the tongue

sẩy tay *v.* to be awkward with the hands, to drop something because of inattention

sậy *n.* reed

se *v.* to be almost dry; to shrink, to shrivel

se sẽ *adj.* soft, gentle

sẻ **1** *v.* to share, to divide, to saw up: **san sẻ** to share **2** n. sparrow: **chim sẻ** sparrow

sẽ **1** *adj.* [of voice, emotion] soft, gentle, light **2** *adv.* shall, will [precedes main verb]: **tôi sẽ bảo nó** I'll tell him; **ông ấy sẽ ở lại đây** he will stay here

sém *v., n.* to be burned; crust at the bottom of rice pot [with **đánh, cạo** to scrape]

sen *n.* lotus: **hạt sen** lotus seed; **hương sen** lotus fruit, shower head; **ngó sen** lotus rootstock

sẹo *n.* scar: **có sẹo trên mặt** to have a scar on the face; **lên sẹo** to heal

sét **1** *adj., v.* (= **rỉ**) rusty; to rust: **con dao sét** a rusty knife **2** *n.* clay: **đất sét** clay **3** *n.* thunderbolt: **tin nghe như sét đánh ngang tai** the news struck like a thunderbolt

sề *adj.* having farrowed; female: **lợn sề** sow which has had piglets

sên *n.* snail: **ốc sên** snail

sền sệt *adj.* little thick

sênh *n.* castanets

sểnh *v.* to go far away; to be far from public attention

sệp *v.* to sit or lie flat on the ground: **họ ngồi sệp xuống đất** they sit down on the ground

sệt *adj.* [of mixture, rice gruel] very thick

sêu *v.* [of future bridegroom] to present gifts to one's parents-in-law

sếu *n.* crane

si tình *v.* to be madly in love

sì *adj.* very black: **đen sì** very black

sỉ *v.* to buy or sell wholesale: **mua giá sỉ** to buy at wholesale prices

sỉ nhục *adj.* dishonorable, shameful

sỉ vả *v.* to dishonor, to insult

sĩ *n.* scholar; warrior: **kẻ sĩ** scholar; **cư sĩ** retired scholar or official; **ẩn sĩ** retired scholar; **bác sĩ** doctor [medical]; **chí sĩ** revolutionary, scholar; **đạo sĩ** Taoist priest; **hàn sĩ** needy scholar; **hoạ sĩ** painter; **lực sĩ** athlete; **nữ sĩ** woman writer; **nghệ sĩ** artist; **dũng sĩ** warrior; **nho sĩ** Confucian scholar; **tiến sĩ** doctor [of philosophy, letters, laws, etc.]; **thượng sĩ** warrant officer; **trung sĩ** sergeant, petty officer; **hạ sĩ** corporal, first class seaman; **binh sĩ** soldiers, servicemen; **văn sĩ** writer; **võ sĩ** fighter, boxer, wrestler

sĩ diện *n.* face, pride: **giữ sĩ diện** to save face

sĩ phu *n.* intellectual, scholar

sĩ quan *n.* officer: **hạ sĩ quan** non-commissioned officer; **sĩ quan an ninh** security officer; **sĩ quan cấp tướng** general officer; **sĩ quan cấp úy** company officer, junior officer; **sĩ quan công binh** engineer officer; **sĩ quan doanh trại** billeting officer; **sĩ quan điều động** deck officer; **sĩ quan giám khảo** member of an examination board; **sĩ quan hành chính** administrative officer; **sĩ quan hầu cận** aide, orderly officer; **sĩ quan liên lạc** liaison officer; **sĩ quan pháo binh** gunner officer; **sĩ quan phát ngân** paymaster, disbursing officer, agent officer; **sĩ quan phi công, sĩ quan phi hành** flying officer; **sĩ quan tài chính và tiếp liệu** finance and supply officer; **sĩ quan tham mưu** staff officer;

sĩ quan tham mưu pháo binh ordnance staff officer; **sĩ quan thú y** veterinary officer; **sĩ quan trực nhật** officer of the day; **sĩ quan thường trực** watch officer, watch officer in a trench; **sĩ quan thám thính** reconnaissance officer; **sĩ quan tuyển mộ** recruiting officer; **sĩ quan tình báo** intelligence officer; **sĩ quan trừ bị** reserve officer, range officer; **sĩ quan truyền tin** signal officer

sĩ số *n.* enrollment total, number of students

sĩ tử *n.* scholars, candidates at civil service examinations

sị *v.* to frown, to scowl

sị mặt *v.* to look surly, to act sullen

sịa *v.* to slip; to tumble: **sịa chân xuống hố** to stumble into a hole

siểm nịnh *v.* to flatter

siêng *adj.* diligent, industrious, hardworking: **ông ấy siêng làm việc** he is diligent in his work

siêng năng *adj.* diligent, studious, laborious

siết *v.* to draw tightly, to tighten, to close: **siết chặt** to hug tight

siêu 1 *n.* kettle, pot: **siêu đun nước** kettle for boiling water 2 *adj.* super, surpass: **siêu quá, siêu việt** super, huge; **siêu thị** supermarket; **siêu nhân** superman

siêu âm thanh *n.* [of aircraft] supersonic, ultrasonic

siêu đẳng *adj.* super

siêu độ *v.* to free [souls] from suffering

siêu hình *adj.* metaphysical

siêu hình học *n.* metaphysics

siêu loại *adj.* above the average; super

siêu nhân *n.* superman

siêu nhiên *adj.* supernatural, transcendental

siêu phàm *adj.* outstanding, superhuman

siêu quần *adj.* outstanding, superhuman

siêu quốc gia *n.* superpower nation

siêu thoát *v.* to go beyond usual practices, to be enlightened

siêu việt *adj.* surpassing; transcendental

sim *n.* myrtle

sinh 1 *v.* (= **đẻ**) to be born; to give birth to; to live: **tôi sinh ở Việt Nam** I was born in Vietnam; **nhà hộ sinh** maternity hospital; **ký sinh** parasite; **phục sinh** rebirth, Easter; **sát sinh** to kill living beings; **tái sinh** to come to life again; **trường sinh** long life; **vệ sinh** hygiene; **hậu sinh** younger people, younger generation 2 *n.* student, young man [used in names of occupations or stations of persons]: **nữ (học) sinh** schoolgirl; **thư sinh** student, scholar; **môn sinh** student, disciple; **thí sinh** candidate [in exam]; **học sinh** student, pupil

sinh dục *v.* to reproduce, to procreate

sinh đẻ *v.* to give birth, to have children, to procreate

sinh hạ *v.* to give birth to

sinh hoá *n.* biochemistry

sinh hoạt 1 *v., n.* to live; life, existence: **giá sinh hoạt** cost of living; **tiêu chuẩn sinh hoạt** standards of living 2 *n.* activity: **sinh hoạt thể thao** sport activities; **sinh hoạt cộng đồng** community activities

sinh học *n.* biology

sinh kế *n.* means of livelihood

sinh linh *n.* human beings, sacred life

sinh lực *n.* force, strength, energy

sinh lý *n., adj.* physiology; physiological

sinh lý hoá *n.* biology, physics and chemistry [in pre-medical curriculum]

sinh lý học *n.* physiology

sinh mạng *n.* human life

sinh mệnh *n.* human life

sinh ngữ *n.* modern language

sinh nhai *n.* to make a living: **kế sinh nhai** means of livelihood

sinh nhật *n.* birthday

sinh nở *v.* to have children, to give birth

sinh quán *n.* native place, place of birth

sinh sản *v.* to produce, to reproduce

sinh thời *n.* lifetime, life

sinh tố *n.* vitamin

sinh tồn *v.* to exist, to survive

sinh trưởng *v.* to grow up, to grow, to develop: **sinh trưởng ở nơi đồng quê** to grow up in the countryside

sinh tử *n.* life and death

sinh vật *n.* living thing

sinh vật học *n.* biology

sinh viên *n.* [university] student

sính *v.* to like, to be fond of

sính lễ *n.* wedding presents from bridegroom to bride

sình 1 *adj.* marsh, swamp, muddy 2 *v.* to swell, to distend

sình sịch *v.* [of motor, train] to move suddenly; to throb continuously

sít *adj.* next to each other, very close

sịt *v.* to sniff, to snuffle: **sụt sịt mũi** to snuffle through one's nose

so 1 *v.* to compare: **so cái nầy với cái khác** to compare this with the other 2 *adj.* [of child] first-born: **bà ấy mới sinh con so** she has just given birth to her first-born child

so bì *v.* to compare

so le *adj.* uneven; [of angles] alternate: **so le ngoài** alternate exterior; **so le trong** alternate interior

so sánh *v.* to compare

sò *n.* clam, oyster

sọ *n.* skull, brain, craium: **sọ dừa** coconut shell

soàn soạt *v.* [of silk, paper] to rustle

soạn *v.* to sort out, to rearrange; to prepare, to compile, to write, to compose, to edit; **toà soạn** editor's office; **lời tòa soạn** editor's note; **nhà soạn kịch** playwright; **nhà soạn nhạc** music composer; **soạn từ điển** to compile a dictionary

soạn giả *n.* author, writer, composer, compiler

soát *v.* to check, to verify: **kiểm soát** to check, to control; **lục soát** to search

sóc *n.* squirrel

sóc vọng *n.* new moon and full moon: **thuỷ triều sóc vọng** the spring tides

sọc *n.* stripe: **lá cờ sao sọc** the Stars and Stripes

soi *v.* to illuminate, to light up: **soi gương** to look at oneself in the mirror

soi xét *v.* to examine, to study, to investigate

sói *n.* wolf: **con chó sói** a wolf

sói *adj.* (= **hói**) bald: **sói đầu** a bald head

sỏi *n.* pebble, gravel, stone: **đường đá sỏi** gravel road

sõi *adj.* [of children, non-native speaker]; clear and fluent: **nói sõi tiếng Anh** to speak English fluently

sõi đời *adj.* experienced

sọm *adj.* very old, decrepit: **ông ấy già sọm** he is very old

son 1 *adj.* red, ochre, vermilion: **đánh môi son** to apply lipstick; **sơn son** red lacquered; **lòng son** loyalty 2 *adj.* [of young couple] still young and childless: **cặp vợ chồng son** a young and childless couple

son phấn *n.* lipstick and powder, cosmetic

son sắt *adj.* loyal, faithful

son trẻ *adj.* young and vigorous

són *v.* to trickle; to dole out, to deal out in small portions

sòn sòn *adj.* [of married woman] highly fertile

song 1 *adv.* (= **nhưng mà**) but, however: **bà ấy nghèo song rất tốt bụng** she is poor but very kind 2 *n.* big rattan 3 *n.* window: **chấn song** bar, railing

song đường *n.* both parents

song hành *adj.* parallel

song le *conj.* but, however

song mã *n.* a pair of horses

song phương *adj.* bilateral: **hiệp ước song phương** a bilateral treaty

song song *adj.* parallel, side by side

song thân *n.* both parents

song thập *n.* Double Ten [Chinese national holiday, October 10]

Song Thất *n.* Double Seven [July 7]

song thất lục bát *n.* the double seven-six-eight (7-7-6-8) word meter of Vietnamese poetry

song toàn *adj.* both complete

sóng *n.* [SV **ba**] wave: **làn sóng thu thanh** radio wave; **sóng ánh sáng** light wave; **sóng biến điệu** modulated waves; **sóng cực ngắn** ultra short waves; **sóng dọc** longitudinal waves; **làn sóng dài** long waves; **sóng điện** electric waves; **sóng điện tử** electronic waves; **sóng đứng** stationary vibration; **sóng mặt đất** ground wave; **sóng ngắn** short waves; **sóng trung bình** medium frequency waves; **sóng từ điện** electromagnetic waves

sóng gió *adj.* ups and downs, adversity

sóng soài *v.* [to fall] full flat

sóng sượt *adj.* [to lie] full length: **nằm sóng sượt** to lie in full length

sóng thần *n.* tidal wave, hurricane

sòng *n.* gambling den: **sòng bạc** casino

sòng phẳng *adj.* honest, straightforward

sòng sọc *adj.* striped; [of look] flashing glares

sỗng *adj.* insolent, impolite: **nói buông sỗng** not to use the appropriate personal pronouns

sót *v.* to omit, to leave out: **không bỏ sót một người nào** all of them, without exception

sọt *n.* bamboo basket for fruits, vegetables: **sọt rác** wastepaper basket

sô-cô-la *n.* chocolate

số 1 *n.* figure, digit, number; sum, amount, quantity: **số tiền** a sum of money; **cây số** kilometer; **bản số** cardinal number; **bội số** multiple; **đa số** majority; **căn số** radical; **chỉ số** salary index; **dư số** remainder; **định túc số** quorum; **nghiệm số** root [of equation]; **phân số** fraction; **điểm số** grade; **thiểu số** minority; **thương số** quotient; **tỉ số** ratio; **ước số** submultiple; **đại số** algebra; **hộp số** gear box; **sang số** to change speed, to shift gears; **cần sang số** gear shift lever; **sang số hai** to change into second gear; **vô số** countless; **xổ số** to draw a lottery; lottery; **sĩ số** enrollment number [students] 2 *n.* fate, destiny: **số mạng** fate; **thầy tướng số** fortune teller

số Ả rập *n.* Arabic numeral or figure

số bị chia *n.* dividend

số bị nhân *n.* multiplicand

số chẵn *n.* even number

số chia *n.* divider

số dách *n.* number one, top notch

số đen *n.* bad luck, misfortune

số đỏ *n.* good luck, good fortune

số độc đắc *n.* first prize, jackpot [in lottery]

số đông *n.* majority

số học *n.* arithmetic

số ít *n.* singular

số không *num.* zero

số kiếp *n.* fate, destiny

số La mã *n.* Roman numeral

số là *adv.* this is how it all started

số lẻ *n.* odd number

số lượng *n.* quantity, amount, number

số mệnh *n.* fate, destiny

số một *num.* number one, first speed

số mũ *n.* exponent

số mục *n.* number

số nguyên tố *n.* prime number

số nhà *n.* address, house number

số nhân *n.* multiplier

số nhiều *n.* plural

số phải chi *n.* dividend

số phận *n.* fate, destiny

số thập phân *n.* decimal number

số thuật *n.* astrology

số thương *n.* quotient

sổ **1** *n.* notebook, register book: **sổ kế toán** account book; **ghi vào sổ** to write down in the register book; **đội sổ** to be at the bottom of a list **2** *v.* to slip away, to get undone; to escape from: **đâm sổ ra** to rush out, to run out; **tù sổ ngục** a prisoner has escaped

sổ lòng *v.* to be just delivered

sổ lông *v.* to lose fluff: **cái áo nầy sổ lông** this coat loses fluff

sổ đen *n.* black list

sổ mũi *v.* to have runny nose

sổ sách *n.* records, books

sổ tay *n.* notebook

sổ sàng *adj.* rude, discourteous

sôi *v.* to boil: **nước sôi** boiling water, hot water

sôi bụng *v.* to rumble, to have a rumbling belly

sôi nổi *adj.* lively, scandalous, sizzling, exciting

sồi *n.* oak: **cây sồi oa**

sồn sồn *adj.* middle-aged

sồn sột *adj.* [of things not well cooked] crunchy

sông *n.* [SV **giang, hà**] stream, river: **sông Cửu Long** Mekong River

sông đào *n.* canal

sống **1** *v., adj.* [SV **sinh**] to live; to be living, alive [*opp.* **chết**]: **bắt sống** to catch alive; **còn sống** still living; **đời sống** life **2** *n.* central rib, ridge, spine: **xương sống** spine, backbone **3** *adj.* to be raw, uncooked, rare [*opp.* **chín**]: **thịt sống** raw meat

sống chết *n.* [matter of] life and death

sống còn *v.* to survive, to be vital

sống dao *n.* back of knife blade

sống lại *v.* to be relived, to come to life again

sống lưng *n.* backbone; back

sống mái *adj.* decisive: **một trận sống mái** a decisive battle

sống mũi *n.* bridge of the nose

sống sót *v.* to survive

sống sượng *adj.* rude, tactless

sống thác *n.* life and death

sốp phơ *n.* [Fr. *chauffeur*] driver, chauffeur

sộp *adj.* wealthy, rich

sốt *adj.* hot; feverish: **cơn sốt** attack of fever: **nó không sốt** he doesn't have a temperature; **cặp sốt** to take the temperature

sốt cách nhật *n.* recurring fever

sốt dẻo *adj.* fresh from the oven; [of news] hot

sốt rét *n.* malaria

sốt ruột *adj.* impatient, anxious

sốt sắng *adj.* eager, zealous

sốt thương hàn *n.* typhoid fever

sột soạt *v.* [of paper, starched clothing] to rustle

sơ *adj.* elementary, preliminary; distant [*opp.* **thân**]: **trường sơ cấp** an elementary school

sơ *n.* [Fr. *sœur*] Catholic sister

sơ cấp *adj.* elementary or primary

sơ đẳng *adj.* elementary or primary

sơ đồ *n.* outline, diagram, sketch

sơ học *n.* elementary education

sơ khai *adj.* early [times], beginning

sơ khảo *n.* preliminary examination

sơ lược *v.* to outline, to sketch

sơ mi *n.* shirt

sơ qua *adj.* rough, quick

sơ sài *adj.* simple, modest

sơ sinh *adj.* newly-born

sơ sơ *adv.* carelessly, negligently

sơ thảo *v.* to draft roughly

sơ thẩm *v., n.* to hear and try cases first; first instance: **toà sơ thẩm** county court

sơ xuất *adj.* careless, lax

sơ ý *adj.* careless, negligent

sớ *n.* request, petition to the king, memorial [with **dâng** to submit]

sờ sẫm *v.* to grope one's way, to touch

sờ soạng *v.* to feel, to grope, to touch

sờ sờ *adj.* obvious, evident, as plain as a pikestaff: **sự thật sờ sờ** an obvious truth

sở *n.* place of work, office, bureau; place, premises, headquarters: **cơ sở** foundations; **công sở** government office; **trú sở** domicile; **trường sở** school building, school site; **trụ sở** headquarters; **xứ sở** native country; **anh ấy làm sở nào?** where does he work?

sở dĩ *conj.* if, that is why: **sở dĩ có chuyện đó là vì họ hiểu nhầm tôi** that is why they misunderstood me

sở đắc *n.* one's skill, one's knowledge

sở đoản *n.* weakness, foible, shortcoming

sở hữu *v., n.* to own, to have; ownership, property: **ông ấy sở hữu toà nhà nầy** he owns this building

sở khanh *n.* Don Juan, unfaithful lover, lady killer [CL **gã, chàng, thằng, tên**]

sở nguyện *n.* wishes, desire

sở phí *n.* expenses, expenditures

sở quan *n.* department; organization: **bộ sở quan** the department concerned

sở tại *n.* [of people, authority] local, resident: **nhân dân sở tại** the local people

sở thích *n.* hobby, favorite, interest

sở trường *n.* strong point, specialty, hobby

sợ *v.* to fear, be afraid [of]: **ghê sợ** to dread; **kinh sợ** to be frightened; **lo sợ** to worry

sợ hãi *adj., v.* fearful, afraid; to be frightened; to scare

sợ sệt *adj.* afraid

sởi *n.* measles: **lên sởi** to have measles

sợi *n.* thread, fiber, filament, yarn: **sợi chỉ** thread; **sợi tóc** a hair

sớm *adv.* to be early, soon: **chết sớm** to die young; **đến sớm, tới sớm** to arrive early; **dậy sớm** to get up early, to rise early; **càng sớm càng tốt/hay** the sooner the better

sớm mai *n.* morning

sớm muộn *adv.* sooner or later

sớm sủa *adj.* early

sơn 1 *v., n.* to paint, be painted; paint, lacquer: **thợ sơn** painter; **hai nước sơn** two coats of paint; **sơn còn ướt!** wet paint! 2 *n.* mountain (= **núi**): **giang sơn** nation; **hoả sơn** volcano; **xuyên sơn** tunnel; **Ngũ hoành sơn** Five Mountains [in Danang]

sơn ca *n.* lark, nightingale: **chim sơn ca** lark

sơn cước *n.* [of area, tribe] mountain, high land: **miền sơn cước** mountain area

sơn hà *n.* fatherland, motherland

sơn lâm *n.* mountains and forest

sơn mài *n.* lacquer: **tranh sơn mài** lacquer painting

sơn son *adj.* red lacquered

sơn thuỷ *adj.* depicting mountains and waters: **tranh sơn thuỷ** landscape, scenery painting

sớn sác *adj.* panicky

sờn 1 *adj.* frayed, worn out, threadbare 2 *v.* to lose heart, to be discouraged

sờn chí *adj.* discouraged, disheartened

sờn lòng *adj.* discouraged, disheartened

sởn *v.* to rise, to stand up

sởn gai ốc *v.* to have goose-bumps

sởn tóc gáy *v.* to cause the hair to stand on end

su hào *n.* turnip cabbage, kohlrabi

sù sì *adj.* rough

sù sụ *adv.* [to cough] repeatedly and loudly

sủa *v.* [of dog] to bark: **chó sủa** a dog barks

suất *n.* (= **xuất**) portion, part, rate, ration; amount, percentage; performance, run [at theater]: **hối suất** exchange rate; **suất thường lệ 9 giờ** regular performance at 9; **định suất** specified amount, fixed rate

súc 1 *n.* bale, bundle, billet, log, roll [of timber]: **một súc gỗ** a log of timber 2 *v.* to rinse: **súc miệng** to rinse one's mouth; **súc chai** to rinse a bottle

súc sắc *n.* dice: **chơi súc sắc** to throw or cast the dice, to play craps

súc sinh *n.* beast, animals [as distinguished from man]

súc tích *adj.* concise, terse

sục *v.* to search [premises]

sục sạo *v.* to search

sui *adj.* (= **thông gia**) to be allied through marriage bonds: **ông bà sui** parents of son/daughter-in-law

sùi *v.* to break out, to erupt [of rash]; to foam: **sần sùi** to be rough

sủi *v.* to bubble: **sủi bọt** to boil up, to seethe

sum họp *v.* [of family, couple] to gather, to be united

sún *adj.* [of tooth] decayed

sún răng *n., adj.* decaying teeth; toothless

sụn *n.* cartilage

sung *n.* sycamore, fig

sung chức *v.* to assume one's duties

sung công *v.* to confiscate, to seize

sung mãn *v., adj.* to be complete, abundant

sung sức *v.* to be in top shape, to be in full strength

sung sướng *adj.* happy

sung túc *adj.* well-off, wealthy, well supplied

súng *n.* gun, rifle, firearm: **báng súng** stock; **cò súng** butt; **nòng súng** barrel; **miệng súng** muzzle; **nạp súng** to load a gun; **bắn súng** to shoot; **chĩa súng** to point a gun [**vào** at]; **một phát súng** a gunshot; **thuốc súng** gunpowder

súng bán tự động *n.* semi-machine gun

súng bắn trái phá *n.* howitzer

súng cối *n.* mortar: **súng cối dã chiến** field mortar; **súng cối phụ chiến** trench mortar; **chân súng cối** mortar bed

súng cối xay *n.* machine gun

súng đại bác *n.* cannon: **hai mươi mốt phát súng đại bác chào mừng** a 21-gun salute

súng đạn *n.* ammunition; warfare, war

súng hơi *n.* compressed air rifle

súng không dật *n.* recoilless gun

súng lục *n.* six shooter, pistol

súng liên thanh *n.* machine gun

súng máy *n.* machine gun; automatic rifle

súng sáu *n.* six shooter, pistol

súng săn *n.* shotgun, sporting gun

súng trường *n.* rifle: **súng trường bắn phát một** magazine rifle

súng tự động *n.* automatic gun

sùng *v.* to believe in; to be a devout follower

[of a religion]: **sùng đạo Phật** to believe in Buddhism

sùng bái *v.* to revere, to worship, to idolize

sủng ái *v.* to love; to confer favor on

sũng *adj.* soaked and wet

suối *n.* [SV **tuyền**] stream, spring, brook: **Chín suối** Hades; **trèo đèo lặn suối** to climb up hill and down dale; **nước suối** mineral water

suối nước nóng *n.* hot spring

suối vàng *n.* Hades

suông *adj.* plain, tasteless, empty, useless: **hứa suông** hollow promise; **nói suông** empty words

suồng sã *v.* to be too familiar, to be rude/ impolite: **cư xử suồng sã với phụ nữ** to behave in a too-familiar way with women

suốt 1 *n.* quill, spindle, bobbin [weaving] 2 *adv.* through, through out, all … long: **suốt ngày** all day long; **suốt năm** throughout the year; **sáng suốt** clear-sighted, enlightened, wise

suốt đời *n.* a whole life

súp *n.* [Fr. *soupe*] soup

súp de *n.* [Fr. *chaudiere*] boiler

sụp *v.* to fall in, to collapse; to prostrate oneself

sụp đổ *v.* to fall, to collapse

sút 1 *v.* to diminish, to drop, to decrease, to get thinner; to decline, to lose: **sút cân** to lose weight 2 *v.* to slip, to split: **cái nhẫn của tôi sút khỏi ngón tay** my ring slipped from my finger

sút kém *v.* to fail, to decline

sút người *v.* to lose strength

sụt *v.* [of price, temperature] to drop; [of ground] to cave in; to lower [value]

sụt giá *v.* to devaluate, to lower prices

suy 1 *v.* to think carefully, to consider, to deduce 2 *v.* to decline, to weaken [*opp.* **thịnh**]

suy bì *v., adj.* to compare with; jealous

suy chuyển *v.* to change, to move

suy diễn *v.* to deduce [result], to infer

suy đoán *v.* to guess, to deduce [result]

suy đồi *v.* to degenerate, to decline, to deteriorate

suy đốn *adj.* worse off

suy giảm *v.* to decline, to decrease, to reduce

suy loại *v.* to argue by analogy

suy luận *v.* to reason

suy nghĩ *v.* to think, to ponder, to reflect

suy nghiệm *v.* to experimemt

suy nguyên *v.* to reconstruct; to trace origin of [something]

suy nhược *adj.* weakening, weak

suy rộng *v.* to generalize

suy suyển *v.* to be stolen, to be harmed: **không suy suyển** to be intact

suy tàn *v.* to decline

suy tính *v.* to think, to calculate

suy tôn *v.* to venerate, to honor, to proclaim

suy tưởng *v.* to think over, to ponder

suy vong *n., v.* decadence; to fall into decadence

suy xét *v.* to examine, to consider

suy yếu *v., adj.* to weaken; weak

suyễn *n., v.* asthma; to have asthma

sư 1 *n.* [SV **tăng**] Buddhist monk: **nhà sư** monk; **sư nữ** Buddhist nun 2 *n.* (= **thầy**) teacher, master: **giáo sư** university professor; full professor; **mục sư** pastor, minister; **giảng sư** assistant professor; **giáo sư diễn giảng** visiting professor; **danh sư** famous teacher 3 *n.* division [in army]: **sư đoàn trưởng** chief division

sư đệ *n.* master and pupil, teacher and student [relationship]

sư đoàn *n.* [army] division, corps

sư huynh *n.* brother

sư phạm *n.* pedagogy: **Trường Quốc gia Sư phạm** National Normal School; **Đại học Sư phạm** Faculty of Pedagogy, College of Education

sư phụ *n.* master, teacher

sư tử *n.* lion; unicorn: **sư tử cái** lioness; **sư tử con** lion cub; **múa sư tử** lion dance; **mũi sư tử** short and flat nose

sư tử Hà đông *n.* jealous wife

sứ 1 *n.* china, porcelain: **bát sứ** porcelain bowl; **đồ sứ** chinaware 2 *n.* (= **đại**) frangipani: **cây hoa sứ** frangipani 3 *n.* envoy, ambassador: **đại sứ** ambassador; **thiên sứ** angel; **công sứ** minister; **đặc sứ** special envoy; **quý sứ** devil

sứ bộ *n.* delegation, mission

sứ đồ *n.* apostle

sứ giả *n.* envoy, messenger, ambassador

sứ mạng *n.* mission, task

sứ mệnh *n.* mission, task

sứ quán *n.* embassy

sứ thần *n.* minister; envoy, ambassador: **sứ thần toàn quyền** minister plenipotentiary

sử *n.* history: **lịch sử** history; **dã sử** historical novel; **kinh sử** the Classics and the books of history; **tiểu sử** biography

sử dụng *v.* to employ, to use

sử gia *n.* historian

sử học *n.* history [the study]

sử ký *n.* history

sử liệu *n.* historical documents

sử lược *n.* outline [of] history

sử quan *n.* historiographer

sử xanh *n.* history book

sự *n.* affair, event, thing, matter, business (= **việc**); CL for nouns denoting actions, events, state, etc.: **binh sự** military affairs; **dân sự** civil; **đa sự** meddlesome; **đại sự** big thing, important matter; **đồng sự** colleague, co-worker; **hình sự** criminal affairs; **lãnh sự** consul; **hữu sự** there is something important, something happens; **lý sự** argumentative; **lịch sự** elegant, urbane; **nhiễu sự** troublesome; **phận sự** duty, function; **phụng sự** to serve; **sinh sự** to provoke [quarrel]; **tâm sự** to confide in; **thế sự** things in the world; **thời sự** current events; **vạn sự** everything; **vô sự** well, all right; **sự buôn bán** trade, commerce

sự kiện *n.* fact, event

sự nghiệp *n.* task, work, job, career

sự thật *n.* (= **sự thực**) truth

sự thể *n.* matters, affairs: **sự thể như thế này** things are as follows

sự tích *n.* the facts, story

sự tình *n.* events, facts, circumstances, details

sự trạng *n.* state of affairs

sự vật *n.* things

sự vụ *n.* affairs: **Viễn Đông Sự Vụ** Far Eastern affairs; **chánh sự vụ** chief of service; **đổng lý sự vụ** director of service

sứa *n.* medusa, jellyfish

sửa *v.* [SV **tu**] to repair, to fix, to mend, to correct: **sửa lại** to mend, to change, to alter; **xe tôi vừa mới sửa xong** my car has been repaired

sửa chữa *v.* to repair, to fix

sửa đổi *v.* to change, to amend, to modify

sửa lỗi *v.* to correct mistakes

sửa mình *v.* to mend one's ways; to correct oneself

sửa sang *v.* to alter, to improve, to renovate: **ba tôi muốn sửa sang lại nhà cửa của ông** my father wants to renovate his house

sửa soạn *v.* to prepare, to get ready

sữa *n.* milk: **cà phê sữa** coffee with milk, white coffee; **răng sữa** milk teeth, first teeth; **vắt sữa** to milk; **bò sữa** milk cow; **quả vú sữa** milk apple; **chai sữa** bottle of milk; **người đưa sữa** milkman

sữa bò *n.* cow's milk: **nó bú sữa bò** he's bottle-fed

sữa bột *n.* powdered milk

sữa chua *n.* yogurt: **ăn sữa chua hàng ngày rất tốt cho sức khoẻ** it is good for your health if you can eat yogurt everyday

sữa dê *n.* goat's milk

sữa đặc *n.* condensed milk

sữa mẹ *n.* mother's milk: **thằng này bú sữa mẹ** he's breastfed

sữa tươi *n.* fresh milk

sức *n.* [SV **lực**] force, strength, power; **hết sức** to go to the limit of one's power, to do one's best; **lại sức** to recover one's strength; **có sức** strong; **cố sức** to try, to endeavor, to make efforts; **giúp sức** to help; **hết sức** exhausted; **quá sức** excessively; **ra sức** to exert one's strength

sức đẩy *n.* thrust [as of propeller **chân vịt**], pressure [as of wind **gió**]; buoyancy [as of water **nước**]: **sức đẩy của gió** wind pressure

sức học *n.* ability [of a student]; educational background

sức khỏe *n.* health: **chúc bạn sức khoẻ dồi dào** wishing you good health

sức lực *n.* force, strength

sức mạnh *n.* strength; force, power

sức nặng *n.* weight

sức nén *n.* pressure

sức nóng *n.* heat

sực **1** *adv.* suddenly [precedes main verb]: **tôi sực nhớ** I suddenly remembered; **nó sực tỉnh** he woke up suddenly **2** *v.* [of smell] to spread, to penetrate

sưng *v.* to be swollen: **hai mắt sưng lên** both eyes were swollen

sưng sỉa *v.* to pull a long face

sừng *n.* [SV **giác**] horn, antler: **mọc sừng** to be a cuckold; **cắm sừng** to cuckold

sừng sỏ *adj.* willful, truculent, reckless

sừng sộ *v.* to threaten [especially with strong voice]

sừng sững *adj.* standing motionless: **đứng sừng sững** to stand motionless

sửng *v.* to be astonished, to be stupefied

sửng sốt *v.* to be stupefied, to be stunned

sững *adj.* motionless with surprise

sưởi *v.* to warm oneself; to bask oneself [in the sun **nắng**]; **lò sưởi** fireplace

sườn *n.* rib; flank, side, slope: **xương sườn** rib; **cạnh sườn** flank; **sườn xào chua ngọt** sweet and sour spare ribs; **sườn lợn** pork chop

sương *n.* frost, dew

sương mai *n.* morning frost

sương móc *n.* dew

sương mù *n.* fog, mist

sương muối *n.* hoar-frost, white frost

sướng *adj.* happy, elated, satisfied: **sung sướng** happy; **sướng mắt** to be pleasing to one's eyes; **sướng miệng** to be pleasing to one's mouth

sượng **1** *adj.* [of rice, potatoes] half cooked **2** *adj.* embarrassed, ashamed: **sượng mặt**, **sượng sùng**, **sống sượng** to be crude, impudent

suốt *v.* to touch lightly; to scratch, to graze

suốt mướt *adv.* to cry bitterly

sứt *v.*, *adj.* to be broken, cracked, notched, chipped: **cái tách trà bị sứt rồi** a tea cup was cracked

sứt môi *v.* to have a harelip

sưu *n.* taxes, head taxes: **đóng sưu** to pay taxes; **sưu cao thuế nặng** heavy taxes; heavy taxation

sưu tầm *v.* to look for, to search for; to gather [documents, data]: **sưu tầm tài liệu về xuất khẩu** to search for export data

sưu tập *v., n.* to gather, to collect; collection: **sưu tập tem** stamp collection

sưu thuế *n.* taxes: **người dân phải đóng sưu thuế cao** people have to pay high taxes

T

ta *n.* I [used by person talking or thinking to oneself]; I [arrogant, second person pronoun being **ngươi**]; we [including hearer]: **chúng ta** (= **chúng mình, mình**); **người ta** our people, they; **nước ta** our country; **ta nên xử trí cách nào?** how shall we deal with that?; **chúng ta đi đi!** let's go; **bọn ta có bao nhiêu người?** how many are we?; **tiếng ta** our language, Vietnamese [as opp. to French **tiếng Tây**]; **quần áo ta** Vietnamese clothes [as opp. to French clothes **quần áo tây**]; **cơm ta** Vietnamese food [as opp. to French food **cơm Tây**]; **thuốc ta** Sino-Vietnamese medicine [as opp. to western medicine **thuốc Tây**]

ta thán *v.* to complain: **nhân dân ta thán về nạn tham nhũng** people complain about corruption

tá 1 *n.* (= **lố**) dozen: **nửa tá** half a dozen; **một tá trứng** a dozen eggs 2 *n.* field officer, senior officer: **đại tá** colonel; **trung tá** lieutenant-colonel; **thiếu tá** major; **tướng tá** high-ranking officers; **sĩ quan cấp tá** field officer; senior officer

tá điền *n.* tenant farmer

tá túc *v.* to stay at someone's house

tà 1 *n.* flap [of dress]: **tà áo dài** a flap of long dress 2 *adj.* to be crooked; wicked, dishonest, unjust, heretical, evil [*opp.* **chính**]: **gian tà** treacherous; **trừ tà** to ward off evil spirits; **cải tà qui chính** to mend one's ways

tà dâm *adj.* lustful, lewd, obscene

tà dương *n.* sunset

tà đạo *n.* heterodoxy, paganism, unrighteous path

tà giáo *n.* heterodoxy, paganism

tà ma *n.* evil spirits

tà tà *adj.* slowly and leisurely

tà tâm *n.* evil mind

tà thần *n.* evil spirit

tà thuật *n.* black magic, witchcraft

tà thuyết *n.* heterodoxy

tả 1 *v.* to describe, to depict: **mô tả phong cảnh** to describe a scenery; **diễn tả** to express 2 *adj.* (= **trái**) left-hand side: **bên tả** on the left-hand side; **khuynh tả** leftist; **cực tả** extreme left 3 *adj.* [of clothes] to be ragged, torn

tả biên *n.* outside left [soccer player]

tả chân *adj., n.* to be realistic; realist [in literature]

tả dực *adj.* left wing

tả khuynh *adj.* leftist: **thành phần tả khuynh** leftist group

tả ngạn *n.* left bank of a river

tả thực *adj.* See **tả chân**

tả tơi *adj.* to be ragged: **đánh tả tơi** to beat someone hollow

tã 1 *n.* diaper; rags, nappy: **thay tã** to change nappy 2 *v.* to be worn out: **áo nầy tã rồi** this shirt is worn out

tạ 1 *n.* picul [equivalent to 100 catties or 100 kilograms] 2 *n.* dumb-bell, weight, shot [athletics]: **cử tạ** weight-lifting; **ném tạ** shot-put 3 *v.* to thank someone or to excuse oneself: **cảm tạ** to thank; **đa tạ** many thanks

tạ dĩ *v.* to use as a pretext

tạ thế *v.* to die, to pass away

tác chiến *v.* to be in action against, to be in operation

tác dụng *n.* action; effect: **tác dụng của rượu** effect of alcohol

tác động *v.* to act upon, to have effect on, to have influence to

tác giả *n.* author, writer

tác hại *v.* to damage, to hurt

tác nhân *n.* agent

tác phẩm *n.* work: **tác phẩm văn chương** literary work

tác phong *n.* manners, conduct, behavior: **tác phong đứng đắn** right conduct

tác quyền *n.* copyright, royalty: **tác quyền thuộc về tác giả** copyright by the author

tác thành *v.* to help a young couple get married

tác văn *n.* essay writing

tác xạ *n.* fire: **nhiệm vụ tác xạ** fire mission; **quan sát tác xạ** observation of fire; **điều chỉnh tác xạ** adjustment of fire, ranging; **sự đúng mức của tác xạ** accuracy of fire; **sĩ quan tác xạ** gun position officer, range officer; **thể thức tác xạ** classification of fire

tạc *v.* to carve, to sculpt [statue **tượng**]: **tạc tượng** to carve a statue; **ghi tạc** to engrave, to remember

tạc dạ *v.* to engrave on one's mind

tạc đạn *n.* hand-grenade, explosive

tách 1 *n.* [Fr. *tasse*] cup: **một tách cà phê** a cup of coffee 2 *v.* to split, to separate, to divide: **tách làm năm phần** to divide into five parts

tách bạch *adj.* clear-cut, distinct

tạch *n.* pow! [sound of firecracker]

tai 1 *n.* [SV **nhĩ**] ear: **rỉ tai** to whisper; **hoa tai** earring; **điếc tai** deaf, deafening; **nặng tai** hard of hearing; **thính tai** to have sharp ears; **ngoáy tai** to clean or pick the ears; **ráy tai** recumen, earwax; **màng tai** tymparum, eardrum; **đau tai** ear-ache, otalgia; **vành tai** external ear, pinna; **tai vách mạch rừng** walls have ears 2 *n.* calamity, catastrophe: **thiên tai** natural disaster; **hoả tai** fire; **thuỷ tai** flood

tai ác *adj.* mischievous; malicious

tai ách *n.* disaster

tai biến *n.* calamity, catastrophe

tai hại *adj.* damaging, disastrous

tai hoạ *n.* scourge, disaster

tai mắt *n.* notable figure, a very important person [VIP]: **ông ấy là người tai mắt trong thành phố nầy** he is a very important person in this city

tai nạn *n.* accident, disaster, calamity

tai ngược *adj.* perverse: **con người tai ngược** a perverse person

tai quái *adj.* mischievously wicked

tai tiếng *n.* bad reputation

tai ương *n.* scourge, disaster

tai vạ *n.* disaster, plague

tái 1 *adj.* pale: **mặt tái mét** very pale face; **tái mặt** to have a pale face 2 *adj.* [of meat] rare, half-cooked, half-done: **phở bò tái** half-done beef soup

tái bản *v.* to republish, to reprint, to re-issuse [new edition]: **cuốn từ điển nầy tái bản lần thứ ba** this dictionary has been reprinted for the third time

tái bút *n.* postcript [PS] [at the end of letter]

tái cấp *v.* to renew [scholarship]

tái cử *v.* to re-elect, to return for another term

tái diễn *v.* to happen again, to perform again

tái đăng *v.* to re-enlist [army]

tái giá *v.* [of widow or divorcee] to re-marry: **bà chị tôi đã tái giá sau hai năm ly dị chồng** my sister re-married two years after her divorce

tái hồi *v.* to return, to go back

tái hợp *v.* to meet again, to re-unite

tái lai *v.* to return: **xuân bất tái lai** youthfulness does not return

tái lập *v.* to re-establish, to restore

tái ngũ *v.* to re-engage in army, to re-enlist

tái phạm *v.* to repeat an offense, to relapse into crime

tái phát *v.* to re-appear, to recur: **bệnh ông ấy lại tái phát** his illness recurred

tái sinh *v.* to be reborn, to regenerate

tái tạo *v.* to recreate, to restore, to establish again

tái thế *n.* second life, rebirth

tài 1 *n., adj.* talent, skill, genius, proficiency; gifted, to be talented: **người có tài** a gifted person; **anh tài** talent, genius; **bất tài** incapable; **đại tài** great talent; **kỳ tài** talent; **thiên tài** genius; endowment; **nhân tài** talent, talented person 2 *n.* driver, chauffeur: **tài xế tắc** taxi driver

tài ba *n.* refined talent

tài bàn *n.* type of card game using 120 cards

tài binh *v.* to reduce armanents, to disarm

tài bồi *v.* to care for, to foster

tài cán *n.* talent, ability

tài chính *n.* finances

tài công *n.* driver, chauffeur, steersman

tài đức *n.* talent and virtue: **ai cũng quí trọng người tài đức** everyone respects talented and virtuous persons

tài giảm *v.* to reduce, to cut down

tài hoa *n.* talent, ability

tài khoá *n.* fiscal year

tài liệu *n.* document, data, materials

tài lực *n.* finances, resources

tài mạo *n.* talent and personality

tài năng *n.* talent, ability

tài nghệ *n.* art, artistic talent

tài nguyên *n.* resources: **Việt Nam giàu tài nguyên thiên nhiên** Vietnam has rich natural resources

tài phiệt *n.* rich person

tài sản *n.* property, estate

tài sắc *n.* talent and beauty

tài tình *adj.* clever, very skillful

tài tử *n.* actor, actress, star; amateur: **tài tử xi-nê** movie stars

tài vụ *n.* department of finance

tài xế *n.* driver, chauffeur

tải 1 *n.* bag: **bao tải** gunny sack 2 *v.* to carry, to transport: **vận tải** to transport

tải thương *v.* to transport the wounded: **máy bay trực thăng tải thương** casualty helicopter

tại 1 *prep.* (= **ở**) at, in: **hiện tại** at present; **tại Việt Nam** in Vietnam 2 *conj.* because; because of: **tại vì trời mưa nên tôi ở nhà** I stayed at home because it rained

tại chức *v., adj.* to be in the office, in-service: **lớp học tại chức** in-service course

tại đào *v., adj.* to be in flight; escaping from

tại gia *adv.* at home: **tu tại gia** to practice Buddhism at home

tại ngoại *v.* to be on bail

tại ngũ *v.* to be in service [military]

tam *num.* (= **ba**) three: **đệ tam** the third grade; **tam sao thất bản** the third copy is different from the original

tam bản *n.* sampan
tam bành *n.* wrath, tantrum
tam bảo *n.* Buddhist Trinity
tam cá nguyệt *n.* quarter, three terms
tam cương *n.* three fundamental bonds [prince and minister **quân thần**; father and son **phụ tử**; husband and wife **phu phụ**]
tam đại *n.* three generations
tam điểm *n.* Free Mason
tam đoạn luận *n.* syllogism
tam giác *n.* triangle
tam giáo *n.* the three traditional religions in Vietnam [Buddhism **Phật**, Taoism **Lão**, and Confucianism **Khổng**]
tam hợp *n.* mortar, three compounds
tam quan *n.* three-entrance gate
tam tài *adj.* tricolored
tam tạng *n.* the three pitakas, or main divisions of the Pali Canon
tam thể *adj.* [of cat] tricolored
tam toạng *v.* to speak or act at random or sloppily
tam tòng *n.* women's three obligations [Confucian virtues]
tám *num.* [SV **bát**] eight: **thứ tám** eighth; **mười tám** 18; **tám mươi** 80; **một trăm tám mươi** 180; **một trăm lẻ tám** 108; **tháng tám** eighth lunar month, August
tàm tạm *adj.* reasonable
tạm *adj.* provisional, temporary [precedes or follows main verb]: **bằng lái xe tạm thời** provisional driving license
tạm biệt *v.* to say good-bye to someone, to part temporarily with someone
tạm bợ *adj.* temporary, unsettled, by makeshift: **sống tạm bợ** to live by makeshift
tạm thời *adj., adv.* temporary, provisional; temporarily, for the time being
tạm trú *v.* to stay provisionally
tạm ứng *v.* to pay in advance
tan *v.* to dissolve, to melt; to disperse, to disintegrate: **đường tan trong nước** sugar dissolved in water
tan hoang *v., adj.* to be completely destroyed; devastated
tan nát *adj.* smashed, destroyed, ruined completely
tan rã *v.* to disintegrate
tan tành *adj.* broken up, smashed to pieces
tan tầm *v.* to end a shift
tan vỡ *adj.* broken, smashed
tán 1 *v.* to flatter, to coax; to court; to praise: **tán gái** to court a girl 2 *v.* to grind, to crush: **tán gạo** to grind rice 3 *n.* parasol, sunshade
tán chuyện *v.* to chat, to talk idly
tán dóc *v.* to chat
tán dương *v.* to praise, to laud

tán đồng *v.* to approve, to agree
tán loạn *v.* to flee in confusion
tán mạn *adj.* scattered
tán thán *n.* exclamation
tán thành *v.* to approve [of], to be in favor of
tán tỉnh *v.* to coax, to wheedle
tán trợ *v.* to aid, to assist
tàn 1 *n.* ashes; remains, residue: **tàn thuốc lá** cigarette ashes; **cái gạt tàn thuốc** ash tray 2 *v.* to crumble, to fade; to be dying; to decay: **cắt đi những hoa tàn** to trim off crumbling flowers
tàn ác *adj.* cruel
tàn bạo *adj.* cruel, tyrannical
tàn binh *n.* remnants [of an army]
tàn hại *v.* to cause damage, to do harm
tàn hương *n.* freckles
tàn khốc *adj.* cruel, devastating, highly destructive
tàn nhẫn *adj.* ruthless, atrocious, merciless, heartless
tàn phá *v.* to destroy, to demolish
tàn phế *adj.* crippled, disabled
tàn sát *v.* to massacre, to slaughter, to murder
tàn tạ *v.* to fade, to wither, to wane
tàn tật *adj.* to be physically handicapped
tàn tích *n.* vestiges, traces
tản *v.* to be dispersed
tản bộ *v.* to stroll, to take a walk
tản cư *v.* to evacuate, to disperse
tản mát *v., adj.* to be scattered
tản văn *n.* prose
tang 1 *n.* booty, plunder, stolen goods; evidence, proof: **bị bắt quả tang** caught in the act 2 *n.* [SV **táng**] mourning: **để tang** to be in mourning; **hết tang** end of mourning; **đám tang** funeral; **cưới chạy tang** wedding which takes place earlier than scheduled because somebody in either family is going to die
tang chế *n.* mourning and burial rituals
tang chứng *n.* evidence, proof
tang điền *n.* mulberry field
tang gia *n.* the bereaved family, family in mourning
tang lễ *n.* funeral: **dự tang lễ ai** to attend one's funeral
tang phục *n.* mourning clothes: **thân nhân trong gia đình mặc tang phục màu trắng** family members of deceased person wear white mourning clothes
tang tảng *n., adv.* early in the morning
tang thương *adj.* wretched, miserable
tang tóc *n.* death and grief: **chiến tranh gieo tang tóc** wars caused death and grief
tang vật *n.* piece of material, evidence
táng *v.* to bury: **mai táng** to bury; **hoả táng** to

cremate; **nhà táng** catafalque; **quốc táng** state funeral

táng tận *v.* to lose completely

tàng hình *adj.* invisible

tàng tàng *adj.* a little crazy

tàng trữ *v.* to hide, to conceal; to keep, to preserve

tảng *n.* slab, block

tảng *v.* to pretend, to feign: **giả tảng** to pretend

tảng lờ *v.* to pretend not to know

tảng sáng *n., adv.* early in the morning

tạng *n.* constitution; visera: **ngũ tạng** the five visera [heart **tâm**, liver **gan**, stomach **tỳ**, lungs **phế**, kidney **thận**]

tanh *adj.* smelling like a fish

tanh *adv.* absolutely, quite [used with **buồn** sad, dull, **nguội** cold, **vắng** desolate, deserted]: **cảnh buồn tanh** an absolutely sad scene

tanh bành *adj.* disastrous, disorderly

tanh hôi *adj.* stinking, smelly

tánh *n.* See **tính**

tạnh *v.* [of rain] to stop; to stop raining: **trời tạnh mưa** it stopped raining

tao *pron.* I, me [arrogant or familiar, second person pronoun being **mày**]: **tao rất tin mày** I trust you totally

tao đàn *n.* literary group

tao khách *n.* poet, writer

tao loạn *n.* trouble, warfare

tao ngộ *v.* to meet by chance, to encounter

tao nhã *adj.* refined, cultured, elegant

tao nhân *n.* poet, writer

táo 1 *n.* apple: **rượu táo** apple cider; **nước táo** apple juice 2 *v.* to be constipated: **táo bón** constipated

táo bạo *adj.* reckless, daring

táo quân *n.* Kitchen God

táo tợn *adj.* bold, daring

tảo *adj.* R early (= **sớm**)

tảo *v.* R to sweep (= **quét**)

tảo hôn *v.* to marry at a young age [as a teen]

tảo mộ *v.* to clean and decorate the ancestral graves: **lễ tảo mộ** memorial day

tảo thanh *v.* to mop up

tạo *v.* to create, to make: **ông Tạo, con Tạo** the creator; **cải tạo** to reform; **cấu tạo** to form, to make up; **chế tạo** to make, to manufacture; **đào tạo** to train, to form; **giả tạo** artificial; **ngụy tạo** to falsify; **nhân tạo** artificial, man-made; **thiên tạo** natural; **tu tạo** to rebuild; **tái tạo** to remake; **tân tạo** newly-made

tạo hoá *n.* the creator, nature

tạo lập *v.* to create, to establish

tạo phản *v.* to rebel

tạo tác *n.* construction, public works

tạo thành *v.* to create

tạo vật *n.* nature, creator

táp *v.* to snatch, to snap at: **con chó táp cục xương** the dog snapped at the bone

táp nham *adj.* hodgepodge, jumbled up

tạp *adj.* mixed, miscellaneous; poor quality: **hỗn tạp** miscellaneous

tạp chí *n.* review, magazine, journal

tạp dịch *n.* old jobs

tạp hoá *n.* sundry goods, grocery: **cửa hàng tạp hoá Á châu** Asian grocery store

tạp nhạp *adj.* mixed, trifling: **hàng tạp nhạp** trifling goods

tạp thu *n.* miscellaneous income

tạp vụ *n.* odd job/services

tát 1 *v., n.* to slap; slap: **tát một cái vào mặt** to give a slap on one's face, to slap one's face 2 *v.* to irrigate, to scoop, to bail out [water]: **tát nước vào ruộng** to irrigate the fields

tát tai *v.* to slap

tát trái *v.* to slap with the back of one's hand

tạt 1 *v.* to stop at, to drop in: **trên đường về nhà, tôi tạt qua thăm một người bạn** on my way home, I dropped in to my friend's place 2 *v.* [of rain] to lash, to sting, to slap: **mưa tạt vào mặt** the rain lashed against their faces

tàu 1 *n.* ship, boat: **tàu thuỷ** ship; **tàu hoả** train; **tàu điện** tram, streetcar; **tàu bay** airplane; **bến tàu** sea-port 2 *n.* stable: **tàu ngựa** horse stable 3 *n.* big long leaf: **tàu lá chuối** a long banana leaf

Tàu *n.* China, Chinese: **nước Tàu** China; **người/tiếng Tàu** Chinese

tàu bay *n.* (= **máy bay**) airplane

tàu bè *n.* craft, vessels, ships

tàu bò *n.* tank

tàu buôn *n.* merchant ship

tàu chiến *n.* warship

tàu điện *n.* streetcar, tram

tàu hoả *n.* train

tàu ngầm *n.* submarine

tàu thuỷ *n.* ship, liner

tay *n.* [SV **thủ**] hand, arm; handle; sleeve: **chân tay** limbs; **bàn tay** hand; **ngón tay** finger; **móng tay** finger-nail; **cánh tay** arm; **khuỷu tay, cùi tay** elbow; **gang tay** span; **cổ tay** wrist; **nắm tay** fist; **khăn tay** handkerchief; **sổ tay** notebook; **ví tay** handbag; **chắp tay** to join hands; **chỉ tay** to point; **chia tay** to part; **khoanh tay** to fold one's arms; **mau tay, nhanh tay** nimble, agile; **sẩy tay** to drop inadvertently; **vẫy tay** to wave hands; **vỗ tay** to clap hands, to applaud; **xoa tay** to rub one's hands

tay áo *n.* sleeve: **xắn tay áo lên** to roll up sleeves

tay ba *n.* trio, tripartite

tay đôi *n.* duo, bilateral

tay hữu *n.* right hand
tay không *n.* empty hands
tay lái *n.* tiller, steering wheel, handlebar
tay mặt *n.* right hand
tay phải *n.* right hand
tay sai *n.* lackey, servant, puppet
tay tả *n.* left hand
tay trái *n.* left hand
tay trắng *adj.* empty handed, penniless
tay trong *n.* inside influence; inside information; fifth column
tay tư *n.* quartet, quaripartite
tay vịn *n.* handrail
táy máy *adj., v.* curious; to twiddle
tày *adj., v.* equal to; to compare
tày đình *adj.* [of crime] very big, very serious
tày trời *adj.* considerable, important
tắc 1 *v.* to cluck, to click: **tắc lưỡi** to click one's tongue 2 *n.* rule, principle, standard: **nguyên tắc** principle; **phép tắc** rules and regulations; politeness; **qui tắc** rule 3 *adj.* stopped up, obstructed; to be blocked up, deadlocked: **cuộc thảo luận đã bế tắc** the discussion is deadlocked
tắc kè *n.* chameleon, gecko
tắc nghẽn *adj.* blocked up, obstructed
tắc xi *n.* [Fr. *taxi*] taxi cab
tặc *n.* (= **giặc**) rebel, enemy: **phản tặc** rebel; **hải tặc** pirate
tăm 1 *n.* air bubble, trace: **biệt tăm, bặt tăm** no sign of life 2 *n.* toothpick
tăm hơi *n.* trace [of missing person], news
tắm *v.* to bathe: **buồng/phòng tắm** bathroom; **đi tắm** to have a bath or shower
tắm giặt *v.* to have a bath and wash one's clothes too
tắm nắng *v.* to sunbathe
tắm rửa *v.* to wash oneself
tằm *n.* silkworm: **nghề chăn tằm** sericulture
tăng 1 *v.* to increase, to raise: **gia tăng** to increase [*opp.* **giảm**] 2 *n.* [Fr. *Tank*] tank: **xe tăng** tank 3 *n.* Buddhist monk: **bần tăng** a poor monk
tăng cường *v.* to strengthen, to reinforce
tăng đồ *n.* Buddhist clergy
tăng gia *v.* to grow, to cultivate, to raise
tăng giá *v.* to raise the prices
tăng lữ *n.* clergy
tăng ni *n.* Buddhist monks and nuns
tăng tiến *v.* to progress, to make headway, to improve
tăng viện *v.* to increase reinforcements
tằng *n.* See **tầng**
tằng tịu *v.* to have a love affair
tằng tổ *n.* great-grandparent
tằng tổ mẫu *n.* great-grandmother
tằng tổ phụ *n.* great-grandfather

tằng tôn *n.* great-grandchild
tặng *v.* to offer as a gift: **tặng quà cho ai** to offer someone a present; **thân tặng, kính tặng** to… with one's compliments
tặng phẩm *n.* gift, present
tặng thưởng *v.* to be awarded
tắp 1 *adj.* straight: **con đường thẳng tắp** a straight road 2 *v.* to be washed ashore: **thuyền tắp vào bờ** the boat was washed ashore
tắt 1 *v.* [of fire, lamp] to be extinguished; to extinguish, to turn off: **tắt đèn** to turn off the light; **tắt thở** to die; **dập tắt lửa** to put a fire out 2 *adj.* to be shortened, abbreviated, brief: **vắn tắt** in a shortened way, summary; **đường tắt** short cut; **tóm tắt** to summarize; **chữ tắt** abbreviation; **viết tắt** to abbreviate
tắt kinh *v.* to stop bleeding
tắt mắt *adj.* kleptomaniac
tấc *n.* one tenth of a meter, decimeter; inch
tâm *n.* (= **tim**) heart; mind; center: **để tâm vào/đến/tới** to pay attention to, to concentrate on; **nhẫn tâm** unanimously; **chuyên tâm** assiduous, diligent; **đồng tâm** in agreement; **đang tâm** to have the heart to; **hảo tâm** kindness; **kiên tâm** patient; **lương tâm** conscience; **lưu tâm** attentive, mindful; **nhất tâm** undivided heart; **vô tâm** heartless, careless; **trung tâm** center
tâm bệnh *n.* mental disorder, mental illness
tâm chí *n.* will, determination
tâm địa *n.* heart, mind, nature
tâm giao *n.* [of friend] close, intimate: **bạn tâm giao** a close friend
tâm hồn *n.* soul [of living person]: **tâm hồn trong trắng** innocent, pure soul
tâm huyết *adj.* heartfelt, intimate
tâm khảm *n.* the bottom of one's heart
tâm linh *n.* spirit
tâm lực *n.* energy, will
tâm lý *n., adj.* psychology; psychological: **chiến tranh tâm lý** psychological warfare
tâm lý học *n.* psychology [the science]
tâm ngầm *adj.* deceitful, underhanded, taciturn
tâm nhĩ *n.* auricle
tâm niệm *v.* to think of constantly, to ponder
tâm phúc *adj.* [of friend] intimate, trustworthy, reliable: **bạn tâm phúc** a reliable friend
tâm sự *n., v.* confidences; to confide: **bạn tâm sự** confidant friend; **giãi bày tâm sự** to tell one's confidences
tâm thần *n.* soul, thought, mind
tâm thất *n.* ventricle
tâm tính *n.* character, disposition, nature
tâm tình *n.* sentiments, feelings
tâm trạng *n.* state of mind, mood

tâm trí *n.* mind

tâm tư *n.* idea, thought, anxieties

tấm **1** *n.* broken grains of rice **2** *n.* classifier for bolts, pieces of cloth, boards, mirrors, tickets, pictures, photographs: **tấm hình** a photo; **tấm gương** examples; **tấm lòng** hearts

tấm bé *n.* childhood

tấm tắc *v.* to lavish praise; to smack the tongue as a sign of admiration

tầm **1** *v.* (= **tìm**) to search for, to look for, to seek; to investigate: **sưu tầm** to do research **2** *n.* siren; shift: **tan tầm** end of a shift **3** *n.* range, scope; degree, level: **tầm mắt** range of vision; **tầm quan trọng** the degree of importance

tầm bậy *adv., adj.* wrongly, haphazardly; without training

tầm bậy tầm bạ *adj.* See **tầm bậy**

tầm gửi *n.* mistletoe

tầm nã *v.* to hunt for, to track down

tầm phào *adj.* idle, useless: **chuyện tầm phào** idle story

tầm tã *adj.* pouring; melting in tears: **trời mưa tầm tả** it rains as if pouring

tầm tầm *n.* auction room

tầm thước *adj.* average, medium high

tầm thường *adj.* ordinary, common, commonplace

tầm vóc *n.* stature, status

tầm vông *n.* vulgar bamboo

tầm xuân *n.* dog-rose, briar

tẩm *v.* to soak, to marinate: **tẩm thuốc vào bông** to soak cotton in medicine

tẩm bổ *v.* to strengthen; to eat nourishing food, to feed up

tân (= **mới**) **1** *adj.* virgin; new [*opp.* **cựu**]: **gái tân** virgin girl; **phá tân** to deflower; **tối tân** modern, up to date **2** *n.* guest, visitor: **buổi tiếp tân** reception; **lễ tân** protocol

tân binh *n.* recruit

Tân Đề Li *n.* New Delhi

Tân Gia Ba *n.* Singapore

tân gia nhân *n.* new bride [newly married]

tân giáo *n.* Protestantism

tân học *n.* modern/western education [as opp. to traditional education **cựu học**]

tân hôn *adj.* newly-wed: **đêm tân hôn** wedding night

tân khách *n.* guest

tân khoa *n.* new graduate

tân khổ *n.* sorrow, grief, hardship, adversity; misfortune

tân kỷ nguyên *n.* new era

tân lang *n.* bridegroom

tân lịch *n.* western calendar

Tân Tây Lan *n.* New Zealand

Tân Thế Giới *n.* the new world

tân thời *adj.* modern, advanced, progressive

Tân Ước *n.* New Testament

tân văn *n.* prose; modern literature

tân xuân *n.* new spring, New Year: **cung chúc tân xuân** Happy New Year

tấn **1** *n.* metric ton **2** *v.* [Chinese boxing] to stand firm **3** *n.* classifier for plays: **tấn tuồng, tấn kịch** play, drama

tấn công *v.* to attack, to assault, to launch offensive attack

tấn phong *v.* to induct [new official], to swear in; to consecrate

tấn sĩ *n.* See **tiến sĩ**

tấn tới *v.* to make progress [in study, business]

tần **1** *v.* to simmer, to cook for a long period **2** *n.* frequency: **cao tần** high frequency; **âm tần** audio frequency; **ảnh tần, ảo tần** image frequency; **hạ tần** low frequency

tần ngần *adj.* hesitant, wavering, irresolute

tần phiền *v.* to bother, to annoy

tần số *n.* frequency [electronics]; **tần số âm nhạc** musical frequency; **tần số bất biến** constant frequency; **tần số cao** high frequency; **tần số cơ bản** fundamental frequency; **tần số điều hoà** harmonic frequency; **tần số cộng hưởng** resonance frequency; **tần số giải tỏa** clearance frequency; **tần số có thể hoà hợp** tuning frequency; **tần số phát âm** audio frequency; **tần số thấp** low frequency; **tần số thường lệ** operating frequency; **tần số trung gian** intermediate frequency; **tần số trung bình** medium frequency

tần số kế *n.* frequency meter

tần tảo *adj.* thrifty, contriving, well

tần tiện *adj.* thrifty

tẩn mẩn *v., adj.* to waste one's time on trifles; patiently attentive

tận *v., adj.* to go all the way to; to go up to, down to; to end; to be exhausted: **đến tận nơi** to come to the very spot [to see for oneself]; **giao tận tay** to deliver in person; **phải đi tận Sài Gòn mới mua được** I had to go all the way to Saigon to buy it; **trèo lên tận trên ngọn cây** to climb all the way up to the treetop; **lặn xuống tận đáy bể** to dive all the way down to the sea bottom; **vô tận** endless; **tường tận** clearly, thoroughly; **khánh tận** [of finances] exhausted

tận lực *v.* to exhaust one's strength; to do one's best

tận số *v.* to die; to end one's fortune

tận tâm *v., adj.* to be devoted, dedicated to; with all of one's heart

tận thế *n.* end of the world: **ngày tận thế** doomsday

tận tình *adj.* whole-hearted: **giúp đỡ bạn bè tận tình** to help friends whole-heartedly

tận tuỵ *v.* to be devoted, to be dedicated to: **tận tuỵ với công việc** to be dedicated to one's work

tâng *v.* to raise [moral value]

tâng bốc *v.* to raise; to praise; to overpraise: **họ tâng bốc lẫn nhau** they praise each other

tầng *n.* story, floor [of building], layer, stratum [in a structure]: **toà nhà có mười hai tầng** the building has twelve floors; **thượng tầng không khí** upper atmosphere, stratosphere

tầng lớp *n.* social class, stratum

tấp nập *adj.* animated, bustling, busy

tấp tểnh *v.* to prepare oneself, to have one's eyes on [position, etc.]

tập **1** *v.* to practice, to drill, to learn, to do exercise: **luyện tập** to drill; **học tập** to learn, to study; **ôn tập** review; **bài tập** exercise **2** *n.* pad, ream of paper; set, volume, collection [of prose **văn tập**, poetry **thi tập**]: **một tập giấy** a ream of papers; **tuyển tập thơ văn, tập một** collections of prose and poems, volume 1

tập dượt *v.* to train, to drill, to practice

tập đoàn *n.* community, group

tập hậu *v.* to attack the enemy from the rear

tập hợp *v.* to assemble, to gather

tập kết *v.* to assemble, to regroup

tập kích *v.* to attack suddenly, to ambush

tập luyện *v.* to train, to drill, to practice

tập quán *n.* habit

tập quyền *v.* to centralize power: **chế độ tập quyền** centralized government

tập sự *v., adj.* to be in training, on probation: **luật sư tập sự** apprentice lawyer

tập tành *v.* to exercise, to train, to learn: **tập tành lái xe** to learn to drive

tập trung *v.* to concentrate, to centralize: **trại tập trung** concentration camp

tập tục *n.* custom, tradition

tất **1** *n.* socks, stockings: **đôi bít tất** a pair of stockings **2** *v.* to complete, to finish, to end: **lễ tất** to end the ceremony; **hoàn tất nhiệm vụ** to complete one's duty **3** *adj.* all, whole: **nó ăn tất** he ate everything, he ate all of it

tất cả *adj.* all, the whole, in all: **tất cả mọi người** all people, everybody; **tất cả bao nhiêu?** how many in all? how much altogether?

tất có *adj.* [of condition] necessary

tất nhiên *adj., adv.* natural; naturally, of course: **lẽ tất nhiên** of course

tất niên *n.* end of the year

tất ta tất tưởi *adj.* See **tất tưởi**

tất tả *v.* to hurry: **chạy tất tả** to run here and there in a hurried manner

tất tưởi *adj.* to be in a great hurry

tất yếu *adj.* essential, vital

tật *n.* physical defect; bad habit, infirmity: **bệnh tật** disease; **tàn tật** invalid, disabled, handicapped

tất đố *adj.* jealous

tật nguyền *adj.* disabled, handicapped

tâu *v.* to report [to the king], to tell tales about someone

tấu **1** *v.* to report [to the king] **2** *v.* to perform [music **nhạc**]: **độc tấu** solo; **hoà tấu** concert, symphony; **diễn tấu** to perform, to play

tẩu **1** *n.* opium pipe **2** *v.* to run away, to escape, to flee: **hai tù nhân đã đào tẩu tuần rồi** two prisoners escaped last week

tẩu tán *v.* to disperse, to scatter and hide

tẩu thoát *v.* to escape, to flee, to run away

tậu *v.* to purchase [property, car, livestock, thing of value]: **ba tôi vừa tậu một ngôi nhà mới** my father has purchased a new house

tây *n.* west, western; French: **phương tây, tây phương** the west; **khoai tây** potatoes; **măng tây** western asparagus; **tỏi tây** western garlic leek; **cần tây** celery; **cơm tây** French food; **tiếng tây** French; **hành tây** western scallion onion; **dâu tây** western mulberry/strawberry; **bánh tây** French bread; **lịch tây** western calendar; **thuốc tây** western medicine; **đông và tây** east and west

Tây Âu *n.* Western Europe

Tây Bá Lợi Á *n.* Siberia, Siberian

Tây Ban Nha *n.* Spain, Spaniard

Tây Đức *n.* West Germany

tây học *n.* western education

Tây Phương *n.* the West

Tây Tạng *n.* Tibet, Tibetan

tây vị *adj.* partial, biased

tẩy *v.* to swell up

tẩy *v.* to erase, to remove [with an eraser]; to bleach; to clean (= **rửa**): **cái tẩy** pencil eraser; **thuốc tẩy** bleach, laxative

tẩy chay *v.* to boycott

tẩy trừ *v.* to eradicate, to uproot, to wipe out

tẩy uế *v.* to disinfect, to clean; to purge

te te *n.* cock-a-doodle-doo: **gà gáy te te** the cock crowed cock-a-doodle-doo

té **1** *v.* to dash, to splash [water] **2** *v.* [of person] to fall: **đứa bé té xuống đất** the child fell to the floor

té ra *adv.* in reality, actuality; it turned out that

té re *v.* to have diarrhea

té xỉu *v.* to faint

tè *v.* to wee, to do wee-wee [urinate]: **cho em bé tè** to make a baby wee-wee

tè he *v.* to sit on the floor with one's legs apart

tẻ **1** *n.* [of rice] ordinary, non-glutinous **2** *adj.* sad, to be sad, to be dull

tễ *adj.* detached, separated

tem *n.* [Fr. *Timbre*] postage stamp: **chơi tem** a stamp collector

tem phiếu *n.* coupons, voucher

tem tép *v.* to smack [of the lips]

tèm lem *adj.* smeared: **mặt mũi tèm lem** to have a smeared face

ten *n.* rust, verdigris

tẽn *v.* to be ashamed, to be embarrassed

teo 1 *v.* to shrink, to shrivel 2 *adv.* extremely [sad **buồn**, deserted **vắng**]

tẻo teo *adj.* smallest, very tiny

tẹo *n.* little bit, tiny bit: **bé tí tẹo** very tiny

tép 1 *n.* little shrimp, small prawn: **kho tép** to grill little shrimps 2 *n.* citrus cell, succulent cell: **tép cam** juicy oranges

tẹp nhẹp *adj.* [of things] small, petty; [of character] mean, petty

tẹt *adj.* [of nose] pug-nosed; deflated

tê 1 *v.* to be numb; to have rheumatism 2 *adv.* (= **ấy, đó**) that, other: **chiếc xe ở bên tê đường** the car is on the other side of the road

tê bại *v.* to be paralyzed: **bệnh tê bại** polio

tê giác *n.* rhinoceros

tê liệt *v.* to be paralyzed

tê tái *adj., v.* [of pain] sharp, to be paralyzed with sadness or pain

tê tê *n.* pangolin

tê thấp *n.* rheumatism

tế 1 *v.* to offer sacrifices to God, to worship with full rituals 2 *v.* [of horse] to gallop

tế bào *n.* cell [biology]

tế bần *v.* to help the poor, to give to charity: **viện tế bần** nursing home

tế độ *v.* to assist, to help, to relieve

tế lễ *v.* to worship, to offer

tế nhị *adj.* subtle, delicate

tế nhuyễn *n.* clothing and jewels

tế thế *v.* to save the world [used with **an bang**]

tề *n.* [of village in the war zone during the French-Vietnamese war]; ally to the French instead of following the Vietminh

tề gia *v.* to manage one's household affairs

tề tựu *v.* to all be present

tễ *n.* compound medicine: **thuốc tễ** pills [in Sino-Vietnamese medicine]

tệ 1 *adj.* bad; rotten, ragged, wornout 2 *n.* currency: **tiền tệ** currency; **ngoại tệ** foreign currency, foreign exchange

tệ đoan *n.* corrupt practice, social evil

tệ hại *adj.* bad, harm, ugly

tệ xá *n.* my humble house

tếch 1 *v.* to vanish, to disappear 2 *adj.* very light: **nhẹ tếch** very light

têm *v.* to prepare a betel quid

tên *n.* [SV **danh**] name, personal name: **đặt tên** to give a name; **gọi tên** to call the roll;

xe này đứng tên ai? in whose name is this car registered?; **ký tên** to sign one's name

tên đạn *n.* arrow and bullets; the war

tên lửa *n.* rocket, missile

tên thánh *n.* Christian name

tên tuổi *n.* name and age [on application, file]; fame: **có tên tuổi** famous

tênh *adv.* very: **buồn tênh** very sad

Tết 1 *n.* [SV **tiết**] festival, New Year festival [lunar calendar]: **ăn tết** to celebrate the New Year; **năm hết tết đến** the year is nearing its end 2 *v.* to give a present to [teacher, official]

Tết Đoan ngọ *n.* Double Five festival [fifth day of fifth lunar month]

Tết Nguyên Đán *n.* New Year festival [lunar calendar]

tết nhất *n.* festival(s), holidays

Tết Trung Thu *n.* mid-autumn festival [fifteenth day of eighth lunar month]

tếu *adj.* rash, hare-brained: **nói chuyện tếu** to talk in a rash way

tha 1 *v.* to forgive, to pardon; to set free, to release: **tha lỗi cho ai** to forgive someone's fault; **tha tù nhân chiến tranh** to release prisoners-of-war 2 *v.* [of animal] to carry in the mouth; [of bird] to carry in the beak: **mèo tha chuột** the cat carried a mouse in its mouth

tha bổng *v.* to free, to acquit

tha hoá *v.* to deteriorate, to become depraved: **cán bộ tha hoá** officials become depraved

tha hồ *adv.* freely, to one's heart's content: **bạn có thể nói tha hồ** you can talk freely

tha hương *n.* foreign country

tha lỗi *v.* to forgive, to pardon

tha ma *n.* cemetery, graveyard, burial ground

tha nhân *n.* another person, other people

tha phương *n.* foreign land

tha thiết *adj.* insistent, earnest; concerned with

tha thứ *v.* to forgive, to pardon, to excuse

tha thướt *adj.* graceful, elegant

tha tội *v.* to forgive, to pardon

thà *adv.* rather, better, would prefer: **thà chết còn hơn chịu nô lệ** I would rather die than be a slave; **chẳng thà** it is better [if…]

thả *v.* to release; to turn loose [fowl, cattle, prisoner]; to fly [kite **diều**], to drop [anchor **neo**, bomb **bom**]: **thả diều** to fly kites

thả cửa *adv.* freely, to one's heart's content: **đánh quần vợt thả cửa** to play tennis to one's heart's content

thả dù *v.* to parachute, to drop by parachute

thả lỏng *v.* to give a free hand, to set loose

thả rong *v.* to let wander, to leave unbridled

thả sức *v.* to act freely

thác 1 *n.* waterfalls: **thác nước** waterfall; **lên**

thác xuống ghềnh up hill and down dale
2 *v.* to die, to pass away: **sống thác có nhau** to be together now or even after death
thác loạn *adj.* to be troubled
thạc sĩ *n.* Master degree: **thạc sĩ văn khoa** Master of Arts [MA]; **thạc sĩ giáo dục** Master of Education [M.Ed]
thách *v.* to challenge, to defy; to demand a high price: **bà nói thách quá** that's a lot you are asking for
thách cưới *v.* [of girl's family] to demand presents for a wedding [from future bridegroom]
thách đố *v.* to challenge: **thách đố ai làm việc gì** to challenge someone to do something
thách thức *v.* to challenge
thạch *n.* soft pea flour jelly, jello-like dessert dish, agar-agar; seaweed
thạch *n.* (= **đá**) stone, rock: **cẩm thạch** marble; **ngọc thạch** jade; **hoá thạch** fossil; **hoả thạch** silex, flint; **sa thạch** sandstone; **phún thạch** lava
thạch anh *n.* quartz, rock-crystal
thạch ấn *n.* lithography
thạch bản *n.* slab of lithographic stone
thạch cao *n.* gypsum, plaster
thạch hoa *n.* agar-agar [jelly]
thạch hoá *v.* to petrify, to freeze into inaction
thạch hoàng *n.* orpiment [chemical crystal]
thạch học *n.* petrography
thạch khí *n.* stone implements: **thời đại thạch khí** the Stone Age
thạch lựu *n.* pomegranate
thạch ma *n.* amianthus [asbestos that has silky fibers]
thạch mặc *n.* graphite
thạch nhũ *n.* stalactite, stalagmite
thạch nhung *n.* asbestos
thạch sùng *n.* house lizard
thạch trụ *n.* stone pillar
thai *n.* embryo, fetus: **bào thai** fetus; **có thai** to be pregnant; **thụ thai** to become pregnant; **đầu thai** to become incarnate; **phôi thai** embryonic; **trụy thai** to have an abortion; **quái thai** monster
thai bàn *n.* placenta
thai bào *n.* uterus
thai nghén *v.* to be pregnant
thai sinh *adj.* viviparous
thái *v.* to cut up [food]: **thái mỏng** to slice
thái ấp *n.* fief, feud
thái bình *adj.* peaceful, peace-loving
Thái Bình Dương *n.* the Pacific Ocean
thái cổ *adj.* ancient
thái dương **1** *n.* temple [on either side of forehead] **2** *n.* the sun
thái dương hệ *n.* the solar system
thái độ *n.* attitude, air, manner

thái giám *n.* eunuch
thái hậu *n.* queen mother
Thái Lan *n.* Thailand: **người Thái Lan** Thais
thái miếu *n.* imperial temple
thái quá *adj.* to be excessive
thái thú *n.* Chinese governor [old times]
thái tử *n.* crown prince
thài lài *n.* name of an edible herb, day-flower
thải *v.* to dismiss [official], to discard: **sa thải** to discharge
thải hồi *v.* to dismiss, to discharge
tham *v.* to be greedy, to be unscrupulous, to be ambitious
tham ăn *adj.* greedy for food
tham chiến *v.* to participate in the war: **các nước tham chiến** belligerent countries
tham chính *v.* to enter politics, to take part in state affairs
tham chính viện *n.* state council
tham dự *v.* to take part in, to participate, to attend: **tham dự hội nghị** to attend a conference
tham khảo *v.* to do research, to consult [reference]: **sách tham khảo** reference book
tham lam *adj.* greedy, covetous
tham luận *v.* to discuss, to give a paper [at a conference]
tham muốn *v.* to desire, to covet
tham mưu *n.* staff, general staff: **trưởng tham mưu** chief of staff; **tổng tham mưu** general staff
tham mưu trưởng *n.* chief of staff
tham nhũng *v., n.* to be corrupted; corruption: **viên chức tham nhũng** corrupted officials
tham ô *v.* [of official] to be corrupted
tham quan *v.* to go sightseeing
tham sự *n.* chief clerk
tham tá *n.* chief clerk
tham tán *n.* embassy counsellor
tham tàn *adj.* greedy and harsh
tham thiền *v.* to practice meditation
tham vấn *n.* consultant
tham vọng *n.* ambition
tham vụ ngoại giao *n.* secretary of embassy: **đệ nhất tham vụ** first secretary of embassy
thám *v.* to explore, to spy: **do thám** to spy; **mật thám** secret service; **trinh thám** detective
thám hiểm *v.* to explore: **nhà thám hiểm** explorer
thám hoa *n.* third highest academic title in old system [the first two are **trạng nguyên, bảng nhỡn**]
thám sát *v.* to survey, to explore
thám thính *v.* to reconnoiter, to spy: **phi cơ thám thính** reconnaissance plane
thám tử *n.* detective
thảm *n.* carpet, rug: **trải thảm** to lay the carpet

thảm *adj.* tragic: **cảnh bi thảm** tragedy; **sầu thảm, thê thảm** pitiful, lamentable
thảm cảnh *n.* pitiful sight or situation
thảm đạm *adj.* melancholic, desolate, gloomy
thảm hại *adj.* pitiful
thảm hoạ *n.* disaster, calamity, tragedy
thảm khốc *adj.* tragic, dreadful, awful, terrible, horrible
thảm kịch *n.* tragedy, pitiful situation
thảm sát *v.* to slaughter, to massacre
thảm sầu *adj.* sad, grieved
thảm thiết *adj.* heart-rending, tragic
thảm thương *adj.* pitiful, sorrowful
thảm trạng *n.* distressing sight, sad state
than 1 *n.* coal, charcoal: **bút chì than** charcoal [for drawing]; **mỏ than** coal mine; **bệnh than** anthrax 2 *v.* to lament, to complain, to moan: **than ôi!** alas!; **khóc than** to cry; **dấu than** exclamation mark; **lời than, tiếng than** complaint
than bùn *n.* peat
than củi *n.* charcoal; fuel
than đá *n.* coal, anthracite
than hầm *n.* coal
than hồng *n.* live charcoal [glowing but not flaming]
than luyện *n.* coke
than mỏ *n.* coal
than phiền *v.* to complain
than thân *v.* to complain about one's lot
than thở *v.* to lament, to moan
than tiếc *v.* to regret
than văn *v.* to lament, to moan
than xương *n.* bone black, animal charcoal
thán khí *n.* carbon dioxide
thán phục *v.* to admire
thán từ *n.* interjection, exclamation
thản nhiên *adj.* poker-faced, indifferent, unemotional, calm, unmoved
thang *n.* ladder; staircase: **bắc thang** to set up a ladder; **cầu thang** staircase
thang cây *n.* wooden ladder
thang dây *n.* rope ladder
thang gác *n.* staircase, stairs
thang gập *n.* stepladder
thang gỗ *n.* wooden ladder
thang máy *n.* elevator, lift
thang mây *n.* path of glory
thang tre *n.* bamboo ladder
tháng *n.* [SV nguyệt] month: **tháng này** this month; **tháng trước** last month; **tháng sau** next month; **hàng tháng** monthly
tháng ba *n.* third lunar month; March
tháng bảy *n.* seventh lunar month; July
tháng chạp *n.* twelfth lunar month; December
tháng chín *n.* ninth lunar month; September
tháng đủ *n.* a 30-day month

tháng giêng *n.* first lunar month; January
tháng hai *n.* second lunar month; February
tháng mười *n.* tenth lunar month; October
tháng mười một *n.* eleventh lunar month; November
tháng năm *n.* fifth lunar month; May
tháng sáu *n.* sixth lunar month; June
tháng tám *n.* eighth lunar month; August
tháng tháng *n.* each month, every month
tháng thiếu *n.* a 29-day month
tháng tư *n.* fourth lunar month; April
thảng hoặc *adv.* occasionally, if by chance
thanh 1 *n.* sound; tone, voice, noise: **thanh âm, âm thanh** sound; **bình thanh** level tone; **đồng thanh** unanimously; **phát thanh** to broadcast; **máy phóng thanh** microphone; **thất thanh** to lose one's voice; **truyền thanh** to broadcast; **âm bình thanh** high level tone; **siêu thanh** supersonic 2 *adj.* (= **xanh**) green, blue; to be young: **tuổi thanh xuân** youth; **thanh thiên** blue sky
thanh âm *n.* sound and tone
thanh âm học *n.* phonetics
thanh ba *n.* sound wave
thanh bạch *adj.* poor but honest
thanh bần *adj.* poor but unsullied
thanh bình *adj.* peaceful
thanh cảnh *adj.* moderate, a light eater, delicate
thanh cao *adj.* noble, distinguished
thanh danh *n.* reputation, renown, good name
thanh đạm *adj.* [of meal] frugal: **bữa cơm thanh đạm** a frugal meal
thanh điệu *n.* rhythm, cadence
thanh đồng *n.* bronze
thanh đới *n.* vocal bands, vocal lips, vocal cords
thanh giáo *n.* Puritanism
thanh học *n.* acoustics
thanh khiết *adj.* pure, clean, morally pure
thanh la *n.* cymbals
thanh lâu *n.* brothel
thanh lịch *adj.* refined, elegant
thanh liêm *adj.* [of official] honest, having integrity
thanh luật *n.* prosody
thanh mẫu *n.* initial [in phonetics]
thanh minh 1 *n.* grave-visiting festival [comparable to Memorial Day] 2 *v.* to state, to declare honestly; to clarify
thanh nhã *adj.* elegant, refined
thanh nhàn *adj.* leisurely
thanh niên *n.* youth, the youth: **thanh niên tiền phong** vanguard youth; **Bộ Thanh niên** Department of Youth Affairs
thanh nữ *n.* young girl
thanh quản *n.* larynx
thanh sắc *n.* voice and beauty

thanh tao *adj.* noble, elevated, exalted
thanh thế *n.* prestige, influence
thanh thiên bạch nhật *n.* in broad daylight
thanh tịnh *adj.* to be chaste, pure
thanh toán *v.* to clear up [accounts], to settle; to liquidate
thanh toán viên *n.* liquidator
thanh tra *v., n.* to inspect; inspector
tổng thanh tra *n.* inspector-general
thanh vắng *adj.* quiet, deserted
thánh *n., adj.* saint, sage; holy, royal, sacred; good, talented; **nói thánh nói tướng** to boast; **Toà thánh** the Vatican; **Đức Thánh Cha** the Pope; **Lễ Các Thánh** All Saints' Day; **Nói thì thánh lắm** he's just a good talker; **thần thánh** gods and saints
thánh ca *n.* hymn
thánh chỉ *n.* imperial edict
thánh đản *n.* Buddha's birthday
thánh địa *n.* the Holy Land
thánh đường *n.* church
thánh giá *n.* crucifix, the Holy Cross
thánh hiền *n.* sages and saints; Confucian deities
thánh hoàng *n.* the Emperor
thánh kinh *n.* the Bible
thánh mẫu *n.* the Holy Mother: **Đại hội Thánh mẫu** the Marian Festival
thánh nhân *n.* saint, sage
thánh thần *n.* saints and gods
thánh thể **1** *n.* Eucharist **2** *n.* the emperor's person
thánh thi *n.* psalm
thánh thót **1** *v.* [of rain] to drip, to fall drop by drop **2** *adj.* [of music] to be sweet and slow
thánh tích *n.* relics
thành **1** *v.* to succeed; to achieve one's aim; to turn into, to change into, to become: **thành công** to succeed [*opp. bại*]; **thành ra, trở thành** to become; **thành ra** to become as a result; **thành thử** as a result; **thành hay bại tùy ở anh** whether we will succeed or fail depends on you; **cái đó sẽ trở thành một chướng ngại** it will become an obstacle; **cái này sẽ thành ra vật vô dụng** this will become worthless; **biến thành** to turn into; **làm thành** to make up; **ông nói thế, thành tôi không đi nữa** because he said so, I didn't go **2** *n.* citadel, fortress, wall; walled city, city, metropolis; edge, wall [of well **giếng**, container]: **đô thành** prefecture, [of Saigon] capital city; **hoàng thành** imperial city; **kinh thành** capital city; **nội thành** the inner city; **ngoại thành** the suburbs; **tử cấm thành** the Forbidden Purple City; **tỉnh thành** city; urban; **Vạn Lý Trường Thành** the Great Wall [of China] **3** *adj.* honest, sincere: **chân thành** honest, sincere; **trung thành** loyal; **lòng thành** sincerity
thành án *v.* to receive a sentence
thành bại *v.* to succeed or fail; to win or lose
thành bộ *n.* city branch of party committee
Thành cát Tư hãn *n.* Gengis Khan
thành công *v., n.* to succeed; success
thành danh *v.* to achieve fame
thành đạt *v.* to succeed
thành đinh *v.* to become of age
thành hình *v.* to take shape, to form
thành hoàng *n.* tutelary god [of villge, town]
thành hôn *v.* to marry
thành khẩn *adj.* sincere, honest
thành kiến *n.* prejudice, preconceived idea, bias
thành kính *adj.* devoted and respectful
thành lập *v.* to form, to set up, to establish
thành lũy *n.* walls and ramparts
thành ngữ *n.* idiom, expression; proverb
thành niên *v.* to come of age: **vị thành niên** minor
thành phần *n.* component, constituent; composition; background: **thành phần trực tiếp** immediate constituents [as in syntax]; **thành phần của phái đoàn Việt Nam** the composition of the Vietnamese delegation
thành phố *n.* city, town: **hội đồng thành phố** municipal council, city council
thành tật *v.* to become an invalid
thành thật *adj.* sincere, honest, genuine
thành thị *n.* city, town
thành thục *adj.* ripe, mature, experienced
thành thử *conj.* consequently, as a result
thành thực *adj.* sincere, honest, genuine
thành tích *n.* record, deed, performance, accomplishments
thành trì *n.* wall and moat
thành tựu *v., adj.* to succeed, to achieve; successful
thành văn *adj.* [of law, etc.] written: **luật thành văn** written law
thành viên *n.* member: **thành viên của phái đoàn chính phủ** a member of the government delegation
thành ý *n.* sincere intention, good intention
thành thơi *adj.* to be free, at ease, relaxed
thạnh *n.* See **thịnh**
thao *n.* raw silk
thao diễn *v.* to exercise, to demonstrate; to maneuver
thao láo *adj.* [of eyes] wide open: **mắt mở thao láo** the eyes open widely
thao luyện *v.* to drill, to train
thao lược *n.* tactics, strategy
thao thao *v.* to speak volubly, to speak interminably

thao trường *n.* drill ground, parade ground

thao túng *v.* to control [people, opinion]

tháo *v.* to dismantle, to untie, to undo, to unlace [shoes], to take apart, to dismount, to drain away [pipe, sink, sewer]

tháo dạ *v.* to have diarrhea

tháo thân *v.* to escape, to get away

tháo vát *adj.* manage [by oneself], active, resourceful

thảo 1 *v.* to draft [text]: **bản thảo** draft 2 *adj.* to be pious, generous, devoted, virtuous: **lòng hiếu thảo** filial piety; generosity 3 *n.* (= **cỏ**) grass: **vườn bách thảo** botanical garden

thảo am *n.* grass hut, cottage

thảo án *n.* draft, rough draft

thảo ăn *adj.* generous

thảo bản *n.* rough copy

thảo cầm viên *n.* botanical gardens [with birds]

thảo dã *n.* country, countryside, rural

thảo điền *n.* fallow field

thảo đường *n.* grass hut, cottage

thảo luận *v.* to discuss, to debate

thảo lư *n.* thatched cottage, hut

thảo mộc *n.* vegetation, plants

thảo nào! *exclam.* no wonder!

thạo *adj.* proficient, familiar with, skilled in: **cô ấy rất thạo việc** she is skilled in her work

thạo đời *adj.* experienced

thạo nghề *adj.* experienced, skilled

thạo tin *adj.* well-informed

tháp *n.* tower, stupa: **bảo tháp** Buddhist stupa; **tháp rùa** the tortoise tower [in Hanoi]

tháp ngà *n.* ivory tower

thau *n.* brass: **chậu giặt bằng thau** brass washing basin

tháu *adj.* [SV **thảo**] scrawling, scribbly: **viết tháu** scrawling writing

tháu cáy *v.* to bluff [in gambling]

thay 1 *v.* to change [clothes, tools, method]; to replace: **thay quần áo** to change clothes 2 *exclam.* how!: **may thay!** fortunately!; **lạ thay!** how strange!

thay chân *v.* to replace one's role

thay đổi *v.* to change, to be changed

thay lòng *v.* to change, to switch one's allegiance

thay lông *v.* to molt

thay mặt 1 *v.* to represent [object preceded by cho]: **ông ấy thay mặt cho ông giám đốc** he represents his director 2 *adv.* on behalf of: **tôi xin thay mặt cho ban giám đốc chào mừng quí vị đến tham dự buổi họp hôm nay** on behalf of the board of directors, I welcome all of you to the meeting

thay phiên *v.* to rotate, to take one's turn

thay thế *v.* to replace, to substitute [for **cho**]

thay vì *adv.* instead of, in lieu of

thắc mắc *adj., v.* worried, anxious; to query: **có điều chi thắc mắc** if you have any question

thấp thỏm *v.* to be on tenterhooks

thăm 1 *v.* to go and see, to visit, to call in; to examine [patient]: **bác sĩ đã thăm bệnh nhân** the doctor examined his patient; **họ đã đi thăm Việt Nam** they visited Vietnam 2 *n.* ballot, lot, voting-paper: **rút thăm** to draw lots; **bỏ thăm** to cast a vote, to vote [**cho** for]; **thùng thăm** ballot box

thăm bệnh *v.* to check one's health; to make a sick call

thăm dò *v.* to inquire, to investigate, to sound out

thăm hỏi *v.* to visit, to call on: **gởi lời thăm hỏi ai** to give one's regards to someone

thăm nom *v.* to visit, to take care of

thăm thẳm *adj.* very deep

thăm viếng *v.* to visit: **thăm viếng xã giao** to pay a courtesy visit

thắm *adj.* [of color] deep, dark; [of love, feelings] ardent, intense: **đỏ thắm** dark red

thẳm *adj.* very deep, very far: **xa thăm thẳm** very far

thăn *n.* fillet, tenderloin

thằn lằn *n.* lizard

thăng *v.* to be raised in official ranking, be promoted; to go up [*opp.* **giáng**]

thăng bằng *n.* balance, equilibrium

thăng chức *v.* to promote; to be promoted

thăng giáng *v.* to go up and down; to promote and demote

thăng hà *v.* [of king] to die

thăng hoa *v.* to sublimate

thăng thiên *v.* to ascend heaven: **lễ Thăng thiên** Ascension Day

thăng thưởng *v.* to be promoted; to promote, to reward

thăng tiến *v.* to promote [a force like labor **cần lao**] in status

thăng trầm *n.* to be ups and downs, vicissitudes, rise and fall

thăng trật *v.* to be promoted to a higher level

thắng 1 *v.* (= **được**) to win, to overcome, to vanquish, to conquer, to defeat [*opp.* **bại**]: **đại thắng** great victory; **đắc thắng** to score a victory; **chiến thắng** victory; **toàn thắng** complete victory 2 *v.* to saddle, to harness [a horse]; to be dressed up 3 *n., v.* to stop [vehicle], to brake; brake

thắng bại *v.* to win and lose, to have a victory or defeat

thắng bộ *adj.* dressed up

thắng cảnh *n.* beautiful scenery, scenic spot

thắng lợi *v., n.* to win a victory, to succeed; success, victory

thắng thế *v.* to have an advantage

thắng trận *v.* to win the war, to have victory

thằng *n.* classifier noun for boys and inferiors or contemptible person: **thằng bé** the boy; **thằng bé đánh giầy** the shoeshine boy; **thằng con tôi** my little boy

thằng bờm *n.* pelican; practical-minded idiot

thằng cha *n.* chap, fellow, bloke

thằng chài *n.* kingfisher

thẳng *adj.* [SV **trực**] straight, direct, right [*opp.* of **nghiêng, lệch** slanting, oblique]; righteous, fair, just, honest; straightforward: **đứng thẳng** to stand upright; **nói thẳng** to speak straight, to speak bluntly; **ngay thẳng** righteous, honest; **thẳng băng** to be perfectly straight

thẳng cánh *adv.* without restraint

thẳng cẳng *adj.* stiff: **chết thẳng cẳng** to be stiff dead

thẳng đứng *adj.* vertical

thẳng giấc *adv.* soundly: **ngủ thẳng giấc** to sleep soundly

thẳng góc *adj.* perpendicular

thẳng hàng *adj.* in a straight line, aligned

thẳng một mạch *v.* to go or run straight to

thẳng tay *adj.* without mercy: **phạt thẳng tay** to punish without mercy

thẳng tắp *adj.* perfectly straight

thẳng thắn *adj.* straight, straightforward, righteous

thẳng thừng *adj.* without mercy or restraint

thặng *v.* to be in excess, to have a surplus

thặng dư *v.* to have a surplus: **ngân sách thặng dư** a surplus budget

thắp *v.* to light [lamp **đèn**, candle **nến**, torch **đuốc**, incense sticks **hương**]

thắt *v.* to tie, to make a knot, to wear [a necktie]

thắt chặt *v.* to tighten

thắt cổ *v.* to hang oneself

thắt lưng *n.* belt; waist

thâm 1 *adj.* black; black and blue: **thâm tím** dark purple 2 *adj.* (= **sâu**) deep, profound [*opp.* **thiển**]; cunning, shrewd, foxy

thâm cảm *n.* deep gratitude

thâm căn cố đế *adj.* deep-rooted

thâm cung *n.* inner palace

thâm cứu *v.* to investigate thoroughly

thâm độc *adj.* shrewd and obnoxious, cunning, crafty

thâm giao *n.* close friendship

thâm hiểm *adj.* cunning, dangerous

thâm nhập *v.* to penetrate deeply, to infiltrate

thâm niên *n.* tenure, seniority [in employment]

thâm sơn cùng cốc *n.* remote areas

thâm tâm *n.* bottom of one's heart

thâm thiểm *adj.* cruel, wicked

thâm thù *v.* to nurture deep hatred for

thâm thuý *adj.* profound and subtle

thâm tím *adj.* bruised

thâm tình *n.* deep affection, deep attachment

thâm trầm *adj.* profound; undemonstrative

thâm u *adj.* deep and dark

thâm ý *n.* hidden motive, secret thought

thấm *v.* to soak, to absorb; to be penetrating; to be sufficient: **không thấm vào đâu** insufficient; **giấy thấm** blotter; **máu thấm vào bông** blood was absorbed by cotton

thấm nhuần *v.* to be impregnated, to be saturated

thấm nước *v., adj.* to absorb water; absorbent: **không thấm nước** waterproof

thấm thía *adj.* [of pain, sorrow] piercing, penetrating

thấm thoát *adv.* [of time] quickly: **thì giờ thấm thoát như thoi đưa** time flies quickly; **thấm thoát chúng tôi về nước đã hai năm rồi** Imagine that! It has already been two years since we returned to Vietnam

thầm *adj.* secret: **âm thầm** quietly, secretly; **nghĩ thầm** to think to oneself; **nói thầm** to whisper; **cười thầm** to laugh up one's sleeves; **mừng thầm** to rejoice inwardly; **thì thầm** to whisper

thầm kín *adj.* secret, sneaking: **mối tình thầm kín** secret love

thầm lặng *adj.* mute, silent

thầm lén *adj.* secret, sneaking

thầm vụng *adj.* furtive, sneaking

thẩm *v.* to reconsider, to examine, to judge: **bồi thẩm** jury; **sơ thẩm** first circuit; **thượng thẩm, phúc thẩm** Court of Appeals

thẩm định *v.* to appreciate, to appraise, to judge: **uỷ ban Thẩm định Hỗ tương Giá trị Văn hoá Đông Tây** Committee for the Mutual Appreciation of Eastern and Western Cultural Values

thẩm mỹ *n.* beauty, esthetics

thẩm phán *n.* judge [in court]

thẩm quyền *n.* competence, jurisdiction; authority

thẩm sát *v.* to investigate, to examine

thẩm thấu *n.* osmosis

thẩm vấn *v.* to interrogate; to inquire

thẫm *adj.* [of color] dark

thậm *adv.* very; quite: **thậm vô lý** quite absurd

thậm chí *adv.* even

thậm tệ *adv.* [to scold] mercilessly, vehemently, very bad

thậm thụt *v.* to sneak in and out

thậm từ *n.* excessive words, abuse

thân 1 *n.* (= **mình**) body; trunk [of tree], stem [of plant]; body [of dress]: **nuôi thân** to support oneself; **bán thân** bust; **độc thân** single, unmarried; **thuế thân** head tax; **cái thân tôi** my person; **phòng thân** for self defense;

xuất thân to begin as, to start as; **tu thân** to improve oneself **2** *adj.* [of friend] to be close, intimate, dear [*opp.* **sơ**]: **bạn thân** close friend; **làm thân với** to be a close friend of

thân ái *adj.* affectionate; **lời chào thân ái** affectionate greetings

thân bằng *n.* relatives and friends

thân binh *n.* partisans

thân cận *adj.* to be close, intimate

thân chinh *v.* [of king] to conduct a war himself; to go or act in person

thân cô *adj.* alone, lonely

thân danh *n.* reputation, fame

thân hành *v.* to act or go in person

thân hào *n.* notable, gentry

thân hình *n.* body

thân hữu *n.* close friend: **tình thân hữu** friendship

thân mật *adj.* close, intimate, friendly

thân mẫu *n.* mother

thân mến *adj.* dear [beloved]

thân mình *n.* body

thân người *n.* human body; a man

thân nhân *n.* kin, relative, next of kin

thân nhiệt *n.* body temperature

thân phận *n.* fate, destiny; condition, state, status

thân phụ *n.* father

thân quyến *n.* family

thân sĩ *n.* member of the gentry

thân sinh *n.* parents: **ông thân sinh ra anh ấy** his father

thân thế *n.* life/history [of well-known person]

thân thể *n.* body

thân thích *n.* relatives, offspring and kin

thân thiện *adj.* friendly, cordial: **hiệp ước thân thiện** treaty of friendship

thân thiết *adj.* close, intimate

thân thuộc *n.* relatives

thân tín *adj.* trustworthy, dependable

thần 1 *n.* deity; divine being, tutelary god, spirit god [not Christian or Buddhist]: **thiên thần** angel; **vô thần** atheistic; **tử thần** death; **thổ thần** God of the Soil **2** *n.* spirit, mind; force, energy: **an thần** sedative; **tâm thần** mind; **thất thần** to be frightened out of one's wits; **tinh thần** spirit; morale **3** *n.* minister, mandarin, high officials [in a monarchy]; your minister [in addressing the king or emperor], I [used by subject to king]: **gian thần** traitor; **nịnh thần** flatterer; **quân thần** relationship between the prince and his subjects; **quần thần, triều thần** all the mandarins; **trung thần** loyal minister; **sứ thần** envoy

thần bí *adj.* mystical

thần chủ *n.* ancestral tablet

thần công *n.* cannon

thần dân *n.* the people

thần diệu *adj.* miraculous, marvelous

thần dược *n.* miracle medicine

thần đồng *n.* infant prodigy

thần hiệu *adj.* [of drug] miraculous

thần học *n.* theology

thần hôn *n.* morn and eventide

thần hồn *n.* soul and spirit

thần kinh 1 *n.* nerve **2** *n.* capital city, metropolis

thần kinh hệ *n.* nervous system

thần kỳ *adj.* wonderful, marvelous

thần linh *n.* spirit, deity

thần phục *v.* to submit oneself

thần quyền *n.* spiritual power

thần thánh *n.* gods and saints

thần thánh hoá *v.* to deify

thần thế *n.* power and influence

thần thoại *n.* mythology

thần tích *n.* stories of the gods

thần tiên *n., adj.* deities and immortals; fairy, wonderful, heavenly

thần tình *adj.* clever

thần tử *n.* subject, servant

thần vị *n.* ancestral tablet

thẫn thờ *v.* to look haggard

thận *n.* kidney: **ngoại thận** testicles

thận trọng *adj.* cautious

thấp *adj.* (= **lùn**) low; short [of height] [*opp.* **cao**]: **người thấp** a short person

thấp bé *adj.* short, tiny

thấp hèn *adj.* low, base

thấp kém *adj.* low, inferior

thấp thoáng *v.* to appear vaguely or intermittently

thấp thỏm *v.* to be anxious, to be restless

thập *num.* (= **mười**) ten: **Lễ Song Thập** Double Ten Festival; **đệ thập chu niên** the tenth anniversary

thập ác *n.* cross

thập bội *v.* to be tenfold

thập can *n.* the ten Heaven's Stems' cyclical terms (**giáp, ất, bính, đinh, mậu, kỷ, canh, tân, nhâm, quí**) used in numbering a series or reckoning years

thập cẩm *adj.* varied, miscellaneous, sundry

thập lục *n.* sixteen-string instrument

thập nhị chi *n.* the twelve Earth's Stems' cyclical terms (**tý, sửu, dần, mão, thìn, ty, ngọ, mùi, thân, dậu, tuất, hợi**) used in reckoning years, months, days and hours, and corresponding to the twelve zodiac signs

thập phân *adj.* decimal: **số thập phân** decimal number

thập phần *adj., adv.* one hundred percent, completely, perfectly

thập phương *n.* everywhere: **khách thập phương** pilgrims

thập thò *v.* to go in and out; to hesitate at the door

thập toàn *adj.* perfect, faultless: **nhân vô thập toàn** no one is perfect

thập tự *n.* cross

thất 1 *num.* (= **bảy**) seven: **đệ thất** the seventh; **ngày Song Thất** Double Seven Festival 2 *v.* (= **mất**) to lose: **tổn thất** loss

thất bại *v.* to fail, to lose

thất bát *adj.* irregular; inconsistent

thất cách *adj.* improper, awkward

thất chí *adj.* discontented, frustrated

thất cơ *v.* to miss the opportunity, to fail in business

thất đảm *adj.* frightened

thất điên bát đảo *adj.* upset, to be turned upside down

thất đức *adj.* inhuman, cruel, wicked

thất học *adj.* illiterate: **nạn thất học** illiteracy

thất kinh *v.* to be terrified

thất lạc *v.* [of object] to be misplaced, to lose

thất lễ *adj., v.* impolite, to be rude; to have bad manners

thất lộc *v.* to pass away

thất luật *v.* to violate a rule about prosody

thất nghiệp *v.* to be unemployed, out of work: **nạn thất nghiệp** unemployment

thất ngôn *n.* seven beat meter [in poetry]

thất niêm *v.* to violate a rule about tonal cohesion in poetry

thất phu *n.* boor, coarse person

thất sách *n., adj.* thwarted plan; improperly done

thất sắc *v.* to turn pale, to blanch, to turn white

thất thanh *v.* to lose one's voice [as in yelling for help]

thất thân *v.* to lose one's virginity

thất thế *v.* to lose one's position

thất thểu *v.* to stagger, to reel

thất thố *v.* to make a slip of the tongue

thất thủ *v.* [of military position] to be lost, to fall

thất thường *adj.* to be irregular

thất tiết *adj.* disloyal [to one's king, one's husband]

thất tín *v.* to break one's promise

thất tình *n.* the seven passions [**hỉ** joy, **nộ** anger, **ai** sorrow, **cụ** fear, **ái** love, **ố** hate, **dục** lust]

thất trận *v.* to lose a battle; to be defeated

thất ước *v.* to break one's promise

thất vọng *adj.* disappointed

thật *adj.* [SV **chân**] real, true, genuine [*opp.* **giả**]: **nói thật** to tell the truth; **chân thật, thành thật; ngay thật** honest, sincere; **sự thật** the truth

thật bụng *adj.* sincere, honest

thật lòng *adj.* sincere, honest

thật ra *adv.* actually

thật tâm *adj.* sincere

thật thà *adj.* innocent, naive

thật tình *adj.* sincere

thật vậy *adv.* in fact, indeed

thâu See **thu**

thâu canh *n.* all night

thâu đêm *n.* all night

thấu *v.* to penetrate, to understand thoroughly: **hiểu thấu, thấu rõ, thấu hiểu** to understand thoroughly

thấu đáo *adj.* [of knowledge] thorough

thấu kính *n.* lens: **thấu kính ghép** coupled lenses; **thấu kính lõm** concave lens; **thấu kính có nấc** echelon lenses; **thấu kính lồi** convex lens; **thấu kính hội tụ** converging lens; **thấu kính phân tán** diverging lens

thấu triệt *v.* to know thoroughly, to know the ins and outs of

thầu *v.* to contract; to award a contract: **nhà thầu, chủ thầu** contractor; **gọi thầu, cho đấu thầu** to invite bids; **bỏ thầu** to bid

thầu dầu *n.* castor oil plant

thầu khoán *n.* contractor, builder

thầu lại subcontractor

thây *n.* corpse, dead body

thây kệ *v.* to leave alone

thây ma *n.* corpse

thấy *v.* [SV **kiến**] to see, to perceive, to feel: **bạn thấy gì không?** do you see anything?

thầy *n.* [SV **sư**] master; teacher [with **trò** student]: **thầy dạy tiếng Anh** English teacher

thầy bói *n.* soothsayer, fortune-teller

thầy chùa *n.* Buddhist monk

thầy dòng *n.* friar, priest

thầy đẻ *n.* father and mother

thầy địa lý *n.* geomancer

thầy đồ *n.* traditional teacher, Confucian scholar

thầy giáo *n.* teacher, instructor

thầy kiện *n.* lawyer

thầy ký *n.* clerk

thầy lang *n.* medicine man, physician

thầy me *n.* father and mother

thầy pháp *n.* sorcerer

thầy phù thuỷ *n.* sorcerer

thầy số *n.* astrologer

thầy thông *n.* interpreter

thầy thuốc *n.* physician, doctor

thầy tớ *n.* boss and servant

thầy trò *n.* teacher and student

thầy tu *n.* Buddhist monk

thầy tuồng *n.* stage manager

thầy tướng *n.* physiognomist

thẩy *v.* to throw away

the *n.* silk, gauze

the thé *adj.* [of voice] shrill, shrieking, piercing
thè *v.* to stick out [one's tongue **lưỡi**]
thẻ *n.* badge [of office], card, filing card, identity card
thẻ căn cước *n.* identity card
thẻ kiểm tra *n.* identity card
thèm *v.* to thirst for, to crave for, to desire: **đã thèm** satiated; **thèm vào!** I don't care a pin for it!
thèm khát *v.* to thirst for
thèm muốn *v.* to desire, to covet
thèm thuồng *v.* to desire very much
then *n.* door bar, bolt, latch [with **cài**, **gài** to lock]: **cửa đóng then gài** secluded, secure
then chốt *n.* door bar, door bolt; key [problem, position]
thèn thẹn *v.* See **thẹn**
thẹn *v.* to blush, to be shy: **cả thẹn, hổ thẹn** to feel ashamed
thẹn thò *v.* to be shy
thẹn thùng *v.* to be shy
theo 1 *v.* [SV **tuỳ**] to follow [religion **đạo**, method **phương pháp**, example **gương**], to accompany, to pursue; to be up to [someone]: **noi theo gương** to follow an example; **tiếp theo** following; continued 2 *prep.* according to, in accorance with: **theo bạn thì nên làm gì?** what should be done according to you?
theo chân *v.* to follow the steps of; to pursue; to follow [developments]
theo đòi *v.* to try to copy, to try to ape, to try to keep up with
theo đuôi *v.* to copy, to imitate
theo đuổi *v.* to pursue [happiness], to follow [one's career]: **theo đuổi hạnh phúc** to pursue one's happiness
theo gót *v.* to dog somebody's footsteps; to copy, to imitate
theo kịp *v.* to catch up with
theo sát *v.* to follow closely
theo trai *v.* to elope with a man
thẹo *n.* (= **sẹo**) scar, cicatrice
thép *n.* steel: **dây thép** wire, line; telegram; **dây thép gai** barbed wire; **đanh thép** firm, strong; **thép già** hard steel
thép non *n.* mild steel, soft steel: **nhà máy thép** steelwork
thét *v.* to scream, to roar: **gầm thét** to roar
thê *n.* (= **vợ**) wife: **đa thê** polygyny; **hiền thê** my good wife; **vị hôn thê** fiancée; **phu thê** husband and wife; **năm thê bảy thiếp** to be a polygamist
thê lương *adj.* to be sad and lonely, desolate: **cuộc sống thê lương** a lonely and sad life
thê nhi *n.* wife and children
thê thảm *adj.* sorrowful, utterly tragic

thê tử *n.* wife and children
thế 1 *adv.* like that, thus, such way: **thế nào** how; by all means, at any rate; **như thế** so, thus; **thế này** this way; **thế ấy** that way; **tuy thế** in spite of all that; **nếu thế thì** if it is so, then; **vì thế cho nên** that's why; **thế rồi** then 2 *n.* power, influence; aspect, condition, vantage position: **thế công** offensive; **thế thủ, thủ thế** defensive; **cục thế** situation; **địa thế** terrain; **đại thế** the general situation; **đắc thế** to be rising; **sự thế** course of events; **quyền thế** power, influence; **thừa thế** to take advantage of an opportunity; **tình thế** situation; **túng thế** pushed against the wall 3 *n.* the world; life; age, generation (= **đời**): **hậu thế** future generations; **xuất thế** to be born; **tạ thế** to die; **trần thế** this life; **thân thế** life 4 *v.* to replace: **thay thế cái bàn này bằng cái bàn mới** to replace this table with a new one; **tiền thế chân** deposit, security
thế chân *v.* to make a deposit
thế chiến *n.* world war
thế cô *adj.* all alone
thế công *n.* offensive
thế cục *n.* world situation; life
thế đại *n.* generation, age, era
thế gia *n.* good family, good stock
thế gian *n.* the world
thế giới *n.* the world: **cả thế giới** the whole world; **Cựu thế giới** the Old World; **Tân thế giới** the New World; **toàn thể thế giới** the whole world; **thế giới chiến tranh** world war; **thế giới đại chiến thứ hai** World War II
thế giới ngữ *n.* Esperanto
thế hệ *n.* generation
thế huynh *n.* one's teacher's son; one's father's friend's son
thế kỷ *n.* century [**tiền bán** first half, **hạ bán** second half]: **nửa thế kỷ** half a century
thế lực *n.* influence and power: **có thế lực** to have power and influence
thế nhân *n.* mankind
thế phiệt *n.* nobility; blue blood
thế quyền *n.* temporal powers
thế sự *n.* the affairs of this world
thế tất *adv.* surely, inevitably
thế thái *n.* the ways of this world [used with **nhân tình**]
thế thủ *n.* defensive
thế tổ *n.* ancestor
thế tộc *n.* nobility
thế tục *adj., n.* temporal; daily life
thế vận hội *n.* World Olympic Games
thề *v.* [SV **thệ**] to swear, to pledge, to take oath: **thề nguyền, thề thốt** to give one's pledge; **lời thề** oath, vow; **chửi thề** to swear, to curse

thề bồi *v.* to swear , to vow
thề nguyền *v.* to swear
thề thốt *v.* to swear , to take an oath
thể 1 *v.* can, may, to be able to: **có thể** to be able to; can, may; **không có thể** to be unable to; **có thể rằng** it's possible that; **nếu có thể** if possible: **thể nào tôi cũng đi** I'm going at all costs, by all means; **một thể** at the same time; **nhân thể, tiện thể** incidentally, by the way; **như thể, ví thể** in case [something happens] **2** *n.* form; genre, linguistic form: **ngữ thể** discourse form, text type
thể thụ động *n.* the passive voice
thể cách *n.* manner, way
thể chất *n.* substance, matter
thể chế *n.* system, regime
thể diện *n.* honor, face: **giữ thể diện** to keep one's honor; **mất thể diện** to lose face
thể dục *n.* physical education: **thể dục cũng là một môn học trong chương trình giáo dục** physical education is also a subject in the education curriculum
thể lệ *n.* rules and regulations
thể lực *n.* physical strength
thể nào *adv.* no matter what, at any cost [**cũng** precedes verb]
thể nhiệt *n.* body temperature
thể tài *n.* genre
thể tất *v.* to excuse, to forgive
thể thao *n.* sports: **thể dục thể thao** sports and recreation
thể thống *n.* dignity, decorum
thể thức *n.* form, formality, ways
thể tích *n.* volume
thệ ước *v.* to swear, to vow
thếch *adv.* very, extreme: **mốc thếch** very mildewed
thêm *v.* [SV **gia**] to add, to increase; to do or have in addition: **thêm tiền lương** to increase one's salary
thêm bớt *v.* to adjust: **thêm bớt cho đúng số lượng** to adjust the weight for enough measure
thêm thắt *v.* to add or cut more details
thềm *n.* porch, veranda: **thềm nhà** house veranda; **trước thềm năm mới** on the threshold of New Year
thênh thang *adj.* spacious, roomy: **nhà rộng thênh thang** a spacious house
thênh thênh *adj.* wide and smooth
thếp 1 *n.* ream, quire: **một thếp giấy** a ream of papers **2** *v.* to coat with metal
thếp vàng *v.* to gild
thết *v.* to treat [somebody to food or drink]; to invite: **thết tiệc ai** to invite someone to a party/dinner
thêu *v.* to embroider

thêu dệt *v.* to fabricate, to make up, to invent [story]
thêu thùa *v.* to embroider
thi *v.* [SV **thí**] to take an examination, to take a test, to participate in a contest or a race: **đi thi** to take an examination; **hỏng thi** to fail a test; **trường thi** examination compound [where civil service examinations were given]; **chấm thi** to mark examination papers; **hỏi thi** to give an oral examination; **đề thi** examination questions; **bài thi** examination papers; **thi ngựa** horse race; **ngựa thi** race horse
thi *n.* (= **thơ**) poetry: **cổ thi** ancient poetry; **cầm kỳ thi họa** music, chess, poetry, painting; **Kinh Thi** the Book of Poetry
thi bá *n.* great poet
thi ca *n.* poems and songs
thi cử *n.* examinations
thi đậu *v.* to pass an examination
thi đình *n.* court examination
thi đỗ *v.* to pass an examination
thi đua *v.* to emulate, to compete: **thi đua võ trang** armament race
thi hài *n.* corpse, dead body
thi hành *v.* to carry out [order, measure, mission], to enforce, to put into effect, to implement: **thi hành nhiệm vụ** to carry out one's duty
thi hào *n.* great poet
thi họa *n.* poetry and painting
thi hỏng *v.* to fail, to flunk
thi hội *n.* second degree examination [at the capital]
thi hứng *n.* inspiration
thi hương *n.* first degree examination [at provincial level]
thi lễ *adj.* noble, distinguished
thi lên lớp *v.* to do the final examination [at the end of a year of study]
thi lục cá nguyệt *n.* semester examination
thi luật *n.* prosody
thi ngựa *n.* horse race
thi nhân *n.* poet
thi nhập học *v.* to sit for an entrance examination
thi ô tô *n.* car racing
thi rớt *v.* to fail, to flunk
thi sắc đẹp *n.* beauty contest
thi sĩ *n.* poet
thi tập *n.* collected poems
thi thể *n.* dead body, corpse
thi thố *v.* to show, to display [talent]
thi tốt nghiệp *v.* to sit for a final examination [for graduation]
thi trượt *v.* to fail, to flunk
thi văn *n.* literature
thi vấn đáp *n.* oral examination

thi vị *n.* poetic flavor
thi viết *n.* written examination
thi xã *n.* poets' circle
thi xe đạp *n.* bicycle race
thi xe hơi *n.* car race
thí *v.* R to test (= **thi**); to compare; **ứng thí** to take an exam; **khảo thí** to examine
thí *v.* to give away, to hand out; to begrudge; to sacrifice [chessman]: **thí cho ai cái gì** to begrudge someone something
thí dụ *n., conj.* example; for example, for instance: **cho một vài thí dụ** to give some examples; **thí dụ như** for example
thí điểm *n.* pilot, experimental ground: **trường thí điểm** a pilot school
thí mạng *v.* to risk one's life
thí nghiệm *v., n.* to experiment, to test; experiment: **phòng thí nghiệm** laboratory
thí sinh *n.* candidate [for an examination]
thí thân *v.* to sacrifice one's life
thì **1** *n.* (= **thời**) time: **phí thì giờ** to waste one's time **2** *conj.* then, but: **cô ấy mặt đẹp tính nết thì xấu** she has a beautiful face but bad personality traits
thì là *n.* dill
thì thào *v.* to whisper
thì thầm *v.* to exchange confidences in whispers
thì thọt *v.* to dash in and out, to sneak in and out
thì thụp *v.* to bend down on one's knees, then get up again; to make repeated obeisances
thị **1** *n.* yellow persimmon: **dấu hoa thị** asterisk **2** *n.* (= **chợ**) market: **nhất cận thị** the convenience close to a market; **thành thị** city; **đô thị** metropolis, capital city **3** *n.* to see: **cận thị** near-sighted; **viễn thị** far-sighted; **thị thực** to certify **4** *n.* middle name for women: **Nguyễn thị** the Nguyen clan
thị chính *n.* city affairs: **toà thị chính** city hall
thị chứng *n.* eyewitness
thị dân *n.* city dweller, urban population
thị dục *n.* desire, lust
thị độ *n.* power [of lens, magnifying glass]; visibility
thị giác *n.* eyesight, vision
thị hiếu *n.* hobby; liking, desire
thị lực *n.* power of vision
thị nữ *n.* maid
thị oai *v.* to display one's force, to demonstrate one's authority
thị phi *adj.* right or wrong; gossip; rumor: **không quan tâm đến những lời thị phi** to pay no heed to gossips
thị sảnh *n.* town hall
thị sát *v.* to inspect
thị thành *n.* city, urban center
thị thực *v.* to certify: **thị thực chữ ký** to certify a signature

thị tộc *n.* clan
thị trấn *n.* town, city
thị trường *n.* market [economics]: **thị trường chứng khoán** Stock Exchange
thị trưởng *n.* mayor [of city]
thị tứ *n.* store; business district
thị tỳ *n.* maid-servant
thị uy *v.* to show off one's strength or power
thị vệ *n.* imperial guard
thị xã *n.* city, town
thia lia *n.* ducks and drakes [the game]: **ném thia lia** to play ducks and drakes
thìa *n.* (= **muỗng**) spoon: **thìa cà phê** coffee spoon; **thìa súp** table spoon, soup spoon
thích **1** *v.* to like, to be fond of, to enjoy: **ưa thích** pleasure, enjoyment; **mặc thích** at will, at pleasure; **sở thích** one's interest; **tùy thích** as one pleases; **vui thích** to be glad, pleased **2** *v.* to poke [elbow, arm, etc.] against [**vào**]: **chen vai thích cánh** [of crowd] jostling **3** *v.* to tattoo; to engrave
Thích Ca *n.* Shakyamuni, Buddha
thích chí *adj.* pleased, contented
thích đáng *adj.* appropriate, suitable, fitting
thích hợp *adj., v.* appropriate; to suit, to fit [**với** precedes object]
thích nghi *v.* to adjust oneself, to adapt oneself, to suit
thích nghĩa *v.* to explain
thích thú *adj.* interested, interesting
thích ứng *v.* to cope with; to adapt oneself: **thích ứng với đời sống mới** to cope with a new life
thích ý *adj.* pleased, contented
thiếc *n.* tin: **mỏ thiếc** tin mine; **thợ thiếc** tinsmith; **hàng thiếc** tin shop; **giấy thiếc** tin foil
thiêm thiếp *adj.* sleeping
thiểm bộ *n.* our ministry, our department
thiểm độc *adj.* wicked, evil
thiểm nha *n.* our office, our department
thiểm toà *n.* our office, our Embassy, our Consulate
thiên **1** *n.* (= **trời**) sky, heaven; God, nature: **thiên thanh** blue sky; **mưu sự tại nhân, thành sự tại thiên** man proposes, God disposes **2** *num.* (= **nghìn**) thousand
Thiên Chúa *n.* God [Christian]: **Đạo Thiên chúa** Catholicism
thiên chức *n.* heaven's mandate
thiên cổ *n.* antiquity: **người thiên cổ** deceased person
thiên cơ *n.* fate, destiny
thiên đàng *n.* See **thiên đường**
thiên đình *n.* the Celestial Court [of the Jade Emperor]; forehead

thiên đỉnh *n.* zenith
thiên định *adj.* predestined, fated
thiên đường *n.* Paradise
thiên hà *n.* the Milky Way
thiên hạ *n.* the whole world, people
thiên hình vạn trạng *n.* multiform; variation
thiên hương *n.* rare beauty
thiên kiến *n.* prejudice, bias
thiên kim *n.* very precious
thiên lôi *n.* God of Thunder
thiên lý *n.* 10,000 mile road, highway
thiên mệnh *n.* destiny, fate
thiên nga *n.* swan
thiên nhiên *n., adj.* nature; to be natural
thiên phú *adj.* innate
thiên sứ *n.* angel
thiên tai *n.* natural disaster, natural calamity
thiên tài *n.* genius
thiên tạo *adj.* natural
thiên thạch *n.* aerolite
thiên thai *n.* Paradise, Eden
thiên thần *n.* angel
thiên thể *n.* heavenly body
thiên thời *n.* clement weather
thiên thu *n.* eternity
thiên tính *n.* nature, innateness, trait, character
thiên tư *adj.* innate, gifted
thiên tử *n.* the Emperor, the Son of Heaven
thiên văn *n.* astronomy
thiên văn đài *n.* observatory
thiên vị *adj.* partial, unjust, to be biased
thiến *v.* to geld, to castrate: **gà (sống) thiến** capon
thiền *n.* Zen Buddhism; contemplation, meditation: **cửa thiền** Buddhist temple; **tham thiền** to enter into meditation; **toạ thiền** to sit in deep meditation
thiền định *n.* silent meditation
thiền đường *n.* meditation hall
thiền gia *n.* Buddhist monk
thiền môn *n.* Buddhist temple
thiền sư *n.* monk
thiền tông *n.* Zen sect, Zen school
thiển *adj.* (= **nông**) shallow: **theo tôi thiển nghĩ** in my humble opinion; **thiển ý của tôi** my opinion is shallow
thiển cạn *adj.* shallow, superficial
thiển kiến *n.* shallow opinions
thiển nghĩ *v.* to think in a superficial manner: **tôi thiển nghĩ** in my humble opinion
thiển trí *n.* simple mind
thiển ý *n.* humble opinion
thiện *adj.* good, virtuous [as opp. to **ác**]: **chân, thiện, mỹ** the true, the good and the beautiful; **việc thiện** charity; **hoàn thiện** perfect; **từ thiện** philanthropic
thiện ác *n.* good and evil

thiện cảm *n.* sympathy
thiện chí *n.* goodwill
thiện chiến *adj.* [of troops] experienced, trained, seasoned: **đội quân thiện chiến** an experienced army
thiện nam tín nữ *n.* Buddhist followers or pilgrims of both sexes
thiện nghệ *adj.* expert, skillful
thiện xạ *n.* sharp shooter, marksman
thiện ý *n.* good intention
thiêng *adj.* supernatural, sacred: **linh thiêng** propitious
thiêng liêng *adj.* sacred
thiếp 1 *n.* concubine: **tiểu thiếp/tiện thiếp** I, me [used by woman] 2 *n.* card: **danh thiếp** business card; **bưu thiếp** postcard; **hồng thiếp** wedding-card 3 *adj., v.* semi-conscious; to lose consciousness [in sleep or hypnosis]: **ngủ thiếp đi** to go into a deep sleep
thiệp *n.* See **thiếp**
thiệp mời *n.* invitation card
thiết 1 *v.* to display, to arrange; to build: **trần thiết** to display, to arrange; **kiến thiết** to build, to erect 2 *adj.* [of friend] close: **thân thiết, chí thiết** very close [friend] 3 *v.* to care for, to have an interest in [mostly used in the negative]: **tôi không thiết học hành gì nữa** I don't feel like studying any more
thiết bị *n.* equipment
thiết đồ *n.* cross section, exposed view
thiết giáp *n.* armor: **xe thiết giáp** armor tank
thiết giáp hạm *n.* armored ship
thiết hài *n.* tap dance shoes: **khiêu vũ thiết hài** tap dance
thiết kế *v.* to draw up a plan, to plan: **thiết kế đô thị** town planning
thiết lập *v.* to set up, to establish, to found: **thiết lập một công ty tư nhân** to set up a private company
thiết lộ *n.* railway, railroad
thiết nghĩ *v.* to think [used with first person]
thiết tha *adj.* ardent, passionate, dedicated to: **thiết tha với công việc** dedicated to one's work
thiết thực *adj.* realistic, practical
thiết tưởng *v.* to think [used with first person]
thiết yếu *adj.* essential, vital
thiệt *v.* to lose; to suffer loss, to damage: **thua thiệt** to lose; **hơn thiệt** to gain and to lose; gain and loss
thiệt hại *v., n.* to lose; loss
thiệt mạng *v.* to die [in battle, accident]
thiệt thân *v.* to harm oneself, to hurt oneself
thiệt thòi *v.* to suffer losses
thiêu *v.* to burn: **hoả thiêu** to cremate
thiêu đốt *v.* to burn

thiêu huỷ *v.* to burn down, to destroy

thiêu sống *v.* to burn alive

thiêu táng *v.* to cremate

thiêu thân *n., adj.* May fly, ephemera; ephemerid

thiếu *adj., v.* to be incomplete, to be insufficient; to need, to lack, to be in want of, to be short of [object follows]; there is a lack or shortage of; to owe: **họ thiếu lương thực** they ran out of provisions; **danh sách này thiếu** this list is not complete; **trả lại thiếu** to short change; **chúng tôi thiếu tiền** we lack money; **chúng tôi không thiếu người** we don't lack manpower; **tôi còn thiếu anh ấy tới hai vạn** I still owe him twenty thousand piasters

thiếu ăn *adj., n.* underfed; malnutrition

thiếu gì *n., v.* there's no lack of; not to lack

thiếu hụt *adj.* deficit, short, inadequate

thiếu máu *adj.* to be anemic: **bệnh thiếu máu** anemia

thiếu mặt *adj.* to be absent

thiếu nhi *n.* young children

thiếu niên *n.* young man, youth

thiếu nữ *n.* young girl

thiếu phụ *n.* young woman

thiếu sinh quân *n.* young cadet

thiếu sót *v., n.* to commit a mistake, to have shortcomings; mistake

thiếu tá *n.* [army] major; [navy] lieutenant-commander

thiếu thốn *v.* to lack something [money/food]

thiếu thời *n.* youth

thiếu tướng *n.* [army or air force] major-general

thiếu úy *n.* [army or air force] second lieutenant; [navy] ensign

thiểu quang *n.* spring days

thiểu *adj.* little, small: **tối thiểu** minimum; **giảm thiểu** to reduce, to cut down

thiểu não *adj.* to look sad, to have a pitiful look

thiểu số *n.* minority [*opp.* **đa số**]: **dân tộc thiểu số** ethnic minorities

thím *n.* aunt, father's younger brother's wife: **chú thím tôi** my uncle and his wife

thin thít *adv.* silently: **im thin thít** very quiet

thinh *adj.* silent, quiet: **làm thinh** to keep quiet

thính 1 *n.* powdered grilled rice 2 *adj.* sensitive [of hearing or smelling]: **thính tai** sensitive ears; **bàng thính** to audit [course]; **dự thính** to attend [lecture]; **thính thị** audio visual

thính giả *n.* listener

thính giác *n.* hearing [sense]

thính mũi *n.* sensitive nose

thính tai *adj.* sharp of hearing

thính thị *n.* audio visual: **Trung tâm thính thị Anh ngữ** English Language laboratory [where audio-visual aids are used]

thình lình *adv.* unexpectedly, suddenly: **bất thình lình** all of a sudden, suddenly

thình thình *v.* [of heart **ngực**] to beat madly: **tim đập thình thình** the heart beats madly

thỉnh 1 *v.* to strike a bell in a temple or before an altar 2 *v.* to request; to invite [**mời**]: **chúng con kính thỉnh quý hoà thượng** we respectfully invite the most venerables

thỉnh cầu *v.* to request, to entreat

thỉnh giáo *v.* to ask for advice

thỉnh nguyện *n.* petition

thỉnh thoảng *adv.* from time to time, now and then, sometime

thịnh *adj.* prosperous, flourishing [*opp.* **suy**]: **một đất nước cường thịnh** a prosperous country

thịnh hành *adj.* popular

thịnh nộ *n.* great anger, fury

thịnh soạn *adj.* [of meal] lavish, copious

thịnh suy *n.* rise and fall

thịnh tình *n.* kindness, thoughtfulness; solicitude

thịnh trị *n.* peace and prosperity

thịnh vượng *adj.* prosperous

thịt 1 *n.* flesh; meat; pulp [of fruit]: **thịt đông lạnh** frozen meat; **tiệm thịt** butcher's shop 2 *v.* to kill, to butcher, to murder: **làm thịt** to butcher; **thịt con heo** to kill a pig

thịt bạc nhạc *n.* stringy meat

thịt bò *n.* beef

thịt cừu *n.* lamb

thịt đông *n.* frozen meat

thịt gà *n.* chicken

thịt heo *n.* pork

thịt lợn *n.* pork

thịt mỡ *n.* fat meat

thịt nạc *n.* lean meat

thịt nai *n.* venison

thịt quay *n.* roast pork

thịt thà *n.* meat

thịt vịt *n.* duck

thiu *v., adj.* [of rice **cơm**] stale; [of meat **thịt**] rotten, tainted: **cơm thiu** tainted rice

thiu thối *adj.* rotten

thiu thiu *adj.* dozing

thò *v.* to stick out [neck **cổ**, head **đầu**, hand **tay**]: **thò đầu ra ngoài xe** to stick one's head out of the car; **thập thò** to hesitate at the door

thò lò *v.* to run: **thò lò mũi xanh** [of child] to have a runny nose

thỏ *n.* rabbit, hare: **ăn thịt thỏ** to eat rabbit meat; **anh ấy nhát như thỏ** he daren't say boo to a goose; **thỏ nhà** rabbit

thỏ rừng *n.* hare

thỏ thẻ *v.* [of voice, words] to speak in a soft voice

thọ *v., n.* to live long; longevity: **hưởng thọ** [of deceased person] to live so many years;

giảm thọ, tổn thọ to cut down one's life-span; **trường thọ** to live long; **phúc lộc thọ** progeny, honors and longevity

thọ v. See **thụ**

thoa 1 v. to rub, to anoint, to apply; to use [perfume, vaselin, pomade]: **thoa nước hoa** to use perfume 2 n. hairpin: **mua thoa cài đầu** to buy a hairpin

thoá mạ v. to insult, to abuse

thoả v. to be pleased, to satisfy: **ổn thoả** settled, arranged

thoả chí adj. satisfied, contented

thoả dạ adj. satisfied, contented

thoả dáng adj. satisfactory; appropriate, proper, fitting

thoả hiệp v., n. to agree; to reach a compromise; agreement

thoả lòng adj. satisfied, content

thoả mãn adj., v. satisfied; to satisfy: **làm thoả mãn** to satisfy; **thoả mãn nhu cầu** to meet one's needs

thoả thích v. to satisfy one's heart's content

thoả thuận v. to agree, to come to an agreement

thoả ước n. treaty, pact

thoai thoải adj. sloping gently

thoái v. (= **lui**) to withdraw [opp. **tiến**]: **tiến thoái lưỡng nan** to be caught in a dilemma, to be caught between two fires; **triệt thoái** to withdraw

thoái bộ v. to regress

thoái chí adj. discouraged

thoái hoá v. to degenerate, to deteriorate: **cán bộ thoái hoá** a degenerate cadre

thoái lui v. to withdraw, to go back, to draw back

thoái ngũ v. to be demobilized: **quân nhân thoái ngũ** veteran

thoái nhượng v. to yield, to concede

thoái thác v. to use a pretext

thoái trào n. ebbing of a revolutionary movement

thoái vị v. to abdicate

thoải mái v. to feel relaxed, to feel well, to feel comfortable

thoán v. to usurp [throne]

thoán nghịch v. to rebel

thoán vị v. to usurp the throne

thoang thoáng adv. summarily, sketchily, hurriedly

thoang thoảng adj. [of odor] vague, lingering, faint

thoáng 1 adj. well-ventilated, well-aired: **thoáng gió, thoáng hơi, thoáng khí** well-aired 2 v. to see or recognize vaguely: **thấp thoáng** to appear and disappear; to be fleeting; **nhìn thoáng** to see somebody or some-

thing pass by quickly; **tôi thấy láng thoáng có mấy người** I saw just a sprinkling of people

thoảng v. [of wind, odor] to waft by faintly, to whiff softly: **thỉnh thoảng** from time to time, now and then, sometimes, occasionally

thoát v. to escape from: **trốn thoát, tẩu thoát** to flee, to escape; **giải thoát** to liberate, to free; **lối thoát** outlet, way out, exit; **dịch thoát** to give a free translation

thoát hiểm v. to get out of danger

thoát khỏi v. to escape from

thoát ly v. to be emancipated from

thoát thai v. to be born from, to originate from

thoát thân v. to escape from danger

thoát y vũ v. to do a strip-tease

thoạt adv. as soon as, first: **thoạt mới vào** as soon as we came in; **thoạt nghe** when one first hears that

thoạt đầu adv. at the beginning

thoạt kỳ thuỷ adv. at the beginning

thoạt tiên adv. at the beginning, at first, first of all

thoăn thoắt v. to walk briskly; to happen in a flash

thoắng adj. glib: **nói liến thoắng** to talk or speak rapidly/glibly

thoắt v. to occur quickly, to happen before one realizes it, to be in a flash

thóc n. paddy, unhusked rice: **phơi thóc** to dry unhusked rice

thóc gạo n. rice, grain, cereals

thóc giống n. rice seeds

thóc lúa n. rice

thóc mách v. to gossip, to be a tale bearer

thọc v. to thrust, to poke; to put: **thọc túi** to put hands in the pockets; **thọc gậy bánh xe** to put grit in the bearings

thọc lét v. to tickle

thoi 1 v. to hit with the fist, to punch 2 n. shuttle, stick: **ngày tháng thoi đưa** time flies; **hình thoi** diamond-shaped 3 n. ingot [of gold **vàng**, silver **bạc**]: **một thoi vàng** an ingot of gold

thoi thóp v. to breathe very lightly

thoi vàng n. imitation ingots made of gild paper for offerings to spirits

thói n. habit, manners: **quen thói** to have the habit of; **xấu thói** ill-mannered

thói đời n. the ways of this world

thói phép n. ways, manners, rules

thói quen n. habit, practice

thói thường adv. as a rule, generally

thói tục n. customs and manners

thói xấu n. bad habit, vice

thời v. to project, to jut out; to get out [money **tiền**]

thỏi n. stick, piece, bar: **thỏi vàng** a gold bar

thom thóp *adj.* worried

thòm thèm *v.* to be still hungry or thirsty because one hasn't had enough

thon *adj.* thin, tapering; slim, slender

thon lỏn *adj.* brief, concise; neatly arranged: **gọn thon lỏn** neatly packed

thon thót *adj.* jumpy

thong dong *adv.* leisurely: **đi thong dong** to walk leisurely

thong manh *adj.* cataract

thong thả *adv.* leisurely, disengaged or free: **đi thong thả** to go slowly; **ra vô thong thả** free admission; **thong thả đã!** hold it!

thòng *v.* to drop [rope]; [of rope] to hang: **thòng sợi dây thừng xuống** to drop down a rope

thòng lọng *n.* slip-knot, noose, lasso, running knot

thõng *v.* to drop [one's arms on the side]; to be hanging, to dangle

thóp 1 *n.* sinciput, bregmatic fontanel; the soft spot on a baby's heart or head 2 *n.* weak point, central point, key: **biết thóp** to stumble on

thót 1 *v.* to pull in [one's stomach **bụng**]; to become narrower; to be hollow: **thóp bụng lại** to pull in one's stomach 2 *v.* to jump

thọt *adj.* club-footed, lame: **thọt một chân** to be lame in one leg

thô *adj.* coarse, rough; boorish, rude; crude [in workmanship]

thô bỉ *adj.* boorish, rude

thô kệch *adj.* grotesque

thô lậu *adj.* boorish

thô lỗ *adj.* boorish, rude, vulgar

thô sơ *adj.* rudimentary

thô tục *adj.* obscene, crude, vulgar

thô thiển *adj.* awkward and superficial

thồ 1 *n.* pack saddle: **ngựa thồ** pack horse 2 *v.* to transport on the back of a bicycle/motorcycle

Thổ *n.* Turkey: **người Thổ Nhĩ Kỳ** Turkish

thổ 1 *n.* earth, land, ground: **lãnh thổ** territory; **điền thổ** land property; **công thổ** government-owned land 2 *n.* prostitute: **nhà thổ** brothel 3 *v.* to spit, to vomit [blood]

thổ âm *n.* dialect

thổ công *n.* Kitchen God; one who knows every nook and corner [of a place]

thổ dân *n.* aborigine

thổ địa *n.* ground, earth; God of the soil

thổ huyết *v.* to vomit blood

thổ lộ *v.* to reveal [personal problems]; to unburden, to open up [**can tràng, tâm tình** heart]

thổ mộ *n.* buggy

thổ ngơi *n.* habitat

thổ ngữ *n.* dialect

Thổ Nhĩ Kỳ *n.* Turkey

thổ phỉ *n.* bandit, gang; looter

thổ sản *n.* local produce or product

thổ tả *n.* cholera

thổ thần *n.* God of the soil

Thổ tinh *n.* Saturn

thổ trạch *n.* land, property, estate: **thuế thổ trạch** real estate tax, property tax

thốc *v.* [of wind] to blow violently; to run at one stretch, to run all the way to

thôi *v.* to stop, to cease, to quit [doing something]: **mà thôi** that's all; **thôi học** to quit school; **thôi mà!** that's enough; **nó chỉ ăn mà thôi** he only eats

thôi miên *v.* to hypnotize

thôi thúc *v.* to urge, to push

thối 1 *adj.* stinking; bad smelling; [of fruit, meat] to be rotten: **hôi thối** to stink 2 *v.* (= **thoái**) to withdraw, to recede 3 *v.* to give back the change; to refund

thối hoắc *adj.* fetid

thối lui *v.* to go back, to step back

thối mồm *v.* to have bad breath

thối nát *adj.* rotten, corrupted: **cán bộ thối nát** corrupted cadres

thối tai *n.* otorrhoea

thối tha *adj.* stinking, fetid

thối thây *adj.* lazy

thôi *n.* dinner table [of food in banquet]

thổi *v.* [of wind] to blow; to blow [fire **lửa**, whistle **còi**]; to play [a wind instrument]; to cook [rice **cơm**]: **bà ấy thổi cơm tháng/trọ** she takes in boarders, she runs a boarding house

thổi nấu *v.* to cook

thổi sáo *v.* to whistle

thôn *n.* (= **xóm**) hamlet, small village: **hương thôn** village, countryside; **nông thôn** countryside; **xã thôn** village

thôn dã *n.* countryside: **nơi thôn dã vắng vẻ** in the quiet of the countryside

thôn nữ *n.* country girl

thôn ổ *n.* countryside

thôn quê *n.* countryside

thôn tính *v.* to swallow, to engulf, to annex

thôn trại *n.* farm

thôn trang *n.* farm

thôn xã *n.* village, community

thôn xóm *n.* village and hamlet

thộn *adj.* dull, stupid: **thộm mặt ra** a dull face

thổn thức *v.* [of heart] to palpitate, to throb; to sob

thổn thển *adj.* bare and loose

thông 1 *n.* [SV **tùng**] pine tree: **lá thông** pine needle; **nhựa thông** turpentine; **trái thông** pine cone 2 *adj., v.* to be intelligible; to communicate, to transmit; to ream out [tube ống, pipe điếu]: **đi thông qua** to go through; **cảm thông** to understand, to comprehend; **giao thông** transportation; **lưu thông** to circulate; traffic; **truyền thông** to communicate; **phổ thông** to popularize; **khai thông** to clear 3 *adj.* to be intelligent, to be fluent or conversant: **đọc thông chữ Anh** to be fluent in reading English

thông báo 1 *v.* to warn, to advise, to inform: **chúng tôi thông báo cho bạn biết** we inform you that 2 *n.* notice, announcement: **hãy đọc thông báo chính phủ** please read the government announcement

thông cảm *v.* to sympathize with, to understand

thông cáo *n.* communique: **bản thông cáo chung** joint communique

thông dâm *v.* to have a love affair [with **với**]

thông dịch *v.* to translate: **thông dịch ra tiếng Anh** to translate into English

thông dịch viên *n.* translator

thông dụng *adj.* commonly used, popular, practical

thông đạt *v.* to inform [official memorandum, etc.]

thông điệp *n.* message; speech; diplomatic note: **bức thông điệp của thủ tướng** the prime minister's message

thông đồng *v.* to be in cahoots [**với** with], to connive with

thông gia *n.* ally by marriage

thông gian *v.* to commit adultery

thông hành *n. laissez passer*, passport

thông hiểu *v.* to understand

thông hơi *adj.* aerated, well-aired

thông khí *adj.* See **thông hơi**

thông lệ *n.* general rule, common practice

thông lưng *adj., v.* in cahoots [**với** with]; to connive with

thông minh *adj.* to be intelligent

thông ngôn *v.* to interpret: **thông ngôn viên** interpreter

thông phán *n.* clerk

thông qua *v.* to pass, to approve [motion, proposal]

thông số *n.* parameter

thông suốt *v.* to grasp fully, to understand fully

thông tấn xã *n.* news agency: **Việt Nam Thông tấn xã** Vietnam Press

thông thái *adj.* well-educated, scholarly

thông thạo *adj.* expert, proficient in: **thông thạo tiếng Việt** to be proficient in Vietnamese

thông thiên học *n.* theosophy

thông thương *v.* to trade with one another

thông thường *adj.* general, universal, common, usual

thông tin *v., n.* to inform; information: **Bộ Văn hoá và Thông tin** Department of Culture and Information

thông tín viên *n.* correspondent

thông tri *v., n.* to inform, to advise, to notify; notice, notification

thông tục *adj.* colloquial, popular

thông tư *n.* notice, announcement

thống *n.* large porcelain vase

thống chế *n.* marshal

thống đốc *n.* pre-war French governor in South Vietnam; governor: **Thống đốc Ngân hàng Quốc gia** Governor of the National Bank

thống kê *n.* statistics

thống khổ *adj.* suffering, unhappy

thống lãnh *v.* commander-in-chief

thống nhất *v., n.* to unify; unification, unity

thống soái *n.* supreme commander

thống suất *v.* to control, to lead

thống sứ *n.* pre-war French governor [Resident Superior] in North Vietnam

thống thiết *adj.* touching, doleful: **lời lẽ thống thiết** doleful statement

thống thuộc *v.* to depend on

thống trị *v.* to rule, to dominate

thống tướng *n.* major-general

thộp *v.* to nab, to catch: **thộp cổ kẻ móc túi** to nab a pickpocket

thốt *v.* to utter; to speak, to tell: **thưa thốt** to answer; **thề thốt** to swear

thốt nhiên *adv.* suddenly

thốt nốt *n.* sugar palm

thơ 1 *n.* [SV **thi**] poetry, poem: **làm thơ** to write poetry, to compose a poem; **nhà thơ** poet; **ngâm thơ** to chant or recite a poem; **một bài thơ** a poem; **câu thơ** verse, line of poetry 2 *adj.* young, tender: **ngây thơ** naive, childlike, innocent; **trẻ thơ** young child; **ngày thơ** childhood days; **con thơ** young child [son or daughter]; **tuổi thơ** childhood

thơ ấu *adj.* young

thơ dại *adj.* naive, innocent

thơ ngây *adj.* childlike, naive

thơ phú *n.* poetry

thơ thẩn *adj.* dreamy, wandering

thơ thớt *adj.* scattered

thơ yếu *adj.* young and weak, young and helpless

thớ *n.* fiber [in muscle], grain: **thớ thịt** muscle fiber

thớ lợ *n., adj.* [superficial] courtesy; smooth-spoken

thờ *v.* to worship; to take care of: **thờ tổ tiên** to worship ancestors; **nhà thờ** shrine; church; **bàn thờ** altar; **đền thờ** temple; **đồ thờ** worship objects

thờ ơ *adj.* indifferent

thờ phụng *v.* to worship
thờ phượng *v.* See **thờ phụng**
thờ thẫn *adj.* dazed, stunned
thở *v.* to breathe: **tắt thở** to die; **thở dài** to sigh; **than thở** to complain, to lament; **hơi thở** breath
thở hổn hển *v.* to pant
thở ra *v.* to exhale
thở than *v.* to complain, to lament, to sigh
thở vào *v.* to inhale
thợ *n.* workman, worker, artisan, craftsman: **thợ chuyên môn** skilled worker
thợ bạc *n.* goldsmith, silversmith, jeweler
thợ bạn *n.* fellow worker
thợ cả *n.* foreman
thợ cạo *n.* barber, hairdresser
thợ điện *n.* electrician
thợ giày *n.* shoemaker, cobbler
thợ giặt *n.* laundryman
thợ hồ *n.* bricklayer
thợ may *n.* tailor
thợ máy *n.* mechanic
thợ mộc *n.* carpenter, cabinet maker
thợ nề *n.* bricklayer
thợ nguội *n.* fitter, plumber
thợ rèn *n.* blacksmith
thợ sơn *n.* painter
thợ thiếc *n.* tinsmith
thợ thuyền *n.* worker(s)
thợ tiện *n.* turner, lathe worker
thợ vẽ *n.* draftsman
thời *n.* (= **thì**) time, moment, period, season; opportunity: chance: **thời vận** chance; **tứ thời** the four seasons; **cổ thời** ancient times; **nhất thời** for a while; temporary; **hết thời** outdated; **hợp thời** timely; **đồng thời** at the same time; **hiện thời** at present, now; **kịp thời** in time; **lỡ thời** to miss the opportunity; **tạm thời** temporary; **lâm thời** provisional; **tức thời** right away; **thiếu thời** youth
thời bệnh *n.* epidemic; evils of the time
thời bình *n.* peacetime
thời buổi *n.* times: **thời buổi này** these days
thời cơ *n.* opportunity, occasion
thời cục *n.* present situation, current affairs
thời cuộc *n.* See **thời cục**
thời dụng biểu *n.* class schedule, work schedule, timetable
thời đại *n.* times, age, era: **chúng ta đang sống trong thời đại khoa học kỹ thuật** we are living in the scientific and technology era
thời đàm *n.* conversation
thời giá *n.* current price
thời gian *n.* time [as opp. to space **không gian**]; period of time: **thời gian là vàng bạc** time is money; **mất thời gian** it's a waste of time

thời hạn *n.* limited period, time limit
thời khắc *n.* time
thời khí *n.* climate, temperature: **bệnh thời khí** epidemic
thời khoá biểu *n.* class schedule, timetable
thời kỳ *n.* period of time
thời loạn *n.* war time
thời sự *n.* current events, current affairs: **phim thời sự** newsreel
thời thế *n.* circumstances, conditions
thời trang *n.* fashion
thời tiết *n.* weather, climate
thời tiết học *n.* climatology
thời trang *n.* fashion, style
thời vận *n.* luck, fortune
thời vụ *n.* crop season: **thu hoạch theo thời vụ** to harvest according to the crop season
thơm 1 *adj.* fragrant, good-smelling [with intensifiers **lừng, ngát, phức, tho**]; [of reputation **tiếng, danh**], good perfume, scent: **trái thơm** pineapple; **rau thơm** dill, coriander; **dầu thơm** perfume; **mùi thơm** fragrance, perfume, scent **2** *v.* to kiss [a baby], to nuzzle
thơm thớt *v.* to have a honey tongue
thờn bơn *n.* sole, flounder
thớt *n.* chopping board: **mặt thớt** brazen-faced, shameless
thu 1 *n.* fall, autumn: **mùa thu** fall; **ngàn thu** a thousand years **2** *v.* (= **thâu**) to collect, to gather; to reduce the size: **thu bé, thu nhỏ** to reduce the size; **tịch thu** to seize, to confiscate; **chi thu** receipts and expenditures
thu bé *v.* to reduce
thu dụng *v.* to gather; to employ
thu gọn *v.* to abridge, to digest; to put in order
thu hẹp *v.* to narrow
thu hình *v.* to record pictures
thu hoạch *v.* to harvest; to obtain [results]
thu hồi *v.* to recover, to take back, to claim back
thu lôi *n.* lightning rod
thu lượm *v.* to reap, to pick up, to collect
thu nạp *v.* to receive, to admit
thu nhặt *v.* to pick up, to gather
thu nhỏ *v.* to reduce to a small size
thu phục *v.* to win: **thu phục nhân tâm** to win over hearts
thu thanh *v.* to record sound or voice: **máy thu thanh** radio receiver, radio set, tape recorder
thu vén *v.* to arrange, to tidy up, to put in order
thu xếp *v.* to arrange, to put in order, to settle [problem]
thú 1 *n.* (= **muông**) beast, mammal, animal: **mãnh thú** ferocious beast; **vườn bách thú**

zoo; **thú dữ, ác thú, dã thú** wild beasts and animals **2** *n.* interest, pleasure, delight: **lý thú** interest; interesting; **vui thú** pleasure; to have fun **3** *v.* to confess, to admit, to surrender, to give oneself up

thú nhận *v.* to confess

thú tính *n.* bestiality

thú vật *n.* animal, beast

thú vị *adj.* pleasant, interesting, interested, delightful

thú y *n.* veterinarian: **bác sĩ thú y** a veterinary surgeon

thù *v.* to resent, to be hostile to, to hate: **thù ghét** resentment, hatred; **kẻ thù** enemy; **báo thù, trả thù, phục thù** to revenge

thù ân *v.* to reciprocate a favor

thù đáp *v.* to pay in return, to reciprocate

thù địch *n.* enemy, foe, hostility

thù ghét *v.* to hate and resent

thù hằn *adj.* resentful, hostile

thù hiềm *adj., v.* resentful; to hate

thù lao *n.* payment, fees, royalties

thù lù *adj.* huge, big

thù oán *adj.* resentful, vindictive

thù tạc *v.* to exchange toasts; to offer drinks

thù tiếp *v.* to entertain, to treat

thù ứng *v.* to entertain and keep someone

thủ **1** *v.* to guard, to defend; to watch, to keep watch; to observe: **phòng thủ** to defend, to guard **2** *n.* (= **đầu**) head: **thủ lợn** pig's head; **nguyên thủ** head, leader

thủ ấn *n.* fingerprints, hand print, print stamp

thủ bản *n.* manuscript

thủ bút *n.* autograph

thủ cấp *n.* head [of decapitated man]

thủ chỉ *n.* top village notable

thủ công *n.* handicraft

thủ cựu *adj.* conservative

thủ dâm *v.* to masturbate

thủ đoạn *n.* trick, dirty method

thủ đô *n.* capital city

thủ hạ *n.* follower, henchman, underling

thủ hiến *n.* governor, premier

thủ kho *n.* warehouse keeper

thủ khoa *n.* valedictorian, the first on a list of graduates

thủ lãnh *n.* leader, chief: **hội nghị thủ lãnh quốc gia** summit conference of leaders

thủ môn *n.* goalkeeper

thủ mưu *n.* instigator

thủ ngục *n.* jailkeeper, warden

thủ ngữ *n.* sign language

thủ phạm *n.* principal culprit or defendant

thủ phận *adj.* content with one's lot

thủ phủ *n.* capital city, metropolis

thủ quĩ *n.* cashier, treasurer

thủ thành *n.* goalkeeper

thủ thế *v.* to defend, to be on one's guard

thủ thỉ *v.* to whisper, to talk confidentially

thủ thuật *n.* lab work; dexterity; surgery: **thủ thuật hoá học** chemical lab work; **làm thủ thuật** to do lab work

thủ thư *n.* librarian

thủ tiết *adj.* [of widow] loyal to the memory of one's husband

thủ tiêu *v.* to destroy, to dispose of, to exterminate

thủ trưởng *n.* leader, head, chief of state

thủ tục *n.* procedure

thủ tướng *n.* prime minister: **cựu thủ tướng** the former premier; **tân thủ tướng** the new premier; **dinh thủ tướng** the prime minister's palace

thủ xướng *v.* to instigate, to start [an idea]

thụ **1** *v.* (= **nhận**) to receive; to bear, to endure, to suffer: **bẩm thụ** to be endowed **2** *n.* (= **cây**) tree, plant: **cổ thụ** old tree; **đại thụ** big tree

thụ bệnh *v.* to fall sick, to contract a disease

thụ động *adj.* passive: **phòng thủ thụ động** civil defense; **thể thụ động** passive voice

thụ giáo *v.* to receive instructions, to be taught: **tôi thụ giáo với ông Nam** I was taught by Mr. Nam

thụ hình *v.* to undergo punishment

thụ phấn *v.* to pollinate

thụ thai *v.* [of woman] to conceive, to be pregnant

thụ tinh *v.* to inseminate, to fecundate: **thụ tinh nhân tạo** artificial insemination, in vitro fertilization (IVF)

thua *v.* [SV **bại**] to lose [game **cuộc**, lawsuit **kiện,** war **trận**], be defeated [by] [*opp.* **ăn, được**]: **chịu thua** to concede, to give up the fight; **buôn bán thua lỗ** to lose money in business

thua kém *adj.* inferior

thua lỗ *v.* to lose money [in business], to fail

thua thiệt *v.* to suffer losses

thua xa *v.* to be far inferior to

thùa *v.* to sew [buttonholes **khuyết**]: **thêu thùa** needlework

thuần **1** *adj.* pure; experienced: **nó thuần một màu không ăn thua gì** they're only in primary colors **2** *adj.* kind-hearted, meek, simple-hearted: **thuần hậu, thuần tính** to be meek in disposition, easy to manage, well-tamed

thuần khiết *adj.* pure, unadulterated

thuần kim *n.* pure gold

thuần lý *adj.* rational

thuần nhất *adj.* pure, unmixed

thuần phong *n.* good morals, fine custom [used with **mỹ tục**]

thuần thục *adj.* talented, accomplished, skilled
thuần tuý *adj.* pure, unadulterated
thuẫn *n.* shield: **hậu thuẫn** backing, support; **mâu thuẫn** to contradict; contradiction
thuận *v.* to consent, to agree; R to go along with (= xuôi) [*opp.* ngược, nghịch]; [of wind] to be favorable: **phiếu thuận** yes vote; **hoà thuận** peace, harmony, concord; **thoả thuận, ưng thuận** to agree, to consent, to approve; **quy thuận** to rally to; **thuận buồm xuôi gió** a safe trip
thuận cảnh *n.* favorable circumstances
thuận hoà *n.* concord, harmony
thuận lợi *adj.* favorable, advantageous
thuận tiện *adj.* to be convenient, favorable
thuật **1** *v.* to relate, to narrate, to tell, to report: **chúng tôi xin thuật lời ông Việt** we would like to quote Mr. Viet's statement; **dịch thuật** to translate; **tự thuật** autobiography; **tường thuật** to report, to narrate; **trần thuật** to report, to testify **2** *n.* art, method, science: **ảo thuật** prestidigitation, magic; **chiến thuật** tactics; **học thuật** learning; **kiếm thuật** fencing, swordplay; **kỹ thuật** technique; technical; **mỹ thuật** arts; **nghệ thuật** art
thuật ngữ *n.* technical jargon, terminology
thuật sĩ *n.* magician
thuật số *n.* divination; fortune-telling
thúc *v.* to push, to goad, to urge, to spur: **hối thúc** to push, to ask; **thúc nợ** to be beset by payment
thúc bá *n.* [of cousins] uncle
thúc đẩy *v.* to push [a program **chương trình**]; to urge someone to do something: **thúc đẩy bạn chơi quần vợt** to urge friends to play tennis
thúc giục *v.* to push, to urge
thúc phụ *n.* uncle. See **chú**
thúc thủ *v.* to remain helpless, to fold one's arms
thục **1** *v.* to put, to poke, to thrust **2** *v.* to redeem, to ransom (= chuộc): **tiền thục** ransom **3** *adj.* ripe, cooked (= chín); treated, tanned, slaked; experienced: **thành thục** accomplished
thục mạng *n.* the risk of one's life
thục nữ *n.* virtuous woman
thuê *v.* to rent, to charter; to hire: **cho thuê** to rent; **nhà cho thuê** house for rent; **tiền thuê nhà** [house] rent; **cho thuê lại** to sublet, to subcontract
thuế *n.* taxes, duties: **nộp thuế** to pay tax; **thu thuế** to collect tax; **quan thuế** customs duties; **sưu thuế** taxes; **hàng lậu thuế** smuggled goods; **khai thuế** to make out an income tax return
thuế biểu *n.* tax schedule
thuế gián thu *n.* indirect taxes

thuế lợi tức *n.* income tax
thuế má *n.* taxes
thuế quan *n.* customs
thuế suất *n.* tax schedule, tax rates
thuế thân *n.* head tax
thuế truy thu *n.* direct taxes
thuế trước bạ *n.* registration fees
thuế vụ *n.* taxes; tax bureau/office
thui *v.* to barbecue [a whole animal]: **bê thui** roast beef
thui thủi *adj.* lonely: **đi thui thủi một mình** to walk alone
thúi *adj.* See **thối**
thụi *v.* to hit with the fist, to punch
thum thủm *adj.* smelling bad
thùm thụp *v.* to punch repeatedly
thủm *adj.* smelling bad, stinking
thun lủn *adj.* too short
thung dung *v., adj.* to act or walk leisurely; to be unhurried
thung lũng *n.* valley, dale
thúng *n.* bamboo basket [carried on the head or at the end of a pole]: **vài thúng gạo** some baskets of rice
thúng mủng *n.* baskets
thùng *n.* large container, box, bucket, can, barrel, cask: **thùng rượu** cask; **thùng thư** letter; **thùng xe** car boot; **thùng xăng** petrol can
thùng thình *adj.* [of coat] too big, loose: **áo quần rộng thùng thình** baggy clothes
thủng *v.* to be perforated, to have a hole: **chọc thủng, đâm thủng** to punch a hole [in paper, cloth]; to break through [enemy's line]; **lỗ thủng** hole
thủng thẳng *adv.* slowly, leisurely
thủng thỉnh *v.* to walk or to speak slowly
thũng *n.* swelling [of cheek, limb, etc.]: **phù thũng** edema, dropsy
thụng *adj.* [of clothes] roomy, too big: **áo thụng** ceremonial robe with large sleeves, academic gown; **lụng thụng** roomy, wide
thuốc *n.* medicine, drug, medication: **thuốc phiện** opium; **đơn thuốc** prescription; **thầy thuốc** physician; **hút thuốc** to smoke; **hiệu thuốc** pharmacy, drugstore; **học thuốc** to study medicine; **làm thuốc** to practice medicine; **tiêm thuốc** to give [or get] an injection; **uống thuốc** to take medicine
thuốc bắc *n.* Chinese medicinal herbs
thuốc bổ *n.* tonic
thuốc bột *n.* medicinal powder
thuốc thén *n.* potion
thuốc cao *n.* medicinal plaster
thuốc dán *n.* cataplasm
thuốc đánh răng *n.* toothpaste
thuốc điếu *n.* cigarette

thuốc độc *n.* poison: **đánh thuốc độc** to poison
thuốc kháng sinh *n.* antibiotics
thuốc lá *n.* cigarette
thuốc lào *n.* rustic tobacco [for water pipe]
thuốc men *n.* medicine, medication
thuốc mê *n.* anesthetic
thuốc nam *n.* Vietnamese medicinal herbs
thuốc ngủ *n.* soporific
thuốc nhuộm *n.* dye
thuốc pháo *n.* powder for firecrackers
thuốc phiện *n.* opium
thuốc rượu *n.* tincture
thuốc rượu iốt *n.* tincture of iodine
thuốc súng *n.* gunpowder
thuốc tẩy *n.* laxative; bleach
thuốc tễ *n.* pills
thuốc thang *n.* medication
thuốc tiêm *n.* medicine for injection
thuốc tiên *n.* efficacious medicine
thuốc tiêu *n.* aperient, laxative
thuốc tím *n.* potassium permanganate
thuốc trường sinh *n.* elixir of life
thuốc viên *n.* pill, tablet, capsule
thuốc xổ *n.* laxative, purgative
thuộc **1** *v.* to belong to; to be responsible to:
    văn phòng nầy thuộc tổng cục du lịch this
    office belongs to the general department of
    tourism; **trực thuộc** to be under **2** *v.* to know
    by heart: **thuộc bài học** to know lessons by
    heart; **quen thuộc** to be acquainted **3** *v.* to tan
    [hide]: **thuộc da súc vật** to tan animals' skins
thuộc địa *n.* colony
thuộc hạ *n.* subordinate, underling, inferior
thuôn *adj.* tapering
thuôn *v.* to cook soup with: **thuôn thịt gà** to
    cook soup with chicken
thuồng luồng *n.* serpentlike monster
thuổng *n.* spade
thuở *n.* long time past, time: **muôn thuở** eter-
    nally; **thuở xưa** ancient time; **từ thuở** since
    the time when
thuở ấy *n.* at that time, in those days
thuở bé *n.* childhood: **chúng tôi quen nhau từ**
    thuở bé we know each other from childhood
thuở nay *n.* up to now, nowadays
thuở nhỏ *n.* childhood
thuở trước *adv.* before, formerly
thuở xưa *adv.* previous time, formerly
thụp *v.* to squat rapidly; to prostrate oneself
thút thít *v.* to sob, to cry and sniff
thụt *v.* to pump, to pull back, to recede: **ống**
    thụt pump; **nhà để xe thụt vào sau nhà** the
    garage resides behind the house
thụt két *v.* to embezzle, to misuse [funds]: **cán**
    bộ thụt két công quỹ the cadres embezzled
    public funds
thụt lùi *v.* to go backward

thuỳ *n.* lobe: **thuỳ gan** the lobes of liver; **tiểu**
    thuỳ small lobe
thuỳ dương *n.* weeping willow
thuỳ liễu *n.* weeping willow
thuỳ mị *adj.* sweet, gentle
thuỷ **1** *n.* (= **nước**) water; hydro: **tàu thuỷ**
    steamboat; **lính thuỷ** sailor; **đi đường thuỷ** to
    go by boat; **hấp cách thuỷ** to steam; **hạ thuỷ**
    to launch a boat; **dẫn thuỷ nhập điền** irriga-
    tion **2** *n.* beginning: **chung thuỷ** loyal; **kỳ**
    thuỷ originally; **khởi thuỷ** beginning
thuỷ binh *n.* navy man, sailor, seaman
thuỷ binh lục chiến *n.* marine
thuỷ bình *n.* water level
thuỷ chiến *n.* naval battle
thuỷ chung *adj.* consistent, loyal
thuỷ cục *n.* water supply office
thuỷ đạo *n.* waterway; seaway
thuỷ đậu *n.* chicken pox
thuỷ điện *n.* hydro-electricity: **nhà máy thuỷ**
    điện hydro-electricity station
thuỷ điện lực *n.* hydro-electric power
thuỷ đội *n.* flotilla
thuỷ động *n.* hydrodynamic
thuỷ học *n.* hydrology
thuỷ liệu pháp *n.* hydrotherapy
thuy lộ *n.* waterway
thuỷ lôi *n.* torpedo
thuỷ lôi đĩnh *n.* torpedo boat
thuỷ lục không quân *n.* army, navy and air
    forces
thuỷ mặc *n.* water color [using Chinese ink]
thuỷ ngân *n.* mercury
thuỷ ngưu *n.* water buffalo
thuỷ phi cơ *n.* seaplane
thuỷ phủ *n.* palace of the River God
thuỷ quân *n.* navy man; the Navy: **thuỷ quân**
    Lục chiến marine corps
thuỷ sản *n.* marine products
thuỷ sư *n.* squadron: **thuỷ sư đô đốc** admiral
thuỷ tạ *n.* pavilion on or near the water
thuỷ tai *n.* flood disaster
thuỷ tặc *n.* sea pirate
thuỷ thể *n.* liquid
thuỷ thổ *n.* climate
thuỷ thủ *n.* sailor
thuỷ thũng *n.* dropsy
thuỷ tiên *n.* narcissus, daffodil
thuỷ tinh *n.* glass, crystal
Thuỷ tinh *n.* Mercury [planet]
thuỷ tĩnh *n.* hydrostatic
thuỷ tổ *n.* first ancestor
thuỷ triều *n.* tide
thuỷ văn *n.* hydrography
thụy *n.* R auspicious; lucky
Thụy Điển *n.* Sweden: **người Thuy Điển**
    Swedish

Thụy Sĩ *n.* Switzerland, Swiss
thuyên *v.* to move, to transfer
thuyên *v.* to recover [from illness], to get better: **thuyên giảm** to get better
thuyên chuyển *v.* to transfer, to reshuffle [officials]
thuyên giảm *v.* [of illness] to decrease, to abate, to get better
thuyền *n.* boat, sampan, junk [with **đi**, **chơi** to ride, **chèo** to row]; ship: **chiến thuyền** warship; **pháo thuyền** gunboat; **thương thuyền** merchant ship; merchant marine; **cùng hội cùng thuyền** to be in the same boat; **du thuyền** yacht
thuyền bè *n.* boats and rafts, craft
thuyền buồm *n.* sailboat
thuyền chài *n.* fishing boat; fisherman
thuyền mành *n.* junk
thuyền nan *n.* basket boat
thuyền rồng *n.* imperial boat
thuyền tán *n.* apothecary's mortar
thuyền trưởng *n.* captain [of a boat], skipper
thuyết 1 *v.* to persuade [influence by talk, esp. politically]; to speak, to tell; to explain: **thuyết cho ai nghe mình** to persuade someone; **diễn thuyết** to make a speech, to give a lecture, to give a talk 2 *n.* doctrine, ideology, -ism: **giả thuyết** hypothesis; **học thuyết** theory; **biện thuyết** to argue; **lý thuyết** theory; theoretical; **tà thuyết** heterodoxy, heresy; **tiểu thuyết** novel; **khẩu thuyết** oral presentation; **xã thuyết** editorial; **thương thuyết** to negotiate
thuyết giáo *v.* to preach
thuyết khách *n.* diplomat, envoy
thuyết minh *v.* to explain, to give a commentary
thuyết pháp *v.* to preach
thuyết phục *v.* to convince, to persuade
thuyết trình *v.* to give a paper, to give a talk, to give a lecture: **thuyết trình viên** speaker
thư 1 *n.* (= **sách**) book: **dâm thư** pornography; **Ban Tu thư** Textbook Division; **sở tu thư** Bureau of Publications; **chứng thư** deed, certificate; **thủ thư** librarian 2 *n.* letter: **viết một lá thư** to write a letter; **người phát thư** mailman; **bao thư** envelope; **thư mật** confidential letter 3 *v.* to defer; to be free, to be at ease, to be slow
thư án *n.* writing desk
thư cục *n.* bookstore
thư điếm *n.* bookstore
thư đồng *n.* scholar's houseboy
thư hùng *n.* female and male; [of battle] fighting to win or lose
thư hương *n.* literary fame; scholar's family
thư khố *n.* library

thư ký *n.* secretary, clerk: **thư ký kiêm thủ quĩ** secretary and treasurer; **tổng thư ký** secretary-general
thư mục *n.* book catalog
thư pháp *n.* calligraphy
thư phòng *n.* study room
thư quán *n.* bookstore
thư sinh *n.* student
thư thả *v.* to have leisure
thư thái *v.* to feel fine, to feel wonderful, to feel rested
thư tịch *n.* books; bibliography
thư tín *n.* letters, correspondence
thư trai *n.* study room
thư trang *n.* book club; library
thư từ *n., v.* correspondences, letters; to correspond: **thư từ qua lại** to exchange letters
thư viện *n.* library; **quản thủ thư viện** librarian
thư viện học *n.* library science
thư viện trưởng *n.* head librarian
thư xã *n.* book club; library; publishing house
thứ 1 *n.* order, rank, sort, type, kind, category: **ngồi hàng thứ nhất** to sit the first row; **bạn mua giày thứ nào?** what kind of shoes do you want to buy? 2 *adj.* inferior in quality; second, second vice, under: **ông ấy nói tám thứ tiếng** he speaks eight languages; **bình thứ** pretty good; [in grading] **thứ** pass; **con thứ** second-born son 3 *v.* to pardon, to forgive: **tha thứ lỗi lầm** to forgive one's mistake
thứ ba *num.* third; Tuesday
thứ bậc *n.* rank, status
thứ bảy *num.* seventh; Saturday
thứ bét *n.* lowest category
thứ dân *n.* common people, the masses
thứ hai *num.* second; Monday
thứ hạng *n.* rank, hierarchy
thứ mẫu *n.* stepmother
thứ nam *n.* second son
thứ năm *num.* fifth; Thursday
thứ nhất *num.* first
thứ nhì *num.* second
thứ nữ *n.* second daughter
thứ sáu *num.* sixth; Friday
thứ thất *n.* concubine, second wife
thứ trưởng *n.* under-secretary
thứ tư *num.* fourth; Wednesday
thứ tự *n.* order: **có thứ tự** orderly, neat; **thứ tự a, b, c** alphabetical order; **thứ tự ngày tháng, thứ tự thời gian** chronological order
thừ *adj.* dumbfounded, faint with exhaustion: **mệt thừ người** to be faint with exhaustion
thử 1 *v.* to try, to test, to prove: **thử mặc cái áo nầy** try on this shirt; **thử máu** to test blood 2 *n.* (= **chuột**) mouse, rat: **dã thử, điền thử** field mouse; **địa thử** mole
thử thách *v.* to challenge; to give a trial

thưa 1 *v.* to reply or speak politely; to report to authorities; to sue: **thưa quí ông quí bà** ladies and gentlemen 2 *adj.* [of hair, vegetation] to be thin, sparse, thinly scattered; [of comb] to be large-toothed: **mái tóc thưa** thin hairs

thưa gửi *v.* to talk [to a superior] in a respectful way

thưa kiện *v.* to sue

thưa thốt *v.* to speak up, to put forth: **biết thì thưa thốt** please speak up when you are asked for your opinion

thưa thớt *adj.* thinly populated, scattered: **dân cư thưa thớt** scattered population

thừa 1 *adj.* left over, superfluous, more than enough, in excess; there is/are leftover(s): **thức ăn thừa** the food left over; **đầu thừa đuôi theo** odds and ends; **bằng thừa** to be a waste [of time, efforts]: **ông ấy biết thừa rồi** he certainly knew all about it; **đồ thừa** leftovers; **dư thừa** surplus 2 *v.* to avail oneself of, to make use of, to take advantage of: **thừa cơ hội** to take advantage of an opportunity 3 *v.* to inherit; to receive, to comply with: **thừa lệnh cấp trên** to comply with a superior's orders

thừa cơ *v.* to take advantage of the opportunity

thừa dịp *v.* See **thừa cơ**

thừa hành *v.* to execute, to carry out, to comply with

thừa hưởng *v.* to inherit, to enjoy

thừa kế *v.* to inherit

thừa lương *v.* to go out for fresh air

thừa nhận *v.* to recognize; to acknowledge: **thừa nhận bằng lái xe của bạn** to recognize one's driving license

thừa phát lại *n.* process server

thừa số *n.* factor

thừa sức *adj.* to have sufficient strength or capability

thừa thãi *adj.* super-abundant, plenty, more than enough

thừa tiếp *v.* to receive, to welcome

thừa trừ *n.* compensation

thừa tự *v.* to be heir to

thửa *v.* (= **đặt**) to order [merchandise but not food], to have something made

thức 1 *v.* to stay awake, to be awake, to stay up: **đánh thức** to wake up [somebody]; **đồng hồ báo thức** alarm clock 2 *n.* classifier noun for an item, a thing: **thức ăn** food 3 *n.* manner, form, fashion, style: **cách thức, thể thức** ways, procedures; **chính thức** official; **công thức, phương thức** formula; **hình thức** form, shape

thức dạng *n.* form

thức đêm *v.* to stay up late

thức giả *n.* learned people, intellectuals

thức giấc *v.* to wake up

thức khuya *v.* to stay up late

thức thời *v.* to be abreast of the times; to take an opportunity

thức tỉnh *v.* to wake up [to a fact]

thực 1 *adv., adj.* in fact, actually, in reality; true, real: **nói thực** to tell true things 2 *v.* (= **ăn**) to eat: **tuyệt thực** to go on a hunger strike; **ẩm thực** eating and drinking

thực bụng *adj.* sincere, honest

thực chất *n.* essence, substance

thực chi *n.* actual expenditure

thực dân *v.* to colonize: **chủ nghĩa thực dân** colonialism

thực dụng *adj.* practical; pragmatic

thực đơn *n.* menu

thực hành *v., adj.* to practice; practical [as opp. to theory **lý thuyết**]

thực hiện *v.* to realize, to fulfill; to implement, to carry out

thực lực *n.* real strength, real talent, real ability

thực nghiệm *v.* to be experimental: **phương pháp thực nghiệm** an experimental method

thực nghiệp *n.* vital industry

thực phẩm *n.* food, foodstuffs, provisions: **thực phẩm dự trữ** reserve or emergency rations; **thực phẩm đóng hộp** preserved rations

thực quản *n.* esophagus

thực quyền *n.* real power

thực sự *n.* reality, truth

thực tài *n.* real talent

thực tại *n.* reality

thực tâm *adj.* honest

thực tập *v.* to practice, to carry out practical training; **thực tập giảng dạy** practice teaching

thực tế *adj., n.* realistic, practical; reality, truth, real life

thực thà *adj.* honest, sincere, frank; naive

thực thể *n.* reality; entity

thực thi *v.* to execute, to carry out: **thực thi quyền hạn của mình** to execute one's power

thực thu *n.* real income

thực thụ *adj.* permanent, tenure: **công việc thực thụ** permanent position

thực tiễn *n.* practice, reality

thực trạng *n.* real situation

thực vật *n.* vegetation, plant

thực vật học *n.* botany: **nhà thực vật học** botanist

thưng *n.* unit of measurement [for cereals]

thừng *n.* rope, cord

thước *n.* meter, ruler: **thước tây** meter; **thước kẻ** ruler; **kích thước** dimensions, measurements

thước dây *n.* tape measure

thước đo góc *n.* protractor
thước gấp *n.* folding rule
thước khối *n.* cubic meter
thước nách *n.* T square, bevel
thước thợ *n.* square angle
thước vuông *n.* square meter
thuỗn *adj.* [of lip] protruding: **bụng thuỗn** protruding paunch
thược dược *n.* dahlia: **hoa thược dược** dahlia flowers
thuỗn thuột *adj.* [of face, etc.] very long
thương *v.* to feel sorry for; to love, be fond of: **lòng thương** compassion; **tình thương** love
thương 1 *adj.* wounded; injured: **vết thương** wounded; **nhà thương** hospital; **xe cứu thương** ambulance 2 *n.* trade, commerce: **Hoa thương** Chinese merchant; **ngoại thương** foreign trade; **phú thương** wealthy merchant; **tiểu thương** small business; **nội thương** domestic trade; **doanh thương** business, trade
thương binh *n.* wounded soldier(s)
thương cảng *n.* commercial seaport
thương chính *n.* customs service
thương cục *n.* commercial firm
thương điểm *n.* commercial firm
thương đội *n.* caravan
thương gia *n.* businessman, trader
thương giới *n.* business world
thương hại *v.* to feel sorry for
thương hàn *n.* typhoid fever
thương hội *n.* chamber of commerce
thương khẩu *n.* commercial port
thương khố *n.* warehouse
thương lượng *v.* to negotiate
thương mãi *n.* See **thương mại**
thương mại *v., n.* to carry on trade, to trade, to do business; business, commerce: **phòng thương mại** chamber of commerce
thương nghị *v.* to negotiate
thương nghiệp *n.* business, trade
thương nhớ *v.* to miss, to mourn over
thương số *n.* quotient
thương tâm *adj.* sorrowful, pitiful, heart-rending
thương thuyền *n.* merchant marine
thương thuyết *v.* to negotiate
thương tích *n.* wound
thương tiếc *v.* to regret, to mourn over
thương tổn *v.* to harm, to damage
thương trường *n.* business world, market
thương ước *n.* trade agreement
thương vụ *n.* commercial affairs
thương xót *n.* compassion
thương yêu *v.* to love
thường 1 *adj., adv.* ordinary, customary, usual, habitual; usually, ordinarily, as a rule, habit-

ually, customarily, generally: **bất thường** extraordinary; **bình thường** normal; **khác thường** unusual; **phi thường** unusual; **tầm thường** ordinary; **thất thường** irregular; **như thường** as usual; **thường thường** usually, as a rule 2 *v.* (= **đền**) to compensate: **bồi thường cho ai** to compensate someone
thường dân *n.* common people; civilian
thường dùng *adj.* currently used, of daily use
thường đàm *n.* current conversation
thường lệ *n.* common rule, habit
thường ngày *adj.* everyday, day after day
thường niên *adj.* annual, yearly: **viết báo cáo thường niên** to write an annual report
thường phạm *n.* common criminal
thường phục *n.* everyday clothes, casual clothes, business suit
thường thức *n.* general knowledge
thường thường *adv.* ordinarily, usually, generally
thường tình *n.* common feeling, common sense
thường trực *adj.* permanent, on duty
thường vụ *n.* routine business, day-to-day business
thường xuyên *adj.* permanent, regular: **họ là khách hàng thường xuyên** they are regular customers
thưởng *v.* to reward, to be awarded; to tip; to give [as a tip]; to enjoy [flowers **hoa**, moon **nguyệt, trăng**, springtime **xuân**]: **phần thưởng** reward, award, prize; **tiền thưởng** cash reward; **giải thưởng** prize; **thăng thưởng** to promote; **vô thưởng vô phạt** harmless
thưởng lãm *v.* to enjoy
thưởng ngoạn *v.* to enjoy, to admire
thưởng tưởng *v.* to reward
thưởng thức *v.* to enjoy, to appreciate: **chúng tôi thưởng thức buổi trình diễn** we enjoyed the show
thượng *prep., adj.* (= **trên**) on, above, upper, top, highest, supreme: **sân thượng** terrace, the top floor [on roof]; **cao thượng** noble; **đồng bào thượng** tribal people, highland people
thượng cấp *n.* higher echelon; superiors, higher authorities
thượng cổ *n.* antiquity
thượng du *n.* highlands, mountain areas
thượng đẳng *n.* top rank, top class
Thượng Đế *n.* God
Thượng Hải *n.* Shanghai
thượng hạng *n.* first class, grade A
thượng hảo hạng *n.* first class, top quality
thượng khách *n.* guest of honor, distinguished guest
thượng lộ *v.* to take a trip, to start off on a trip

Thượng lộ bình an! *n.* Bon voyage! Have a nice trip!

thượng lưu *n.* upstream, higher section; higher classes

thượng nghị viện *n.* Senate, upper chamber, house of lords

thượng sách *n.* the best way, the best policy

thượng sĩ *n.* warrant officer [army, air force, navy]: **thượng sĩ nhất** chief warrant officer

thượng tá *n.* senior lieutenant-colonel

thượng tầng *n.* upper stratum, higher layer: **thượng tầng kiến trúc** superstructure

thượng thẩm *n.* Supreme Court

thượng thọ *n.* age of seventy upwards: **ăn mừng thượng thọ** to celebrate one's seventieth year of age

thượng thư *n.* [old monarchy] minister

thượng toạ *n.* the most venerable monk

thượng tuần *n.* first ten days of a month

thượng tướng *n.* [army and air force] lieutenant-general

thượng uyển *n.* royal garden

thượng võ *adj.* martial: **tinh thần thượng võ** martial spirit

thướt tha *adj.* graceful, lithe, lissome: **cô ấy trông thướt tha trong chiếc áo lụa dài** she looks graceful in her silk dress

thượt *adj.* long, trailing, dragging: **dài thườn thượt** trailingly long

ti *n.* silk chord, thread

ti hí mắt lươn *adj.* small eyes like a swamp eel

ti tỉ *v.* to whimper, to whine: **khóc ti tỉ hơn cả giờ** to whimper for more than one hour

ti tiện *adj.* mean, base

tí *adj.* tiny, bit: **một tí** a little bit; **nhỏ tí, bé tí** tiny; **tí nữa** in a little while

tí chút *adj.* a little bit

tí đỉnh *adj.* a little bit

tí hon *adj.* tiny, pea-sized, little: **thằng bé tí hon** a little boy

tí nhau *n.* kid, child

tí nữa *adv.* in a short while

tí tẹo *adj.* tiny, very little

tí ti *adj.* See **tí**

tí tị *adj.* See **tí**

tí toét *v.* to laugh often

tì 1 *v.* to lean [**vào** on], to rest 2 *n.* flaw, spot, soil; mistake

tì ố *adj.* soiled, smeared

tì tì *v.* to go on eating and drinking

tỉ *n.* billion

tỉ dụ *n.* analogy, example: **tỉ dụ như** for example

tỉ lệ *n.* proportion, ratio: **tỉ lệ thuận** direct ratio; **tỉ lệ nghịch** inverse ratio

tỉ mỉ *adj.* meticulous, minute, detailed: **kế hoạch tỉ mỉ** a detailed plan

tỉ như *adv.* for instance

tỉ số *n.* ratio, proportion

tỉ tê *v.* to weep or talk incessantly

tỉ trọng *n.* density

tị 1 *adj.* tiny, bit-sized: **động một tị là** at the slightest provocation 2 *adj.* jealous: **ganh tị, ghen tị** jealous

tị nạn *v.* to flee from danger: **người tị nạn** a refugee

tị nạnh *v.* to envy, to be jealous of

tia *n.* jet [of water **nước**], beam [of light **sáng**], capillary [**máu**], ray, spark, gleam: **tia ánh sáng** light beam; **tia X** X-rays

tia cực tím *n.* ultraviolet ray

tia hồng ngoại *n.* infrared ray

tia máu *n.* capillary: **mắt có tia máu** bloodshot eyes

tia tử ngoại *n.* ultraviolet rays

tia X *n.* X-rays

tía 1 *adj.* purple red: **đỏ mặt tía tai** blushing; all red 2 *n.* father: **tía má nó** his father and mother

tía tô *n.* balm mint, garden balm

tỉa *v.* to trim, to prune [hair, hedge]; to beat [or kill] one by one: **tỉa cây trong vườn** to trim trees in the garden; **trồng tỉa** to cultivate

tỉa gọt *v.* to polish [one's styles]

tích 1 *v.* to accumulate, to hoard, to store up: **tích vốn** to accumulate capital; **ấm tích, bình tích** teapot; **diện tích** area; **dung tích** volume, capacity; **súc tích** to amass; to include, to encompass; **thể tích** volume 2 *n.* footprint; vestige, trace, mark, remnant; story, allusion: **biệt tích** to disappear, to vanish; **bút tích** writings; **cổ tích** historical monument; old story; **dấu tích** trace, mark, vestige; **di tích** trace, mark; **mất tích** to leave no traces behind; **sự tích** story; **thương tích** wound; **vết tích** vestige, trace, mark; **tàn tích** vestige, remnants 3 *n.* merit, exploit: **thành tích** record, accomplishments, performance

tích cực *adj.* active, positive, zealous, initiative [*opp.* **tiêu cực**]

Tích Lan *n.* Ceylon

tích luỹ *v.* to accumulate, to store

tích phân *n.* integral calculus

tích số *n.* product [of multiplication]

tích sự *n.* result, effective outcome: **chẳng được tích sự gì cả** to be ineffective

tích tiểu thành đại *adj.* many drops make an ocean

tích trữ *v.* to hoard: **tích trữ vốn để làm ăn** to hoard capital for future business

tích tụ *v.* to agglomerate, to concentrate

tịch 1 *v.* to confiscate, to seize: **tịch biên, tịch thu của cải ai** to seize one's property 2 *n.* [of Buddhist clergy] to die, to pass away:

hoà thượng đã viên tịch the most venerable passed away 3 *n.* register, roll; citizenship: quốc tịch nationality; hộ tịch vital statistic, census; nhập tịch to be naturalized; thư tịch bibliography; Việt tịch Vietnamese nationality, Vietnamese citizenship; hồi tịch to resume one's original [Vietnamese] citizenship

tịch biên *v.* to confiscate, to seize

tịch mịch *adj.* lonesome, quiet, tranquil

tịch thu *v.* to confiscate, to seize [also tịch thâu]

tiếc *adj., v.* regretful, to be sorry: đáng tiếc regrettable; tôi rất tiếc I'm very sorry; mến tiếc to regret the departure of; thương tiếc to mourn [dead person]

tiếc công *v.* to regret a wasted effort

tiếc rẻ *v.* to regret [a lost chance]

tiệc *n.* banquet, dinner party: đi dự tiệc to attend a party

tiệc trà *n.* tea party, reception

tiệc tùng *n.* banquet, party

tiêm *v.* to inject; to give an injection: tiêm thuốc phòng ngừa to inject a vaccine; ống tiêm syringe

tiêm la *n.* syphilis

tiêm nhiễm *v.* to imbue, to impregnate; to contract [habit]

tiêm tất *adj.* meticulous

tiếm *v.* to usurp [throne ngôi, vị, power quyền]: tiếm quyền to usurp power

tiếm đoạt *v.* to usurp: tiếm đoạt ngôi vị to usurp the throne

tiềm *v.* to cook in a bain-marie: vịt tiềm duck stewed in a bain-marie

tiềm lực *n.* hidden force, potential, latent power

tiềm tàng *adj.* hidden, latent, concealed

tiềm thuỷ đĩnh *n.* submarine

tiềm thức *n.* subconsciousness

tiềm tiệm *adj.* all right, acceptable

tiệm *n.* store, shop: chủ tiệm shopkeeper, storekeeper

tiệm ăn *n.* restaurant

tiệm cầm đồ *n.* pawnshop

tiệm cận *n.* asymptotic: đường tiệm cận asymptote

tiệm hút *n.* opium den

tiệm nhảy *n.* dance hall

tiệm tiến *adj.* progressive

tiên 1 *n.* fairy: chuyện thần tiên fairy tales; thuỷ tiên narcissus 2 *adj.* first: đầu tiên, trước tiên to be the first, at first; tổ tiên ancestor; thoạt tiên at first

tiên cảnh *n.* fairyland

tiên chỉ *n.* first notable in villages, head of a village

tiên cung *n.* fairies' palace

tiên dược *n.* miracle drug

tiên đế *n.* the late emperor

tiên đoán *v.* to predict, to foresee

tiên giới *n.* fairyland

tiên lệ *n.* precedent

tiên liệt *n.* deceased heroes

tiên mẫu *n.* late mother

tiên nhân *n.* ancestors, forefathers

tiên nữ *n.* fairy

tiên phong *n.* vanguard, shock troops; pioneer

tiên phụ *n.* late father

tiên quyết *n.* [of condition] pre-requisite

Tiên Rồng *n.* the fairy and the dragon ancestors of the Vietnamese race

tiên sinh *n.* honorable gentlemen, Sir [literary, formal]

tiên sư *n.* patron saint of a trade, founder

tiên tri *n., v.* prophet; to foresee

tiên vương *n.* the late king

tiến *v.* (= tấn) to move forward, to advance, to progress [*opp.* lui, lùi, thoái]: tiến đến, tiến lại to move in, to come, to approach; tiến tới to move toward; cấp tiến progressive; tiền tiến advanced; xúc tiến to promote; cải tiến to improve

tiến bộ *v.* to improve, to make progress

tiến cử *v.* to recommend, to nominate, to propose

tiến hành *v.* to carry on [duties, work]; to implement

tiến hoá *v.* to develop gradually, to undergo evolution

tiến sĩ *n.* Doctor of Philosophy [Ph.D.]: tiến sĩ luật Doctor of Laws; tiến sĩ văn chương Doctor of Letters

tiến thoái *v.* to advance and then to retreat: tiến thoái lưỡng nan caught in a dilemma

tiến triển *v.* to progress

tiền 1 *n.* money, currency, coin, cash: một số tiền, một món tiền a sum of money; túng tiền hard-pressed for money; tiền phạt fine; hết tiền out of money; nhiều tiền, lắm tiền wealthy; ăn tiền OK, all right; giá tiền price, cost; trả tiền to pay; không tiền penniless; không mất tiền free, gratis; lấy tiền to charge [admission]; phí tiền to waste money 2 *adj.* (= trước) before, front [*opp.* hậu]: tiền Lê the earlier Le Dynasty [as opp. to Hậu Lê the later Le Dynasty]; mặt tiền facade, front of a house; nhãn tiền in front of one's eyes; tiền hậu bất nhất inconsistent

tiền án *n.* previous criminal record, previous sentence

tiền bạc *n.* money, wealth, riches

tiền bối *n.* elders, predecessor

tiền bồi thường *n.* compensation

tiền cọc *n.* deposit

tiền công *n.* salary, pay, wages

tiền của *n.* wealth

tiền duyên *n.* predestined affinity

tiền đặt cọc *n.* deposit

tiền đề *n.* preamble, premise

tiền định *adj.* predestined

tiền đồ *n.* future, the road ahead

tiền đội *n.* vanguard

tiền đồn *n.* outpost

tiền đường *n.* ancestor-worship house

tiền giấy *n.* paper money

tiền lãi *n.* profit, interest, dividend

tiền lệ *n.* precedent

tiền lời *n.* profit, interest, dividend

tiền mặt *n.* ready money, cash

tiền nhân *n.* forefathers

tiền oan *n.* punishment for a crime committed during a previous existence

tiền phạt *n.* fine

tiền phí *n.* premium [of insurance **bảo hiểm**]

tiền phong *n.* vanguard

tiền phụ cấp *n.* allowance

tiền sử *n.* prehistory; background

tiền tài *n.* riches, money, wealth

tiền tệ *n.* currency, money: **giá trị tiền tệ** value of currency

tiền thân *n.* position in former life, predecessor

tiền thưởng *n.* bonus, reward

tiền tiến *adj.* advanced, progressive

tiền tiêu *n.* expense; pocket money

tiền trợ cấp *n.* subsidy, award, allowance

tiền tuyến *n.* front lines

tiền vạ *n.* fine

tiền vốn *n.* capital, principal, assets

tiễn *v.* to see [someone] off: **tôi tiễn bạn tôi ở sân bay** I am seeing my friend off at the airport

tiễn biệt *v.* to say goodbye

tiễn hành *v.* send off: **tiệc tiễn hành** a send-off party

tiện **1** *adj.* convenient, handy: **bất tiện** not convenient; **phương tiện** means; **thuận tiện** favorable; **tuỳ tiện** at one's convenience, as one sees fit; **giản tiện** simple; **tự tiện** without authorization; **đại tiện** to defecate, to have a bowel movement; **tiểu tiện** to urinate, to make water; **nhất cử lưỡng tiện** to kill two birds with one stone **2** *v.* to lathe, to turn, to shape: **bàn tiện, máy tiện** lathe machine; **thợ tiện** turner

tiện dân *n.* the lower classes

tiện lợi *adj.* convenient, serviceable, profitable

tiện nghi *n.* facilities

tiện thể *adv.* for convenience's sake; on the occasion of, at the same time

tiếng *n.* noise; sound, voice: **tiếng nói** spoken tongue/language; **lên tiếng** to speak up; **mang tiếng** to have or cause to have a bad reputation; **nghe tiếng** to hear of; **tiếng Việt** Vietnamese language; **tiếng Anh** English language; **danh tiếng** famous; fame; **có tiếng** famous, renowned; **mất tiếng** to lose one's reputation; **tai tiếng** bad reputation

tiếng cười *n.* laughter

tiếng đồn *n.* rumor

tiếng đồng hồ *n.* hour

tiếng động *n.* noise, din

tiếng kêu *n.* cry, scream, shriek

tiếng mẹ đẻ *n.* mother tongue

tiếng một *n.* vocabulary

tiếng nói *n.* language, tongue; voice

tiếng sấm *n.* peal of thunder

tiếng súng *n.* gunshot

tiếng tăm *n.* reputation

tiếng vang *n.* echo

tiếp **1** *v.* to receive [visitors **khách**]: **đón tiếp** to welcome **2** *v.* to continue [follows main verb]: **còn tiếp** to be continued [put at end to installment of text]; **kế tiếp, liên tiếp** successively, one after another; **chuyển tiếp** transition

tiếp cận *adj.* adjoining, contiguous, adjacent

tiếp cứu *v.* to rescue, to assist

tiếp diễn *v.* to go on, to continue

tiếp đãi *v.* to receive, to welcome, to treat

tiếp đầu ngữ *n.* prefix

tiếp đón *v.* to greet, to welcome

tiếp giáp *adj.* adjoining, contiguous

tiếp kiến *v.* [of high official] to receive

tiếp liệu *n.* supplies

tiếp nhận *v.* to receive, to accept

tiếp quản *v.* to take over

tiếp rước *v.* to welcome, to receive

tiếp tân *n.* reception (party)

tiếp tế *v.* to supply [food, munitions]: **sĩ quan tiếp tế** supply officer; **tiếp tế bằng dù, tiếp tế bằng phi cơ** maintenance by air; **tiếp tế thực phẩm** food supply

tiếp theo *v.* to continue [put at head of second or later installment of text]; to follow

tiếp thu *v.* to receive, to take over

tiếp tục *v.* to continue, to go on

tiếp tuyến *n.* tangent

tiếp vĩ ngữ *n.* suffix

tiếp viện *v.* to reinforce, to rescue [troops]

tiếp xúc *v.* to contact [followed by **với**], to get in touch

Tiệp Khắc *n.* Czechoslovakia, Czech

tiết **1** *n.* (= **máu, huyết**) blood of slaughtered animal **2** *n.* bile, anger: **lộn tiết, cáu tiết, điên tiết** to get mad **3** *n.* period: **dạy ba tiết một ngày** to teach three periods a day **4** *n.* chastity, virtue: **trinh tiết** virgin; **thất tiết** [of married woman] to commit adultery; **thủ tiết**

to secure a widow **5** *n.* season; festival; detail; section [of book]: **thời tiết** weather; **chương sách nầy có hai tiết** this chapter has two sections

tiết canh *n.* blood pudding, animal's blood curd mixed with hashed liver and cartilage

tiết chế *adj., v.* temperate; to restrain, to limit

tiết diện *n.* section [geometry]

tiết dục *v.* to restrain one's passions and desires

tiết độ *n.* moderation

tiết hạnh *n.* faithfulness virtue [of woman]

tiết kiệm *adj., v.* thrifty; to economize, to save

tiết lậu/lộ *v.* to leak [secret]; to disclose, to reveal

tiết mục *n.* section, item

tiết tấu *n.* rhythm

tiết tháo *n.* moral integrity

tiệt *v.* to destroy, to exterminate

tiêu 1 *v.* to spend [money]; to digest [food]; [of food] to be digestible: **ăn tiêu** to spend; **chi tiêu** to spend **2** *n.* flute with six effective holes, blown from one end: **thổi tiêu** to play a flute; **hắc tiêu** clarinet **3** *n.* black pepper: **muối tiêu** salt and pepper

tiêu biểu *v.* to symbolize, to represent

tiêu chí *n.* criterion

tiêu chuẩn *n.* standard, norm, model, criterion

tiêu chuẩn hoá *v.* to standardize

tiêu cực *adj., v.* negative, passive; to lack zeal, to lack initiative [*opp.* **tích cực**]

tiêu dao *v.* to stroll, to wander

tiêu diệt *v.* to destroy, to exterminate

tiêu dùng *v.* to spend, to consume

tiêu đề *n.* theme, heading

tiêu điểm *n.* focus

tiêu điều *adj.* desolate

tiêu độc *adj.* antiseptic

tiêu hao *adj., v.* wasteful; expendable, worn out

tiêu hoá *v.* to digest

tiêu huỷ *v.* to destroy, to raze

tiêu khiển *v.* to amuse oneself, to entertain oneself

tiêu ma *v.* to be gone, to melt away

tiêu pha *v.* to spend

tiêu sơ *adj.* desolate

tiêu tan *v.* to melt away; to disintegrate, to be gone

tiêu tán *v.* to be gone, to be scattered, to be lost

tiêu thổ *n.* scorched earth

tiêu thụ *v.* to consume: **người tiêu thụ** consumer; **sức tiêu thụ** consumption

tiêu trừ *v.* to eliminate, to abolish

tiêu xài *v.* to spend

tiếu lâm *n.* funny stories, dirty jokes; joke book

tiều *n.* woodcutter: **tiều phu, ngư tiều canh**

độc fisherman, woodsman, plowman and scholar—the four figures in a painting or on a garden rock

tiều tụy *adj.* sad, dilapidated, withered, pining, emaciated, haggard, shabby

tiểu 1 *adj.* (= **bé, nhỏ**) small [*opp.* **đại**]: **cực tiểu** minimum; **tiểu học** primary **2** *n.* Buddhist novice **3** *v.* to urinate: **đi tiểu** to urinate; **nước tiểu** urine

tiểu ban *n.* sub-committee

tiểu bang *n.* state [in federation]

tiểu chú *adv., n.* in brief; footnote

tiểu công nghệ *n.* small industry, handicrafts

tiểu dẫn *n.* notice, foreword

tiểu đăng khoa *n.* marriage [as opp. to **đại đăng khoa** graduation at imperial examination]

tiểu đệ *n.* your younger brother

tiểu đoàn *n.* battalion

tiểu đội *n.* squad, small group

tiểu đồng *n.* houseboy, servant

tiểu gia đình *n.* small family [composed of husband, wife and children] [as opp. to extended family **đại gia đình**]

tiểu học *n.* primary education, elementary education: **trường tiểu học** primary school

tiểu kỹ nghệ *n.* small industry

tiểu liên *n.* machine carbine, submachine gun

tiểu lục địa *n.* sub-continent

tiểu luận *n.* essay

tiểu nhân *n.* mean person [Confucianist sense] [*opp.* **quân tử**]

tiểu nhi *n.* infant

tiểu sản *v.* to have a miscarriage

tiểu sử *n.* biography

tiểu tâm *adj.* narrow-minded, mean

tiểu thuyết *n.* novel

tiểu thuyết gia *n.* novelist

tiểu thư *n.* girl from a noble family; sophisticated young lady

tiểu thừa *n.* Hinayana [Buddhism]

tiểu thương *n.* small business

tiểu tiện *v.* to urinate

tiểu tiết *n.* small detail

tiểu tổ *n.* [communist] cell

tiểu truyện *n.* biography

tiểu tư sản *n.* petty bourgeoisie

tiểu xảo *n.* trifling skill

tiễu *v.* to put down, to quell, to repress

tiễu phi *v.* to put down rebels or bandits

tiễu trừ *v.* wipe out, to exterminate

tim *n.* [SV **tâm**] heart [the organ]: **bệnh đau tim** heart disease

tim la *n.* syphilis

tim tím *adj.* purple

tím *adj.* purple, violet

tím bầm *adj.* black and blue

tím gan *adj.* suppressed with anger

tím ruột *adj.* suppressed with anger

tìm *v.* [SV **tầm**] to seek, to look for, to search for (= **kiếm**): **tìm việc làm** to look for a job

tìm cách *v.* to find out the way

tìm kiếm *v.* to search, to look for

tìm ra *v.* to find out

tìm thấy *v.* to find

tìm tòi *v.* to search, to do research

tin 1 *n., v.* news, tidings, information; to inform: **báo tin** to inform; **loan tin** to announce; **đưa tin** to bring the news; **thông tin** information; **truyền tin** communication; **nguồn tin đáng tin cậy** reliable sources 2 *v.* [SV **tín**] to trust, to believe, to have confidence in: **chúng tôi rất tin ông ấy** we trust him; **lòng tin** confidence, trust

tin cẩn *v.* to trust, to rely on

tin cậy *v.* to trust, to rely on, to depend on

tin đồn *n.* rumor

Tin Lành *n.* Protestantism

tin mừng *n.* good news [marriage, childbirth]

tin nhảm *adj.* superstitious

tin tức *n.* news

tin tưởng *v.* to trust, to believe, to have confidence in

tin vịt *n.* false report, hoax

tín *adj., n.* trustworthy; trust, faith, reliability: **bội tín** a breach of trust; **thất tín** to break a promise; **tự tín** one's self-confidence; **trung tín** loyalty

tín chỉ *n.* unit [of study]: **một tín chỉ văn hoá Việt Nam** one unit of Vietnamese culture

tín dụng *n.* [economics] credit: **thẻ tín dụng** credit card

tín điều *n.* dogma

tín đồ *n.* follower [of a religion], believer

tín hiệu *n.* signal

tín nghĩa *n.* loyalty

tín ngưỡng *n.* religious beliefs, creed, faith

tín nhiệm *v.* to have confidence in, to trust

tín phiếu *n.* letter of credit

tín phục *v.* to trust

tín vật *n.* security, pledge

tinh 1 *adj.* intellegent, clever, shrewd: **tinh mắt** to have good eyesight; to be meticulous 2 *adj.* refined, pure: **trắng tinh** pure white; **mới tinh** brand new; **thuỷ tinh** glass, crystal 3 *adv.* nothing but, only: **tinh những rêu (là rêu)** there's nothing but moss 4 *n.* (= **sao**) star: **cứu tinh** savior; **minh tinh** movie star; **kim tinh** Venus; **mộc tinh** Jupiter; **thuỷ tinh** Mercury; **hoả tinh** Mars; **thổ tinh** Saturn; **hành tinh** planet

tinh anh *n.* quintessence

tinh binh *n.* crack troops

tinh bột *n.* starch

tinh cầu *n.* star [astronomy]

tinh chất *n.* essence

tinh chế *v.* to refine [sugar, petrol]; **sở tinh chế** [sugar] refinery, oil distillery

tinh dịch *n.* semen, sperm

tinh hảo *adj.* exquisite

tinh hoa *n.* essence, quintessence; cream; genius

tinh khí *n.* semen, sperm

tinh khiết *adj.* clean, pure

tinh kỳ *n.* flag, banner

tinh lực *n.* energy

tinh ma *adj.* cunning, crafty, wily

tinh nghịch *adj.* mischievous, roguish

tinh nhanh *adj.* quick, alert

tinh nhuệ *adj.* [of troops] well-trained

tinh quái *adj.* foxy, artful, cunning

tinh ranh *adj.* cunning, crafty, wily

tinh sương *adj., v.* early in the morning

tinh tế *adj.* keen, subtle, discerning

tinh thần *n.* spirit [as opp. to body], mind: **bệnh tinh thần** mental illness

tinh thông *adj.* well versed in

tinh trùng *n.* spermaiozoon

tinh tú *n.* the stars [astronomy]

tinh tuý *n.* See **tinh hoa**

tinh tường *adj.* clear, proficient, distinct

tinh vi *adj.* fine, meticulous, subtle

tinh xảo *adj.* ingenious

tinh ý *adj.* intelligent, sharp, quick-minded, perspicacious

tính 1 *n.* personal character, temper, temperament, disposition, nature; sex: **bản tính** nature; **cá tính** personality; **thiên tính** natural disposition; **vui tính** jovial, happy; **khó tính** difficult to get along with; **đặc tính** characteristics 2 *v.* [SV **toán**] to calculate, to compute, to reckon, to figure out; to plan to: **tính tổng cộng bao nhiêu tiền** to calculate how much money all together; **bài tính** problem [in math]; **bàn tính** to discuss, to deliberate; **suy tính** to think over; **ước tính** to estimate

tính cách *n.* character, nature

tính chất *n.* nature, property, characteristic

tính chia *n.* division

tính cộng *n.* sum, addition

tính dục *n.* sexual desire

tính đố *n.* problem [in math]

tính hạnh *n.* behavior, conduct

tính khí *n.* character, nature

tính mạng *n.* life

tính mệnh *n.* life

tính nết *n.* disposition, nature, behavior

tính nhẩm *v.* to figure out silently

tính nhân *n.* multiplication

tính phỏng *v.* to estimate

tính tình *n.* feelings, sentiments, disposition

tính trừ *n.* subtraction

tính xấu *adj.* vice

tình 1 *n.* feeling, sentiment; love, affection: **cảm tình** affection; sympathy; **ái tình** love; **nhân tình** lover; **vô tình** inadvertently; **chân tình** true love; **thất tình** the seven passions [**hỉ** joy, **nộ** anger, **ai** sorrow, **cụ** fear, **ái** love, **ố** hatred, **dục** desire] 2 *n.* condition, state: **nội tình** home situation; **hiện tình** present conditions; **thực tình** honesty

tình ái *n.* love, romance

tình báo *n.* intelligence: **cục tình báo** department of intelligent services

tình cảm *n.* sentiment, feeling: **tình cảm chân thật** true sentiment

tình cảnh *n.* situation, plight, condition

tình cờ *adj., adv.* incidental, accidental; coincidentally, accidentally, by chance

tình dục *n.* sexual desire

tình duyên *n.* marriage [bonds]

tình hình *n.* situation

tình nghi *v.* to suspect

tình nghĩa *n.* feelings versus duty

tình nguyện *v., n., adj.* to volunteer to, to be willing to; volunteer; voluntary

tình nhân *n.* lover, mistress, sweetheart

tình nương *n.* sweetheart

tình thế *n.* See **tình hình**

tình thực *adv.* sincere, genuine, real

tình thương *n.* compassion, pity, mercy

tình tiết *n.* details

tình trạng *n.* situation, condition, state of affairs

tình tự *v.* to flirt

tình ý *n.* aim, purpose, intention

tình yêu *n.* love

tỉnh 1 *v.* to regain consciousness, to wake up [from sleep]: **bất tỉnh nhân sự** unconscious [from fainting, etc.] 2 *n.* province [as administrative unit]; town, city: **tỉnh thành** city, urban [as opp. to countryside]

tỉnh bộ *n.* province branch of political party

tỉnh giảm *v.* to reduce, to cut down

tỉnh lỵ *n.* provincial capital, town

tỉnh ngộ *v.* to awake [to reality], to have one's eyes opened; to realize one's mistake

tỉnh ngủ *v.* to wake up; to be a light sleeper

tỉnh táo *v.* to be wide awake, to be alert

tỉnh thành *n.* city, town

tỉnh trưởng *n.* chief of province, commissioner

tỉnh uỷ *n.* secretary of province party committee

tĩnh *adj.* quiet, calm, tranquil, peaceful; static: **bình tĩnh** calm; **yên tĩnh** calm, quiet, peaceful

tĩnh *n.* altar

tĩnh dưỡng *v.* [of convalescent] to get rest, to recover one's health

tĩnh điện *n.* static electricity

tĩnh lực học *n.* statics [as a branch of scientific study]

tĩnh mạch *n.* vein [biology]

tĩnh tâm *v.* to have an untroubled mind, to be in a peaceful mood

tĩnh toạ *v.* to meditate, to sit meditating

tĩnh trí *v.* to keep one's mind at peace

tịnh *adv.* absolutely, certainly

tít 1 *n.* title, theme, headline 2 *adj.* almost invisible [because of distance or rapid motion]: **xa tít** to be very far away; **quay tít** to spin very fast

tịt *adj.* plugged up, [firecracker **pháo**, shell **đạn**] to be a dud; quiet

tịt mít *v.* to remain silent, to shut up

tiu *n.* cymbal

tiu nghỉu *adj., v.* embarrassed, to be shamed

tíu tít *v.* to chatter, to bustle noisily

to *adj.* large, big, bulky, husky, stout; [cloth] coarse [*opp.* **nhỏ, bé**]: **đầu to** [to have] a big head; **to đầu** to be a big shot; **bụng to** to have a big belly; [of woman] to be pregnant; **nó cắn một miếng to** he took a big bite; **vải này to sợi** this fabric is coarse; **nước sông lên to** the river has swelled up; **nó nói to** he speaks loudly; **đánh to** to gamble wth high stakes

to gan *adj.* bold, daring

to kếch sù *adj.* huge, enormous

to lớn *adj.* big and tall

to tát *adj.* big, grand

to tướng *adj.* huge, enormous, tremendous

tò mò *adj.* curious, inquisitive

tò vò *n.* wasp: **cửa tò vò** arch

tỏ 1 *v.* to express, to reveal, to declare, to communicate clearly; to demonstrate, to prove: **tỏ cho mọi người biết khả năng của mình** to demonstrate one's ability 2 *adj.* clear, luminous, shiny, bright: **trăng tỏ** bright moon

tỏ tường *v.* to understand clearly/precisely

tỏ vẻ *v.* to appear, to seem, to look: **ông ấy tỏ vẻ không hài lòng** he seems unsatisfied

toa 1 *n.* car [in a train]: **toa chở hàng** freight car; **toa chở khách** passenger car 2 *n.* (= **đơn**) prescription: **thuốc nầy phải có toa thuốc** this medicine requires a prescription

toà *n.* official or ceremonial seat, government palace, bureau, court of law; classifier noun for temples, buildings: **đưa ra toà** to bring to court or to sue; **mõ toà** usher; **quan toà** judge; **trình toà** to register; **toà đô sảnh** prefecture, town hall

toà án *n.* court of law, tribunal: **toà án tối cao** supreme court; **toà án quân sự** military court

toà báo *n.* newspaper office

toà đại hình *n.* criminal court

toà phá án *n.* Supreme Court of Appeal

toà sen *n.* Buddha's throne

toà thánh *n.* Holy See, the Vatican

toà thượng thẩm *n.* Court of Appeal

toả *v.* [of smoke, odor] to spread, to emanate

toả cảng *v.* to lock up the harbor: **chính sách bế quan tỏa cảng** the closed door policy

toạ *v.* (= **ngồi**) to sit: **chủ toạ** to preside over [meeting]; **cử tọa** the audience; **an toạ** to be seated

toạ độ *n.* coordinates [math]

toạ hưởng *v.* to enjoy without any effort

toạ lạc *adj.* [of property] located

toạ vị *n.* affix [of a point]

toác *adj.* wide open

toạc *adj., adv.* ripped, torn up; [to speak] openly, frankly, bluntly, flatly

toại *adj.* satisfied: **toại ý** fully satisfied

toại chí *adj.* satisfied with one's will

toại nguyện *v.* to have fulfilled one's ambitions

toan *v.* to intend to, to be about to

toan *n.* R acid; sour, **nước cường toan** acid; **vị toan** gastric juice; **lưu toan** sulfuric acid

toán 1 *n.* group, band, army 2 *v.* mathematics: **toán học** mathematics; **bút toán** arithmetic; **kế toán** accounting; **tính toán** to calculate

toán học *n.* mathematics: **toán học ứng dụng** applied mathematics; **toán học sơ cấp** elementary mathematics; **toán học cao cấp** higher mathematics; **toán học đặc biệt** special mathematics; **toán học đại cương** general mathematics; **toán học thuần túy** pure mathematics

toán pháp *n.* mathematics, arithmetic

toàn 1 *adj.* to be or have or do nothing but, there is nothing but [object preceded option by **những**]: **nhà họ toàn bằng gỗ cả** their house is made all of wood; **tôi toàn giấy trăm cả** I have only ten piastre bills; **nó toàn đi tắc xi cả** he only takes taxis; **ngoài chợ toàn (những) dưa hấu (là dưa hấu)** there aren't any other fruits but watermelons in the market 2 *adj.* entire, whole, total, complete; perfect: **hoàn toàn** perfect; **đại toàn** complete; **bảo toàn** safeguard; **vẹn toàn** perfect

toàn bị *adj.* complete, total

toàn bộ *n.* the whole

toàn cầu *n.* the whole world

toàn dân *n.* the whole population, everybody in the country, the whole race

toàn diện *n., adj.* total, all; global, comprehensive, perfect

toàn gia *n.* the whole family

toàn lực *n.* all of one's strength

toàn mỹ *n.* perfect beauty

toàn năng *adj.* all powerful, omnipotent, almighty

toàn phần *adj.* [of baccalaureate] complete, whole

toàn quân *n.* the whole army

toàn quốc *n.* the whole nation, all of Vietnam

toàn quyền *n.* full powers, plenipotentiary, Governor General: **được toàn quyền hành động** to have carte blanche; **sứ thần toàn quyền** Minister Plenipotentiary; **toàn quyền Đông dương** Governor General of [pre-1945] Indo-China

toàn tài *adj.* accomplished, talented, perfect

toàn thắng *n.* total victory

toàn thể *n.* the whole, all

toàn thiện *adj.* perfect, flawless

toàn thịnh *n.* full prosperity, zenith, peak

toàn thời gian *n.* full time

toàn thực *n.* total eclipse

toàn trí *n.* omniscient

toàn vẹn *adj.* whole, intact, complete

toang *adj.* wide open: **cửa sổ mở toang** the window was wide open; **vỡ toang** be shattered or ripped to pieces

toang hoác *adj.* wide open

toang hoang *adj.* all broken, destroyed, demolished

toang toang *v.* to speak loudly

toát 1 *adv.* all over, very: **lạnh toát người** to be cold all over; very white; **trắng toát** very white 2 *v.* to exude, to diffuse: **sợ toát mồ hôi** to break out into a sweat out of fear

toát yếu *n.* summary, resume; abstract, synopsis

tóc *n.* hair [of head]: **sợi tóc** a single hair; **cắt/hớt tóc** to have a haircut; **uốn tóc, làm tóc** to have a permanent wave; **tiệm hớt tóc** barber shop; **tiệm uốn tóc** beauty parlor; **nhuộm tóc** to dye one's hair; **để tóc** to grow one's hair; **rụng tóc** to drop one's hair; **búi tóc** to gather one's hair in a chignon

tóc bạc *n.* white hair, gray hair [of old person]

tóc giả *n.* wig

tóc mai *n.* sideburns

tóc mây *n.* beautiful hair [of woman]

tóc sâu *n.* gray hair [on young person]

tọc mạch *v.* to be curious

toe toét *adj.* showing one's teeth [when grinning **cười**; talking **nói chuyện**; chewing betel **nhai trầu**]

toé *v.* to splash, to splatter

toè *v.* to stretch out, to spread out

toét *adj.* [of eyes] swollen and red, be rheumy because of conjunctivitis or trachoma; spreading [lips **miệng**] when grinning

toẹt *adv.* bluntly, squarely: **sổ toẹt** to cross out indiscriminately

toi *v.* [of efforts, money] to be lost, useless; [of chicken, cattle] to die: **chết toi** to die in an epidemic; **tiền toi** wasted money; **công toi** lost labor; **cơm toi** wasted food

tòi *v.* to poke out, to stick out; [of under garment] to be showing

tỏi *n.* garlic: **củ tỏi** garlic head

tom *n.* tom tom [noise of drum]

tóm *v.* to nab, to seize: **tóm được, tóm lấy** to sum up; **(nói) tóm lại** to summarize, in short, in a nutshell

tóm cổ *v.* to nab

tóm tắt *v.* to sum up, to summarize

tóm thâu *v.* to gather, to unite

tòm *exclam.* splash!: **rơi tòm xuống nước** to fall into the water

tòm tem *v.* to long for, to yearn for

tõm *v.* to plop

ton hỏn *adj.* all red

ton hót *v.* to flatter, to fawn on

tòn ten *v.* to dangle, to hang loose

tong *v.* to be lost, to lose

tòng *v.* See **tùng**

tọng *v.* to stuff, to cram

tóp *v.* to shrink, to shrivel up

tóp mỡ *n.* rendered fat

tóp tép *v.* to chew noisily

tọp *v.* to lose weight, to become dwarfed

tót *v.* to hurry ahead: **nhảy tót** to jump with one leap; **chạy tót** to rush

tọt *v.* to spring, to leap, to bounce: **nhảy tọt ra** to bounce out; **chạy tọt lên** to run to, to dash to

tô 1 *n.* large bowl: **một tô mì** a bowl of noodles 2 *v.* to draw, to color: **tô màu hình vẽ nầy** to color this picture 3 *n.* rent: **địa tô, điền tô** land rent; **giảm tô** to reduce the rent

Tô Cách Lan *n.* Scotland, Scottish, Scot

tô điểm *v.* to embellish, to adorn, to decorate

tô giới *n.* concession [in foreign city, eg. British concession in pre-war Shanghai]

tô hô *adj.* stark naked

tố *v.* to denounce, to sue: **đấu tố địa chủ** to denounce landlords

tố cáo *v.* to denounce, to accuse

tố giác *v.* to denounce, to inform against/on someone

tố khổ *v.* [communist] to denounce landlord/employer before the people's court as having done some injustice

tố nga *n.* beautiful girl; the moon

tố nữ *n.* beautiful woman

tố tụng *v.* to instigate a lawsuit, to take legal case, to sue

tổ 1 *n.* nest [of bird **chim**], hive [of bees **ong**], anthill: **tổ chim** bird nest 2 *n.* cell, group: **tiểu tổ** cell; **tổ dân phố** people's cell 3 *adv.* only: **làm thế chỉ tổ cho người ta ghét** that only makes people hate him 4 *n.* ancestor,

forefather; patron saint, founder: **ông tổ** grandparent; **thủy tổ** ancestor

tổ ấm 1 *n.* forebears, ancestors 2 *n.* love nest, happy home

tổ chức *v., n.* to organize, to set up; organization

tổ đỉa *n.* leech's nest: **rách như tổ đỉa** in rags and tatters

tổ hợp *n.* union, trust, co-op team

tổ mẫu *n.* grandmother

tổ ong *n.* beehive

tổ phụ *n.* grandfather

tổ quốc *n.* fatherland, motherland

tổ sư *n.* patron saint, founder, creator

tổ tiên *n.* ancestors, forefathers

tổ tôm *n.* card game using a deck of 120 cards and played by five persons

tổ tông *n.* ancestors, forefathers

tổ truyền *adj.* hereditary

tổ trưởng *n.* cell head, team leader, group leader

tốc 1 *v.* [of garment] to be blown up [by the wind], to lift up 2 *adj.* to be speedy, fast: **cấp tốc** urgent, pressing; **gia tốc** to speed up, to accelerate; **dục tốc bất đạt** haste is of the devil

tốc độ *n.* speed, velocity, rate: **tốc độ ban đầu** muzzle velocity, initial velocity; **tốc độ di chuyển** rate of marching; flight speed; **tốc độ lúc lên** take-off speed; **tốc độ sơ khởi** muzzle velocity, initial velocity; **tốc độ thường** normal velocity; **tốc độ tối đa** maximum speed; **tốc độ tối thiểu** minimum speed; **tốc độ trung bình** medium pace, average speed; **tốc độ tuyệt đối** absolute velocity, ground speed; **đổi tốc độ** to shift gear; **hộp tốc độ** gearbox

tốc độ kế *n.* speedometer

tốc hành *adj.* [of train] express, fast: **chuyến tàu tốc hành** an express train

tốc ký *n.* shorthand; stenography, stenographer: **máy tốc ký** stenotypist

tốc lực *n.* speed, velocity: **chạy hết tốc lực** to run at full speed

tộc *n.* (= **họ**) family, clan: **gia tộc** family; **đồng tộc** of the same family; **trưởng tộc** clan head; **dân tộc** people; **tam tộc** the three clans [three generations]; **quý tộc** aristocracy; **hoàng tộc** royal family; **chủng tộc** race

tộc trưởng *n.* clan head, patriarch

tôi 1 *pron.* [used for non-relatives] I, me: **cho tôi nói đôi điều** let me say something 2 *n.* servant, slave, subject [of king]: **làm tôi** to be a servant 3 *v.* to mix, to slake [lime], to temper: **tôi vôi** to slake lime

tôi con *n.* servant and child

tôi đòi *n.* servant(s)

tôi mọi *n.* slave

tôi tớ *n.* servant, subject

tối 1 *adj.* dark, obscure; slow-witted: **trời tối** it's dark; **buồng tối** dark room **2** *n.* night, evening: **tối hôm qua** last night; **tối hôm nay** this evening; **tối đến** at nightfall, in the evening **3** *adv.* very, extremely, most: **tối mật** extremely secret

tối cao *adj.* high, supreme: **toà án tối cao** supreme court

tối cần *adj.* essential, urgent, needy

tối dạ *adj.* thick-headed

tối đa *n., adj.* maximum

tối hậu *adj.* last of all, ultimate, final

tối hậu thư *n.* ultimatum

tối huệ quốc *n.* most-favored nation

tối kỵ *adj.* to be avoided

tối mắt *v.* blinded [by profit, etc.]

tối mật *adj.* top secret

tối mịt *adj.* pitch dark

tối mò *adj.* pitch dark

tối mù *adj.* pitch dark

tối ngày *n.* day and night, all day long

tối om *adj.* pitch dark

tối tăm *adj., v.* very dark, gloomy; to be dark; to faint

tối tân *adj.* ultra-modern, most up to date

tối thiểu *adj.* minimum

tối ưu *adj.* excellent, super, top-priority, top rank

tồi *adj.* bad, mean, mediocre

tồi bại *adj.* bad, shameful, depraved

tồi tàn *adj.* bad-looking, very poor

tồi tệ *adj.* miserable, mean, wicked

tội *n.* crime, offense, sin, guilt: **can, phạm tội** to commit a crime; **có tội** criminal; guilty; **vô tội** innocent; **rửa tội** to baptize; **thú tộ** to confess; **tha tội** to pardon; **xá tội** to give amnesty; **buộc tội** to charge; **can tội** guilty of; **khinh tội** offense; **trọng tội** crime

tội ác *n.* crime

tội đồ *n.* exile

tội lỗi *n.* sin, guilt

tội nghiệp *adj., v.* pitiful; to feel sorry for

tội nhân *n.* defendant, culprit, offender, criminal

tội phạm *n.* offender, criminal

tội tình *n.* misfortune

tội vạ *n.* fault

tôm *n.* shrimp, prawn: **mắm tôm** shrimp paste, bagong; **chạo tôm** grilled shrimp paste on sugar cane; **bánh phồng tôm** deep fried shrimp cakes [for cocktails]

tôm he *n.* See **tôm**

tôm hùm *n.* lobster

tôm rồng *n.* lobster

tôm tép *n.* shrimps

tôn 1 *n.* (= **cháu**) grandchild: **tằng tôn** great-grandchild; **đích tôn** eldest son of one's eldest son; **nội tôn** one's son's child; **ngoại tôn** one's daughter's child; **tử tôn** children and grandchildren, offspring **2** *v.* to honor, to admire, to venerate: **tôn kính** to honor, to respect; **tự tôn mặc cảm** superiority complex

tôn chỉ *n.* guiding principle, policy [of newspaper]

tôn giáo *n.* religion, faith

tôn kính *v.* to respect, to honor, to venerate

tôn miếu *n.* ancestral temple

tôn nghiêm *adj.* solemn

tôn nữ *n.* girl from a royal family

tôn phục *v.* to honor, to respect

tôn sùng *v.* to honor

tôn sư *n.* master, the most venerable teacher

tôn thất *n.* royal family

tôn tộc *n.* relative, kinsman

tôn trọng *v.* to respect, to honor [treaty, etc.]

tôn trưởng *n.* eldest son of family

tôn ty *n.* hierarchy

tốn *v., adj.* to cost [money, time, efforts]; to be costly, expensive: **tốn tiền** to cost a lot of money

tốn của *adj.* costly

tốn kém *adj.* expensive, costly

tốn tiền *adj.* expensive

tồn *v.* to exist, to remain, to preserve: **bảo tồn văn hoá** to preserve one's culture; **sinh tồn** to live; **cộng tộn** to co-exist

tồn căn *n.* stub, counterfoil

tồn cổ *adj.* conservative

tồn kho *v.* to be in stock: **hàng tồn kho** goods are still in stock

tồn khoản *n.* account balance [in bank]

tồn tại *v.* to exist, to survive

tồn trữ *v.* to keep, to conserve

tồn vong *v.* to exist and to disappear

tổn *adj.* (= **tốn**) costly: **phí tổn** expensive

tổn hại *adj.* harmful

tổn phí *n.* expenses, expenditures

tổn thất *v., n.* to lose; loss, damage, casualty

tổn thọ *adj.* life-shortening

tổn thương *v.* to hurt [pride], to wound

tông *n.* family; ancestor: **tổ tông** sect, school; **thiền tông** Zen Buddhism

tông đồ *n.* apostle

tông đơ *n.* hair clippers

tông tích *n.* origin

tống 1 *v.* to expel, to kick out: **tống ra khỏi nhà** to be kicked out of one's house; **tống tiền** to blackmail **2** *v.* to hit, to strike

tống biệt *v.* to see [someone] off

tống cổ *v.* to throw out, to kick out

tống đạt *v.* to transmit [memorandum]

tống giam *v.* to arrest, to take into custody

tổng khứ *v.* to expel, to kick out
tổng ngục *v.* to throw into jail
tổng táng *v.* to organize a funeral, to bury [someone]
tổng thư văn *v.* to send a messenger
tổng *n.* canton, district: **cai tổng, chánh tổng** canton chief
tổng bộ *n.* central committee [of a political party]
tổng chỉ huy *n.* Commander-in-Chief
tổng chủ giáo *n.* archbishop
tổng công đoàn *n.* general confederation of unions
tổng cộng *n.* grand total
tổng cục *n.* general department
tổng đài *n.* switchboard/telephone operator
tổng đình công *n.* general strike
tổng đố c *n.* province chief [in pre-republican days]
tổng động binh *n.* general mobilization
tổng động viên *n.* general mobilization
tổng giám đốc *n.* director-general
tổng giám mục *n.* archbishop
tổng hành dinh *n.* general headquarters
tổng hội *n.* general association
tổng hợp *n., adj., v.* synthesis; synthetic, general; to combine
tổng kết *v.* to sum up; to conclude, to add up grand total
tổng khởi nghĩa *n.* general uprising
tổng lãnh sự *n.* consul-general: **toà tổng lãnh sự** consulate-general
tổng luận *n.* general conclusion
tổng lý *n.* [*obsol.*] prime minister; general manager
tổng nha *n.* general office/department
tổng phản công *n.* general counter-offensive
tổng quát *n., adj.* general view; in general
tổng sản lượng *n.* total products: **tổng sản lượng quốc gia** gross national product [GNP]
tổng số *n.* grand total
tổng tấn công *n.* general offensive
tổng tham mưu *n.* general staff
tổng thanh tra *n.* inspector-general
tổng thống *n.* President [of a republic]: **phó tổng thống** vice-president [of a republic]; **Dinh Tổng thống** the Presidential Palace; **Phủ Tổng thống** the Presidency
tổng thống phủ *n.* the Presidency
tổng thư ký *n.* secretary-general
tổng trấn *n.* governor
tổng trưởng *n.* minister, secretary: **tổng trưởng ngoại giao** secretary of state [U.S.]
tổng tuyển cử *n.* general elections
tổng tư lệnh *n.* Commander-in-Chief
tổng uỷ viên *n.* general commissioner
tốp *n.* group, bare squad

tốt *adj.* good; [of weather] fine; [of day] auspicious, lucky [*opp.* **xấu**]: **thời tiết tốt** fine weather; **tươi tốt** beautiful, fresh
tốt bụng *adj.* kind-hearted
tốt duyên *n.* happy marriage
tốt đẹp *adj.* fine, good
tốt đôi *adj.* well-matched
tốt lành *adj.* good, fine; auspicious
tốt mã *adj.* good-looking
tốt mái *adj.* prolific [of childbearing]
tốt nghiệp *v.* to graduate
tốt số *adj.* lucky
tốt tươi *adj.* beautiful
tột *n.* highest degree, top, summit
tột bậc *n.* top level, top notch
tột đỉnh *n.* summit, peak
tột độ *n.* highest degree
tột phẩm *n.* top quality
tơ 1 *n.* silk, thread: **tơ nhân tạo** synthetic silk; **ông Tơ** God of Marriages; **kết tóc xe tơ** to marry 2 *adj.* young, tender [of chicken, girl]: **trai tơ** young man; **vịt tơ** young duck
tơ duyên *n.* marriage bonds
tơ hào *adv.* not in the least, not at all
tơ hồng *n.* thread of marriage, dodder
tơ lòng *n.* ties of affection, attachment
tơ mành *n.* fine silk
tơ tưởng *v.* to dream
tớ 1 *n.* servant: **đầy tớ** servant 2 *pron.* I, me [friendly first person]: **đợi tớ vài phút** please wait for me a few minutes
tờ *n.* sheet of paper; classifier for papers, newspapers (= **tờ báo**): **tờ giấy** a piece of paper
tờ khai *n.* declaration, statement
tờ mờ *adj.* dark, somber, dim
tơi 1 *adj.* torn: **tả tơi** torn out 2 *n.* palm-leaf raincoat: **áo tơi, áo mưa** raincoat
tơi bời *adj.* ragged, in disorder
tơi tả *adj.* in rags, in tatters
tới *v.* (= **đến**) to come, to arrive: **tới nơi** to reach, to arrive; **lui tới** to frequent; **tấn tới** to progress; **đi tới** to move forward
tới tấp *adj.* repeatedly beaten; to rain hard
tởm *v., adj.* to loathe so much as to become nauseous; to be nauseating: **ghê tởm** nauseating, disgusting
tởn *adj.* curled up; excited, stirred
tợn *adj.* daring, bold; naughty: **dữ tợn, hung tợn** very tough; **khó tợn** very tough
tợp *adj. v.* sip, mouthful; to gulp
tra 1 *v.* to put in or fit in [a part such as a tenon into a mortise]: **tháo ra tra vào** to take apart, then put together 2 *v.* to investigate; to examine, to inspect: **thanh tra, kiểm tra** to inspect; **tra hỏi, tra tấn** to interrogate, to question; **tra từ điển** to look up a dictionary

tra hỏi *v.* to interrogate, to question: **tra khảo** to examine, to investigate

tra tấn *v.* to interrogate; to beat up, to torture

tra vấn *v.* to interrogate, to question

trá *adj.* false, deceitful: **dối trá** to tell a lie; **gian trá** to cheat

trá hình *v.* to disguise oneself

trá hàng *v.* to pretend to surrender

trá hôn *v.* to substitute another girl for the bride

trà *n.* tea [both the leaves and the beverage]. See **che: phòng trà** tea room; **tiệc trà** tea party; **pha trà** to make tea; **uống trà** to drink tea

trà *n.* camellia: **trà hoa nữ** camellia; **trà dư tửu hậu** after tea, after drink

trà thất *n.* teahouse

trà trộn *v.* to mingle [in a crowd]: **trà trộn vào đám đông** to mingle in a crowd

trả *v.* to pay, to return, to give back: **trả tiền thuê nhà** to pay rent; **trả sách thư viện** to return books to a library

trả đũa *v.* to retaliate

trả lễ *v.* to convey one's thanks with presents

trả lời *v.* to answer, to reply: **trả lời thư của bạn** to reply your letter

trả ơn *v.* to reciprocate someone's favor/help

trả thù *v.* to avenge oneself, to take revenge on

trác *v.* to cheat

trác táng *adj.* debauched, to be depraved

trác tuyệt *adj.* outstanding

trác việt *adj.* outstanding

trạc *adv.* about, approximately: **trạc ba mươi** about thirty years old

trách *v.* to take to task, to blame, to complain: **quở trách** to scold; **khiển trách** to blame; to impeach

trách cứ *v.* to hold someone responsible; to blame

trách mắng *v.* to reprimand, to scold

trách móc *v.* to reproach with, to reprove, to reprimand

trách nhiệm *n.* responsibility: **chịu trách nhiệm** to be responsible; **trách nhiệm** responsibilities, duties

trai 1 *n.* son, boy, young man 2 *n.* oyster: **hạt trai, ngọc trai** pearl; **mũ lưỡi trai** cap [with visor]

trai tráng *adj.* young and strong

trai trẻ *adj.* young

trái 1 *n.* (= **quả**): **hái trái** to pick fruits; **bánh trái** cakes and fruits; **lên trái** to have smallpox; **trồng trái** to vaccinate against smallpox 2 *adj.* [*opp.* **phải**] to act contrary to, be contrary to, wrong; [of garment] to be inside out; left [as opp. to right **mặt, phải**]: **phải trái** right and wrong; **bên (tay) trái** on the left, to the left; **mặt trái** reverse side; **đi bên trái** to keep to the left

trái cây *n.* fruit

trái chủ *n.* creditor

trái chứng *n.* illness, sickness

trái đất *n.* the earth

trái khoản *n.* debt

trái khoáy *n.* contradiction

trái lại *adv.* on the contrary; on the other hand

trái mắt *adj.* shocking to the eyes

trái mùa *adj.* out of season, out of fashion

trái ngược *v., adj.* to contradict; to be contradictory, opposite

trái phá *n.* artillery shell: **trái phá châm nổ** armor piercing shell; **trái phá chiếu sáng** illumination shell; **trái phá hoả mù, trái phá khói** smoke shell; **trái phá nổ** high explosive shell, bursting shell; **trái phá lửa** incendiary shell, fuse shell; **trái phá xuyên phá** tracer shell

trái phép *adj.* unlawful, illegal

trái tai *adj.* shocking to the ears

trái thơm *n.* pineapple (= **dứa**)

trái tim *n.* heart

trải 1 *v.* to spread [mat **chiếu**, rug **thảm**, etc.] 2 *v.* to experience, to go through: **trải qua** to come through; **từng trải** to be experienced

trại *n.* farm, plantation: **nông trại** farm; **trại lính** camp; barracks; **cắm trại** to camp; **lửa trại** jamboree, campfire; **trang trại** farm, villa

trại chủ *n.* farm owner

trại giam *n.* concentration camp

trại giáo hoá *n.* re-education center

trại hủi *n.* leper colony

trại tập trung *n.* concentration camp

trám 1 *n.* olive: **hình quả trám** diamond-shaped 2 *v.* to stop up, to calk: **trám thuyền** to calk a boat

trảm *v.* (= **chém**) to behead, to chop off, to execute: **xử trảm** to behead

trạm *n.* station, stop, resting place for mailmen: **trạm xe buýt** bus station; **phu trạm** mailman, postman

trạm cấp cứu *n.* first-aid station, first-aid post: **trạm cấp cứu chính** main dressing station; **trạm cứu thương** first-aid station, medical station

trạm xăng *n.* gas/petrol station

trán *n.* forehead, brow: **ông ấy có trán cao** he has a high forehead; **chạm trán** to confront, to face [**với** with]

tràn *v.* to overflow; to spread [**đến, tới, sang, vào** into]: **đầy tràn** overflowing; **lan tràn** to spread

tràn ngập *v.* to submerge, to flood, to overflow

tràn trề *v.* to be overflowing

trang *n.* page [of book]: **mở sách ra trang số mười** to open one's book to page ten

trang bị *v.* to equip

trang điểm *v.* to adorn oneself, to make up, to beautify with cosmetics

trang hoàng *v.* to decorate: **trang hoang nhà cửa** to decorate one's house

trang kim *n.* gold paper, spangle

trang nghiêm *adj.* serious, solemn: **không khí trang nghiêm** solemn atmosphere

trang nhã *adj.* refined, elegant: **ăn mặc trang nhã** to dress elegantly

trang sức *v.* to adorn, to embellish

trang trải *v.* to pay back, to settle [debts]

trang trí *v., adj.* to decorate; ornamental

tráng 1 *v.* to rinse [dishes, glasses]; to apply a coat of enamel or paint; to spread thin [dough, etc.] so as to make pancakes, omelets, etc.: **đồ tráng miệng** dessert; **trứng tráng** omelet; **bánh tráng** rice waffle, rice paper 2 *adj.* to be strong, brave: **cường tráng, hùng tráng** virile, strong; **lính tráng** soldiers

tráng kiện *adj.* strong and healthy, hale and hearty

tráng lệ *adj.* stately, imposing

tráng sĩ *n.* valiant man

tràng 1 *n.* bowels, intestine: **trực tràng** rectum; **mạch tràng** caecum; **nhuận tràng** laxative 2 *n.* chain, string [of beads, flowers, firecrackers, etc.]; salve: **một tràng pháo tay** a round of applause

tràng hạt *n.* rosary, beads: **lần tràng hạt** to count one's beads

tràng hoa *n.* garland of flowers

tràng mạng *n.* veil

tràng nhạc *n.* necklace of small bells; scrofula

tràng pháo *n.* string of firecrackers

trạng ăn *n.* big eater

trạng huống *n.* situation

trạng nguyên *n.* first doctoral candidate [under old system]

trạng rượu *n.* great drinker

trạng sư *n.* lawyer

trạng thái *n.* state, condition, situation

trạng từ *n.* adverb

tranh 1 *n.* straw, grass used for thatching: **nhà tranh, lều tranh** straw hut 2 *n.* picture, painting

tranh ảnh *n.* pictures, illustrations

tranh biện *v.* to debate, to discuss, to argue

tranh cãi *v.* to debate, to discuss

tranh chấp *v.* to fight for, to dispute

tranh đấu *v.* to struggle, to fight for

tranh đoạt *v.* to seize, to usurp

tranh giành *v.* to dispute, to compete

tranh hùng *v.* to fight for supremacy

tranh khôn *v.* to match wits

tranh quyền *v.* to fight for power

tranh thủ *v.* to fight for [independence **độc lập**]; to save [time **thời gian**]; to make use of, to take advantage of: **tranh thủ nền độc lập** to fight for independence

tranh tụng *v.* to sue one another

tránh *v.* to avoid, to dodge; to stand aside, to make way: **trốn tránh** to avoid, to shun; **không tránh được** inevitable, unavoidable

tránh mặt *v.* to avoid meeting someone

tránh tiếng *v.* to avoid becoming the topic of gossip, to keep one's good name safe

trành *v.* to lean, to bend: **tròng trành** unsteady

trao *v.* See **giao**

trao đổi *v.* to exchange

tráo *v.* to substitute or to switch a faked article for an authentic one

tráo trở *adj.* dishonest, crooked, devious

trào *v.* to overflow

trào bọt *v.* to foam

trào bọt mép *v.* to drivel, to slobber

trào lộng *v.* to mock, to ridicule, to satirize

trào lưu *n.* trend, movement: **trào lưu văn hoá mới** new cultural movement

trào máu *v.* to vomit blood

trào phúng *n., adj.* satire; satirical

tráp *n.* wooden container, box: **tráp trầu** betel box; **tráp nữ trang** jewel box

trát 1 *v.* to coat, to plaster; to smear 2 *n.* warrant, order, summons: **trát đòi ra toà** court order

trau *v.* to polish, to adorn: **trau lời văn** to polish one's style

trau giồi *v.* to cultivate [virtue **đức hạnh**]; to improve [knowledge **học thức, kiến thức**]: **trau giồi kiến thức** to improve one's knowledge

trảy *v.* to pick [fruit]

trắc *n.* rosewood, kingwood

trắc ẩn *n.* pity, compassion

trắc diện học *n.* planimetry

trắc địa *v.* to survey land

trắc đồ *n.* profile: **trắc đồ ngang** cross section; **trắc đồ dọc** longitudinal section

trắc lượng *v.* to measure land, to survey

trắc nghiệm *v., n.* to test; test, experiment

trắc trở *adj.* difficult

trặc *v.* to be dislocated, to be out of joint, to sprain: **trặc tay** to sprain one's arm

trăm *num.* [SV **bách**] hundred: **một trăm hai mươi/chục** 120; **hai trăm tư** (= **hai trăm bốn mươi/chục**) 240; **hàng trăm** hundreds of; **phần trăm** hundredth, percent

trăm họ *n.* the people, everyone

trăm năm *n.* a man's life; for ever: **bạn trăm năm** one's spouse

trắm *n.* pike

trằm *n.* earring

trăn *n.* python
trằn *v.* to roll, to toss
trằn trọc *v.* to toss in bed, to have insomnia
trăng *n.* the moon
trăng gió *v.* to flirt
trăng hoa *v., adj.* to flirt; flirtatious
trăng mật *n.* honeymoon
trăng trắng *adj.* whitish
trắng *adj., adv.* [SV **bạch**] white; [of hands
hai bàn tay] to be empty; blank; [to speak]
frankly: **mặc/bận đồ trắng** dressed in
white; **lòng trắng trứng** egg white; **bỏ trắng**
to leave blank; **giấy trắng** writing paper,
blank page; **kính trắng** eyeglasses, reading
glasses
trắng án *v.* to be acquitted, to get cleared by
the court
trắng bạch *adj.* very white, pale
trắng dã *adj.* [of eyes] white
trắng hếu *adj.* [of skin] light white
trắng mắt *adj., v.* disillusioned; to realize one's
mistake
trắng mởn *adj.* [of complexion] tender white
trắng ngà *adj.* ivory white
trắng nhợt *adj.* very pale
trắng nõn *adj.* [of complexion] soft and very
white
trắng phau *adj.* very white
trắng tinh *adj.* immaculate, spotless white
trắng toát *adj.* immaculate, spotless white
trắng trẻo *adj.* light white
trắng trợn *adj.* blunt; cynical; rude
trắng xoá *adj.* dazzling white
trâm *n.* hairpin
trâm anh thế phiệt *n.* nobility
trầm *v.* R to sink (= **chìm**); R heavy, serious
trầm trọng, trầm mình to drown oneself;
thăng trầm ups and downs; **thâm trầm**
reserved, undemonstrative
trầm 1 *n.* aquilaria 2 *adj.* [of voice] to be
deep, low: **lên bổng xuống trầm** modulating,
singing [tone of voice]; **trầm hùng** to be
moving; **trầm hương** aquilaria; **trầm lặng** to
be quiet, taciturn; **trầm luân** to be immersed
in misfortune
trầm mặc *adj.* quiet, taciturn
trầm ngâm *adj.* pensive, meditative, thought-
ful
trầm tĩnh *adj.* quiet, calm, taciturn
trầm trệ *adj., v.* heavy, slow, stagnant; to stag-
nate
trầm trọng *adj.* [of illness] serious
trầm trồ *v., adj.* to praise; to be full of admira-
tion, admirable
trầm tư mặc tưởng *adj.* meek; to be lost in
meditation
trầm *v.* to suppress, to hush up

trẫm 1 *v.* to drown oneself: **trẫm mình xuống
nước** to throw oneself into the water 2 *pron.*
I, me [used by king]
trân *v.* to be lost to shame, to remain brazen-
faced
trân châu *n.* pearl
Trân Châu Cảng *n.* Pearl Harbor
trân trọng *adv.* respectfully, solemnly: **tôi xin
trân trọng giới thiệu cùng quý vị** have the
honor and privilege to present to you
trấn *n.* market town, town: **thị trấn** town center
trấn *v.* to repress, to block the way, to stand in
the way: **đứng trấn cửa ra vào** to stand in
the way of the front door
trấn áp *v.* to repress, to overwhelm
trấn định *v.* to appease, to soothe
trấn giữ *v.* to guard, to defend, to protect
trấn thủ *v.* to guard, to defend [a place]
trấn tĩnh *v.* to control oneself, to keep calm
trần 1 *adj.* semi-naked: **cởi trần, ở trần** half
naked; **đầu trần** hatless, bare; **lột trần** to
strip, to unmask; **trần như nhộng** stark naked
2 *n.* ceiling: **trần nhà** ceiling; **quạt trần** ceil-
ing fan
trần ai *n.* this world
trần bì *n.* dried tangerine skin [used for
medicinal purposes]
trần duyên *n.* lot, destiny, fate
trần gian *n.* the world, this world
trần hoàn *n.* this world
trần liệt *v.* to lay out, to display
trần lụy *n.* pains of life, worries of life
trần tấu *v.* to report to the king
trần thế *n.* this world
trần thiết *v.* to arrange, to display; to decorate
trần thuật *v.* to explain, to testify
trần thuyết *v.* to explain, to set forth
trần tình *v.* to set forth, to make clear
trần trụi *adj.* stark naked
trần truồng *adj.* naked
trần tục *n.* human life
trận *n.* combat, battle; classifier for fights,
wars, attacks, matches, rains, storms, etc.:
trận đấu matches; **mặt trận** front; **tử trận** to
die in action; **ra trận** to go into battle; **bại
trận** defeated, beaten; **thắng trận** victorious;
ngựa trận war horse; **tập trận** maneuver,
military exercise; **một trận cười** a fit of
laughter
trận địa *n.* battlefield, battleground
trận đồ *n.* strategy, plan
trận giặc *n.* war
trận mạc *n.* battle, fight, combat
trận tuyến *n.* battle line, front
trận vong *v.* to die in battle: **chiến sĩ trận
vong** war dead
trâng tráo *v.* to be brazen-faced

trập trùng *v.* to accumulate [of waves, mountains]

trật **1** *n.* level, grade, rank: **phẩm trật** official rank; **thăng trật** to promote **2** *adj.* wrong, erroneous; off course: **xe lửa bị trật bánh** the train was thrown off the rails

trật bánh *v.* derailed

trật đường *v.* to take the wrong road

trật trưỡng *v.* to be staggering, to be unstable, to be reeling

trật tự *n.* order: **giữ trật tự** to maintain order; **làm rối trật tử** to disturb order; **vô trật tự** disorderly; **tôn ti trật tự** hierarchy; **trật tự công cộng** public order; **có trật tự** orderly

trâu *n.* water buffalo, carabao: **chuồng trâu** buffalo stable, buffalo shed; **đầu trâu mặt ngựa** ruffian, hoodlum, hooligan

trâu bò *n.* livestock, cattle

trâu cái *n.* she buffalo, buffalo cow

trâu con *n.* buffalo calf (= **nghé**)

trâu mộng *n.* gelded buffalo

trâu nái *n.* buffalo cow

trâu ngựa *n.* slaves

trấu *n.* rice husk: **như trấu** [of mosquitoes **muỗi**] to be abundant

trầu *n.* betel leaf

trầu cau *n.* betel and areca-nut

trầy **1** *v.* to smear, to soil, to tarnish **2** *adj.* to be lazy, negligent

trầy lười *adj.* lazy

trầy *v.* to be scratched, to scrape off, to abrade: **trầy da** to abrade one's skin

trầy trật *v.* to have great diffculties

trầy trụa *v.* to be all scratched up

trẩy *v.* to travel, to go sightseeing

trẩy hội *v.* to make a pilgrimage, to go on a pilgrimage: **trẩy hội chùa Hương** to go on a pilgrimage to Huong Pagoda

tre *n.* [SV **trúc**] bamboo: **khóm tre** a clump of bamboos; **lá tre** bamboo leaves; **măng tre** bamboo shoots; **lũy tre** bamboo hedge, girdle of bamboos; **tre già măng mọc** the young succeed the old; **đũa tre** bamboo chopsticks

trẻ *adj.* young, young child [*opp.* **già**]: **lớn bé già trẻ** old and young, everyone; **con trẻ** children; **tuổi trẻ** youth; **trai trẻ** young

trẻ con *n.* child, kid, youngster

trẻ em *n.* child, kid

trẻ già *n.* young and old

trẻ lại *v.* to be rejuvenated

trẻ măng *adj.* very young

trẻ nhỏ *n.* children, kids

trẻ thơ *n.* a very young child

treo *v.* to hang, to suspend; to display [flag]; to offer [prize **giải**]: **chết treo** hanged; **treo cờ** to display a flag

treo bảng *v.* to publish the list of successful candidates [in examination]

treo cổ *v.* to hang [criminal]

treo cờ *v.* to display flags

treo giải *v.* to offer a prize

treo giò *v.* to suspend [a soccer player], to penalize

treo gương *v.* to hang a mirror; to set an example

treo mõm *v.* to be starved

tréo *v.* to be at an angle, to cross: **tréo chân** to cross one's legs

trèo *v.* to climb: **leo trèo** to climb; **chơi trèo** to pursue friendship with someone above one's social position; **trèo cao ngã đau** the higher one climbs, the further one falls

trèo đèo lặn suối *v.* to climb up hill and go down dale

trèo leo *v.* to climb

trèo non vượt biển *v.* to be up hill and down dale

trẹo *adj.* to be out of natural position; to be out of joint, be dislocated; [of neck] stiff; [of ankle] sprained

trẹo cổ *v.* to have a stiff neck

trẹo họng *v.* to lie, to slander

trét *v.* to smear; to caulk

trê *n.* catfish, silurus

trề *v.* to purse, to pout [one's lips **mỏ, môi**]: **trề môi** to pout one's lips

trễ **1** *adj.* late: **trễ mười phút** ten minutes late; **bê trễ** tardy, dragging; **đến trễ** to be late, to come late; **đồng hồ tôi trễ** my watch is slow **2** *adj.* hanging, drooping

trễ giờ *adj.* late

trễ nải *adj.* tardy; lazy

trệ **1** *adj.* stopped; late: **đình trệ** held up, delayed; **ngưng trệ** delayed, stopped **2** *v.* to sag: **bụng trệ** a sagging belly

trệch *v.* to veer off, to miss [target]

trên *prep., adv.* above, on, upon, over, upper: **ở trên đầu** over, on one's head: **quyển sách để trên bàn** the book is on the table; **trên bàn có kiến** there are ants on the table; **trên gác, trên lầu** upstairs; **trên trần** on the ceiling; **trên trời** in the sky; **người trên** superior; **cấp trên** higher rank; **tầng trên** upper floor; **môi trên** upper lip; **hàm trên** upper jaw; **trên không** in the air; **trên bộ** on land, ashore; **trên dưới** around [a certain amount]; **bề trên** Superior [of monastery, convent]; **trên đời này** in this world; **trên căn bản bình đẳng** on an equal basis

trệt *adj.* flattened: **nhà trệt** one-storied house

trêu *v.* to tease, to pester, to plague; to flirt; to provoke

trêu chọc *v.* to tease

trêu gan *v.* to irritate, to provoke

trêu ghẹo *v.* to tease, to pester, to plague
trêu ngươi *v.* to irritate, to provoke
trểu tráo *v.* to chew briefly
trểu trào *v.* to be overflowing
tri *v.* (= **biết**) to know: **vô tri** inanimate; **tương tri** to understand each other; **tiên tri** prophet; **cố tri** old friend; **thông tri** to inform
tri âm *n., v.* close friend; to fully understand one another
tri ân *adj.* to be in gratitude, to be grateful
tri giác *n.* perception
tri giao *v.* to have a friendly relationship
tri hành *n.* theory and practice
tri hô *v.* to shout for help
tri huyện *n.* district chief [in delta]
tri kỷ *n.* close friend
tri năng *n.* knowledge and ability
tri ngộ *n.* friendship at first sight
tri phủ *n.* district chief [in delta]
tri thức *n.* knowledge
trí *n.* mind, spirit, wit, intelligence; knowledge, wisdom: **tài trí** ability and intelligence; **nhanh trí** intelligent
trí dục *n.* intellectual education
trí dũng *n.* wisdom and courage
trí khôn *n.* intelligence
trí lực *n.* mental power, intellect, mind
trí mưu *n.* resourcefulness
trí não *n.* brain, mind
trí nhớ *n.* memory: **bạn tôi có trí nhớ rất tốt** my friend has a very good memory
trí sĩ *n.* retired official
trí thức *n.* intellect, intellectual, intelligentsia
trí trá *adj.* crafty, wily
trí tri *v.* to deepen knowledge
trí tuệ *n.* intelligence
trí tưởng tượng *n.* imagination: **trẻ con có trí tưởng tượng rất phong phú** children have a rich imagination
trí xảo *adj.* astute, cunning
trì *v.* to hold; to support, to help: **duy trì** to preserve, to maintain; **hộ trì** to help, to assist; **trụ trì** [of monk] to be in charge of a temple; **kiên trì** patient
trì chí *adj.* patient
trì độn *adj.* dull, apathetic, lazy
trì hoãn *v.* to delay, to postpone: **khômg nên trì hoãn dự án của chúng ta** we shouldn't delay our project
trì thủ *v.* to guard, to preserve
trĩ *n.* hemorrhoid
trĩ mũi *n.* polyp in the nose
trị *v.* to administer, to govern, to rule; to cure [disease, patient]: **thống trị** to rule; **điều trị, trị liệu** to cure diseases; **trừng trị** to punish; **bất trị** uncontrollable; **tự trị** self-governing, autonomous

trị an *v.* to pacify, to maintain order
trị giá *v.* to be worth [so much], to value
trị liệu *v.* to cure, to treat
trị số *n.* value
trị sự *v.* to manage: **ban trị sự** board of directors
trị thuỷ *v.* to control floods
trị tội *v.* to punish
trị vì *v.* [of king] to reign, to rule
trích *v.* to extract, to excerpt, to take out; to set aside [a certain amount]: **trích một đoạn văn** to extract; **trích một số tiền** to set aside a sum of money
trích dẫn *v.* to quote
trích dịch *v.* to translate excerpts
trích diễn *n.* excerpts [from literary works]
trích đăng *v.* to print, to publish parts of
trích lục *v.* to duplicate, to copy: **trích lục khai sinh** to duplicate a birth certificate
trích yếu *n.* summary, outline, abstract, synopsis
trịch *adj.* very heavy: **nặng trình trịch** very heavy
trịch thượng **1** *v.* to hold a superior rank; to be lofty **2** *adj.* condescending: **giọng trịch thượng** condescending tone
triền *n.* slope [of mountain **núi**], basin [of river **sông**]
triền miên *adj.* tangled up, interminable
triển hạn *v.* to extend a deadline: **họ xin triển hạn hợp đồng** they are asking to extend the deadline of their contract
triển khai *v.* to develop, to expand
triển lãm *v., n.* to exhibit; exhibition: **cuộc triển lãm hội họa** painting exhibition
triển vọng *n.* prospect, expectation, outlook
triện *n.* seal, stamp: **chữ triện** seal characters
triết *n.* philosophy: **nhà hiền triết** philosopher
triết gia *n.* philosopher
triết học *n.* philosophy [the study]
triết lý *n.* philosophy [of a man or religion]
triết nhân *n.* philosopher
triệt *v.* to suppress, to remove, to exterminate; to withdraw [troops **binh**]: **triệt thoái quân đội** to withdraw troops
triệt để *adj., adv.* radical, thorough, systematic; thoroughly, radically, absolutely, completely
triệt hạ *v.* to quell; to raze, to put down
triệt hồi *v.* to dismiss, to recall [official]
triệt tiêu *v.* to cancel, to destroy: **triệt tiêu số đạo hàm** to cancel a derivative
triệt thoái *v.* to withdraw: **triệt thoái quân khỏi biên giới** to withdraw troops from the border
triệt thối *v.* to withdraw
triều **1** *n.* royal court: **triều đình** dynasty, king court **2** *n.* (= **trào**) tide: **thuỷ triều đang lên** rising tide
triều chính *n.* court affairs, state affairs

triều cống *v.* to bring a tribute to the emperor

triều đại *n.* dynasty

triều đình *n.* the imperial Court

triều kiến *v.* royal audience

triều nghi *n.* court rites

triều phục *n.* court dress

triều thần *n.* court officials

Triều Tiên *n.* (= **Cao Ly**) Korea: **người Triều Tiên** Korean

triệu 1 *num.* million: **hai triệu rưỡi** 2,500,000; **hàng triệu** millions of **2** *v.* to summon; to call: **triệu đại sứ về nước** to recall the ambassador home

triệu chứng *n.* symptom; omen

triệu hồi *v.* to recall [an official]

triệu phú *n.* millionaire: **ai cũng muốn trở thành triệu phú** everyone wants to be a millionaire

triệu tập *v.* to call a meeting, to convene, to convoke [assembly]: **triệu tập một hội nghị** to convene a conference

trinh *adj.* virgin, chaste; righteous: **phá trinh** to deflower; **mất trinh** to lose virginity; **đồng trinh** young virgin; **màng trinh** hymen

trinh bạch *adj.* chaste, pure

trinh nữ *n.* virgin

trinh phụ *n.* loyal wife

trinh sát *v.* to spy, to scout around

trinh tiết *n.* virginity

trinh thám *adj.* detective

trình *v.* to report: **trình báo chính quyền** to report to the authorities; **trình hộ chiếu** to show one's passport; **tờ trình** report; **tường trình** to report; report; **phúc trình** to report [again]

trình bày *v.* to present, to display

trình diện *v.* to report oneself

trình độ *n.* degree, extent, level, standard

trình toà *v.* to register [model, patent]

trình trịch *adj.* weighty

trình tự *n.* sequence, order; process

trịnh trọng *adj.* formal, solemn

trìu mến *v., adj.* to be fond of, to love; affectionate

trĩu *v.* to be weighted down, to be bent: **nặng trĩu** very heavy

tro *n.* cinders, ashes

trò 1 *n.* young student: **học trò** student, schoolboy, pupil; **thầy trò** teacher and student; **vẽ trò** to complicate things; **vai trò** role, part; **chuyện trò** to talk, to chat; **pha trò** to kid, to joke, to be a comedian **2** *n.* game, trick, feat

trò chơi *n.* game: **chơi trò chơi điện tử** to play computer games

trò chuyện *v.* to talk

trò cười *n.* laughing-stock

trò đời *n.* human comedy

trò đùa *n.* joke, trick, prank

trò hề *n.* jest, joke; buffoonery

trò khỉ *n.* aping; monkey business

trò nhỏ *n.* schoolboy

trò quỉ thuật *n.* magician's trick

trò trẻ con *n.* children's stuff

trò trống *n.* nothing: **không ra trò trống gì cả** to amount to nothing

trỏ *v.* to point, to show: **ngón tay trỏ** index finger

trọ *v.* to stay overnight; to board: **nhà trọ** boarding house; **ăn trọ, ở trọ** to stay at, to board at; **quán trọ** inn

trọ trẹ *v.* to speak with a heavy accent

tróc *v.* [of skin **da**] to peel off; to scale off [of bark **vỏ**, scale **vẩy**, paint **sơn**] to fall off: **tróc sơn** the paint peeled off

tróc nã *v.* to hunt for: **tróc nã kẻ ăn cắp** to hunt for a thief

trọc *adj.* [of head] shaven; [of mountain] bare: **đầu trọc** a shaven head

trọc lóc *adj.* completely shaven; hairless

trọc phú *n.* lonely rich

trói *v.* to bind, to tie up [a person]: **trói người nầy lại** to tie up this person; **trói buộc** to tie up [with obligations]

trọi *adj.* emptied, cleaned out: **hết trọi** all gone; at all; **trơ trọi** lonely

trõm *n.* [of cheeks **má**] hollow, [of eyes **mắt**] sunken

tròn *adj.* round, spherical, [of moon] full: **vòng tròn** circle; **quả tròn** sphere; **hình tròn** round, spherical; circle, sphere; **hai năm tròn** two full years; **làm tròn** to fulfill; **hội nghị bàn tròn** roundtable conference

tròn trặn *adj.* perfectly round

tròn trĩnh *adj.* plump, roundish

tròn xoe *adj.* perfectly round

trọn *adj., adv.* entire, whole; entirely, completely

trọn đời *n.* during one's entire life

trọn vẹn *adj.* complete, whole, integral

trong 1 *adj.* [SV **thanh**] pure, clear, transparent [*opp.* **đục**]: **trăng trong** clear moonlight **2** *prep.* [SV **nội**] in, inside, inner; among: **trong số** among; **ở trong, bên trong** inside; **trong Sài Gòn** in Saigon [as opp. to a place in the north]; **trong ba tháng** during three months; **trong năm rồi** in the last year; **trong rừng** in the jungle

trong khi *adv.* while, during

trong khi ấy *adv.* meanwhile, in the meantime

trong sạch *adj.* pure, clean

trong suốt *adj.* transparent, clear

trong trắng *adj.* pure, clean

trong trẻo *adj.* clear, unclouded

trong vắt *adj.* very clear, limpid, transparent

tróng vòng *adv.* within [a period of time]

tròng **1** *n.* noose, lasso; trap, snare: **vào tròng** trapped **2** *n.* pupil of the eye

tròng lọng *n.* slip knot, noose

tròng trành *v., adj.* to rock; unstable

trọng *adj.* heavy (= **nặng**); important [*opp.* khinh]; to respect, to honor [person, treaty]: **kính trọng, tôn trọng** to respect; **quan trọng** important; **nghiêm trọng** grave, serious; **tự trọng** self-respect; **hệ trọng** vital, crucial; **long trọng** solemn; **quí trọng** to esteem and respect; **sang trọng** noble; **trầm trọng** grave, serious [of crisis]; **trân trọng** to have the honor to

trọng bệnh *n.* serious illness

trọng dụng *v.* to use at an important function

trọng đãi *v.* to treat well

trọng đại *adj.* important

trọng đông *n.* the second month of winter

trọng hậu *adj.* generous, liberal

trọng lực *n.* weight, gravity

trọng lượng *n.* weight: **trọng lượng nguyên tử** atomic weight; **trọng lượng phân tử** molecular weight

trọng lượng riêng *n.* specific weight

trọng lượng nguyên *n.* gross weight

trọng lượng ròng *n.* net weight

trọng mãi *n.* broker

trọng nông *adj.* physiocratic, agricultural

trọng pháo *n.* heavy artillery

trọng tài *n.* umpire

trọng tải *v., n.* [of vessel] to have a tonnage of; carrying capacity, weight load

trọng tâm *n.* center of gravity, hub; important point, center of importance

trọng thể *adj.* solemn

trọng thu *n.* the second month of autumn

trọng thương *adj.* heavily wounded, severely wounded

trọng thưởng *v.* to reward generously

trọng tội *n.* serious offense, crime

trọng trách *n.* heavy responsibility

trọng vọng *v.* to honor, to respect

trọng xuân *n.* the second month of spring

trọng yếu *adj.* important, vital, essential

trót **1** *adv.* to act completely; entirely, full **2** *v.* to have committed already [an error, a crime]: **nó trót dại lấy của ông cái bút** he was stupid enough to steal your pen

trô trố *v.* to stare at, to goggle

trố *v.* to have eyes wide open

trố mắt *v.* to goggle

trổ **1** *v.* to shoot forth, to put forth, to sprout **2** *v.* to show off, to display: **trổ tài** to display talent

trổ bông *v.* to bloom [flowers]

trổ hoa *v.* to bloom

trốc *v.* to upturn: **trốc mái nhà** to upturn roofs

trôi *v.* to drift; [of time] to pass: **chết trôi** to be drowned; **ngày tháng trôi qua** time flies

trôi chảy *adj.* going well, running smoothly; [of style] easy, flowing

trôi giạt *v.* to be stranded; to drift, to roam

trôi nổi *v.* to be drifting

trôi sông *v.* to drown [as a punishment] in a river, to drift on the river

trối **1** *v.* to leave one's last will **2** *adj.* exhausted, overwhelmed

trối chết *adv.* beyond endurance, intolerably: **đau trối chết** to suffer an intolerable pain

trồi *v.* to emerge, to jut out; [of price] to go up: **trồi lên khỏi mặt nước** to emerge from the water

trội *v.* to excel, to surpass, to dominate

trội khoản *n.* over limit credit [in, account]

trộm *v.* to steal; to venture to [think **nghĩ**]: **kẻ trộm, thằng ăn trộm** burglar; **vụ trộm** burglary; **trộm vặt** cat burglary, petty theft; **đánh trộm** to ambush

trộm cắp *n.* robbers, thieves

trộm cướp *n.* burglars, bandits

trộm nghĩ *v.* to venture to think: **tôi trộm nghĩ bạn nên ở lại** I venture to think that you should stay

trộm nhớ *v.* to miss [someone/something] in secret

trộm phép *v.* to take the liberty of

trôn *n.* bottom, eye [of needle]; behind: **xoáy trôn ốc** spiral; **bán trôn nuôi miệng** to be a prostitute

trốn *v.* [SV **đào**] to flee, to escape: **chạy trốn** to run away; **lẩn trốn** to escape; **chơi đi trốn** to play hide and seek

trốn học *v.* to play hooky, to play truant

trốn lính *v.* to dodge the draft

trốn mặt *v.* to hide, to avoid [somebody]

trốn thoát *v.* to flee, to escape from

trốn thuế *v.* to dodge taxes

trốn tránh *v.* to evade, to dodge; to avoid

trộn *v.* to mix; to stir, to blend, to mingle: **trộn muối với tiêu** to mix salt with pepper

trông *v.* to look; to have the appearance of; to wait for: **trông ông ấy kìa!** look at him!; **trông chờ, trông đợi** to wait for; **trông con cái** to look after children

trông cậy *v.* to rely on, to depend on

trông chờ *v.* to wait for

trông chừng *v.* to watch out; it seems that

trông coi *v.* to watch over, to guard, to take care of

trông đợi *v.* to expect, to hope

trông mong *v.* to expect, to hope

trông nom *v.* to look after; to take care of, to supervise

trông thấy *v.* to see
trống 1 *n.* drum: **đánh trống** to beat a drum; **mặt trống** drumhead; **dùi trống** drum stick [musical instrument; not fowl's leg]; **không kèn không trống** without fanfare; **vừa đánh trống vừa ăn cướp** to burglarize a place and ring the burglar alarm at the same time 2 *adj.* [of chicken] male: **gà trống** rooster, cock 3 *adj.* [of place] to be empty, vacant, unprotected: **chỗ trống** blank; **còn trống** vacant, vacancy; **điền vào chỗ trống** to fill in the blanks; **nhà trống** empty house; **đất trống** vacant lot
trống bỏi *n.* paper tambourine
trống canh *n.* guard's drum [used to give warnings]; night watch beat
trống không *adj.* empty
trống mái *n.* male and female; showdown
trống ngực *n.* heart beat
trống quân *n.* folk song contest in the countryside of North Vietnam
trống trải *adj.* exposed, empty
trống rỗng *adj.* empty
trồng *v.* to grow, to plant: **trồng lúa** to grow rice
trồng đậu *v.* to vaccinate against smallpox
trồng tỉa *v.* to plant, to grow
trồng trái *v.* to vaccinate against smallpox
trồng trọt *v.* to cultivate, to grow trees and plants
trơ *adj.* motionless; alone; brazen-faced; to be indifferent, shameless: **trơ trọi** to be alone; **ông ta cứ trơ mặt ra** he remains brazen-faced; **trơ như phỗng đá** stock still; **trơ như đá** firm, steadfast
trơ mắt *v.* to stand and look; to be powerless, to be helpless
trơ tráo *adj.* shameless, brazen
trơ trẽn *adj.* ashamed; shameless, impudent
trơ trọi *adj.* all alone
trơ trơ *adj.* motionless, still; unmoved, indifferent
trơ trụi *adj.* stripped, leafless: **cành cây trơ trụi** leafless branch
trở trêu *v.* to dupe, to deceive; to be ironical
trở *v.* to return [to a place], to change: **trở về nhà** to return home
trở chứng *v.* to change one's conduct
trở cờ *v.* to be a turncoat
trở dạ *v.* to begin to go into labor
trở đi *adv.* from now on
trở giọng *v.* to change one's tune
trở lại *v.* to return: **ông ấy sẽ trở lại trong hai ngày nữa** he will return in two days
trở lực *n.* obstacle [with **vượt** to overcome]
trở mặt *v.* to betray
trở mình *v.* to turn over [in bed]

trở nên *v.* to become
trở ngại *v., n.* to have an obstacle, to have a problem; obstacle, hurdle
trở thành *v.* to become
trở xuống *v.* to go downward
trợ *v.* to help; to support: **bảo trợ** to assist; to sponsor; **tương trợ** mutual aid; **nội trợ** housewife; **viện trợ** to aid; **cứu trợ** aid, rescue; **uỷ ban cứu trợ Quốc tế** International Rescue Committee
trợ bút *n.* assistant editor
trợ cấp *v.* to give aid or grant to, to subsidize, to give relief to
trợ lý *n.* assistant: **trợ lý ngoại trưởng Phụ trách Viễn đông Sự vụ** Assistant Secretary of State for Far Eastern Affairs
trợ động từ *n.* auxiliary verb
trợ giáo *n.* teaching aide
trợ tá *n.* assistant
trợ lực *v.* to assist, to aid
trợ thì *adj.* temporary, makeshift
trợ từ *n.* particle
trời *n.* sky, heaven, air; weather: **trời nhiều mây** cloudy sky; **trời đẹp** the weather is fine
trời ơi! *intj.* heaven!, my God!
tròm *v.* to overlap, to flow over
trơn *adj.* smooth, slippery; fluent; [of silk, material] solid, plain, without design: **đường trơn** slippery road; **lụa trơn** plain silk
trơn tru *adv.* smoothly, without a hitch: **công việc trơn tru** the work was done without a hitch
trơn tuột *adj.* very slippery
trớn 1 *n.* impetus, momentum, elan: **quá trớn** to go too far 2 *v.* to have eyes wide open [because of anger or agony]
trợn *v.* to glower, to scowl: **phồng má trợn mắt** to glower and puff one's cheeks
trợn trừng *v.* to glower
tru 1 *v.* to execute, to condemn to death 2 *v.* to howl, to yell
tru di *v.* to execute, to kill: **tru di tam tộc** to execute all members of three generations
tru tréo *v.* to howl, to yell
trú *v.* to take shelter; to dwell, to live, to stop, to reside: **lưu trú** to stay, to reside; **đồn trú** [of troops] to be stationed; **cư trú** to live, to dwell
trú ẩn *v.* to take shelter: **hầm trú ẩn** air raid shelters
trú chân *v.* to stop off at; to stay, to take shelter
trú dân *n.* resident
trú ngụ *v.* to reside, to live
trú nhân *n.* refugee
trú nhân chính trị *n.* political refugee
trú quán *n.* place of residence, permanent address

trú sở *n.* dwelling, residence, domicile

trù 1 *v.* to manage, to plan, to estimate beforehand: **trù hoạch** to plan **2** *v.* to curse, to cast a spell; [slang] to be after, to be implacable toward [student, one's child]; to be bent on harming

trù bị *v.* to prepare, to get ready

trù dập *v.* to clip someone's wings

trù định *v.* to plan to

trù hoạch *v.* to plan

trù liệu *v.* to plan

trù mật *adj.* densely populated and prosperous; [of population] dense

trù phú *adj.* prosperous

trù tính *v.* to plan to

trù trừ *v.* to hesitate, to falter

trụ *n.* (= **cột**) pillar, pole: **trụ đèn** light pillar; **tứ trụ** the four highest-ranking dignitaries in the imperial court

trụ sinh *n.* antibiotic

trụ sở *n.* headquarters, main office

trụ trì *n.* head monk, resident monk [in Buddhist temple]

truân chiên *adj., n.* hard, difficult; ups and downs

truất *v.* to dismiss, to remove: **truất phế** to dethrone

truất hữu *v.* to expropriate

truất ngôi *v.* to dethrone

truất phế *v.* to dethrone

truất vị *v.* to dethrone

trúc 1 *n.* small bamboo; flute **2** *v.* to fall, to topple: **cột điện trúc** an electrical pole fell over

trúc bâu *n.* calico

trúc đào *n.* oleander

trúc mai *n.* bamboo and plum tree, friendship; conjugal love

trúc trắc *adj.* [of style] awkward, clumsy; [of undertaking] difficult

trục 1 *v.* to jack up: **cần trục** jack, crane **2** *n.* axle, axis: **trục xe đạp** a bicycle axle; **trục quay** rotation axis **3** *v.* to expel, to drive out: **trục mấy tên tham ô** to expel corrupted officials

trục chuyển sức *n.* axle of transmission

trục kéo *n.* crane

trục lợi *v.* to be mercantile, to seek self-profit

trục trặc *v.* to run into difficulties; to go awry; [of machine] to run with difficulty

trục xuất *v.* to expel, to deport

trụi *adj., v.* stripped bare, leafless; to lose one's hair, to be denuded of: **cây trụi lá** leafless trees

trùm 1 *v.* to cover **2** *n.* hamlet chief; [of gang] leader, chieftain: **chúa trùm ăn trộm** a chieftain of thieves

trùm chăn *v.* to keep out of any involvement, to remain in a neutral position

trun *adj.* elastic

trùn 1 *v.* to retract **2** *n.* earthworm

trung 1 *adj.* loyal, faithful [*opp.* **gian, nịnh**]: **trung với nước hiếu với dân** to be loyal to one's country and dedicated to one's people **2** *adj.* (= **giữa**) center, middle, medium, interior: **cỡ trung** medium size; **trung tâm thành phố** city center

trung bình *adj.* average: **tốc độ trung bình** average speed; **mỗi ngày chúng tôi đi bộ trung bình 6 cây số** we walk on average 6 kilometers a day

trung bộ *n.* central part; central Vietnam

trung cấp *adj.* middle: **cán bộ trung cấp** middle-ranking cadres

trung chính *adj.* impartial, unbiased, neutral

Trung Cổ *n., adj.* Middle Ages; medieval

Trung Cộng *n.* Communist China, Chinese communists

trung du *n.* midland

trung dung *n.* happy medium; Doctrine of the Mean

trung đẳng *n.* intermediate grade

trung đoàn *n.* regiment

trung đoàn trưởng *n.* colonel

trung đoạn *n.* apothem

trung độ *n.* medium, intermediate degree

trung đội *n.* section, platoon: **trung đội bảo tu** servicing flight; **trung đội chỉ huy** headquarters platoon; **trung đội công xưởng** maintenance platoon; **trung đội quân y trung đoàn** regimental medical platoon; **trung đội sửa xe** maintenance platoon; **trung đội truyền tin** signal platoon

trung đội trưởng *n.* platoon leader

Trung Đông *n.* Middle East

trung gian *n.* intermediary, middleman, go-between [with **làm** to be, act as]

trung hậu *adj.* upright and kind-hearted

trung hiếu *adj.* loyal to the king and dutiful to parents

Trung Hoa *n.* China: **Trung Hoa Quốc gia** Nationalist China

trung hoà *adj., v.* neutral; [physics, chemistry] to neutralize

trung hoà tử *n.* neutron

trung học *n.* secondary education: **trường trung học** high school, secondary school; **giáo sư trung học** high-school teacher; **học sinh trung học** high-school student

trung hưng *n.* restoration

trung kiên *adj.* faithful, loyal

trung kỳ *n.* Central Vietnam [no longer used]

trung lão *adj.* middle-aged

trung lập *adj.* neutral

trung lập hoá *v.* to neutralize
trung liên *n.* automatic rifle
trung liệt *adj.* loyal and virtuous
trung lưu *n.* middle class
trung nghĩa *adj.* loyal
trung phần *n.* central part; central Vietnam
trung quân *v.* to be loyal to the king
Trung Quốc *n.* China
trung sĩ *n.* sergeant: **trung sĩ nhất** master sergeant, first sergeant; **trung sĩ cấp liệu** regimental supply sergeant; **trung sĩ hoả thực** mess sergeant; **trung sĩ huấn luyện viên** pay sergeant; **trung sĩ tuần trực** sergeant of the week
trung tá *n.* lieutenant-colonel
trung tâm *n.* center: **Trung tâm Thính thị Anh ngữ** English Language laboratory; **trung tâm huấn luyện** training center
trung thành *v.* to be loyal
trung thần *n.* loyal subject
trung thiên *n.* zenith
trung thu *n.* mid autumn
trung tín *adj.* loyal, faithful
trung trinh *adj.* loyal and straight-forward
trung trực *adj.* loyal, upright
trung tuyến *n.* median
trung tướng *n.* major-general
trung uý *n.* first lieutenant; [navy] lieutenant junior grade
trung ương *adj., n.* central; headquarters: **chính phủ trung ương** central government
Trung Việt *n.* central Vietnam
trúng 1 *v.* to hit [target, jackpot]; to be hit [by arrow **tên**, bullet **đạn**]: **trúng đạn** to be hit by a bullet 2 *v.* to win, to be right: **đoán trúng** to guess right; **trúng số độc đắc** to win a jackpot number; **ông ấy trúng cái xe hơi** he won a car in the lottery
trúng cách *v.* to fulfill the requirements
trúng cử *v.* to be elected: **ông ấy trúng cử vào quốc hội** he was elected to the National Assembly
trúng độc *v.* to be intoxicated; to be poisoned
trúng gió *v.* to be caught in a draft [air current]
trúng kế *v.* to fall into a trap
trúng phong *v.* to be caught in a draft [air current]
trúng số *v.* to win a lottery prize
trúng thử *v.* to get sunstroke
trúng thực *v.* to have indigestion
trúng tủ *v.* [of examinee, student] to hit one's knowledge, to be asked the only question one has studied for
trúng tuyển *v.* to pass the examination
trùng 1 *adj.* [of string] slack [*opp.* **căng**]; [of trousers] to be hanging 2 *v.* to coincide, to be the same [**với** with]: **chúng tôi trùng tên nhau** we have the same names 3 *n.* duplicate, repeated 4 *n.* insect, worm: **côn trùng** insects; **sát trùng** antiseptic
trùng dương *n.* oceans
trùng điệp *adj.* rolling; repetitious, duplicating; reduplicative
trùng phùng *v.* to meet again
trùng tên *v.* to have the same name
trùng trình *v.* to linger, to loiter; to waver; to procrastinate
trùng trùng điệp điệp *adj.* numerous, indefinite
trùng tu *v.* to reconstruct, to rehabilitate, to restore
trùng vi *n.* siege, encirclement
trũng *adj.* concave, low, hollow: **chỗ trũng** depression
truồng *adj.* naked: **cởi truồng, ở truồng** stark naked
trút 1 *n.* anteater, pangolin 2 *v.* to pour; to leave [load]; to cast aside [**linh hồn** soul]: **mưa như trút nước** it was pouring
trút sạch *v.* to clean [dishes]; to get rid of completely
trụt *v.* to slide down, to slip off: **trụt giày** to slip off one's shoes
truy *v.* to quiz; to chase, to pursue [case, problem]
truy cản *v.* to intercept
truy cấp *v.* to pay retroactive pay, to backpay
truy cứu *v.* to investigate, to search for
truy điệu *v.* to commemorate [dead heroes]
truy hoan *v.* to indulge in pleasure-seeking
truy kích *v.* to pursue and attack
truy lĩnh *v.* to receive arrears of
truy nã *v.* to hunt for, to look for, to track down [suspect, criminal]
truy nguyên *v.* to identify the source; to trace back; to reconstruct [form]
truy niệm *v.* to commemorate
truy phong *v.* to hit and run away
truy tặng *v.* to bestow [title] posthumously
truy tầm *v.* to hunt, to look for [suspect, criminal]
truy thu *v.* to collect arrears
truy tố *v.* to sue, to prosecute
truy vấn *v.* to interrogate, to question
truy lạc *adj.* degenerated, debauched, depraved: **cuộc sống truy lạc** a depraved life
truy thai *v.* to miscarry; to have an abortion
truyền 1 *v.* to communicate; to transmit [inheritance, tradition]; to transmit; to teach, to hand over: **truyền bệnh** to transmit a disease; **cổ truyền** traditional; **gia truyền** family tradition; **di truyền** hereditary; **tục truyền** according to legend; **lưu truyền** to hand

down; **thất truyền** to be lost because something is no longer taught **2** v. to order

truyền bá v. to spread, to popularize, to disseminate

truyền đạo v. to preach a religion

truyền đạt v. to communicate

truyền đơn n. leaflet, handbill

truyền giáo v. to preach a religion: **nhà truyền giáo** missionary

truyền hình v. to transmit an image: **vô tuyến truyền hình** television [TV]

truyền huyết v. to transfer blood

truyền khẩu v. to transmit orally, to transmit by word of mouth: **văn học truyền khẩu** oral or folk literature

truyền nhiễm adj. [of disease] communicable, contagious

truyền nhiệt v. to conduct heat

truyền thanh v. to broadcast: **vô tuyến truyền thanh** wireless, radio

truyền thần v. to draw a life portrait

truyền thông v., n. to communicate [ideas]; communication

truyền thống adj., n. traditional; tradition

truyền thụ v. to teach, to impart: **truyền thụ kinh nghiệm cho ai** to impart experience to someone

truyền thuyết n. legend

truyền tin n. communication

truyền tụng v. to pass down something from generation to generation

truyện n. story, novel, fiction, tale: **bày đặt truyện** to fabricate a story; **kể truyện** to tell a story; **truyện ngắn** short story; **truyện dài** novel

truyện gẫu v. to chat

truyện ký n. biography

truyện phiếm n. humorous story, idle talk

trứ danh adj. famous, prominent, well-known, famed

trứ tác v. to write, to compose

trứ thuật v. to write, to compose

trừ 1 v. to subtract, to deduct; to exclude, to suppress, to eliminate, to subtract: **tính trừ** subtraction; **6 trừ 2 còn 4** six minus two equals four; **anh phải trừ 15 phần trăm thuế** you must deduct 15 percent for taxes **2** adv. except: **tôi làm việc tất cả các ngày trừ chủ nhật** I work all days except Sunday

trừ bì v. to leave out the covering; not to count the weight of a box

trừ bị v. to keep aside, to reserve: **sĩ quan trừ bị** reserve officer

trừ khử v. to wipe out, to quell, to exterminate

trừ phi conj. unless: **không ai cầm ô trừ phi trời mưa** nobody carries an umbrella unless it rains

trừ tịch n. New Year's eve

trữ v. to save, to keep aside, to store: **tích trữ** to hoard; **lưu trữ** to keep, to preserve [archives]; **trữ gạo** to store rice

trữ kim n. gold reserve

trữ lượng n. reserve

trữ tình adj. lyric

trưa 1 adj. late [in the morning]: **ngủ dậy trưa** to get up late **2** n. noontime, midday: **trưa chưa?** is it noon yet?; **ngủ trưa** to get up late; to take a siesta; **bữa trưa, cơm trưa** lunch, luncheon

trực adj. (= **thẳng**) straight, honest, righteous: **cương trực** upright, righteous; **túc trực** to be on hand

trực ban v. to be on duty

trực giác n. intuition

trực hệ n. direct lineage

trực khuẩn n. bacillus

trực ngôn n. honest language, sincere words

trực thăng v. to rise up straight: **phi cơ trực thăng** helicopter

trực thu v. [of taxes] to tax directly, to levy directly [opp. **gián thu**]: **thuế trực thu** direct taxes

trực thuộc v. to be directly dependent on: **thành phố nẩy trực thuộc trung ương** this city is directly dependent on the central government

trực tiếp adj. direct, immediate [opp. **gián tiếp**]: **tiếp xúc trực tiếp** to contact directly with

trực tính adj. outspoken

trực tràng n. rectum

trực trùng n. bacillus

trưng v. to display: **trưng bày sản phẩm** to display products

trưng bầy v. to display, to exhibit

trưng binh v. to recruit soldiers, to raise troops, to conscript

trưng cầu v. to request someone's opinion, to seek a consensus: **trưng cầu dân ý** to hold a referendum

trưng dụng v. to requisition [for government use]

trưng tập v. to requisition

trưng thu v. to confiscate

trưng triệu n. omen, presage

trứng n. egg: **đẻ trứng** to lay eggs; **luộc trứng** to boil an egg; **rán trứng** to fry an egg; **tráng trứng** to make an omelet; **vỏ trứng** eggshell; **buồng trứng** ovary; **lòng trắng trứng** egg white, albumen; **lòng đỏ trứng** egg yolk; **trứng gà** chicken egg; **trứng vịt** duck egg; **trứng tươi** fresh egg; **trứng ung** rotten egg

trứng cá n. spawn; blackhead, comedo [with **nặn** to extract]

trứng lộn n. half-hatched egg, fermented egg

trứng nước *adj.* in infancy, young

trừng *v.* to stare at, to glower: **trừng mắt nhìn họ** to glower at them

trừng giới *v.* to correct, to punish: **nhà trừng giới** reformatory

trừng phạt *v.* to punish

trừng trị *v.* to punish

trừng trừng *v.* to be staring

trước *adj., adv.* [SV **tiên, tiền**] before, last, in front of [*opp.* **sau**], before; beforehand, in advance: **đến trước** to arrive ahead of time; **hôm trước** the other day; **tháng trước** last month; **trước mắt** in front of someone'eyes; **trước mặt** in the presence of; **cửa trước** front door, front gate; **khi trước** before

trước bạ *v.* to register: **trước bạ xe của bạn** to register your car

trước đây *adv.* before

trước hết *adv.* first of all, in the first place, above all: **trước hết chúng ta thông qua chương trình nghị sự** first of all we have to approve the agenda

trước kia *adv.* before, formerly, previously

trước nhất *adv.* first of all, in the first place

trước sau *adv.* before and after, always: **trước sau như một** always the same

trước tiên *adv.* first of all, firstly

trườn *v.* to creep, to crawl

trương *n.* See **trang**

trương **1** *v.* to swell up, to extend, to expand, to open up **2** *v.* to display, to exhibit; to boast: **phô trương** to boast, to show off **3** *v.* to fly, to unfurl: **trương cờ** to fly one's flag

trương mục *n.* account: **mở một trương mục** to open a bank account

trương tuần *n.* village watchman

trướng **1** *v.* to swell, to distend: **trướng bụng** to have a distended stomach **2** *n.* (= **màn**) curtain, tapestry, hangings; laudatory writing [in praise of a promotion, wedding, etc.]

trường **1** *n.* (= **tràng**) bowels, intestine: **đại trường** large intestine; **tiểu trường** small intestine; **trực trường** rectum **2** *n.* school, field: **trường trung học** secondary school; **chiến trường** battlefield; **hí trường** theater; **kịch trường** theater; **nhạc trường** band shell, auditorium, music hall; **pháp trường** execution ground; **vũ trường** dance hall; **trường công, trường nhà nước** public school; **trường tư** private school; **trường tiểu học** primary school; **trường đại học** university, college; **công trường** square **3** *adj.* (= **dài**) long [*opp.* **đoản**]: **sở trường** specialty; **suốt đêm trường** all night long

trường bay *n.* airfield

trường ca *n.* long poem, long song

trường chinh *n.* the long march

trường cửu *adj.* lasting, long term

trường đua *n.* race track, race course

trường hợp *n.* circumstances; case

trường kỳ *n., adj.* long term; long, prolonged

trường kỷ *n.* sofa

trường luật *n.* law school

trường mệnh *n.* longevity

trường ốc *n.* school building

trường qui *n.* examination rules; school regulations

trường sinh *n.* immortality, long life: **thuốc trường sinh** an elixir of life

trường sở *n.* school site, school building

trường thành *n.* long wall: **Vạn Lý Trường Thành** the Great Wall [in China]

trường thi *n.* examination compound

trường thiên tiểu thuyết *n.* long novel

trường thọ *v.* longevity

trường thuốc *n.* medical school

trường tiền *n.* the mint

trường tồn *v.* to last, to endure

trưởng *adj.* the eldest in the family; head, chief: **thuyền trưởng** captain [of a ship]; **cảnh sát trưởng** police chief, sheriff; **bộ trưởng** minister, secretary of state; **viện trưởng** rector, president [of university **viện đại học**]; **khoa trưởng** dean [of a faculty **khoa**]; **quận trưởng** district chief; **tỉnh trưởng** province chief; **xã trưởng** village chief; **tiểu đội trưởng** squad leader; **trung đội trưởng** platoon leader; **hội trưởng** president [of society]; **gia trưởng** family head

trưởng ban *n.* section chief, department chairman, committee head

trưởng giả *n.* bourgeoisie, bourgeois

trưởng lão *n.* elderly; presbyterian

trưởng nam *n.* eldest son

trưởng nữ *n.* eldest daughter

trưởng phố *n.* precinct head

trưởng thành *v.* to grow up into manhood, to be matured

trưởng tộc *n.* head of a clan, patriarch

trưởng ty *n.* service chief

trượng **1** *n.* unit of ten [Vietnamese] feet **2** *n.* cane, stick, rod

trượng phu *n.* husband; noble man, hero

trượt *v.* to slip, to skid; to fail [examination] [*opp.* **đỗ, đậu**]: **trượt chân** to slip while walking; **thi trượt** to fail an examination

trượt bánh *v.* to skid: **xe trượt bánh** the car skidded

trượt chân *v.* to slip

trượt tuyết *v.* to ski: **xe trượt tuyết** sleigh, toboggan; **giày trượt tuyết** skates

trừu *n.* (= **cừu**) sheep: **thịt trừu** lamb

trừu tượng *adj.* abstract [*opp.* **cụ thể**]

trừu tượng hóa *v.* to abstract

tu 1 *v.* to drink straight out of the bottle or teapot 2 *v.* to enter religion, to become a Buddhist monk: **thầy tu** monk, Buddhist priest

tu bổ *v.* to repair [building, historical site]; to improve: **tu bổ nhà cửa** to repair one's house

tu chính *v.* to amend, to correct, to revise: **tu chính hiến pháp** to amend the constitution

tu chính án *n.* amendment

tu chỉnh *v.* to decorate, to improve

tu dưỡng *v.* to nurture, to cultivate, to strive for self-improvement

tu hành *v.* to lead a religious life

tu hú *n.* black cuckoo

tu huýt *n.* whistle

tu luyện *v.* to practice, to train

tu mi 1 *n.* beard (**râu**) and eyebrows (**mày**) 2 *n.* man [as *opp.* to woman]

tu nghiệp *v.* to attend an in-service course, to attend a refresher course: **chúng tôi phải tham dự lớp tu nghiệp nầy** we have to attend this refresher course

tu sĩ *n.* monk, priest

tu thân *v.* to improve oneself

tu thư *v.* to write books: **Sở Tu thư** Publications Bureau

tu tỉnh *v.* to improve, to mend one's ways

tu từ học *n.* rhetoric, stylistics

tu viện *n.* monastery, convent

tú bà *n.* mistress of a whorehouse

tú tài *n.* baccalaureate, high school certificate

tù *n.* jail, prison: **bị lao tù** to be in jail; **cầm tù** to hold prisoner; **án tù** prison sentence; **bỏ tù** to jail; **ở tù, bị tù, ngồi tù** to be in jail

tù binh *n.* prisoner of war [P.O.W.]

tù chính trị *n.* political prisoner

tù đày *n.* prisoner, exiled

tù hãm *adj.* cooped up

tù nhân *n.* prisoner

tù phạm *n.* prisoner

tù tội *n.* imprisonment

tù trưởng *n.* tribal chief

tù và *n.* horn

tủ *n.* cupboard, cabinet, wardrobe: **đóng tủ** to build a wardrobe; **tủ trưng bày** display cupboard

tủ áo *n.* closet, wardrobe

tủ gương *n.* mirrored wardrobe

tủ hàng *n.* store window

tủ két *n.* [Fr. *caisse*] safe

tủ kính *n.* store window

tủ sách *n.* bookcase; library

tủ sắt *n.* safe

tủ thuốc *n.* medicine chest

tụ *v.* to gather, to assemble, to unite: **đoàn tụ** to be together, to re-unite; **quần tụ** to stick together

tụ điện *v.* to condense electricity: **máy tụ điện** condenser

tụ họp *v.* to meet, to gather together, to assemble

tụ hội *v.* to converge

tụ tập *v.* to meet, to gather, to assemble

tua 1 *n.* tassel; stamen 2 *n.* [Fr. *tour*] turn; ride

tua tủa *v.* to bristle out, to fly about: **râu tua tủa** bristling beard

túa *v.* to flow or run out

tủa *v.* to bristle; [of sparks] to fly

tuân *v.* to obey, to follow, to comply [rule, order]: **tuân theo pháp luật** to obey the law

tuân hành *v.* to carry out, to execute: **tuân hành lệnh chính phủ** to carry out the government orders

tuân lệnh *v.* to comply with orders

tuân thủ *v.* to obey, to abide by

tuấn tú *adj.* refined, elegant

tuần 1 *n.* week, decade [ten days, ten years]: **tuần lễ** week; **thượng tuần** first ten days of a month; **trung tuần** the second week of a month; **hạ tuần** the third week of a month; **độ tứ tuần** about forty years old 2 *n.* round, turn

tuần báo *n.* weekly

tuần chiến *n.* combat patrol

tuần dương hạm *n.* cruiser: **tuần dương hạm thiết giáp** armored cruiser; **tuần dương hạm chiến đấu** battle cruiser

tuần dương hàng không mẫu hạm *n.* aircraft cruiser

tuần hành *v., n.* to march, to parade; march, parade

tuần hoàn *v., adj., n.* to circulate; be recurring; circulation [of blood]: **bộ máy tuần hoàn** the circulatory system

tuần lễ *n.* week

tuần phiên *n.* village nightwatchman

tuần phòng *n.* patrol: **tuần phòng an ninh** protective patrol, security patrol

tuần phủ *n.* province chief [pre-Republican days]

tuần san *n.* weekly

tuần thám *n.* reconnaissance patrol

tuần tiễu *v.* to patrol

tuần tự *adv., n.* in order; step by step

tuần vũ *n.* province chief [pre-Republican days]

tuẫn đạo *v.* to be a manor

tuẫn giáo *v.* to be a martyr

tuẫn nạn *v.* to die a martyr

tuẫn tiết *v.* to sacrifice one's life for a good cause

túc cầu *n.* football, soccer

túc số *n.* quorum

túc trí đa mưu *adj.* shrewd, clever, resourceful

túc trực *v.* to keep watch, to be on duty: **túc trực tại văn phòng** to be on duty at one's office

tục *n.* custom, usage, habit: **phong tục** customs; **trần tục** this world; **tên tục** nickname; **nhập gia tuỳ tục** when in Rome, do as the Romans do

tục bản *v.* to reprint, to re-publish

tục danh *n.* first name, nickname

tục huyền *v.* to remarry

tục lệ *n.* customs, traditions

tục luỵ *n.* troubles of this world

tục ngữ *n.* proverb, saying

tục tằn *adj.* vulgar, coarse: **ăn nói tục tằn** to speak coarse words

tục tĩu *adj.* vulgar, obscene, smutty

tục truyền *n., adv.* tradition; according to a legend

tục tử *n.* lout, boor

tuế *n.* year of age: **vạn tuế!** live long!

tuế nguyệt *n.* time, year and month

tuế toái *adj.* perfunctory

tuệ tinh *n.* comet (= **sao chổi**)

tuyếch *adj.* empty: **rỗng tuếch** empty

tuệch toạc *adj.* indiscreet, thoughtless

tui *n.* See **tôi**

túi *n.* pocket, purse, pouch, small bag, sac: **bỏ, đút túi** to put in one's pocket; **coi chừng móc túi!** beware of pickpockets!

túi bụi *adv.* busily, ploddingly; repeatedly: **đánh túi bụi** to beat repeatedly; **la mắng tui bụi** to curse or scold vehemently

túi cơm *n.* rice bag: **giá áo túi cơm** fashion plate, worthless person

túi dết *n.* knapsack

túi tham *n.* greediness

tủi *v.* to lament [one's lot **thân, phận** etc.]; to be ashamed, to feel hurt: **buồn tủi** grieved

tủi nhục *v.* to feel ashamed

tủi thân *v.* to feel self-pity

tụi *n.* group, band: **tụi lưu manh** gang of cheaters

tum húp *adj.* swollen, bloated

túm *v.* to snatch, to grab

tùm lum *adj.* messy, thick foliaged

tủm tỉm *v.* to smile with rounded lips

tụm *v.* to unite, to gather: **xúm nắm tụm ba** to gather in groups of three or five

tủn mủn *adj.* small, mean

tung *v.* to throw into the air, to fling, to hurl; to spread [news]: **tung quả bóng** to throw a ball into the air; **tung tin nhảm** to spread a rumor

tung độ *n.* ordinate

tung hoành *v.* to act freely, to rove freely

tung hô *v.* to cheer, to acclaim

tung tăng *v.* to run here and there, to romp

tung tích *n.* traces, whereabouts, footprints

tung tóe *v.* to be spilled all over, to splash about

túng *v.* to be hard-up: **túng tiền** to be hard pressed by want or lack of; **lúng túng** not to know what to do, to be at a loss

túng *v.* to be in straitened circumstances, to be short of

túng bấn *v.* to be hard-pressed for money; to be needy

túng thế *v.* to be at the end of one's rope

túng tiền *v.* to be hard-pressed for money

tùng **1** *v.* to follow (= **theo**): **tuỳ tùng, tháp tùng** to accompany [president, high-ranking official]; **phụ tùng** accessories, spare parts **2** *n.* pine tree (= **thông**)

tùng chinh *v.* to enlist in the army; to go to war

tùng học *v.* to study

tùng phạm *n.* accomplice

tùng phục *v.* to submit oneself to

tùng quân *v.* to enlist

tùng sự *v.* to serve, to work

tùng thư *n.* collection, series [of books]

tùng tiệm *adj.* thrifty

tùng xẻo *v.* to cut [criminal, adulteress] to pieces

tụng **1** *v.* to praise, to eulogize; **ca tụng** praise; **chúc tụng** to congratulate **2** *v.* to read aloud, to chant: **tụng kinh** to chant prayers

tụng đình *n.* court of law

tụng niệm *v.* to pray and meditate [of Buddhists]

tuổi *n.* year of age; title [of gold, silver]: **có tuổi** to be elderly; **cháu mấy tuổi?** how old are you?; **ông ấy hơn tôi ba tuổi** he's three years older than I; **nhỏ tuổi, trẻ tuổi** young; **đứng tuổi** mature; **ít tuổi** young; **đến tuổi lấy vợ** to be of marriageable age

tuổi cao *adj.* elderly

tuổi già *n.* old age

tuổi tác *n.* old age

tuổi thơ *n.* young age, childhood

tuổi trẻ *n.* youth

tuổi xanh *n.* tender age, youth

tuôn *v.* to flow, to spill out, to come out

tuồn tuột *adj.* slippery

tuồng *n.* play; film; role; sort, kind, type: **vai tuồng** role, part; **tuồng bất nhân** ungrateful sort

tuồng cải lương *n.* modern theater, modern play

tuồng cổ *n.* traditional theater, opera

tuồng tàu *n.* Chinese opera

tuồng tây *n.* modern play

tuốt **1** *v.* to pluck off; to pull off; to rub in one's fingers; to draw [sword **gươm**] **2** *adv.*

all: **ăn tuốt** to eat all/everything; **đánh tuốt** to beat everybody

tuốt cả *adv.* all

tuốt tuột *adv.* all, everything

tuột *v.* to slide down; to slip; to act in a flash [follows verb of motion]: **nói tuột móng heo** to speak frankly; **đi tuột lên Đà Lạt** to go all the way to Dalat; **trơn tuột** slippery; **thẳng tuột** straight; **tuột da** scratched

túp *n.* hut: **túp lều tranh** straw hut

tụt *v.* to slide down; to drop or fall behind: **em bé tụt quần** baby's pants fell off; **nó bị tụt xuống thứ nhì** he dropped to the second place

tuy *conj.* though, although, despite the fact that, in spite of the fact that: **tuy nghèo nhưng bà ấy rất tử tế** although she is poor, she is very kind

tuy là *conj.* though, although

tuy nhiên *adv.* however, but

tuy rằng *adv.* though, although, despite the fact that, in spite of the fact that

tuy thế *adv.* however, but

tuy vậy *adv.* however

túy lúy *adj.* dead drunk

tuỳ *v.* (= **theo**) to follow; to be up to: **tuỳ anh đấy** it's up to you; **cái đó cũng tuỳ** it all depends

tuỳ bút *n.* essay

tuỳ cơ ứng biến *v.* to act according to the circumstances

tuỳ nghi *v.* to use appropriate action

tuỳ phái *n.* messenger

tuỳ tâm *v.* to do as one wishes

tuỳ theo *adv.* according to: **ăn ở tuỳ theo hoàn cảnh** to behave according to the situation

tuỳ thích *adv.* as one wishes, at one's discretion, to one's liking

tuỳ thuộc *v.* to depend on

tuỳ tiện *v.* to do at one's convenience, as you see fit

tuỳ tùng *v.* to accompany, to escort: **đoàn tuỳ tùng** retinue, suite

tuỳ viên *n.* attaché: **tuỳ viên thương mại** commercial attaché; **tuỳ viên báo chí** press attaché; **tuỳ viên quân sự** military attaché

tuỳ ý *v.* to act as one wishes, to be free

tuỷ *n.* marrow [of bone]

tuỵ *n.* pancreas

tuỵ đạo *n.* tunnel

tuỵ tạng *n.* pancreas; sweetbread

tuyên *v.* to declare, to proclaim

tuyên án *v.* to declare a sentence

tuyên bố *v., n.* to declare, to state, to announce; announcement, declaration, statement

tuyên cáo *v.* to proclaim, to declare

tuyên chiến *v.* to declare war

tuyên dương *v.* to praise, to commend, to cite

tuyên ngôn *n.* declaration, manifesto

tuyên thệ *v.* to swear [allegiance, etc.], to take an oath, to be sworn in: **lễ tuyên thệ nhậm chức** oath of office; **Tổng thống đã làm lễ tuyên thệ nhậm chức** the President was sworn into office

tuyên truyền *v.* propaganda: **bộ máy tuyên truyền** propaganda machine; **cán bộ tuyên truyền** propaganda cadres

tuyên úy *n.* chaplain

tuyến *n.* wire, ray, line: **vô tuyến điện** radio; **giới tuyến** boundary; **quang tuyến** luminous rays; **tiền tuyến** frontline; **trận tuyến** battlefront, front; **kinh tuyến** meridian; **vĩ tuyến** parallel

tuyền đài *n.* hades, hell

tuyển *v.* to recruit; to select, to choose: **tái tuyển** to select again; **trúng tuyển** to pass an examination; to be selected

tuyển cử *v., n.* to elect; election: **tổng tuyển cử** general elections

tuyển dụng *v.* to select, to recruit [civil servants], to employ

tuyển lựa *v.* to select

tuyển thủ *n.* selected player [selected for game]

tuyển trạch *v.* to select

tuyết *n.* snow: **bão tuyết** snow storm; **giày tuyết** snow shoes

tuyệt *adv.* excellently, extremely, perfectly: **tuyệt đẹp** extremely beautiful

tuyệt bút *n.* masterpiece

tuyệt chủng *v.* to stamp out a race, to become extinct

tuyệt diệu *adj.* admirable, terrific, marvelous, wonderful

tuyệt đại đa số *n.* absolute majority

tuyệt đích *n.* perfection

tuyệt đối *adj.* absolute [*opp.* **tương đối**]

tuyệt giao *v.* to break off relations

tuyệt không *adv.* not at all, by no means

tuyệt luân *adj.* unequalled

tuyệt mạng *v.* to die, to pass away

tuyệt mệnh *v.* to die

tuyệt nhiên *adv.* absolutely

tuyệt sắc *adj.* extremely beautiful

tuyệt tác *n.* masterpiece

tuyệt thực *v.* to go on a hunger strike

tuyệt trần *adj.* unsurpassable

tuyệt tự *adj.* without offspring, heirless

tuyệt vọng *v.* to be desperate, to be disappointed

tuyệt vời *adj.* excellent

tư 1 *num.* four [following a numeral in the order of ten, but not **mười** itself]; fourth: **ba mươi tư** 34; **thứ tư** fourth, Wednesday; **trăm tư** 140; **ba phần tư** three quarters; **tay tư** quadri-partite **2** *adj.* private: **nhà tư** private house; **sở tư** private business or office; **gia tư** private property; **đời tư** private life

tư bản *n.* capital: **chủ nghĩa tư bản** capitalism

tư cách *n.* aptitude, status, qualification; personality, dignity: **tư cách kém** poor personality

tư cấp *v.* to give financial assistance

tư chất *n.* basic character

tư doanh *n.* private business, private enterprise

tư điền *n.* privately-owned rice fields

tư gia *n.* private home

tư hiềm *n.* personal resentment

tư hữu *adj.* private ownership

tư hữu hóa *v.* to privatize

tư lệnh *n.* commander: **tổng tư lệnh** commander-in-chief

tư liệu *n.* materials

tư lợi *n.* personal interests

tư lự *adj.* pensive, worried

tư nhân *n.* private, individual: **xe ô-tô tư nhân** private car

tư pháp *n.* justice: **Bộ trưởng Tư pháp** Minister of Justice, Attorney-General; **quyền tư pháp** judiciary powers

tư sản *n.* private property; **giai cấp tư sản** bourgeoisie; **tiểu tư sản** small bourgeois

tư sinh *n.* [of child] illegitimate

tư thất *n.* private house, private residence

tư thông *v.* to commit adultery; to act in collusion

tư thù *n.* personal rancor, feud

tư thục *n.* private school

tư tình *n.* personal relationships; love affair

tư trang *n.* jewelry, property

tư trào *n.* current thought

tư tưởng *n.* thought, ideology: **nhà tư tưởng** thinker

tư vấn *adj.* consultative, advisory

tư vị *adj.* impartial

tứ 1 *n.* idea, thought [in literature]: **thi tứ** inspiration; **ý tứ** thoughtful; ideas 2 *num.* (= **bốn**) four: **đệ tứ** fourth; **tứ thập** 40; **tứ đại đồng đường** four generations living together

tứ bề *adv.* all four sides

tứ bình *n.* the four panels, four scrolls

tứ chi *n.* the four limbs

tứ chiếng *adv.* everywhere

tứ cố vô thân *adj.* all alone, without any friends

tứ dân *n.* the four social classes [scholars **sĩ**, farmers **nông**, craftsmen **công**, merchants **thương**]

tứ đức *n.* the four virtues in a woman [proper employment **công**, proper demeanor **dung**, proper speech **ngôn**, proper behavior **hạnh**]

tứ hải *n.* the four oceans: **tứ hải giai huynh đệ** all men are brothers

tứ linh *n.* the four supernatural creatures [dragon **long**, unicorn **ly**, tortoise **qui**, phoenix **phượng**]

tứ phía *adv.* on all sides

tứ quí *n.* the four seasons

tứ sắc *n.* a kind of card game

tứ tán *adj.* scattered around

tứ thời *n.* the four seasons

tứ thư *n.* the Four Books

tứ trụ *n.* the four highest-ranking court officials in Imperial Vietnam and China [**văn minh, võ hiển, cần chính, đông các**]

tứ tuần *n.* the age of forty

tứ tung *adj.* pell mell; all over the place

tứ tuyệt *n.* four-line poem

tứ xứ *adv.* everywhere

từ 1 *prep.* from; since: **từ lúc, từ khi** since; **từ nay, từ bây giờ** from now on; **từ đầu** from the beginning; **từ đây lên Đà Lạt** from here to Dalat 2 *n.* word, expression, part of speech: **danh từ** noun; **đại danh từ** pronoun; **động từ** verb; **tính từ** adjective; **phụ từ** adverb; **mạo từ, quán từ** article; **số từ** numeral; **liên từ** conjunction; **giới từ** preposition; **thư từ** correspondence; **diễn từ** speech; **huấn từ** speech, address [with recommendations and teachings]; **chủ từ** subject; **túc từ** object, complement 3 *v.* to renounce, to abandon, to disown [child]

từ bi *adj.* compassionate, benevolent, merciful

từ biệt *v.* to say goodbye to; to leave

từ bỏ *v.* to renounce, to abandon

từ cảm *n.* interjection, exclamation

từ chối *v.* to refuse, to decline

từ chức *v.* to resign

từ chương *n.* belletrism

từ cú *n.* sentence

từ cực *n.* magnetic pole

từ điển *n.* dictionary [of words and expressions]: **từ điển Việt-Anh** Vietnamese-English dictionary

từ độ *n.* magnetization, magnetism

từ đường *n.* ancestral temple

từ giã *v.* to say goodbye to, to leave, to take leave of [a person]

từ hoá *v.* to magnetize

từ hôn *v.* to cancel a marriage

từ khước *v.* to refuse, to decline

từ lực *n.* magnetic force

từ mẫu *n.* my mother

từ nan *v.* to be hesitant because of difficulty

từ ngữ *n.* term, expression, idiom

từ phụ *n.* my father

từ quan *v.* [of official] to resign

từ tại *adj.* mild, kind

từ tâm *n.* kind heart

từ thạch *n.* magnet

từ thiện *adj.* benevolent, philanthropic, charitable

từ tính *n.* magnetism

từ tốn *adj.* gentle, sweet

từ trần *v.* to die, to pass away

từ trở *n.* magnetic resistance

từ trường *n.* magnetic field

từ từ *adj.* gently, slowly: **đi từ từ đợi tôi nhé!** please go slowly and wait for me

tử 1 *n.* (= **con**) child, son: **nghĩa tử** adopted child; **đệ tử** student, disciple; **quân tử** the superior man; **công tử** mandarin's son; **sĩ tử** student, scholar 2 *v.* (= **chết**) to die: **tự tử** to commit suicide; **vấn đề sinh tử** matter of life and death

tử âm *n.* consonant (sound)

tử chiến *n.* deadly fight

tử cung *n.* uterus

tử đạo *n.* martyr

tử địa *n.* deadly ground

tử hình *n.* death penalty

tử nạn *v.* to die in an accident

tử ngoại *n.* ultraviolet [color]

tử ngữ *n.* dead language [*opp.* **sinh ngữ**]

tử phần *n.* native land

tử sĩ *n.* war dead

tử tế *adj., adv.* kind, nice, well, decent; carefully

tử thần *n.* death

tử thi *n.* dead body, corpse

tử thù *n.* mortal enemy

tử thương *v.* to die of a serious wound

tử tội *n.* capital punishment, death penalty

tử tôn *n.* children and grandchildren, offspring

tử trận *v.* to die in battle

tử tù *n.* prisoner ready for the electric chair

tử vi *n.* name of a star; astrology

tự 1 *n.* (= **chữ**) Chinese character, letter; courtesy name: **Hán tự** Chinese character; **biểu tự** fancy name, nickname; **văn tự** writing, written language 2 *pron.* self, oneself: **tự làm lấy** do it yourself; **tôi tự xây lấy nhà tôi** I myself built my house 3 *adv.* (= **từ**) from, because: **tự cổ chí kim** from ancient times

tự ái *v.* to have a complex, to be self-loving

tự ải *v.* to hang oneself

tự cao *v.* to be conceited

tự chủ *v.* to be self-governing, to be autonomous, to be independent

tự dạng *n.* handwriting

tự do *adj., n.* free, liberal; freedom, liberty: **Đảng Tự do** Liberal Party

tự dưng *adv.* all of a sudden, without reason

tự đại *adj.* haughty

tự đắc *adj.* proud, conceited

tự động *v., adj.* to be automatic; automatic: **cửa ra vào tự động** automatic door

tự giác *adj.* self-imposed, voluntary

tự hào *v.* to be proud

tự hệ *n.* writing system

tự học *v.* to study by oneself; to be self-taught, to teach oneself

tự hồ *adv.* as if, as though

tự khắc *adv.* automatically

tự kiêu *adj.* proud

tự kỷ *adj; adv.* self; by oneself, auto: **tự kỷ ám thị** self-suggestion

tự lập *adj.* to be independent

tự liệu *v.* to manage by oneself

tự luận *n.* foreword

tự lực *adj.* to be self-reliant

tự mãn *adj.* contented with oneself

tự mẫu *n.* alphabet

tự nghĩa *n.* meaning, sense

tự nghĩa học *n.* semantics

tự nguyện *v.* to volunteer

tự nhiên *adj.* natural

tự phụ *adj.* pretentious

tự quyết *adj.* self-determining: **nguyên tắc tự quyết** the principle of self determination

tự sát *v.* to commit suicide

tự sinh *n.* [of reaction] spontaneous

tự tại *adj.* satisfied, content

tự tận *v.* to commit suicide

tự thuật *v.* to be autobiographical, to narrate

tự thừa *v.* to raise [a number] to a certain power, square, cube

tự tích *n.* handwriting, written evidence

tự tiện *v.* to do something without asking for permission

tự tin *v.* to have self-confidence

tự tín *adj.* self-confident

tự tôn *v.* to have a superiority complex; to have a sense of self-respect

tự trị *adj.* autonomous, self-governing

tự trọng *v.* to respect oneself

tự túc *adj.* self-sufficient

tự tử *v.* to commit suicide

tự ty mặc cảm *n.* inferiority complex

tự vẫn *v.* to commit suicide

tự vận *v.* to commit suicide

tự vệ *v.* to defend oneself

tự vị *n.* dictionary: **tra tự vị** to look up in a dictionary

tự vựng *n.* vocabulary, glossary, lexicon

tự xưng *v.* to call oneself, to proclaim oneself

tự ý *adv.* voluntarily

tựa 1 *n.* preface, foreword 2 *v.* to lean: **tựa vào tường** to lean on the wall; **nương tựa** to rely on

tựa hồ *adv.* it seems that, as if, as though

tức 1 *v., adj.* to be stifled; to be angry, furious [at] 2 *conj.* that is: **tức là** that is

tức bụng *v.* to be too full from eating

tức bực *adj.* annoyed, irritated
tức cười *adj.* cannot help laughing, funny
tức giận *v.* to be angry; to be furious
tức khắc *adv.* right away, at once, immediately, instantly
tức là *adv.* that is to say; to mean
tức mình *adj.* annoyed, irritated
tức ngực *v.* to have a weight on one's chest
tức thì *adv.* right away: **bạn đến gặp tôi tức thì** you come to see me right away
tức thị *adv.* that is to say
tức thời *adv.* right away, at once
tức tốc *adv.* at once, most urgent
tức tối *v.* to be furious
tức vị *v.* to ascend the throne: **lễ tức vị** coronation
tưng bừng *adj.* bright, radiant, busy, bustling, jubilant: **ngày Tết tưng bừng** jubilant New Year festival
tưng hửng *adj.* dumbfounded, struck with disappointment
từng 1 *n.* story, stratum, floor; one by one, two by two, etc. [the noun optionally followed by **một**]; **từng bước một** step by step, gradually; **từng người một** one by one; **từng năm cuốn một** groups of five [books]; **từng nhà** each house; **dịch từng chữ** to translate word for word; **từng ấy** that much; **từng này** this much 2 *v.* to have experience [doing something]: **tôi đã từng ở bên Lào** I have lived in Laos; **tôi chưa từng thấy ai như thế** I've never seen anybody like that
từng trải *adj.* experienced
tước 1 *n.* title of nobility: **ngũ tước** the five titles of nobility [**công tước** duke; **hầu tước** marquis; **bá tước** count; **tử tước** viscount; **nam tước** baron] 2 *n.* small bird, sparrow: **hoàng tước, kim tước** oriole; **khổng tước** peacock; **linh tước** lark; **ô tước** swallow 3 *v.* to skin, to peel, to strip, to take away
tước binh *v.* to disarm
tước bỏ *v.* to take off
tước chức *v.* to dismiss
tước đoạt *v.* to seize
tước giới khí *v.* to disarm
tước lộc *n.* title and honors
tước quyền *v.* to take away the power [of someone]
tước vị *n.* title, dignity
tươi *adj.* [of food, drink] fresh; [of vegetable] green; [of color] bright; [of person] immediately: **thức ăn tươi** fresh food; **màu đỏ tươi** bright red; **chết tươi** to drop dead, to die instantly
tươi cười *adj.* happy and smiling
tươi tắn *adj.* cheerful
tươi tỉnh *adj.* merry, pleasant
tươi tốt *adj.* fresh, fine

tưới *v.* to water [plants **cây**, lawn **cỏ**]; to sprinkle [street **đường** in hot weather]; to irrigate [ricefield **ruộng**]: **bình tưới** watering can; **tưới cây** to water plants
tươm 1 *adj.* neat, neatly dressed; decent, correct 2 *adj.* in rags: **rách tươm** worn out
tươm tất *adj.* correct, decent, tidy
tương 1 *n.* thick soy sauce, soybean jam: **đậu tương** soy beans; soybean milk; **huyết tương** plasma 2 *adj.* mutual, each other, one another: **hỗ tương** mutual, reciprocal
tương ái *v.* to love each other
tương can *v.* to be interrelated
tương đắc *v., adj.* to be in agreement; harmonious
tương đối *adj.* corresponding to each other; [*opp.* **tuyệt đối**] to be relative
tương đồng *v., adj.* to resemble each other, similar
tương đương *v., adj.* to be equivalent, corresponding [**với** to]
tương hỗ *adj.* mutual, reciprocal
tương hợp *adj.* compatible
tương khắc *v., adj.* to be incompatible
tương kính *n.* mutual respect
tương lai *n.* future
tương ngộ *v.* to meet, to encounter
tương phản *v.* to contradict each other, to be contrary
tương phùng *v.* to meet, to encounter
tương quan *v., n.* to interrelate; relationship
tương tàn *v.* to destroy each other: **huynh đệ tương tàn** fratricidal war, internecine war
tương tế *v.* to help each other
tương thân *v.* to help one another, to have mutual affection
tương trợ *v.* to help each other, to have mutual aid
tương truyền *v.* to transmit by oral tradition
tương tư *v.* to be lovesick
tương tự *adj.* similar to [each other]
tương ứng *v.* to respond to each other
tương xứng *v.* to match each other
tướng 1 *n.* general; rebel leader; chessman corresponding to the King: **đại tướng** air marshal; lieutenant-general; **thiếu tướng** air commodore; brigadier-general; **thống tướng** general of the army; **trung tướng** air vice-marshal; major general; **sĩ quan cấp tướng** general officer 2 *adj.* really big: **to tướng** really big, enormous, huge 3 *n.* appearance, physiognomy: **thủ tướng** prime minister, premier; **xem tướng, coi tướng** to practice phrenology; to consult a phrenologist or physiognomist; **thầy tướng** phrenologist, physiognomist
tướng giặc *n.* rebel leader

tướng lãnh *n.* commander, generals
tướng mạo *n.* physiognomy, countenance
tướng sĩ *n.* officers
tướng soái *n.* general
tướng số *n.* physiognomy and astrology
tướng suý *n.* general
tướng tá *n.* generals and high-ranking officers
tướng tay *n.* palm reading
tướng thuật *n.* phrenology, physiognomy
tường *n.* wall [of brick or stone]: **tường gạch** brick wall
tường tận *adj.* clear and thorough, deep: **hiểu tường tận** deep understanding
tường thuật *v.* to report: **tường thuật buổi họp vừa qua** to report the last meeting
tường trình *v.* to report
tường vi *n.* hedgerose
tưởng *v.* to believe, to think [**rằng, là** that]: **tin tưởng** to believe in, to have confidence in; **mộng tưởng** dream, illusion; **mơ tưởng** to dream; **tôi thiết tưởng** I think
tưởng lệ *v.* to encourage, to reward
tưởng lục *n.* certificate of recognition
tưởng nhớ *v.* to remember
tưởng niệm *v.* to think or meditate over
tưởng thưởng *v.* to reward
tưởng tượng *v.* to imagine
tưởng vọng *v.* to hope, to desire
tượng *n.* statue, bust, image, figurine: **tạc tượng** to sculpt a statue; **đúc tượng** to cast a statue
tượng bán thân *n.* bust
tượng hình *adj.* [of writing system] pictographic
tượng trưng *v.* to stand for, to symbolize
tướt *n.* children's diarrhea: **đi tướt** to have diarrhea
tượt *v.* to skid, to skate
tười *n.* monkey
tửu *n.* (= **rượu**) wine, alcohol, liquor
tửu điếm *n.* bar, restaurant, inn, tavern
tửu gia *n.* restaurant, wine shop
tửu lầu *n.* restaurant
tửu lượng *n.* drinking power, drinking capacity
tửu quán *n.* bar, restaurant
tửu sắc *n.* wine and women
tựu chức *v.* to assume one's duties, to enter on duty
tựu trung *n.* in sum, the gist of it
tựu trường *v.* to start the first day of school, to begin the first day of the school year
ty *n.* bureau, office, division, service: **công ty** company; **trưởng ty giáo dục** head of education division
ty tiện *adj.* lowly, base, vile
tỳ 1 *n.* stain, spot; blemish, flaw 2 *n.* spleen
tỳ bà *n.* pear-shaped guitar
tỳ nữ *n.* servant

tỳ ố *n.* stain, spot, blot, blemish
tỳ tạng *n.* spleen
tỳ thiếp *n.* harem servant, concubine
tỳ vị *n.* spleen and stomach
tỷ *num.* billion
tỷ dụ *n., adv.* example; for example, for instance
tỷ giá *n.* rate of exchange
tỷ lệ *n.* proportion scale, ratio
tỷ như *v.* to take an instance
tỷ số *n.* proportion
tỷ thí *v.* to compete
tỷ trọng *n.* density [of matter]
tỵ âm *n.* nasal [sound]: **tỵ âm hai môi** bilabial nasal; **tỵ âm nứu** alveolar nasal; **tỵ âm cúa (cứng)** palatal nasal; **tỵ âm cúa mềm** velar nasal
tỵ hiểm *v.* to avoid suspicion

U

u 1 *n.* nurse, wet nurse; mother [rural]: **thầy u** father and mother 2 *v.* to swell [on body], to get lumpy: **khóc sưng u mắt** to have swollen eyes from crying 3 *n.* tumor: **cái u ở cổ** a tumor under the neck
u ám *adj.* overcast, dark, cloudy: **bầu trời u ám** it is cloudy
u ẩn *adj.* secret, hidden: **mối tình u ẩn** a secret love
u em *n.* wet nurse
u già *n.* old maidservant
u hồn *n.* soul, spirit
u huyền *adj.* obscure, abstruse
u mê *adj.* dull, dense
u ran *n.* uranium: **quặng kẽm u-ran** pitchblende, uranium
u sầu *adj.* sad, melancholy
u tịch *adj.* lonely, remote
u uất *adj.* full of spleen
ú a ú ớ *v.* See **ú ớ**
ú ớ *v.* to speak incoherently [as in sleep], to mutter
ù 1 *v.* to buzz, to be noisy 2 *adj.* hurried, fast 3 *v.* to win [in certain card games]
ù ù cạc cạc *adj.* ignorant
ù tai *adj.* nearly deafened, to have ringing in one's ears
ủ *v.* to cover [food] with cloth
ủ ấp *v.* to cherish [ambitions]
ủ dột *adj.* sorrowful, doleful
ủ rũ *adj.* wilted, sad looking
ụ *n., adv.* mound, tumulus; excessively: **giàu ụ** excessively wealthy

úa *v.* to be wilted, to turn yellow
ùa *v.* [of crowd, water] to rush, to dash
ủa *exclam.* what? how come? oh!
uẩn *adj.* confused
uẩn khúc *n.* secret, mystery
uẩn súc *adj.* profound
uất *v.* to be angry, to choke, to be indignant: **phẫn uất** indignant
uất hận *n.* rancor, deep resentment
uất ức *v.* to be indignant [because of injustice]
Úc *n.* Australia: **người Úc** Australian; **Tây Úc** Western Australia
Úc châu *n.* Australia
Úc Đại Lợi *n.* Australia
ục *v.* to hit with the fist; to fetch
ục ịch *adj.* heavy, clumsy
ục ục *n.* glug glug [sounds made by a pig]
uế *n.* dirt, garbage: **ô uế** filth; **phóng uế** to defecate; **tẩy uế** to disinfect
uế khí *n.* fetid odors
uế tạp *adj.* dirty
uế vật *n.* dirt, filth, garbage
uể oải *adj.* lazy, sluggish, slack
úi chà! *exclam.* hey! well!
ủi *v.* (= **là**) to iron, to press [linen]; to push: **bàn ủi** iron; **xe ủi đất** bulldozer, bob cat
um *adj.* [of smoke] thick; [to scold] vehement
um tùm *adj.* [of vegetation] thick, luxurious, dense
ùm *v.* to jump [into the water]
ùn *v.* to accumulate, to pile up
ủn ỉn *adj.* slow and awkward because of weight [fat]
ung *n.* ulcer, boil, abscess
ung *adj.* [of egg] rotten; poised; addled: **trứng gà ung** addled chicken eggs
ung độc *n.* abscess
ung nhọt *n.* boil
ung thư *n.* cancer
úng *adj.* [of fruit] rotten, spoiled
úng thủy *adj.* spoiled because of excess water
ủng *adj.* See **úng**
ủng *n.* boots
ủng hộ *v.* to support, to back up [a man, a cause]
uốn *v.* to bend, to curl: **uốn tóc** to curl one's hair
uốn éo *v.* to wriggle, to swing one's hips; to fondle [in courting]
uốn lưng *v.* to humiliate someone
uốn lưỡi *v.* to curl one's tongue [to produce a trill]
uốn nắn *v.* to shape [character]
uốn quanh *v.* to wind around, to meander
uốn thẳng *v.* to straighten out [a bent stick]
uốn tóc *v.* to have or give a permanent wave [hair style]: **tiệm uốn tóc** beauty saloon

uống *v.* [SV ẩm] to drink; to take [medicine]: **đồ uống** drink, beverage
uổng *v.* to waste: **uổng quá!** that's a pity! what a shame!; **ép uổng** to force; **oan uổng** to be the victim of an injustice; **chết uổng** to die in vain
uổng công *v.* to waste
uổng mạng *v.* to waste one's life
uổng phí *v.* to waste, to squander
uổng tiền *v.* to waste money
úp *v.* to turn [lid, cover] into a normal position; to turn [cup, bowl, hand]: **úp cái chén lại** to turn a bowl over; **lật úp** to overthrow
úp mở *adj.* equivocal, unclear
ụp *v.* to fall in, to collapse
út *adj.* [of child] the youngest, [of finger] the smallest; **con út** youngest child; **em út** youngest: **em út** youngest brother or sister
ụt ịt *adj.* fat, stocky
uy *n.* (= **oai**) authority, prestige: **ông ấy có uy lắm** he is an authority on ...
uy danh *n.* prestige, fame
uy hiếp *v.* to oppress
uy lực *n.* authority
uy nghi *adj.* majestic
uy quyền *n.* authority, power
uy thế *n.* power and influence
uy tín *n.* prestige
uý *n.* officer: **đại uý** [army, airforce] captain; [navy] lieutenant; **trung uý** [army] lieutenant; [navy] lieutenant junior grade; **thiếu uý** [army and air force] second lieutenant; **chuẩn uý** [army] student officer, candidate officer; [navy] midshipman
uỷ *v., n.* to entrust, to appoint; deputy, commissioner, commissar: **tỉnh uỷ** provincial commissar; **Cao uỷ** High Commissioner; **Tổng uỷ** Commissioner-General
uỷ ban *n.* committee, commission: **uỷ ban chấp hành** executive committee
uỷ hội *n.* commission: **uỷ hội Kiểm soát Quốc tế** International Control Commission; **Uỷ hội thể dục thể thao** sports commission
uỷ khúc *n.* complications, details
uỷ mị *adj.* maudlin, lacking in determination: **tâm hồn uỷ mị** a maudlin mind
uỷ nhiệm *v.* to delegate, to assign someone to do something: **thừa uỷ nhiệm** by order of
uỷ nhiệm thư *n.* credentials [of envoy]
uỷ quyền *v.* to give power of attorney, to act as proxy
uỷ thác *v.* to entrust, to invest with power
uỷ viên *n.* commissioner, commissar, member of a committee
uyên bác *adj.* [of learning] profound, vast, well-educated
uyên thâm *adj.* [of learning] profound

uyên ương *n.* lovers, inseparable couple

uyển *n.* garden: **ngự uyển** imperial garden; **thượng uyển** heavenly garden

uyển chuyển *adj.* [of movements] supple; [of style] flowing; [of singing voice] melodious, lithe, flexible: **dáng đi uyển chuyển** to have a lithe gait

Ư

ư *adj.* [final particle] really?: **thế ư?** is that so?

ứ *v.* to stagnate, to accumulate: **hồ sơ đang ứ lại một đống** the files are accumulating into a pile

ứ đọng *v.* to stagnate: **hàng hoá ứ đọng đầy kho** goods are stocked in the warehouse

ứ huyết *v.* to coagulate [in blood]

ứ tắc *v.* to be in a jam

ừ *v.* (= **dạ**) yes [not used on superiors or elders]; all right, O.K: **Ừ nhỉ!** Oh yes!

ừ hữ *v.* to say "yes" and not mean it

ưa *v.* to like, to be fond of: **nhiều người ưa màu vàng** many people like the color yellow

ưa ngọt *v.* to like flattery

ưa nịnh *v.* to like flattery: **tôi không thích ưa nịnh** I don't like flattery

ưa thích *v.* to like, to be fond of

ứa *v.* [of tears **nước mắt**, sweat **mồ hôi**] to ooze, to flow gently, to exude: **ứa nước mắt đầy má** tears flow gently down the cheek

ức **1** *num.* one hundred thousand [**mười vạn, một trăm ngàn**] **2** *adj.* indignant [because of injustice or oppression]: **uất ức** to oppress; **ức hiếp** to bully; **oan ức** to be the victim of an injustice

ức chế *v.* to oppress

ức đoán *v.* to estimate

ức hiếp *v.* to bully, to oppress

ức thuyết *n.* hypothesis

ực *v.* to swallow loudly, to gulp

ưng **1** *n.* hawk, falcon: **khuyển ưng** henchmen **2** *v.* to consent, to agree: **ưng ý** to like

ưng chuẩn *v.* to approve, to pass

ưng thuận *v.* to consent, to agree: **tất cả mọi người ưng thuận đề nghị nầy** all agree to this proposal

ưng ý *v.* to like, to agree

ứng *v.* to advance money to someone: **anh cứ ứng tiền ra, tôi sẽ xin hoàn lại anh sau** please pay for this, I'll reimburse you later

ứng biến *v.* to cope with a new situation

ứng cử *v.* to be a candidate [in an election], to run for, to stand for: **năm ấy ông ta ra ứng cử Tổng thống** he was a presidential candidate that year

ứng cử viên *n.* candidate [in an election]

ứng dụng *v., adj.* to apply; [subject of study] applied: **ứng dụng phương pháp thực nghiệm** to apply a practical method; **ngữ học ứng dụng** applied linguistics

ứng đáp *v.* to answer, to reply

ứng đối *v.* to reply, to answer

ứng khẩu *v.* to speak impromptu, to improvise

ứng thí *v.* to be a candidate in an examination

ứng viên *n.* applicant: **có bao nhiêu ứng viên xin công việc nầy?** how many applicants apply for this job?

ửng *v.* to dawn; to blush: **mặt ửng đỏ** to have a blushing face

ước **1** *v.* to desire, to wish for, to hope for: **ao ước, mong ước** to wish, to desire, to expect; **mơ ước** to dream **2** *v.* to estimate, to guess

ước chừng *v.* to estimate, to be about, to guess

ước ao *v.* to wish for, to long for

ước định *v.* to plan

ước độ *adv.* about, approximately

ước hẹn *v.* to promise

ước lược *v.* to reduce, to summarize: **ước lược phân số thành ra mẫu số chung** to reduce two fractions to a common denominator

ước lượng *v.* to estimate

ước mong *v.* to wish, to desire, to expect

ước mơ *v., n.* to wish, to dream; dream

ước số *n.* divisor [math], submultiple

ước tính *v.* to estimate

ước vọng *n.* aspiration

ươm *v.* to sow seedlings

ướm *v.* to try on [garment]; to put out feelers, to sound out someone

ướm hỏi *v.* to sound out with a question

ướm lòng *v.* to sound out intentions

ướm lời *v.* to put out feelers

ươn *adj.* stale [of meat, fish], spoiled, not fresh: **cá ươn** stale fish; **ươn mình** to be incapable; bad

ươn hèn *adj.* cowardly; incapable

ươn mình *adj.* unwell

ươn ướt *adj.* damp, moist, wet

ườn *v.* to sprawl, to be lazy: **nằm ườn** to lie idle

ưỡn *v.* to stick out, to swell [chest **ngực**, belly **bụng**, etc.]: **ưỡn ngực** to jut out one's chest

ưỡn ẹo *v.* to have a rolling gait, to swing one's hips, to wriggle

ưỡn ngực *v.* to jut out one's chest

ương **1** *adj.* stubborn, hard-headed **2** *v.* to plant seedlings: **vườn ương cây** nursery

ương gàn *adj.* stubborn and eccentric

ương ngạnh *adj.* stubborn

ướp *v.* to preserve [meat **thịt**, fish **cá**, etc.] with: **ướp muối cá** to preserve fish with salt;

ướp thịt với nước mắm to preserve meat with fish sauce

ướt *adj.* wet: **ướt như chuột lột** to be soaked to the skin, drenched; **ướt át** to be wet, damp

ướt sũng *adj.* soaked and wet

ưu *adj.* very well done, very good, excellent, A [school grade]. Cf. **bình, thứ**

ưu ái *n.* affection, solicitude

ưu đãi *v.* to favor, to treat with special attention

ưu đẳng *adj.* best, super

ưu điểm *n.* good point, strength, negative point [*opp.* **nhược điểm**]

ưu hạng *n.* best, super grade

ưu phiền *v., adj.* to worry; to be sad, mournful, distressed

ưu sầu *adj.* sad, sorrowful

ưu thắng *adj.* prevailing, predominant

ưu thế *n.* preponderance, stronger position

ưu tiên *adj.* priority

ưu tú *adj.* brilliant, outstanding, best, eminent: **những sinh viên ưu tú** best students

ưu tư *adj.* worried, apprehensive

ưu việt *adj.* outstanding, pre-eminent: **đặc tính ưu việt** outstanding characters

V

va 1 *pron.* he, she; him, her 2 *v.* to bump into, to collide against: **xe va vào gốc cây** a car crashed into the tree

va chạm *v.* to be in conflict with: **không ai muốn va chạm lẫn nhau** no one wants to be in conflict with others

va li *n.* [Fr. *valise*] suitcase: **cho áo quần vào va li** to pack clothes into one's suitcase

va ni *n.* [Fr. *vanille*] vanilla: **trộn va ni vào bột để làm bánh** to mix vanilla with flour when making cakes

vá 1 *v.* to mend, to patch [clothes, road, etc.]; [of dog, cat] to be spotted, brindled: **chắp vá** to patch; **khâu vá** to sew; **vá áo** to mend a shirt 2 *n.* shovel, ladle: **vá múc canh** a soup ladle

vá víu *adj., v.* patchy; to do things in a sloppy fashion

và *conj.* and, together, with: **bạn và tôi cùng đi ăn cơm ở tiệm ăn Việt Nam** you and I are going to a Vietnamese restaurant

vả 1 *v.* to slap: **vả vào mặt ai** to slap someone's face 2 *adv.* moreover, however, besides, at any rate, anyhow: **tôi phải ở nhà vả lại người tôi không được khoẻ** I have to stay at home; moreover I am not well

vả chăng *adv.* moreover, besides

vả lại *adv.* moreover, besides

vã 1 *v.* to throw in one's face 2 *v.* to strike lightly, to dab: **vã khăn ướt vào mặt** to dab a wet towel on one's face

vạ *n.* misfortune; fine: **tai vạ** calamity; **ăn vạ, bắt vạ** to claim damages; **nằm vạ** to claim damages by staging a lying-down strike; **phạt vạ** to fine; **tội vạ** misfortune; **vu vạ** to slander

vạ tiền *n.* fine

vạ vịt *n.* unexpected misfortune; stray bullet

vác *v.* to carry [farm tool, lance, rifle, box, bag, etc.] on the shoulder: **gánh vác** to shoulder responsibilities; **khiêng vác, khuân vác** to carry heavy things

vác mặt *v.* to be haughty, to show one's face

vạc 1 *n.* range boiler 2 *n.* bittern, night heron 3 *v.* to whittle, to cut, to carve

vách *n.* partition, wall: **vách ngăn** partition

vạch 1 *v., n.* to make a line, to mark; tailor's marker 2 *v.* to uncover, to expose [a part of the body]: **vạch áo cho người xem lưng** to expose one's faults

vạch đường *v.* to show the way; to plan

vạch mặt *v.* to unmask, to expose

vạch rõ *v.* to point out

vạch trần *v.* to lay bare, to expose, to unveil: **vạch trần gian dối của họ** to unveil their deceit/conspiracy

vai *n.* shoulder; rank, status; part, role: **vai trò, vai tuồng** role; **vác lên vai** to carry something on one's shoulder

vai chính *n.* leading part or role

vai phụ *n.* extra role

vai trò *n.* role, part

vai tuồng *n.* role, part

vai vế *n.* status

vái *v.* to greet or pay respect by shaking joined hands: **vái một cái** to kowtow once; **khấn vái** to pray

vài *num.* a few, some: **vài ba người** a few people

vải 1 *n.* cloth, material, fabric, cotton cloth 2 *n.* litchi

vải bông *n.* (= **vải hoa**) print cloth

vải màn *n.* gauze, tulle [used to make mosquito nets]

vãi 1 *n.* Buddhist nun 2 *v.* to spill, to scatter

vại *n.* cylindrical earthenware jar [for rice, water]

vạm vỡ *adj.* muscular, sturdy, athletic

van *v.* to implore, to entreat, to beseech: **van xin người nào** to entreat someone

van lạy *v.* to entreat, to beseech

van lơn *v.* to implore, to entreat, to beseech

van nài *v.* to beseech, to insist

van xin *v.* to beseech, to entreat, to beg

ván 1 *n.* plank, board 2 *n.* game [for chess **cờ** or card **bài** games]: **một ván cờ** a chess game

ván địa *n.* bottom of a coffin

ván thiên *n.* top of a coffin

vàn *num.* (= **vạn**): **muôn vàn** many, countless

vãn 1 *v.* to end: **vãn hát chưa?** is the play over yet?; **khách đã vãn** most patrons have left the place 2 *v.* to visit [scenery **cảnh**, temple **chùa**]: **vãn cảnh** to visit a scenic spot

vãn hồi *v.* to return, to restore [order], to save [a situation]

vạn *num.* ten thousand: **một vạn mốt** 11,000; **hai vạn hai** 22,000; **ba vạn rưởi** 35,000

vạn an *n.* peace; good health

vạn bất đắc dĩ *adv.* quite unwillingly, very reluctantly

vạn cổ *adv.* eternally

vạn đại *adv.* eternally, forever

vạn kiếp *adv.* eternally; forever

Vạn Lý Trường Thành *n.* the Great Wall [of China]

vạn năng *adj.* almighty, all powerful

vạn nhất *adv.* in case, if ever, if by any chance

vạn phúc *n.* ten thousand happinesses

vạn quốc *n.* all the nations

vạn sự như ý *n.* everything is as you wish it to be

vạn thọ *n.* marigold

vạn toàn *adj.* perfectly safe, perfect

vạn trạng *n.* multiform [used with **thiên hình**]

vạn tuế *exclam.* live long!

Vạn Tượng *n.* Vientiane

vạn vật *n.* nature, all living beings

vạn vật học *n.* natural sciences

vang 1 *v.* to echo, to resound: **tiếng vang** echo; **âm vang** sonorant 2 *n.* [Fr. *vin*] European wine: **vang trắng** white wine; **vang đỏ** red wine

vang dậy *v.* to resound

vang dội *v.* to resound, to ring

vang động *v.* to resound, to ring

vang lừng *adj.* [of fame] widespread

vang tai *adj.* deafening

váng 1 *n.* film, skim [on boiled milk] 2 *adj.* slightly dizzy: **choáng váng** dizzy

váng tai *adj.* deafening, ear-splitting

vàng 1 *adj.* [SV **hoàng**] yellow: **nhuộm vàng** to dye yellow; **màu vàng** yellow; **giống da vàng** yellow race 2 *n.* [SV **kim**] gold; false gold in pot or paper offered in ceremonies: **cá vàng** goldfish; **tiệm vàng** jewel shop; **ngai vàng** throne; **mạ vàng** to gild; **tiền vàng** gold coin

vàng bạc *n.* gold and silver

vàng cốm *n.* gold nuggets

vàng diệp *n.* gold foil, gold leaf

vàng khè *adj.* very yellow

vàng lá *n.* gold leaf, gold foil

vàng mã *n.* votive paper

vàng mười *n.* pure gold

vàng nén *n.* ingot gold

vàng ngọc *n.* valuable things

vàng ròng *n.* pure gold

vàng thoi *n.* gold in bars

vàng tâm *n.* canary wood

vàng vàng *adj.* yellowish

vàng y *n.* pure gold

vãng *v.* to go, to pass: **dĩ vãng** the past; **lai vãng** to frequent; **phát vãng** to banish

vãng lai *v.* to move back and forth, to move around

vanh vách *v.* to know by heart

vành *n.* fringe, edge, border, ring, rim [of wheel]

vành móng ngựa *n.* horseshoe; bar [in tribunal], witness stand

vành ngoài *n.* outer circle

vành tai *n.* helix [of ear]

vành trong *n.* inner circle

vành vạnh *adj.* perfectly round

vào *v.* [SV **nhập**] (= **vô**) to go or come in, to enter; to join; to move from north to south [in Vietnam]; in, into: **lối vào** entrance; **cửa ra vào** door; **đóng cửa vào** to close a window; **nó chạy vào cửa hàng xe đạp** he ran into the bicycle shop; **thêm vào** to add to; **đem vào** to bring in; **kéo vào** to drag in

vạt 1 *n.* flap [of Vietnamese dress]: **vạt áo** dress flap 2 *v.* to bevel

vạt áo *n.* skirt, flap: **vạt áo trước** the fore flap

vay 1 *v.* to borrow [money, food]: **vay tiền** to borrow money 2 *v.* to lend, to loan [money, food]: **vay tiền ngân hàng** to get a loan from the bank

vay mượn *v.* to borrow, to loan: **từ vay mượn** a loanword

vay lãi *v.* to borrow [money] with interest

váy *n.* skirt

vảy 1 *n.* scale [of fish, etc.]; scab: **đánh vảy cá** to scale a fish 2 *v.* to sprinkle: **vảy nước vào rau** to sprinkle water on vegetables

vẫy *v.* to wave [hand, flag]; to wag [tail]: **vẫy tay chào tạm biệt** to wave farewell with one's hands

vạy *adj.* crooked, bent, curved: **tà vạy** dishonest, crooked

vằm *v.* to chop, to mince: **băm vằm thịt** to mince meat

văn *n.* literature, letters; culture, civilization, [of official] civilian [as opp. to military **võ**]: **Việt văn** Vietnamese literature; **Anh văn** English language/literature; **Hán văn**

Chinese language/literature; **nhà văn** writer; **cổ văn** classical language or literature; **kim văn** modern language or literature; **công văn** official letter

văn bài *n.* composition, writing

văn bằng *n.* diploma, degree

văn bút *n.* letters: **Hội Văn bút** Playwrights, Poets, Essayists and Novelists [PEN]

văn chỉ *n.* Temple of Literature, shrine dedicated to Confucius [in each village]

văn chương *n.* literature

văn đàn *n.* literary club, literary group

văn gia *n.* writer

văn giai *n.* civil service hierarchy

văn hào *n.* great writer, man of letters

văn hiến *n.* civilization

văn hoa *n.* writing style

văn hoá *n.* culture: **một nền văn hoá cực thịnh** a highly-developed culture; **Nhà Văn hoá** Office of Cultural Affairs; **Tổ chức Giáo dục, Khoa học và Văn hoá Liên hợp quốc** United Nations Educational, Sciencific and Cultural Organization [UNESCO]

văn hoá vụ *n.* cultural affairs

văn học *n.* literature

văn học sử *n.* literary history

văn khoa *n.* faculty of letters; **Đại Học Văn Khoa** Faculty of Letters, College of Arts, Faculty of Arts

văn khố *n.* literary treasure

văn kiện *n.* documents

văn liệu *n.* literary materials

Văn Miếu *n.* Temple of Literature [in Hanoi city]

văn minh *adj., n.* civilized; civilization

văn nghệ *n.* arts and letters: **cuộc phục hưng văn nghệ** literary renaissance; **chương trình văn nghệ** musical program

văn nghiệp *n.* literary career

văn nhân *n.* man of letters, writer

văn phái *n.* literary school

văn phạm *n.* (= **ngữ pháp**) grammar

văn pháp *n.* syntax

văn phòng *n.* study room, office, secretariat; cabinet [in ministry or department]: **Đổng lý văn phòng** Director of Cabinet; **Chánh văn phòng** Chief of Cabinet; **Tham chánh văn phòng** Attaché of Cabinet

văn phòng phẩm *n.* stationery

văn quan *n.* civil official

văn sách *n.* traditional Sino-Vietnamese dissertation, essay [at civil service examinations]

văn sĩ *n.* writer, man of letters

văn tập *n.* anthology

văn tế *n.* funeral oration

văn thân *n.* scholar

văn thể *n.* literary form, genre, text-type

văn thơ *n.* prose and poetry, literature

văn thư *n.* writings, papers; document, letter

văn tuyển *n.* anthology, selected works

văn từ *n.* writings; literature, style

văn tự *n.* writing system, orthography, written language; contract

văn uyển *n.* literary corner [in magazine, newspaper]

văn vần *n.* poetry, verse

văn vật *adj.* civilized, cultured, sophisticated

văn vẻ *n.* literary style

văn võ *n.* civil and military: **văn võ toàn tài** both a scholar and warrior

văn xuôi *n.* prose

vắn *adj.* short, brief [*opp.* **dài**]: **đọc tin vắn** to read the news brief

vắn tắt *adj.* brief, briefly speaking, concise

vằn *adj.* striped: **ngựa vằn** zebra

vằn vèo *adj.* winding, tortuous

vặn *v.* to wring [neck **cổ**, hand **tay**], to turn [key **chìa khoá**], to twist, to screw: to wind or set [watch or clock **đồng hồ**]; to turn, to switch [light **đèn**] on: **vặn tay ai** to wring one's hands; **vặn đồng hồ** to set a watch

vặn vẹo *v.* See **vằn vèo**

văng *v.* to be thrown, to be hurled, to fling, to throw; to spit out: **bỏ văng** to abandon, to give up entirely; **văng ra những lời thô tục** to spit out vulgarities

văng vẳng *v.* to hear or be heard vaguely from a distance

vắng *adj.* [of place] to be deserted, [of person] to be absent: **bao nhiêu người vắng mặt ngày hôm nay?** how many people are absent today?; **thanh vắng** to be quiet and deserted

vắng bóng *v., adj.* to be without anybody, absent

vắng khách *v.* to have few customers

vắng mặt *adj.* absent: **án vắng mặt** judgment in absentia

vắng ngắt *adj.* completely deserted

vắng nhà *v.* not to be in, not to be home, to be out, to be absent

vắng tanh *adj.* quite deserted

vắng teo *adj.* deserted

vắng tin *v.* to receive no news from, not to hear from

vắng vẻ *adj.* deserted, quiet

vằng vặc *adj.* [of moonlight] clear, bright

vẳng *v.* to be heard vaguely from a distance

vắt **1** *v.* to wring, to squeeze [citrus fruit], to milk [cow]: **vắt hết nước đi** wring it well; **nước cam vắt** orange juice; **vắt khô áo quần** to wring clothes **2** *n.* jungle leech

vắt *v.* to throw [garment] over one's shoulder

(vắt vai); to throw [linen on clothes line]: **vắt tay lên trán** to put a hand over one's forehead; **vắt chân** to cross one leg over the other

vắt vẻo *adj.* swinging high, perched up high

vặt 1 *adj.* [of items] miscellaneous; [of expenses, theft] petty, trifling; [of jobs] odd, insignificant: **lặt vặt** miscellaneous; **thù vặt** to resent trifling matters; **vụn vặt** minute, trifling; **sai vặt** to send [someone] on small errands; **ăn quà vặt** to have a nibble here or there; **việc vặt** odd jobs; **tiền tiêu vặt** pocket money; **đồ vặt** odd things, odds and ends; **ăn cắp vặt** petty theft 2 *v.* to pluck [hair, feathers, vegetables], to gather [vegetables]

vặt vãnh *adj.* miscellaneous, small

vâm *n.* big elephant: **khoẻ như vâm** as strong as a big elephant

vân 1 *n.* grain, vein [in marble, wood] 2 *n.* silk cloth with woven design [of clouds] 3 *n.* (= **mây**) cloud

vân mẫu *n.* mica

vân mòng *n.* news about someone

Vân Nam *n.* Yunnan

vân tinh *n.* nebula

vân vân *adv.* and so on, and so forth, etc.

vấn 1 *v.* to roll [turban or one's hair] around [head]: **vấn tóc trên đầu** to roll one's hair around the head 2 *v.* (= **hỏi**) to ask: **cố vấn** to advise; **chất vấn** to question; **thẩm vấn** to investigate

vấn an *v.* to inquire about someone's health

vấn danh *n.* pre-betrothal ceremony [where names and ages of prospective bride and bridegroom are exchanged]

vấn đáp *v.* to question and answer: **thi vấn đáp** oral examination

vấn đề *n.* problem, topic, subject, question, matter: **nêu vấn đề** to raise a question; **giải quyết vấn đề** to solve a problem

vấn tâm *v.* to ask oneself

vấn tội *v.* to question a suspect

vấn vít *adj.* involved in

vấn vương *v., adj.* to be involved in, preoccupied with; to be in love

vần *n.* [SV **vận**] rhyme; syllable; alphabet: **đánh vần** to spell a word out loud; **vần quốc ngữ** Vietnamese alphabet

vẩn *adj.* [of liquid] turbid, cloudy, muddy; [of sky] murky, overcast

vẩn đục *adj.* turbid, muddy

vẩn vơ *adj.* vague, undecided, wavering

vẫn *adv.* still, just the same, always

vẫn còn *adv.* to have been doing something, still: **tôi vẫn còn ở Việt Nam** I am still living in Vietnam

vẫn thạch *n.* meteor, aerolith

vận 1 *v.* to dress: **vận Âu phục** to wear Western clothes 2 *v.* to move about, to transport; **chuyển vận** to ship; **giang vận** river transportation; **thuỷ vận** sea or river transportation; **không vận** air transportation 3 *n.* luck [with **gặp** to meet with]; destiny, fate [**đỏ, hên, may** good; **đen, xui, rủi** bad]: **hậu vận** future fate; **vận đen** bad luck; **vận may** good luck; **lỡ vận** to miss a chance 4 *n.* (= **vần**) rhyme: **cước vận** final rhyme; **yêu vận** medial rhyme

vận chuyển *v.* to transport

vận dụng *v.* to apply

vận đen *n.* bad luck

vận đỏ *n.* good luck

vận động *v.* to exercise, to move, to campaign: **sân vận động** stadium; **vận động tuyển cử** electoral campaign

vận động trường *n.* stadium

vận hà *n.* canal

vận hạn *n.* bad luck, misfortune

vận hành *v.* to move, to revolve

vận hội *n.* opportunity, chance

vận mạng *n.* destiny, fate, lot

vận mệnh *n.* destiny, fate, lot

vận phí *n.* freight, transportation costs

vận số *n.* lot, destiny, fate

vận tải *v.* to transport, to ship: **xe vận tải** truck

vận văn *n.* poetry, rhythmic prose; [as opp. to prose **tản văn**]

vâng *v., n.* to obey, yes; a polite particle: **vâng lời** to obey; **vâng, bạn đúng rồi** yes, you are right; **gọi dạ bảo vâng** to say "daï" when called upon and "vâng" when told something; **biết vâng lời** obedient

vâng lệnh *v.* to obey an order

vâng lời *v.* to obey, to comply with

vâng mệnh *v.* to obey an order

vâng theo *v.* to obey, to comply with

vấp *v.* to trip, to stumble: **vấp phải khó khăn** to come up against difficulties; **vấp phải hòn đá** to trip over a stone

vấp váp *v.* to hesitate in speech; to flounder, to make mistakes

vắt *v.* See **vứt**

vất vả *adj., v.* hard; to toil; [of work] to be laborious, hard: **làm việc vất vả** to work hard

vất vưởng *adj.* uncertain, undecided, unstable

vật 1 *n.* thing, object, creature, being; animal: **động vật** animate being; **loài vật** animals; **thực vật** vegetables, plants; **súc vật, thú vật** animal; **vạn vật** nature 2 *v.* to slam [an adversary in wrestling, a child in playing]; to wrestle [**nhau** together]; to toss [in bed]: **đô vật** wrestler; **nằm vật ra** to collapse, to fall flat

vật chất *n.* matter, material
vật dục *n.* sexual desire
vật dụng *n.* materials [that one uses]
vật giá *n.* price of goods
vật liệu *n.* materials [building, etc., but not referring to materials]
vật lộn *v.* to struggle, to fight
vật lực *n.* material resources
vật lý *n.* physics: **nguyên tử vật lý học** nuclear physics
vật nài *v.* to insist, to entreat
vật thể *n.* material body
vật tư *n.* materials and means
vật vã *v.* to throw oneself on the ground; to writhe in bed [with pain, sorrow]
vật vờ *adj.* faltering, irresolute
vấu *v.* to scratch, to pinch
vấu *adj.* [of teeth] bucked, projecting
vây 1 *n.* (= **vi**) fin [of fish], paddle, flapper [of whale, etc.]: **xúp vi cá** shark's fin soup; **giương vây** to put on airs 2 *v.* to encircle, to surround: **vây tròn, vây bọc** to round up; **vây bắt** to besiege, to blockade
vây cánh *n.* follower, fraction, supporter
vấy *adj.* stained
vấy máu *adj.* blood-stained
vầy *adv.* (= **vậy**) this, this way, so: **như vầy** as follows; **làm như vầy** do it this way
vẫy *v.* to wave [hand **tay**, handkerchief **khăn tay**, flag **cờ**]: **vẫy cờ** to wave a flag
vẫy vùng *v.* to be agitated, to struggle, to bestir oneself; to be free
vẫy *v.* See **vậy**
vậy 1 *adv.* this, that, thus, so: **nếu vậy thì** it is so then; **bởi vậy** that's why; **đã vậy** if it is so; **như vậy** thus; **sao vậy?** why is it so?; **vì vậy** that's why [**mà, cho nên** introduces main clause] 2 *adv.* reluctantly, because one has no choice: **không có màu xanh thì tôi lấy màu vàng vậy** if you don't have it in green I'll take yellow then; **sáng nay không có phở, con ăn xôi vậy nhé** they don't sell noodles this morning; will you have some sticky rice instead, honey?
vậy nên *adv.* that's why
vậy thì *adv.* then
ve 1 *n.* cicada: **ve sầu** cicada 2 *n.* flash 3 *v.* to court, to flirt, to woo: **ve gái** to flirt with a girl 4 *n.* [Fr. *revers*] lapel
ve vãn *v.* to court, to woo: **ve vãn ai** to court someone
vé *n.* ticket, coupon: **một vé khứ hồi** a return ticket, round-trip ticket; **lấy vé, mua vé** to buy tickets; **người soát vé** conductor; **chỗ bán vé** ticket office; **vé số** lottery ticket
vè 1 *n.* mudguard, fender 2 *n.* satirical folk song

vẻ *n.* appearance, air, mien; look, countenance: **vẻ mặt** look; **vui vẻ** to be merry; **làm ra vẻ** to put on airs; **có vẻ** to look, to seem [to]
vẻ mặt *n.* look, countenance
vẻ ngoài *n.* appearance
vẻ người *n.* appearance, look
vẻ vang *adj.* glorious, proud: **làm vẻ vang gia đình** to do honor for the family
vẽ *v.* [SV **hoạ**] to draw, to paint [picture], to sketch; to pencil; to lead, to show, to indicate; to invent: **bày vẽ** to invent; **bức vẽ** drawing, sketch, painting; **tranh vẽ** drawing; **thợ vẽ** artist
vẽ mặt *v.* [of actor, actress] to make up
vẽ phác *v.* to sketch, to outline
vẽ vời *v.* to invent unnecessary things, to create unnecessary issues
ven *n.* edge, fringe, side: **đi theo ven đường** to go along the side of a road
vén *v.* to raise [curtain **màn**], to pull up, to draw up, to lift, to roll up [sleeve **tay áo**]: **vén màn cửa sổ lên** to pull up the window curtain
vẹn vẹn *adv.* only, just [a certain number]
vẹn *adj.* perfect, complete: **trọn vẹn** perfect; **nguyên vẹn** intact
vẹn lời *v.* to keep one's promise
vẹn mười *adj.* perfect
vẹn toàn *adj.* perfect
veo 1 *v.* to run or sell quickly 2 *adj.* very limpid, clean: **nước trong veo** very clean water
veo veo *adv.* speedily, swiftly, quickly
véo *v.* to pinch: **cấu véo ai** to pinch someone
véo von *adj.* [of singing voice] high pitched and melodious: **tiếng hát véo von** a melodious singing voice
vèo *adj.* very fast, rapid, quick as lightning: **đánh vèo một cái** to hit quickly as lightning
vẹo *v.* to twist, to be distorted
vẹo vọ *adj.* twisted, crooked
vét *v.* to clean up, to dredge; to steal: **vơ vét** to make a clean sweep; to clean up; to steal
vẹt 1 *n.* parrot, parakeet: **như vẹt** parrot-like 2 *v.* to level, to chamfer, to scrape: **chiếc giầy bị vẹt một bên** the shoe was leveled on one side
vẹt ni *n.* [Fr. *vernis*] varnish, shellac
vê *v.* to roll [tobacco] between two fingers or into a ball: **vê đầu sợi chỉ** to roll one end of a thread
vế *n.* thigh; member [of equation, of couplet, of pair of parallel sentences]; authority, influence; rank, status: **vai vế lép** to lack influence
về *v., conj.* [SV **hồi, qui**] to return, to go back to; to, towards, in, at, about, concerning: **giỏi về khoa học** good at sciences; **về phía nam**

to the south; **lui về** to retreat to; **trở về** to go back [to]; **độ ba tháng về trước** about three months ago; **về mùa đông** in winter; **nói về** to speak about; **thuộc về** to belong to; **đi về nhà** to go back home; **phần này về anh** this share goes to you; **về việc ấy** concerning that matter

về già *v.* to become old

về hưu *v.* to retire

về nước *v.* to return to one's country, to return home from overseas

về phần *adv.* as for, as to

về sau *adv.* later on, in the future

vệ *n.* edge, side [of road, etc.]: **vệ đường** roadside, kerb

vệ binh *n.* bodyguard, guard

Vệ Đà *n.* Veda

vệ sĩ *n.* bodyguard

vệ sinh *n., adj.* hygiene, sanitation; to be hygienic, sanitary: **nhà vệ sinh** toilet; **hố vệ sinh** septic tank; **giấy vệ sinh** toilet paper

vệ tinh *n.* satellite [astronomy]: **vệ tinh nhân tạo** man-made satellite [with **phóng** to launch]

vện *adj.* [of dog] spotted

vênh *v.* to warp, to buckle: **vênh mặt** to hold up one's face in conceit

vênh vang *v.* to look proud, to be arrogant

vênh váo *adj.* haughty, arrogant

vểnh *v.* to hold up: **vểnh tai** to prick up one's ears

vết *n.* spot, stain, blot; trace, track; scab: **bới lông tìm vết** to find fault; **dấu vết** trace

vết thương *n.* wound: **băng bó vết thương** to dress wounds

vết bẩn *n.* spot, stain

vết chân *n.* footprint

vết nhăn *n.* wrinkle

vết thương *n.* wound

vết tích *n.* traces, vestiges

vệt *n.* mark, long trace, streak

vêu *v.* to sit idle, to pull a long face

vếu *adj.* swollen

vều *v.* to purse [lips **môi**]; to be pursed, to swell

vi *n.* (= **vây**) [shark's] fin: **vi cá nấu măng tây** sharkfin soup with asparagus

vi âm *n.* microphone

vi bằng *n.* evidence; certificate

vi cảnh *n.* petty offense, minor infraction of the law: **phạt vi cảnh** to fine for a petty offense

vi hành *v.* [of king] to travel *incognito*

vi khuẩn *n.* bacteria, germ

vi ô lông *n.* violin

vi phạm *v.* to violate, to break [agreement, etc.]: **vi phạm luật pháp** to break the law

vi phân *adj.* infinitesimal, [of calculus] differential

vi phim *n.* microfilm

vi ta min *n.* vitamin

vi tế *adj.* small, fine: **ngữ học vi tế** microlinguistics

vi trùng *n.* microbe, germ; **cực vi trùng** virus

vi vu *v.* [of wind] to whistle

ví 1 *v.* to compare [**với** with]; to suppose 2 *n.* wallet, purse, billfold: **tiền để dằn túi** pocket money

ví bằng *adv.* if, in case

ví dầu *adv.* if, in case

ví dù *adv.* if, in case

ví dụ *n.* example, for example

ví như *adv.* if, in case

ví phỏng *adv.* if, in case

ví thử *adv.* if, in case

ví tiền *n.* purse, wallet

ví von *v.* to compare, to make comparison

vì *conj.* because; due to, in view of, because of: **bởi vì, tại vì** because [of]; **vì sao** for what reason; **vì thế cho nên, vì vậy cho nên** because of that

vì chưng *adv.* because, for, since

vì nể *v.* to have regard or consideration for

vì rằng *adv.* because, for, since

vĩ *n.* (= **đuôi**) tail: **thủ vĩ** head and tail, beginning and end; **tiếp vĩ ngữ** suffix

vĩ cầm *n.* violin

vĩ đại *adj.* great, imposing

vĩ độ *n.* latitude

vĩ nhân *n.* great man

vĩ tuyến *n.* latitude, parallel: **bên kia vĩ tuyến** across the parallel

vị 1 *n.* taste [good or bad], flavor: **vô vị** tasteless, insipid; tedious, dull; **hương vị** flavor; **mỹ vị** delicacy; **hải vị** seafood; **thú vị** delight, pleasure; **đồ gia vị** spices 2 *n.* seat, condition, rank, position, unit; CL for duties or persons of some status: **quí vị thính giả** dear listeners; **kính thưa quí vị** ladies and gentlemen; **đơn vị** unit; **âm vị** phoneme; **thứ vị** rank; **tước vị** rank, title; **địa vị** position, status; **chức vị** position; **an vị** to be seated

vị chi *adv.* that is equal to, that comes to

vị dịch tố *n.* pepsin

vị giác *n.* sense of taste

vị hôn thê *n.* fiancée: **bảo lãnh cho vị hôn thê qua Úc** to sponsor a fiancée to immigrate to Australia

vị kỉ *adj.* selfish

vị lai *n.* future: **thể vị lai** future tense

vị lợi *adj.* advantage-seeking, for profit, with one's own interests

vị ngã *adj.* selfish, egoistic

vị ngữ *n.* predicate [grammar]: **câu đơn gồm có chủ ngữ và vị ngữ** a simple sentence consists of subject and predicate

vị tạng *n.* stomach
vị tất *adv.* not necessarily
vị tha *adj.* altruistic
vị thành niên *n.* minor [of age]
vị thứ *n.* rank, status
vị trí *n.* [military] position, status
vị vong nhân *n.* widow
via *adj.* [Fr. *vieux*] old, [slang] the old man: **ông via tôi** my father; **bà via tao** my mother
vía *n.* life principle, vital spirit: **hú vía!** phew! what a narrow escape!; **ngày vía** birthday
vỉa *n.* border, edge, rim, side: **vỉa hè** sidewalk
việc *n.* [SV **sự**] work, task, job, business; thing, matter, affair: **công ăn việc làm** job; **làm việc** to work; **không phải việc của tôi** it is not my business
việc chi *n.* See **việc gì**
việc gì *n., v.* what's the use of; to concern [**đến** precedes object]: **việc gì mà phải đợi!** what's the use of waiting? no need to wait; **việc gì đến anh?** Does it concern you at all? It is none of your business; **có việc gì không?** what's the matter?
việc làm *n.* job, work, task
việc vặt *n.* odd jobs, small chores
viêm *n.* inflammation: **viêm nhiệt** inflammation, ills; **phế viêm** pneumonia
viêm nhiệt *adj.* [of season] hot, sultry
viên 1 *n.* classifier noun for things of regular shape, such as pills, bullets, bricks, tiles, etc.: **một viên thuốc nhức đầu** an aspirin tablet; **hai viên vi ta mnin** two vitamin pills; **một viên đạn** a bullet, a slug; **một viên gạch** a brick 2 *n.* classifier noun for officials, officers, etc.: **viên thủ quĩ** a treasurer; **viên đại tá** a colonel; **quan sát viên** observer; **đảng viên** member [of a party]; **tuỳ viên** attaché; **chuyên viên** expert; **nhân viên** staff, personnel; **liên lạc viên** liaison officer; **sinh viên** university student; **phát ngân viên** cashier, teller; **cộng sự viên** collaborator, co-worker; **thông dịch viên, phiên dịch viên** translator; **xướng ngôn viên** [radio] announcer 3 *n.* (= **vườn**) garden: **công viên** park; **lạc viên** paradise; **thảo cẩm viên** botanical gardens
viên chức *n.* official
viên mãn *adj.* perfect, satisfied
viên tịch *v.* [of Buddhist priest] to die, to pass away
viền *v.* to hem, to bind: **đường viền** edge, binding, hem
viển vông *adj.* chimerical, unpractical, fantastic: **hy vọng viển vông** fantastic hope
viễn *adj.* (= **xa**) long-sighted [*opp.* **cận**]; **viễn thị** long-sighted; **vĩnh viễn** permanent
viễn ảnh *n.* perspective, outlook
viễn cách *adj., adv.* separated; apart

viễn cảnh *n.* perspective
viễn chinh *adj., n.* expeditionary; expedition
viễn du *v.* to have a long trip, to travel very far
viễn đông *n.* the Far East
viễn khách *n.* stranger, traveler from a distant country
viễn kính *n.* telescope
viễn phương *n.* remote place, far-away place
Viễn Tây *n.* Far West
viễn thị *adj.* long-sighted, far-sighted
viễn thông *n.* telecommunications
viễn vọng *v.* to aim too far
viễn vọng kính *n.* telescope
viện 1 *n.* institute, court, chamber: **viện đại học** university; **viện hàn lâm** instiute of academy; **viện khảo cứu** research institute; **Viện Pasteur** Pasteur Institute; **Viện Khảo cổ** Institute of Historical Research; **Học Viện Quốc Gia Hành Chính** National Institute of Administration; **hải học viện** oceanographic institute 2 *v.* to invoke, to produce [reason **lẽ**, pretext **cớ**]: **viện cớ** to produce evidence
viện binh *n.* reinforcements [military]
viện dẫn *v.* to cite, to quote
viện quân *n.* reinforcements
viện trợ *v.* to assist, to aid: **Phái đoàn viện trợ Hoa Kỳ** the United States Aid Mission; **viện trợ kinh tế** economic aid; **viện trợ quân sự** military aid
viện trưởng *n.* House Speaker; rector, president [of university]; director [of institute]
viếng *v.* to pay a visit; to visit: **thăm viếng** to visit
viết *v.* to write: **viết một lá thư** to write a letter
viết chì *n.* pencil
viết lách *v.* to write
viết máy *n.* fountain pen
viết tắt *v.* to abbreviate
Việt *n.* Vietnam; Vietnamese: **tiếng Việt** Vietnamese; **Hội Việt Mỹ** Vietnamese-American Association; **Hoa Việt** Sino-Vietnamese; **Việt Pháp** Franco-Vietnamese; **Bắc Việt** North Vietnam; **Trung Việt** Central Vietnam; **Nam Việt** South Vietnam
Việt Cộng *n.* Vietnamese communists
Việt gian *n.* traitor, quisling
Việt Kiều *n.* overseas Vietnamese [national or resident in a foreign country]
Việt Nam *n.* Vietnam: **nước Việt Nam** the country Vietnam
Việt ngữ *n.* Vietnamese language
Việt sử *n.* Vietnamese history
Việt văn *n.* Vietnamese language/literature
vin *v.* to pull down [tree branch]; to rely on [**vào** precedes object]: **vin cành cây xuống** to pull down a branch of a tree

vịn *v.* to lean on, to rest on [**vào** precedes object]: **vịn tay thành ghế** to lean on the arm of a chair

vinh dự *n., adj.* honor; honored

vinh hạnh *n., adj.* honor; honored

vinh hiển *adj.* successful, honored

vinh hoa *n.* honors, fortune

vinh nhục *n.* honor and dishonor

vinh quang *adj., n.* glorious; glory

vinh qui *n.* [of successful examinee] to return to one's village

vinh thăng *v.* to be promoted

vinh thân *adj.* honored, famous

vĩnh *adj.* eternal, perpetual: **vĩnh cửu, vĩnh viễn** perpetually, eternally, forever

vĩnh biệt *v.* to part for ever, to say farewell for ever

vĩnh cửu *adj.* everlasting, permanent, eternal

vĩnh viễn *adj.* everlasting, eternal: **tù vĩnh viễn** life imprisonment

vịnh **1** *n.* bay, gulf: **vịnh Hạ Long** Ha Long bay [in the north of Vietnam] **2** *v.* to chant [poetry]: **ngâm vịnh** to chant a poem; **bài thơ vịnh mùa thu** a poem about autumn

vít **1** *v.* to pull down [something flexible] **2** *n.* [Fr. *vis*] screw: **con vít** screw bolt

vịt *n.* duck, drake: **mỏ vịt** duck's bill

vịt bầu *n.* fat duck

vịt cái *n.* duck

vịt con *n.* duckling

vịt đực *n.* drake

vịt trời *n.* wild duck

víu *v.* to cling

vo *v.* to roll into balls; to wash [rice **gạo**]

vo vo *v.* to buzz

vó **1** *n.* hoof; foot, leg: **bốn vó** four legs **2** *n.* square dipping net

vò **1** *n.* jar: **vò rượu** a jar of rice wine **2** *v.* to crumple, to crush; to rub [hair **đầu** while washing]: **vò quần áo** to scrub one's clothes

vò võ *adj.* lonely

vỏ *n.* shell [of egg **trứng**, snail **ốc**, oyster **trai**, etc.]; bark [of tree **cây**]; skin [of fruit]; tire: **vỏ xe** tire [as opp. to inner tube **ruột**]; **vỏ trứng** egg shells; **bóc vỏ, lột vỏ** to peel

vỏ bào *n.* wood shavings

vỏ chai *n.* empty bottle

vỏ chuối *n.* banana skin: **bóc vỏ chuối** to peel off a banana skin

vỏ quýt *n.* tangerine skin: **vỏ quýt dày** tangerine skin is thick

võ *n.* military service [as opp. to civilian **văn**]; art of fighting, wrestling, judo: **có võ** to know the art of fighting for self defense; **đánh võ, đấu võ** to fight, to wrestle

võ bị *n.* military training: **trường võ bị** military academy

võ biền *n.* military

võ công *n.* exploit, feat [of arms]

võ đài *n.* ring [in boxing]

võ đoán *v.* to decide arbitrarily, to be arbitrary

võ khí *n.* weapon, arms

võ khoa *n.* military science

võ lực *n.* force, violence, force of arms

võ nghệ *n.* the art of fighting for self defense [with fists, kicks or arms]

võ phu *adj.* brutal

võ quan *n.* army officer

võ sĩ *n.* boxer, pugilist; warrior

võ sĩ đạo *n.* Bushido, moral code of chivalry in feudal Japan

võ thuật *n.* martial arts

võ trang *v.* to arm, to supply armaments: **tái võ trang** to re-arm

võ tướng *n.* general, military leader

võ vẽ *v.* to know sketchily [how to do something], to be uncertain

vọ *n.* screech owl

vóc *n.* height, stature [of a person]: **vóc dáng** stature

vọc *v.* to stir, to play with: **trẻ con vọc nước** children play with water

vọc vạch *v.* to know partially

voi *n.* [SV **tượng**] elephant: **ngà voi** elephant tusk; ivory

vòi voi *n.* elephant's trunk

vòi **1** *n.* spout [of teapot, kettle **ấm**], tap, faucet; trunk [of elephant **voi**] **2** *v.* [of children] to clamor for: **đứa bé vòi ăn kẹo** a child clamors for candy

vòi rồng *n.* firemen's hose

vòi vọi *adj.* sky-high, very tall

vọi *adj.* very far, very high

vòm *n.* vault, dome, watch tower

vòm canh *n.* sentry lox, watch tower

vòm trời *n.* vault of the sky

von vót *adj.* sky-high, very tall

vỏn vẹn *adv.* only

vong ân *v.* to be ungrateful

vong bản *v.* to be uprooted

vong hồn *n.* soul of a dead person

vong linh *n.* soul of a dead person

vong mạng *adj.* careless, reckless, rash

vong nhân *n.* dead person

vong quốc *v.* to lose one's country to invaders

vòng *n.* circle, necklace, ring, bracelet: **vòng vàng** a gold necklace; **đứng thành vòng** to stand in a circle

vòng cung *n.* arc

vòng hoa *n.* wreath

vòng luẩn quẩn *n.* vicious circle

vòng quanh *adj., adv.* round; around: **đi vòng quanh thế giới** to travel around the world

vòng tròn *n.* circle

vòng vây *n.* siege: **phá vòng vây** to raise a siege
võng *n.* hammock: **khiêng võng ai** to carry someone in a hammock
võng mạc *n.* retina [of the eye]
vọng *v.* to echo, to resound; to look towards, to hope: **hy vọng** to hope; **bái vọng** to kowtow [to a far-away deity]; **cuồng vọng** crazy ambition; **dục vọng** lust; **hoài vọng** to yearn, to desire; **kỳ vọng** to admire, to esteem; **ngưỡng vọng** to admire and respect; **trọng vọng** to respect; **tuyệt vọng** hopeless
Vọng các *n.* Bangkok
vọng cổ *n.* name of a traditional opera
vọng phu *v.* to wait for one's husband
vọng tưởng *v.* to be utopian; to be fantastic
vót *v., adj.* to whittle, to sharpen [pencil]; [of trees, mountains] to be very tall
vọt 1 *n.* whip, rod [used for punishment]: **roi vọt** rod; **yêu cho vọt ghét cho ăn** spare the rod and spoil the child **2** *v.* to gush forth, to spurt: **máu vọt ra từ vết thương** blood spurted from the wound
vô *v.* See **vào**
vô ân *v.* to be ungrateful
vô biên *v.* to be limitless, to be boundless
vô bổ *adj.* useless
vô can *adj.* having nothing to do with, not to be involved [in something]
vô căn cứ *adj.* groundless; without any foundation
vô chính phủ *adj., n.* anarchic; anarchy
vô chủ *adj.* without an owner, abandoned
vô cớ *adj.* unprovoked, without reason
vô cơ *adj.* [matter] inorganic
vô cớ *adj.* without reason, no evidence
vô cùng *adj.* endless, quite, extreme
vô cùng tận *adj.* infinite
vô cực *n.* infinity
vô danh *adj.* to be without fame, unknown: **tác giả vô danh** an unknown author
vô dụng *adj.* useless, worthless, good for nothing
vô duyên *adj.* lacking charm, charmless, ungraceful
vô đạo *adj.* immoral
vô địch *n.* champion
vô định *adj.* undetermined, unsettled, unidentified
vô định hình *n.* amorphous: **tính vô định hình** amorphism
vô độ *adj.* excessive, immoderate
vô gia cư *adj.* homeless
vô giá *adj.* priceless, invaluable
vô giáo dục *adj.* ill-bred
vô hại *adj.* harmless
vô hạn *adj.* unlimited, boundless
vô hạnh *v.* to lack virtue

vô hậu *adj.* heirless
vô hệ thống *adj.* unsystematic
vô hiệu *adj.* ineffective, without effect
vô hình *adj.* invisible
vô học *adj.* ill-bred, uneducated
vô ích *adj.* useless
vô kế *adj.* without a solution, helpless
vô kể *adj.* innumerable, numberless
vô lại *adj.* idle, good for nothing
vô lăng *n.* [Fr. *volant*] steering wheel
vô lễ *adj.* to be impolite
vô liêm sỉ *adj.* shameless
vô luận *adv.* regardless of, no matter
vô lý *adj.* illogical, nonsensical, absurd, impossible
vô mục đích *adj.* purposeless
vô nghĩa *adj.* ungrateful, nonsense
vô nghĩa lý *adj.* meaningless, nonsensical, absurd
vô nhân đạo *adj.* inhuman
vô ơn *adj.* ungrateful
vô phép *adj.* impolite
vô phúc *adj.* unfortunate: **đứa con vô phúc** unfortunate child
vô sản *adj.* proletarian: **chuyên chính vô sản** proletarian dictatorship
vô sỉ *adj.* shameless
vô song *adj.* without equal, unparalleled
vô số *adj.* innumerable, plentiful, lots of
vô sự *adj.* alright, unharmed
vô tang *adj.* without evidence
vô tâm *adj.* absent-minded
vô tận *adj.* inexhaustible, endless
vô thần *adj.* atheistic
vô thừa nhận *adj.* forsaken, derelict; [of child] abandoned
vô tình *adj.* indifferent; to be unintentional
vô tội *adj.* innocent, not guilty
vô tri giác *adj.* inanimate
vô tuyến *n.* wireless
vô tuyến điện *n.* wireless telegraphy, radio: **liên lạc vô tuyến điện** radio communication; **máy vô tuyến điện nhắm hướng** radio compass, radio direction finder
vô tuyến điện báo *n.* wireless telegraphy, radio telegraphy
vô tuyến điện thoại *n.* radio telephone, wireless telephone
vô tuyến điện thư *n.* radio letter
vô tuyến điện tín *n.* radiogram, radio telegram
vô tuyến truyền hình *n.* television
vô tuyến truyền thanh *n.* radio broadcast
vô tư *adj.* impartial
vô tư lự *adj.* carefree
vô vàn *adj.* innumerable
vô vi *n.* inaction [Taoism]
vô vị *adj.* tasteless, insipid; dull, uninteresting

vô ý *adj.* careless, negligent

vô ý thức *adj.* unconscious; absurd

vố *n.* blow, stroke, nasty trick [with **chơi** to play]: **chơi một vố** to play a stroke

vồ 1 *v.* to snap at, to pounce on [object preceded by **lấy**]: **vồ lấy dịp tốt** to pounce upon a good opportunity 2 *n.* mallet, club

vồ ếch *v.* to fall down

vồ vập *v.* to warmly receive [customers]

vỗ *v.* to clap [hands **tay**], to flap [wings **cánh**], to tap [shoulder **vai**, table **bàn**]: **tiếng vỗ tay** applause; **vỗ vai ai** to tap one's shoulder

vỗ về *v.* to comfort, to console

vôi *n.* lime: **đá vôi** limestone; **lò vôi** lime kiln; **nước vôi** lime water

vôi hồ *n.* mortar

vôi sống *n.* quick lime, burnt lime, caustic lime

vôi tôi *n.* slaked lime, hydrated lime

vối *n.* eugenia tea

vội *v., adj.* hurried; hasty, urgent

vội va *v.* to hurry

vội vàng *v.* to act or be done in a hurry

vốn *n.* capital, principal; origin: **góp vốn với công ty** to contribute one's capital to a firm; **giá vốn** original price

vốn liếng *n.* capital, funds

vốn lời *n.* capital and interest

vồn vã *v.* to be eager, to be attentive,

vồng *adj.* arched, curved: **cầu vồng** rainbow

vơ *v.* to act wrongly, to sweep off, to pick up: **vơ đũa cả nắm** to generalize; **nhận vơ** to claim falsely

vơ vẩn *v., adj.* to act aimlessly; idle and impractical: **làm việc vơ vẩn** to do something idle and impractical

vơ vét *v.* to clean up, to collect everything

vớ 1 *v.* to grab, to snatch, to take something 2 *n.* sock, stocking

vớ vẩn *adj.* foolish, stupid

vờ *v.* to pretend to: **giả vờ ngủ** to pretend to sleep

vờ vĩnh to pretend, to feign

vở 1 *n.* notebook, exercise book: **viết vào vở** to write down in one's exercise book 2 *n.* classifier noun for plays: **vở kịch** a play; **vở tuồng** a drama

vỡ *v., adj.* [of china, glass ware] broken, smashed: **đánh vỡ chén** to break a bowl; **vỡ đê** the dike broke

vỡ bụng *v.* to split one's sides laughing

vỡ lòng *v.* to initiate [child] to learning: **sách vỡ lòng** book for beginners; **lớp vỡ lòng** a kindergarten, beginner's course

vỡ lở *v.* [of plot] to leak out, to unmask, to reveal

vỡ nợ *v.* to be bankrupt

vỡ tan *v.* to be broken to pieces

vợ *n.* [SV **phụ, thê**] wife: **vợ và chồng** wife and husband, a couple; **lấy vợ** [of man] to get married; **bỏ vợ** to divorce; **cưới vợ** to get married; **vợ chưa cưới** fiancée

vợ bé *n.* concubine

vợ cả *n.* first wife

vợ chồng *n.* husband and wife, a couple

vợ con *n.* wife and children

vợ hai *n.* secondary wife

vợ kế *n.* second wife

vợ lẽ *n.* concubine

vơi *adj.,v.* not to be full; [of water mark, etc.] to go down, to decrease

với 1 *conj.* with, together with, and, to: **tôi không thích làm với ông ta** don't like to work with him; **nói với** to say to, to speak to; **quen biết với nhau** to know each other; **hắn một khóa với tôi** he and I belong to the same class; **chúng mình anh em với nhau** we are like brothers; **cho tôi đi với bạn** let me go with you; **thong thả đợi tôi với** hold it, wait for me 2 *v.* to reach out for [something], to call out to someone who has just left the place: **với tay lấy cái mũ** to stretch out one's hand to take a hat

với lại *adv.* moreover, on the other hand

với nhau *adv.* together, one another, each other

vợi 1 *adj.* far away, distant 2 *v.* to decrease, to lessen, to abase

vớt *v.* to skim; to fish out, to pull out of the water, to pick up; to rescue: **cứu vớt** to save, to rescue; **vớt người chết đuối** to rescue a drowning person

vớt vát *v.* to scrape together: **làm vớt vát vài việc** to scrape some works together

vợt *n.* spoon net, scoop net; racket/racquet: **vợt quần vợt** tennis racket; **vợt bóng bàn** ping pong racket

vu *v.* to slander, to libel

vu cáo *v.* to accuse falsely, to calumniate

vu hoặc *v.* to slander, to libel

vu khống *v.* to calumniate, to fabricate

vu oan *v.* to slander, to calumniate

vu qui *n.* bride's wedding ceremony

vu vạ *v.* to slander, to accuse falsely

vu vơ *adj.* vague, uncertain, groundless

vú *n.* breast, udder; wet nurse, old maid servant: **loài có vú** mammal; **đầu vú** nipple

vú em *n.* wet nurse

vú già *n.* old maid servant

vú giả *n.* falsies

vú sữa *n.* star apple; milk fruit

vú vê *n.* breast

vù *v.* to buzz, to whiz: **chạy vù** to run very fast

vù vù *v.* to whirl

vũ 1 *n.* feather: **lông vũ** feather 2 *v.* to dance (= **múa**): **khiêu vũ** to dance; **ca vũ** singing and dancing

vũ công *n.* dancer

vũ bão *n.* violence, vehemence; typhoon

vũ điệu *n.* dance

vũ khí *n.* weapon, armament

vũ khúc *n.* ballet, dance

vũ lực *n.* force, armed force

vũ lượng *n.* rainfall

vũ nữ *n.* female dancer, ballet dancer

vũ trang *v.* to arm, to equip with weapons

vũ trụ *n.* the universe

vũ trụ học *n.* cosmography

vũ trụ quan *n.* world view

vũ trụ tuyến *n.* cosmic rays

vũ trường *n.* dance hall

vụ 1 *n.* season, period; harvest, crop; business, duty, affairs: **sự vụ** affairs; **chức vụ** position, job; **nghĩa vụ** duty; **trách vụ** responsibilities; **nội vụ** internal affair; **học vụ** educational affairs; **công vụ** civil service, official business; **vụ chiêm** fifth month crop 2 *n.* classifier noun for accidents, calamities, disasters etc.: **một vụ lụt** a flood; **vụ cháy ở Gia Kiệm** the Gia Kiem fire; **vụ trộm** burglary; **vụ ám sát** an assassination; **vụ ném bom** bomb raid; **một vụ kiện** a lawsuit 3 *n.* spinning top 4 *n.* department: **vụ tổ chức cán bộ** personnel department

vụ lợi *adj.* commercial, mercantile

vụ phó *n.* deputy chief of department

vụ thực *v.* to strive for reality

vụ trưởng *n.* chief of department

vua *n.* [SV **vương**] king: **vua dầu hỏa** oil magnate; **vợ vua** queen

vua chúa *n.* princes, lords, kings, rulers

vua tôi *n.* king and subject [relationship]

vục *v.* to dip into the water

vui *adj.* joyful, amused, happy, merry; [*opp.* **buồn**] amusing

vui chơi *v.* to have a good time

vui đùa *v.* to play, to amuse oneself

vui lòng *v.* to be pleased

vui miệng *v.* to talk happily

vui mừng *v.* to be glad

vui sướng *v., adj.* to be happy; happy

vui tai *adj.* pleasant to hear

vui thích *adj.* glad, happy

vui thú *adj.* pleased, delighted

vui tính *adj.* genial, jovial

vui tươi *adj.* happy and cheerful

vui vầy *adj.* happily reunited

vui vẻ *adj.* joyful, glad, pleasant

vùi *v.* (= **chôn**) to bury

vùi dập *v.* to ill-treat, to handle roughly

vùi đầu *v.* to be wrapped up

vun *v.* to heap earth around [a tree being planted], to heap earth up, to gather in a mound

vun bón *v.* to fertilize [earth]: **vun bón rau quả** to fertilize vegetables

vun đắp *v.* to heap earth up; to foster

vun trồng *v.* to cultivate

vun tưới *v.* to take care [of trees], to water

vun vút *v.* to rise high

vùn vụt *v.* to move fast

vụn *adj., n.* crushed, broken, fragmented, powdery, dusty, pulverulent; scrap, crumbs: **băm vụn** to hash; **bẻ vụn** to break into pieces; **cắt vụn** to cut to pieces; **đập vụn** to smash to pieces; **giấy vụn** waste paper; **sắt vụn** scrap iron

vụn vặt *adj.* fragmentary, miscellaneous

vung 1 *n.* lid [on cooking pot] 2 *v.* to throw up, to swing [arms]; to throw away [money]

vung vãi *v.* to be spilled, to scatter

vung vẩy *v.* to swing one's arms

vùng 1 *n.* region, area: **vùng an toàn** safety zone; **vùng bị bắn** beaten zone; **vùng biên giới** border area; **vùng cấm** probihited area, restricted area; **vùng hạ cánh** landing area, landing zone; **vùng hậu phương** rear area; **vùng nguy hiểm** danger area, danger space, no man's land; **vùng phi quân sự** demilitarized zone; **vùng tập hợp** collecting zone 2 *v.* to shake oneself loose

vùng dậy *v.* to rise up

vùng vằng *v.* to speak angrily

vung vẩy *v.* to move about freely; to struggle

vũng *n.* hole, puddle; roadstead

vũng nước *n.* a holeful of water

vụng 1 *adj.* sneaky, stealthy, sly: **ăn vụng** to eat on the sly; **yêu vụng** to love someone secretly 2 *adj.* unskillful, clumsy, awkward, unhandy: **thợ vụng** unskilled worker

vụng dại *adj.* silly, foolish

vụng ở *v.* to behave awkwardly

vụng tính *v.* to miscalculate

vụng về *adj.* awkward, unskillful, clumsy

vuông *adj., n.* square; right square piece [of fabric]: **vuông vải** a square of cloth; **hình vuông** square; **thước vuông** square meter; **cây số vuông** square kilometer; **ô vuông** square; **mẹ tròn con vuông** mother and child doing well

vuông góc *adj.* quadrature

vuông tròn *adj.* perfectly arranged

vuông vắn *adj.* perfectly square, regularly shaped

vuốt 1 *v.* to smooth [hair **tóc**, mustache or beard **râu**, clothes **quần áo**, etc.] with the hand; to caress: **ngắm vuốt** to look into a mirror; to admire oneself; **vuốt tóc** to smooth hair **2** *n.* claw [of tiger, etc.], talon [of hawk, etc.]

vuốt bụng *v.* to pass one's hand over the stomach because of sorrow or pain

vuốt ve *v.* to stroke, to fondle

vút *adj.* very tall

vụt *v.* to lash with a whip: **bay vụt qua đầu** to fly rapidly overhead

vừa 1 *adj.* reasonable; just right, moderate, so so, fair: **nó không vừa đâu** he's got a terrible temper, he's no chicken; **học vừa chứ!** don't study too hard; **giá vừa phải** it is a reasonable price **2** *v.* to fit, to suit, to satisfy, to please: **vừa lòng, vừa ý** to be suited, pleased; **đôi giầy này anh đi vừa không?** does this pair of shoes fit you?; **nếm hộ xem đã vừa chưa hay mặn quá!** please taste it to see whether it's too salty **3** *adv.* just this moment; just, recently, lately: **mới vừa, vừa mới** recently; **ông ấy vừa đi xong** he just left; **vừa chín** just ripe; **vừa kịp** just in time

vừa chừng *adj.* moderate, just right

vừa đôi phải lứa *adj.* well-matched

vừa đủ *adj.* sufficient, enough: **năm mươi đô la vừa đủ** $50 is enough

vừa khít *adj.* good fit

vừa lòng *v.* to be pleased: **chị tôi rất vừa lòng** my sister is very pleased

vừa lúc *adv.* just at the moment, just on time

vừa lứa *adj.* well-matched [used with **xứng đôi**]

vừa mắt *adj.* pleasant to the eyes

vừa miệng *adj.* tasty

vừa mồm *v.* to use cautious words/language, to control one's language

vừa mới *adv.* just, recently, lately: **ông ấy vừa mới dọn nhà** he has just moved in

vừa phải *adj.* just right; reasonable

vừa rồi *adv.* lately, recently

vừa vặn *adj.* in time, fitting or suitable

vừa vừa *adj.* average, reasonable

vữa *n., v.* mortar [construction]; to be stale

vựa *n.* huge bamboo vat used to store grain; storage room, granary, garage

vựa lúa *n.* rice bowl [area]

vựa thóc *n.* rice bowl [area]

vực 1 *n.* gulf, pit, abyss, chasm: **một trời một vực** diametrically opposed **2** *v.* to help [sick person, etc.] to stand up; to defend: **bênh vực** to defend

vừng *n.* (= **mè**) sesame: **kẹo vừng** sesame candy

vững *adj.* stable, firm; steady, secure: **em bé đứng vững rồi** the child can stand steadily

vững bền *adj.* stable, durable

vững bụng *v., adj.* to be sure, confident

vững chãi *adj.* stable, firm

vững chắc *adj.* stable, firm, solid

vững dạ *v., adj.* to be reassured, confident

vững lòng *v., adj.* to be reassured, confident

vững tâm *v., adj.* to be reassured, confident

vững vàng *v., adj.* to be stable, steady

vươn *v.* to stretch oneself: **vươn vai** to stretch the muscles of one's shoulder

vườn *n.* [SV **viên**] garden: **người làm vườn** gardener; **ngoài vườn** out in the garden

vườn bách thảo *n.* botanical gardens

vườn bách thú *n.* zoo

vườn cảnh *n.* flower garden

vườn hoa *n.* flower garden; park

vườn ruộng *n.* gardens and rice fields

vườn rau *n.* vegetable garden

vườn tược *n.* gardens

vườn ương cây *n.* nursery: **tôi vừa mua một cây hồng ở vườn ương cây** I have bought a rose from the nursery

vượn *n.* gibbon

vương 1 *n.* (= **vua**) king: **đế vương** monarch; **nữ vương** queen; **quốc vương** king; **xưng vương** to proclaim oneself emperor; **quân vương** king, monarch **2** *v.* to be seized by, to be involved: **vương nợ** to be involved in a debt

vương đạo *n.* the right way

vương giả *n.* prince, wealth

vương mạo *n.* crown

vương phi *n.* imperial concubine

vương quốc *n.* kingdom

vương vãi *adj.* scattered, dropped

vương vấn *v.* to be preoccupied with

vương vít *v., adj.* to be involved, tangled in

vướng *v.* to be caught in, to entangle in, to stick in

vướng víu *v.* to be entangled in, to be involved in

vượng *adj.* prosperous, flourishing: **thịnh vượng** to be thriving, prosperous; **hưng vượng** prosperity

vượt *v.* to exceed, to cross [mark, limit]; to pass [car], to overtake; to overcome [difficulty **khó khăn**, obstacle **trở lực**], to escape from prison: **chúng ta phải vượt qua mọi trở lực** we have to overcome all difficulties

vượt bể *v.* to cross the ocean

vượt mức *v.* to exceed the target, to pass the limit: **sản phẩm đã vượt mức kế hoạch** production has exceeded the target capacity

vượt ngục *v.* to escape from prison

vượt tuyến *v.* to escape across the parallel: **sinh viên vượt tuyến** refugee student

vứt *v.* (= **vất**) to throw away, to discard: **vứt bỏ** to throw away

vưu *adj.* extraordinary, unusual, rare

vưu vật *n.* rare thing; beautiful woman

vỹ *adj.* See **vĩ**

X

xa 1 *adj.* [SV **viễn**] far, far away [*opp.* **gần**]; **gần xa** far and near; **lo xa** far sighted; **tôi bị xa nhà** I was away from home; **xa Sài Gòn quá** too far from Saigon 2 *n.* (= **xe**) vehicle, car: **hoả xa** railway train; **công xa** government car; **quân xa** military vehicle

xa cách *adj.* separated, far away from: **xa cách gia đình lâu ngày** to be separated from one's family for a long time

xa gần *adv.* far and near, everywhere: **tiếng đồn xa gần** rumors spread everywhere

xa hoa *adj.* extravagant, luxurious, lavish

xa lạ *adj.* [of a place] foreign, unfamiliar

xa lánh *v.* to keep away from, to shun: **xa lánh những nơi ồn ào** to keep away from noisy places

xa lắc *adj.* far away

xa lộ *n.* highway, freeway

xa lông *n.* lounge suite: **một bộ xa lông** a lounge suite

xa mã *n.* carriages and horses; high living

xa phu *n.* driver, rickshawman

xa tắp *adj.* very far, far away

xa thẳm *adj.* far away, far off

xa tít *adj.* too far away

xa vời *adj.* far away, distant, remote

xa xăm *adj.* far off, remote, distant

xa xỉ *adj.* luxurious, lavish: **đồ xa xỉ** luxury items; **cuộc sống xa xỉ** a luxurious life

xa xỉ phẩm *n.* luxury goods: **son phấn là hàng xa xỉ phẩm** lipsticks and powder are luxury goods

xa xôi *adj.* far away, distant

xá 1 *v.* to bow deeply with joined hands 2 *n.* R house, dwelling: **cư xá** quarters [students, staff, officers], billet; **phố xá** shopping complex; **đại học xá** students' hostel; **ký túc xá** boarding house 3 *v.* to forgive, to pardon: **ân xá** amnesty; **đại xá** to forgive, to pardon

Xá lợi *n.* Buddha's relics

xá tội *v.* to forgive, to pardon

xà 1 *n.* beam, girder, main beam [of a roof] 2 *n.* (= **rắn**) snake: **bạch xà** white snake; **mãng xà** python, boa; **độc xà** viper

xà beng *n.* lever

xà bông *n.* [Fr. *savon*] soap

xà cạp *n.* puttees, legging

xà cừ *n.* mother of pearl

xà ích *n.* carriage driver

xà lách *n.* [Fr. *salade*] lettuce, salad

xà lan *n.* [Fr. *chalande*] lighter, barge, scow

xà lim *n.* [Fr. *cattle*] prison cell

xà lỏn *n.* [Fr. *sarong*] shorts

xà mâu *n.* spear

xà phòng *n.* [Fr. *savon*] soap: **một bánh xà phòng** a cake of soap

xà phòng thơm *n.* toilet soap

xà tích *n.* key chain

xà xẻo *v.* to cheat, to cut, to squeeze

xả 1 *v.* to sacrifice: **xả mình** to sacrifice oneself 2 *v.* to rinse: **xả quần áo** to rinse the clothes

xả kỷ *v.* to sacrifice one's life for others

xả thân *v.* to sacrifice one's life: **họ xả thân vì nước** they sacrifice themselves for their country

xã *n.* soil; commune, village, community: **xã hội** society; **làng xã** the village community; **hội đồng hàng xã** village council; **hợp tác xã** cooperative; **thị xã** municipality; **văn xã** literary club

xã đoàn *n.* group, society, association

xã đội *n.* village militia

xã giao *n.* social relations, public relations, social etiquette

xã hội *n.* society: **phục vụ xã hội** to serve a society; **Bộ An sinh Xã hội** Department of Social Security

xã hội chủ nghĩa *n., adj.* socialism; socialist

xã hội hoá *v.* to socialize: **xã hội hoá hệ thống giáo dục** to socialize an education system [to enable the community to participate in educational issues]

xã hội học *n.* sociology

xa luận *n.* editorial

xã tắc *n.* land, state: **sơn hà xã tắc** the country, the nation

xã thôn *n.* commune, hamlet, village

xã thuyết *n.* editorial

xã trưởng *n.* village chief

xã viên *n.* member of a cooperative

xạ *n.* musk: **xạ hương** musk

xạ biểu *n.* ballistic range, firing table, range table

xạ hương *n.* musk

xạ hương lộc *n.* musk deer

xạ kích *v.* to shell, to fire

xạ thủ *n.* automactic rifleman, gunner

xác 1 *n.* corpse, dead body: **xác chết** corpse; **nhà xác** morgue 2 *adj.* to be exact, precise, true, authenticated: **xác thực** true; **chính xác** to be precise, accurate; **minh xác** to clarify, to reaffirm

xác chết *n.* dead body, corpse

xác đáng *adj.* exact, accurate, appropriate

xác định *v.* to fix, to define, to affirm

xác nhận *v.* to acknowledge, to affirm, to confirm: **ông ấy đã xác nhận những điều ông đã nói** he confirmed what he has said

xác pháo *n.* residue of firecrackers

xác suất *n.* probability [math]

xác thịt *n.* flesh, body [as opp. to spirit]

xác thực *adj.* true, genuine

xác xơ *adj.* ragged, tattered; very poor

xách *v.* to carry [briefbag, case, suitcase]; to hang from the hand by means of a handle: **xách cặp đi làm** to carry a suitcase to the office

xách mé *v.* to address somebody rudely; to call somebody by his name, not to use the appropriate status indicator

xách nách *v.* to drag someone by an arm

xái *n.* dregs of opium

xài *v.* to spend, to use, to consume: **tiêu xài tiền** to spend money; **xài bàn ghế** to use furniture

xài lớn *v.* to spend recklessly

xài phí *v.* to spend extravagantly

xam xám *adj.* grayish, pale gray

xám *adj.* gray

xám mặt *v.* to grow pale

xám ngắt *adj.* very pale

xám xanh *adj.* livid, pale

xám xì *adj.* dark gray

xám xịt *adj.* dark gray

xảm *v.* to caulk

xạm mặt *adj.* ashamed

xanh *adj.* [SV **lam**] blue; [SV **thanh**] to be green; unripe [*opp.* **chín**]; to be young: **đầu xanh** young children; **xanh da trời** blue; **xanh lá cây** green; **tuổi xanh** tender age; **xuân xanh** youth

xanh biếc *adj.* deep sky blue

xanh da trời *adj.* sky blue

xanh dờn *adj.* very green, verdant

xanh lá cây *adj.* green

xanh lè *adj.* green, unripe

xanh mét *adj.* pale

xanh ngắt *adj.* very green, deep blue

xanh rì *adj.* dark green [of grass]

xanh rờn *adj.* verdant

xanh um *adj.* [of trees, leaves] verdant

xanh xao *adj.* very pale, livid

xao động *v.* to be agitated, to be excited

xao lãng *v.* to neglect

xao nhãng *v.* to forget or to neglect [duties, etc.]

xao xuyến *v.* to be aroused, to be excited

xáo 1 *v.* to turn upside down, to upset, to mix 2 *v.* to cook [meat] with bamboo shoots [**măng**] and spices

xáo trộn *v.* to mix, to mix up; to put upside down, to upset [hierarchy, etc.]

xào *v.* to stir-fry [sliced meat] with onions, vegetables and a small amount of sauce

xào nấu *v.* to do cooking

xào xạc *v.* to be noisy

xào xáo *v.* to fry; to cook; to toil and moll

xảo *adj.* skillful: **tinh xảo** clever, ingenuous; **tiểu xảo** small skill; **tuyệt xảo** very clever

xảo ngôn *n.* clever words; good talker

xảo quyệt *v., adj.* to be shrewd, cunning, artful

xảo thủ *n.* skilled worker, skillful craftsman

xảo trá *adj.* cheating, two-faced, shrewd, treacherous

xạo *v.* to be a jerk; to talk as a jerk; **ba xạo** jerk

xáp *v.* to get near, to approach

xáp mặt *v.* to meet face to face

xát *v.* to rub: **chà xát muối** to rub with salt

xay *v.* to grind in a mill [in order to remove rice husk, make flour, etc.]: **cối xay** mill; **nhà máy xay lúa** rice mill; **xay lúa** to grind rice

xắn 1 *v.* to roll up [one's sleeves]: **xắn tay áo** to roll up one's sleeves 2 *v.* to carve, to cut [food with knife or chopsticks, earth with spade or hoe]: **xắn bánh thành lát nhỏ** to cut a cake into pieces

xăng *n.* petrol, gasoline

xằng *adj.* wrong, nonsensical: **làm điều xằng bậy** to do wrong things

xẳng *adj.* curt: **ăn nói xẳng** to speak curtly

xắt *v.* to cut up, to slice: **xắt táo mỏng** to slice an apple

xấc *adj.* impolite, ill-mannered, disrespectful: **nó ăn nói xấc láo** he speaks disrespectfully

xấc láo *adj.* impertinent, insolent

xấc xược *adj.* pert, impolite

xâm 1 *v.* to feel giddy, dizzy 2 *v.* to usurp, to invade: **ngoại xâm** foreign invasion

xâm chiếm *v.* to invade, to occupy, to seize

xâm đoạt *v.* to usurp, to seize: **xâm đoạt tài sản ai** to seize someone's property

xâm lăng *v., n.* to invade; invasion, aggression: **kẻ xâm lăng, quân xâm lăng** the aggressor

xâm lấn *v.* to intrude on [territory, rights], to encroach

xâm lược *v., n.* to invade; invasion, aggression

xâm nhập *v.* to enter, to trespass, to infiltrate

xâm phạm *v.* to intrude upon, to violate [object optionally preceded by **đến/tới**]

xâm thực *v.* to erode

xẩm *adj.* twilight; blind

xấp *n.* package, quire, wad [of paper money]: **một xấp tiền giấy** a wad of bank notes

xấp xỉ *adv.* to be approximately the same, approximately, roughly, about: **xấp xỉ nhau** to be nearly equal, nearly alike

xâu 1 *v.* to thread [needle], to string: **xâu kim** to thread a needle 2 *n.* string, bunch: **một xâu chìa khoá** a bunch

xấu *adj.* bad [of quality] [*opp.* **tốt**]; bad-looking, ugly, homely [*opp.* **đẹp**]: **xấu như ma** as ugly as sin; **bêu xấu** to speak evil of; to put to shame, to disgrace; **nói xấu** to speak evil of

xấu bụng *v., adj.* to be wicked, bad, naughty

xấu hổ *v.* to be ashamed; to feel ashamed

xấu mã *v.* to have an ugly physical appearance

xấu máu *v.* to have weak body resistance

xấu mặt *v.* to lose face

xấu nết *v., adj.* to have a bad character, perverse

xấu người *v.* to have an ugly appearance

xấu số *adj.* unfortunate, ill-fated, unlucky

xấu tiếng *adj.* having a bad name

xấu tính *adj.* having a bad character

xấu xa *adj.* shameful; bad, wicked, evil

xấu xí *adj.* homely, bad-looking, unattractive

xây 1 *v.* to build, to construct: **xây nhà** to build a house **2** *v.* (= **xoay**) to turn [face **mặt**, back **lưng**]: **xây lưng lại** to turn one's back

xây dựng *v.* to build, to construct, to reconstruct: **xây xựng đất nước** to build one's country

xây đắp *v.* to build, to build up

xây xẩm *v.* to feel dizzy

xe *n.* [SV **xa**] vehicle, cart, carriage, car: **bạn lái xe tôi** you can drive my car; **bánh xe** wheel; **đệm xe** car seat; **thùng xe, hòm xe** car trunk; **đoàn xe** convoy

xe ba bánh *n.* tricycle

xe ba gác *n.* delivery tricycle

xe bình bịch *n.* motorcycle

xe bò *n.* ox cart

xe buýt *n.* [Fr. *autobus*] bus

xe ca *n.* highway bus, coach

xe cộ *n.* vehicles, cars; traffic

xe cút kít *n.* wheelbarrow

xe cứu hoả *n.* fire truck

xe cứu thương *n.* ambulance

xe đám ma *n.* hearse

xe đạp *n.* [with **đi, cưỡi, đạp** to ride] bicycle

xe đạp ba bánh *n.* tricycle

xe điện *n.* tram, streetcar

xe điện ngầm *n.* underground train, subway

xe đò *n.* bus, coach

xe độc mã *n.* one-horse carriage

xe gắn máy *n.* motorcycle

xe hàng *n.* bus, coach

xe hoa *n.* wedding car

xe hoả *n.* train

xe hòm *n.* limousine

xe hơi *n.* automobile, car

xe kéo *n.* rickshaw

xe lô *n.* rented car

xe lôi *n.* pedicab [with driver in front pulling]

xe lăm *n.* Lambretta motorscooter

xe lửa *n.* train

xe máy *n.* motorcycle

xe máy dầu *n.* motorcycle

xe mô tô *n.* [Fr. *motocyclette*] motorcycle, motorbike

xe ngựa *n.* [horse] carriage

xe ô tô *n.* [Fr. *auto*] automobile, car

xe pháo *n.* cars, means of conveyance; traffic

xe song mã *n.* two-horse carriage

xe tang *n.* hearse

xe tay *n.* rickshaw

xe tăng *n.* [Fr. *tank*] tank

xe thổ mộ *n.* horse carriage

xe thơ *n.* mail truck

xe trượt tuyết *n.* sleigh

xe vét pa *n.* [from trademark Vespa] motorscooter

xe vòi rồng *n.* fire truck

xe xích lô *n.* [Fr. *cyclo pousse*] pedicab

xe xích lô máy *n.* motorized pedicab

xé *v.* to tear, to tear up, to rend: **xé một tờ giấy** to tear a piece of paper

xé nát *v.* to tear to pieces

xé nhỏ *v.* to tear to pieces

xé rách *v.* to tear

xé tan *v.* to tear to pieces

xé toạc *v.* to tear off

xé vụn *v.* to tear to pieces

xẻ *v.* to split up, to cut off, to saw up; to dig [canal **rãnh, mương,** etc.]: **xẻ trái dưa** to cut open a watermelon; **xẻ một tấm ván** to split timber

xem *v.* [SV **khán**] to look at, to watch, to see [performance, show]; to consider, to examine: **xem nào!** let me see!; **anh nhìn xem** look and see; **chuyện đó ông xem như không cần** he considers that unnecessary

xem bệnh *v.* to examine a patient, to check up one's health

xem bói *v.* to consult a fortune teller: **những người mê tính dị đoan thường hay xem bói** superstitious people often consult fortune tellers

xem chừng *v.* to seem to; it seems that: **xem chừng họ rất thích món hàng này** it seems that they like this product

xem hát *v.* to go to the theater, to see a play

xem mạch *v.* to feel someone's pulse

xem mặt *v.* to see a potential bride before deciding on the marriage

xem như *v.* to seem to; it seems that

xem qua *v.* to take a quick look at: **nếu bạn có thì giờ hãy xem qua dự án nầy** if you have time, you should take a quick look at this project

xem ra *v.* to seem to; it seems that

xem số *v.* to read the horoscope

xem tuổi *v.* to study the horoscope of a boy and a girl prior to a marriage

xem tướng *v.* to consult a physiognomist

xem xét *v.* to examine, to consider, to inspect

xen *v.* to insert; to edge one's way [**vào** into], to interfere

xén *v.* to cut, to trim around the edge: **xén giấy** to cut paper

xéo 1 *v.* to step on, to tramp 2 *v.* to scram: **xéo đi** scram!

xẻo *v.* to cut off; to cut up: **xẻo một miếng thịt bò** to cut off a piece of beef

xẹo *adj.* slanting, oblique: **xiên xẹo** shifty

xẹo xọ *adj.* slanting, aslant

xép 1 *adj.* small, supplementary: **ga xép** local station [as opp. to express station]; **gác xép** attic 2 *adj.* flat: **lốp xép** flat tire; **bụng xép** flat belly

xẹp *v., adj.* to become flat; flattened, deflated

xét *v.* to examine, to consider; to search: **xét nhà ai** to search one's house; **tra xét** to investigate; **suy xét** to think over; **xem xét** to examine; **khám xét** to search

xét đoán *v.* to judge

xét hỏi *v.* to question

xét nét *v.* to find fault with, to examine closely

xẹt *v.* to whiz, to flash

xê *v.* to move aside: **xê một bên cho người khác đi** to move aside for other people

xê dịch *v.* to move, to change places

xê ra *v.* to move over

xê xích *v.* to inch; to differ only; to shift back and forth

xế *adj.* slanted; [of sun, moon] sinking

xế bóng *v.* to decline by days; to become older

xế chiều *n.* late afternoon

xế cửa *v.* to be almost right in front of a house

xệ *adj.* drooping, flowing, baggy, flabby

xếch *adj.* raised, turned up; [of eyes] slant

xệch *adj.* aslant, awry: **méo xệch** deformed

xếp *v.* to fold; to arrange, to put in order; to put away; to set [**chữ** types]: **thu xếp** to arrange, to settle; **ông xếp theo thứ tự a, b, c hộ tôi** please put them in alphabetical order for me; **xếp tất cả sách nầy vào tủ** to put these books into the book shelf in order

xếp bằng tròn *v.* to sit flat on the floor, cross-legged

xếp đặt *v.* to arrange, to put in order, to organize

xếp đống *v.* to pile up

xếp hàng *v.* to stay in line, to stand in line, to queue up

xếp xó *v.* to put aside, to neglect

xi 1 *n.* [Fr. *cire*] wax, sealing wax, polish: **sàn này cần đánh xi** this floor needs to be waxed; **phong bì gắn xi** sealed envelope 2 *v.* to make hissing noises to urge an infant to urinate (**đái**) or defecate (**ỉa**): **sao không xi nó?** why didn't you take him to the bathroom? [said after child wetted or soiled his pants]

xi măng *n.* [Fr. *ciment*] cement

xí 1 *n.* toilet, latrine, restroom: **nhà xí** toilet 2 *v.* to deserve for oneself: **xí phần** to deserve a share for oneself

xí nghiệp *n.* enterprise, firm, company

xí phần *v.* to claim a share

xí xoá *v.* to forget debts, to forget about who owes whom what; to forget about something

xì *v.* [of gas] to escape, to leak out; [of firecracker] to be dead, to be a dud; to let the air out of [tire]: **nó thích đốt pháo xì** he likes to break a firecracker, then burns the powder in it so as to get a fizz

xì xà xì xụp *v.* See **xì xụp**

xì xào *v.* to whisper, to buzz: **hai người đang xì xào chuyện gì** two people are whispering about something

xì xằng *adj.* arrogant

xì xụp *v.* to gibble, to sip noisily; to prostrate oneself repeatedly

xì xụt *v.* to sniff, to snuffle, to weep and sniff for a long time

xía *v.* to cut in; to edge in: **bà ấy hay nói xía** she tends to cut in with some words

xỉa 1 *v.* to pick [one's teeth]; to brush [one's teeth] with medicinal powder, charcoal powder, using toothpick or using areca husk; to jab [with hand or knife]: **xỉa răng** to brush one's teeth 2 *v.* to count out [coins, bills]: **không đếm xỉa đến ai** to pay no attention to anyone; to take nothing into account

xích 1 *n., v.* chain: **xích xe đạp** bicycle chain; **xích chân lại** to chain up one's legs 2 *v.* to move away, to shift: **xích ra!** move over!

xích xe đạp *n.* bicycle chain

xích tay *v.* to handcuff, to manacle

xích đạo *n.* the equator

xích đu *n.* rocking chair, swing

xích hoá *v.* to bolshevize, to sovietize, to communize

xích lô *n.* pedicab

xích mích *v.* to disagree, to have a conflict with

xích thằng *n.* the bond of marriage

xiếc *n.* (= **xiệc**) [Fr. *cirque*] circus: **gánh xiếc to nhất Á châu** Asia's biggest circus troupe; **trò xiếc** trick, fear; **chủ nhật trước tôi cho các cháu đi xem xiếc** I took our kids to the circus last Sunday

xiêm *n.* skirt

Xiêm La *n.* Thailand, Thai

xiêm áo *n.* clothes, garments

xiên 1 *v.* to stab or pierce [through **qua**] 2 *adj.* to be oblique, slanting

xiên xéo *adj.* oblique, slanting

xiên xẹo *adj.* crooked; shifty

xiềng 1 *n.* chains, fetters, shackles 2 *v.* to chain

xiêu *adj.* slope, bent, awry: **nhà xiêu** a bent house

xiêu lòng *v.* to yield: **nghe lời quyến rũ mà xiêu lòng** to yield by seduction

xiêu vẹo *adj.* tottering

xin *v.* to ask for; to beg: **xin việc gì** to ask for something; **xin ăn** to beg for food

xin lỗi *v.* to apologize, to excuse oneself, to beg one's pardon: **xin lỗi, bạn có phải là người Mỹ không?** Excuse me, are you American?

xin việc *v.* to apply for a job

xin xỏ *v.* to beg for, to ask for

xinh *adj.* pretty, attractive

xinh xắn *adj.* attractive, nice-looking

xịt *v.* to hose, to spray: **xịt nước vào hoa** to spray water on flowers

xỉu *v.* to be faint, to be limp

xo ro *adj.* huddling up: **ngồi xo ro một xó** to sit huddled in a corner

xó *n.* corner: **xó nhà** a corner of the house

xỏ *v.* to thread, to slip: **xỏ kim may** to thread a needle

xỏ lá *adj.* roguish: **con người xỏ lá** roguish person

xỏ mũi *v.* to thread a rope through the nose; to lead by the nose, to control: **ông ấy bị vợ xỏ mũi** his wife controls him

xỏ tai *v.* to pierce one's ears

xỏ xiên *v.* to play a nasty trick

xoa *v.* to rub: **xoa tay** to rub one's hands

xoa bóp *v.* to massage

xoa dịu *v.* to calm down, to soothe

xoá *v.* to cross out, to eliminate, to wipe out: **xoá mấy chữ** to cross out some words

xoá bỏ *v.* to cross out, to wipe out

xoá nhoà *v.* to blur, to fade away, to dim out

xoà 1 *v.* to spread out, to hang down: **tóc xoà ngang vai** to have one's hair hanging down to the shoulders 2 *v.* to laugh [**cười**] at something aside

xõa *v.* [of hair] to be flowing, to hang down: **cô ấy để tóc xõa** she has her hair flowing down her back

xoạc *v.* to spread wide apart: **xoạc hai chân** to spread one's legs

xoài 1 *n.* mango: **nước xoài** mango juice 2 *adj.* to be outstretched, at full length: **ngã xoài** to fall full length

xoàn *n.* diamond: **nhẫn hột xoàn/hạt xoàn** a diamand ring

xoang *n.* tune, melody, aria

xoàng *adj.* tolerably good, so-so, simple, weak, normal: **bữa cơm loàng xoàng** simple meal; **xuyềnh xoàng** simple, plain, unaffected

xoàng xĩnh *adj.* mediocre

xoay *v.* to turn [on axis], to change direction; to manage to get [money **tiền**, job **việc**]; to be resourceful: **xoay tiền** to manage to get money

xoay chiều *v.* to change direction, to reverse

xoay quanh *v.* to focus; to revolve: **xoay quanh một vấn đề thảo luận** to focus on a discussion issue

xoay tít *v.* to rotate at full speed

xoay trần *v.* to be stripped to the waist [while working in the heat]

xoay vần *v.* to turn around; to revolve

xoay xở *v.* to manage, to be resourceful

xoáy 1 *adj., v.* swirling, eddying 2 *v.* to swipe

xoáy trôn ốc *n.* spiral

xoăn *adj.* [of hair] curly, wavy: **tóc xoăn** curly hair

xoắn *v.* to twist, to be twisted; to cling to: **con cái cứ xoắn lấy mẹ** children cling onto their mother

xoắn ốc *n.* spiral

xoắn xít *v.* to cling to one another: **đôi tình nhân xoắn xít với nhau** a couple clings to one another

xóc 1 *v.* to shake, to stir 2 *v.* to lift with a sharp-ended pole: **xóc bó lúa** to lift a sheaf of rice with a sharp-ended pole 3 *adj.* [of road] bumpy; [of car] jolting, jerky: **đường xóc** bumpy road; **xe xóc** jolting car

xóc đĩa *n.* game using coins that one shakes in a bowl

xóc xách *v.* to clink

xọc *v.* to break into: **xọc vào nhà ai** to break into someone's house

xoe *adj.* to be perfectly round

xoè *v.* to spread, to stretch, to open [wings **cánh**, tail **đuôi**, fingers **tay**]: **xoè quạt** to open a fan wide

xoẹt *v.* [of knife, clap of thunder] to cut fast, to be quick as lightning

xoi *v.* to clear [pipe], to bore through, to drill, to groove

xoi bói *v.* to find fault

xoi móc *v.* to find someone's faults

xóm *n.* hamlet, subdivision of a village: **làng xóm** hamlet, village; **người hàng xóm** neighbor; **bà con lối xóm** neighbors

xóm giềng *n.* neighborhood

xóm làng *n.* hamlet, village

xong *v.* to finish; to finish doing something: **xong chưa?** have you finished? is it finished?; **xong rồi** yes, it's finished; **anh ấy đã dịch xong rồi** he had finished the translation

xong chuyện *adj.* all over: **làm cho xong chuyện** to do hurriedly

xong đời *v.* to be done with life

xong hẳn *v.* to finish completely

xong nợ *v.* to clear all debts

xong xuôi *adj.* to be finished or completed

xoong *n.* [Fr. *casserole*] saucepan

xọp *v.* to lose weight, to get smaller, to get flat

xót *v.* [of pain] to be smarting, to sting; to feel sorry for, to feel compassion for: **thương xót đau xót** to be grieved

xót dạ *v.* to suffer, to feel a burning sensation in one's stomach

xót ruột *v.* to suffer [because of loss, waste]

xót thương *v.* to feel sorry for; to mourn over

xót xa *v.* to feel pain, to feel sorry for

xô *v.* to give a push, to shove: **đẩy xô đến** [of crowd] to rush in

xô bồ *adj.* complicated; miscellaneous

xô đẩy *v.* to push, to jostle

xô xát *v.* to scuffle, to brawl, to quarrel

xổ *v.* [of hair, thread, seam] to become untied, to be undone; to escape, to break, to loose: **xổ lồng** to set free, to discharge; **cuộc xổ số** lottery draw; **thuốc xổ** laxative

xốc *v.* to raise up, to lift up [patient, drunkard]

xốc vác *v.* to be able, to work hard

xốc xếch *adj.* [of person, clothes] untidy, disarrayed, slovenly

xộc *v.* to dash, to rush in: **xộc vào cửa hàng** to rush into a shop

xộc xệch *v.* See **xốc xếch**

xôi *n.* steamed glutinous/sticky rice: **nấu xôi** to cook glutinous rice

xôi lúa *n.* steamed sticky rice and maize

xối *v.* to pour down [water], to flush water: **xối nước rửa sàn nhà** to pour water onto a floor for cleaning

xối xả *adj.* very quick, with a free hand

xổi *adv.* quickly or temporarily: **ăn xổi ở thì** to live from day to day, to live from hand to mouth

xồm *adj.* hairy, [of beard **râu**] thick: **râu xồm** thick beard

xồm xoàm *adj.* shaggy, hairy: **ăn xồm xoàm** to eat with one's mouth full

xổm *adj.* squatting, on the heels: **ngồi xổm** to sit on one's heels

xôn xao *v.* to be lively, to be bustling; to be stirred up, to be in an uproar

xốn *v.* to sting: **bụi làm xốn mắt** dust stung one's eyes

xốn xang *v.* to feel perplexed: **ông ấy cảm thấy xốn xang trong lòng** he feels perplexed in his heart

xông **1** *v.* to rush, to charge; to pounce or bear down upon **2** *v.* [of smell] to exhale; to have a steam bath

xông đất *v.* to be the first caller on New Year's day

xông khói *v.* to smoke [room, objects]

xông nhà *v.* to be the first caller on New Year's day

xông pha *v.* to be brave; to go to the front

xốp *adj.* [of soil] spongy, crispy

xốt *n.* [Fr. *sauce*] sauce, gravy: **nước xốt cà chua** tomato sauce

xơ **1** *adj.* fiber, filament, threadbare, tattered, ragged, very poor: **xơ dừa** coconut fiber; **nghèo xơ** poor as a church mouse **2** *n.* [Fr. *soeur*] sister, Catholic nun: **bà xơ** Catholic nun

xơ múi *n.* profit, gain: **tôi không xơ múi gì cả** he didn't touch one penny [of theirs]

xơ rơ *adj.* denuded

xơ xác *adj.* ragged, very poor: **gia đình xơ xác** a very poor family

xớ rớ *v.* to wander about dumbly

xơi *v.* to eat or drink [polite verb used only of other people]: **ông xơi cơm chưa?** have you eaten yet? have you had dinner?; **mời bà xơi nước trà** please, have some tea

xới *v.* to turn up [earth **đất**], to dig, to scoop [cooked rice **cơm** from pot]

xu *n.* [Fr. *soul*] sou, cent, penny; money: **không một xu dín túi** penniless; **bòn xu** to extort money [from spouse, parents, brothers, and sisters]

xu hướng *n.* tendency, inclination

xu lợi *v.* to be mercantile, to run after money

xu mị *v.* to flatter

xu nịnh *v.* to flatter

xu phụ *v.* to be attached to

xu thế *n.* tendency, trend

xu thời *v.* to swim with the tide, to be an opportunist

xú *adj.* ugly; stinking, smelly

xú danh *n.* bad name

xú diện *n.* ugly face

xú uế *v.* to stink, to stench

xù *adj.* hairy, [of hair] bushy

xù xì *adj.* rough [to the touch]

xũ *v.* to droop: **xũ tóc** to have drooping hair

xua *v.* to drive away by waving one's hand: **xua ruồi** to shoo away flies by waving one's hand

xua đuổi *v.* to drive away; to chase

xua tay *v.* to brush aside, to dismiss; to make a gesture with the hand

xuân *n.* spring [the season]: **mùa xuân** spring season; **tuổi xuân** youth; **còn xuân** to be still young; **tân xuân** new year; **Cung Chúc Tân Xuân** Happy New Year; **lập xuân** beginning of spring

xuân cảnh *n.* spring scenery

xuân đường *n.* father

xuân huyên *n.* father and mother

xuân lan *n.* spring orchid
xuân phân *n.* spring equinox
xuân thu *n.* the Spring and Autumn Annals
xuân tiêu *n.* spring night
xuân xanh *n.* young age, youth, flower of youth
xuẩn *adj.* dull-witted, stupid: **con người ngu xuẩn** a stupid person
xuất *v.* to advance [money **tiền**, capital **vốn**]; R to exit, to go out, to come out (= **ra**) [*opp.* **nhập**]: **xuất khẩu** to export; **sản xuất** to produce
xuất bản *v.* to publish: **nhà xuất bản** publisher
xuất binh *v.* to go to battle
xuất cảng *v.* to export
xuất cảnh *v.* to go overseas, to leave the country: **giấy thị thực xuất cảnh** an exit visa
xuất chi *v.* to authorize an expenditure
xuất chinh *v.* to go to the front
xuất chính *v.* to enter politics, to begin a public career
xuất chúng *adj.* outstanding
xuất dương *v.* to go abroad, to go overseas
xuất đầu lộ diện *v.* to show up, to appear in public
xuất gia *v.* to leave one's home to become a Buddhist monk or nun
xuất giá *v.* [of girl] to get married
xuất hành *v.* to go out of the house [on New Year's day]
xuất hiện *v.* to appear
xuất khẩu *v.* to export; to open one's mouth
xuất lệnh *v.* to issue an order
xuất lực *v.* to exert oneself, to strive to, to endeavor to
xuất nạp *n.* expenditures and receipts
xuất ngoại *v.* to go abroad
xuất ngũ *v.* to be demobilized
xuất nhập *v.* to go in and out [correspondence, people, entries in books]
xuất nhập cảng *n.* import and export; **Ngân hàng Xuất nhập cảng** Import-Export Bank
xuất quân *v.* to give marching orders to a troop
xuất quỹ *v.* to pay out from the budget
xuất phát *v.* to emit, to start, to send forth
xuất phẩm *n.* product, production
xuất sắc *adj.* outstanding, remarkable, notable
xuất thân *v.* to come from [a certain social class]: **xuất thân từ một gia đình nghèo** to come from a poor family
xuất thế *v.* to be born; to enter mookhood
xuất tinh *v.* to ejaculate
xuất trận *v.* to go to war
xuất trình *v.* to produce, to show: **xuất trình hộ chiếu** to show one's passport
xuất viện *v.* to be discharged from hospital
xuất vốn *v.* to provide capital, to invest
xuất xứ *n.* origin, source

xúc *v.* to scoop up; to shovel: **xúc cơm vào bát cho khách** to scoop rice into the guest's bowl
xúc cảm *v., adj.* to feel moved, emotional
xúc cảnh *v.* to be moved by scenery
xúc động *v., adj.* to feel moved, emotional: **người hay xúc động** emotional person
xúc giác *n.* touch [the sense]; feelers [of insects]
xúc phạm *v.* to offend, to hurt: **xúc phạm đến ai** to hurt somebody
xúc quan *n.* organ of touch
xúc tác *v.* to catalyze
xúc tiến *v.* to promote, to push forward, to speed up: **xúc tiến công tác** to speed up one's business
xúc tiếp *v.* to contact [object preceded by **với**]
xúc xích *n.* [Fr. *saucisse*] sausage; chain
xúc xiểm *v.* to incite, to instigate
xuề xoà *adj.* simple, easy to get along with
xuể *adj.* capable of [doing something]: **tôi sợ các anh ấy làm không xuể** I'm afraid they can't do it
xuềnh xoàng *adj.* simple, plain: **ba tôi ăn mặc xuềnh xoàng lắm** my father dressed in a simple way
xui **1** *v.* to incite, to urge, to prompt, to instigate, to induce: **xui ai làm điều gì** to incite someone to do something **2** *adj.* unlucky: **hôm nay tôi xui lắm** today I am very unlucky
xui bảo *v.* to prompt, to advise
xui bẩy *v.* to induce, to urge
xui giục *v.* to induce, to urge, to incite
xui nên *v.* to cause, to bring about
xui khiến *v.* to cause [something to happen]; to incite [something/someone/somebody to do something]
xui xiểm *v.* to urge, to incite someone to do bad things
xúi *adj.* See **xui**
xúi quẩy *adj.* unlucky
xum xoe *v.* to be busy; to be very showy
xúm *v.* [of a crowd] to gather; to gather around: **xúm nhau lại nói chuyện** to gather to chat
xúm đến *v.* to arrive in a mass
xúm xít *v.* to get together in great numbers
xung *v.* to dash; to be furious; to conflict with, to be inauspicious: **cẩn thận khi ông ấy nổi xung lên** be careful when he is furious
xung bệnh *v.* to fall ill
xung đột *v.* to clash, to conflict: **hai anh em xung đột lẫn nhau** two brothers clashed with each other
xung khắc *adj., v.* incompatible [**với** with]; to disagree, to conflict, to differ in opinions

xung kích v. to attack, to assault, to fight

xung phong v. to assault, to fight hand to hand: **quân xung phong** vanguard or shock troops

xung quanh adv. around, round

xung trận v. to rush into a battlefield

xung yếu adj. strategic, important

xùng xình adj. dressed in oversized clothes, loose

xuôi adj. [SV **thuận**] downstream [opp. **ngược**]; along; favorable, fluent, successful: **đi xuôi theo con đường nầy** to go along this road; **nghe có xuôi không?** does it sound all right?; **thuận buồm xuôi gió** good trip; "Bon Voyage"; **không xuôi** to go wrong, to go badly; **mạn xuôi** down the river; downstream

xuôi lòng adj. consensual, agreeable

xuôi tai adj. pleasant to the ear

xuống 1 v. [SV **hạ**] to go down, to come down, to get off/down: **xuống xe** to get off a car; **xuống dưới lầu một** to come down to the first floor 2 adv. down, lower: **ngồi xuống** to sit down; **cúi xuống** to bend down; **nằm xuống** to lie down; **hạ xuống** to lower; **nó vất con búp bê xuống đất** she threw the doll down on the floor

xuống giá v. to drop in prices

xuống giọng v. to lower one's tone

xuống giốc v. to decline; to go downhill

xuống lệnh v. to give an order

xuống lỗ v. to die, to pass away

xuồng n. speedboat, motorboat

xuổng n. spade

xúp n. [Fr. soupe] soup

xụp v. to fall down, to collapse

xụt xịt v. to whine, to snivel, to whimper

xụt xùi v. to whine, to whimper

xuý xoá v. to forget about, to wipe off: **bạn tôi xuý xoá nợ cho tôi** my friend forgot about my debt

xuyên v. to go through, to cross: **xuyên qua đường** to cross the road

xuyên lục địa n. [of missile] intercontinental

xuyên phá v. to perforate

xuyên qua v. to go through, to pierce

xuyên sơn v. to go through a mountain: **đường xuyên sơn** tunnel [through a mountain]

xuyên tạc v. to distort [facts, etc.]; to make up, to fabricate

xuyên tâm adj. diametrical, central, radial

xuyến n. bracelet: **một chiếc xuyến vàng** a gold bracelet

xuýt adj. to be all but [precedes main verb], a little more, almost: **con chó nhà bên cạnh xuýt bị ô tô cán chết** our neighbor's dog almost got run over by a car

xuýt chết v. to narrowly escape death

xuýt nữa adj. a little more and [may precede or follow subject]: **ông ta xuýt nữa bị chết** a little closer and he would have been dead

xuýt xoa v. to wail, to whimper from pain

xuýt xoát adv. approximately [the same]; almost, nearly: **hai đứa bé tuổi xuýt xoát giống nhau** the two boys are almost the same age

xứ n. region, area, locality, district, state; country, nation: **bản xứ** local region; **người bản xứ** native people; **tứ xứ** everywhere

xứ sở n. native country, home country

xử v. to decide, to regulate, to judge: **phân xử** to judge; **tự xử** to judge for oneself

xử án v. to give judgment

xử bắn v. to execute [criminal] by firing squad

xử dụng v. to use, to put to use

xử giảo v. to hang criminals, to execute by hanging

xử hoà v. to settle a difference out of court; to reconcile

xử kiện v. to judge a case in court

xử lý v. to be in charge of

xử lý thường vụ n. charge d'affaires

xử sự v. to behave, to act: **ông ấy xử sự rất không ngoan** he behaves very cleverly

xử tử v. to sentence to death; to execute

xử thế v. to behave in life, to deal with the situation

xử trảm v. to behead

xử trí v. to act, to deal with

xử xét v. to judge, to consider

xưa adj. old, past, ancient: **khi xưa, thuở xưa** once upon a time; **ngày xưa** formerly, in the old days; **từ xưa tới nay, từ xưa đến nay** from a long time ago up to now; **ngay xưa ngày xưa** once upon a time

xưa kia adv. formerly, once upon a time

xưa nay adv. before and now, always, up to now: **người Việt xưa nay vẫn cần cù làm việc** Vietnamese are always hard-working

xức v. to put or use [perfume, oil]: **xức nước hoa** to use perfume

xưng v. to announce [one's name **tên**]; to confess [crime, sin **tội**]: **xưng tội** to confess one's sin

xưng danh v. to introduce oneself

xưng đế v. to proclaim oneself emperor

xưng hô v. to address [one another]: **bạn xưng hô như thế nào với người lớn tuổi?** how do you address the elderly?

xưng hùng xưng bá v. to proclaim oneself a suzerain

xưng tội v. to confess to a priest

xưng vương v. to proclaim oneself emperor

xứng *adj.* worthy, to be a good match: **ông ấy xứng với chức vụ** he is worthy of his position; **hai người đó không xứng với nhau** they are not a good match

xứng đáng *adj.* worthy, deserving

xứng đôi *adj.* well matched

xứng hợp *adj.* appropriate, suitable, fitting

xứng vai *adj.* equal in ranking: **họ xứng vai nhau** they are equal in ranking

xước *v.* to be grazed: **làm xước da** to graze the skin

xược *adj.* ill-mannered, impolite, rude, insolent: **hỗn xược** to be insolent

xương *n.* [SV **cốt**] bone: **bộ xương** skeleton; **gỡ xương** to debone [before cooking]; **khớp xương** joint; **gầy dơ xương** skinny

xương bả vai *n.* shoulder blade

xương bánh chè *n.* kneepan, kneecap, patelle

xương cụt *n.* sacrum

xương đòn gánh *n.* clavicle, collarbone

xương hông *n.* hip bone

xương mỏ ác *n.* tibia, shin

xương quai xanh *n.* clavicle, collarbone

xương rồng *n.* cactus

xương sọ *n.* skull

xương sống *n.* backbone, spine

xương sụn *n.* cartilage

xương sườn *n.* rib

xương tuỷ *n.* bone and marrow

xương xẩu *adj.* bony, skinny

xương xương *adj.* thin, skinny, lanky

xướng *v.* to initiate; to be the first to put forward

xướng ca *v.* to sing; to act

xướng danh *v.* to call the roll

xướng hoạ *v.* to sing back and forth; to compose twin poems

xướng xuất *v.* to instigate, to promote, to propound

xưởng *n.* workshop, plant, factory, mill, yard: **ba tôi làn việc ở công xưởng** my father works in a factory

xưởng máy *n.* factory, plant, works

xưởng thợ *n.* workshop: **ông ta có một xưởng thợ ở trong nhà xe** he has a workshop in his garage

Y

y 1 *pron.* he/him: **bạn có biết y không?** do you know him? 2 *n.* medicine; medical doctor, physician: **học ngành y** to study medical science; **y sĩ** medicial doctor; **quân y** army surgeon; **thú y** veterinarian; **đông y** Sino-Vietnamese medicine

y án *v.* to approve a verdict, to uphold a sentence

y bạ *n.* health records

y chuẩn *v.* to approve: **y chuẩn một dự án** to approve a project

y dược *n.* medicine and pharmacy: **trường Đại học y dược** Faculty of Medicine and Pharmacy

y hẹn *v.* to keep an appointment

y học *n.* medicine

y khoa *n.* **bác sĩ y khoa** medical doctor [MD]; **Y khoa Đại học đường** Faculty of Medicine

y lời *v.* to keep one's promise

y nguyên *adj.* intact

y như *adv.* it seems, exactly like

y phục *n.* clothes, clothing, garments

y sĩ *n.* physician, medical doctor

y sinh *n.* medical student, physician

y tá *n.* nurse: **nữ y tá** female nurse

y tế *n.* public health; medicine: **cán sự y tế** public health worker

y thuật *n.* the art of healing, medicine

y viện *n.* hospital: **quân y viện** army hospital

ý *n.* thought, idea, intention, opinion, attention: **xin cho biết ý của bạn** please give your opinion; **để ý** to notice, to pay attention; **đắc ý** gratified; **vô ý** to be inattentive, absent-minded, careless; **làm vừa ý** to please

Ý *n.* Italy: **người/tiếng Ý** Italian

ý chí *n.* will: **ý chí mạnh mẽ** strong will

ý chỉ *n.* intention, purpose, will

ý chừng *adv.* maybe, perhaps

Ý Đại Lợi *n.* Italy

ý định *n.* idea, thought, intention

ý đồ *n.* bad intention

ý hướng *n.* intention

ý kiến *n.* opinion, viewpoint, view: **chúng ta nên trao đổi ý kiến** we should exchange our views

ý muốn *n.* desire, wish

ý nghĩ *n.* thought, idea

ý nghĩa *n.* meaning, sense, significance: **có ý nghĩa** to be significant

ý nguyện *n.* aspiration, wish: **đáp ứng ý nguyện của toàn dân** to meet the people's aspiration

ý nhị *n., adj.* significance, charm; meaningful, subtle

ý niệm *n.* concept, notion

ý thức *n., v.* conscience, consciousness; to have an idea of, to conceive of, to be conscious of: **họ ý thức được trách nhiệm của mình** they are conscious of their responsibility

ý thức hệ *n.* ideology

ý trung nhân *n.* dream girl, dream boy

ý tứ *adj., n.* considerate, thoughtful; attentiveness, consideration

ý tưởng *n.* thought, idea: **ý tưởng tốt** a good idea

ý vị *n., adj.* interest; interesting, meaningful

ỳ *v.* to stay firmly

ỷ *v.* to rely on [as an asset]; to lean on [power **quyền**, talent **tài**, position **thế**]: **ỷ quyền** to lean on power

ỷ lại *v.* to depend [on **vào**]: **anh ấy ỷ lại vào quyền thế của ba anh ta** he depends on his father's position

yếm *n.* Vietnamese bra: **yếm dãi** bib

yếm thế *adj.* pessimistic, misanthropic

yểm *v.* to exorcize [by means of amulet **bùa**]; to cast a spell

yểm hộ *v.* to cover, to protect and support: **yểm hộ gián tiếp** indirect support; **yểm hộ mau lẹ, yểm hộ nhanh chóng** quick support; **yểm hộ tức thì** direct support

yểm tàng *v.* to conceal, to hide

yểm trợ *v.* to support

yểm trừ *v.* to exorcize

yên 1 *adj.* calm, peaceful, quiet, still: **bình yên** to be well, safe; **ngồi yên** to sit still 2 *n.* saddle: **yên ngựa** horse saddle; **đóng yên** to saddle [a horse]

yên xe đạp *n.* bicycle saddle

yên hàn *adj.* quiet, tranquil

yên hoa *n.* opium and women, prostitution

yên lặng *adj.* silent, quiet: **thành phố sáng nay thật yên lặng** this morning the city is very quiet

yên lòng *v., adj.* to be assured, unworried

yên nghỉ *v.* to rest

yên ổn *adj.* safe, peaceful, secure: **cuộc sống yên ổn** peaceful life

yên tâm *v.* to have peace of mind, to feel assured

yên trí *v.* to feel assured [**rằng** that], to be convinced

yên vui *adj.* pleasant, peaceful and cheerful

yến 1 *n.* salangane 2 *n.* banquet, dinner: **dạ yến** dinner party; **ông được nhà vua ban yến** the king invited him to a dinner 3 *n.* (= **én**) swallow: **tổ yến** swallow's nest [as a delicacy]

yến ẩm *n.* banquets and dinners, feast

yến oanh *n.* lovers

yến sào *n.* salangane's nest

yến tiệc *n.* banquets, dinner party

yểng *n.* blackbird, rackle

yết *v.* to display notice/list/announcement: **niêm yết danh sách thí sinh** to display a list of candidates

yết bảng *v.* to display the notice [giving names of successful candidates in an examination]

yết hầu *n.* throat, pharynx

yết kiến *v.* to see or visit high officials

yết thị *v.* to post, to display, to publicize, to advertise, to give notice or announcement

yêu *v.* [SV **ái**] to love, to be in love with: **người yêu** lover, sweetheart; **tình yêu** love, passion

yêu cầu *v.* to ask, to request, to suggest: **lời yêu cầu** a request

yêu chuộng *v.* to love, to be fond of

yêu dấu *v., adj.* to love dearly; dear, beloved

yêu đời *adj.* optimistic

yêu đương *v.* to love, to be affectionate: **chuyện yêu đương** love affairs

yêu kiều *adj.* graceful, charming

yêu ma *n.* demon, evil spirit, ghost

yêu mến *v.* to love, to cherish

yêu nước *v.* to be a patriot

yêu quái *n.* ghost, evil spirit

yêu sách *v., n.* to demand, to request; demand, request

yêu tà *n.* demons, evil spirits

yêu thuật *n.* witchcraft, sorcery

yêu tinh *n.* phantom, monster

yêu thương *v.* to love

yếu *adj.* [SV **nhược**] weak, feeble [*opp.* **khỏe, mạnh**]: **yếu ớt** weak, defenseless; **hèn yếu** coward; **đau yếu** ill, sick; **phái yếu** female; **tôi ăn yếu** I eat very little

yếu đau *v., adj.* sick; sickly

yếu đạo *n.* strategic road

yếu địa *n.* strategic ground or position

yếu điểm *n.* essential point, crux; sensitive point

yếu đuối *adj.* weak, feeble

yếu hèn *adj.* feeble and cowardly

yếu lược *n.* outline, summary, main elements

yếu mềm *adj.* weak, feeble

yếu nhân *n.* important person, Very Important Person [VIP]

yếu ớt *adj.* weak, feeble

yếu sức *adj.* weak, debilitated

yếu thế *v.* to be in a bad position, to have no influence

yếu tố *n.* factor, element

yểu *adj., v.* still young, premature; to die young: **chết yểu** to die young

yểu điệu *adj.* graceful and pretty

yểu tướng *n.* sickly look, appearance showing a premature death